百年土木
百年树人

哈尔滨工业大学土木工程学院百年发展史

1920—2020 《百年土木 百年树人》编委会 编

哈尔滨工业大学出版社

图书在版编目(CIP)数据

百年土木 百年树人:哈尔滨工业大学土木工程学院百年发展史 /《百年土木 百年树人》编委会编. — 哈尔滨:哈尔滨工业大学出版社,2020.8
ISBN 978-7-5603-8894-6

Ⅰ.①百… Ⅱ.①百… Ⅲ.①哈尔滨工业大学土木工程学院—校史 Ⅳ.①G649.283.51

中国版本图书馆CIP数据核字(2020)第113381号

百年土木 百年树人:哈尔滨工业大学土木工程学院百年发展史
BAINIAN TUMU BAINIAN SHUREN: HAERBIN GONGYE DAXUE TUMU GONGCHENG XUEYUAN BAINIAN FAZHAN SHI

策划编辑　李艳文　范业婷
责任编辑　王晓丹　付中英
装帧设计　屈　佳
出版发行　哈尔滨工业大学出版社
社　　址　哈尔滨市南岗区复华四道街10号　邮编150006
传　　真　0451-86414749
网　　址　http://hitpress.hit.edu.cn
印　　刷　辽宁新华印务有限公司
开　　本　787mm×1092mm　1/16　印张39.25　字数1004千字
版　　次　2020年8月第1版　2020年8月第1次印刷
书　　号　ISBN 978-7-5603-8894-6
定　　价　298.00元

(如因印刷质量问题影响阅读,我社负责调换)

编写委员会

顾　　问	沈世钊　景　瑞
主　　任	范　峰　王玉银
副 主 任	乔世军　邹超英　王要武
委　　员	范　峰　王玉银　乔世军　邹超英　王要武
	吕大刚　关新春　武　岳　陈文礼　吴　严
	王　伟　王　政　刘广义　卢长发　张鹏程
	薛振睿　陈枝东　翟希梅　肖仪清　钱宏亮

编 写 组

主　　审	景　瑞
组　　长	王要武　邹超英
副 组 长	王玉银　吕大刚　关新春　武　岳　陈文礼
	吴　严　张鹏程
编写人员	（按姓氏笔画为序）
	王　伟　王　政　王玉银　王庆瑞　王要武
	毛文英　石千程　白雨佳　吕　娜　吕大刚
	乔世军　刘广义　关新春　孙冬东　杜晓鸥
	杨瑜蓉　肖仪清　吴　严　邹超英　张鹏程
	陈文礼　陈玉梅　陈春霈　陈德坤　武　岳
	范　峰　赵晓红　胡朝斌　姚炎祥　钱宏亮
	陶丹梅　管学民　翟希梅　鞠芳菲

前　言

光阴荏苒，岁月如梭，哈尔滨工业大学已经走过了 100 个年头。作为哈工大最早设立的两个科系之一，哈工大土木工程学院也经历了一个世纪的发展。在学院新百年发轫之际，总结过去 100 年学院、学科、专业办学经验及历史传统，向历史致敬；在厚重的历史中汲取宝贵的哈工大土木精神力量，继往开来，再创新百年辉煌！

从 1920 年的哈尔滨中俄工业学校铁路建筑科，到新中国成立初期的哈尔滨工业大学土木系；从 1959 年的哈尔滨建筑工程学院建筑工程系，到 1994 年的哈尔滨建筑大学建筑工程学院；从 20 世纪哈建工 41 年独立办学的院系变迁，到本世纪回归哈工大，与哈工大 1985 年设立的建筑工程系重新组建土木工程学院，经历百年岁月，始终一脉相承，始终秉承并弘扬"规格严格，功夫到家"的哈工大校训，培养出 3 万余名土木工程行业精英人才。

百年砥砺前行，春华秋实，培兰育蕙，名师荟萃，桃李芬芳；世纪勠力同心，笃学尚行，披荆斩棘，攻坚克难，业绩辉煌。一代又一代哈工大土木人仰望星空，脚踏实地，无私奉献，绘就一幅壮美的百年画卷，将建校伊始的铁路建筑科建设发展成为国际一流的土木工程学院。正如习近平同志视察土木工程学院风洞与浪槽联合实验室时所说："哈工大的土木学科是我们国家实力最强的几个土木学科之一。"

2018 年 5 月，为迎接哈工大建校 100 周年和土木工程学院创建 100 周年，土木工程学院举行哈工大土木工程学院百年发展史《百年土木　百年树人》编撰启动仪式，并成立以原哈尔滨建筑大学两任校长沈世钊、景瑞为顾问，以范峰、王玉银为主任，乔世军、邹超英和王要武为副主任的编写委员会，负责院史的总体策划和审查工作。同时组成以景瑞为主审，王要武、邹超英为组长，王玉银、吕大刚、关新春、武岳、陈文礼、吴严、张鹏程为副组长的编写组，具体负责院史的资料收集、初稿撰写和统稿工作。

根据院史编写委员会的总体策划，本书按照时间轨迹，分别从历史沿革、人才培养、科学研究、合作交流、师者风范、校友情怀等不同角度，展现哈工大土木工程学院自 1920 年创建以来的历程和风采，并以附录的形式，给出土木工程学院百年办学积累的部分珍贵史料。在整个编写过程中，始终遵循"以时间为脉络，客观记述史实，总结办学经验，萃取历史精华，指引未来发展"的原则。在时间十分紧张、任务繁重的情况下,编写委员会和编写组克服各种困难,力求做到严肃认真、尊重历史、实事求是、客观准确。书中的每一段篇章,都是土木工程学院不可或缺的发展脉络;书内的每一张照片,都是土木工程学院难以忘怀的历史记忆。

本书在编写过程中,参考了哈尔滨建筑工程学院校史(1920—1985)、哈尔滨建筑工程学院校史续编(1985—1990)、哈尔滨建筑大学校史(1990—2000)、哈尔滨工业大学的一些相关校史和哈工大土木工程学院发展史(2010年未完成稿),从中吸取了许多有价值的史料,在此,向这些史料的编写者致以诚挚的谢意。

由于时间跨越百年,本书难免记述得不够完整、准确,甚至有疏漏之处,期望广大校友和"一校三区"土木工程学科的广大师生员工批评指正。

哈工大土木工程学院百年发展史,既是哈尔滨工业大学百年发展史的一个重要组成部分,也是中国土木工程教育史的一个重要组成部分。在哈工大土木工程学院百年发展史《百年土木 百年树人》即将付梓之际,回想这部沉甸甸的院史,从策划、编撰、审校到出版,凝聚了太多哈工大土木人的心血。为了能够更加全面地呈现过去百年的发展面貌,许多耄耋老先生、承担重要任务的广大校友对编者提出的各种要求,给予最积极的响应,为本书增色甚多;景瑞老校长自始至终参与本书的编撰,全程给予指导与鞭策,是本书能够按照高标准撰写的重要保证;主要执笔人王要武老师充分发挥其在刊物出版领域的深厚功力,为本书的顺利完稿起到了重要作用;更有许多未提到姓名的史料提供者、文字素材初步整理者、对本书提出宝贵意见者,都对本书的完稿做出重要贡献;哈工大土木工程深圳校友会全额资助本书出版,为本书的出版提供了坚强的物质保障。在此,对所有对本书做出贡献者一并表示衷心感谢!

历史的车轮缓缓驶过,未来的画卷徐徐展开。过去的流金岁月已经载入史册,未来的锦绣前程有待开拓进取。让我们博学之、慎思之、明辨之、笃行之,铸土木之魂,造国家栋梁,开创土木工程学院新的百年辉煌!

本书编写委员会
2020年6月

目 录

第一章　历史沿革 / 1

第一节　土木工程学院百年概览 / 3
一、哈尔滨工业大学的创办与土木工程学院的诞生 / 3
二、哈工大土木工程学院的发展轨迹 / 4

第二节　1920—1958 年的土木工程学院 / 5
一、1920—1949 年的土木工程学院 / 5
二、1950—1958 年的土木工程学院 / 6

第三节　1959—2000 年的土木工程学院 / 14
一、1959—1977 年的土木工程学院 / 14
二、1978—2000 年的土木工程学院 / 16

第四节　2001—2020 年的土木工程学院 / 26

第五节　相关学科、专业的发展沿革 / 45
一、建筑力学的并入 / 45
二、建筑材料系的分设与回归 / 48
三、建设管理工程系的分设与回归 / 51
四、原哈工大建筑工程与设计学院的创立与并入 / 58

第六节　一校三区土木工程学科建设 / 60
一、哈工大（深圳）土木与环境工程学院的历史沿革 / 60
二、哈工大（威海）土木工程系的历史沿革 / 62
三、一校三区土木工程学科建设研讨 / 66

第二章　人才培养 / 69

第一节　本科生培养 / 71
一、土木工程本科专业的变迁 / 71
二、1920—1949 年的本科生培养 / 72
三、1950—1959 年的本科生培养 / 75
四、1959—2000 年的本科生培养 / 80
五、2001—2020 年的本科生培养 / 88

第二节　研究生培养 / 110
一、1950—1958 年研究生培养的尝试 / 110
二、1959—2000 年的研究生培养 / 111
三、2001—2020 年的研究生培养 / 114

第三节　人才培养国际化 / 122
一、学生对外交流 / 122
二、留学生培养 / 126

第四节　博士后流动站建设情况 / 130

第五节　学生工作 / 133
一、1950—1958 年的学生工作 / 133
二、1959—2000 年的学生工作 / 135
三、2001—2020 年的学生工作 / 139

第三章　科学研究 / 151

第一节　1950—1958 年的科学研究 / 153

第二节　1959—2000 年的科学研究 / 154
一、1959—1977 年的科学研究 / 154
二、1978—1984 年的科学研究 / 156
三、1985—1990 年的科学研究 / 158

目录

  四、1991—2000 年的科学研究 / 161

第三节　2001—2020 年的科学研究 / 166

  一、2001—2005 年的科学研究 / 166

  二、2006—2010 年的科学研究 / 167

  三、2011—2015 年的科学研究 / 171

  四、2016—2020 年的科学研究 / 177

第四章　合作交流 / 185

第一节　国际合作与交流 / 187

  一、1978—1990 年的国际合作与交流 / 187

  二、1991—2000 年的国际合作与交流 / 191

  三、2001—2010 年的国际合作与交流 / 194

  四、2011—2020 年的国际合作与交流 / 206

第二节　港澳台学术交流 / 217

第五章　师者风范 / 221

  力学泰斗　土木之光 ——记王光远院士 / 223

  为草做兰　为木当松 ——记"优秀教工李昌奖"获得者陈雨波教授 / 226

  资深领导　仁者胸怀 ——回忆我的研究生导师李德滋先生 / 233

  组合先驱　人生楷模 ——记钟善桐教授 / 237

  奠基建管　毕生求索 ——记中国建筑经济管理学科的开创者关柯教授 / 241

  以木为材　精雕一生 ——记樊承谋教授 / 244

  我从教的几点杂想 / 246

  勇挑重担　使命必达 ——记赵九江教授 / 249

  厚植笃行　精彩空间 ——记现代空间结构的开拓者沈世钊院士 / 252

  关于我校土木工程学科发展和人才培养的思考和建议 / 258

新中国成立前后的哈工大点滴回忆 / 261

重温百年母校一些温馨可珍惜的记忆 / 266

笃志躬行　润物无声 ——记刘季教授 / 270

钢筋砼骨　扭转人生 ——记王振东教授 / 273

忆海拾零 ——有关哈工大土木工程专业的回忆 / 275

敬贺母校百年纪念有感 / 281

坚守执着　铸石育人 ——记巴恒静教授 / 283

发扬哈工大精神　搞好教学工作 / 286

科研之路　源远流长 / 289

我所经历的哈工大建筑工程与设计学院 / 293

哈工大土木人风范 / 295

第六章　校友情怀 / 301

第一节　校友感言 / 303

哈工大，我的梦想起飞之地 / 303

我的成长之路和母校情结 / 307

我的八年大学 ——忆在哈工大土木系的一段特殊经历 / 309

忆峥嵘岁月　话难忘感恩 / 311

重回母校话感恩 / 314

感恩母校　不负韶华 / 316

难忘的哈建工十年学习生涯 / 318

我的母校、我的老师、我的同学 / 320

学用互补　用为先导 / 325

秉承哈工大精神，勇担为城市创造价值的使命 / 327

承恩母校　报效国家 / 329

饮水思源，缘木思本 ——忆难忘的哈建工学习生涯 / 332

筑梦·远方 / 334

　　不断学习、踏实修为 / 337

　　感恩母校　再创辉煌 / 340

　　借得大江千斛水，研为翰墨颂恩师 / 342

　　铭记青春志　心系母校情 / 344

　　初心不改　情怀永驻 / 346

　　循百年校训　谱世纪新歌 / 348

第二节　校友活动 / 350

　　一、土木工程学院创建纪念活动 / 350

　　二、土木工程校友会活动 / 352

　　三、校友逢十返校活动 / 360

第三节　校友捐助 / 363

　　一、校友设立教育基金 / 363

　　二、校友捐建土木科研楼 / 370

　　三、校友捐助《百年土木　百年树人》编写出版 / 374

附录 / 375

　　附录1　土木工程学院历任负责人 / 377

　　附录2　土木工程学院历任教授 / 378

　　附录3　土木工程学院教职员工名单 / 384

　　　　附录3-1　校本部土木工程学院教职员工名单 / 386

　　　　附录3-2　哈工大（威海）土木工程系教职员工名单 / 388

　　　　附录3-3　哈工大（深圳）土木与环境工程学院教职员工名单 / 388

　　　　附录3-4　外籍教师或专家名单 / 388

　　　　附录3-5　兼职教授名单 / 388

　　　　附录3-6　博士后人员名单 / 389

附录 4　土木工程学院学生名单 / 391

　　附录 4-1　本专科学生名单 / 391

　　附录 4-2　硕士研究生名单 / 477

　　附录 4-3　博士研究生名单 / 508

附录 5　人才培养相关资料 / 521

　　附录 5-1　本科专业教学计划 / 521

　　附录 5-2　硕士研究生培养方案 / 555

　　附录 5-3　博士研究生培养方案 / 677

　　附录 5-4　省部级以上课程建设及教学成果 / 586

　　附录 5-5　教师出版教材、著作情况 / 588

　　附录 5-6　大学生参加科技大赛获奖情况 / 592

　　附录 5-7　大学生创新创业项目立项情况 / 593

附录 6　科学研究相关资料 / 595

　　附录 6-1　承担重大科技项目情况 / 595

　　附录 6-2　科学研究获奖情况 / 603

　　附录 6-3　主编及参编标准、规范情况 / 605

附录 7　土木工程学院教师在国内外学术组织或重要期刊任职情况 / 608

　　附录 7-1　土木工程学院教师在国内外学术组织任职情况 / 608

　　附录 7-2　土木工程学院教师担任国内外重要期刊主编、副主编、编委情况 / 612

附录 8　土木工程学院杰出人才 / 614

后记 / 615

第一章　历史沿革

第一章 历史沿革

第一节 土木工程学院百年概览

一、哈尔滨工业大学的创办与土木工程学院的诞生

哈尔滨工业大学（简称哈工大）创办于1920年，当时称为哈尔滨中俄工业学校。

哈尔滨开埠以及哈工大的创建，都同"中东铁路"（后改称"中长铁路"）直接相关。"中东铁路"于1877年8月开始修建，1903年7月14日竣工通车。以哈尔滨为中心，西至满洲里，东至绥芬河，南至旅顺口，中东铁路全长2 400余千米。在俄国十月革命以后，大批俄国铁路工程技术人员及其他工业技术专家携带家眷来到我国东北，大都聚集于哈尔滨。据统计，至1920年，哈尔滨人口已近30万人。投奔哈尔滨的商人、传教士以及形形色色的俄国人与日俱增。大批高级技术人才的到来，为建立哈工大提供了师资条件，而俄籍铁路员工子女又有接受高等教育的迫切要求，加之"中东铁路"运营业务的迅速发展，也急需补充大量的铁路工程技术人员。正是在这种背景下，哈工大应运而生。

哈尔滨中俄工业学校于1920年5月开始筹建，办学宗旨是为中东铁路培养工程技术人员。同年8月5日，以中东铁路工程师为主，加之哈尔滨政界、工商界的知名人士，组织发起成立"哈尔滨中俄工业学校筹建协会"，中东铁路理事会主席宋小廉将军担任筹建协会的名誉主席，中东铁路管理局局长德·勒·霍尔瓦特将军担任主席。9月9日，筹建协会推举大地测量著名专家、道路工程师阿·阿·摄罗阔夫工程师为哈尔滨中俄工业学校首任校长。10月17日，举行开学典礼，哈尔滨中俄工业学校宣告成立。校址设在现哈尔滨市南岗区公司街59号，即现哈工大博物馆。

哈尔滨中俄工业学校建校校址

3

哈尔滨工业大学土木工程学院 百年发展史

哈尔滨中俄工业学校设有铁路建筑科和电气机械工程科，学制4年，实行学分制，用俄语授课。其中的铁路建筑科，就是哈工大土木工程学院的前身。铁路建筑科下设城市建筑、交通道路两个专业。

二、哈工大土木工程学院的发展轨迹

下图简要展示了哈工大土木工程学院的发展轨迹。

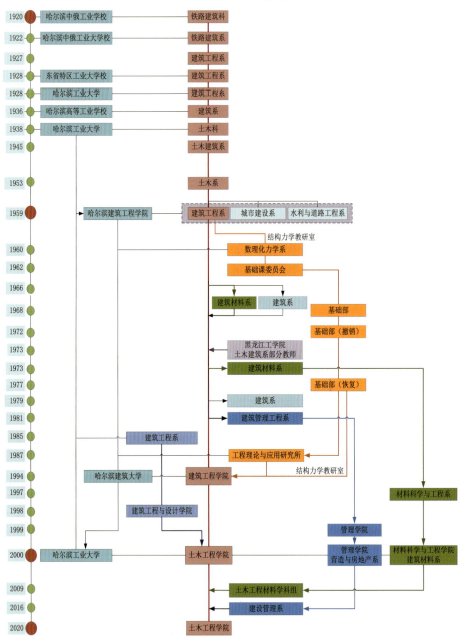

哈工大土木工程学院的发展轨迹

百年土木 百年树人

第二节 1920—1958年的土木工程学院

一、1920—1949年的土木工程学院

1922年4月2日,"哈尔滨中俄工业学校"更名为"哈尔滨中俄工业大学校",学制为5年,招收中学毕业生。毕业生经考试委员会答辩合格,授予工程师称号。铁路建筑科改称为铁路建筑系,其培养目标为"交通工程师"。

1922年10月6日,阔茨洛夫斯基任铁路建筑系主任。

1924年,首批铁路建筑系22名学生毕业并获得"交通工程师"称号,这也是哈工大的第一届毕业生。

1924年哈工大第一届毕业生合影

1925年入学的铁路建筑系学生合影

1926年,全校组建了17个教研室,其中铁路建筑系设土地测量、建筑、桥梁、钢筋混凝土、铁路设备维修及车站划分、铁路勘测与设计和建筑、给水排水7个教研室。

1927年,铁路建筑系改称为建筑工程系。根据城乡建设环境保护部教育局掌握的统计资料,这是我国最早的一个建筑工程系。阔茨洛夫斯基继续担任建筑工程系主任。

1928年2月,学校改名为"东省特区工业大学校",由东省特区政府和中东铁路局共管。同年10月,又更名为"哈尔滨工业大学"。右图为哈工大1928年校址。此时的建筑工程系设置城市建设和重型建筑、交通道路两个专业。

哈工大1928年校址

1930年后，学校学制改为4年。建筑工程系分设道路交通、城市建设和结构工程等专业。

1930年2月27日，范其光任建筑工程系主任。

1935年10月，格里果洛维奇任建筑工程系主任。

1936年1月1日，学校更名为"哈尔滨高等工业学校"。此时学校设立6个系，其中有建筑系和建筑工程系，下设市政建设、交通建筑两个专业。格里果洛维奇继续担任建筑工程系主任。

1938年1月1日，学校又复名为"哈尔滨工业大学"。从此，"哈尔滨工业大学"的校名沿用至今。建筑工程系改称为土木科，下设土木、建筑两个专业，日本人大崎虎二任土木科负责人。从1938年至1945年，学校用日语授课。

20世纪30年代土木科的师生

41级土木全年级学生在学校大门前合影

1945年抗日战争胜利后，哈工大由中长铁路管理局领导，属中苏共管。1945年12月6日正式开课，学制5年，恢复俄语授课。土木科改称为土木建筑系，下设建筑（铁路、桥梁、涵洞）、铁路交通（铁路道路、通风采暖、上下水道、铁路勘探组）两个专业。

1946年，苏侨司维里多夫任土木建筑系主任。

东北解放后，中长铁路决定将哈工大交给中国政府管理。1949年3月，东北局派松江省主席冯仲云兼任哈工大校长，并派部分同志来校工作，为全面接管哈工大进行各方面的准备工作。

二、1950—1958年的土木工程学院

1950年6月7日，中央就哈工大的办学方针专门给东北局发了电报。这封电报标志着哈工大的新生。因此，学校决定把6月7日定为哈工大的建校纪念日。

1950年10月，哈工大由中长铁路正式移交。此时的哈工大设有土木、机械、电气工程、采矿、冶金、化工、铁路运输7个系。1952年院系调整后，哈工大设有土木、机械、电机3个系。土木系设有2个专业：房屋建筑和卫生工程。全系共有学生146人，绝大多数是苏侨。苏侨司维里多夫继续任土木系主任。

第一章 历史沿革

新中国成立后,国家批准哈工大聘请各专业的苏联专家来校帮助建校及培养师资队伍,这些苏联专家为哈工大的建设做出了重要贡献。

1951—1957年,哈工大先后聘请了以古林、克雷洛夫、罗日杰士特文斯基、卡冈、马伊奥罗夫等为专家组长的5批共62位苏联专家和3名捷克斯洛伐克专家来校工作。在62位苏联专家中,到土木系工作的有12位。在他们的帮助下,土木系获得迅速发展。

1951年春,以古林为首的第一批苏联专家到校工作。来土木系工作的有两位苏联专家:建筑力学专家、科学技术副博士库滋民副教授,水力学专家、科学技术副博士瓦西利耶夫副教授。他们除了培养研究生,还帮助系里进行教学改革,制订每个专业的教学计划,同时不辞辛苦地为本科生讲课做教学示范。库滋民讲过的课程有结构力学、材料力学和弹性塑性理论等,瓦西利耶夫讲过的课程有水力学和水力机械等。

1955年9月,李昌校长(中)与苏联专家卡冈(右)、莫叶(左)交谈

1956年,结构教研室全体成员及进修教师与苏联专家卡冈(前排左二)合影

工民建高年级同学与苏联专家合影

苏联专家指导青年教师

1952年,以克雷洛夫为首的第二批苏联专家来校工作。从1952年8月到1954年春天,第二批陆续来土木系工作的苏联专家有7位:钢筋混凝土结构专家、科学技术副博士特里丰诺夫副教授,钢结构专家、科学技术副博士维琴尼阔夫副教授,建筑学专家、建筑副博士普里霍吉克副教授,水能利用专家、科

学技术副博士格鲁伐契斯基副教授，给水排水专家、科学技术副博士莫尔加索夫副教授，采暖通风专家、科学技术副博士德拉兹道夫副教授，建筑力学专家、科学技术副博士齐斯加阔夫副教授。

苏联专家指导学生设计

为加快学校建设，哈工大还从兄弟院校聘请有教学经验的教授担任教学行政的领导工作。1951年9月，清华大学夏震寰教授受聘来校担任土木系主任，学校同时任命1949年8月哈工大从清华大学招聘来的第一位中国专业教师陈雨波为土木系助理主任，并聘请苏联专家库滋民担任系顾问。土木系调整专业设置后设城市房屋建筑、厂房建筑、暖气工程、上下水道和水利工程5个专业，同时制订了相应专业的教学计划。

夏震寰在土木系工作一年后调回清华大学，由从燕京大学调来的李德滋副教授接任土木系主任，陈雨波任副主任，系顾问改由苏联专家特里丰诺夫担任。这一时期继续调整专业，制订教学计划，特别是对教研室建设做了大量工作。特里丰诺夫指导建筑施工和建筑材料的教师帮助建立教研室。莫尔加索夫和德拉兹道夫分别帮助建立给水排水和供热供煤气及通风2个新专业，并建成2个相应的教研室。齐斯加阔夫在建筑力学教研室工作，除培养师资和提高教研室的教学水平和科研水平外，还培养地基基础方面的师资。在他的帮助下，成立了土力学及地基基础教研室，并将材料力学从建筑力学教研室分出，改由学校教务部领导。

苏联专家奇斯加阔夫讲授建筑力学及地基基础课程图　　哈工大第一位华人专业教师陈雨波　　系主任李德滋（右二）、副主任陈雨波（左二）与苏联专家研究工作

第一章　历史沿革

1952年，在苏联专家指导下，首次在国内开设面向全国的建筑力学和结构工程等学科的研究生班。

1952年秋，土木系的专业名称逐步明确为：工业与民用建筑专业、工业与民用建筑结构专业、供热供煤气及通风专业、给水排水专业、水利工程专业。1953年，水利工程专业调整到了大连工学院（现大连理工大学）。1955年秋，工业与民用建筑专业和工业与民用建筑结构专业合并为工业与民用建筑专业。至此，工业与民用建筑、供热供煤气及通风、给水排水3个专业，就成为哈工大土木系学科专业发展的三大支柱。这3个专业都是全国同类专业中建立最早的。

哈工大1954—1955学年全体毕业生合影

早期教研室组织比较松散，制度尚不健全，设置较乱，教研室负责人都是苏侨教师。从1952年起，在苏联专家的帮助下，逐步调整和改组了原有的教研室，并建立新的教研室，选派青年教师担任教研室的领导工作，许多研究生都是边学边教开始了教学工作。到1954年，土木系经改组和新建的有建筑力学、建筑学、工程结构、水力学及水力机械、测量、给水排水、供热供煤气及通风、施工、土力学及地基基础9个教研室，同时设有建筑材料小组。到1955年秋季，施工教研室更名为建筑施工教研室，并以建筑材料小组为基础成立了建筑材料教研室。

1952年12月，为了适应国家经济建设的发展和第一个五年计划的需要，哈工大开办了专修科。土木系开始有4个专业设有专修科，以后合并为工业与民用建筑一个专业。1954年9月，工业与民用建筑专修科的70名学生毕业，他们出色地完成了学习任务，毕业答辩获得优良成绩的占89%。

1955年10月，根据中央关于开展业余教育的批示，哈工大夜校部正式成立，共设3个专业，其中工业与民用建筑专业招生36名。每周上课12学时，课外自习8学时，6年半毕业，基本上学完本科5年的课程。

1957年，建筑施工教研室全体教师合影

20世纪50年代，材料力学实验室

土木系在1950年有两个实验室，即水力学实验室和建筑材料与力学实验室，另有一个测量仪器室。随着学校发展，在苏联专家的帮助下，逐步新建了土力学、工程结构、建筑物理、建筑施工、给水排水、采暖通风、煤气等一批实验室。还新建了工程地质陈列室，并且充实和扩建了建筑材料及水力学两个实验室和测量仪器室。工程结构、采暖通风、给水排水3个实验室是全国同类实验室中最早建立的。

从1953年6月开始，库滋民、特里丰诺夫、维琴尼阔夫和普里霍吉克等相继回国，土木系原有的苏侨教师绝大部分都已退休，不再担任教学工作。这时土木系各门主要课程基本由随专家学习的青年教师独立担任，改用中文教学，仍用俄文授课的只有极个别的课程。1954年7月，哈工大将外校派来学习的一批研究生留校工作，充实师资力量，其中留土木系的有王光远、胡松林、张之凡、钟善桐、唐旭光、朱聘儒等。这些教学骨干留在学校，对土木系的发展起到重要作用。

1954年，土木系设立了党总支，陈毓英任总支书记。

1954年6月，哈工大试行组织学术委员会。校长李昌担任学术委员会主任委员，副校长高铁任副主任委员，委员有50人，其中有土木系的李德滋、王光远、富延寿、张振铎、樊冠球、屠大燕、胡松林、唐尔焯8人。以后学术委员会补充委员，土木系又增加了陈雨波、朱厚生、张之凡、蔡秉乾、郭骏5人。

1954年，以罗日杰士特文斯基为首的第三批苏联专家来校工作。1955年9月，木结构专家、科学技术博士卡冈教授和煤气供应专家、科学技术博士约宁副教授来土木系工作，卡冈还同时兼任校长顾问。卡冈的夫人玛丽雅也来土木系工作，任建材教研室顾问，承担培养师资的任务。卡冈和约宁两位专家来自莫斯科建筑工程学院，这个学院从1952年开始与哈工大建立了联系，并向土木系派专家。1956年2月,第四批苏联专家来校工作。这批苏联专家以上期聘请留任的卡冈为首。从这批专家开始,土木系除继续留用苏联专家外,没有再聘请新的苏联专家。到1957年夏,土木系的苏联专家全部回国。

校领导、结构教研室教师与工民建57级同学欢送苏联专家卡冈回国

1957年5月苏联专家专家卡冈教授及夫人回国之前与其培养的木结构教师合影

在苏联专家逐渐减少的情况下,为了进一步向苏联学习,学校决定选派一批教师去苏联高等学校或科学研究机构进修。1955年与1956年,土木系派李德滋、张之凡、周凤瑞3人赴莫斯科建筑工程学院和列宁格勒建筑工程学院进修。在苏联做研究生的高伯扬、樊冠球、唐尔焯、张自杰、杜鹏久、路煜、张晓漪7人也获得副博士学位。

1956年暑假前,供热供煤气

1956年土木系部分毕业生合影

及通风专业和给水排水专业有了第一届毕业生。这也是我国这两个专业的首届五年制的毕业生。国家考试委员会，苏联专家卡冈、约宁，波兰专家基谢认为，上述两个专业和当年工业与民用建筑专业的毕业生，已接近了苏联和波兰的水平。

1957年2月，经高教部批准，哈工大与莫斯科鲍曼高等技术学校和莫斯科建筑工程学院建立直接联系，从此，土木系与莫斯科建筑工程学院关系更为密切，有关教研室和该学院在土木系工作过的苏联专家长期保持联系。苏联专家经常寄来书刊和教学资料，土木系也寄去《哈工大学报》、建筑图片和建筑材料样品等。

为了总结学习苏联的经验，从1951年开始至1959年，哈工大召开了6届教学科研工作会议，就提高教师理论水平、教务工作、翻译苏联教科书、学习苏联教育经验、推动全国教育改革、办好专修科等方面的内容进行研究和交流。土木系的老师积极参加，非常活跃。1957年，土木系举行了第一次土木工程科学讨论会，提出了30篇报告，这也是哈工大以系为单位举行的第一次科学报告会。

在教材建设方面，土木系从1952年起翻译了一批苏联的教科书和专家的讲义，这些教科书和讲义对形成土木系各专业的教材起了决定作用，也推动和加快了全国同类专业的教材建设。

土木系教师翻译的部分苏联教科书

1957年,国家实行新的技术职称任命制度。经高等教育部批准,哈工大首次对全校教师评定了学衔,其中13名教师被授予副教授学衔。土木系中,王光远、胡松林、陈雨波、张之凡4人被授予副教授学衔,还有39名青年教师被授予讲师学衔。

土木系首批被授予副教授学衔的教师(王光远、胡松林、陈雨波、张之凡)

1958年3月,在勤工俭学中,土木系的部分教师和毕业班学生成立了土建设计室。后来又正式成立了"哈工大共产主义土建设计院"和"哈工大共产主义建筑工程公司",还成立了"城市规划研究室"。1958年9月15日上午,邓小平、李富春、李雪峰、刘澜涛、杨尚昆、蔡畅等中央领导来哈工大视察。在李昌校长的陪同下,参观了土木系的土建设计院。邓小平询问了设计院承担的工作项目,详细看了哈工大新建主楼模型,还热情地鼓励土木系师生,要参加人民大会堂的设计。邓小平等中央领导的参观,极大地鼓舞了土木系的师生。同年5月,苏联远东苏霍洛夫军校代表团来校访问,也参观了土木系的土建设计院。

根据国家需要,1958年暑假,土木系新设建筑学(6年学制)、河川枢纽及水电站水工建筑、道路与桥梁3个专业。并在新的形势下,筹备建立哈尔滨建筑工程学院。

1958年,陈瑞林任土木系党总支第一书记。

从1950年到1958年,尽管有一些曲折,但从总体看,在这9年间,土木系的发展是迅速的。在这里为新中国建筑科技教育确立了工业与民用建筑、供热供煤气及通风、给水排水三大基础专业,学习苏联先进办学经验,开创了土木系历史发展的新时期。在此期间,一大批有志青年响应党和国家号召,从祖国四面八方汇聚到哈工大,主动选择扎根边疆、艰苦创业,为新中国工业建设培养了一大批人才,为学校赢得了"工程师摇篮"的称号。1957年,这支平均年龄27.5岁、几乎承担全部教学和科研任务的800余人的教师队伍被称为哈工大的"八百壮士",他们中的很多人后来成为教学名师、学术大家。

第三节 1959—2000 年的土木工程学院

一、1959—1977 年的土木工程学院

1958 年 12 月，第一机械工业部、教育部、建筑工程部决定，在哈工大土木系的基础上，扩大组建哈尔滨建筑工程学院（以下简称哈建工）。1959 年 4 月 30 日，哈尔滨建筑工程学院挂牌成立。

哈尔滨建筑工程学院成立

原哈工大土木系有 6 个专业，建院之初又新设 3 个专业，组成为建筑工程、城市建设、水利与道路工程 3 个系。建筑工程系有工业与民用建筑、建筑学、建筑力学及结构、混凝土与建筑制品 4 个专业；城市建设系有供热与通风、给水排水、城市与工业煤气 3 个专业；水利与道路工程系有河川枢纽及水电站水工建筑、道路与桥梁 2 个专业。李迈任建筑工程系主任、党总支书记。

1960 年 6 月，哈建工被列为中华人民共和国建筑工程部重点高校。

1960 年，哈建工由建院时的 9 个专业迅速发展到 20 个专业，其中包括建筑工程系的地下建筑专业和防护材料专业，并新设了数理化力学系和机电系，数理化力学系中设立了力学专业，建筑工程系的建筑力学及结构专业也调整到该系。

结施 57 级毕业生合影　　　　　混凝土与建筑制品 57 级毕业生合影

工民建60级1班毕业生合影

制品60级2班毕业生合影

从1961年到1962年底，哈建工先后把20个专业调整为8个专业，1960年新增的11个专业全部撤销，同时撤销了建筑力学及结构专业。撤销了数理化力学系和机电系，成立了基础课委员会。

1962年，李德滋任建筑工程系主任，董兆琪任党总支书记。

1964年2月，李迈任哈建工党委副书记。

工民建62-3班毕业生合影

1964年9月，周简任建筑工程系党总支书记，1966年调离，后担任哈建工副院长。

1966年1月，哈建工对组织机构进行了调整，共设6个系和1个基础课委员会。建筑工程系分设为建筑工程系、建筑系和建筑材料系。胡松林继续担任建筑工程系主任，李翰城任党总支书记。

1968年10月，哈建工再次对组织机构进行调整，将6个系合并成2个系：建筑工程系和城市建设系；基础课委员会改称为基础部。建筑系、建筑材料系重新并入建筑工程系。胡松林继续担任建筑工程系主任，吕宗仁任党总支书记。

1971年，混凝土与建筑制品专业停办。当年秋季学期以后，逐步新设了地下建筑、农村建筑、玻璃钢、水泥、建筑机械5个专业。

1972年5月，哈建工工业与民用建筑、供热与通风、给水排水3个专业招收了第一批工农兵学员，共175名。以后又扩大招生专业，其中建筑工程系新增的招生专业包括玻璃钢（1973）、建筑学（1974）、地下建筑（1975）、农村建筑（1975）。

1973年，哈建工成立了建筑材料系和机电道桥系。建筑材料系再次从建筑

工民建73-1班毕业生合影

地下建筑74级毕业生合影

工程系中分设出来，开始了一段长达36年的从分设到回归的历程。

1973年5月，黑龙江工学院土木建筑系22名教师并入哈建工，分配到有关教研室任教。

1975年1月，林荫广任建筑工程系第一副主任（主持工作）。

1976年，姚炎祥任建筑工程系党总支书记。

1977年，王光远被选为黑龙江省第五届人民代表大会代表。

二、1978—2000年的土木工程学院

（一）恢复与发展

1977年，国家恢复高考招生工作。1978年3月，哈建工招收恢复高考后进入大学的第一届（77级）本科生；同年8月，又招收了第二届（78级）本科生。77级全校共招收本科生476名，招生专业共10个，其中建筑工程系有工业与民用建筑、建筑学、地下建筑3个专业。78级全校共招收本科生575名，招生专业10个，其中建筑工程系有工业与民用建筑、建筑学2个专业。学校还恢复了力学专业，培养了2届力学师资班。

工民建77-1班毕业生合影

工民建78-1班毕业生合影

1978年，哈建工恢复招收导师制研究生。这一年，结构工程、建筑设计、建筑历史、结构力学等7个学科招收了44名研究生。以后又逐年增加了招生

学科和人数。

1978年，王光远完成的研究成果"建筑结构整体空间作用的计算理论"、地基基础教研室完成的研究成果"多年冻土桩基及季节性冻土浅基础的应用"、制品教研室完成的"混凝土早强速凝外加剂——负温混凝土外加剂"、玻璃钢教研室完成的"玻璃钢管连续成型设计及工艺研究"、建筑材料教研室王世芳和巴恒静等完成的"铸石新产品的研制——铜矿渣铸石"，获得全国科学大会奖状。

1978年，刘志和、郭长城荣获黑龙江省优秀教师称号；王光远荣获黑龙江省先进科技工作者称号。

1978年6月，学校成立学术委员会，1979年12月经调整后，学术委员会委员有35人，陈雨波任主任委员，王光远、李德滋等4人任副主任委员。

1979年7月，学校在建筑工程系建筑学专业的基础上恢复成立建筑系。

1979年，吕宗仁任建筑工程系党总支书记。

1980年6月，学校决定筹建建筑管理工程专业，并以建筑工程系施工教研室从事施工组织的教师为主组成筹备组。1981年7月，成立建筑管理工程系。建筑管理工程系从建筑工程系中分设出来，开始了一段长达35年的从分设到回归的历程。

1980年，钟善桐、王光远获黑龙江省劳动模范称号，王振东被评为黑龙江省优秀教师。

1980年，哈建工主办的学术刊物《哈尔滨建筑工程学院学报》（简称《学报》）正式恢复为半月刊，1981年改为季刊，面向全国发行。《学报》编委会由33人组成，王光远任主任委员，李德滋、钟善桐、林荫广等4人为副主任委员。

1981年，王光远被聘为首批国务院学位委员会学科评议组成员。

首批国务院学位委员会学科评议组成员王光远

1981年，经国务院学位委员会批准，结构力学学科首批获得博士学位授予权，王光远被批准为博士生导师；结构力学、结构工程等7个学科首批获得硕士学位授予权。

1982年，林荫广任建筑工程系党总支负责人，孙恩润任副书记。

1982年1月，哈建工成立由

王光远在指导博士生

14人组成的学位评定委员会，陈雨波任主席，王光远任副主席。

1982年2月，陈雨波任哈尔滨建筑工程学院院长。

截至1982年，哈建工78、79级研究生陆续通过学位论文答辩，首批34名毕业生被授予工学硕士学位。

1983年，王光远被选为黑龙江省第六届人民代表大会代表；李德滋被选为黑龙江省政协第五届委员会常务委员，钟善桐被选为黑龙江省政协第五届委员会委员。

陈雨波院长

1983年，王光远、朱聘儒、刘季被黑龙江省人民政府授予劳动模范称号。

1983年8月，陈雨波任哈尔滨建筑工程学院党委书记兼院长。

1983年11月，哈建工对各系和教研室进行了调整，全校共设49个教研室。李德滋任建筑工程系名誉系主任，沈世钊任建筑工程系主任，徐崇宝任建筑工程系党总支负责人，张铁铮、张耀春任副主任，刘志才任党总支副书记。

1984年6月，陈雨波被聘为全国高等教育自学考试委员会委员、土建专业委员会主任。

1984年9月1日，哈建工开始实行管理改革，包括定编定员、确定职责范围、建立责任制、建立考核制度、制定奖惩办法、实行岗位津贴和综合奖、扩大基层自主权、发挥潜力为社会服务、合理分配开源收入等方面的内容。经过改革，学校下设6个系。建筑工程系下设工业与民用建筑、地下建筑与隧道工程、城镇建设与经营3个专业。

1984年，经国务院批准，哈建工恢复一表招生。同年，哈建工获得联合国世界银行贷款361万美元，建筑工程系的力学与工程结构实验中心等项目就是利用此贷款进行建设的。

1984年，王光远被黑龙江省人民政府授予特等劳动模范称号。

1984年10月，刘季被授予国家级有突出贡献的中青年专家称号。

1984年12月22日，王光远指导的博士研究生霍达被哈建工学位评定委员会授予工学博士学位，这是黑龙江省培养的第一位博士。

1984年，计学闰、潘景龙荣获黑龙江省高等院校优秀教师称号。

1985年5月15日，哈建工在新校区建设工地上举行新校区建设开工奠基仪式，第一期5 590 m²的力学与工程结构实验中心随之开工。

1985年8月，钟善桐筹备组织的钢管混凝土结构第一次国际学术研讨会在

第一章 历史沿革

哈建工召开。

1986年1月，沈世钊任哈尔滨建筑工程学院副院长。

1986年3月，张铁铮任建筑工程系主任，张耀春、吴振声任副主任。

1986年8月，经国务院学位委员会批准，结构工程学科获得博士学位授予权，沈世钊、钟善桐、刘季获批为博士生导师，地震工程与防护工程、固体力学和实验力学获得硕士学位授予权。

哈建工院报关于培养出全省第一位博士的报道

1986年12月，国务院学位办批准哈建工为第二批在职人员申请硕士、博士学位试点单位，结构力学被批准为在职人员申请博士学位授权点，结构力学、结构工程被批准为在职人员申请硕士学位授权点。

1987年，力学与工程结构实验中心投入使用。

1987年5月，哈建工在结构动力学研究室的基础上组建了工程理论与应用研究所（以下简称"工理所"），著名结构力学专家王光远任所长。

力学与工程结构实验中心

1987年7月，国家科委（87）干字0490号文件正式批准哈建工建立在王光远主持领导下的结构力学学科博士后流动站。

1988年上半年，采用世界银行贷款一标和二标引进的具有20世纪80年代先进水平的实验设备全部安装、调试完毕，投入正常运转。

1988年，王光远主持完成的研究成果"结构模糊优化设计理论"获国家自然科学三等奖。

1988年8月，钟善桐筹备组织的钢管混凝土结构第二次国际学术研讨会在哈建工召开。这次会议正式成立了"钢-混凝土组合结构国际研究协会"，钟善桐当选为首任主席。

1989年5月，由建设部组建的全国高等学校建设工程类学科专业指导委员会在北京召开了成立会议，沈世钊、唐岱新任全国高等学校建筑工程学科专业指导委员会委员。

1989年，王光远主持完成的"高质量、多层次师资队伍培养"获黑龙江省优秀教学成果一等奖。

钢木结构教研室教师合影

1989年，刘志才任建筑工程系党总支书记，石景岚任副书记。

（二）快速发展时期

1990年到2000年，是建筑工程系（学院）快速发展的时期。

1990年2月，国家建设部党组任命沈世钊为哈尔滨建筑工程学院院长。景瑞为院长助理。

1990年，沈世钊被授予国家级有突出贡献的中青年专家称号；王光远获批享受国务院政府特殊津贴。

沈世钊院长和部分博士生导师（左起：梅季魁、郭骏、王宝贞、沈世钊、王光远、钟善桐、刘季、关柯）

1990年，刘季等完成的研究成果"不对称建筑抗震计算方法的研究"获国家科技进步三等奖。

1990年4月，张铁铮任建筑工程系主任，吴振声、何若全、石景岚任副主任。

1991年，沈世钊被聘为国务院学位委员会学科评议组成员。

1991年，哈建工获批建立土木、水利学科博士后流动站。

1991年，钟善桐、樊承谋、沈世钊、陶夏新、刘季获批享受国务院政府特殊津贴。

1991年10月，张耀春任哈尔滨建筑工程学院副院长。

1992年，陈雨波、郭长城、高伯阳、唐岱新、王振东、张耀春、张克绪获批享受国务院政府特殊津贴。

1992年，欧进萍获霍英东教育基金会青年教师奖（研究类一等奖）。

1993年，景瑞任哈尔滨建筑工程学院党委副书记、副院长。

1993年3月，何若全任建筑工程系主任，刘志才、邹超英、石景岚任副主任。

1993年，土木、水利施工学科获得硕士学位授予权，欧进萍、王焕定、卫纪德获批享受国务院政府特殊津贴。

1993年，经国务院学位委员会评审通过，欧进萍获得博士研究生指导教师资格。

1993年，张耀春等完成的研究成果"高层建筑钢结构成套技术"获国家科技进步二等奖。

1993年，计学闰、王振东、张景吉、高向东、邹超英完成的成果"抓好课程建设，不断提高教学质量"获黑龙江省优秀教学成果一等奖。

1993年，欧进萍任工理所所长。

1994年1月，经国家教委批准，哈尔滨建筑工程学院更名为哈尔滨建筑大学（以下简称"哈建大"）。沈世钊任哈尔滨建筑大学校长，景瑞任党委副书记、副校长。

1994年3月，哈建大隆重举行更名庆典。

哈尔滨建筑工程学院更名为哈尔滨建筑大学庆典

1994年8月，景瑞任哈尔滨建筑大学常务副校长，何若全、刘志才任哈尔滨建筑大学副校长。

哈建大副校长何若全　　　　　　　　哈建大副校长刘志才

1994年9月，王用信任建筑工程系主任，计学闰、石景岚、赵臣任副主任，刘雁斌任党总支副书记。

1994年，王光远、谢礼立当选为中国工程院首批院士。

中国工程院土木水利建筑学部首批院士合影（后排右四为王光远、右五为谢礼立）

1994年，根据国家专业目录调整的要求，工业与民用建筑专业更名为建筑工程专业。

1994年12月7日，建筑工程系与工理所联合成立建筑工程学院，建筑工程系和工理所同时并存。王用信继续担任建筑工程系主任，欧进萍继续担任工理所所长，范乃文任建筑工程系党总支书记。

建筑工程学院成立庆典时部分教师和来宾合影

1995年4月，张耀春任建筑工程学院院长，刘季任副院长，郭旭任建筑工程学院党总支书记。

1995年，建筑工程专业开始实行学分制。

1995年，建筑工程专业首批通过全国高等教育建筑工程专业教育评估，有效期5年。

第一章 历史沿革

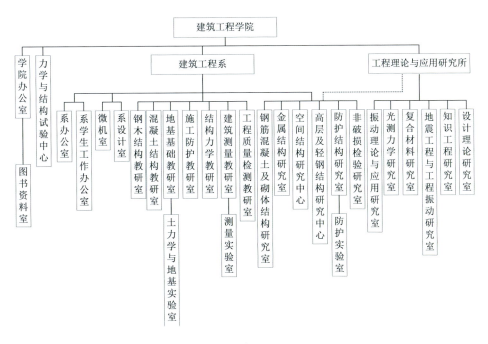

建筑工程学院机构设置

1995年，钟善桐主持完成的研究成果"钢管混凝土结构构件基本性能和计算理论的研究"获国家科技进步三等奖。

1995年，张永山、张金生、景瑞、王伟等完成的"结构力学计算机辅助教学课件"获黑龙江省优秀教学成果一等奖。

1995年，欧进萍获得黑龙江省杰出青年基金。

1995年9月，景瑞任哈尔滨建筑大学校长。

1996年7月，沈世钊被聘为全国高等教育自学考试指导委员会委员、土建类专业委员会主任委员，邹超英被聘为土建类专业委员会委员兼秘书长。

1996年，欧进萍获得国家杰出青年基金资助。

1996年，张素梅被授予黑龙江省优秀中青年专家称号。

哈尔滨建筑大学校长景瑞

1996年，景瑞获宝钢优秀教师奖；韩林海、陈昕分获霍英东教育基金会青年教师奖（研究类一等奖）、青年教师奖（教学类三等奖）。

1997年，景瑞当选为黑龙江省第八届人民代表大会代表。

1997年，沈世钊主持完成的建设部"八五"科技攻关项目"悬索与网壳结构应用关键技术"获国家科技进步二等奖；刘季等完成的国家"八五"科技攻关项目"建筑结构隔振减振方法及其工程应用"获国家科技进步二等奖。

1997年1月，邹超英任建筑工程系主任，郭旭、叶英华任副主任。

1997年，王焕定、景瑞、朱本全、张永山、王伟等完成的"结构力学课程建设的研究与实践"获国家级教学成果奖二等奖、黑龙江省优秀教学成果一等奖。

1997年，张素梅获得黑龙江省杰出青年基金。

1998年，建筑工程学院机构调整，将建筑工程系和工理所合并，形成一个独立的办学实体，欧进萍任建筑工程学院院长，郭旭任党委书记兼副院长（代管学生工作），张素梅、邹超英、吴波任副院长。1999年，学院设置了混凝土结构、钢结构、岩土与地下工程、土木工程施工、工程力学和计算机应用6个教研室。

建筑工程学院领导班子（1998年）

1998年，哈建大首批获土木工程一级学科博士学位授权单位。

1998年，王焕定被授予全国优秀教师称号。

1998年，景瑞、张素梅、计学闰获批享受国务院政府特殊津贴。

1998年，卫纪德等完成的研究成果"预应力混凝土结构设计基本问题的研究"获国家科技进步二等奖。

1999年，沈世钊当选为中国工程院院士。

1999年6月，欧进萍任哈建大副校长。

1999年，张素梅入选"百千万人才工程"国家级人选。

1999年，赵臣被授予黑龙江省优秀中青年专家称号。

1999年，根据国家专业目录

沈世钊院士

调整的要求，原建筑工程专业停止招生，土木工程专业开始招生。同年，理论与应用力学／土木工程双学位本科专业开始招生。

1999年，工程力学、结构工程、防灾减灾与防护工程、岩土工程4个硕士、博士学科被批准为建设部重点学科；结构与抗震减振实验室被批准为建设部重点实验室。

20世纪90年代后期，哈建大在人才培养方面实行了重大的调整。按照教育部1998年颁布的新专业目录，土木工程专业涵盖了原来的建筑工程、交通土建工程、矿井建设、城镇建设（部分）等专业，为了适应这个调整，建筑工程学院从1998年开始将教学计划调整向土木工程专业转变，直到1999年正式按土木工程专业（建筑工程方向）招生。调整的关键是将建筑工程专业拓宽到大土木、宽口径上来。专业拓宽，在教学计划中主要体现在专业基础课程的拓宽，在教学计划的编排上突出强调土木工程专业基础和人文基础。在宽口径、厚基础的专业平台上，学生可以选择不同的专业方向课程，作为学生第一次择业的基础。

2000年6月2日，哈尔滨建筑大学与哈尔滨工业大学合并，土木工程学科被学校确定为重点建设的学科之一。合校后，建筑工程学院更名为土木工程学院，原哈工大建筑工程与设计学院的一部分人员并入其中。2004年，国家对学校提出了更高的要求，哈工大被确定为按照世界一流大学的目标重点建设的大学之一。土木工程学院也由此开启了快速发展的新时期。

2000年哈工大与哈建大合并后，哈建大副校长、土木工程学院院长欧进萍任哈工大副校长。年末，由张素梅继任土木工程学院院长，邹超英任党委书记，王伟、吴知丰任副院长，李仁福任党委副书记（2002年，王涛任土木工程学院院长助理，分管学生工作；2004年，徐鹏举任党委副书记）。

土木工程学院领导班子（2000年）

合校后的土木工程学院设有5个教研室：钢筋混凝土与砌体结构教研室、钢结构教研室、岩土与地下工程教研室、土木工程施工教研室、防灾减灾与工程力学教研室；设有力学与结构实验中心、风洞实验室（在建）、岩土与地下工程实验室、工程结构智能监测与光测实验室、国防抗爆实验室、寒冷地区混凝土工程病害及防治实验室6个实验室，其中力学与结构实验中心、寒冷地区混凝土工程病害与防治实验室为建设部重点实验室。设有土木工程（建筑工程方向、岩土与地下工程方向）和理论与应用力学2个本科专业，结构工程、岩土工程、防灾减灾与防护工程和工程力学为博士点学科和建设部重点学科，拥有土木工程和力学2个一级学科博士后流动站。固体力学为硕士点学科，拥有土木与建筑工程领域工程硕士点学科。

2000年，结构工程（联合工程力学）学科获准设立"长江学者特聘教授"岗位。

2000年6月，土木工程专业以优异成绩通过住建部高等教育土木工程专业评估委员会组织的专业评估（第一次复评），有效期5年。

2000年，郑文忠获黑龙江省青年科技奖；李惠、郑文忠被授予黑龙江省优秀中青年专家称号。

第四节 2001—2020 年的土木工程学院

2001年3月，中共哈尔滨工业大学土木工程学院第一次代表大会在学院报告厅召开，70名党代表出席大会。党委书记邹超英做题为"抓住机遇，加速发展，为创办世界知名高水平大学的一流学院而努力奋斗"的工作报告。大会选举邹超英、李仁福、王伟、吴知丰、王凤来、宁仁岐、齐加连7名委员组成第一届委员会。

2001年，欧进萍被聘为国家高技术研究与发展计划（简称"863计划"）海洋资源开发技术主题专家组副组长。

2001年，张素梅获中国青年科技奖；郑文忠、李惠获得黑龙江省杰出青年基金。

2001年，何若全等完成的"面向21世纪土建类专业人才培养方案及教学内容体系改革的研究"项目获国家教学成果二等奖。

2001年12月，在国家重点学科评审中，结构工程学科以优异的成绩通过国家重点学科通讯评审，排名第一。这是对土木工程学院学科建设的一次大检阅，也是土木工程学院实力厚积而薄发的体现。

2002年1月，土木工程学院第一届教职工代表大会暨工会会员代表大会在学院报告厅召开。院长张素梅做题为"团结一致、开拓创新，为创办世界知名高水平的土木工程学院而努力奋斗"的报告。

2002年11月，沈世钊被聘为全国高等教育自学考试指导委员会委员、土木水利矿业交通环境类专业委员会主任，邹超英被聘为土木水利矿业交通环境类专业委员会副主任兼秘书长。

2002年，工程力学被评为国防科工委重点学科。

2002年，景瑞当选为黑龙江省第九届人民代表大会代表。

2002年，张素梅入选高等学校青年教师教学科研奖励计划。

2002年，沈世钊获得由中国空间结构委员会颁发的空间结构杰出成就奖。

2003年，在全国一级学科评估中，土木工程学科和力学学科均位居全国第三。

2003年，欧进萍当选为中国工程院院士。

欧进萍院士

2003年，欧进萍主持完成的成果"海洋平台结构检测维修、安全评定与实时监测系统"获国家科学技术进步二等奖。

2003年，李惠入选国家教委跨世纪优秀人才支持培养计划，张素梅荣获第六届中国青年科技创新优秀奖。

2003年，邹超英被聘为建设部高等教育土木工程专业评估委员会委员。

2003年，王焕定负责的"结构力学"被评为黑龙江省精品课程。

2004年，土木工程系统安全与防护科技创新平台被国家"985工程"二期列为国家重点实验室建设项目。

2004年，李秋胜（合作者：段忠东）获得国家杰出青年基金，段忠东入选教育部新世纪优秀人才支持计划，张素梅荣获黑龙江省五一劳动奖章。

2004年，王伟获黑龙江省优秀教师称号。

2004年10月，唐岱新、王凤来分别当选为中国工程建设标准化协会砌体结构委员会副主任委员、副秘书长。

2004年12月，土木工程学院为适应基层单位从教学型组织向教学、科研型的转变，决定取消教研室设置，设立学科组。改革后，学院设立6个学科组：钢结构与木结构学科组、混凝土与砌体结构学科组、岩土工程与土木工程施工学科组、防灾减灾工程与桥梁工程学科组、工程力学与海洋工程学科组、土木工程材料学科组。

设立7个实验室：结构与抗震实验室、岩土与地下工程实验室、土木工程低温实验室、风洞与浪槽实验室、结构智能监测实验室、国防抗爆与防护实验室、寒冷地区混凝土工程病害及防治实验室。

土木工程学院楼

2005年，学校投资3 600余万元，为土木工程学院新建的15 000 m² 教学科研实验楼竣工投入使用，土木工程专业的办学条件得到了明显的改善。

2005年3月，经过公开招聘和竞聘，邹超英任土木工程学院院长，陶夏新任党委书记兼副院长，王伟、段忠东、郑文忠任副院长，徐鹏举任党委副书记。

土木工程学院领导班子（2005年3月）

2005年4月，谢礼立当选为国际地震工程协会副主席。

2005年6月，土木工程专业以优异的成绩通过住建部高等教育土木工程专业评估委员会组织的专业评估（第二次复评），有效期8年。

2005年9月，土木工程学院教授委员会成立，首届委员会由20名委员组成。2006年3月，讨论通过了《哈尔滨工业大学土木工程学院教授委员会章程》，对教授委员会的组成、工作职责、议事规则等做出了规定。早在2002年11月19日，土木工程学院就成立了教授会。教授会由所有教授组成。教授会设立会长、副会长和秘书，凡涉及学院发展和规划的重大事项，须由教授会讨论通过。教授会采取不定期开会的方式，需由教授会通过的事项，由教授会到会成员表决通过，且通过票数超过出席人数的三分之二时方为有效。当时的教授会更多地体现在议事上，教授会讨论的决定起参考作用。

2005年10月，邹超英任高等学校土建学科土木工程专业指导委员会委员。

2005年，李惠获国家杰出青年基金；郑文忠、吴斌入选教育部新世纪优秀人才支持计划；欧进萍被评为全国优秀博士后。

2005年，王焕定负责的"结构力学"课程被评为国家精品课程；王焕定、张金生、张永山、王伟、段忠东完成的"结构力学立体化教材研究"获黑龙江省优秀教学成果一等奖。

2006年4月8日，中共哈尔滨工业大学土木工程学院第二次代表大会在学院新楼报告厅召开，78名党代表出席大会。党委书记陶夏新做题为《认真加强党的建设，为创建世界一流的土木工程学院做出新贡献》的工作报告。大会选举陶夏新、邹超英、徐鹏举、王伟、郑文忠、吕大刚、张鹏程7名委员组成第二届委员会。

2006年7月，在中国工程院第四届第一次院士大会上，谢礼立当选为主席团成员。

2006年8月，在国际钢-混凝土组合结构协会（ASCCS）理事会会议上，张素梅当选为新一届理事会主席。

2006年9月，王焕定被授予黑龙江省教学名师称号。

2006年，防灾减灾工程与防护工程学科被评为黑龙江省重点学科。

2006年，李惠承担完成的项目"国道205线滨州黄河公路大桥工程综合技术研究"获国家科技进步二等奖；沈世钊、范峰等主持设计的"哈尔滨国际

中国工程院徐匡迪院长向谢礼立
颁发中国工程院主席团成员证书

第一章 历史沿革

会展体育中心"获土木工程詹天佑大奖。

2006年，李惠入选"长江学者奖励计划"特聘教授、入选"新世纪百千万人才工程"国家级人选并获第三届"中国青年女科学家奖"提名奖，获批享受国务院政府特殊津贴；范峰入选教育部新世纪优秀人才支持计划；郑文忠获宝钢优秀教师奖；王伟被评为"十五"全国建设科技进步先进个人。

2006年，邹超英负责的"混凝土结构设计原理"课程被评为黑龙江省精品课程。

2007年，景瑞当选为黑龙江省第十届人民代表大会代表。

2007年5月，在首届全国"三个一百"原创图书出版工程图书评选中，由中国建筑工业出版社出版、王光远和吕大刚等撰写的专著《结构智能选型——理论、方法与应用》入选。

2007年6月，经过规划和考评，土木工程学院完成了2006年至2008年度的岗位聘任工作。在此次岗位聘任工作中，学院按照岗位及人员的特点将教师岗位分为教学科研岗、教学岗、科研岗三大类。

土木工程学院院徽

2007年9月，邹超英获黑龙江省教书育人、管理育人、服务育人先进工作者荣誉称号。

2007年12月，吕大刚获黑龙江省青年科技奖。

2007年，土木工程学院对学院环境进行了精心的设计和建设，设计了学院的院徽，并制定了"忠诚进取　求实创新"的院训，以体现学院浓厚的文化特色。

2007年，欧进萍主持完成的项目"重大工程结构的健康监测集成系统与应用"获国家科技进步二等奖。

2007年，李惠带领的"结构健康监测与振动控制"团队入选2006年度教育部"创新团队发展计划"。

2007年，王焕定获第三届全国高等学校教学名师奖。

李惠和她的团队

全国高等学校教学名师奖获得者王焕定

2007年，张素梅负责的"钢-混凝土组合结构"课程获全国首批百门双语教学优秀示范课程。

2007年，土木工程、力学一级学科被评为国家重点学科。

2007年，结构工程学科通过国家重点学科复评，再次被评为国家重点学科；防灾减灾工程与防护工程学科被评为国家重点学科。

在2008年1月，土木工程学院教授、九三学社黑龙江省委主委陶夏新当选为政协黑龙江省第十届委员会副主席，张素梅当选为政协黑龙江省第十届委员会常委。

2008年，在全国第二轮一级学科评估中，土木工程学科、力学学科再次位居第三，"土木建筑防灾与交通安全"项目获"211工程"三期建设资助。高水平的师资队伍、国际先进的实验平台及标志性的成果为建设国际一流的土木工程学科奠定了坚实基础。

2008年，王焕定作为团队带头人（第二）的力学课程教学团队入选国家级教学团队；王焕定带领的结构力学教学团队被批准为黑龙江省教学团队。

2008年5月12日，四川汶川发生8.0级特大地震。土木工程学院全体师生积极行动起来，通过出钱、出力、出计策等方式支援灾区。92岁高龄的退休老教师李德滋不愿透露姓名个人捐款2万元。

2008年5月18日至24日，按照学校和国家国防科技工业局的安排，郑文忠、武振宇、齐加连在余震不断、生活条件十分艰苦的特殊环境下赴四川绵阳，克服困难，圆满完成了对西南科技大学所有毁损房屋的安全评估工作，并很快拿出可行的解决方案。

结构力学课程教学团队

土木工程学院专家对灾区毁损房屋进行安全评估

2008年5月19日至25日，吴斌、郭安薪随中国地震局工程力学研究所地震灾害评估分组，先后至安县、绵阳、都江堰等地对灾区房屋建筑的地震灾害进行了调查。

2008年5月21日，国务院抗震救灾总指挥部总指挥、国务院总理温家宝主持召开国家汶川地震专家委员会成立会议。谢礼立、欧进萍等成为由30名专家组成的委员会的成员。

2008年5月29日，按照全国房屋鉴定委员会关于做好援助四川房屋安全排查工作的要求，王凤来、翟长海、支旭东随哈尔滨市房产住宅局第二批赴川工作小组到灾区进行房屋安全鉴定工作。

2008年8月2日，中共中央政治局委员、全国人大常委会副委员长王兆国在黑龙江省主要领导的陪同下来到土木工程学院大气边界层风洞与浪槽实验室参观并指导工作。王兆国对土木工程学科的发展与取得的成绩给予充分肯定，并希望土木工程学院利用先进设备在重大工程建设、防止自然灾害、能源开发与利用等方面发挥更大的作用。

2008年10月17日，在北京召开的第十四届世界地震工程大会上，中国工程院院士、土木学院博士生导师、威海校区土木工程灾害与防御研究中心名誉主任谢礼立被评为世界地震工程协会（IAEE）荣誉会员，这是中国学者首次获得该荣誉称号。

2008年10月，沈世钊被聘为全国高等教育自学考试指导委员会委员、土木水利矿业环境类专业委员会主任，邹超英被聘为土木水利矿业环境类专业委员会副主任兼秘书长。

2008年11月6日，受四川省江油市城市住房维修加固领导小组邀请，王凤来、潘景龙以及2名研究生组成4人小组，再赴四川省江油市开展震后受损城市住房维修加固试点工程指导工作。

2008年11月，在苏州举行的第六届国际发明展览会上，杨英姿发明的"混凝土渗透性测量装置"获得金奖。

2009年初，建筑材料系的主体共19名教师及实验技术人员从材料工程学院并回土木工程学院。土木工程学院设立土木工程材料系，对内为土木工程材料学科组，与学院机构对接。

2009年7月，土木工程学院进行领导班子换届工作。经过公开招聘和竞聘，范峰任土木工程学院院长，邹超英任党委书记。郑文忠、吕大刚、吴斌任副院长，徐鹏举任党委副书记。

2009年7月29日，土木工程学院选举产生了学院新一届教授委员会，并对教授会章程进行了修订。

土木工程学院领导班子（2009年7月）

2009年8月2日，土木工程学院风洞与浪槽联合实验室揭牌仪式隆重举行。欧进萍、韩杰才副校长，原哈建工院长何钟怡及承建单位沈阳航空工业学院校长兼党委书记王维出席了揭牌仪式。风洞与浪槽联合实验室的揭牌投入运行，标志着哈工大拥有了国际上唯一能够进行风-浪-雨联合作用模拟试验的大型实验平台。该实验室将推动哈工大风工程、桥梁工程和海洋工程学科的发展，将在相关领域的国家重大工程建设中起到重要的作用。

风洞与浪槽联合实验室揭牌仪式

风洞洞体效果图

2009年9月23日，中共中央政治局常委、中央书记处书记、国家副主席习近平视察了土木工程学院风洞与浪槽联合实验室。习近平说："哈工大的土木学科是我们国家实力最强的几个土木学科之一，哈工大在海上石油开采产业方面的贡献也是很大的。"并勉励学生："你们要好好学习，将来也要像你们的老师一样为国家做出贡献！"

2009年10月，在中国钢结构协会钢-混凝土组合结构分会第十三次学术会议上，查晓雄和王玉银分别当选为中国钢结构协会钢-混凝土组合结构分会第七届理事会理事长和秘书长。

2009年末，土木工程学院在严格考核的基础上实行了新一轮岗位聘任。对2006—2008年度考核优秀的人员实行了岗位津贴的级别晋升，较好地体现了岗位津贴与工作数量、质量的紧密结合，调动了广大教师的工作积极性。

2009年11月，在校内多学科充分交叉融合及校企良好合作的基础上，与黑龙江省建设集团有限公司共同组建了寒区低碳建筑黑龙江工程研究中心，开展产学研结合，以绿色建材制品生产、建筑部品工厂化生产等为重点，对建材生产过程、建筑物建造过程和使用过程为主线的全过程进行技术研发和集成。

2009年，郑文忠入选"百千万人才工程"国家级人选；范峰、吴斌获黑龙江省青年科技奖；邹超英获宝钢优秀教师奖；咸贵军入选教育部新世纪优秀人才支持计划（A类）。

2009年，邵永松负责的"钢结构基本原理及设计"课程被评为黑龙江省精品课程。

2010年1月，范峰荣获第十一届中国青年科技奖。

2010年3月，邹超英任高等学校土建学科土木工程专业指导委员会副主任委员。

第一章　历史沿革

　　2010年，郑文忠入选教育部"长江学者奖励计划"特聘教授；李惠获何梁何利基金科学与技术创新奖；关新春、郭安薪入选教育部新世纪优秀人才支持计划；范峰获得黑龙江省杰出青年基金。

　　2010年，王伟负责的"有限单元法基础"课程、赵亚丁负责的"土木工程材料"课程被评为黑龙江省精品课程；理论与应用力学专业调整为土木工程力学精英班，按照"4+2"本硕直读培养。

　　2010年，哈工大90周年校庆前夕，吕红军校友发起工民建85级校友共同向学院捐献纪念石的活动。为了总结土木工程学院90年的办学传统，继往开来，学院组织纪念石题字内容征集，经过评审，最终确定为沈世钊院士提出的"土木菁华"，后请书法造诣深厚的原建设部部长叶如棠题写。书写着"土木菁华"的纪念石于90周年校庆日正式落成，该石后被称为土木菁华石，寓意土木工程学院"培养国际一流土木工程精英人才"，学院培养的土木学子能够成为行业精英，国之栋梁。

土木菁华石落成（中为原建设部部长叶如棠）

　　2010年，鉴于沈世钊、范峰领导的研究团队在国家重大科学工程——500米口径球面望远镜FAST项目中所做出的突出贡献，中国科学院国家天文台经国际天文学联合会小天体命名委员会批准，将中国科学院国家天文台施密特CCD小行星项目组于1996年6月7日发现的小行星1996LN命名为"哈工大星"，其国际永久编号为第55838号。6月5日，命名仪式在哈工大举行。

"哈工大星"命名仪式

　　2010年6月，适逢哈工大建校90周年，也是土木工程学科创建90周年，土木工程学院举行了隆重的庆祝活动。1 000多名毕业校友返校参加校庆活动。

　　2010年12月27日，中共哈尔滨工业大学土

土木工程专业成立90周年庆祝大会

木工程学院第三次代表大会在学院新楼报告厅召开，86名党代表出席大会。邹超英做题为"凝心聚力，科学发展，加快建设世界一流土木工程学院步伐"的工作报告。大会选举邹超英、徐鹏举、郑文忠、吕大刚、赵亚丁、王玉银、张鹏程7名委员组成第三届委员会。

2011年10月，欧进萍任中国振动工程学会理事长。

2011年11月，在寒区低碳建筑黑龙江工程研究中心的基础上获批成立寒区低碳建筑国家地方联合工程研究中心，并于11月16日在深圳高交会上由国家发改委进行授牌。该国家地方联合工程研究中心，是哈工大继水资源开发与利用国家工程研究中心之后的第二个国家工程研究中心，同时也是黑龙江省首批国家地方联合建设的国家级工程研究中心。

国家地方联合工程研究中心获国家发改委授牌

2011年，欧进萍任中国建筑学会副理事长。

2011年，依托土木工程、力学、环境科学与工程、城乡规划学、风景园林学5个一级学科，"城乡建设可持续发展黑龙江省重点学科群"获批；与美国加州大学圣地亚哥分校联合建设了HIT-UCSD海外学术基地。

2011年，依托学科，重点建设"高性能工程结构""结构灾变作用与行为""结构监测与控制"三个主要研究方向的"结构工程灾变与控制教育部重点实验室"获教育部批准建设，这是土木工程学科在科研基地建设方面取得的又一重大进展。

2011年，范峰等参加完成的项目"复杂钢结构施工过程时变分析及控制关键技术研究与工程应用"获国家科技进步二等奖。

2011年，翟长海、韩宝国入选教育部新世纪优秀人才支持计划。

2012年4月7日，经教育部组织的专家组考核论证，一致同意通过"结构工程灾变与控制教育部重点实验室"的建设计划，并建议相关部门加大投入，瞄准国家重点实验室目标加快建设。

结构工程灾变与控制教育部重点实验室通过论证

2012年10月，面向国家重大需求，依托寒区低碳建筑技术国家地方联合工程研究中心，协同校内力学、环境、交通、建筑等多个学科的综合优势，联合黑龙江省建设集团有限公司、中国地震局工程力学研究所、黑龙江省寒地建筑科学研究院、黑龙江省环境保护科学研究院等省内城乡建设领域的大型企业和科研院所，牵头发起建设了"寒区城乡建设可持续发展协同创新中心"。

2012年，与中国建筑工程总公司、北京金隅股份有限公司、黑龙江省建设集团有限公司等联合建设的工程实践教育中心获批为国家级工程实践教育中心。谢礼立主讲的视频公开课"地震灾害与建筑结构防震设计"入选教育部首批中国大学视频公开课；举办第七届全国建筑与土木工程领域工程硕士培养工作研讨会、第二届全国土木工程专业大学生论坛、全国土木工程暑期学校、东北四省区结构竞赛黑龙江赛区预选赛等会议和比赛。

2012年5月，在韩国首尔举办的2012年国际空间结构协会（IASS）学术会议上，沈世钊被国际空间结构协会授予Honorary Membership称号。Honorary Membership称号是为表彰在空间结构领域做出突出贡献的个人而设立的最高荣誉奖励，全球获此殊荣的学者当时仅有16位。

沈世钊被国际空间结构协会授予Honorary Membership称号

2012年，郑文忠获批享受国务院政府特殊津贴；郭安薪获国家自然科学基金优秀青年基金资助；武岳、高小建入选教育部新世纪优秀人才支持计划。

2012年，土建工程实验教学示范中心获批"十二五"国家级实验教学示范中心，邹超英任示范中心主任。

2013年1月，教育部学位与研究生教育发展中心公布了第三轮学科评估结果。哈工大力学、土木工程学科在全国同类学科中分别排名第一、第二。

2013年1月，范峰当选为政协黑龙江省第十一届委员会委员，并于2016年3月被补选为政协黑龙江省第十一届委员会常委。

2013年5月，土木工程专业以优异成绩通过住建部高等教育土木工程专业评估委员会组织的专业评估（第三次复评），有效期8年。

2013年7月，土木工程学院进行领导班子换届工作。经过公开招聘和竞聘，范峰任土木工程学院院长，邹超英任党委书记兼副院长。吕大刚、王玉银、关新春任副院长，徐鹏举任党委副书记（2016年6月，魏小坤接任土木工程学院党委副书记）。

2013年8月17日，哈工大牵头组建的寒区城乡建设可持续发展协同创新中心正式成立。

2013年12月24日，土木工程学院第二届教职工代表大会暨工会会员代表大会在学院新楼报告厅召开。院长范峰做题为《坚定信念、坚持不懈、加快建设国际一流土木工程学院》的工作报告。

寒区城乡建设可持续发展协同创新中心揭牌仪式

2013年，欧进萍主持完成的项目"结构振动控制与应用"获国家科技进步二等奖。

2013年，欧进萍当选为国际智能基础设施结构健康监测学会（ISHMII）副理事长。

2013年，王政任教育部无机非金属材料教学指导委员会委员。

2013年，新增城市地下空间工程专业，并于当年开始招生。

2013年，翟长海获国家自然科学基金优秀青年基金资助；赵雷入选教育部新世纪优秀人才支持计划；"结构力学"获批国家级精品资源共享课。

2014年，申请创建土木工程智能防灾减灾工信部重点实验室，并于2015年7月首批获得批准建设。实验室依托学科，重点建设"土木工程灾变行为与机理""土木工程智能监测与控制""土木工程防灾减灾智能技术装备一体化"三个主要研究方向，并以此为基础逐步拓展新的研究方向。实验室的获批进一步推动了学科在科研基地建设方面的进程。

2014年6月23日，中国工程院院士、中国建筑股份有限公司技术中心顾问总工程师肖绪文受聘我校兼职教授。

2014年，周广春被评为黑龙江省优秀教师。

2014年11月，由沈世钊等主讲的"从'有巢氏'到'鸟巢'——土木

校党委书记王树权向肖绪文院士颁发兼职教授聘书

工程导论"获批国家精品视频公开课，并同步在爱课程网、中国网络电视台和网易等网站上线，以"中国大学视频公开课"形式免费向社会开放。

2014年11月，寒区城乡建设可持续发展协同创新中心被认定为省级协同创新中心。

第一章 历史沿革

2014年，郑文忠主持完成的项目"混凝土结构耐火关键技术及应用"获国家科技进步二等奖。

2014年，邹超英参加完成的"20年磨一剑——与国际等效的中国土木工程专业教育评估制度的创立与实践"项目获国家级优秀教学成果一等奖。

2014年，范峰被聘为国务院学位委员会学科评议组成员；邵永松荣获宝钢优秀教师奖。

2014年，土木工程学院举办了全国土木工程博士生学术论坛。

2015年5月，由总部位于英国伦敦的QS（Quacquarelli Symonds）教育集团主持的2015年最新"QS世界大学学科排名"中，土木与结构工程排名为51～100。

2015年9月，在由斯坦福大学主办的"第十届国际结构健康监测研讨会"上，李惠荣获2015"国际结构健康监测年度风云人物"。

2015年10月，张耀春获中国钢结构协会钢-混凝土组合结构分会"钢-混凝土组合结构"终身成就奖。

张耀春（右）获"钢-混凝土组合结构"终身成就奖

2015年12月，营造与房地产系的主体共23名教师整建制从管理学院调整到土木工程学院，土木工程学院设立建设管理系。

2015年，哈工大党委常务副书记熊四皓到土木工程学院调研。

校党委常务副书记熊四皓（现任校党委书记）到土木工程学院调研

2015年，邹超英任高等学校土木工程学科专业指导委员会副主任委员。

2015年，由谢礼立、翟长海主持完成的"建筑结构基于性态的抗震设计理论、方法及应用"项目荣获国家科技进步一等奖。

2015年，李惠领导的智能土木工程创新团队入选科技部重点领域创新团队。

2015年，范峰获国家杰出青年基金资助；翟长海入选教育部"长江学者奖励计划"青年学者；翟长海获中国青年科技奖并入选"科技部创新人才推进计划"中青年科技创新领军人才；赵亚丁荣获宝钢优秀教师奖。

2016年1月，土木工程学院被中华全国总工会授予"全国模范职工小家"荣誉称号。2016年4月27日下午，土木工程学院"全国模范职工小家"揭牌仪式在学院一楼教工之家活动区举行。校党委副书记、副校长兼工会主席张洪涛出席活动。

土木工程学院"全国模范职工小家"揭牌仪式

2016年2月，范峰任住建部高等教育土木工程专业评估委员会委员。

2016年6月，经四年的建设周期，教育部组织了专家组对"结构工程灾变与控制教育部重点实验室"的建设进行了验收，专家组听取了实验室建设工作总结报告并质询，实地考察了实验平台并进行了交流，一致同意实验室通过验收，并建议实验室进一步凝炼学科方向，突出区域特色，积极申报国家重点实验室。

2016年9月，李惠全票当选为国际结构控制与监测学会（International Association for Structural Control and Monitoring，IASCM）理事长。这是该学会成立以来第一次由华人学者担任理事长。

2016年下半年，哈工大开始实行人事制度综合改革。教师岗位实行长聘、准聘制度，探索实施师资队伍"稳、引、培"新途径、新办法。深化教师岗位分类管理改革、技术职务聘任改革和收入分配制度改革。在第一轮聘任中，土木工程学院共有16名教师被聘为长聘教授岗，10名教师被聘为准聘教授岗，7名教师被聘为准聘副教授岗。

2016年，由范峰主持完成的"大跨空间钢结构关键技术研究与应用"项目荣获国家科技进步二等奖。

2016年，王玉银参加完成的"高校自主选拔生源的公平公正和科学性研究与实践——以哈工大结构化面试为例"获中国学位与研究生教育学会研究生教育成果二等奖。

2016年，吕大刚负责的"结构力学"课程获教育部第一批"国家精品资源共享课"称号；郭兰慧负责的"高等组合结构"课程被评为教育部来华留学英文授课品牌课程；学科本科生按土木类专业进行大类招生；举办了第四届全国高校土木工程专业大学生论坛。

2016年，范峰入选教育部"长江学者奖励计划"特聘教授。

第一章 历史沿革

2017年1月，乔世军调任土木工程学院党委书记兼副院长。2018年6月，吴严任土木工程学院党委副书记。

2017年1月，武永祥任住建部高等教育工程管理专业评估委员会委员。

2017年，土木、力学学科入选教育部"双一流"建设名单。在第四轮全国学科评估中，土木工程和力学两个学科均获评为A。

土木工程学院领导班子（2018年7月）

2017年，由土木工程学院牵头，联合40余个我国一流大学以及文莱、柬埔寨等东盟大学成立了"中国-东盟科学与技术研究院土木工程分中心"。

2017年，凌贤长主持完成的"水库高坝／大坝安全精准监测与高效加固关键技术"项目获国家技术发明二等奖。

2017年，在萧山召开的中国钢结构大会暨浙江省钢结构论坛上，沈世钊被授予中国钢结构协会最高成就奖，以表彰其对推动钢结构产业发展做出的突出贡献。

2017年，李惠、翟长海入选国家特殊人才支持计划（"万人计划"）科技创新领军人才；郭安薪获国家杰出青年基金资助；陈文礼获国家自然科学基金优秀青年科学基金资助；鲍跃全入选教育部"长江学者奖励计划"青年学者。

2017年8月，土木工程学院获哈工大立德树人先进集体称号。

2017年9月，张耀春获中国钢结构协会专家委员会"钢结构"终身成就奖。

2017年12月20日，中共哈尔滨工业大学土木工程学院第四次代表大会在学院新楼报告厅召开，108名党代表参加会议。党委书记乔世军做题为《高举中国特色社会主义伟大旗帜，团结奋进，砥砺前行，为建设世界一流土木工程学科而不懈奋斗》的工作报告。大会选举乔世军、魏小坤、吕大刚、王玉银、关新春、王震宇、张鹏程7名委员组成第四届委员会。

2017年12月，在中国钢结构协会钢-混凝土组合结构分会第十六次学术会议上，王玉银、郭兰慧分别当选为中国钢结构协会钢-混凝土组合结构分会第九届理事会理事长、秘书长。

2018年1月，土木工程学院主办的学术期刊《工程管理学报》在黑龙江省新闻出版广电局组织的2017年度学术期刊综合评估工作中入选优秀行列，在黑龙江省140种自然科学类学术期刊中名列第七位。

2018年，李惠主持完成的"大型桥梁结构健康监测数据挖掘与安全评定关键技术"项目荣获国家科技进步二等奖；王玉银主编的《钢管混凝土结构技术规程》获标准科技创新一等奖。

2018年，翟长海获国家杰出青年基金资助；唐亮入选国家特殊人才支持计划（"万人计划"）青年拔尖人才；王玉银入选"龙江学者支持计划"；陈文礼获中国振动工程学会青年科技奖。

2018年，土木工程博士学位点顺利通过审核评估。

2018年，张守健任黑龙江省监理协会副会长。

2018年5月11日，由吕红军等众多校友及星河湾集团等合作企业捐资建设、建筑面积1.4万平方米的土木工程学院科研楼动工兴建。沈世钊院士，哈工大校友总会副会长、原副校长景瑞，苏州科技大学原校长何若全等出席开工仪式。

校友捐资建设的土木工程学院科研楼开工典礼

2018年5月，为总结办学经验及专业历史传统，深圳土木校友会捐款100万元，成立专项基金，用于编写《百年土木　百年树人》一书及其出版工作，在百年校庆前同时开办《百年土木　百年树人》展览。学院成立编撰委员会，负责院史的总体策划和审查工作。同时组成编写组，具体负责院史的资料收集、初稿撰写和统稿工作。

土木工程学院《百年土木　百年树人》编撰启动仪式

第一章 历史沿革

2018年9月23日,哈工大77、78级校友入学40年纪念大会在哈工大主楼礼堂举行,来自海内外的1 289名哈工大人欢聚一堂,一起重温历史、追忆青春,共话母校情、师生情、同窗情。土木工程学院工民建77级校友、住建部原副部长、中国市长协会常务副会长齐骥代表返校校友在大会上发言。

77、78级校友入学40年纪念大会　　　齐骥校友在纪念大会上发言

2019年3月,在2019年度全国城乡妇女岗位建功活动中,李惠荣获2019年"全国巾帼建功标兵"荣誉称号。

2019年,李惠团队陶瓷气凝胶成果发表于 *Science* 杂志。

2019年5月,"组合结构创新论坛暨钟善桐先生诞辰100周年学术会议"在土木工程学院报告厅隆重举行,随后举行了钟善桐先生铜像揭幕和钟善桐教育基金揭牌仪式。

2019年5月,工程管理专业以优异成绩通

钟善桐先生铜像揭幕、教育基金揭牌

过住建部高等教育工程管理专业评估委员会组织的专业评估(第四次复评)。

2019年6月,范峰任哈工大校长助理。

2019年9月,教育部公布了2019年省部共建协同创新中心认定名单。其中,由哈工大牵头的"寒区城乡建设可持续发展协同创新中心"正式获批。该中心由2009年建立的寒区低碳建筑黑龙江省工程研究中心演变发展而来,历经十余年的运行、发展和变革,此次跃升成为国家级平台。

2019年9月,武岳被评为黑龙江省优秀教师。

2019年9月,路晓艳与合作者首次在铁电外延薄膜中观察到类似"多米诺"式大面积铁弹翻转,研究结果在 Nature 子刊 Nature Communications 在线发表。

2019年10月,王玉银主持完成的"大跨度钢管混凝土拱桥精细化分析与设计理论及施工关键技术"获2019年度中国钢结构协会科学技术奖一等奖;王要武与他人合作主持完成的"中国建设教育发展年度报告"获2019年度中国建设教育协会优秀教育教学科研成果一等奖。

2019年11月,欧进萍当选为中国振动工程学会第九届理事会名誉理事长,李惠当选为中国振动工程学会第九届理事会副理事长。

2019年11月,范峰当选为中国建筑学会施工分会第十届委员会副主任委员。

2019年12月,钢结构与木结构学科党支部入选第二批"全国党建工作样板支部"培育创建单位名单。

2019年12月,王要武当选为中国建设教育协会第六届理事会副理事长。

钢结构与木结构学科党支部入选第二批
"全国党建工作样板支部"培育创建单位名单

2019年12月,教育部下发通知,公布2019年度国家级和省级一流本科专业建设点名单。土木工程专业入选国家级一流本科专业建设点名单,工程管理专业入选省级一流本科专业建设点名单。

2019年,"城市工程结构抗灾韧性与智能防灾减灾"项目获2019年国家自然科学基金创新研究群体项目资助,创新研究群体成员包括:李惠(负责人)、欧进萍、范峰、滕军、郭安薪、翟长海;范峰申报的"大跨空间结构风-雨-热-雪全过程联合模拟试验系统"项目获2019年国家自然科学基金国家重大科研仪器研制项目资助;翟长海申报的"考虑系统关联的城市医疗系统抗震韧性评估及提升"项目获国家自然科学基金重点项目资助。

2019年,肖会刚获得黑龙江省杰出青年基金。

2019年,李惠领导的"韧性城市安全创新研究团队"和范峰领导的"高性能结构工程创新研究团队"入选黑龙江省头雁计划。

2020年1月,张素梅参加完成的项目"高层钢-混凝土混合结构的理论、技术与工程应用"获2019年度国家科技进步一等奖;杨华参加完成的项目"基于全寿命周期的钢管混凝土结构损伤机理与分析理论"获2019年度国家自然科学二等奖。

2020年1月11日,空间结构中心参与的、被誉为"中国天眼"的国家重大科技基础设施——500米口径球面射电望远镜(FAST)通过国家验收,各项指标均达到或优于批复的验收指标,主要性能达到国际领先水平,具备了开放运行条件,正式成为全球最大且最灵敏的射电望远镜。针对空间结构中心的相关工作,国家验收会给出"FAST项目创造了主动反射面柔性索网结构"的验收意见。

2020年3月,土木工程学院主办的学术期刊《工程管理学报》在中共黑龙江省委宣传部组织的2019年度学术期刊综合评估工作中再次入选优秀行列,在黑龙江省140种自然科学类学术期刊中名列前5位。

2020年,由土木工程学院联合多所国际知名大学联合主办的建设与房地产管理国际学术研讨会(ICCREM)2013—2019年论文集被全球规模最大的文摘和引文数据库Scopus数据库收录。

2020年4月,土木工程学院行政领导班子换届,王玉银任土木工程学院院长兼党委副书记,关新春、武岳、陈文礼任土木工程学院副院长,与学院党委书记兼副院长乔世军、党委副书记吴严组成土木工程学院新一届党政领导班子。

土木工程学院领导班子(2020年4月)

2020年5月,土木工程学院组织机构如下页图所示。

2020年6月5日,土木工程学院教职员工欢聚一堂,为即将在6月7日下午举行的"《百年土木 百年树人——哈尔滨工业大学土木工程学院百年发展史》发布仪式暨师生校友校庆云端庆祝会"做最后的准备。哈工大土木工程学院新百年的画卷也由此拉开了序幕……

哈尔滨工业大学
土木工程学院 **百年发展史**

百年土木 百年树人

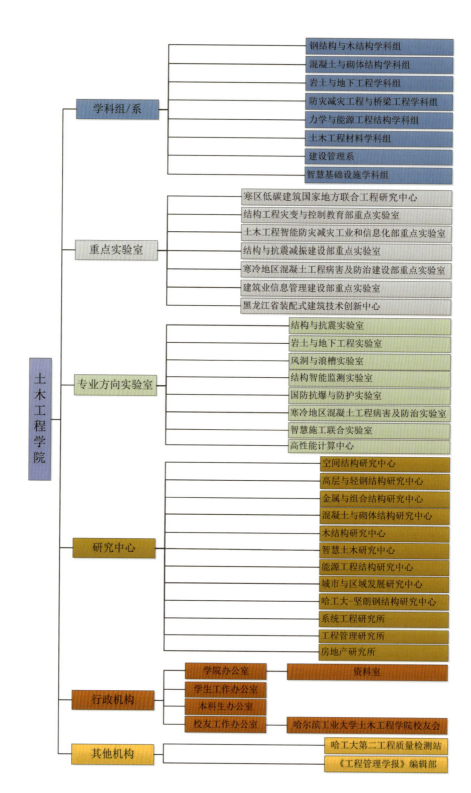

土木工程学院现行机构

第一章 历史沿革

第五节 相关学科、专业的发展沿革

一、建筑力学的并入

哈工大建筑力学的历史可以追溯到1920年。

自1920年至1949年,俄国和日本教师教授建筑力学,著名力学家斯蒂芬·普罗科菲耶维奇·铁摩辛柯也曾于1920—1922年在哈工大任教。

1952年春,在第一批苏联专家中,建筑力学专家、科学技术副博士库滋民副教授讲授结构力学、材料力学和弹塑性理论等课程,并培养研究生。1952年夏,在第二批苏联专家中,又有建筑力学专家、科学技术副博士齐斯加阔夫副教授在此专业任教。

1952年,在苏联专家指导下,首次在国内开设面向全国的建筑力学研究生班。于光远、干光瑜、黎绍敏、钟宏九、杨文鹆等都曾就读此专业,并留校任教。

与此同时,一批教师翻译苏联教材,在高教界产生重大影响。1953年,王光远译《结构力学习题集》由商务印书馆出版。1956年,王光远、干光瑜、黎绍敏、顾震隆、杨文鹆、张守鑫合译的别辽耶夫的《材料力学》由高等教育出版社出版。

从1952年起,在苏联专家帮助下,学校规范教研室,一些研究生边学习边工作。土木系组建建筑力学教研室,王光远任教研室主任。他带领5名研究生,承担材料力学、结构力学和弹塑性理论的教学任务。从教学计划、教学内容到教学制度都采用苏联的经验,对全国高校教学改革起到推动作用。

在20世纪50年代,教研室特别重视科学研究,承担国家重大研究课题"建筑抗地震"项目。王光远在地震工程理论研究中,最早将地面运动模拟为非平稳高斯型连续随机过程,提出竖向地震作用下结构反应的计算方法。20世纪60年代,又提出建筑物空间整体计算理论,该研究成果获1978年全国科学大会奖状。

创造性的教学与科研工作,造就建筑力学教师队伍。他们是"八百壮士"王光远、干光瑜、黎绍敏、赵九江、钟宏九、杨文鹆和早期教师郭长城、庄重等,第二代学者刘季、刘明威等,第三代学者王焕定、郭骅、董明耀、李暄、龙复兴等。

1959年,在哈工大土木系基础上,组建哈建工。1960年,哈建工组建数理化力学系，建筑力学调整到该系，并招收力学本科生。1962年，哈建工撤销了数理化力学系，力学专业停止招生。

面对20世纪70年代中后期做科研不普遍的形势，一些教师应工程界急需解决的实际问题从事课题研究。

郭长城从事楼板振动课题研究，应邀为鞍钢技术人员培训动力学课程，为后来撰写专著奠定基础。可贵之处更在于，他带领团队成员钟宏九、刘明威和王焕定等一道工作，为年轻教师刘明威和王焕定等领路。

刘季承担"多层空旷厂房空间工作"科研项目，在空间工作、振动控制、阻尼理论等方面做出国内领先的成果，对王光远的"建筑物空间整体计算理论"予以补充和完善。

1977年，哈建工恢复基础学部，包括建筑力学。之后，力学拆分为结构力学、材料力学、理论力学三个教研室和结构动力学研究室。王光远任结构动力学研究室主任，郭长城任结构力学教研室主任，刘芝瑞任力学党支部书记。

结构力学教研室部分教师合影

1977年恢复高考后，哈建工招收了77级和78级两届力学师资班共55人。王光远、干光瑜、黎绍敏、钟宏九、杨文鹄、郭长城、庄重、刘季、刘明威、张如三、秦惠民、范乃文、许建华、孙佩英、王淑清、李暄等负责授课，王焕定、郭骅、董明耀负责毕业论文指导。毕业后有近20人陆续留校任教，为建筑力学队伍增添了新生力量。

77级力学师资班毕业合影　　　　78级力学师资班毕业合影

第一章 历史沿革

1981年，国家实施学位制度，结构力学学科被批准为首批博士点和硕士点。

1981年，王光远与王焕定、董明耀、郭骅、刘季、杨文鹄等翻译的（美）R.W.克拉夫和J.彭津著的《结构动力学》由科学出版社出版；1982年，郭长城编著的《建筑结构振动计算》由中国建筑出版社出版，在高教界和工程界深受欢迎，1992年又编著出版《建筑结构振动计算续编》；1984年，郭长城主编的《结构力学》（上下册）教材在校内印刷，这是颇受欢迎的多年讲稿的结晶。

结构力学教研室教师译著、编著的重要教材

1987年，结构力学博士后科研流动站获准建立。

1987年，在结构动力学研究室基础上成立工理所，王光远任所长。多年来，结构力学教研室与工理所在教学上互助，在科研上互通。

1987年，王焕定任结构力学教研室主任。在他的带领下，结构力学课程建设得到了较快发展。

自20世纪80年代中期，结构力学教研室率先在多学时"结构力学"课程中开设"结构程序设计"，王焕

工程理论与应用研究所部分教师合影

定率领青年教师24小时指导学生上机学习，并编写《结构力学程序设计》教材在校内印刷。

1987年，结构力学教研室参加"国家教委结构力学试题库"建设。一期工程获国家教委优秀教学成果二等奖，作为副组长单位负责人，王焕定作为申报人获奖。历经5年的此项工程有清华大学等8所高校的百余名教师参与，张永山、景瑞、朱本全、郭长城、王淑清、孙佩英、孙峰、张金生、孙希平、宋建华等做出重要贡献。王伟参加二期工程工作，二期工程获江苏省优秀教学成果一等奖。

1989年，学校召开教学工作会议，景瑞代表结构力学教研室做"结构力学课程建设"交流发言。结构力学课程建设得到主管教学副院长沈世钊、教务长张云学、教务处长赵洪宾的充分肯定与有力支持。

1989年，以郭长城、王焕定为主，景瑞、朱本全、张永山、王淑清、孙峰、张金生、孙希平、宋建华、王伟等参加的建设组承担国家自学考试委员会委托黑龙江省教委组织的"结构力学自学考试试题库"建设，1992年通过"国家自考委"组织的专家鉴定。该成果在全国结构力学自学考试中使用多年。

1990年，王焕定成为国家教委结构力学指导小组成员，至2000年。

1992年，结构力学教研室开始计算机辅助教学研究。作为研制组组长单位，与清华大学和大连理工大学合作研制计算机辅助教学写作工具。该成果被用于结构力学和相关课程的教学课件的制作。

1993年，结构力学教研室参加"结构力学课程教学指导小组"组织的6所高校参加的"计算机辅助教学系统"建设，该成果获国家优秀教材二等奖，王焕定是3位申报人之一。

1994年，结构力学教研室并入建筑工程学院。

二、建筑材料系的分设与回归

1973年，建筑材料系从建筑工程系中分设出来独立建系。

1973年，水泥专业（后更名为硅酸盐工程专业）成立。

1976年，国家进入了经济建设期，有多所高校经国家批准成立了水泥工艺专业，重点培养水泥工业生产的专业型技术人才，以此来提升我国水泥工业生产的技术水平。哈建工是当时国家确定的3所重点院校之一。1976年开始招收第一届工农兵大学生，学制3年。

1977年恢复高考后，建筑材料系招收了首届大学生两个班，分别是水泥77级和玻璃钢77级。其中水泥77级的刘井然担任哈建工第一届校学生会主席，水泥77级的于兴敏被评为国家勘察设计大师，周海红获得了法国国家功绩勋章军官级勋位；玻璃钢77级申长江成为中国科技开发院首任院长。

1978年，混凝土与建筑制品专业恢复招生。

水泥77级毕业生留影

混凝土与建筑制品78级毕业生留影

1978年，徐承国任建筑材料系主任，高适红任建筑材料系党总支书记，刘颂清、赵桂春、王福珍任建筑材料系副主任。

第一章 历史沿革

1980年,巴恒静被评为黑龙江省高校优秀教师。

1982年,建筑材料系开始招收硕士研究生。1989年,获得建筑材料科学硕士授予权。

1983年,王世芳任建筑材料系主任,刘颂清、赵桂春任建筑材料系副主任。

1985年,樊承谋任建筑材料系主任,刘福汉任建筑材料系党总支书记,赵景海、齐继录任建筑材料系副主任。

1988年2月29日,哈建工与中国新型建筑材料公司共同组建了新型建筑材料应用技术研究所。著名结构工程专家樊承谋任所长。该研究所的主要研究方向是研究开发新型建筑材料的应用技术,使新型建筑材料房屋既达到节约能源的目的,又扩大使用面积,从而充分发挥新型建筑材料的优势。研究所下设墙体热工研究室、复合材料研究室、工业废渣研究一室、工业废渣研究二室4个研究室。

1991年,赵景海任建筑材料系主任,刘福汉任建筑材料系党总支书记,张宝生、张奎杰任建筑材料系副主任。

1992年,王世芳、巴恒静获批享受国务院政府特殊津贴。

1994年,建筑材料系率先在学校进行了学分制试点改革(省内最早)。在大量调研的基础上,1995级学生正式施行学分制教学管理,积累了大量的经验,并于1996年开始在全校全面推广。

1995年,获得建筑材料科学博士点,并获得复合材料硕士点。

巴恒静课题组课题交流会

材料学第一个博士研究生答辩

1996年,张宝生任建筑材料系主任,张奎杰任建筑材料系党总支书记,杨波、葛兆明、王荣国任建筑材料系副主任,张丽娟任党总支副书记。

1997年,建筑材料系更名为材料科学与工程系。

1997年,硅酸盐工程专业、混凝土与建筑制品专业合并为无机非金属材料专业。

1999年,葛兆明任材料科学与工程系主任,王荣国任材料科学与工程系党总支书记,汪树彬、葛勇任材料科学与工程系副主任。

2000年,寒冷地区混凝土工程病害与防治实验室被建设部评定为部级重点实验室。

2000年，哈工大与哈建大合并，按照同类学科合并的原则，哈建大材料科学与工程系与哈工大材料科学与工程学院合并。合并后哈建大材料科学与工程系成为材料科学与工程学院下属的建筑材料系，专业不变，但本科生以材料

哈建大材料科学与工程系教师合影

科学与工程一级学科招生，招生人数进行了压缩。研究生按照材料科学、材料工程、材料物理化学3个二级方向招生。

2000年，葛兆明任建筑材料系主任。

2003年，李家和任建筑材料系主任。

2009年，学校进行学科调整，建筑材料系成建制调入土木工程学院。复合材料专业留在材料科学与工程学院（留下教师7人），原建筑材料系研究道路材料方向的7人调入交通科学与工程学院。建筑材料系的其余教师及专业实验技术人员并入了土木工程学院，成立了土木工程材料学科组，对外称土木工程材料系，王政任主任。合并后专业由无机非金属材料更名为土木工程材料，并于2013年申请自主设立专业目录外的土木工程材料专业方向，获得批准。建筑材料系进入了一个新的历史发展时期。

经过2009年成建制调入土木工程学院的角色转变，土木工程材料系重新定位了人才培养目标，在专业课的设置上摒弃了原来按产品所需求的知识结构进行课程设置的传统理念，新的课程定位注重培养学生的基础知识和综合素养，注重培养学生研发新材料的理论与技术能力，注重培养学生掌握材料性能进而合理选择材料及设计材料与应用材料的全方位能力。材料开发、材料服役过程中性能演化、材料在工程中的应用性能方面的基础得到了强化，学生的就业途径不再局限于材料企业，在施工企业、房地产开发企业的就业人数激增。学生在土木工程大领域的就业市场上得到了青睐。

从合校到植根土木工程学院迅猛发展，土木工程材料系的教师渡过了难关，冲破了传统束缚，取得了较快发展。这一时期受到学科快速发展的影响，毕业的校友与建筑材料系的交流变得愈加频繁，交流的次数和质量都得以强化。每年均有毕业10年、15年、20年和30年的多个本科班级的老校友返校。学院的热情诚挚感染着校友，温暖着校友，返校校友与母校的情义变得更加浓厚。为了加强与学校的联系，也为了践行"助人和感恩"的理念，各地校友纷纷成立了哈工大建材校友会，将校友牢牢地与学校学科紧密联系在了一

起。最值得大书特书的是北京建材校友会于2000年成立至今,不仅每年欢聚交流一次,而且在新校友的工作生活上给予了无微不至的关怀和无私的帮助。也是在各界校友的大力支持下,以土木工程材料系的名义,在土木工程学院设立了振利奖学金和易来泰奖学金等重要的学生奖学金。

三、建设管理工程系的分设与回归

1980年6月,为适应我国经济建设对管理人才的需求,哈建工决定筹建管理工程专业。为此,学校以建筑工程系施工教研室从事施工组织的教师为主组成了筹备组,并从工业与民用建筑专业77级中选留了一批学生作为师资,送至清华大学、中国人民大学、同济大学进修管理专业相关课程。1981年7月,学校正式成立建筑管理工程系。关柯任建筑管理工程系主任,任玉峰任副主任。此后,从日本访学归来的刘保策也担任了系副主任。1983年,郭士杰调任建筑管理工程系担任党总支书记。新成立的建筑管理工程系设有3个教研室:管理教研室、经济教研室和施工教研室。

1981年9月,哈建工招收了第一届建筑管理工程专业本科生,这也是我国第一批建筑管理工程专业本科生。从1983年9月,哈建大开始连续招收建筑管理工程专业本科生。

1981年9月,哈建工招收了第一届建筑管理干部专修科学生。这

哈建工首届建筑管理工程本科生毕业合影

是哈建大面向政府和企业从事建筑管理工作的中层管理人员和后备干部定向招收的学生。至1985年9月,哈建大共连续招收了5届建筑管理干部专修科学生,这些学生毕业后,大部分都成了政府和企业中从事建筑管理工作的领导者或中坚力量,如长春市市长李述、双鸭山市副市长张文学等。

1982年3月,哈建工招收了第一届建筑经济与管理学科硕士研究生,这也是我国首批招收的建筑经济与管理学科硕士研究生。

1982年,关柯、刘宗仁、陈德蔚、王长林、刘长滨、董玉学、田金信等参加编著的《建筑施工手册》(中国建筑工业出版社1980年出版)获全国优秀科技图书奖;1988年出版的第二版,1990年获建设部首届全国优秀建筑科技图书一等奖。1991年8月5日,《新闻出版报》刊载评论,将《建筑施工手册》誉为"推动我国科技进步十大著作"之一。

1983年，关柯被选为黑龙江省政协第五届委员会委员。

1983年，经国家教育委员会批准，哈建工获得建筑经济与管理学科硕士学位授予权，这也是我国首批建筑经济与管理学科硕士学位授权点。

1984年，为适应我国实现四个现代化战略需求，关柯提出创办《建筑管理现代化》杂志的动议，经过一年多的艰辛努力，终于在1985年5月获得黑龙江省科委批准，以内部刊物发行。1985年12月，《建筑管理现代化》创刊号出版，关柯任主编，刘保策、王要武任副主编。黑龙江省省长陈雷为《建筑管理现代化》杂志题写了刊名。

1985年，为适应建筑业发展对会计核算、财务管理、工程估价等方面的人才需求，哈建工设立会计学专业，并于1985年9月开始招收专科生，1986年9月起开始连续招收本科生。

1986年，王要武被黑龙江省人民政府授予黑龙江省教育系统劳动模范荣誉称号。

1986年12月，国务院学位办批准哈建工为第二批在职人员申请硕士、博士学位试点单位，建筑经济与管理被批准为在职人员申请硕士学位授权点。

1987年5月，中国建筑业联合会管理现代化研究会（后更名为中国建筑业协会管理现代化专业委员会）挂靠建筑管理工程系成立，关柯任理事长，刘保策任秘书长，王要武任副秘书长。建设部副部长杨慎为成立大会发来贺信。

1987年，经黑龙江省科委报请国家科委批准，《建筑管理现代化》杂志获准以季刊公开发行。

1988年8月，建设部哈建工经济管理干部培训中心挂靠建筑管理工程系成立，关柯兼任培训中心主任，丛德福任培训中心副主任，王要武任培训中心主任助理。建设部经济管理干部培训中心的教学业务十分广泛，旨在对国内建筑行业和企业的经理、总工程师、总经济师、总会计师以及政府部门高级管理人员进行业务培训和知识更新教育。同时，这个中心还承担着世界银行建设项目管理人员的培训任务，是联合国计划开发署、世界银行经济发展学院在中国的培训基地之一。

1989年，关柯被授予全国优秀教师称号。

1989年，关柯主持的"开拓新专业积极进行多层次专业建设，向教学科研改革多元化发展"项目获黑龙江省高等教育优秀教学成果一等奖。

1989年5月，关柯、刘长滨任全国高等学校建筑管理工程学科专业指导委员会委员。

全国优秀教师关柯

第一章 历史沿革

1989年9月，为适应社会对房地产经营与管理方面的人才需求，哈建工开办房地产经营与管理专业并开始招收专科生，并于1991年从其他专业选拔学生开始培养房地产经营与管理专业本科生，1993年开始连续招收本科生。

1989年9月，适应国家改革开放、大力开拓国际工程承包市场的要求，哈建工设立国际工程管理专业方向，并采用"3+2"模式从建筑管理工程、建筑工程、道桥与交通工程等专业的三年级学生中招收首届学生。

哈建工首届国际工程管理（专门化）学生毕业合影

1990年4月，建筑管理工程系领导班子换届，任玉峰任系主任，董玉学任党总支书记，刘长滨、田金信任副主任，李仁福任党总支副书记。

教师代表参加学校教学工作会议分组讨论

1990年，经学校批准，哈建工建筑经济管理研究所成立，关柯任所长。

1990年5月，经国务院学位委员会批准，关柯成为我国首位建筑经济与管理学科博士生指导教师。

1991年，《建筑管理现代化》获黑龙江省优秀期刊称号。

1991年，关柯获批享受国务院政府特殊津贴。

1992年，关柯主编的教材《建筑企业管理学》获第二届全国普通高校优秀教材奖，建设部第二届高校优秀教材一等奖。

1992年，王要武获霍英东基金会青年教师奖（教学类三等奖）。

1992年，田金信任全国高等学校建筑管理工程学科专业指导委员会委员。

1992年9月，招收首批建筑经济与管理学科博士研究生。

1993年，经国务院学位委员会批准，哈建工获得建筑经济与管理学科博士学位授予权，成为国内首个也是唯一的建筑经济与管理学科博士点。

1993年3月，建筑管理工程系行政领导班子换届，任玉峰任系主任，田金信、王要武、武永祥任副主任。

1993年9月，经国家科委批准，由关柯发起并主持的"建筑业发展与管理系统优化国际学术研讨会"在哈尔滨召开。这也是国内首次建筑经济与管理领域的国际学术会议。

1994年3月，由建筑管理工程系发起的"哈尔滨建筑大学助学基金会"成立，在全国引起广泛影响，各大媒体争相报道。

1994年，国务院学位委员会评定刘长滨为建筑经济与管理学科博士生指导教师。

1994年12月，武永祥任全国高等学校建筑管理工程学科专业指导委员会委员。

1995年，王要武被授予建设部有突出贡献的中青年专家称号。

1996年2月，建筑管理工程系领导班子换届，田金信任系主任，李恩辕任党总支书记，王要武、武永祥任副主任，李仁福任党总支副书记。

1997年1月，经学校批准，哈建大系统工程研究所成立，王要武任所长。

1997年1月，张智慧、孙长雄通过博士学位论文答辩，成为我国首批建筑经济与管理学科博士。

1998年2月，哈建大获得企业管理学科硕士学位授予权。

1998年，根据国家新调整的研究生学科专业目录，建筑经济与管理博士、硕士学位点改为管理科学与工程博士、硕士学位点。

1998年，根据国家新调整的专业目录，建筑管理工程专业、房地产经营与管理专业和国际工程管理专门化合并为工程管理专业，下设项目管理、房地产管理和国际工程管理3个专业方向。

我国首批建筑经济与管理学科博士通过答辩

1998年，武永祥、何伯洲任全国高等学校工程管理专业指导委员会委员。

1999年，为适应社会主义市场经济发展需要，培养通晓工商管理理论与实务、获得工商管理者基本训练的专门人才，哈建大设立工商管理专业，并于1999年9月开始招收本科生。

1999年，王要武任建设部高等教育工程管理专业评估委员会委员。

1999年5月，工程管理专业申请建设部组织的首次试点评估并获批准。10月，以优异成绩通过评估，评估有效期5年。

1999年8月，学校决定在建筑管理工程系的基础上组建管理学院，同年9月，采用民主推荐的方式推举院长，聘任王要武为管理学院院长，田金信为党总支书记兼副院长，武永祥、张德群为副院长，徐鹏举为院长助理。管理学院下设管理、经济、施工、系统工程、会计、财务6个教研室，建筑经济管理、系统工程两个研究所，并设有学院办公室、学生工作办公室、管理综合实验室和资料室。

哈建大管理学院领导班子（1999年8月）

1999年10月，管理学院举行隆重的揭牌仪式。曾任国家经委主任、中国企业管理学会会长的袁宝华，中国建筑工程总公司党组书记张青林，建设部总工程师姚兵，中共哈尔滨市委书记王宗璋，哈尔滨市副市长赵书然为管理学院建院题写了贺词，长春市市长李述校友到会祝贺。

1999年，管理科学与工程学科获批设立博士后流动站。

2000年，哈建大建筑经济与管理、企业管理两个学科被建设部评定为部级重点学科，建筑业信息化实验室被建设部评定为部级重点实验室。

2000年，土地资源管理学科获得硕士学位授予权。

2000年7月，哈工大与哈建大合校后，原两校的管理学院也开始酝酿合并。

2000年10月，王要武荣获宝钢教育基金会优秀教师奖。

2000年10月，哈建大管理学院被评为1999年度学校先进集体。

2001年1月，学校正式宣布成立哈工大新的管理学院。在新的管理学院领导班子中，王要武任党委书记兼副院长，武永祥、张德群任副院长。新的管理学院成立后，以原管理、经济、施工、系统工程教研室教师为主体，成立了营造与房地产系，李晓东任系主任。原财务、会计教研室的教师调整到会计系，部分从事企业管理、经济、金融和运筹学

哈建大管理学院被评为1999年度学校先进集体

教学的教师分别调整到工商管理系、金融与贸易系和管理科学与工程系，学院办公室、管理综合实验室和资料室合并。

2001年，以管理学院管理科学与工程系、营造与房地产系相关学科方向组

成的管理科学与工程一级学科被评为国家重点学科，并在首次学科评估排名中位列第三。

2001年，王要武获得黑龙江省杰出青年基金。

2004年，王要武获批享受国务院政府特殊津贴。

2004年，曾赛星的博士学位论文（导师：关柯）获全国优秀博士学位论文提名论文（管理科学与工程学科）。

2004年10月20日，与美国Autodesk公司合作，建立了哈尔滨工业大学-Autodesk BLM联合实验室。该联合实验室成立后，又经哈尔滨市科委批准，使该实验室成为哈尔滨市Autodesk BLM示范基地。黑龙江省信息产业厅、哈尔滨市科技局、哈工大领导和Autodesk公司首席运营官卡尔·巴斯一起亲临现场主持揭牌仪式。哈工大为该实验室的建立提供主要硬件设施，Autodesk公司则提供市值约为500万人民币的核心软件以及师资培训。

哈工大-Autodesk BLM联合实验室揭牌仪式

2004年，王要武被评为全省优秀教师。

2004年，刘志才当选为中国建筑业协会管理现代化专业委员会会长，王要武当选为秘书长。

2004年，武永祥任黑龙江省资产评估学会副会长。

2004年，芦金锋任营造与房地产系主任。

2004年，王要武负责的"工程信息管理"课程被评为黑龙江省精品课程。

2004年5月，工程管理专业以优异成绩通过住建部高等教育工程管理专业评估委员会组织的专业评估（第一次复评）。

2005年，西宝教授入选教育部新世纪优秀人才支持计划。

2008年，王要武接任《建筑管理现代化》主编，关柯继续担任《建筑管理现代化》编委会主任职务。

第一章 历史沿革

2008年，管理学院系级班子换届，李忠富任营造与房地产系主任。

2008年，李忠富任建设部高等教育工程管理专业评估委员会委员。

2009年5月，工程管理专业以优异成绩通过住建部高等教育工程管理专业评估委员会组织的专业评估（第二次复评）。

2009年，王要武当选为中国建筑业协会管理现代化专业委员会会长，李忠富当选为秘书长。

2010年，经新闻出版总署批准，《建筑管理现代化》更名为《工程管理学报》。

2010年，王要武当选为黑龙江省建筑业协会副会长、黑龙江省房地产协会副会长、黑龙江省住房保障制度研究会副会长。

2010年，李忠富申报的"施工项目管理"课程入选国家级网络精品课程。

2011年，《工程管理学报》被中国建筑业协会评为中国建筑业行业精品期刊。

2011年，薛小龙入选教育部新世纪优秀人才支持计划。

2011年9月，孙成双任营造与房地产系主任。

2012年，《工程管理学报》入选"中国科技核心期刊"，此后连续入选。

2013年，中国建筑业协会管理现代化专业委员会获中国建筑业协会颁发的优秀行业协会称号。

2014年5月，工程管理专业以优异成绩通过住建部高等教育工程管理专业评估委员会组织的专业评估（第三次复评）。

2014年6月，王要武当选为中国工程建设标准化协会工程管理专业委员会副主任委员兼专家委员会主任委员。

2015年6月7日，《工程管理学报》第二届编委会第一次工作会议在北京市召开。全国政协委员、中国市长协会常务副会长、原建设部副部长齐骥应邀担任《工程管理学报》第二届编委会主任委员。

2015年，武永祥任高等学校房地产开发与管理和物业管理学科专业指导委员会副主任委员。

齐骥向与会的《工程管理学报》编委会副主任委员颁发聘书

2015年12月，工程管理专业整建制调整到土木工程学院，与土木工程学院施工学科组整合后建立建设管理系，孙成双任土木工程学院院长助理、建设管理系主任。

四、原哈工大建筑工程与设计学院的创立与并入

原哈工大建筑工程与设计学院成立于 1998 年 9 月，它的发展经历了 18 年。

1983 年，经航天工业部报请国家教委批准，在哈工大恢复重建工业与民用建筑专业。1983 年，哈工大从力学专业抽调赵九江等人筹建工业与民用建筑专业，单位挂靠在基础学部。从 77 级力学师资班选留了 5 名毕业生从事力学课教学，从哈建工陆续接收了一批工业与民用建筑、建筑材料等专业的毕业生担任专业课教师，以后逐步调入教师、技术人员和接收毕业生充实师资队伍。部分专业课聘请哈建工的骨干教师开设。

从 1985 年开始，工业与民用建筑专业每年招收本科学生；1986 年招收了干部大专班，为航天部培养了一批工程技术管理人员。从专业建立开始，工业与民用建筑专业非常重视人才培养工作，包括在基础课教师的安排、班主任配备、学生学风考风等各环节都做了深入细致的工作，学生的基础课成绩、毕业生综合考评在全校都名列前茅。

工民建专业 85 级学生毕业合影

工民建专业 90141 班学生毕业合影

1987 年 3 月 13 日，哈工大成立建筑工程系，校内称 14 系，赵九江任系主任，吴知丰、聂圣世任副主任，常保年任党总支书记。建筑工程系下设测量实验室、土工实验室、建材实验室、工程质量检测站。在教学实践方面，1983 年成立了哈工大建筑设计室，1993 年成立哈工大建筑设计院。教师们在开展教学的同时，积极参与到学校发展建设和社会服务当中。设计了哈工大威海分校主楼、哈工大体育场、哈工大理学楼、哈尔滨市航天大厦、晋江市农业银行办公楼等建筑。

14 系部分教师合影

系主任赵九江

第一章 历史沿革

1989年9月，赵九江被评为黑龙江省优秀教师。

1990年，开始招收硕士研究生。

1990年，张洪涛调入建筑工程系，先后任辅导员、系主任助理，1994年调入校机关，后担任哈工大副校长、党委副书记。

1992年，吴知丰继任建筑工程系主任。

1993年，赵九江获批享受国务院政府特殊津贴。

1994年，开始招收博士研究生。

随着建筑工程系的建设和发展，1994年10月，成立了工业设计专业，并于1995年开始招收产品设计、视觉传达设计、环境艺术设计方向的本、专科生。1995年设立建筑学专业，于1996年开始招收五年制本科生。

1998年9月，哈工大建筑工程与设计学院成立。吴知丰任院长，邱志贤任党委书记，谢鸣任副院长。

哈工大建筑工程与设计学院揭牌仪式

吴知丰院长在成立大会上讲话

1999年1月，谢礼立任建筑工程与设计学院院长，吴知丰任常务副院长。

2000年合校前，哈工大建筑工程与设计学院共有教职员工67人，其中中国工程院院士1人、教授7人、副教授23人。学院下设土木工程系、艺术设计系、建筑系、工程图学教研室、哈工大建筑设计院、哈工大艺术设计工程研究所、哈工大建筑计划与设计工程研究所、哈工大工程质量监测站等教学与科研设计部门。学院在校生578名，包括研究生8名、本科生400名、专科生170名。并已培养出11届本、专科生900名，硕士生14名，博士生1名。完成建筑工程设计几十项。在国际会议、刊物及国家核心以上刊物发表论文200余篇。经过十几年的创业重建，走出了一条以培养高素质人才为目标，积极探索高等教育改革新思路，加强学科建设，狠抓教学质量，走"教学、科研、设计、服务"一体化的办学之路。

2000年合校时，原哈工大建筑工程与设计学院成建制地分成了三大部分，分别调整合并到哈工大的相应专业。土木工程系有16人合并到了土木工程学院，其中包括中国工程院院士1名、教授2名、副教授4名等10名教师和6名实验技术人员、行政人员。艺术设计系和建筑系的大部分人员合并到了建筑学院的环境艺术系和建筑系。工程图学教研室整建制归属到了机电工程学院。

2000年校友参加学校80年校庆

部分教职员工与王光远院士合影

第六节 一校三区土木工程学科建设

一、哈工大（深圳）土木与环境工程学院的历史沿革

2001年5月，深圳市政府与哈工大签订市校合作办学协议，合作创办"哈尔滨工业大学深圳研究生院"。2002年2月，经教育部批准，正式设立"哈尔滨工业大学深圳研究生院"，进驻深圳大学城。

2003年成立城市与土木工程学科部，滕军任主任。在土木工程、环境科学与工程两个一级学科招收博士生和硕士生。其中土木工程一级学科下设结构工程、防灾减灾工程及防护工程、岩土工程3个二级学科。

2005年，金文标任城市与土木工程学院学科部主任，肖仪清任副主任。

2006年8月，在"2006年度深圳市科技创新奖励大会"上，以滕军为带头人的土木工程科研团队荣获科技创新奖。

2006年12月，筹建城市与土木工程防灾减灾重点实验室，2009年7月，通过验收，成为深圳市重点实验室，由滕军担任主任，肖仪清担任副主任。

2007年，肖仪清入选教育部

哈工大（深圳）水木楼

新世纪优秀人才计划。

2008年3月13日，在深圳市博士后联谊会第一届会员代表大会上，滕军当选深圳市首届博士后联谊会理事长。

2008年，刘红军入选教育部新世纪优秀人才计划。

2011年，成立土木与环境工程学院，金文标任院长，肖仪清、刘铁军任副院长。

2011年6月，筹建深圳风环境技术工程实验室。2017年6月，通过验收，刘红军担任主任，林坤任副主任。

2013年，刘铁军入选教育部新世纪优秀人才计划。

2014年，刘铁军获国家自然科学基金优秀青年科学基金资助。

2014年5月，教育部批准哈工大深圳研究生院筹备举办本科教育。深圳市政府与哈工大签署新的合作办学协议，在哈工大深圳研究生院基础上，合作共建本硕博教育体系完备的"哈尔滨工业大学（深圳）"。2016年，哈工大（深圳）首次面向全国12个省市招收6个大类的本科生376名，其中包括土木类本科生50名。

2015年，成立深圳市南山区沿海城市风环境重点实验室，由刘红军担任主任。同年，成立深圳市南山区无损检测物联网应用技术中心，由李祚华担任主任。

2015年9月，成立深圳集装箱模块式房屋创意工程实验室。2019年1月，通过验收，查晓雄任主任、张凤亮任副主任。

2016年1月，成立深圳储碳型水泥基材料工程实验室，预计2020年4月通过验收，查晓雄任主任、王海洋任副主任。

2011年6月，筹建深圳风环境技术工程实验室。2017年6月通过验收，刘红军担任主任，林坤任副主任。

2017年7月，教育部批准哈工大（深圳）正式开展本科教育。同年10月26日，"哈尔滨工业大学（深圳）"经深圳市机构编制委员会批准正式成立。随着哈工大深圳研究生院更名为哈尔滨工业大学（深圳），哈工大深圳研究生院土木与环境工程学院也相应地更名为哈尔滨工业大学（深圳）土木与环境工程学院。

2018年5月16日，中国工程院院士、中冶建筑研究总院有限公司（下称"冶建总院"）党委书记、董事长兼总工程师岳清瑞受聘为哈工大深圳校区首席学术顾问、土木工程学科特聘教授。中国工程院院士、哈工大校长兼深圳校区校长周玉出席授聘仪式并为其颁发聘书。

周玉校长为岳清瑞颁发聘书

2018年6月，成立中国共产党哈尔滨工业大学（深圳）土木与环境工程学院委员会，肖仪清任党委书记，曹罡任党委副书记。

2019年4月10日，聘任英国皇家工程院院士、帝国理工学院教授Ahmed Elghazouli为土木与环境工程学院首席学术顾问。哈工大校长助理、校区常务副校长甄良为Ahmed Elghazouli颁发聘书。

甄良为Ahmed Elghazouli颁发聘书

2020年5月，哈工大（深圳）土木与环境工程学院组织机构如下图所示。

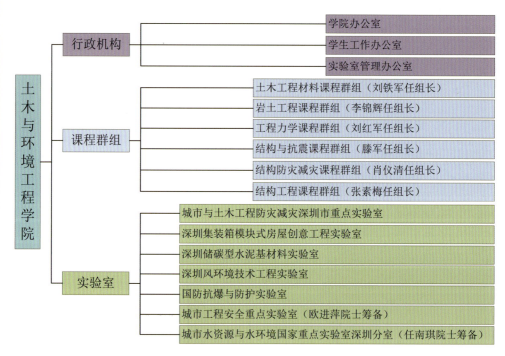

哈工大（深圳）土木与环境工程学院组织机构

二、哈工大（威海）土木工程系的历史沿革

1985年，经航天工业部批准，哈尔滨工业大学威海分校成立，2002年更名为哈尔滨工业大学（威海）（简称哈工大威海校区）。2010年，工业和信息化部、山东省和威海市人民政府签署共建哈尔滨工业大学（威海）协议。

第一章 历史沿革

威海校区土木工程系是依托哈工大土木工程学院和交通科学与工程学院的人才及资源优势，借助威海校区的特定地理环境，迎合社会需求而成立的教学科研机构，于2007年9月正式成立并招生。吕大刚任系主任（双基地），邱志贤任系副主任。

2007年11月，由沈世钊创立的哈工大空间结构研究中心在威海成立分中心，哈工大校长王树国、威海校区党委书记兼校长李绍滨、中国工程院院士沈世钊共同为研究中心揭牌。

王树国校长为空间结构研究中心威海分中心揭牌

2008年1月，由国际地震工程协会副主席、中国地震工程联合会理事长、中国工程院院士谢礼立任名誉主任的土木工程灾害与防御研究中心正式成立。威海市政协副主席李淑芳、威海校区党委书记兼校长李绍滨、中国工程院院士谢礼立等出席揭牌仪式。

土木工程灾害与防御研究中心揭牌仪式

2008年3月，引进国家级教学名师王焕定为威海校区双基地教授。

2009年6月，边文凤任土木系副主任；土木工程系搬迁至研究院1号楼。

2009年9月，引进哈工大土木工程学院张耀春为双基地教授，正式任命张耀春任土木系主任。

2010年8月，与总校土木工程学院共同建设的"有限单元法基础"课程获得省级精品课程称号。

土木工程系搬迁至研究院1号楼

2011年5月，结构工程、建筑与土木工程硕士研究生开始招生。

2011年12月，王幼青由哈工大土木工程学院调入威海校区，聘任为双基地教授。次年5月，王幼青任系主任，边文凤、钱宏亮任副主任。

63

2012年6月，土木工程系获哈工大2012年先进集体称号。

2013年11月，由长江学者李惠担任名誉主任的近海工程结构研究中心正式成立，威海校区校长冯吉才与李惠共同为研究中心揭牌。

2016年9月，王化杰任土木工程系党支部书记。

2017年4月，"土木工程结构与防灾实验室"获批山东省高等学校重点实验室。

2018年5月，土木工程系领导班子换届，钱宏亮任系主任，马新伟、陈再现任副主任。

2018年9月，土木交通工程新发展暨学科建设院长论坛在威海校区召开，来自山东省18所高校和省外5所院校的60余名专家与学者参加论坛。

2018年11月，张耀春主编的《钢结构设计原理》入选国家"十一五"规划教材。

2019年7月，徐龙军入选泰山学者特聘专家计划。

土木系获哈工大2012年先进集体称号

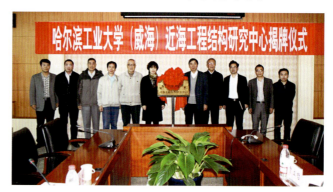

近海工程结构研究中心成立

土木交通工程新发展暨学科建设院长论坛

2019年8月，土木工程专业获批成为山东省一流学科专业建设点。

2020年4月，哈尔滨工业大学（威海）海洋工程学院正式成立。海洋工程学院由船舶与海洋工程学院与土木工程系合并而成，下设机械工程系、船舶工程系、土木工程系、工程图学部、力学教学部、实验中心和工程训练中心7个内设机构。钱宏亮任院长兼党委副书记，赵常信任党委书记兼副院长，桂洪斌、姚玉峰、马新伟、陈再现任副院长，谢芳琳任党委副书记。

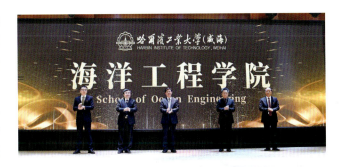

哈尔滨工业大学（威海）海洋工程学院成立仪式

2020年5月，哈工大（威海）海洋工程学院组织机构如下图所示。

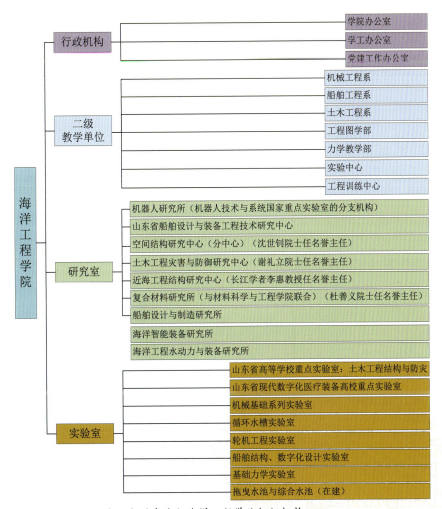

哈工大（威海）海洋工程学院组织机构

随着哈工大（深圳）土木与环境工程学院和哈工大（威海）土木工程系的相继成立，哈工大土木工程学科一校三区的学科格局自然形成。

三、一校三区土木工程学科建设研讨

（一）首届一校三区土木工程学科建设研讨会

2009年12月22日，首届一校三区土木工程学科建设研讨会在校本部土木工程学院召开。研讨会的主要议题包括土木工程学科"十二五"规划、国家级平台建设、创新人才培养、资源共享及重大项目合作等。副校长丁雪梅、学科建设办公室主任姚英学以及校本部土木工程学院、深圳研究生院、威海校区土木系的相关负责人和教师代表参加了研讨会。与会的学校领导和相关

首届哈工大一校三区土木工程学科建设研讨会

负责人以及教师代表，还围绕土木工程学科"十二五"规划、国家级学科平台建设、创新人才培养、资源共享及重大项目合作等问题进行了广泛深入的交流和讨论。与会代表充分肯定了本次学科建设研讨会的重要性和三区共建的必要性，分析了3个校区各自的优势与不足，并提出了许多建设性的建议和意见。大家一致同意，一校三区土木工程学科建设研讨会定期在3个校区轮流举办。

（二）第二届一校三区土木工程学科建设研讨会

2010年12月23日上午，哈工大一校三区土木工程学科建设研讨会第二次会议在深圳校区F楼102会议室召开。学校本部土木工程学院会同威海校区土木工程系参加研讨会，深圳研究生院院长金广君、副院长刘红军参加会议。与会人员详细讨论了三个校区各自的学科发展特色，并就学科发展中的互补

第二届哈工大一校三区土木工程学科建设研讨会

共赢、相互帮助等主题展开了探讨。与会者一致认为，要进一步加强三区土木工程学科的联系与交流，更好地实现资源共享、优势互补、互利共赢，共同促进我校土木工程学科的发展。

（三）第三届一校三区土木工程学科建设研讨会

2012年5月17日，第三届哈工大一校三区土木工程学科建设研讨会在威海校区召开。威海校区校长冯吉才出席并致辞。与会的领导和专家就如何根据三区特点实现优势互补和资源共享、青年教师的培养提高、本科生协同培养和研究生生源培育等具体问题开展了热烈的研讨。会后来自三区的领导和专家参观了威海校区土木工程系的实验室，就实验室建设提出了有针对性的意见和建议。

第三届哈工大一校三区土木工程学科建设研讨会

（四）第四届一校三区土木工程学科建设研讨会

2013年8月24日，在哈工大土木工程学院召开了第四届哈工大一校三区土木工程学科建设研讨会。副校长丁雪梅、研究生院常务副院长甄良、深圳研究生院院长姚英学参加研讨会。土木工程学院、深圳研究生院、威海分校土木系的领导和教师代表对学科评估结果、学科发展规划、人才培养和三区资源共享等方面进行了深入分析和研讨。

第四届哈工大一校三区土木工程学科建设研讨会

（五）第五届一校三区土木工程学科建设研讨会

2015年5月9日，哈工大一校三区土木工程学科建设研讨会第五次会议在深研院F栋召开，研讨主题为深研院土木工程专业本科生培养方案建设工作。哈工大原副校长景瑞、深研院副院长刘红军参加会议。与会人员围绕深研院土木工程专业的办学定位、基准与特色、专业方向设置等问题展开了深入广泛的讨论，并探讨了哈工大（威海）土木工程学科的发展思路。

(六)第六届一校三区土木工程学科建设研讨会

2019年10月12日,第六届哈工大一校三区土木工程学科建设研讨会在威海校区主楼二号会议室召开,哈工大(威海)副校长张文从出席会议并致辞。一校三区土木工程学科的领导、专家针对土木专业本科生人才培养问题进行了深入的探讨,围绕培养方案修订、课程设置、学生实习、与国外联合培养、留学生培养、学生就业等培养细节问题交换了意见,积极为哈工大一校三区土木学科本科人才培养质量的提高出谋划策。

第五届哈工大一校三区土木工程学科建设研讨会

第六届哈工大一校三区土木工程学科建设研讨会

第二章 人才培养

第二章 人才培养

第一节 本科生培养

一、土木工程本科专业的变迁

哈工大土木工程本科专业的变迁如下图所示。

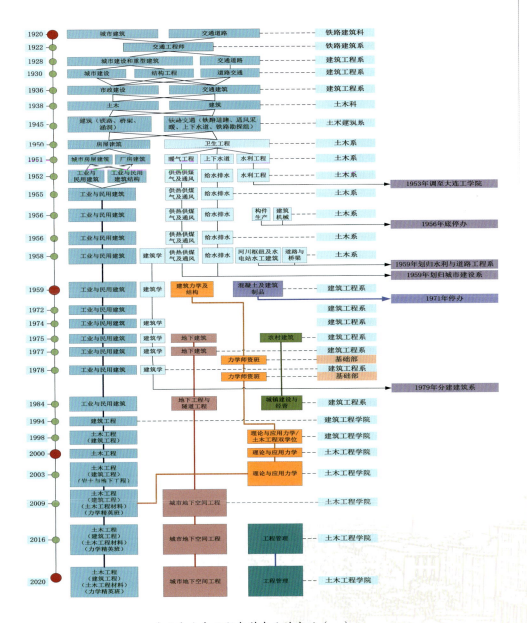

哈工大土木工程本科专业的变迁（一）

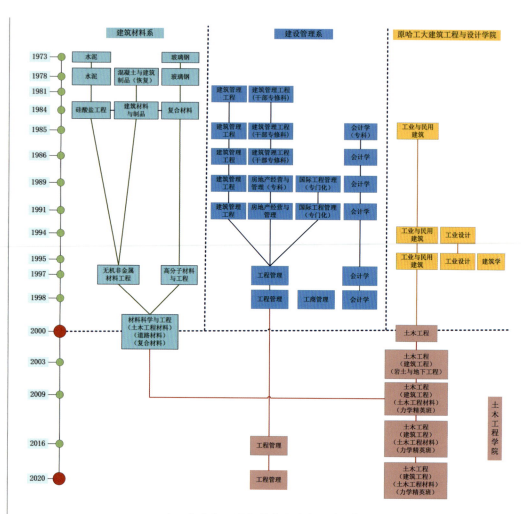

哈工大土木工程本科专业的变迁（二）

二、1920—1949年的本科生培养

（一）教学计划、课程设置与考试

哈工大创办初期的学制，1920年到1922年为四年制，1922年到1930年为五年制，1930年到1945年为四年制，1945年后又恢复为五年制。恢复五年制后的教学计划，是根据苏联同类性质的高等工业学校的教学计划制订的。

在1930年以前的教学计划中，第一、二学年主要学习基础课，第三、四学年学习专业课，第五学年全部时间做毕业设计。前4个学年，每学年的第一学期一般上课时间是12周半，第二学期上课时间是14周半，每周平均上课42学时。每天的时间安排：上午9点到下午3点，上课、练习、辅导、课程设计和毕业设计；晚上5点到8点上实验课。

1937年，教学计划有了相应的改变，上课时间增加。暑假安排在7、8月两个月。暑假里，一年级学生和三年级学生要完成规定的大地测量野外作业，二年级和四年级学生根据教学计划安排，到中东铁路及其工厂实习。在实习期间，中东铁路的实习单位按学生的年级高低支付薪酬。学生前4个学年要学习36门课程，每学期最少开设11门课程，最多开设16门课程。当时课程设置的特点是，基础课课时较多，数学为328学时，物理为203学时，理论力学为216学时，材料力学为230学时；专业面很宽，围绕铁路和桥梁建筑、土建类有关专业的课程全部开设；课程设计较多，第三、四两个学年，需要完成14个课程设计。按此教学计划培养的学生适应能力较强，因采用的是"通材教育"模式，课程重，一般每周高达42学时。

学校的考试制度极为严格。每学年有两次考试，第一次考试在1、2月，第二次考试在5、6月。学生必须听课，如果一学年不上课的时数超过30%，不准参加期末考试。考试前必须在指定日期内对教学计划规定的考查课目全部通过，否则不能参加考试。考试成绩实行五分制，三分为及格，四分、五分为优秀。每学年两次考试成绩平均计算，有三门不及格者留级，有两门不及格者准予补考，补考仍不及格则留级。考试方式多采用口试。教师将考试内容编写成若干票签，每个票签上有3个题目。学生抽到哪个票签就答哪个票签上的题目。监考教师一般3~4人。授课和监考教师一起考问学生，并各自给学生打分，取平均数作为学生的实际分数。学生票签上的题目答对可得三分；教师的问题全部回答，可得四分或五分。学生所得考分当场宣布。这种口试方法，可避免学生抄袭，也可避免授课教师刁难学生或不公正地评定考生的分数。

第五学年，全部时间用于毕业设计。每学期教师辅导毕业设计的时间一般为38学时。在毕业设计中，要求每个学生必须完成建筑、水利工程、道桥和铁路4个设计。毕业设计答辩非常严格，由教授和中东铁路的高级工程师为代表组成专门的答辩委员会，委员会为16~20人。学校注重培养质量，答辩不合格，不授予工程师称号。

1947年，开始参照苏联高等学校的教学计划和大纲进行教学。

（二）人才培养

哈工大创办初期，学校首批录取103名本科生，其中铁路建筑科一、二年级两个班共67名学生，电气机械工程科一年级一个班36名学生。1920年建校的同时，学校为中国学生开设了预科班，目的是为本科输送懂俄语的合格学生。首批招收预科学生17人，补习俄语，预科一年结束后可升入本科一年级。

新中国成立前，哈工大土木建筑系共培养出840余名毕业生，他们分布在中国、俄罗斯（苏联）、澳大利亚、日本、朝鲜、美国、以色列、德国、蒙古、波兰等许多国家。其中众多校友是建筑业和建筑科技教育领域享有声望的专家、学者，社会活动家或领导人。

1924年，首届毕业生王守先，是当时获得交通工程师称号的8名中国学生之一，哈尔滨极乐寺的主楼建筑、钟楼及藏经室，就是他的杰作；1925年毕业的罗云平曾任台湾教育机构负责人，也曾任台湾多所高校校长；1931年哈工大第一批3名华人研究生之一的王竹亭，是我国著名铁路工程专家、铁路选线设计学科的开拓者、北方交通大学教授，曾任中长铁路局中方局长、北方交通大学副校长；1936年毕业的张宪祖，曾任北京地铁筹建技术处处长，在北京地铁的建设和以后的发展中做出了重要贡献；1937年毕业的任震英，是我国城市规划建筑领域中第一位获得"全国建筑大师"称号的建筑学家，是著名城市规划大师和建筑师，曾任兰州市副市长、建设部专家顾问；1938年毕业的钟毅，曾任国家计委副主任；邓恩诚是教授级高级工程师，曾任冶金部建筑设计研究总院副院长兼总工程师；1944年毕业的李光耀，是我国著名的建筑大师，曾任哈尔滨市城市规划建筑设计院院长、总工程师和哈尔滨市规划局局长，他设计的哈尔滨市标志性建筑"防洪纪念塔"获中国建筑学会"新中国成立60周年建筑创新大奖"，新中国早期的一批建筑如哈尔滨的工人文化宫、友谊宫等，都是由他主持设计完成的。

　　早期哈工大土木建筑系的毕业生，大都服务于中东铁路。在中东铁路沿线及东北各地，都留下了他们的足迹，如哈尔滨著名的霁虹桥、尚存的车站建筑、铁路办公建筑、铁路员工住宅建筑和学校建筑等。据调查，中东铁路沿线遗存的有保护、开发和利用价值的270余座历史建筑，其中很大一部分都是哈工大土木建筑系早期毕业生设计和组织施工的。后来，由于战争，土木建筑系的毕业生有很大一部分开始向关内、港、台流动，外籍毕业生大都回国或流向其他国家。在国外校友比较集中的是日本，如在日本的"哈工大同窗会"，其中土木系的毕业生占有相当数量。此外，在美国旧金山的"哈工大校友联合会"和在澳大利亚悉尼的"哈工大毕业生工程师联合会"中，也有为数不少的土木系毕业生。这些哈工大土木建筑系的早期毕业生，许多成为建筑领域的著名学者、专家。我国改革开放后，他们积极与母校联系，成为与母校土木建筑学科专业合作交流、推进相互发展的友好使者。1980年6月7日，哈建工60周年校庆时，日本校友鬼头正朝先生、稻垣宽教授、荒井利一郎教授、斋腾和雄先生、笼田寿宽先生、岩上政雄先生、荒井融先生、官下靖男先生、河野伊郎教授、加藤元甲先生等应邀专程从日本回校参加庆祝活动，部分校友还做了专题报告。

　　新中国成立前，哈工大土木系培养的这些毕业生，对我国建筑科技教育和建筑业的发展建设起到了重要作用，具有深远的影响。他们既是我国现代建筑业起步、发展的实践者，又是我国现代建筑科技教育的传承者。他们同自己的母校哈工大一样，为中国现代建筑史书写了辉煌的一页。他们是哈工大的骄傲，是哈工大土木系的骄傲。如今，他们中的大多数已经作古，但是，他们在20世纪几十年中为中国乃至世界建筑业和建筑科技教育的发展与进步所做的努力和贡献，为人类留下永恒的纪念。

三、1950—1959年的本科生培养

（一）教学计划的制订与修订

20世纪50年代初期，土木系参照苏联同类性质的专业，在苏联专家帮助下制订教学计划。如，工业与民用建筑专业的全套教学过程基本上是以苏联莫斯科建筑工程学院的工民建专业为蓝本建立起来的。1952年到1954年，工业与民用建筑专业教学计划的主要内容如下：

培养目标：土木工程师。

学制：五年制。5年共252周，其中课内学习139周，占总周数的55.2%；考试32周，占12.7%；实习25周，占9.9%；毕业设计及答辩18周，占7.1%；假期38周，占15.1%。

课程门数：36门。每学期不超过8门，每天不超过3门。

课内学习总时数（不包括毕业设计及答辩）：4 403学时，其中讲授2 511学时，占总时数的57.0%；实验236学时，占6.5%。基础课1 506学时，占34.2%；技术基础课1 330学时，占30.2%；专业课1 567学时，占35.6%。

课内周学时数：第一、二、三、四学期为36学时；第五学期为33学时；第六学期为31学时；第七、八学期各25学时；第九学期为22学时；第十学期为24学时。

课程设计与作业：从第五学期开始，每学期4个，共计20个。

考试及考查：考试课46门次，最多的学期为6门课；考试时间春季学期为3周（最多5门课），秋季学期为4周；考试方式多为口试。考查课共56门次，每学期为5～9门次。

实习：测量实习3周，第一次生产实习8周，第二次生产实习9周，毕业前实习5周，共进行4次实习，总计25周。

每天学习时数：上课平均5.5～6学时，每学时45分钟。学生每天自习3～4学时。每周课内外平均总学时约55。

工业与民用建筑专业的教学计划在土木系具有代表性，其他专业教学计划的总要求和基本控制指标都与工业与民用建筑专业类似。

1955年4月，高教部发出了关于减轻学生学习负担，注意和关怀学生全面发展的批示。根据学校对贯彻高教部批示提出的要求，土木系对学生负担过重的现象进行了检查。检查表明教学时数过多，5年内课内学习总时数达4 300～4 500学时，每周学习时数高达60小时左右，影响了学生的身体健康。在检查学生负担过重的基础上，土木系各教研室重新修订了教学计划，删减了课程之间的重复内容，尽量减少计算、绘图作业和课程设计中重复计算部分，大力提高讲课和实验课的质量，一定程度上减少了学生学习负担过

重的现象。

1956年，土木系以工业与民用建筑专业为重点，再一次修订了教学计划。修改后的五年制教学计划，课内学习总时数约为3 900学时。

1958年7月，全校开展了教育大辩论。在大辩论中提出了"苦战五年，建成共产主义的工大"的口号。在教育大辩论的基础上，学校重新修订了教学计划，培养目标是"有共产主义觉悟，掌握现代科学技术的劳动者"，规定假期、劳动、学习时间比为1：3：8。土木系工业与民用建筑专业在修订教学计划中，有的方案曾提出"工地就是课堂，建筑公司就是学校，除了一年级在学校里学习理论基础外，二、三、四年级全在建筑施工地点上课，五年级回校参加设计院工作"。这违背了教育规律，打乱了教学的正常秩序。

（二）考试制度的完善

考试是教学工作的重要环节。苏联专家在帮助制订教学计划、学期计划、教学大纲、教学日历的同时，对考试这一环节也十分重视。随着青年教师走上教学岗位，1953年到1954年，学校几次全面抓考试工作和完善考试制度。

1953年12月，学校专门聘请苏联专家鲁静为全校教师做了《关于考试问题》的报告。1954年4月，在暑假考试前，又将鲁静《关于考试问题》的报告全文在校刊发表。

学校制定和完善了严格的考试制度，规定考试要按照预先排好的时间表进行。考试时间规定在白天，同时规定两次考试的间隔不少于3天。在准备考试期间，教研室要对各班预先做出各门课程的答疑日历，教师要正确指导学生复习，认真做好复习答疑工作。

考试采用口试的方式，因此，准备考试工作的一个重要步骤是编制考票。对于考票一般要求有：（1）考票内容要完全符合课程大纲，不应有大纲中没有包括的问题；（2）问题应该提得清楚明确；（3）考票上的问题不得超过3个，应选自课程的不同章节，以便从学生回答中评判其对理论及应用部分的熟悉程度；（4）问题的分量应该与考生准备的时间（40~45分钟）和回答的时间（20~25分钟）相当；（5）考票的数目应该使全部问题能包括课程大纲中的全部主要章节，各考票上的问题不能重复。通常考票是由主考人编制，教研室主任加以审查。在考试进行时，考场要保持安静。考场里一般4~6个学生。在考试中对学生成绩的评价规定为四级：优、良、及格、不及格。考试时教师要注意记录学生答题中出现的缺点和错误，待考试结束后认真做好考试成绩分析，以便进一步改进教学工作。

（三）教学研讨

为总结学习苏联的经验，从1951年至1959年，学校召开了六届教学科研工作会议，就提高教师理论水平、教务工作、翻译苏联教科书、学习苏联教育经验、推动全国教育改革、办好专修科等方面的内容进行研究和交流。土木系

第二章　人才培养

的教师积极参加，非常活跃。

1951年7月，哈工大举行了第一届教学研究和科学技术工作会议。在会上，苏联专家、教师和研究生做了16篇报告，其中土木系有报告3篇。苏联专家就提高教师理论水平、教务工作、发动研究生翻译苏联教科书、科学研究应当与国民经济相结合等问题，提出了一系列建设性的建议。

1952年6月，在哈工大举行的第二届教学研究和科学技术工作会议上，土木系主任夏震寰做了"关于学习苏联高等工业教育制度中的一些体会"的报告，土木系顾问、苏联专家库滋民做了"苏联建筑力学成就"的报告。会议期间还请劳动模范苏长有做了有关他如何吸取苏联经验的报告，并演示了先进砌砖法。参加这次会议的有全国高等学校及有关工厂企业的代表，这对于传播苏联的教育经验，推动全国教育改革起了积极作用。

1953年2月，哈工大举行第三届教学研究和科学技术工作会议，会议以办好专修科为中心议题。在高教部派人直接指导下，在苏联专家帮助下，来自全国各地高等工业学校的代表交流了各校办专修科的经验，研究了苏联中等技术学校及其特别班的经验。经过讨论，会议对全国办专修科存在的主要问题有了统一认识，提出了较好的解决方案。

1954年5月，哈工大举行了第四届教学研究和教学技术工作会议。大会共有报告27篇，其中土木系有10篇。在土木系的10篇报告中，有9篇是有关教学研究的内容。包括：土木系主任李德滋的"土木系三年工作小结"、土木系助理主任朱厚生的"组织一年级学生自学工作的体会"、工程结构教研室主任胡松林的"两年来工程结构教研室的工作实践"、建筑力学教研室主任王光远的"如何提高讲课效果并使讲课变得更为生动"、水力学教研室主任屠大燕的"在水力学教学中的几点体会"、卫生工程教研室代理主任樊冠球的"卫生工程教研室采用苏联经验培养上下水道和暖气通风工程师的初步过程"、工程结构教研室钟善桐的"工程结构教研室指导钢结构和钢筋混凝土结构课程设计的一些体会"、建筑教研室宿百昌的"关于建筑学讲授状况"、建筑材料教学组唐尔焯的"材料试验室工作的总结"等。这些报告全面总结了土木系学习苏联教育经验所取得的成就。

1954年11月，高教部在清华大学召开了工

参加第四届哈工大教学研究和教学技术工作会议的代表（前排左三为李德滋）

业与民用建筑专业教学经验交流会，土木系李德滋和钟善桐等参加了会议，并在会议期间举办了哈工大工业与民用建筑专业教学过程和教学方法的展览，交流了该专业的教学计划、教材和全部课程设计资料。

1955年1月，高教部在同济大学召开土建类教学大纲修订会议，哈工大土木系苏联专家齐斯加阔夫被邀请出席指导，胡松林、王光远等7人参加了会议。

1956年6月，哈工大举行了第五届教学研究和科学技术工作会议。会议共提出教学研究报告46篇，科学技术报告102篇，其中土木系有教学研究报告3篇，科学技术报告4篇。会议期间，在图书馆大楼还展出了教师的科学研究成果。

1959年2月，哈工大召开了第六届教学、生产、科研工作会议，总结了1958年以来的工作。同时，也指出过去一年"过分强调生产劳动""学生学习功课少了一些"。因此，提出要正确地贯彻教学、生产与科研三结合，"要以教学为中心""基础课是为培养目标服务的基本组成部分，应该予以加强，一切削弱基础课的意见都是不妥当的""必须加强系统的马列主义基础理论的教育""应开出哲学、政治经济学、科学社会主义、时事政策4门课程"等一些宝贵意见。土木系根据这次会议研讨的结论性意见和要求，对教学计划进行了一些调整。

（四）教材建设

教材建设是教学工作的一项重要的基本建设。从1952年起，土木系翻译了一批苏联的教科书和专家的讲义，这些教科书和讲义对土木系各专业的教材建设起到了重要作用，也推动与加快了全国同类专业的教材建设。

土木系翻译的苏联教科书和专家讲义有：萨哈诺夫斯基著的《钢筋混凝土结构》、别辽耶夫著的《材料力学》、斯特列勒斯基著的《钢结构》、斯克拉姆塔耶夫著的《建筑材料》、约宁著的《煤气工程》、柯比诺夫著的《供热学》、莫洛佐夫著的《水能利用》、来哈伊洛夫著的《水力学·水文学·水文测验学》、乌根秋斯著的《水力学·水力机械》、普里霍吉克著的《工业企业总平面图设计讲义》、德拉兹道夫著的《采暖讲义》、维琴尼阔夫著的《结构检验讲稿》、卡冈著的《木结构讲稿》等。此外，还编译了《给水工程》与《房屋卫生设备》等。

（五）服务社会与教学改革探索

1957年8月，松花江发生了特大洪水。此期间，全校停课，不放暑假，毕业生不离校，参加全市的抗洪斗争。土木系有1 300多人参加，任务是在三孔桥一带往火车上装土。每天三班倒，风雨无阻。开始装一车皮需4小时，后来提高到装一车皮只需14分钟。土木系和全校师生一起，为1957年哈尔滨市人民战胜特大洪水做出了贡献。

从1958年3月到1959年夏，土木系师生成立的土建设计院（最初为土建设计室）为北京、太原、富拉尔基、佳木斯、哈尔滨等地承担了80多个设计项目，其中包括参加北京人民大会堂、民族文化宫、革命历史博物馆、民族饭店等工程设计；主编《东北建筑》月刊六期。这期间在土木系教师邓林翰、朱聘儒主持下，由部分教师和五年级学生参加，设计完成了 17 800 m^2 的哈工大新建主楼工程。1958 年，在中国建筑学会组织的全国厂矿职工住宅设计竞赛中，邓林翰、李行合作设计的项目获二等奖。

（六）人才培养

从 1950 年到 1959 年成立哈建工前，土木系全系学生人数从 146 人增加到 1 442 人。1950 年毕业生仅 39 人（全为苏侨），1958 年则有毕业生 171 人。这期间土木系培养出研究生 101 人，本科毕业生 497 人，专修科毕业生 70 人，进修教师 49 人。这一期间，由苏联专家直接培养或指导结业的五年制本科生共 373 人。

1956 年暑期，供热供煤气及通风专业和给水排水专业有了第一届毕业生，这也是我国这两个专业的首届五年制的毕业生。国家考试委员会、苏联专家卡冈、约宁，波兰专家基谢认为，上述两个专业和当年工业与民用建筑专业的毕业生，已接近了苏联和波兰的水平。

这些毕业生的特点：一是基础知识较扎实，技术知识较广泛，表现在毕业设计考虑问题较全面。二是实际工作能力较强。一般学生到工作岗位，经较短时间锻炼，即可担任工程师的工作。三是学生俄文掌握得较好，不仅能阅读俄文资料，而且能听、会讲。四是刻苦钻研，作风朴实，还有开拓进取精神，他们是 20 世纪 50 年代后至今一直活跃在中国建筑领域的一批最具实力的骨干，他们中的很大一部分，成为我国建筑业和建筑科技教育界

1949 年入学的工民建专业的部分学生

1954 年夏土木系部分学生与校领导和苏联专家合影

1954 年工民建专业中国毕业生合影

著名的专家、教授或领导者。如王光远院士、林皋院士、李圭白院士、沈世钊院士、陈肇元院士、汤鸿霄院士、李猷嘉院士、钟善桐教授、王宝贞教授、梅季魁教授、郭骏教授、张自杰教授、杜鹏久教授,还有担任过我国建筑院校主要领导的张之凡教授、胡松林教授、吴满山教授以及陈浩荣教授、王铁梦教授等。

四、1959—2000年的本科生培养

(一)1959—1978年的本科生培养

哈建工成立初期,正经历着从1958年开始的"教育大革命"等运动,正常的教学工作受到了很大的冲击,建筑工程系的工作与学校的工作一样经历了在曲折中的前进。

1959年,为纠正1958年"教育大革命"的冲击,学校进行了纠偏工作:①调整教学计划,减少劳动,安排补课。②加强对教学工作的检查。③加快教材讲义的编写,提高课堂讲授效果,节省自学时间。④针对1958年招收的30名工农学员底子比较差的情况,1959年上半年成立工农班,将其集中起来单独安排课程,加强教师辅导,取消他们的劳动时间。⑤认真总结教学经验。11月,学校组织了"讲课经验交流会",建筑工程系的王光远、钟善桐等在会上发言;召开了"俄文教学会议",对俄文教学进行讨论和经验交流。⑥建立年级指导教师制度,加强对学生自学的组织和管理。⑦为了提高教师的外语水平,11月,学校组织了教师外语进修班。⑧重新制定教学方面的一系列制度。1959年进行的纠偏工作,使教学秩序得到稳定,教学质量有所提高。在1958年"真刀真枪的"学生毕业设计的基础上,1959年的毕业生全部以生产设计代替毕业设计。建筑工程系的学生共完成工业与民用建筑 136 000 m^2 的土建设计任务。当年,工民建学生和给排水学生还结合毕业工作开展科学研究,总结出50篇学术论文。

1961年底,建筑工程系修订了教学计划和教学大纲,减少了生产劳动时间,开始恢复了正常的教学秩序。1963年3月,工业与民用建筑专业对教学计划修订的要点有:①培养目标:通过五年教育,使学生成为德智体全面发展的,为社会主义建设服务的工业与民用建筑方面的结构和施工专业人才。②五年总周数256周:其中理论教学157周、考试17周、教学实习5周、生产实习10周、公益劳动10周、毕业设计及答辩16周、毕业鉴定与机动3周、假期38周。③课程设置与课内外总学时:共26门课,课内总学时3 163学时,每周课内学时17至24.5,周总学时49。这个教学计划假期、劳动与学习的时间比例为1.8∶1.9∶9.2,同过去的1∶3∶8或1∶2∶9的比例相比,劳动时间大大减少,假期时间有较大增加,学习时间也有所增加。总学时与周学时也都有所减少,课程门数也有较大压缩。但实际上这个教学计划并未真正实行,就被社会主义教育运动冲击掉了。

从1964年冬开始,全国教育进入更深刻的"改革",对学制、课程、教学方法、

考试方法都进行了试点改革。其中，钢筋混凝土教研室、材料力学教研室总结了开卷考试经验；建筑构造教研室总结了"工业建筑构造原理"课通过"课堂讨论"进行考查的方法。1965年8月至11月，建筑工程系全部3个专业的150名四年级学生投入大庆地区的建筑工地。在100天中，安排了2个月的专业生产劳动，1个月的现场教学，10天总结。在现场讲授了8门课的有关内容。1966年，工民建专业制订了半工半读的教学计划，并从65级开始试行。1966年上半年，工民建65级150人在部分教师带领下赴大庆进行半工半读试点，7月返校。

从1966年6月开始，学校因"文革"而停课。

1972年5月，哈建工工民建、供热与通风、给水排水3个专业招收了第一批工农兵学员，共175名。以后又扩大了招生专业，1973年新增加招生的有玻璃钢、建筑机械、公路工程3个专业，1974年新增加招生的有建筑学、地下建筑两个专业。从1972年至1976年，学校共招收了5届工农兵学员，计1 506名。工农兵学员的招生办法是"群众推荐、领导批准和学校复审"，学制三年，实行"哪来哪去"的分配原则。按照1972年工民建专业的教学计划，3年共152周：学文98.5周，占总周数的64%；学工27.5周，学农4周，学军5周，机动5周，这4项共占总周数的27%；假期12周。这个计划在执行中又逐年修改，不断增加学工、学农、学军和参加政治运动时间，最高时达总周数的50%以上。

（二）1978—2000年的本科生培养

1977年，国家恢复高考招生工作。1978年3月，哈建工招收了恢复高考进入大学的第一届（77级）本科生。

工民建77-3班毕业合影

地下建筑77班毕业合影

从77级学生开始，所有专业的学制都为四年。

1978年，建筑工程系按照学校的统一部署，对"文革"中最后一批入学的三年制学生（76级）调整了教学计划，学制由三年延长到三年半，加强了基础课和技术基础课的教学，使这批学生在毕业时取得了较好的成绩。

从1978年开始，建筑工程系在每一个教学环节都做了许多工作。如针对讲课、习题课、实验课、课程设计、生产实习等一系列工作都制定了制度，明确了要求。从1979年起,还加强了考试工作,制定了相应的制度和规定,取得了较好的效果。

1982年,学校组织了对82级各专业教学计划的重新修订工作,修订的原则是"打好基础,加强理论与实践的结合,提高能力"。工业与民用建筑专业的教学计划修订为:必修课29门,课内总时数2 736学时。基础课和技术基础课2 147学时,占必修课总学时的78.5%;专业课589学时,占必修课总学时的21.5%。选修课的必选最低限学时为100学时,根据因材施教的原则,经系主任批准可以加选。82级教学计划的突出特点是,减少了必修课,开设了较多的选修课。

1983年,学校在抓课堂教学质量方面采取了一些措施:严格选择任课教师,实行任课教师由主管院长批准,教务处下达任课通知书的制度;抓备课、抓教学质量的检查;严格课堂纪律,实行大小课点名制度。4月,学校召开了以培养学生能力为中心的教学经验交流会,建筑工程系钢筋混凝土教研室的吴振声等介绍了经验。

1985年,哈建工分两个层次进行了教学改革的探索工作。一个层次是由学校主持进行的教学计划改革;另一个层次是由各系、专业、教研室、任课教师所做的教学内容、教学方法、教学环节等方面的微观改革。结构力学教研室王焕定、张金生、朱本全等教师从1985年春季学期开始,在道桥83班结构力学教学中,进行了计算机应用、自学能力培养、课余科研小组活动三个方面的试验。根据课程结束后考查、考试结果,证明这门课程的教学改革是成功的。

1987年4月,按照学校的统一要求,修订完成了土木工程各专业1987年的教学计划。在新修订的教学计划中,确定的本科生的培养目标是,培养适应社会主义建设需要的、德智体美全面发展的、获得工程师基本训练的高级工程技术人才。在学时分配方面,课内理论教学总学时不超过2 500,公共课、基础课、专业基础课占总学时的85%,专业课占15%;选修课不低于课内总学时的5%;实践性教学环节不低于40周;军事训练4周。

此期间的课程建设经历了两个阶段:第一阶段为1978—1984年,主要克服当时的师资、教材短缺状况,在教学方法上进行研讨,以建立正常的教学秩序为目标,修订了四年制教学计划。第二阶段为1985—1990年,以进一步完善教学体系为目标,展开了重点课程建设。钢筋混凝土及砌体结构、钢结构、土力学与地基基础、建筑施工技术等主干课程通过了校内评估,其中钢筋混凝土及砌体结构、钢结构课程被评为一类课程。

在此期间,相关专业教师承担了更多的全国性教学建设与改革工作的任务。1981年6月,系副主任张铁铮代表学校参加了教育部部属高等工业学校土木建筑工程和化工教学座谈会;10月,由陈雨波副院长带队参加了国家建工总局召开的工民建专业教学计划讨论会并向会议提交了哈建工起草的该专业教学计划的建议稿。哈建工受此次会议委托,于1981年10月,由陈雨波副院长主持召开了华北、东北地区工民建专业教学研究协作网会议；1982年5月，由哈建工主持召开了26所院校参加的"结构动力学""结构""大跨结构""钢筋混凝土及砖石结构"4门课程的教学大纲讨论会；1982年7月，由哈建工主持召开了45所院校参加的"房屋建筑学""建筑构造"教学经验交流会。1983年，建设部在苏州召开5个专业的教材编审委员会会议，确定建筑管理工程系主任关柯任施工与管理专业副主任委员；1984年4月，哈建工陈雨波院长和建筑管理工程系主任关柯应邀参加了教育部召开的专业目录审定会议。

20世纪90年代初，哈建工明确提出：学生应当能够适应经济建设和社会发展的需要，能够跻身于市场经济的激烈竞争中。要求学生树立正确的世界观和价值观，热爱祖国，为建设社会主义祖国而勤奋学习；引导他们提高马克思主义理论修养和政治素质，忠诚、进取、求实、创新；要求他们具有坚实的理论基础、深入系统的专业知识以及较强的计算、制图、实验能力，能够运用科学的思维方法分析和解决工程实际问题，能够在结构设计、施工和工程管理的学习中得到工程师的基本训练，具有良好的职业道德；毕业后经过短期的实际锻炼，就能较快地担负起所从事的专业技术工作。为达到上述目标，建筑工程系（学院）采取了以下方法和措施：①严格执行教学计划和教学大纲，认真落实培养方案，不断完善各类教学文件。②坚持正常的教学秩序，切实抓好教风、学风建设。在各教学环节中，要求教师严格履行教师守则，要求学生保持优良的学风，特别注意严肃考风和校纪。③加强系列课程建设，考虑课程间的相互渗透，进行整体优化，加强学生综合能力的培养，在重视基础课、外语和计算机教学的同时，以提高综合设计、施工、管理能力为目标，有机地组织好专业课的教学。④坚持教学改革，运用灵活的培养机制和培养方法，引入先进的教学手段，开好选修课，为推行学分制创造条件。⑤以师资队伍建设为重点，认真抓好学科建设。学院采取一系列措施，稳定教师队伍，引进高层次人才，较好地解决了年龄断层问题，确保由一支素质较高、结构合理的教师队伍承担建筑工程本科专业的教学任务。⑥积极开展各种学术活动，优化育人环境。⑦多渠道筹措资金，改善办学条件。

1998年，教育部颁布了新的专业目录。按照这一目录，土木工程专业涵盖了原来的建筑工程、交通土建工程、矿井建设、城镇建设（部分）等专业。为了适应这个变化，土木工程学院从1998年开始将教学计划调整向土木工程专业转变，直到1999年正式按土木工程专业（建筑工程方向）招生。调整的关键是将建筑工程专业拓宽到大土木、宽口径上来。专业拓宽，在教学计划中主要体现在专业基础课程的拓宽，在教学计划的编排上突出强调土木工程专业基础和人文基础。在宽口径、厚基础的专业平台上，学生可以选择不同的专业方向课程，作为学生第一次择业的基础。同时，强调实践性教学环节是培养学生动手实践能力、创新能力的关键环节，对学生理解体会理论知识具有重要作用。

在教学安排中，将实践性教学环节的课程分为制图类、实验类、实习类和设计类4类。对按学时计算的实践课，按20学时=1周计算。实习类课程包括认识实习、测量实习、生产实习和毕业实习，强调通过实习掌握有关仪器操作和使用、工程测量方法和过程，能初步用理论知识解决（释）工程实际问题，理解土木工程师的工作职责范围，并参与部分工作过程，了解土木工程项目管理和我国现行规范和规程的使用。为保证教学计划在实践与技能方面的培养要求，通过校企合作，建立了一批稳定的生产、毕业实习基地。一些学生在实习的同时，运用所学知识与工地技术人员一道解决实际问题，受到所在单位的赞扬。在外语和计算机应用课程教学方面，将外语的学习集中在第一年，强化外语教学，达到一定水平后，三、四年级不再开设专业英语（日、俄等小语种除外），而是将外语作为工具融入正常教学中。推选7门主干课程，拿出10%的学时用于英语讲授，另聘外教开设1~2门完全用英语讲授的课程，强调外语是工具，在使用过程中提高外语水平。计算机作为一种现代化的工具在本科教学中被强调，重视计算机的使用，强调课内讲授，课外学生自己练习，做一些指定的报告、图表、设计等。如第一学期的计算机基础知识、计算机软件基础，以及后续的程序设计、当前常用土木工程软件介绍等。现代社会是信息社会，获取信息和使用信息在现代工作和生活中变得越来越重要。大学生应该尽早熟悉如何尽快获取信息和使用信息，所以在第一学期开设了信息技术与交流课程，除了讲授信息技术外，还讲授工程上一般的交流方式与手段。

这一时期教学计划的特点主要体现在：①课程设置尽量模块化，按每学期16周计算，每门课程的学时数最好在32、48或64，课程的内容力求饱满，改变因人设课的状况，推进因课设人。考虑教师现有的知识结构，有些课程采用几个人各讲一部分的方式。用人所长，发挥个体和群体的优势。②将原有一部分集中性课程设计改为课程大作业，要求教师授课时将内容顺序进行调整，尽早布置设计任务。在每周的答疑时间，教师可以辅导设计。由于计算机绘图的开展，学生可不使用专用教室做设计、绘图。学生的绘图工作可利用业余时间在计算机房内完成，并且学生的设计是在一段时间内完成的，学生在时间支配上更有主动权，对设计的理解也不再是在一段时间内突击。这种改变所带来的另一个好处是每学期尽量做到16周授课，有利于规范课程模块。③推进考试方式的改革，对学生按课程要求完成的作业、报告、实验、大作业，以一种恰当合理的方式计入期末成绩，而不只以期末一次考试为最后定论。这样更能增加学生在平时学习中的主动性。④使学生尽早地接触专业知识，如第一学期开设土木工程概论，第二学期开设土木工程制图、土木工程科学讲座，第三学期开设建筑法规和建筑材料，第四学期开设房屋建筑学等。⑤提倡教师使用现代化教学手段，增加课堂教学的信息量和趣味性。压缩学时，使学习过程变得生动活泼。前7个学期平均21学时/周，下午基本没课，学生课余时间较多。

第二章 人才培养

对授课教师的要求：①在每一学期的第10周将下一学期的教学安排和进度报学校教学处，待批准后在第15周落实下一学期的教学工作。包括落实任课教师、落实教材以及各科所涉及的作业指导书、实习指导和实验指导书等。②提倡教师向教学、科研型发展，要求主讲教师应不断更新自己的知识并丰富自己的工程经验，参加工程实践，不断探索新的教学方法和内容，总结教学成果和经验。提倡教师采用现代化教学手段教学。教师积极参与生产实践，将科学技术应用于工程实际。通过设计、咨询解决工程中遇到的重大难题。这一时期，教师承担的工程设计、工程咨询、结构检测项目200多项，取得了较好的社会效益和经济效益，提高了土木工程专业在社会上的声誉。同时，教师通过参与生产实践活动，提高了业务水平，丰富了教学内容，使课堂教学更切合实际，教师能比较准确地把握住培养学生工程能力的要求，使学生能得到系统的工程训练，毕业后能很快地适应各自的工作岗位，从而提高了办学的质量和效益。③提倡知名教授上讲台，不仅使硕士、博士研究生的培养受益，更使本科生的培养受益。④要求新上岗的青年教师具备较高的学位和学术层次，具备较强的责任心和较好的职业道德。引入研究生助课机制，在将来的工作中将限制低层次人员的增加，只引进和留用有博士学位的新教师，强化日常工作的非固定编制。鼓励现有的不具有硕士、博士学位的年轻教师，脱产攻读研究生，提高层次。在新老交替中，建立一支高精尖的队伍。

土木工程学院注重教材建设，鼓励教师将科研与教学结合起来，将国内外新的科研成果介绍给学生，并将自己的科研成果和教学成果结合起来，写成了高水平的专著或教材，有效推动了高水平专著或教材的产出。1978年，王光远著的《建筑结构的振动》由科学出版社出版。1982年，郭长城编著的《建筑结构振动计算》由中国建筑出版社出版，在高教界和工程界深受欢迎，1992年郭长城又编著《建筑结构振动计算续编》一书。1983年，沈世钊与吕烈武、沈祖炎、胡学仁合著的《钢结构构件稳定理论》由中国建筑工业出版社出版，该书于1990年获建设部优秀科技图书奖一等奖。1985年，钟善桐、沈世钊编著的《大跨房屋钢结构》由中国建筑工业出版社出版，该书于1995年获建设部优秀科技图书奖二等奖；樊承谋编著的《木结构工程》由中国建筑工业出版社出版。1987年，关柯主编，田金信、刘保策、王要武、房乐德、张德群等参编的高等学校试用教材《建筑企业管理学》由中国建筑工业出版社出版，该教材1992年获第二届全国普通高校优秀教材奖，建设部第二届高校优秀教材一等奖。1993年，王焕定主编的《结构力学程序设计》由高等教育出版社出版。1997年，沈世钊、徐崇宝、赵臣所著的《悬索结构设计》由中国建筑工业出版社出版；王焕定、吴德伦主编，王伟参编的"高等学校建筑工程专业系列教材"《有限单元法及程序设计》由中国建筑工业出版社出版；景瑞、张来仪主编的"高等学校建筑工程专业系列教材"《结构力学》由中国建筑工业出版社出版。1999年，沈世钊、陈昕所著的《网壳结构稳定性》由科学出版社出版。2000年，王焕定、景瑞等编著的"面向21世纪课程教材"《结构力学》（I、II）由高等教育出版社出版；王伟、张金生主编的《结构力学》由武汉大学出版社出版。

以结构力学教研室为代表的各个教研室在课程建设中，勇于改革与实践，

《建筑企业管理学》1992年获第二届全国普通高校优秀教材奖

取得了显著的成绩。1989年，关柯主持完成的"开拓新专业积极进行多层次专业建设，向教学科研改革多元化发展"项目获黑龙江省高等教育优秀教学成果一等奖。1991年11月，邹超英完成的"刻苦钻研，精心教学，不断提高教学质量"项目获黑龙江省普通高等学校优秀教学成果青年教师奖。1992年，结构力学教研室开始计算机辅助教学研究。作为研制组组长单位，与清华大学和大连理工大学合作，研制计算机辅助教学写作工具。该成果被用于结构力学和相关课程的教学课件的制作。1993年，结构力学教研室参加"结构力学课程教学指导小组"组织的6所高校参加的"计算机辅助教学系统"建设，该成果获国家优秀教材二等奖，王焕定是三位申报人之一；计学闻、王振东、张景吉、高向东、邹超英完成的"抓好课程建设，不断提高教学质量"获黑龙江省高等教育优秀教学成果一等奖。1995年，张永山、张金生、景瑞、王伟、朱本全、王焕定完成的"结构力学计算机辅助教学课件"获黑龙江省高等教育优秀教学成果一等奖。1996年，作为主持单位，王焕定为主持人，组织结构力学教研室参加"智能试题库和智能辅助教学系统"建设，两项成果均通过国家验收；景瑞获得宝钢教育基金会优秀教师奖；结构力学教研室参加教育部"面向21世纪力学系列课程体系和教学内容改革与实践的研究"的研究工作，在首批共14所院校中，由于成绩突出被滚动升级为主持单位。1997年，王焕定、景瑞、朱本全、张永山、王伟、张金生完成的"结构力学课程建设的研究与实践"获国家级教学成果二等奖和黑龙江省高等教育优秀教学成果一等奖。1999年，李晓东、孙立新、张德群、王要武等完成的"管理类专业计算机系列课程教学改革的探索与实践"获黑龙江省普通高校教学成果二等奖。2000年，王焕定、景瑞、王伟、张金生完成的"土木类面向21世纪课程教学内容课程体系改革研究与实践"获2000年黑龙江省高等学校教学成果一等奖；王要武获得宝钢教育基

金会优秀教师奖。

2000年以前土木工程学院获得的部分优秀教学成果奖证书

在加强教学管理方面，土木工程学院采取了多项措施。①教学质量分三级管理：教务处、学院、教研室三级，按照学校和学院的规章制度组织检查，检查结果经汇总、分析和认真处理后报教务处。②在离退休者中，聘请学术水平较高、责任心强、热爱教学的老教师参与本院督教、督学工作，不定期检查本院教师教学质量和学生反馈意见，及时向学院反映。另外，配套制定了合理的奖惩制度，以保证教学质量，树立良好的教风、学风。③随着改革的不断深入，学院有针对性地调整或新颁布了一系列切实可行的规章制度。规章制度尽可能详细，尽量使规章制度的规定没有变通的余地，使教师在工作中、学生在学习中有章可循。④严格考试纪律。逐渐形成了严格的考试纪律和监考制度，并做到试题标准化，考试过程规范化。试题可在题库中抽取或由教学组命题，教研室主任审定，试卷密封，教师"流水"批卷，避免人为因素的干扰。⑤每学期末，学生填写"教师讲课情况调查表"，对任课教师进行评估打分，这些材料作为学生反馈的重要信息，学院都认真对待，并作为教师晋级提职的重要指标。⑥对教学质量严格把关，按规定严格处理各类教学事故，使培养的毕业生规格得到保证。达不到毕业或授予学位要求的毕业生，严格执行学校的规定，对其学籍进行处理。

20世纪90年代以后，建设部教育司组织成立了全国建筑学、土木工程、城市规划及工程管理专业教育评估委员会，并邀请英国、美国等相关专业教育评估专家以特邀观察员身份参加专家组，同时结合国际通识要求制定了评估指标体系。1995年，土木工程专业教育评估委员会批准清华大学、同济大学和哈工大等10所院校参加建筑工程专业全国首批评估。这次参评的学校被称为国内"第一军团",实力都非常强。在建筑工程学院全体师生的共同努力下取得A级通过,有效期5年的好成绩,而且排名在前五位。1999年,工程管理专业教育评估委员会批准清华大学、同济大学和哈工大等6所院校参加工程管理专业全国首批试点评估。在建筑管理工程系全体师生的共同努力下,工程管理专业以优异的成绩顺利通过评估,有效期5年。2000年,土木工程专业又以优异的成绩通过全国高等学校土木工程专业本科教育复评评估。

五、2001—2020年的本科生培养

(一)专业培养目标及其保障措施

围绕哈工大的总体建设目标和办学定位,土木工程学院本科专业的培养目标为:面向国家建设重大需求,适应未来科学技术进步,坚持立德树人,培养具备执着信念、优良品德和高度社会责任感,基础理论扎实、专业知识宽广、实践能力突出,具有协作意识、创新精神和国际视野,能够引领土木工程、土木工程材料、城市地下空间工程、工程管理行业或领域未来发展的精英人才。

土木工程学院始终以培养"国际一流土木工程精英人才"为目标,坚持"规格严格,功夫到家"的育人理念,坚持"大师引领",保持学生培养的工程特色,将科研优势转化为教学资源,培养面向国家重大需求和国际学术前沿目标的名师大家和精英人才。具体的保障措施包括:

1. 完善人事制度改革

在职称评审、岗位评聘、教师长聘和准聘、教学拔尖人才选拔等制度中,一贯坚持落实人才培养的中心地位,其中在岗位津贴设置中对教学有突出贡献的教师予以奖励,将本科生班主任、英才班导师等均列入考核。

2. 创新人才培养模式改革

强化人才培养在学科发展中的核心地位,把人才培养作为学科发展的第一要务、教师的第一责任。

(1)全面推行核心价值培育、综合能力养成和多维知识探究"三位一体"的人才培养模式。落实"以学生为中心,学生学习成效驱动"的教育教学理念,完成从"以教为中心"向"以学为中心"的转变,"旧三中心(教师、教材、课堂)"向"新三中心(学生发展、学生学习和学习成效)"的转变,知识传授向知识、能力和素质全面发展的转变。

(2)强化本科生通识教育和学习能力教育,提高学生创新能力的培养。完善学术型和应用型硕士分类培养模式,提高应用型硕士的工程实践能力,以适应社会对工程实践能力强的人才需求,提高学术型硕士研究生的基础

理论水平，为土木工程基础研究和学术创新输送高质量人才和后备力量。以 5 个高水平土木工程学术方向为基础，强化博士研究生的选题，鼓励博士研究生开展高水平前沿基础科学研究，培养其参与及承担重大土木工程研究项目的能力，力争使拔尖人才培养水平上一个新的台阶。

3. 课程体系和教学内容改革

完善培养模式、构建国际化的土木工程课程体系，支撑培养目标有效达成。

（1）依据"高水平、国际化、学科交叉、资源共享"的原则，提炼土木工程一级学科下属各二级学科的共性知识点，科学设置培养方案，建立通识教育、专业教育、实践创新和个性发展有机融合的本硕博一体化课程体系。

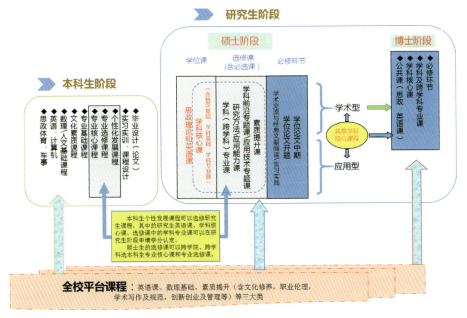

本硕博一体化课程体系

（2）引入国际知名大学的热点课程，建设好核心课程，使之达到国内一流水平。改革教学方式，引导学生主动融入课题教学活动，提高课堂教学水平。加强实践教学的内涵建设，强化学生创新精神、创业意识和创新创业能力培养。完善创新创业教学体系，建设好一批创新研修课程和实训课程。建设好一批校企产学研联合中心或基地，培养一批企业指导教师，提高企业在学生创新教育中的积极主动性，建设全员育人的协同创新教育机制。

4. 完善人才培养质量保障体系

以创新能力培养为目标，构建科学合理的人才培养质量保障体系。

（1）加强学科实验教学与科研平台建设：以土木工程强势专业为牵引，依托学科现有的国家重点实验室、国家工程实验室、国家级工程研究中心、国家级实验教学示范中心及国家级虚拟仿真实验教学中心，建成国际一流的土木工程综合性系列实验教学与科研平台，支持学生实验教学、科技创新和科研工作。

（2）加强课程建设：发展优质网络教育资源，建设若干门在国际上具有重要影响的 MOOC、国家精品资源共享课和国家精品视频公开课，若干本教材列入国家规划教材。

（3）优化教育资源，加强师资梯队建设：做好高端人才的遴选、招聘、稳定、培养工作，培养教学领军人才，将已有的多个教学团队建设成国际化的教学团队，并培育省级和国家级教学名师。

（4）提高人才培养质量：土木工程学科已培养出众多国内领军人才，是国家培养行业高层次人才的重要摇篮。争取未来再培养出一批具有国际视野，与世界一流大学培养水平相适应的学术型国际化拔尖人才。

（5）建立人才培养质量监控目标体系：包括学科建设目标、教学目标、管理目标监控，并建立学院教学督导制度，强化教师评聘工作中的教学质量认定，加强质量监控的宏观管理。

（二）专业设置与培养方案

根据高等学校土木工程专业指导委员会关于《土木工程专业本科（四年制）培养方案》，结合学校的特点，2003年8月，土木工程学院修订了新的土木工程专业培养方案（2004—2008）。

修订的土木工程专业培养方案（2004—2008）总体教学安排如下：

（1）课内总学时。课内总学时包括必修课和选修课的计划学时，不包括集中实践环节（单独开设的实验课除外）。必修课总学时为2 241～2 301学时，选修课总学时为268～350学时，课内总学时为2 569～2 651学时，基本上将课内总学时控制在2 500学时左右。

（2）课程结构和相对比例。公共基础课1 307～1 327学时，占50.7%～51.2%，不低于50%的下限；专业基础课870～906学时，占33.6%～35.6%；专业课356～394学时，占13.6%～15.2%，其中专业必修课占10.3%～11.7%，符合评估标准要求。

（3）课程性质及比例。课程性质分为必修课和选修课两种，土木工程专业本科教学计划中必修课总学时为2 241～2 301学时，占86.5%～89.6%，选修课总学时均为268～350学时，占10.3%～13.5%，选修课高于10%的下限要求，满足评估标准要求。

（4）课程设置。课程分为理论教学和实践教学两大类。理论教学课程分为公共基础课、专业基础课和专业课，专业课分3个专业方向；实践性教学环节包括认识实习、生产实习、毕业实习、课程实验或实习、课程设计、毕业设计、

第二章 人才培养

军训及军事理论、社会实践与公益活动等。

秉承学校"厚基础、强实践、严过程、求创新"的人才培养特色，土木工程学院土木大类教学委员会经系统调研、梳理和研讨后，制订了土木大类专业培养方案，构架了各专业方向的完整课程体系。将通识教育课程划分为公共基础课和文理通识课，以培养具备良好的人文素养、职业道德和社会责任感，夯实数学和力学基础；将专业教育课程划分为按大类及跨大类平台的专业基础课程、专业基础课程，可按模块设置的专业核心课程、专业限选课程、专业任选课程，以掌握土木工程领域相关基础理论和专业技术；强化了由课程设计、认识实习、综合实习以及毕业设计等组成的实习实践，以及包括本专业选修课程、外专业课程、研究生课程、创新创业课程和创新创业实践等组成的个性化发展课程；形成具有协作意识、创新精神和国际视野，基础理论扎实、专业知识宽广、实践能力突出，具备执着信念、优良品德和高度社会责任感，"国际化、创新型、复合式"精英人才培养模式。

结合大类招生与大类培养、国际工程教育认证、本硕博一体化培养等新要求，各学科全面梳理课程体系，系统规划，从培养目标、毕业要求出发，强调能力与素质的培养，通过建设大学分课等改革手段，加强课程结构关系的构建，促进知识、能力与素质的有效达成。

土木工程学院对6个专业方向分别构筑了合理的课程结构体系和学分结构，优化了课程与培养要求的对应关系，其专业核心和选修课程等可为专业方向提供有力支撑。土木类专业（建筑工程方向、城市地下空间工程方向、土木工程材料方向、工程管理方向）需修满178学分，其中通识教育课程67.5学分，专业教育课程100.5学分，个性化发展课程10学分；土木工程专业（土木工程力学精英班）本硕课程直通，需修满189学分，其中通识教育课程67.5学分，专业教育课程98学分，个性化发展课程10学分，硕士研究生课程13.5学分。实践课占总课程比例：土木工程专业（建筑工程方向）为25.9%，土木工程专业（土木工程材料方向）为25.1%，土木工程专业（土木工程力学精英班）为23.7%，城市地下空间工程专业为25.3%，工程管理专业为20.5%。完善了本科生国际留学生班培养方案，建立了全英文授课体系，留学生本科课程46门均为英文授课。

（三）教学改革

立足学校"双一流"建设的总体目标，始终坚持将人才培养作为高等学校的核心要务，并通过持续不断的深化教学改革与强化教学研究来提高人才培养质量。

1. 教学改革的总体思路及政策措施

（1）总体思路。以培养满足国家需求的土木及规划类高水平创新型人才为目标，面向国家创新驱动的发展战略，面向未来时代发展和社会进步，坚持立德树人根本任务，坚持人才培养中心地位，坚持本科教学基础地位。

（2）政策措施。定位于培养引领土木设计领域未来发展的拔尖创新型人才，探索适合行业产业未来走向的人才协同培养模式；优化本硕博贯通的培养过程，构建以创新能力和工程训练为核心的实践能力互动的培养体系；以工程实践创新能力培养为核心，构建高校与社会机构"双主体"协同育人的机制。

2. 人才培养模式改革，人才培养体制与机制改革

2007年9月，工程管理专业获批教育部特色专业建设点。

2007年12月，武永祥负责的教学项目"创新型高级管理人才培养实验区"被批准为2007年度人才培养模式创新实验区；邹超英负责的"创新型土木工程人才培养实验区"项目被批准为2007年度工程教育改革集成项目参与学校人才培养模式创新实验区"。

2009年9月，土木工程专业获批教育部特色专业建设点。

2010年8月，经教育部批准，哈工大首批入选教育部卓越工程师培养计划高校，成立了土木工程大学生创新实验中心，新型结构创新中心获批大学生创新基地"十一五"建设项目。

土木工程大学生创新实验中心

2011年7月，土木工程专业首批入选教育部卓越工程师教育培养计划学科专业名单。

2012年6月，经教育部等部门批准，中国建筑工程总公司、北京金隅股份有限公司、黑龙江省建设集团3个单位获批首批哈工大土木工程专业国家级工程实践教育中心。

2012年8月，经教育部批准，哈工大土建工程实验教学中心入选"十二五"国家级实验教学示范中心，黑龙江省建设集团获批为国家级工程实践教育中心并完成建设方案。土木工程专业被教育部批准实施专业综合改革试点项目。完成了2012级留学生班培养方案制订并落实英文课程授课教师。

2013年，成立土木工程学院教学指导委员会和教学督导委员会。

2013年，新增城市地下空间工程专业，完成了2012版土木工程专业（建筑工程方向、土木工程材料方向、土木工程力学精英班方向）各专业方向培养方案的修订，制订了城市地下空间工程专业培养方案，修订了国际留学生班培养方案，并完成了相应的课程大纲和中英文简介的修改。土木工程专业顺利通

过住房和城乡建设部高等教育土木工程专业评估委员会评估。

自2014年起，每年为大一新生编写《哈尔滨工业大学土木工程学院本科生培养全程导引》，给学生以全面引导，贯穿四年，图文并茂，分门别类，分类指导，更人性化。

2014年，全院开展教育思想大讨论，并召开高等教育教学改革大讨论研讨会。

2015年，成立哈工大教师教学发展中心土木分中心，完成了2015年建设规划，组织了青年教师教学基本功竞赛。

2016年，本科生按土木类大类招生，第二学年夏季学期进行专业方向分流：土木工程专业（建筑工程方向、土木工程材料方向、土木工程力学精英班方向）、城市地下空间工程专业、工程管理专业（项目管理方向、房地产开发与管理方向）。

2016年，成立土木类专业教学委员会，对本科生培养方案进行修订，完成了2016版土木类专业所含"建筑工程""土木工程材料""土木工程力学精英班""城市地下空间工程""项目管理""房地产开发与管理"等3个专业6个模块的本科生培养方案。

2018年，武岳、刘昌永、张文元申报的"大型钢结构厂房设计建造虚拟仿真实验"入选教育部土木类首批国家虚拟仿真实验教学项目；胡卫华申报的"基于土木结构在线监测与海量数据处理的远程教学平台"入选教育部产学合作协同育人项目；满庆鹏、孙立新申报的"BIM工程能力提升实践基地"入选教育部产学合作协同育人实践条件和实践基地建设项目。

2019年，满庆鹏、杨晓林、孙立新申报的"面向智能建造的工程管理专业工程能力提升研究"入选教育部产学合作协同育人新工科项目。

土木工程学院一直注重高素质人才培养的建设：建设了"结构健康监测与控制"教育部创新团队；建设了张少实和王焕定带领的力学课程国家级教学团队、王焕定带领的结构力学省级教学团队；建设了国家级精品课程"结构力学"并获教育部第一批"国家精品资源共享课"称号；建设了谢礼立为负责人的国家首批精品视频公开课"地震灾害与建筑结构抗震设计"和沈世钊为负责人的"土木工程导论"国家精品视频公开课；建设了全国首批百门双语教学优秀示范课程"钢-混凝土组合结构"；建设了国家虚拟仿真实验教学"金课""大型钢结构厂房设计建造虚拟仿真实验"；建设了"混凝土结构设计原理""钢结构基本原理与设计""有限单元法基础""土木工程材料""工程信息管理"5门黑龙江省精品课程；建设了多门校级优秀课程、MOOC课程、本科生新生研讨课、本科生创新研修课。

3. 教学成果与教师荣誉

2001年以来，土木工程学院有多项教学成果获国家或省部级奖励。2003

年，计学闰、王力完成的"土木工程专业特色课程——结构概念和体系"获黑龙江省高等学校教学成果二等奖；2005年，王焕定、张金生、张永山、王伟、段忠东"结构力学立体化教材建设"获黑龙江省高等教育教学成果一等奖；2013年，范峰主持完成的"钢结构课程群体系构建与实践"获黑龙江省教学成果二等奖；2013年，李强主讲的"结构力学"入选第三批国家级精品资源共享课；2014年，邹超英与他人合作完成的"20年磨一剑——与国际实质等效的中国土木工程专业评估制度的创立与实践"获国家级教学成果一等奖；2016年，张金生主讲的"结构力学"（自主模式）入选学堂在线MOOC课程；2019年，王要武与他人合作完成的"中国建设教育发展年度报告"获中国建设教育协会优秀教育教学科研成果一等奖。

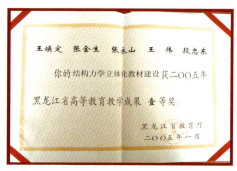

2001年以来土木工程学院部分教学获奖成果

此期间，王焕定获全国高等学校教学名师奖（2007）、黑龙江省教学名师奖（2006），郑文忠（2006）、邹超英（2009）、邵永松（2014）、赵亚丁（2015）获宝钢优秀教师奖，王要武（2004）、王伟（2013）、周广春（2014）荣获全省优秀教师称号，吕大刚荣获"全省教书育人、管理育人、服务育人先进工作者"称号，此外，还有哈工大"我心目中的优秀教师奖"2人、"我心目中的优秀教师提名奖"1人、教学名师奖3人、教学新秀奖1人、"青年教师教学基本功竞赛二等奖"1人、"大学生创新创业教育"活动优秀指导教师称号1人、教学优秀奖一等奖1人和二等奖2人。

4. 教材建设

2001年以来，土木工程学院教材建设取得丰硕成果。

2001年，王焕定和张永山编著的"新世纪土木工程系列教材"《结构力学程序设计及应用》由高等教育出版社出版。2002年，王焕定编著的《有限单元法基础》由高等教育出版社出版；王焕定编著的《有限单元法教程》由哈尔滨工业大学出版社出版。2004年，王焕定等应邀编写的《结构力学》（中、少学时用，每套三册——学生、教师用书和学习指导）由清华大学出版社出版；王焕定、齐皑编写的《结构力学》（中、少学时用）由清华大学出版社出版；王焕定、景瑞、张金生、张永山、王伟修订的普通高等教育"十五"国家级规划教材《结构力学》（Ⅰ、Ⅱ）由高等教育出版社出版。2006年，王光远译和王焕定等参译的（美）R.W.克拉夫和J.彭津著《结构动力学Ⅱ》由高等教育出版社出版；王焕定编著的应用型普通高校多学时教材《结构力学》由清华大学出版社出版。2007年，谢礼立、吕大刚译和王焕定、周广春、张金生、龙复兴、段忠东、吴知丰、翟长海参译的（美）Anil K. Chopra《结构动力学（第2版）》由高等教育出版社出版。2017年，再次翻译出版该书第4版；李忠富主编的《建筑施工组织与管理（第2版）》，刘力主编的《建设工程合同管理与索赔（第2版）》，杨晓林主编的《建设工程监理（第2版）》，王洪、陈健主编的《建设项目管理（第2版）》，许程洁主编的《建筑工程定额与预算（第2版）》，李晓东、张德群、孙立新主编的《建设工程信息管理（第2版）》6本国家"十一五"规划教材由机械工业出版社出版。2008年，王要武主编的《建筑系统工程学（第2版）》、武永祥与他人合作主编的《房地产经济学（第三版）》两本国家"十一五"规划教材由中国建筑工业出版社出版，王要武主编的国家"十一五"规划教材《管理信息系统（第2版）》由电子工业出版社出版。2009年，唐岱新主编的《砌体结构（第2版）》，刘宗仁主编的《土木工程施工（第2版）》，田金信主编的《建设项目管理》，张守健、许程洁主编的《土木工程预算（第2版）》，武岳主编的《感知结构概念》5本国家"十一五"规划教材由高等教育出版社出版；谢礼立主编的《基于性态的抗震设防与设计地震动》，滕军主编的《结构振动控制的理论、技术方法》两本国家"十一五"规划教材由科学出版社出版。2010年，张金生、王焕定、景瑞、张永山、王伟修订的"面向21世纪课程教材"《结构力学（第3版）》由高等教育出版社出版；王焕定主编的国家"十一五"规划教材《有限单元法基础（修订版）》由高等教育出版社出版。2011年，张耀春主编的国家"十一五"规划教材《钢结构设计原理》由高等教育出版社出版。2013年，李锦辉主编的国家"十二五"规划教材《土木工程专业英语》由同济大学出版社出版。2014年，王振东、邹超英主编的国家"十二五"规划教材《混凝土及砌体结构（上册）》《混凝土及砌体结构（下册）》由中国建筑工业出版社出版。

5. 教学及管理信息化

学院建立教学文件、教学成果信息化管理平台,由学院本科生办、学科组(系)教学副主任两个层级管理。在图纸管理方面,做到纸质版与电子版同时存档(无电子版图纸做到一图一扫描),并建立图纸信息管理库。学校建设了网上选课平台系统。实现了考试成绩的网上平台录入系统,可供学生查询。学生可以利用教学平台在网上进行评教。

(四)课堂教学

在保持传统的重基础、强实践的特色之上,学院深化课程体系改革,设立了核心课程负责人制,并增设了特色专业系列课程。

1. 课程教学大纲的制订与执行情况

按学院的教学计划制订各门课程的教学大纲,每3~5年修订一次,与时俱进。教学计划经学院教学委员会讨论通过并报学校批准,具有法律效应,不得随意更改。在具体执行过程中,若碰到特殊情况必须做适当调整时,须由学院提交报告,经校教务处批准后方可执行,并在教务处备案。目前正在执行新修订的2016版教学大纲。

坚持学校、学院和学科组(教研室)三级教学督导,学校教学督导组、学院教学督导组、学院学科组(教研室)主任以上领导及学院本科教学委员会成员每年都有一定数量的听课检查任务,及时发现并解决教和学中的问题。

坚持考试命题标准化、考试过程规范化,阅卷工作"流水化"。

坚持"教学与科研一元化"的办学思想,要求教授、博导在本科教学第一线,越是在科研方面有贡献的教师,越要关心、支持本科教学。

主讲教师必须根据教学大纲做好教学设计,教案及授课内容要符合大纲要求,教学进度要与教学日历相一致。

新聘教师必须经过教师资格培训,并经试讲合格后方可担任主讲教师。开新课的教师必须经试讲合格,方可担任新开课主讲教师。对于教学效果欠佳的教师予以停课整改,经试讲合格后方可再度上岗。

2. 教学内容对人才培养目标的体现,科研促进教学的情况

学院每个专业的课程都制订了详细的教学大纲,每门课程都从工程知识、问题分析、设计/开发解决方案、研究、使用现代工具、工程与社会、环境和可持续发展、职业规范、个人和团队、沟通、项目管理、终身学习等方面给出了课程与培养要求的对应关系。与土木工程专业毕业要求相适应的数学与自然科学类课程不少于总学分的15%。符合土木工程专业毕业要求的工程基础类课程、专业基础类课程与专业类课程不少于总学分的30%。工程基础类课程和专业基础类课程能体现数学和自然科学在本专业应用能力的培养,专业类课程能体现系统设计和实现能力的培养。工程实践与毕业设计(论文)不少于总学分的20%。设置完善的实践教学体系,并与企业合作,开展实习、实训,培养学

第二章 人才培养

生的实践能力和创新能力。毕业设计（论文）选题结合本专业的工程实际问题，培养学生的工程意识、协作精神以及综合应用所学知识解决实际问题的能力。对毕业设计（论文）的指导和考核有企业或行业专家参与。人文社会科学类通识教育课程不少于总学分的15%，使学生在从事工程设计时能够考虑经济、环境、法律、伦理等各种制约因素。

土木工程学院在重视本科教学的同时，十分重视科研工作，并将其作为提高师资水平、锻炼青年教师、充实教学内容和提高教学质量的重要手段。学科除拥有王光远院士、谢礼立院士、沈世钊院士、欧进萍院士等一批学术造诣精深的知名专家外，近年来成长起来一批青年学科带头人，形成了良好的学术梯队和浓厚的学术氛围。在科研项目、出版著作、发表论文、获得奖励等方面都取得了长足的进展，从而为教学水平的提高奠定了坚实的基础。

科研成果对本科教学质量和师资水平提高的促进作用，主要体现在以下几个方面：

（1）每年学科的知名教授（如王光远院士、谢礼立院士、沈世钊院士、欧进萍院士）和优秀中青年专家都为本科生举办有关科学发展前沿的学术报告会，开阔了学生的思路和眼界，加深了对专业的了解，提高了学习兴趣和学习主动性。

（2）学科广大教师主持编制、合作编制或主审了多部国家和行业技术标准，从而在本科生的相关课程教学过程中，及时让学生了解到了有关规范、规程目前所存在的问题，以及相应的发展趋势，使学生从单方面的接受改变为开放式的学习，同时对培养学生发现问题和思考问题的能力起到了良好的促进作用。

（3）以学科教师科研工作为基础，同时参考国内外相关领域的最新研究成果，为高年级本科生开设了多门属于学科前沿的选修课程，使学生在掌握本专业基本理论的同时，对相关领域的最新研究成果和学术动态有所了解，同时也激发了学生的创造欲望。

学院要求专业课教师每年至少要提出一项适合本科生创新实验、科技竞赛、社会实践等培养能力素质的选题，并接受至少一名学生承担该项目研究。学院广大教师特别注重在教学中寻找科技创新源。王伟结合"有限单元法基础"课程教学，拓展了能源基础设施研究新方向，并获国家自然科学基金支持。汤爱平通过"地质学原理"课程教学，拓展海洋工程地质新的研究方向，并获国家自然科学基金支持。翟长海等结合"建筑结构抗震设计"课程教学，拓展了罕遇地震下工程倒塌分析与防御新的研究方向，并获国家自然科学基金支持。范峰结合"大跨空间结构"课程教学，拓展了大跨空间结构动力稳定性研究新方向，并获国家自然科学基金支持。

3. 教师教学方法，学生学习方式

土木工程学院一向重视教学方法与考试方法改革，本科专业所辖的专业基础课程和专业课程都采取了"多媒体课件与传统板书相结合""启发式和讨论式授课方式相结合""理论和实践相结合"以及"课内与课外相结合"等多种创新性教学手段。形成了合理控制授课节奏、课堂教学有张有弛的授课特点，以学生为主体、以教师为主导的教育理念，以及注重课程内涵建设、讲授内容与时俱进的团队精神。

（1）多媒体课件与传统板书相结合。随着对学生培养目标和教学计划的改革，完全依赖传统黑板加粉笔的方式来进行教学已经满足不了信息量、教学效果和教学内容的要求，因此借助现代信息技术手段成为必然趋势。但根据教学实践来看，完全采用多媒体课件教学，效果有时并不理想。学生课堂上对多媒体教学内容能够理解并部分掌握，但由于信息量较大且授课速度加快，课后会出现印象模糊、掌握不牢的情况。为此，学院采取了多媒体与板书相结合的方式开展教学。对于纲目性质的内容及上课时绘制比较费时费力的图形，采用课件形式讲授，而对于必须掌握的公式推导部分仍采用传统的板书形式。这种方式发挥了多媒体课件条理清晰、利用图表和动画容易将难点讲透的优势，同时利用写板书的机会放慢了难点部分的授课速度、细化了课件的知识点、提高了学生的注意力，使得课堂上有张有弛，实践证明采用这种授课方式取得的教学效果较好。

（2）启发式和讨论式授课方式相结合。教师不仅应传授课本上的知识，更应起到激发学生的学习兴趣、引导学生科学思维的作用。课堂上学生有问题可以立即打断教师的讲解，马上将不懂的问题提出来，随后展开讨论，并由教师做总结，使学生"不带着问题走出课堂"。实践证明这种授课方式大大激发了学生的自主学习热情及参与意识，提高了学生学习的积极性，课堂上的气氛有时也很热烈，学生之间在争论中会提出很多朴素但闪光的观点，有助于教师很好地把握问题的症结所在，并当堂予以解决。李惠以地震的发生、传播、结构的反应及工程地震灾害的防御为主线，引领学生在探究过程中提高，在提高过程中掌握建筑抗震设计知识，并树立工程创新的理念和习惯。邹超英在"建筑结构"课程教学中，坚持以工程背景引领学生的学习兴趣，以力学概念和结构构造形成学生对课程的宏观认识，以机理分析和抗力及效应计算为主要内容，引领学生自主学习，取得了良好效果。王焕定领导的结构力学课程组形成了互动式、启发式教学。

（3）理论和实践相结合。课堂理论教学是传授知识的主要途径，但实践教学是加深学生对课堂上所学知识的理解的另一个有效途径。为此，专业课设置了实际动手操作试验的实践性教学活动，通过对设备和仪器的使用及后期对试验数据的分析整理，使学生对理论教学的相应部分知识有了直观的感

性认识并进一步加深理解。这些试验除直接为理论教学服务外，为后续专业课程的开展也打下了良好的基础，同时锻炼了学生的动手能力，培养其对科学研究的兴趣。

（4）课内与课外相结合。课堂只是学生学习的场所之一。在课堂讲授时注重讲透基本概念、基本原理和工程应用。对于破坏机理内容，组织学生观看录像，直观生动地再现了整个破坏过程，加深对课堂理论知识的理解。在此基础上，组织学生参观实际工程项目，使学生对课堂讲述的内容加强直观理解，同时也可了解工程采用的新技术。另外，还组织学生进行结构大赛等活动，促进学生将所学知识进行实际应用，取得了良好的效果。学院制定了"土木工程学院关于恢复本科生必修课答疑和批改作业的决定""土木工程学院关于加强课程督导的决定""土木工程学院关于加强本科生课程授课质量考评的决定"等教学管理文件，不但改进了课堂教学质量，而且营造了课下讨论与答疑的良好氛围，为摒弃照本宣科、照屏宣科教学，实施精讲多练，课内外结合，实现传授知识与产生学术思想的有机统一创造了条件和可能。

除采用上述启发式、探究式、互动式的授课方式及实施累加式考核外，学科还注重教学带头人在实际教学工作中的引领与示范作用，教学带头人致力于教学第一线，亲自上讲台授课，为中青年教师群体提供最新的教学理念与教学方法。

学科带头人积极引领中青年教师不断提高教学基本功，投身教学与创新实践，将前沿性科研项目、重要工程实践、优势领域的科研成果及创新思想融入教学实践当中。鼓励教师指导学生进行创新实践，鼓励教师进行科研与教学成果转化。创造有利条件，积极促成中青年教师进行国际交流，学习国际先进教学理念与教学手段。

4. 考试考核的方式方法与管理

（1）平时考核和期末考核相结合。为促进学生的自主学习，平时的课堂点名、作业及课堂提问在总成绩中占有一定的比例，有些大作业要求学生通过参考规范及一些课外资料才能完成，以能力考核为主。在期末课程结束时进行闭卷考试，其内容涵盖所学的基本概念和设计方法，以知识考核为主。这种累加式考核方式可以比较客观地反映学生对本课程的掌握情况，亦可督促其提高自主学习的动力和能力。李惠的"建筑结构抗震设计"课程坚持每人一份考卷，注重学生实践能力和创新能力的考核，为学院实施考试制度改革进行了有益探索。邹超英的"建筑结构"课程已实施累加式考试改革多年，取得了良好效果。李强的"结构力学"课程成绩由学习过程中的若干作业成绩、小论文成绩和试卷成绩加权组成，既激发了学生自主学习的热情，又改善了学风，取得了良好效果。

（2）教师阅卷办法。主干课阅卷采用多名教师流水阅卷的方式，保证评分标准的一致性和准确性，避免人情分。由主考教师制定标准答案，每道题必须有明确的批改和给分依据。

（3）试卷管理办法。由学院制定试卷的保存办法，并按统一办法装订。要求试卷按成绩单顺序排列，装订的试卷册中必须提供空白试卷、标准答案、成绩单、试卷分析表，并标明考试日期、监考教师、阅卷教师等。

（4）教学资料的积累。学院保存土木工程专业各年度的执行计划、课程安排表、各门课程的教学大纲、课程简介、教学日历、试卷、大作业、毕业设计和课程设计的计算书及图纸等教学资料。任课教师保存所授课程的教案（含电子教案）、教学设计、教学日历、教学大纲、试题库、教材、教学参考书、规范、教学用软件等教学资料。这些资料记载着历史，同时也可供后人参考借鉴。

（五）实践教学

实践教学一直是土木工程学院各本科专业的重要支撑和专业特点，在土木工程学院相关专业教学中，建筑工程方向占25.9%，土木工程材料方向占25.1%，土木工程力学精英班占23.7%，城市地下空间工程专业占25.3%，工程管理专业占20.5%。

1. 实践教学体系建设

围绕"以学生为中心、学生学习与发展成效驱动"的教育思想和教育理念，把实践教学贯穿于学生培养全过程之中。

长期探索改革传统校企合作的"松散型"模式，建设"核心型""紧密型"的校企合作机制。

2. 实验教学与实验室开放情况

经过"211工程"和"985工程"的重点建设，学科平台建设方面取得了重大进展。"十二五"期间建设了"寒区低碳建筑技术国家地方联合工程研究中心""结构工程灾变与控制教育部重点实验室"和"土木工程智能防灾减灾工信部重点实验室"3个重要科研平台，为土木工程学院整体水平的提升提供了有力支撑。建设了"土建工程国家级实验教学示范中心"；与中国建筑工程总公司、北京金隅股份有限公司和黑龙江省建设集团等企业共建了3个国家级工程实践教育中心。上述实验室和示范中心等全部对学生开放，承载了专业课程实验、创新课程实验、各类结构设计大赛和学生自主创新实验等全方位需求。

为保证教学计划在实践与技能方面的培养要求，土木工程学院建立了一批稳定的生产实习和毕业实习基地。已先后与中国建筑工程总公司、北京金隅股份有限公司、黑龙江省建设集团等25家企业签署合作协议，作为本科生实习实践基地，合作育人。其中，与中建系统8个分局、碧桂园集团、恒大地产等14个企业签署协议，成为学校土木类专业本科生实习实践基地。

一些学生在实习的同时，运用所学知识与工地技术人员一道解决工程实际问题，受到所在单位的赞扬。

3. 实习实训、社会实践、毕业设计（论文）的落实及取得的成绩

土木工程学院学生科创有很好的基础，自2010年起整合学院教师科协以及学院学生科协等资源，成立土木工程学院科创类活动指导委员会，成功举办了第四届全国大学生结构设计大赛、全国高校土木工程专业大学生论坛等国家级别的大学生创新活动。近年来通过成立辅导员科创品牌工作室凝聚了一批对大学生创新创业教育感兴趣的辅导员和班主任、专业教师和学生骨干加入大学生创新创业活动，全面推进哈工大学子创新创业工作水平。并取得过全国大学生结构设计大赛特等奖、最佳创意奖，全国混凝土结构设计大赛一等奖、全国大学生岩土设计竞赛一等奖，黑龙江省大学生结构设计大赛四连冠的优异成绩。

（六）第二课堂

1. 第二课堂育人体系建设与保障措施

搭建全方位工作平台，建设特色第二课堂育人体系；以共青团工作为抓手，高度重视学生的思想政治教育。

各学科组（系）和学院团委联合广泛开展丰富多彩的科研竞赛活动培育学生的创新精神和创新能力，包括大学生结构设计竞赛、混凝土设计大赛、岩土工程设计大赛、国际结构设计竞赛等竞赛和学术活动，打造学科竞赛第二课堂育人平台。

学院团委与教学"双向"联动，将社会实践与社会热点、专业学习、择业就业相结合，利用暑期和寒假组织开展城乡社会调查、科技援建、企业走访实习等多类型、多层次的社会实践活动，打造社会实践第二课堂育人平台。

建立组织保障、人力保障、场所保障和资金保障措施，激发第二课堂活力。

2. 社团建设与校园文化、科技活动及育人效果

组建多元社团环境，促进校园文化发展。将社团建设作为有效的育人载体，现有16个学术、文艺、体育类的社团，为第二课堂提供有力基础保障。

依托学科特色社团，营造科创良好氛围。立足学科特色和人才培养目标，设有3DS软件社、AAD软件社、316手绘社、SAICA国际交流社等学术社团，为学生科技创新和学术发展提供充足养分。

（七）学科竞赛

为了让学生将理论学习与实践相结合，同时加强第一课堂知识的延伸，学院通过举办学科竞赛的形式增强学生的动手实践能力。截至目前，已经逐步形成了覆盖所有学科的各类专业学科竞赛，对人才培养起到了重要的支撑作用。

1. 全国大学生结构设计竞赛

2001年,为了使同学们的创新意识不断增强,传承求实创新的学风,培养和锻炼大学生的专业实践能力和探索精神,学院决定举办"纸桥设计大赛",也就是结构设计竞赛的前身。通过竞赛活动,提高学生综合运用结构和美学等方面的知识自主进行模型结构的设计能力,提高学生的综合素质。

历经20个年头,结构设计竞赛逐步发展成为土木工程学院的品牌科创活动,材料也从白纸到牙签、扑克、磁力棒、木材、竹材、塑料等,结构形式涵盖了大跨屋盖、塔吊、桥梁、发电塔、悬挑等多种结构体系。

2005年,由包括哈工大土木工程学院在内的11所全国顶尖土木类院校共同发起全国大学生结构设计竞赛,该项赛事由教育部、住房和城乡建设部、中国土木工程学会联合主办,各高校轮流承办。目的是构建高校工程教育实践平台,进一步培养大学生创新意识、团队协同和工程实践能力,切实提高创新人才培养质量。该竞赛是由教育部确定的全国九大大学生学科竞赛之一。

土木工程学院从首届竞赛便开始参加,并取得骄人成绩。

2005年6月,在浙江大学举办第一届,由曾森、林怡琳、武杰和史祥生、侯金生、刘霞组成的两支代表队,在计学闰的指导下均获得大赛三等奖。

2008年10月,在大连理工大学举办第二届,李安、王赟、孟良在王玉银的指导下获得大赛三等奖和最佳创意奖。

2009年11月,在同济大学举办第三届,施丁伟、黄多娜、邵帅在邵永松的指导下获得大赛三等奖。

2010年11月,在哈工大举办第四届,易佳斌、李伟文、林敬木在曹正罡、邵永松的指导下,获得大赛唯一特等奖、最佳创意奖和优秀组织奖。

第四届全国大学生结构设计竞赛特等奖获得者作品"龙之脊"及获奖证书

2011年10月,在东南大学举办第五届,郭晓松、刘用、王健在张东昱的指导下获得大赛二等奖。

2012年10月,在重庆大学举办第六届,杨晓强、张余帅、蒋月新在邵永松、马晓儒的指导下获得大赛二等奖。

2013年11月,在湖南大学举办第七届,苏岩、王正凯、吴鹏程在邵永松的指导下获得大赛最佳创意奖。

2014年9月,在长安大学举办第八届,黄杰、吕效祥、杨家树在邵永松、张清文的指导下获得大赛三等奖。

2015年10月,在昆明理工大学举办第九届,黄曦、吕效祥、李孝忠在邵永松、马晓儒的指导下获得大赛三等奖。

2016年10月,在天津大学举办第十届,徐立峰、黄曦、吴进峰在邵永松、张清文的指导下获得大赛一等奖。

2017年10月,在武汉大学举办第十一届,吴进峰、李欣烨、陆昊在邵永松、汪鸿山的指导下获得大赛一等奖。

2018年11月,在华南理工大学举办第十二届,符洋钰、袁昊祯、彭鑫帅在邵永松、赵亚丁的指导下获得大赛一等奖。

2019年10月,在西安建筑科技大学举办第十三届,马金骥、唐宁、梁益邦在邵永松、卢姗姗的指导下获得大赛一等奖。

2. 国际校际结构设计邀请赛

国际校际结构设计邀请赛由清华大学于2000年发起,每两年举办一届。要求参赛者综合运用结构和美学等多方面的知识,自主进行模型结构的设计,通过结构设计、计算、制作等实践和锻炼,提高土木工程专业学生素质,拓宽学生视野,加强国际工科院校大学生之间的交流,促进不同国家和地区工科学生专业技术水平的提高。土木工程学院从2016年开始选派学生队伍参赛。

2016年7月,在上海交通大学举办第九届,钟云舜、黄曦、张睿在张清文、邵永松的指导下获得大赛第四名和设计报告奖。

2018年6月,在澳门大学举办第十届,吴进峰、陆昊、李欣烨在张清文、赵亚丁的指导下获得大赛第二名的优异成绩。

哈工大代表队获第十届国际校际结构邀请赛亚军

3. 全国大学生混凝土材料设计大赛

全国大学生混凝土材料设计大赛由教育部无机非金属材料工程专业教学指导委员会、中国混凝土与水泥制品协会教育与人力资源工作委员会、全国高等学校建筑材料学科研究会联合主办，由高校轮流承办。旨在将课堂理论与试验实践相结合，激发学生学习专业知识的积极性，提高对所学知识的综合运用能力，培养学生的创造精神和团队意识，注重考察学生的实践能力和综合素质。

土木工程学院学生获得全国混凝土材料设计大赛一等奖

2014年4月，在重庆大学举办第三届，刘啸楠、钱辰、栾小旭在李家和、邓宏卫的指导下获得大赛一等奖。

2016年7月，在北京建筑大学举办第四届，娄晓楠、陈琪、刘明昊在邓宏卫、赵亚丁、高小建的指导下获得大赛三等奖。

2018年7月，在哈工大举办第五届，俞忠权、牛启舟、应伟超在邓宏卫的指导下获得大赛二等奖。

4. 全国混凝土设计大赛

由中国混凝土与水泥制品协会主办的全国混凝土设计大赛，已成为我国混凝土行业一项重要的专项技能竞赛活动。大赛针对混凝土材料与工程发展的需要确定主题，旨在激发创新思维，推动混凝土科技人员对现代混凝土科学与技术的学习与掌握，提升在材料设计方面的能力与水平，促进混凝土材料产业的可持续发展。

2016年12月，在南京市举办第七届，杨光、付士雪、陈蕾在赵亚丁的指导下获得大赛优秀奖。

2017年11月，在天津市举办第八届，芮恩泽、邹安南、万梓晗在赵亚丁的指导下获得大赛三等奖。

2018年11月，在长沙市举办第九届，纪学思、王辰宇、邓智宽、欧阳绪、陆震宇在邓宏卫、赵亚丁的指导下获得大赛三等奖。

2019年12月，在南京市举办第十届，白瑞祥、曾梦璇、宋佳俊、张绍辉、欧阳绪在赵亚丁、卢姗姗的指导下获得大赛二等奖。

5. 国际大学生混凝土龙舟邀请赛

混凝土是不可或缺的现代土木工程材料，为反映国内外混凝土科学研究和建造技术进步，提高大学生结构材料与结构设计、分析计算与实际操作、艺术设计、自动控制应用的能力，培养学生的创造性思维，提高跨专业协同能力，同时加强国内外学生的交流，2019年6月，在浙江大学举办了首届国际大学生混凝土龙舟邀请赛。竞赛集专业性、娱乐性、协同性、运动性于一身，特别是把弘扬中国传统文化与学习现代科学技术相结合，与跨文化交流相结合，具有十分重要的意义。白瑞祥、宋佳俊、曾梦璇在赵亚丁、卢姗姗的指导下获得

第二章 人才培养

大赛优胜奖。

6. 全国大学生岩土工程竞赛

全国大学生岩土工程竞赛由高等学校土木工程学科教学指导委员会和中国土木工程学会联合主办，中国土木工程学会土力学及岩土工程分会和高校轮流承办。参赛者应具有良好的岩土工程理论基础及较高的创新设计能力、动手实践能力和综合素质。

2015年7月，在上海交通大学举办第一届，甘发达、孟文昭、张宝民在唐亮、赵亚丁的指导下获得大赛三等奖。

2017年7月，在河海大学举办第二届，吴进峰、马敏超、渠海港在唐亮的指导下获得大赛一等奖。

2019年7月，在天津大学举办第三届，谢伟源、蒯鑫宇、南嘉明在唐亮、卢姗姗的指导下获得大赛二等奖。

7. 全国高校房地产创新创业邀请赛

全国高校房地产创新创业邀请赛由清华大学恒隆房地产研究中心于2016年发起，以"创新、协调、绿色、开发、共享"的发展理念为指导，引领房地产领域研究潮流，探讨房地产领域前沿课题，为学生提供一个展示专业才华的创新创业平台。大赛从设计、技术、策划、经济、社会效益等角度出发，探索如何通过创新创业应对现存的问题，为全国范围内存在的类似问题提供思路，推动高校学科教育与行业发展需求的有效衔接。大赛是培养房地产创新创业人才的首次尝试，引导学生关注房地产市场发展，体验项目全过程运作，搭建学生和企业沟通的平台，在跨专业的组合中综合培养了学生的运用能力、创新思维、综合表达、竞争合作素养。

2016年11月，在清华大学举办第一届，陈莹莹、于亚峰、甘姗姗、王卓唯、葛晓卿、李天翔在武永祥、杨晓冬的指导下获得大赛三等奖和最具创新能力奖。

2019年6月，在重庆大学举办第二届，陈鹏、张昊东、张华玮、周维、黄飞飞、李春森、秦梦阳、于辉在杨晓冬、于涛的指导下获得大赛最佳经济分析奖。

8. 全国大学生房地产策划大赛

全国大学生房地产策划大赛旨在搭建平台纽带，连接校企双方；提升创新思维，增强学生能力；建立人才标准，助力行业发展。由中国建设教育协会主办，中国房地产业协会指导，房教中国承办。大赛以房地产行业发展为基础，以房地产策划为方向，为广大在校大学生提供一个检验能力及综合实践的专业平台。

2017年12月，在第九届全国大学生房地产策划大赛暨首届全国大学生房地产专业能力大赛上，马丁媛、刘淼、由晶、蔡俊君、葛晓卿在杨晓冬的指导下获得大赛二等奖。

9. 优路杯全国 BIM 技术大赛

优路杯全国 BIM 技术大赛是由工业和信息化部人才交流中心牵头主办，在赛制上，由院校和企业组合成联合团队参赛，不接受院校或者企业单独参赛。大赛设置实际项目（以企业为主体参与的实际工程项目）和设想项目（以院校为主体参与的设想项目）两个参赛通道。在实际项目参赛通道中，设有工业与民用建筑、公共基础设施两个大类，每个类别分设计、施工、综合 3 个方向，各方向设置有金奖、银奖、铜奖和优秀奖。同时实际项目另设有装配式建筑、装饰两个专项，每个专项设置金奖、银奖、铜奖和优秀奖。

2018 年 12 月，在石家庄铁道大学举办首届，于沛鑫、邓来明、宋佳俊、赵子文、李荣辰在刘昌永的指导下获得大赛金奖。

10. 其他创新实践项目

2009 年 10 月，王春圆、金鑫、张书强、李兆杨、林桢杉、刘凌云、胡张雄在韩宝国指导下完成的大学生创新性实验项目"混凝土结构局部监测的机敏水泥基传感器及其无线采集系统"在"2009 年全国高等学校土木工程专业本科生优秀创新实践成果奖"评审中获得特等奖。

2014 年 12 月，陈发鑫、杨金泽、吕志峰、贾晨、姜宇琪在邹超英指导下完成的大学生创新创业训练计划项目"EMV 法再生混凝土基本性能研究"获得全国高等学校土木工程优秀创新实践成果奖一等奖。

王春圆等获得"2009 年全国高等学校土木工程专业本科生优秀创新实践成果奖"特等奖

（八）承办全国高校土木工程专业大学生论坛

2012 年 8 月 19 日，土木工程学院承办的第二届全国高校土木工程专业大学生论坛在哈尔滨工业大学召开。中国工程院院士沈世钊与中国地震局工程力学研究所所长孙柏涛分别做了"现代空间结构"和"土木工程与防震减灾"的特邀报告。本次论坛汇集了来自全国 31 所高校的 130 余名师生，收录论文 46 篇。论坛以"可持续发展的土木工程"为主题，旨在为大学生搭建一个学习、交流的平台，以展示大学生在学习与实践中取得的成绩。论坛特邀专家做了展示社会热点与土木工程专业发展的报告，开展了体现大学生思维与创新为主的论文分组交流和实践成果展示、提升合作精神和动手能力为主的趣味竞赛以及体现可持续发展的土木工程在 3 种环境下应用的工程体验等多项议程。论坛组委会共设立论文一等奖6项、二等奖12项、优秀论文提名奖22项,互承结构竞赛一等奖3项、二等奖6项,平衡实验优秀奖1项,吸能减振优秀奖3项。

2016年8月,土木工程学院承办的第四届全国高校土木工程专业大学生论坛在哈尔滨工业大学召开。中国工程院

土木工程学院承办的第二届全国
高校土木工程专业大学生论坛

院士沈世钊、谢礼立分别以"现代空间结构"和"土木工程灾害及其防御"为主题做了特邀报告。这届论坛汇集了来自全国30余所高校的百余名师生,收录论文48篇,创新成果25项。论坛组委会共设立全国高校土木工程专业大学生论坛论文一等奖9名、二等奖12名、三等奖15名、优秀奖28名,论坛趣味竞赛"冲上云霄""吸能减振"和"磁力链接"分别设立一等奖4名、二等奖5名、三等奖9名。本次论坛以"面向'一带一路'的土木工程机遇与挑战"为主题,充分展示了各校学子的风采。

(九)哈工大(威海)土木工程系的本科生培养

哈工大威海校区土木工程系于2007年6月正式成立并在当年9月开始招收土木工程专业本科生,分建筑工程和道路与桥梁工程两个专业方向。系内设有土木工程专业教研室和工程力学教研室,土木工程专业教研室负责土木工程专业课的各教学环节,工程力学教研室面向全校开设理论力学及材料力学课程,并逐步建成土木工程专业实验室和基础力学实验室。

威海校区的土木工程专业教育紧紧围绕国家、山东省发展建设重大需求调整人才培养方案,形成了基础理论扎实、专业知识宽广、实践能力突出、具有协作创新意识和国际视野的专业人才培养特色。以威海校区"一个蓝色,二个智慧,三个重点,三新优势"的特色学科建设规划为指导,在继续发展大跨空间结构、防灾减灾工程基础上,结合学校发展定位发展海洋土木工程,进行学科之间的交叉式融合,突出特色,重点突破,着重发展与校本部本学科互补的学科方向,为校本部本学科的发展提供增量。为威海校区本科培养专业增加亮点,为哈工大土木工程专业提供增量,争创哈工大(威海)的土木工程专业品牌。

1. 培养方案的制订与修订

根据学科建设、行业发展和社会需求,参考哈工大土木工程学院和交

通科学与工程学院的培养方案,威海校区土木工程系从2007年建系的初版培养方案到2014版、2016版再到如今正在进行的2020版培养方案修订,历次修订都一直坚持与校本部土木工程学院的培养方案修订同步,同时还吸取多次"一校三区土木学科建设研讨会"的相关成果和经验,及时完善开课课程的教学大纲,包括课程目标与毕业培养要求对标,课程内容、教学方法、考核方法与课程目标对标。

2. 毕业生情况

威海校区土木工程系的毕业生一次就业率在威海校区一直名列前茅,达到93%以上,保研率达12%,历年的考研升学率达30%左右。升学的去向分别是国内重点高校和国外一流大学。就业的学生70%以上是去中建集团、中交集团等大型的央企、国企或万科、碧桂园等500强企业,主要是建设单位、施工企业和设计单位三大类。

为响应国家由工程教育大国迈向工程教育强国的号召,全面提高工程教育人才的培养质量,威海校区土木工程系近年来已与业内知名的12家企业签订实习实践基地合作协议,开办中建系列讲堂,并积极推进"卓越工程师教育培养计划"和"工程领军人才计划"。当前和今后也在努力提高实习企业的层次,扩大校外实习基地的规模。通过校企合作途径联合培养人才,学校按通用标准和行业标准培养工程人才,同时行业企业深度参与培养过程,强化培养学生的工程能力和创新能力,定制化培养的毕业生也深受用人单位的好评。建立毕业生和用人单位跟踪反馈机制和重点用人单位定期走访机制,注重收集、分析对校区人才培养质量的评价。校企协同育人体系建设初见成效。

3. 学生创新情况

为适应国家和学校对高等工程教育改革的发展要求,进一步深化和实施国家级、省级和校级"三级"大学生创新创业训练计划,结合威海校区土木工程系的专业特色及教学安排,土木工程系着力在课堂教学、实验教学、毕业设计与学生科技创新活动中培养学生的创新能力。

土木工程系目前开设了"空间钢结构新体系研究""先进复合材料与结构轻量化"两门创新研修课,"实验结构力学""趣味力学实验与制作"两门创新实验课。从大一到大四,还针对各年级的专业素养,构建起从"大一年度计划"→高年级科技创新计划→参加研究中心或教师课题组,层次分明的、立体的创新实践教育体系,使学生的创新活动更具有可持续性。

除此之外,广泛宣传和动员所有学生积极参与各级各类科技创新竞赛,并鼓励学生积极撰写和发表学术论文、申请专利。土木工程系为此制定了相关的实施细则,加强了制度保障,并努力保证学生创新创业训练项目的经费投入，加大对学生创新成果的奖励和支持力度。

4. 教学获奖

2014年，陈再现获第六届全国工科结构力学及弹性力学课程青年教师讲课竞赛二等奖、哈工大一校三区·第三届青年教师研究生课程教学竞赛一等奖；2016年，曾森荣获第七届全国工科结构力学及弹性力学课程青年教师讲课竞赛二等奖，王化杰荣获哈工大一校三区·第五届青年教师研究生课程教学竞赛二等奖；2017年，边文凤荣获中国力学学会颁发的全国徐芝纶力学优秀教师奖。

5. 教师教学质量保证措施

威海校区土木工程系一直非常重视教师教学质量，近年来在逐步推进教学方法和教学模式改革，提高课堂教学质量。加强课程体系建设，增加课程资源，推行大班上课、小班研讨、精讲多练的教学方法改革，推行启发式、互动式、研讨式课堂教学模式改革。具体实施的教学质量保障措施有：

（1）专业教学实行教学主任负责制，设置教学督导委员会。

（2）制定"教师职称评聘实行教学一票否决制"等强化教学效果的管理章程，规范教学活动、提高教学质量、促进教学改革。

（3）坚持学校、系和教研室三级常态化质量监控体系，着力强化督导体系的建设，扩大课堂听课覆盖面，开展对课堂、实习、社会实践、试卷、毕业设计（论文）、课程设计报告和实验报告等的专项检查，对教学环节进行全方面、全过程和常态化的质量监控，实现本科教学质量监控的全覆盖。

（4）充分利用学校的本科教学基本状态数据库，开展自我评估，从教学管理过程、教学水平、年度教学成果3个维度进行纵横对比，找差距，总结经验教训。同时开展学生网络评教，加强课堂教学质量评价。

（5）对已经毕业的学生建立信息库，定期开展对毕业生、用人单位的问卷调查，加强毕业生质量跟踪评价，倾听用人单位的意见，保证了对本专业的课程设置、教学条件、教学管理、专业建设、学生能力培养等方面不断地持续改进。

（6）设立激励机制，每年为在本科教学中表现突出的教师或教学团队在评优、评职、年底考核中予以奖励。同时，对连续两次评教结果较差的教师进行约谈，促进其完善教学方法，并在评优、评职、年底考核中予以体现。

6. 青年教师培养

威海校区土木工程系的专业教师博士化率为100%，针对青年教师多的情况，土木工程系加大对任课教师特别是新入职教师教学能力提升的培训，不断提高教师的教学水平，具体措施如下：

（1）承担专业教师培训活动以及承办教学交流论坛，推进教师培训、教学咨询、教学改革、质量评价、优质教学资源服务等工作的常态化、制度化与规范化，为建设高素质教师队伍提供保障。

（2）坚持教学竞赛与基层教学研讨活动，每年组织开展青年教师基本功大赛，40岁以下的青年教师全员参加，并遴选优胜者参加学校的青年教师讲课大赛。

（3）建立了青年教师助课制度，青年教师上讲台前需要完成至少一轮的助课任务；为新开课教师挑选"教学导师"，开展"一帮一"、"传帮带"，加快青年教师成长。

（4）组织专家对新开课教师听课，实现课堂教学环节闭环评估。实施计划是每门课2~3位听课专家，每位专家听课1~2次。

（5）强化国际化师资与培训，引入多名具有海外博士学位的青年教师，聘请国外知名学者为本科生开设共建课与创新研修课，选派优秀青年教师赴美国宾夕法尼亚大学进行为期两周的教学培训，上述措施丰富了师资队伍国际化的渠道。

（十）哈工大（深圳）土木与环境工程学院的本科生培养

2014年5月，教育部批准哈工大深圳研究生院筹备举办本科教育。深圳市政府与哈工大签署新的合作办学协议，在哈工大深圳研究生院基础上，筹备共建本硕博教育体系完备的"哈尔滨工业大学（深圳）"。2016年，哈工大（深圳）首次面向全国12个省市招收6个大类的本科生376名，其中包括土木类本科生50名。

哈工大（深圳）土木与环境工程学院根据哈工大校本部培养方案，结合自身特点，制订2016—2019本科生土木工程专业培养方案。

第二节 研究生培养

一、1950—1958年研究生培养的尝试

新中国成立后，国家批准哈工大聘请各专业的苏联专家来校帮助建校及培养师资队伍。随后，高教部批准哈工大设立师资研究生班，以解决国家迫切需要的师资，哈工大开始从全国招收研究生，接受全国有影响的大学选派的青年助教、讲师来校攻读研究生。研究生班为全国高校培养了一大批骨干教师，也成为哈工大教师队伍的主要来源，其中更有二三十位后来成为中国科学院和中国工程院院士，包括王光远、林皋、沈世钊、陈肇元等。

1952年，在苏联专家指导下，首次在国内开设面向全国的建筑力学和结构工程等学科的研究生班。

经高教部批准，在国家学位论文答辩条例未颁布前，哈工大就试行了在国内进行学位考试，到苏联进行学位论文答辩的办法。被批准的答辩人有：土木系建筑力学教研室主任王光远和电机系焊接教研室副主任陈定华。王光远提交的学位论文中，论述了如何应用初参数法计算各种复杂刚架，提供了及时校核计算的方法及如何克服初参数系数过大的办法，此外还扩大运用了二次力矩分配法并提供了刚架近似计

1953年部分研究生与苏联专家克雷洛夫全家的合影

20世纪50年代的研究生答辩

算法。按照学校草拟的学位论文答辩暂行条例，论文答辩者必须在答辩前顺利地完成学位考试。学位考试科目包括：辩证唯物主义与历史唯物主义、第一和第二外国语、专业基础课以及与学位论文有关的专业课。经校长批准，1955年6月，王光远参加了"俄语""英语""哲学""结构力学""弹性及塑性理论"等课程的学位考试，考试结果均获优等成绩。后因故未赴苏联答辩。

从1950年到1959年春，土木系共培养出研究生101名，其中由前后聘请的12位苏联专家直接培养的研究生98名。

二、1959—2000年的研究生培养

（一）1959—1977年的研究生培养

1959年，哈建工建院后，继续招收导师制研究生，招生专业包括工程结构、结构力学、道路工程、市政工程等。1962年12月，哈建工第一批共5名研究生通过答辩后毕业，其中包括建筑工程系工程结构专业2名（导师胡松林副教授）、结构力学专业1名（导师王光远副教授）。

1966年，哈建工的研究生招生和培养中断。

（二）1978—2000年的研究生培养

1978年，哈建工恢复了研究生招生。这一年，结构工程、建筑设计、结构力学等7个学科招收了44名研究生。以后又逐年增加了招生学科专业和人数。1982年，哈建工78、79级研究生陆续通过学位论文答辩，首批34名毕业生被授予工学硕士学位。这也是哈建工及全国第一批国家实行学位制后获得硕士学位的毕业生。

哈建工1961—1965年各年级研究生与院领导、导师的合影

1981年8月，结构力学学科获国家首批博士学位授予权，博士生导师为王光远；结构力学、结构工程等两个学科获国家首批硕士学位授予权。

1981年，结构力学、结构工程、建筑经济与管理、建筑材料学科开始招收硕士研究生。这也是哈建工及全国第一批国家实行学位制后招收的攻读硕士学位研究生。这一年，哈建工77级应届毕业生考上研究生38名，其中工民建77-2班，全班34名学生，报考研究生的20名，被录取了10名。

证书编号为82001的硕士学位证书

工民建77-2班欢送研究生合影

哈建工首届攻读硕士学位研究生毕业合影

第二章 人才培养

1983年，哈建工获得建筑经济与管理学科硕士学位授予权，这也是我国首批建筑经济与管理学科硕士学位授权点。

1984年，根据教育部的规定，学校确定结构工程、结构力学等5个学科实行推荐免试和参加考试硕士研究生试点工作，推荐免试人数不超过应届毕业生的3%，推荐参加考试人数不超过应届毕业生的10%。

1984年12月，著名结构力学专家王光远指导的博士研究生霍达被授予博士学位，这是黑龙江省培养的第一位博士。霍达是1969届建筑工程系毕业生，1978年考取王光远的硕士研究生，1981年底获得硕士学位后，又在1982年考取了王光远的博士研究生。在王光远的精心指导下，他刻苦钻研结构优化设计理论。他的《结构设计两相优化法》一文，受到我国力学界的高度评价。这篇论文在《力学学报》发表后，又在国际学术刊物《工程优化》上发表。霍达的博士论文题目是《桁架设计的优化力学准则及两相优化法》。主持博士论文答辩的主任委员是中国科学院技术科学部常委、中国力学学会理事长、大连工学院院长钱令希教授，副主任委员是中国科学院技术科学部土木建筑学组成员、工程力学研究所胡聿贤所长。答辩委员会认为，霍达的论文有些观点相当新颖，论据比较充分，在结构优化设计的研究方面取得了创造性成果。

1986年8月11日，国务院学位委员会正式批准哈建工新增4个学科有博士学位授予权，8个学科有硕士学位授予权，同时批准了7位博士生导师。新增博士点包括结构工程学科，新增硕士点包括固体力学、实验力学、地震工程及防护工程，新增博士生导师包括沈世钊、钟善桐、刘季。

1986年12月，国务院学位办批准哈建工为第二批在职人员申请硕士、博士学位试点单位，结构力学被批准为在职人员申请博士学位授权点；结构力学、结构工程、建筑经济与管理等11个学科被批准为在职人员申请硕士学位授权点。

1990年5月，经国务院学位委员会批准，关柯成为我国首位建筑经济与管理学科博士生指导教师；建筑材料科学学科获得硕士学位授予权。

1992年9月，哈建工招收首批建筑经济与管理学科博士研究生。

1993年，经国务院学位委员会批准，哈建工获得建筑经济与管理学科博士学位授予权，成为国内首个也是唯一的建筑经济与管理学科博士点。同时，欧进萍获批为博士生导师，土木、水利施工学科获得硕士学位授予权。

1994年，国务院学位委员会批准哈建工为自行审定增列博士生导师的试点单位。根据《关于自行审定博士生导师试点工作的几点意见》的规定，哈建工已有的博士学位授权学科，都可按需自行审定博士生指导教师，这项工作每两年进行一次。

1994年，国务院学位委员会评定刘长滨为建筑经济与管理学科博士生指导教师。

1995年，建筑材料科学学科获得博士学位授予权，复合材料学科获得硕士学位授予权。

1997年，根据国务院调整后的研究生学科专业目录，土木、水利施工归并到结构工程学科；结构力学调整为工程力学；地震工程及防护工程调整为防灾减灾工程及防护工程；实验力学一部分并入工程力学学科，一部分并入流体力学学科；建筑材料科学和复合材料归并到材料学学科；建筑经济与管理调整为管理科学与工程。

1997年，经国务院学位委员会审核，批准哈建大在建筑与土木工程领域开展工程硕士专业学位的培养工作，哈建大成为全国首批工程硕士专业学位的授权单位。

1998年，国务院学位委员会在第七次博士、硕士学位的学科授权审核中，对一级博士、硕士学位授权学科进行了审核。在这次审核中，土木工程学科被批准为博士学位、硕士学位授权一级学科。这次通过土木工程学科为博士学位、硕士学位授权一级学科的院校，在全国仅有4家。在这次审核中，管理科学与工程学科按学科调整方案通过审核，成为博士、硕士学位授权一级学科。企业管理学科获得硕士学位授予权。

1999年，经建设部审核，哈建大包括岩土工程、结构工程、管理科学与工程、防灾减灾工程与防护工程、工程力学、材料学在内的15个学科被批准为部级重点学科。

2000年，哈建大获得土地资源管理学科硕士学位授予权。

三、2001—2020年的研究生培养

2001年以来，学院的学科点布局和研究生培养模式趋于成熟。

2002年5月，国际著名组合结构专家美国加州大学（伯克利）的A. Abolhassa教授到学院为研究生讲授"组合结构"课程。

2003年8月，博士研究生杨有福获中国钢结构协会钢-混凝土组合结构分会第一届"精工杯"优秀论文一等奖。

美国加州大学（伯克利）A. Abolhassa教授来校授课

2005年3月，李惠和美国加州理工学院教授联合组织了哈工大土木工程学院和美国加州理工学院土木工程系博士生及年轻教师的学术交流活动。

2005年8月，全国土木工程研究生论坛在土木工程学院开幕，来自内地（大陆）20多所院校的师生及港、台的学者100余人出席论坛。

2005年10月，学院7位研究生参加了在长安大学学术交流中心举行的第十二届全国结构风工程学术会议，并在各自分会场做了相关报告。为了鼓励更多的研究生更深入地进入到结构风工程的研究领域，会议评选了4篇研究生专场的优秀论文，哈工大博士生陈波的论文入选。

2005年11月，05届级毕业生李健获中国土木工程学会、詹天佑土木基金会颁发的2005年度土木工程高校优秀毕业生奖。

2006年1月，土木工程学院首届博士生模拟国际会议（风工程学科）在学院新办公楼报告厅召开。

2006年，土木工程学院2003级研究生于晓野同学获中国土木工程学会、詹天佑土木基金会颁发的2006年度土木工程高校优秀毕业生奖。

2006年，王要武首批获黑龙江省优秀研究生指导教师称号。

年轻教师和博士研究生访问美国加州理工学院

2005年全国土木工程研究生论坛在土木工程学院开幕

研究生参加第十二届全国结构风工程学术会议

首届博士生模拟国际会议（风工程学科）

2007年5月，校研究生教育评估专家组对土木工程学院研究生培养进行了评估。

2007年10月，博士研究生杨远龙获中国钢结构协会钢-混凝土组合结构分会第三届"精工杯"优秀论文一等奖。

2007年10月，土木工程学院十余位研究生参加了在大连理工大学举行的第十三届全国结构风工程学术会议，并在各自分会场做了相关报告，哈工大博士生陈文礼的论文被评为优秀论文。

2008年7月，刘敏的博士论文入选哈工大第十届优秀博士学位论文。

校研究生教育评估专家组对土木工程学院研究生培养进行评估

博士生陈文礼的论文在第十三届全国结构风工程学术会议上被评为优秀论文

2008年11月，在《2004年土木工程学院硕士研究生培养方案》的基础上，修订完成了《2008年土木工程学院硕士研究生培养方案》。

2009年7月，首届土木工程全国研究生暑期学校在土木工程学院成功举办，这次土木工程学科全国研究生暑期学校汇聚了来自全国的118名优秀研究生。

首届土木工程全国研究生暑期学校全体学员合影留念

第二章 人才培养

2009年8月,博士研究生耿悦获中国钢结构协会钢-混凝土组合结构分会第四届"精工杯"优秀论文一等奖。

2009年10月,获批建设哈工大土木工程学院研究生创新实验平台。

2010年春季学期,按照分类培养的定位要求,对培养方案做了重新修订,并根据专家意见请课程负责人修订了相应课程的课程简介和教学大纲,供本学科的教师和硕士研究生使用。该培养方案按土木工程一级学科制订,以宽口径、厚基础,扩大知识面,增加选修课程,反映学科内最新研究成果为原则,从分类培养人才的需要出发,科学、系统地设计了包括课程学习、论文工作在内的各培养环节。

2010年,黄永获哈工大博士研究生学术新人奖。

2010年,黄莹的论文被评为黑龙江省第六届优秀硕士学位论文。

2010年,范峰主讲的"高等钢结构设计"被评为哈工大与国外学者共建研究生课程,与澳大利亚悉尼大学Kim教授联合建设。

2010年,武岳主讲的"结构概念与体系"被评为哈工大与国外学者共建研究生课程,与英国曼切斯特大学的季天健博士联合建设。

2011年5月,建筑与土木工程工程硕士点获批。

2011年6月,获批建设哈工大土木工程专业应用型研究生校内实践基地。

2011年10月,博士研究生高山获中国钢结构协会钢-混凝土组合结构分会第五届"精工杯"优秀论文一等奖。

2011年,张万秋的硕士学位论文(导师:王要武)获中国优秀硕士论文奖,张万秋也被评为黑龙江省优秀毕业生。

2012年春季学期,组织专家对《土木工程学院2010年硕士研究生培养方案》进行了修订,形成了《土木工程学院硕士研究生培养方案(2012年修订版)》。硕士研究生的培养年限原则上为2年,课程学习时间原则上学术研究型为1学年,应用研究型为0.75学年(不含实验教学环节)。

2012年8月,土木工程学院成功举办了全国土木工程暑期学校。

2012年,郑文忠获第三届黑龙江省优秀研究生导师称号。

2012年,王玉银主讲的"组合结构设计"被评为哈工大与国外学者共建研究生课程,与悉尼大学G. Ranzi教授联合建设。

2012年,获得能源与环保领域工程博士授予权,开始招收并培养能源与环保领域工程博士。

悉尼大学G. Ranzi教授为学生授课

2012年，博士生白久林获得哈工大学术新人奖称号。

2012年，张强强的论文获得黑龙江省第八届优秀硕士学位论文。

2013年1月，举办了第七届全国建筑与土木工程领域工程硕士培养工作研讨会。

2013年5月，受住房和城乡建设部委托定向首次招收"建筑工程质量与安全"方向硕士学位研究生。

2013年7月，赵俊贤的博士论文入选哈工大第十五届优秀博士学位论文。

2013年7月，组织召开了自主设置目录外二级学科"土木工程材料"专家论证会，专家评议组成员一致同意哈工大在土木工程一级学科下设置"土木工程材料"二级学科博士点。

2013年10月，杨华获哈工大第二届青年教师研究生课程教学竞赛一等奖。

2013年11月，博士研究生王庆贺获中国钢结构协会钢-混凝土组合结构分会第六届"精工杯"优秀论文一等奖。

2014年7月，王代玉的博士论文入选哈工大第十六届优秀博士学位论文。

2014年春季学期，组织专家制订了《土木工程学院硕士研究生培养方案（2014年版）》，修订了土木工程和工程力学两个学科的博士生培养方案（包括硕博连读、本硕博连读）。

2014年7月，为扩大在全国高校中的影响力，吸收到更加优秀的硕士生及直博生生源，组织了首届哈工大土木工程学院暑期夏令营。此后，每年7月均开展暑期夏令营活动。

首届哈工大土木工程学院暑期夏令营合影

2014年8月，土木工程学院成功举办了2014全国土木工程博士生学术论坛（土木工程博士生学术论坛）。

参加 2014 全国博士生学术论坛（土木工程博士生学术论坛）代表合影留念

2014 年 10 月，孙瑛获哈工大第三届青年教师研究生课程教学竞赛一等奖。

2014 年 11 月，学院参加第十二届全国高校土木工程学院（系）院长（主任）会议，并做了题为"哈尔滨工业大学土木工程专业国际化办学的探索与实践"大会特邀报告。

2014 年 11 月，纪念哈工大研究生院建院 30 周年，成功召开土木工程学院研究生教育研讨会。

2015 年 5 月，学院参加第八届全国建筑与土木工程领域工程硕士培养工作研讨会，做了题为"哈尔滨工业大学土木工程学科研究生招

土木工程学院研究生教育研讨会

生复试中结构化面试的探索与实践"的大会特邀报告。

2015 年 7 月，赖马树金的博士论文入选哈工大第十七届优秀博士学位论文。

2015 年 10 月，郭兰慧获哈工大第四届青年教师研究生课程教学竞赛一等奖。

2015 年 12 月，博士研究生王宣鼎获中国钢结构协会钢-混凝土组合结构分会第七届"精工杯"优秀论文一等奖。

2015 年 12 月，武岳获得 2015 年度研究生教学成果奖一等奖。

2015 年，卢爽主讲的"智能材料"被评为哈工大与国外学者共建研究生课程，与 University at Buffalo, State University of New York 大学的终身教授、美国碳学会院士钟端玲联合建设。

2016年，王玉银主讲的"组合结构设计"获批全国工程硕士专业学位研究生教育在线课程建设项目。

2016年4月，土木工程学院组织召开了自主设置目录外二级学科"土木工程建造与管理"专家论证会，专家评议组成员一致同意哈工大在土木工程一级学科下设置"土木工程建造与管理"二级学科博士点。

2016年，王玉银与他人合作完成的"高校自主选拔生源的公平公正和科学性研究与实践——以哈工大结构化面试为例"获中国学位与研究生教育学会研究生教育成果二等奖。

2016年，研究生吴杭姿、徐小童、夏鑫磊、张颖、吴官正等的作品"都江堰乐育实验小学"获第二届全国高校学生钢结构创新竞赛特等奖。

2016年，咸贵军主讲的"土木工程FRP复合材料"被评为哈工大与国外学者共建研究生课程，与瑞士联邦理工学院/瑞士国家联邦实验室（EMPA）的Urs Meier教授联合建设。

2017年，郭兰慧主讲的"高等组合结构（Advanced Composite Structures）"被评为教育部来华留学英文授课品牌课程。

2017年10月，博士研究生陈鹏获中国钢结构协会钢-混凝土组合结构分会第八届"精工杯"优秀论文一等奖。

中国学位与研究生教育学会
研究生教育成果二等奖获奖证书

2017年，李惠、周文松、鲍跃全的"土木工程中的大数据"被评为哈工大与国外学者共建研究生课程，与韩国科学技术院（Korea Advanced Institute of Science and Technology, KAIST）Hoon Sohn教授联合建设。

2017年，武岳主讲的"结构形态学"被评为哈工大与国外学者共建研究生课程，与荷兰代尔夫特理工大学Andrew Borgart教授联合建设。

2018年6月，土木工程学院组织召开了土木工程学位点合格评估专家评审会，与会专家一致认为"哈工大土木工程学位点历史悠久，积淀深厚，专业方向齐全，特色鲜明，拥有一支结构合理的高素质师资队伍，建设了多个国家级高水平研究平台，研究成果突出，人才培养成效显著，引领了

第二章 人才培养

土木工程学科和行业发展方向"。

2018年7月，张强强的博士论文入选哈工大第二十届优秀博士学位论文。

2018年10月，耿悦获哈工大第六届青年教师研究生课程教学竞赛一等奖。

2018年11月20日，《人民日报》

土木工程学位点合格评估专家评审会

刊登题为《中国发展动力在哪里？看看这些勤奋拼搏的中国人》的文章，将吉力阿木、郎朗、姚明称为"中国奋斗者的缩影"。吉力阿木同学是来自四川凉山的土木工程学院2016级硕士研究生，以优异的成绩提前完成硕士学业并被中建美国公司录用，赴巴拿马工作，成为"一带一路"的践行者。

2019年春季学期，土木工程学院组织专家制订了《土木工程学院硕士研究生培养方案（2019年版）》，同步修订了土木工程和工程力学两个学科的博士生培养方案（包括硕博连读、本硕博连读）。

2019年5月，获批土木水利工程博士授权点。

2019年7月，完成了本硕博一贯式培养方案的修订，制订了《学术学位硕士研究生培养方案》《学术学位博士研究生培养方案》。

2019年11月，博士研究生方勇获中国钢结构协会钢-混凝土组合结构分会第九届"精工杯"优秀论文一等奖。

2019年12月，王玉银主持完成的"'组合结构'课程群与工科双一流建设国际化人才培养体系构建与实践"获哈工大教学成果一等奖。

2019年，硕士研究生钟炜彭获第二届工程结构混合动力试验技术专题研讨会学生竞赛一等奖。

2020年5月，牵头获批哈工大自主审核单位新增交叉学科方向智慧城市硕士学位点。

第三节 人才培养国际化

一、学生对外交流

根据人才培养国际化的需要，土木工程学院与世界数十所知名大学签订学生交流/交换、科研合作等协议，大力支持学生到国外及我国港澳台地区进行长期或短期的学习与交流。合作院校遍布美国、英国、澳大利亚、俄罗斯、日本、韩国等发达国家和地区，其中包括美国加州大学圣地亚哥分校与伯克利分校、伊利诺伊大学芝加哥分校、英国帝国理工学院、英国曼彻斯特大学、澳大利亚悉尼大学、俄罗斯远东联邦大学、日本京都大学、韩国首尔国立大学、韩国汉阳大学等世界知名大学。与多所世界知名大学建立了"3+2"联合培养项目，包括美国 UIUC、加拿大卡尔加里大学、法国南特理工大学等。同时与我国港澳台地区的知名高校保持积极合作。如与香港理工大学进行从教师互访、联合申报科研项目，到暑期学校、互派交流学生等合作，并联合建立实验中心；派遣本科生到香港大学、香港科技大学、台湾义守大学、台湾科技大学、台湾成功大学等学校进行为期一年的交换学习等。

澳大利亚悉尼大学和土木工程学院的学术交流与合作关系十分密切，先后建立了本科生、硕士研究生及博士研究生等不同层面的多项学生交流项目。悉尼大学的 Gianluca Ranzi 教授自 2006 年起即和金属与组合结构研究中心开始建立学术合作关系。2008 年，博士研究生耿悦获得悉尼大学奖学金，在张素梅教授和 Gianluca Ranzi 教授共同指导下于 2011 年获得了哈工大与悉尼大学联合培养博士学位并留校任教。此后，牛爽、陈耕博、王庆贺等多名博士生在 CSC 项目资助下赴悉尼大学进行联合培养并获得联合培养博士学位。2010 年和 2012 年范峰和王玉银分别与澳大利亚悉尼大学 Kim Rasmussen 教授和 Gianluca Ranzi 教授共建了研究生课程"高等钢结构设计"和"组合结构设计"。双方合作申请并获得国家自然科学基金 3 项，合作发表 SCI 论文 10 余篇。

日本北海道大学土木工程系 Ueda Tamon 教授与土木工程学院多位教授有着长期的深入合作关系，对学院的人才培养和学科研究水平有着很高的评价，Ueda Tamon 教授非常推崇哈工大的严谨的治学风格。他申请的中日合作日本政府奖学金是针对日本与中国大学的学生交流项目。该项目在日本获批后，Ueda Tamon 教授决定与土木工程学院合作，互派学生到对方大学学习。中国学生前往北海道大学学习可获得奖学金资助，为期 5 个月。学校利用国际合作的学生经费也为日方来土木工程学院学习的学生提供部分生活费，以及住宿费、学费的减免政策。该学生交流互派项目从 2011 年至 2018 年间共派出了 8 次 20 余名学生，开创了土木工程学院获外国国家政府奖学金资助的国际交流项目之先河，

第二章 人才培养

为学生提供了更多的海外学习机会以及海外发展的可能。

为了开拓学生的国际视野，土木工程学院邀请世界知名学者来学院讲学，并教授本科生夏季学期课程以及研究生共建课程。这不但丰富了授课形式，拓展学生国际交流能力，使学生能近距离接触到世界前沿的学术大师，获得最先进的知识，也提高了学院教学的国际化水平。来学院讲学的知名学者中，包括美国 UC Berkeley 著名结构动力学与地震工程专家 Anil K. Chopra 教授、美国里海大学土木环境工程系 Dan M. Frangopol 教授、美国 UIUC 著名结构控制与监测专家 Billie F. Spencer 教授、澳大利亚悉尼大学著名钢结构专家 Kim Rasmussen 教授、德国凯撒斯劳滕工业大学复合材料研究所国际知名专家 Klaus Friedrich 教授等。

哈工大兼职教授季天健博士一直注重教学方法的探索，提出了"可见、可触摸"式的授课理念。与母校保持着长期的合作与交流。2009年，他在总结近十年教学成果的基

美国里海大学土木环境工程系
Dan M. Frangopol 受聘为哈工大荣誉教授

础上，出版了 Seeing and Touching Structural Concepts 一书，受到国内外同行的好评。该书中译版由武岳、孙晓颖、李强三位老师翻译出版，书名为《感知结构概念》。2010年，武岳与季天健合作开设了"与国际高水平学者共建研究生课程"——"结构概念与体系"。该课程将季天健的结构力学概念与林同炎教授的结构体系概念很好地结合起来，是一门既有理论基础又密切结合工程实际的结构概念课程。

季天健来土木工程学院讲学

武岳等译的《感知结构概念》

加拿大西安大略大学土木与环境工程系著名专家洪汉平教授于 2010 受聘为土木工程学院兼职教授。洪汉平是加拿大土木工程学会会士、墨西哥工程院外籍院士，主要研究方向为自然灾害的风险评估和建筑结构的可靠度设计，在地震工

程和风工程、雪工程等领域有很深的学术造诣,是相关领域内的国际知名学者。学院与洪汉平的合作始于2009年,洪汉平受邀到学院出席首届土木工程全国研究生暑期学校并做专题报告。此后,每年都受邀到学院讲学1~2次。同时,洪汉平与大跨空间结构研究中心保持着长期稳定的学术合作关系。2014年和2019年,洪汉平参与获得了国家自然科学基金面上项目和国家重大科研仪器研制项目的资助。双方联合培养博士生5人,并在建筑结构雪荷载和工程结构抗震方面合作发表了多篇高水平学术论文,取得了丰硕的合作成果。

美国休斯顿大学莫冶隆受聘为学院百人计划兼职教授,并在2011—2015年间每年来学院讲学,连续两年为学生英文讲授"结构动力学导论"课。莫冶隆是美国休斯敦大学土木与环境工程系教授、休斯敦大学徐增全结构研究实验室主任,与土木工程学院在预应力混凝土及复合结构抗震设计等方面有长期的合作。学院有多名青年教师及研究生曾前往或正在该院从事合作研究和学习,并共同完成科研项目,发表论文。同时,莫冶隆所任职的实验室创始人徐增全教授为哈工大校友,于20世纪60年代毕业于哈工大,虽然长期在美国工作、生活,但是心系母校。不仅致力于与学院的学术合作与交流,还在学院设立"徐增全学生奖学金",奖励成绩优秀的土木学子。瑞士联邦材料科学与技术实验室(EMPA)知名专家U. Meier教授,连续四年在学校研究生院的支持下在土木工程学院开设研究生共建课程,英文讲授"土木工程FRP复合材料"课,受到了中国学生与留学生的广泛欢迎。

哈工大自2008年起设立了"小卫星"学者计划,目的是通过邀请我国港澳台地区大学生赴内地(大陆)进行调研、考察、讨论、学习,实现精英学子间的学术和文化交流。通过举办学术论坛、学术讲座、实验室参观等形式加深港澳台青年学生对哈工大科研实力、学术水平、学生培养模式等的了解,增进学生间的友谊。2011年暑期,土木工程学院组织了"哈尔滨工业大学小卫星学者计划之土木学子哈尔

瑞士联邦材料科学与技术实验室知名专家U. Meier教授讲学

哈尔滨工业大学小卫星学者计划之土木学子哈尔滨论坛剪影

滨论坛"。论坛邀请香港理工大学土木及结构工程系的研究生参加,与学院硕士、博士研究生一起交流。两校学生就各自的学习和研究方向,做了学术交流。并听取了沈世钊院士、谢礼立院士及孙柏涛等专家的学术讲座。该项目增进了两院间学生的相互了解,不但在学术上促进了两院学生的交流,同时带领学生走出校园体验龙江特色风土人情,促进香港青年学生对内地经济、文化、社会发展的认识。

截至2017年底,教育部高等教育教学评估中心和中国工程教育专业认证协会共认证了全国198所高校的846个工科专业。获得专业认证,标志着这些专业的质量实现了国际实质等效,进入全球工程教育的"第一方阵"。哈工大土木工程专业获此"通行证"。

2018年7月,土木工程学院承办了"亚洲－太平洋－欧洲智能结构技术暑期学校（Asia-Pacific-Euro Summer School on Smart Structures Technology,APESS）",为期三周。"亚洲－太平洋－欧洲智能结构技术暑期学校"是由亚太智能结构技术联合研究会（Asian-Pacific Network of Centers for Research in Smart Structures Technology,ANCRiSST）主办的公益性国际化交流合作

"2018亚洲－太平洋－欧洲智能结构技术暑期学校"参加师生合影

土木工程学院承办2018年亚洲－太平洋－欧洲智能结构技术暑期学校

项目,旨在为学生提供智能结构与技术学习交流的国际化平台。此次暑期学校的成功举办,进一步提升了学院在智能结构和土木工程领域的国际学术影响力,支撑了土木工程专业的双一流建设。

2017—2019 年,土木工程学院先后组织三次"优秀博士生国际交流访问计划"项目。分别出访了美国加州地区、美国东部地区以及澳大利亚悉尼地区。访问了美国的知名高校,如西部地区的加州大学伯克利分校、加州理工大学、加州大学洛杉矶分校、加州大学圣地亚哥分校、南加州大学,东部地区的美国伊利诺伊大学香槟分校、西北大学、伊利诺伊大学芝加哥分校、圣母大学,以及澳大利亚悉尼大学、悉尼科技大学、西悉尼大学等。该项目不但拓宽了博士生的国际学术视野,而且加强了与世界知名大学的交流,为未来的国际合作工作奠定了坚实的基础。

"优秀博士生国际交流访问计划"的出访人员合影

2007—2019 年,土木工程学院共有 119 名博士研究生和 20 名硕士研究生,在国家留学基金委 CSC 项目的支持下,到英国帝国理工学院、美国加州大学伯克利分校、澳大利亚悉尼大学等国际一流高校进行联合培养。

二、留学生培养

自 2010 年以来,土木工程学院开始筹建土木工程本硕博英文授课体系。学院计划利用海外引进博士,以及有多年海外访问工作经历的教师多的优势,配合引进国外知名教授来哈工大短期授课的方式建立起从本科、硕士到博士阶段的全英文教学系统。通过专家对课程设置的认证,确认学院英文授课项目的课程设置合理,既专注于基础学科的教学,以便学生进一步进入高学历阶段深造;又注重学生实际应用能力的培养,有利于学生就业。土木工程学院聘请了多位世界知名学者为兼职教授以及客座教授,为英文授课项目开设世界一流水平的专业课程。该项目的其他任课教师均有多年海外留学及工作经历,有世界知名大学教学、助教或研究经验。将世界知名大学的知识和先进的教学经验带入了土木工程学院的本科生及研究生的课堂,促进人才培养与世界一流大学接轨。土木工程学院学术氛围浓重,每年有数十位世界知名教授来访,举办学术讲座,介绍世界前沿的科学动态与发展。留学生有机会接触世界一流的科学家,并与他们交流互动。在管理方面,学院为每一位留学生配备了有留学背景的教师作为导师,指导学生的学习。专职班主任与学生密切联系，关注学生的学习和生活状况。该英文授课项目立足于哈工大，同时以世界知名大学为标杆，努力打造世界一流的英文授课项目品牌。

2012年，经过两年多的申请与准备工作，土木工程学院招收了第一批本科全英文授课的留学生。留学生班共11名学生，分别来自于印尼、尼泊尔、缅甸、马绍尔群岛、乌干达、蒙古、索马里。在基础学部、人文学院、建筑学院、交通学院等多个学校兄弟单位的共同配合下，该项目顺利启动。同时全英文授课的硕士和博士研究生项目也一同开设起来。

为本科留学生开设的英文课程有：土木工程专业导论、土木工程材料、材料力学、结构力学、混凝土结构设计原理、混凝土结构课程设计、工程地质、荷载与结构设计方法、流体力学、混凝土与砌体结构设计、混凝土与砌体结构课程设计、结构力学电算实习、土力学及基础工程、钢结构基本原理与设计、钢结构课程设计、工程项目管理、基础工程课程设计、工程项目管理课程设计、高层建筑结构、建筑结构抗震设计、建筑结构试验、结构抗风设计原理、结构概念与体系、组合结构等。

为留学研究生开设的英文课程有：高等岩土工程、地震工程结构可靠度与风险分析、高等组合结构、科学研究方法、结构动力学、土木工程应用数学、有限单元法、材料分析测试技术、FRP在土木工程中的应用、高等混凝土与砌体结构。

2015年春季学期，张素梅作为英文授课课程督导专家对正在讲授的留学生课程进行听课与指导，经过一学期的听课、交流和座谈，帮助和指导青年任课教师进一步提升英语授课能力和课程建设水平，英文授课体系得到了进一步完善。

随着本科和研究生的英文课程体系的建立，学院开始有能力接收非汉语学习留学生。至此，凡是学校与海外大学的学生交流项目，土木工程学院都积极参与，并接收大量的短期非学位学生。

为了帮助留学生尽快适应新的校园环境，学院为留学生班级指定专门的辅导员、班主任，为每一位留学生配备了中国学生伙伴。同时，努力促成高年级有出国意愿的、英语水平比较好的学生，以及高年级留学生与留学生班的同学交往。为每一位留学生配备了具有留学背景的教师作为导师，根据需要不定期地召开留学生座谈会，了解留学生的学习、生活情况，对学院的留学生工作做阶段性的总结。

对留学生进行学习帮扶

学院鼓励留学生与中国学生的融合。在学院元旦晚会上，留学生们表现出了热情奔放的特色，他们多才多艺，与中国学生共同表演节目。为了增强留学生的归属感，学院组织他们参观了哈工大博物馆和航天馆，组织了中外学生足球赛等户外运动。学院还注重对留学生荣誉感的培养，其中学习中文和中国历史文化是两个很重要的途径。学校为不同中文基础的学生提供了提高中文水平的条件，并组织各种活动，增强留学生对中国历史的认识和文化的认同。

留学生参加元旦晚会

留学生活动剪影

为了配合学院的本科生、硕／博士研究生的全英文授课的课程项目，学院每年派遣教师参加印尼教育展，向东南亚和东盟地区的学生及家长介绍哈工大的土木工程学科。由于学校地处中国极北地区，又是中国相对欠发达地区，无论是东盟的高校还是普通大众，对学校的认识都比较缺乏。经过几年来学院教师积极努力，充满热情地参与到招生宣传与教育展示中，本科英文授课留学生班人数每年能保证在10人以上。

2012—2015年间，学院组织了5次土木工程专业国际暑期实习项目，来自于俄罗斯、哈萨克斯坦、泰国等国的50余位学生参加了暑期实习项目。实习项

第二章 人才培养

目从介绍中国文化、哈尔滨民俗到科技前沿报告。学院为留学生开设了中国饮食文化、中国传统服饰简介及中国剪纸、面塑等人文课程。还邀请各学科的青年教师、高年级的博士生讲授专题课程。并且组织留学生参观学院的实验室、企业工地，现场讲授专业知识。连续多期的实习项目获得留学生的广泛关注，尤其是参观企业工地受到大家的欢迎。随后多位参加该项目的外国学生报考并就读学院硕士研究生。该项目对土木工程学院扩大宣传、提高国际影响力起到了积极的作用。

教师参加印尼教育展

哈萨克斯坦学生短期交流

带领留学生到中国水电一局哈尔滨地铁2号线参观交流

2016年11月8日，学院"近海工程导论"开课，这是国内高校首次开设该课程。该课程为全英文课程，共8周，由学院新聘合约教授美籍韩裔河虎夫为研究生和高年级本科生讲授。河虎夫于休斯敦大学获博士学位，在美国休斯敦长期从事海洋平台结构、基础设计和国际工程项目管理工作，并在休斯敦大学、莱斯大学担任兼职教授。他带领土木工程学院高年级本科生为课程制作了精细的平台结构模型和教学辅助挂图，将结合30多年的工程实践和在美国大学的授课经验，以国际化的视野讲授近海石油开发的基础知识、近海工程结构设计和近海向深海发展面临的挑战等内容。

2016年12月，教育部公布了"2016年度来华留学英文授课品牌课程"的评选结果，郭兰慧主讲的"高等组合结构"课程入选。

截至2019年9月，学院已经招收了8届全英文授课的本科留学生115人。其中，已毕业48人，在读67人。在读留学本科生中，学位生49人、交流交换生18人。

第四节 博士后流动站建设情况

1987年7月,国家科委(87)干字0490号文件正式批准哈建工建立在王光远主持领导下的结构力学博士后科研流动站。哈建工成为建设部系统唯一的建立博士后科研流动站的单位。结构力学博士后科研流动站首任负责人为王光远(1988—1995),第二任负责人为欧进萍(1995—2006),现任负责人为王伟(2006—)。

《黑龙江日报》和《哈建工院报》关于结构力学博士后科研流动站成立的报道

多年来,在王光远的领导下,哈建工在结构力学领域里进行了多项前沿性科研课题的研究工作,其中不少项目在申请建站时仍在迅速开展,这就为博士后人员的理论研究提供了很好的领域。同时,学校的力学与结构实验中心和计算中心的先进设备以及新建的学生宿舍也为博士后人员提供了良好的工作条件和较优越的生活条件。

据人事部统计,1989年末,全国有47所高校和46个科研单位共设博士后科研流动站159个,进站人员不足300人。在当时全国1 075所高校中,哈建工能够捷足先登,较早地建站,这从一个侧面说明了哈建工在教学科研方面已居于较高的层次。

结构力学博士后科研流动站建立后,先期进站的有欧进萍博士、陈树勋博士和从西德学成归国的陆念力博士。

欧进萍在博士后科研流动站工作期间,同时承担了5个项目的研究工作,其中"模糊随机振动的基本理论"和"动态模糊信息处理的数学基础"为国家自然科学基金资助项目;"工程结构的模糊随机振动"为霍英东教育基金会资助项目；"抗震结构的模糊震害预测与损失评估"为建设部资助项目。另外还有一个新开发项目"工程结构的非线性随机动力分析与优化设计"拟申请国家自然科学基金的资助。欧进萍在这些项目的研究中，共完成12篇高质量的学术论文。他还赴英、美参加了两次国

王光远和他先期指导的博士后合影

际学术会议并应邀在英国和美国进行了访问、讲学和合作研究。欧进萍在国际会议上宣读的论文《抗震结构的模糊随机动力可靠性分析》被认为是国际上在这个领域首次提出的"以模糊随机振动为基础，考虑结构模糊安全的准则，分析结构的可靠性"的观点，受到国际学术界的高度评价。他在国外的讲学和合作项目的研究都取得了令人瞩目的成就。美国密苏里大学罗拉分校的专家和学者认为他的研究开辟了结构力学的新领域，对完善结构的抗震设计具有很大的推动作用。

陈树勋在博士后科研流动站工作期间，致力于不确知性信息理论的开创性研究，共完成论文10篇。1989年，他在美国的讲学，受到了许多著名专家、教授的欢迎。美国著名地震学家克拉夫教授的老师也来听他的讲学；Bech教授对他说："我对你的每句话都很感兴趣。"

王光远对他领导的这两名博士后的工作深表满意，给予了高度评价，认为他们的研究工作处于国际领先地位。

哈建工首批力学博士后出站

哈建工首位力学访问学者博士后出站

由于欧进萍和陈树勋的突出成绩，在博士后科研流动站工作期间，他们都获得了副教授的任职资格，留校工作的欧进萍还被任命为工程理论与应用

研究所副所长。

1991年，经人事部、全国博士后管委会批准，哈建工又建立了第二个博士后流动站——土木、水利工程学科博士后科研流动站，这个流动站覆盖了结构工程、岩土工程、市政工程、供热供燃气通风及空调工程、道桥工程、防灾减灾与防护工程6个二级学科。流动站首任负责人为沈世钊（1991—1995），第二任负责人为陶夏新（1995—2006），现任负责人为范峰（2006—）。

土木、水利工程博士后出站报告会

1995年，在人事部、全国博士后管委会主办的"全国博士后科研成果展及人才、学术交流会"上，哈建大博士后的研究成果受到国家有关部门领导的一致好评。参加这次交流会的高校全国共有46所，哈建大展出的"1996年亚冬会速滑馆设计""钢筋混凝土结构构件基本性能和计算理论研究""抗振的主动控制"等成果，内容丰富并配有实物和现场演示，引起参观者的瞩目。财政部长刘仲黎参观后说，哈建大的两个博士后科研流动站出了这样多的成果，相当不简单。全国博士后管委会主任庄毅、建设部副部长毛如柏等对哈建大展出的成果都给予了很高评价，特别对哈建大展出的亚洲最大的室内速滑馆的设计给予了高度评价。中央电视台在现场采访了哈建大相关负责人，并在《焦点时刻》节目中做了专题报道。

1998年1月，哈建大举办了博士后科研流动站建立10周年庆祝活动。参加庆祝活动的全国博士后管委会、建设部、省博士后管委会的有关领导，对哈建大博士后科研流动站10年来取得的成绩给予了高度评价。校长景瑞在会上就哈建大博士后科研流动站今后的发展建设做了重要讲话。

为丰富博士后文化体育活动，拓展博士后群体联谊渠道，增进博士后与博士后合作导师之间的沟通与交流，学校人事处从2013年至2019年连续主办了7届"哈尔滨工业大学博士后羽毛球团体赛"，土木工程学院博士生导师与博士后连续参加了各届比赛，前5届比赛都位列前3名，第六届和第七届实现了"两连冠"。

从1988年设立开始，结构力学博士后科研流动站走过了32年的发展历程。其间，共经历了3次国务院博士后管理办公室组织的全国博士后科研流动站评估，2005年、2010年、2015年连续3次获得优秀博士后流动站称号。目前正在进行迎接2020年全国博士后流动站评估的准备工作。32年来，共招收博士后138名。从第一位进站德国博士陆念力开始，吸引了来自美国、英国、加

第二章 人才培养

在"哈尔滨工业大学博士后羽毛球团体赛"上实现"两连冠"

拿大、澳大利亚、日本、新加坡等世界名校以及国内知名高校毕业的博士进站工作。出站博士后都成为学科和行业的杰出人才,其中当选中国工程院院士1人,长江学者特聘教授2人,杰出青年基金获得者3人,青年长江学者特聘教授2人,百千万人才工程1人、万人计划科技创新人才2人、新世纪百千万人才工程1人、万人计划科技创新领军人才1人、青年千人1人、青年拔尖1人、优秀青年基金获得者3人、龙江学者(青年)1人、泰山学者(青年)1人、国家奖获得者1人。

土木工程博士后科研流动站自1991年建立到现在也已经走过了29年的发展历程。其间,也同样经历了3次国务院博士后管理办公室组织的全国博士后流动站评估,2005年、2010年、2015年连续3次获得优秀博士后流动站称号,目前正在进行迎接2020年全国博士后流动站评估的准备工作。建站以来,共招收博士后240名,其中出站博士后218名,在站博士后22名。许多出站博士后已成为学科和行业的杰出人才,其中当选中国工程院院士2人、长江学者特聘教授2人、杰出青年基金获得者1人、青年长江学者特聘教授1人、优秀青年基金获得者1人。

第五节 学生工作

一、1950—1958年的学生工作

20世纪50年代的哈工大学生文化体育生活丰富多彩,特别是1953年毛泽东主席发出"要使青年身体好、学习好、工作好"的号召后,学生课外生活更加丰富。

从1954年秋季学期开始,土木系的许多班组织了朗诵小组、音乐小组、合唱小组等。每当晚饭后和晚自习课间休息,就会听到教室里传出的大鼓、

胡琴、口琴、小提琴的演奏声和手风琴伴奏的集体舞乐曲声。1955年2月26日，土木系在周末举行了全系学生文艺汇演，有100多人参加演出。演出的12个节目里，有5个是集体创作的。114-3班精心创作的《歌颂毛主席》组曲、112班创作的《同学与炊事员联欢》舞、112-3班创作的《台湾——祖国的明珠》朗诵诗，以及《破旧的别墅》和《形式主义者》话剧等，都受到了热烈欢迎。1955年秋季学期后，学校有了俱乐部，成立了各种社团，土木系参加俱乐部的人数占全系学生人数的四分之一。土木系成立的美术组，聘请建筑教研室的老师做指导，组织学生学习素描，举行名画欣赏。舞蹈组排练了我国民间舞蹈《十大姐》《采茶扑蝶》《剑舞》《铃舞》和自己创作的《联欢舞》，还排练了《摩托车舞》《环舞》等。话剧组请黑龙江省话剧团的专业人员举办了"化装与表演艺术"的讲座。提琴组举行了名曲欣赏。133班创作的朗诵长诗《水，生命的乳浆》，对学生进行专业教育起到了良好作用。土木系1955年获全校文艺会演一等奖，1956年获得全市大学生文艺会演二等奖。

1956年5月2日，学校举行了"友谊与进步"联欢节。在联欢节上，对优秀团员、先进集体和各项活动积极分子进行了表彰。土木系有获奖优秀团员35名、先进集体13个和各项活动积极分子200名。在联欢节前夕，中国科学院院长郭沫若还给哈尔滨工业大学学生寄来了祝贺信：祝全体同学都成为优秀的三好分子。实事求是，集体努力，贯彻始终。科学和任何事业都在不断前进中，祝你们永远在第一线。

20世纪50年代，哈工大的体育运动也十分活跃。同学们喜欢冰上运动和其他体育活动。1953年，土木系学生李建华在全国第一届冰上运动会上获得女子甲组花样滑冰第二名；1955年，在全国第三届冰上运动会上获得女子甲组花样滑冰第一名。

这一时期土木系学生学习苏联女英雄古丽雅的事迹，决心像她那样勇敢和坚强，并把她们的锻炼小组命名为"古丽雅锻炼小组"。每遇到困难，她们随时用古丽雅的名字来鼓励自己。为了把锻炼长期坚持下去，她们制订锻炼计划，成绩不断提高，体质也明显增强。1954年，在哈工大第三届学生代表会上，"古丽雅锻炼小组"介绍了经验，并受到了热烈欢迎。

1955年，全校开始全面推广"劳卫制"。12月，土木系举行了6千米行军劳卫制测验。参加测验的有54人。每人背了10千克的沙袋，冒着零下19摄氏度的严寒，完成了这次行军测验。测验标准是一级45分钟，二级40分钟。测验结果：51人达到"劳卫制"一级标准，其中有34人达到"劳卫制"二级标准。113-5班陈明泓以31分钟的成绩获得第一名。

生动活泼的体育运动保证了同学们以健康的身体学习和工作。

1955年，全国农村掀起了社会主义合作化高潮，土木系学生配合合作化运

第二章 人才培养

动进行的社会调查和社会实践,丰富了学校生活。1955年11月,土木系同学参观访问了哈尔滨郊区义发源农业生产合作社。1956年春节前,土木系四年级同学又组成访问团,到松浦区农业合作社进行访问,并积极参加了农业社的测量工作。1956年春季学期开学后,土木系二、三、四、五年级的74名同学组成了"支援社会主义建设农村建筑设计科学研究小组"。他们的任务是为哈尔滨市郊区金星农业生产合作社设计生产性和非生产性房屋。小组又分为:牛舍、猪舍、鸡舍、汽车库、农具库、加工车间、俱乐部、办公室、澡堂、诊疗所、托儿所、总平面规划设计小组和农村建筑材料试验与研究等专业小组。他们的工作受到了学校的表扬。

学生参加科学研究是学生课外活动的重要内容。土木系学生在1951年成立了建筑力学技术研究小组,这是学校最早的学生科学研究小组。以后,土木系逐步成立了工程结构、建筑、地基基础、建筑施工、供热供煤气及通风、给水排水、建筑材料、材料力学等学生研究小组。1954年,哈工大成立了学生科学技术协会。1955年秋季学期,土木系参加学生科学研究小组人数235人,占全系学生人数的23.3%,是全校各系中比例最高的。1956年,哈工大召开了学生科学报告会。会上提出科学报告54篇,其中45篇被评为优秀论文。这45篇优秀论文分4等奖励:一等奖3项,其中有土木系115-3班学生施奈小组的《开口沉箱挖土下沉工程》,指导教师为地基基础教研室刘惠珊。二等奖13项,其中有土木系113班张晓东小组的《柔索》,指导教师为材料力学教研室王光根;135班赫贵理小组的《上水道铸铁管石棉水泥接口》,指导教师为给水排水教研室李圭白。三等奖10项,其中有土木系学生114-1班赵桂春小组的《竹材的斜向受压》,指导教师为工程结构教研室陈肇元。四等奖19项,其中有土木系学生114-1班潘承芬小组的《钢筋的冷拉工作》,指导教师为工程结构教研室朱聘儒;113-5班谢贝琳小组的《板桩及深基础计算》,指导教师为建筑力学教研室黎绍敏;114-1班高福洪小组的《竹材的钢销结合》,指导教师为工程结构教研室樊承谋;114-1班刘昌茂小组的《竹材的力学性能》,指导教师为工程结构教研室王振家。在召开学生科研报告会的同时,学校在图书馆二楼还举办了学生技术研究展览会。土木系的展览内容丰富。竹材利用研究、沉井施工的研究、巨大的厂房屋架模型、134班吴满山生产实习小组对一工程水管线路设计方案的修改、王振家关于"飞机制造厂装配车间"的毕业设计等,特别引人注目的是农村建筑和农村规划的研究,这些都引起了师生的极大兴趣。学生参加科学研究,是培养学生创造能力的有效方法,也是培养学生顽强的意志和坚韧不拔的毅力的有效措施。

二、1959—2000年的学生工作

1960年开始,哈建工第一次实行半脱产辅导员制度,从高年级抽调14名

学生分专业担任半脱产辅导员。1962年，第一次设立专职政治辅导员，连续3年共有专职政治辅导员24名。这些专职政治辅导员工作很有特点，和学生常年住在一起，吃在一起，活动在一起。做到了及时了解情况，发现问题及时解决。

20世纪60年代初，哈建工的体育、文娱活动很有特色。在体育教师人数少、运动场地不足的情况下，采用上午、下午、晚上分批上课的办法完成了教学任务。学生课外体育活动也开展得较好。平时篮球、排球、田径、体操广泛多样，冬天滑冰，夏天游泳十分活跃。校内体育竞赛，平均每年9～11项。

1961年6月，哈建工参加在北京召开的全国建筑系统运动会，包括建筑工程系学生在内的哈建工学生男子篮球队获篮球赛第四名，有4名同学被授予国家一级运动员称号。

1964年，哈建工学生口琴队200多人参加了"哈尔滨之夏"的演出。演出的"口琴大合奏"，被评为获奖项目，受到市领导和观众的赞赏，以后又作为优秀节目在市内多次演出。

1962年，哈建工第一次评选优秀毕业生，工民建专业应届毕业生沈保汉入选。

1965年5月22日，哈建工在南岗体育场举行了全院第一次军事体育运动会。这次运动会打破了三项学院纪录，其中郎惠生以60.30米的成绩打破了56.50米学院男子手榴弹纪录，李爱芍以36.83米的成绩打破了学院女子手榴弹纪录。

1979年11月，哈建工召开了第七届团代会和学代会，重新组建了团委和学生会。

1980年4月，哈建工党委决定在学生班级中建立班主任制度。9月，成立了学生工作部，在党委领导下统管全院学生思想政治工作。建筑工程系党总支也专设了一名副书记主管学生工作，并配备了团总支的专职干部。学生的思想政治工作有了机构和渠道。

1980年6月，全省高校运动会上，工民建77-1班学生谭素杰荣获了女子100米冠军，200米第二名，400米第三名；水泥77班的田进龙在110公尺（1公尺=1米）栏比赛中，破高校纪录，获两项第一。在1981年省高校运动会上，谭素杰独赢女子100米、200米、100米低栏3项冠军。在4×400米接力赛中，她在接棒后距第一名相差150米的情况下，毫不气馁，奋起直追，以顽强的毅力争得这个项目的冠军，观众无不因她的向上精神受到激励和鼓舞。在哈尔滨市学生乒乓球锦标赛中，从1980年到1982年，制品78班学生余莹蝉联3届男子单打冠军。这种比赛不仅是技术的竞争，更是智慧的对垒、意志的抗衡。

1980年9月，哈建工党委做出了《关于开设形势任务和思想修养课的决定》，还结合形势任务和学生的思想倾向，对学生进行多种形式的教育。建筑工程系李德滋教授亲自给学生上思想政治课，通过自己的亲身经历，进行生动的热爱祖国、热爱党、热爱社会主义的教育。

第二章 人才培养

1980年12月，哈建工召开"学雷锋、树新风、创三好"表彰大会，建筑工程系高向东同学被评为黑龙江省三好学生。

1981年、1982年，按照学校的统一要求，建筑工程系也从毕业生中选拔了比较优秀的学生留下做政治辅导员，重建了政治辅导员队伍，初步形成了一支学生思想政治工作专职干部队伍。

1981年4月，哈建工学生会和体育教研室共同举办了学院第一届乒乓球对抗赛，经过5天激战，建筑材料系力挫群雄，夺得男子团体、女子团体、男子单打、女子单打4项冠军。男子单打冠军余莹，女子单打冠军宋玉智。

1982年3月，哈建工党委分别对全院教职工和学生召开"全民文明礼貌月"活动动员大会。党委副书记吴满山同志在会上做动员报告。报告总结了哈建工多年来开展"五讲四美"活动的情况，对活动中涌现出的好人好事进行了表扬，敢于同小偷斗争而受伤的工民建78-4班朱和鸣同学受到了表扬。

1982年5月，在哈建工第十一届田径运动会上，工民建79级学生王幼东以9.25米的成绩刷新高校女子铅球纪录。

1982年10月，为开展新生的体育活动，哈建工举行了81级新生田径测验赛。地下建筑班的宋海波以4'22"7的成绩打破了省高校4'23"5和学院4'34"4的纪录。

在当代大学生中采用多种形式进行自我教育，也是加强学生政治思想工作和精神文明建设的有效方法。1982年10月16日，哈建工学工部、团委和学生会在礼堂举办了学院首届大学生演讲会，有4名同学登台演讲。工民建80-2班刘江业同学的演讲"从信仰谈起"、管理81班李德彪同学的演讲"祖国啊，为了您的更加美好"，从不同的角度、不同的侧面，以其令人叹服的哲理、鲜明的思想观点、大家熟知的历史事实、朴实的语言，潜移默化地把爱国主义和共产主义思想教育融汇于演讲之中，给学生上了生动一课。

1983年6月，哈建工召开了首届学生思想政治工作理论讨论会。这次讨论会收到了论文23篇，这些论文涉及的问题很广泛，包括学生思想政治工作机构的设置、辅导员队伍的建设、学生心理分析、大学生的思想特点、社会环境对学生的影响等。理论讨论会还进行了优秀论文评选。建筑工程系张爱茹的《做学生的知心朋友——爱、知、诚、信》等3篇论文被评为一等奖。

1984年10月30日，哈建工团委、学生会举办了全院第一次集体舞表演赛。在表演比赛中，各系的表演各有特色，受到了同学的欢迎。最使人欢快的是荣获比赛桂冠的建筑材料系的代表队，踏着《花儿在欢笑》的乐曲，表演得朴实、大方。尤其是他们表演的《金梭和银梭》，编排新颖，通过巧妙的舞姿和造型，告诉青年人应该爱惜年华，不要让宝贵的时光付诸东流。这次集体舞表演，吸引了许多同学，推动了集体舞活动的开展。

1983年5月，在哈建工第十二届田径运动会上，有5人打破9项学院的纪录。地下建筑班的宋海波以2'8"的成绩打破800米院纪录，以4'25"6的成绩打破1 500米院纪录，以17'3"4的成绩打破5 000米院纪录。

1984年9月，在哈建工第十三届田径运动会上，建筑工程系学生男子4×100米接力以47"9的成绩破48"2的院纪录。

1990年，在哈建工春季运动会上，建筑工程系取得了男团、女团、男女总分第一的成绩，同时获得精神文明奖、表演奖的荣誉。此后，在"做名副其实第一系"口号的鼓舞下，打造体育强系作为学生工作的一项重要工作，创造了体育运动会五连冠的好成绩，极大地鼓舞了工民建同学的竞争意识。

系主任张铁铮等领导与获得全胜成绩的运动员合影

1994年4月8日，由管理工程系主抓学生工作的副主任与8名学生发起成立了管理工程系"助学基金会"，同年发展为"哈尔滨建筑大学助学基金会"。"基金会"以靠自己劳动资助生活困难学生完成学业、锻炼能力、培养高尚品德为宗旨，在校内外引起强烈反响。"基金会"到1996年已发展会员二百多人，共参加了包括哈尔滨市动力区、南岗区、香坊区3个区地价评估在内的百余项工程，获取劳动报酬3万余元，加上来自"基金会"会员捐款、社会各界捐款，总计资助学生金额4万余元，约有二百人次的特困生受到资助。校外两名患病的大学生也得到过资助。"基金会"会员发挥无私奉献的精神，义务参加各项工作和劳动。社会各界人士也纷纷捐赠，如国家环保局时任副局长王扬祖夫妇一次捐款1 000元，学校一位不留姓名的领导把讲课费500余元捐给"基金会"，"基金会"还多次收到社会不留姓名人士的捐款。"基金会"的先进事迹曾在《人民日报》海外版、《光明日报》、《中国青年报》、《毕业生导报》、《建设报》、《黑龙江日报》、《哈尔滨晨报》等十余家报纸上刊登。黑龙江电视台、黑龙江人民广播电台先后3次制作各类节目对"基金会"事迹进行了宣传报道。"基金会"事迹在校内和社会上引起了强烈反响，被称为"大学里的希望工程"。

1997年3月，哈建大开始举办"教授讲坛"活动，首场由中国工程院院士王光远主讲，他讲述的是他艰难的求学经历，使广大学生受到了深刻的教育。此后，"教授讲坛"改为"学生讲坛"，1999年8月开始改为每周一次的"科技讲坛"。

1998年5月，建筑管理工程系在校第二十四届运动会上获男子团体总分、女子团体总分、团体总分3项第一名及大会精神文明奖。

1979—2000年，土木工程学院历届团委书记为：唐淑琴（1979—1986）、宁仁岐（1986—1990）、于健（1990—1995）、裴镔（1995—1999）、李晓峰（1999—2002）。

1978—2000级学生中，担任过土木工程学院学生会主席的有：1977级李了强，1978级刘安，1979级（不详），1980级张天舒，1981级李红，1982级邹曙东，1983级邬国强，1984级张学森，1985级吕红军、刘旭辉，1986级石小军、钟继文，1987级张涛，1988级丁向阳，1989级薛振睿，1990级吴益民，1991级蔡云龙，1992级张泽林，1993级刘正坤，1994级李峰，1995级吕治国，1996级袁野，1997级付敬涛，1998级刘若丹，1999级张建胜，2000级王玉文。

三、2001—2020年的学生工作

2000年合校后，学院的学生思想政治工作紧紧围绕世界一流土木创新人才的培养目标，坚持立德树人根本任务，根据学校不同时期学生思想政治工作的重点，结合学院的实际，在思想引领、学业支持、校园文化、素质提升、队伍建设等方面呈现出很多新的特点和新的特色。

2001年，为了将前沿领域的科技之光、成功人士的人生之光、专家学者的智慧之光传播给广大学生，让广大土木学子把握科技前沿、触摸尖端思想、感悟成长经历，感受人文关怀，学院正式打造了"土木之光"论坛品牌。王光远院士作为论坛第一期嘉宾，为全体土木学子讲述了自己艰辛的求学之路的故事。论坛名字源于"土中有金，木可取火"的寓意，秉承求真务实、开拓创新的思想，注重引领和共享。论坛坚持综合性高端讲坛标准，先后邀请王光远院士、沈世钊院士，国家教学名师王焕定教授、何钟怡教授，

王光远院士担任土木之光论坛第一期嘉宾

纽约州立大学布法罗分校机械和航空工程系钟端玲院士，国家杰青、长江学者范峰教授等一批专家和学者做客论坛。20年来，共举办了近300期，已经成为广大土木专业学生开阔视野、提高素质的窗口和平台。

2001年3月，学院举行首届"万米齐飞"校园环校接力跑比赛，此后每年春季学期，此项活动都作为"建工潮"体育节的开幕式活动。

2001年12月，土木工程学院博士生隋莉莉、张春巍、李金海代表学院参加中央电视台《周末异想天开》节目的录制。当期节目的主题是"高楼防震"，土木工程学院研究生代表队制作了"基于磁流变阻尼控制的防震结构"模型，

采用智能可控流体阻尼材料制作的阻尼器在结构受地震作用中展现了良好的减振功能，参赛同学现场结合专业讲解了高楼防震的原理、智能材料的流变工作机理以及阻尼器在结构抗震中发挥控制作用的工作原理等，得到在场专家评委的一致好评，最后在各参赛队伍中脱颖而出夺得冠军。该节目于2002年2月2日在中央电视台10套播出。

参加中央电视台《周末异想天开》节目的录制

2003年非典疫情期间，学院团委组织了丰富多彩的体育活动，成为当时已经实施校园管控后学生文化生活的主要内容，受到同学们的欢迎。

2003年5月，在校园"健康杯"篮球赛中，学院女子篮球队发扬团队精神和团结协作、勇于拼搏的优良传统，战胜其他兄弟院系，获得冠军。

2004年起，学院开始全面实施本科生导师制的工作。2012年、2017年分两次对本科生导师制实施细则进行了修订。2017版本科生导师制实施细则规定，学院每年从学院教师中选择理想信念坚定、政治方向正确，热爱党的教育事业，熟悉国家教育方针政策，践行学校和学院育人理念，熟悉教育教学规律，治学严谨、为人师表、认真负责、经验丰富，关心学生成长且具有讲师及以上职称的教师，导师职责定位为思想引领、学业支持、创新培养、行业教育、身心健康5个方面。每年新生入学后，召开大会，采用随机形式进行分配。

2004年10月16日，学院第一届研究生趣味运动会举行，经过3个多小时紧张激烈的角逐，硕士2班夺得冠军。以后每年春季举办一届，逐渐演变成所有一年级本硕博新生参与的院级活动。

2006年7月开始，学院团委连续7年组织校暑期社会实践重点服务团——"赴铁力市桃山林业局圣浪林场社会实践服务团"，在当地进行支教、走访居民、调查经济情况等实践活动，并为圣浪林场做了社区规划，绘制了规划图。

学院组织学生赴铁力市桃山林业局开展暑期社会实践活动

第二章　人才培养

2007年9月24日，土木工程学院首届"月圆人圆，土木家圆"中秋联欢晚会在学院报告厅举行，此后每年秋季学期该晚会都作为本科生新生入学暨迎新晚会来举办，至今已经连续举办13届。

学院首届"月圆人圆，土木家圆"
中秋联欢晚会在报告厅举行

2007年10月30日，学院举办了题为"世界瞩目的新起点"的学习十七大精神专题讲座，党校同学、团校同学以及各党支部成员、团支部成员聆听报告，学院团委组织开展了"成才报祖国　永远跟党走"主题团报设计大赛。

2008年10月，学院团委和知名企业合作，在活动推广、校园包装等方面加强建设，推出了"百事新星校园歌手大赛"，每年都会吸引全校各院系100余名歌唱爱好者参与，成为当时极具影响力的文化活动之一，成为学院首个校级校园文化活动。

2009年5月，学院团委以总分第一名的成绩获得校"红旗团委"荣誉称号，此后学院团委连续6年均以总分第一或B类总分第一的成绩获得该项荣誉。

2009年暑期，学院团委组织了由哈工大贵州籍学生组成的"贵有爱"实践团，连续3年到贵州毕节地区开展义务支教，该团队也连续3次获得校暑期社会实践优秀团队。

2009年秋季学期，学院团委组建了"地震安全知识宣讲百所学校行"志愿服务团队，赴全国各中小学开展宣讲，提升普通学生的抗震知识。2018年，该项目入选学校"不忘初心，牢记使命"主题教育典型案例。

2009年起，每年5月12日，学生党总支都会举行以"用爱和责任构建美好家园"的纪念汶川地震主题系列活动，通过党员宣誓、地震安全讲座、公寓熄灯活动、烛光祈福纪念等形式，增强学院学生党员的专

学院学生开展"地震安全知识
宣讲百所学校行"志愿服务活动

业认同和行业责任感，至今已连续举办12届。

2009年7月7日，学生铸魂合唱团正式成立。"铸土木之魂，造国家栋梁"是铸魂合唱团名字的寓意。2005年9月，学院学生合唱团荣获校"永远跟党走"校级合唱比赛金奖和最佳创意奖；2007年9月23日，在"青春乐章——迎接中国共产党第十七届代表大会合唱比赛"中，学院铸魂合唱团获得金奖。2010年6月5日晚，在哈工大90周年校庆晚会《哈工大乐章》中，与著名歌唱家阎维文老师共同压轴演出《哈工大之歌》；2011年6月，代表学校参加了"红歌献礼，乐动冰城——哈尔滨市第八届合唱艺术大赛"并获得青年组二等奖；2011年6月，分别参加黑龙江省、黑龙江省建筑行业和哈工大庆祝建党九十周年文艺演出；2012年6月，代表学校参加"好歌大家唱——第二十三届哈尔滨之夏音乐会"获得群众组第一名；2012年6月代表学校参加黑龙江省首届高校校徽、校旗、校训展及校歌展演活动获得二等奖第一名。合唱团成立13年来，练习了包括《我的祖国》《哈工大之歌》《灿烂阳光下》《莫斯科郊外的晚上》等50余首中外知名合唱曲目，多次参加学校迎新晚会、院庆晚会等，每年都参加学院元旦晚会、迎新军歌大赛等。2011年11月，铸魂合唱团获得校"十佳社团"称号。

学生铸魂合唱团合唱剪影

2009年12月，学院团委在哈尔滨道外区团结镇常胜村常胜小学设立志愿服务基地。2010年5月4日，作为全省关爱农民工子女的示范项目，"阳光v计划"关爱农民工子女志愿服务行动在哈尔滨常胜农民工子弟小学正式启动。时任团省委副书记王淑滨、时任校团委书记陈苏参加启动仪式，为志愿服务团队授旗并讲话。自2010年5月开始，"阳光v计划"活动已经连续开展10年，累计超过140名支教志愿者、约400名一帮一志愿者参与其中。志愿工作服务时间超过4 000小时。"阳光v计划"活动主要包括英语支教、"七彩课堂"音体美支教、阳光出游、大手牵小手"五个一"工程、暑期夏令营、"爱心鸡蛋"营养计划，并设立"阳光奖学金"和"阳光体育基金"，拉动

20余万元爱心企业捐赠取暖用煤等。2013年5月4日、2020年5月4日，学院团委分别举办了三周年、十周年庆祝活动。阳光v计划项目，2010年获得团中央首批"集善之家"资助（全国52个，黑龙江省2个）；2010年和2011年连续两年获得黑龙江省委关爱农民工子女优秀示范项目奖，同时获得黑龙江省建设集团奖学金资助；2014年成为希望工程激励计划资助项目，2014年获得团省委和省文明办评选的黑龙江省优秀志愿服务团队；2015年"阳光v计划"志愿服务团队获2014至2015年度黑龙江省大学生道德模范群体奖（全省8个）；2016年"阳光v计划"志愿服务团队获2015至2016年度黑龙江省"十大杰出青年志愿服务集体"；2016年"阳光v计划"志愿服务活动被评为大学生素质教育优秀品牌活动；2017年"阳光v计划"志愿服务活动被评为黑龙江省十大杰出志愿服务团体；多次获校级十佳志愿服务团队、十佳志愿服务项目，涌现出了省优秀志愿者魏光耀、校十佳志愿者李晓倩、王昊阳等多名学生典型。

"阳光v计划"关爱行动

2009年12月31日，首次"忠诚进取，情满土木"土木工程学院2010年迎新年师生联欢晚会在哈工大二校区学生活动中心礼堂正式举行。此后每年年末，学院师生都会欢聚一堂，举办元旦晚会已经成为土木工程学院的一项重要传统文化活动。

土木工程学院2010年"忠诚进取，情满土木"迎新年师生联欢晚会合影

2010年3月，学院正式组建了"土木菁华"学生田径队。田径队组建后，学院在校运会上成绩一直保持上升状态，逐渐跻身学生甲组团体总分前六名、前三名。2016年，学院田径队实现了历史性突破，在第五十三届校运会上首次夺得了学生甲组团体总分的第一名，2017年第五十四届校运会再获亚军，2018年和2019年又连续两次在第五十五届和五十六届校运会上登顶，实现了两连冠。

土木工程学院田径队在校第五十六届校运会上再次夺冠

2010年6月,学院教育基金专门设立"零补考"奖学金用于奖励学期内实现零补考的班级,每个班级5000元人民币;设立"菁华外语奖学金"鼓励同学们加强外语学习,免除各类外语等级考试的报名费;设立"菁华科创奖学金"鼓励同学积极参与各级各类科技创新竞赛和活动,分别奖励1000元到5000元不等。

土木工程学院体育健儿在校运会上
展现勇往直前、意气风发的风采

2010年10月,学院团委书记吴严获得"黑龙江省大学生暑期三下乡社会实践活动优秀个人"荣誉称号。

2011年1月9日,学院团委首次开展了"青春的选择"大学生先进事迹报告会,"阳光v计划"志愿服务团队等5个集体和个人做了事迹报告。随后,学院团委每年都会举办报告会,累计50余名先进学生典型入选校院两级榜样库,形成了"学校有英模、院系有先进、身边有榜样"的浓厚氛围。

2011年9月,2008级本科生魏光耀入选由团中央、教育部联合组织实施的青年志愿者扶贫接力计划全国示范项目中国青年志愿者扶贫接力计划,正式成为哈工大第十届研究生支教团的一员。这也是土木工程学院本科生首次入选。魏光耀于2012年7月至2013年7月前往云南省宁蒗彝族自治县第一中学进行了为期一年的支教服务。2011年至今,共有魏光耀(第十届)、唐志一(第十一届)、朱勇(第十二届)、李明翰(第十四届)、王昊阳(第十四届)、叶馨(第十四届)、解皓(第十五届)、白扬(第十五届)、杨寒(第十五届)、何子涵(第十六届)、周楠(第十七届)、杨刚有(第十七届)、

第二章　人才培养

李林珊（第十七届）、肖思柯（第十七届）、马绍川（第十八届）、李婧雯（第十八届）、靳英健（第十八届）共计17名同学入选该计划，秉承着"用一年不长的时间，做一件终生难忘的事"的支教理念，代表学校以西部计划志愿者的身份积极参与并促进了中西部贫困地区基础教育事业的改革和发展。

魏光耀在云南宁蒗支教

第十四届研支团成员在陕西宝鸡支教

2011年10月，学院正式组建学生羽毛球队，在2011年校三好杯团体赛中获得第三名；2012年12月，由莫量雅、杨朔、罗晨皓、封云等主力组成的团体赛阵容，从小组赛一路拼杀、过关斩将，最终获得哈工大第十届学生三好杯团体赛冠军，2013年至2015年，学院羽毛球队又连续3次获得冠军，实现了史无前例的"四连冠"。

2011年12月9日，学院团委在全校率先发起并举办了"十大演讲家"校园演讲十佳大赛，首届演讲比赛的主题是"文化的力量"，一经举办即得到了学校团委

土木工程学院学生羽毛球队连续四次获得校三好杯团体赛冠军

"平凡·价值"第四届校园十大演讲家大赛决赛在主楼礼堂举行

和各兄弟院系及广大同学的关注。以后每年一届，每届的主题都结合当下青年思想的特点，选取适合演讲的主题，如2012年的梦想、2013年的平凡价值、2014年的青春信仰、2015年的哈工大规格、2017年的新时代的我们、2018年的奋斗、2019年的初心使命等，都紧扣时代主题，引发广大学子深入思考自身责任与使命担当。演讲比赛至今已经举办了9届，已经成为哈工大思想类校园文化的品牌活动。

2012年11月8日上午，学院学生党总支组织全体学生党员在报告厅观看了党的十八大开幕式，组织开展了以"铭记责任，立志成才，青春献礼十八大"为主题的系列活动。

2013年5月14日、15日晚，哈工大2012级优秀优良学风班评比大会在二校区文体中心123举行。此次评选共有35个班级从基础学部174个班级中脱颖而出。经过两天两个场次紧张激烈的评选，来自土木工程学院的1233108班获得总分第一名的优异成绩。

土木工程学院1233108班在评选获奖后合影留念

2014年12月，学院2008级本科生魏光耀同学获得由黑龙江省文明委开展的"2014年度志愿服务工作先进集体和个人"之"优秀志愿者"荣誉称号。

2014年12月10日晚，哈工大在主楼礼堂隆重举行年度学生先进集体、先进个人和优秀学生工作者表彰大会，校党委书记王树权出席表彰大会。学院1233108班班长叶怀木同学代表全校年度先进班集体讲述了班级学风优良、团结互助、敢于担当和奉献、让追求卓越成为每个人习惯的先进事迹和感人故事，这也是学院在此时期首次在校级表彰中进行典型发言。

2015年，为进一步加强本科生培养和学风建设，学院正式成立本科生培养办公室，由本科教学副院长担任主任，主管学生工作的党委副书记、主管大学生科创竞赛的院长助理担任副主任，成员包括教学秘书和学生辅导员，成立教育教学办公室、学生综合事务管理办公室，加强教学和学工的融合，实施了课上点名反馈机制、课下答疑机制、学风大调研等一系列典型做法，取得非常好的效果。

2015年，学院根据培养一流土木工程精英人才的培养目标及实际需要，正式启动"栋梁计划"（专兼职辅导员计划），旨在"发挥榜样力量，促进

第二章 人才培养

本科人才培养质量的提高；全面提升兼职辅导员自身综合能力，培养'又红又专'的土木栋梁"。"栋梁计划"每年从学院最优秀的直博学生或硕博连读学生中遴选若干名同学，担任本科生兼职辅导员，每位兼职辅导员负责两个本科班级。2015年至2017年共选聘了16名

土木工程学院部分兼职辅导员合影留念

学生兼职辅导员，其中，2015级有赵德志、贾晨、万宗帅、苏岩4名同学，2016级先后有全玉湖、朱勇、裴卫昶、王梦雪、黄煌煌、原野、李明翰、王昊阳8名同学，2017级有吴琼尧、孙文景、高金鳞、殷子昂4名同学。兼职辅导员主要从"榜样的力量""亲民的形象"和"细致的照顾"3个方面发挥优势，坚持与学生同吃同住同行，2017年获校研究生十佳团队。兼职辅导员的设立，是学院在学生工作队伍建设中做出的具有特殊意义的尝试和探索，为学校学生工作队伍建设发展做出了重要贡献。

2016年起，按照学校部署，将"学业支持"作为学生学业关心和支持的重要组成部分，学院组建了"学业支持志愿服务工作室"，每年招募100余名学生讲师团志愿者，开展"菁华学生讲堂"、学习资料库，针对少数民族、家庭经济困难学生、留学生等分别开展专项帮辅，举办"最美笔记""十佳帮辅志愿者""优秀帮辅团队"等评比活动，营造了浓厚的学习氛围。2018年春季学期开始至今，学院4个本科年级实现了4个学期零退学、零降级试读，在学校教学节评选中，学院多次获奖。在2019年校教学节中，"吴步晨志愿服务工作室"获十佳学业支持品牌、2017级本科生宋佳俊获得校十佳学习之星、2016级本科生张曦蓓获得校十佳学业帮辅志愿者（提名）、2017级本科生叶繁等3人获得最美笔记达人、B07-A123寝室获得校学习型寝室、1533107班获零补考班级等，实现了各类奖项的全满贯，学风建设进一步取得扎实进展和成果。

2016年，学院为了扩大体育育人实效性，组织开展"栋梁运动计划"，成立了包括足球、篮球、羽毛球、健身等在内的10个兴趣小组，面向低年级本科生，同时聘请体育部专业教师给予指导，每周两次训练，实现了规模和效果的双提升。

2017年4月，2017级硕士研究生孙健峰同学获得团省委颁发的"黑龙江省十大杰出青年志愿者"荣誉称号。

2017年10月18日上午9时，学院学生党员代表与学院教师齐聚学院报告厅，共同观看党的十九大的开幕式直播，学院团委组织了"青春喜迎十九大"主题团日、"献礼十九大"支部合唱等庆祝活动。

2017年12月12日晚，2016—2017年度学生先进集体、先进个人、优秀学生工作者表彰大会暨"榜样的力量"事迹报告会在校礼堂隆重举行。学院"栋梁计划"兼职辅导员代表贾晨，作为先进集体典型分享了学生工作者与学生同吃同住、相伴成长的难忘经历和深刻感悟。

土木工程学院2017级硕士研究生吴步晨获得"中国大学生自强之星标兵"荣誉称号

2018年5月29日，由共青团中央、全国学联主办，《中国青年报社》、中国高校传媒联盟承办的"青春自强·励志华章"2017年度寻访"中国大学生自强之星"活动颁奖典礼在西安交通大学举行。团中央书记处书记傅振邦出席颁奖典礼并发表讲话，学院2017级硕士研究生吴步晨与其他9名同学获2017年度"中国大学生自强之星标兵"登台领奖。

2018年9月7日，面向本硕博全体学生党员组织开展"开学第一课"集体党课正式在学校二校区文体中心123推出，首期嘉宾是校党委常委、宣传部部长吴松全老师，讲课的题目为"爱国奋斗每一天，建功立业新时代"。"开学第一课"集体党课，在每学期开学初面向全体学生党员举行。同年，2018届本科毕业生党员座谈会以"毕业主题课"形式举行，学院党委书记乔世军为全体学生党员讲授了毕业主题党课。此后每年毕业季，都会开展集体党课，教育毕业生党员强化意识，铭记责任，励志成才。

2018年以来，学院对学生体育活动进行了重新设计和规划，推出了"CEBA"本硕博学生篮球联赛、栋梁杯新生比赛系列、建工杯年级系列、菁华杯研究生系列等体育系列活动，同时对学生羽毛球队、篮球队、足球队、田径队等6个团队加强专业化训练，实现了高端项目专业化、群众运动普及化、体育赛事日常化的体育育人工作模式，形成了"无运动，不菁华"的运动精神与理念。

2018年以来，全员育人体系逐渐完善，学院学工办又陆续推出了"名师有约"系列之"党委委员支部行""院领导小班行"，"学长有约"系列之考研、就业、竞赛、出国等职业生涯规划,"名企有约"系列之中国建造、基层就业等交流访谈形式,整合名师、校友和朋辈力量,助力土木学子成长成才。

2018年以来,学院团委组织了"寝室辩论赛""生涯规划主题演讲""支部大舞台"等文化类特色创新活动,贴近学生生活,提升学生综合能力素质,所有低年级学生的全覆盖,较好地实现了文化育人实效。

2019年9月20日,学院博士生思政宣讲团成立仪式在学校二校区文体中心正式举行,第一批宣讲团成员为徐阳、裴卫昶、高金麟、赵德志、任鹏飞、李伟涛。

学院一直非常重视学生工作队伍建设,2000年以来先后选留盖遵彬、孙冬东、陈春沛、曹正罡、单蕾、刘艳军、吴严、杜晓鸥、汪鸿山、李蕾、石千程、李梦晗、樊嘉宁、白雨佳、樊少勇和管学民16名专职辅导员。学院提出了辅导员过"政治关""业务关"和"水平关"的"三关"计划,通过理论学习、专题培训、外派锻炼等多种方式,依托"党建双创"等载体,注重学生专职思想政治辅导员的政治素养、业务能力和工作水平。2012年6月,吴严获得校第三届建科"十佳辅导员"荣誉称号。

2000年以来,学院历届团委书记:李晓峰(1999—2002)、曹正罡(2002—2003)、盖遵彬(2003—2005)、单蕾(2005—2009)、吴严(2009—2018)、李梦晗(2018—)。

2000年以来,学院历届学生会主席:2000届刘若丹(1998本)、2001届张建胜(1999本)、2002届王玉文(2000本)、2003届曾淼(2001本)、2004届张明(2002本)、2005届周菘(2003本)、2006届高飞(2004本)、2007届孙霖(2005本)、2008届李麒麟(2006本)、2009届施丁伟(2007本)、2010届付尧(2008本)、2011届谭啸(2009本)、2012届王世磊(2010本)、2013届陈鹏宇(2011本)、2014届徐冰洋(2012本)、2015届桑兆彤(2013本)、2016届李鹏程(2013本)、2017届陆昊(2015本)、2018届霍琦丰(2016本)、2019届马榕键(2017本)。

第三章 科学研究

第三章　科学研究

第一节　1950—1958年的科学研究

土木系的科学研究开展得较早，在1950年，就接受地质勘探和土壤分析及建筑材料的委托试验，还参加过3个国防机场及鞍钢矿区的测量工作。

1951年，在哈工大第一届教学研究和科学技术工作会议上，土木系的苏联专家库滋民做了关于"挡土墙计算及土凝聚力"的报告，土木系教师沙维恩做了"弹性力学应用扩展线性函数解拉氏方程式"的报告。

1951—1952年修建校部主楼，土木系副教授司维里多夫主持设计，一些研究生和五年级学生积极参加了设计工作。

1952年，在哈工大第二届教学研究和科学技术工作会议上，土木系有5篇科学研究报告，这些报告是研究生王光远的"以变形法解刚架之简捷方法"、沙维恩的"用基本理论求断面为矩形的均布荷重梁的纵向垂直应力并计入梁本身之重量"、聂别辛可夫的"空气自然对流放热器"、研究生王承树的"关于渠道横断面中环流的理论及其在治河工程中的应用"；沙拉特可-彼得里歇的"关于东北木材受力性能的问题"等。其中王光远的学术报告，受到了苏联专家顾问组的赞扬，专家组认为这篇报告联系生产实际紧密，应用价值大。

1953年修建哈工大机械楼，学校成立了基建设计室。土木系青年教师陈雨波担任设计室主任，主持组织机械楼、学生宿舍和镜泊湖休养所的设计工作。土木系苏联专家特里丰诺夫和普里霍吉克直接领导了机械楼的工程设计。特里丰诺夫带着研究生紧张地进行了几个月的工作，他们将苏联最新钢筋混凝土加固砖石结构的理论应用到机械大楼的设计中，比旧的设计理论节约钢筋10%～20%，这样的设计理论在国内应用还是首次。

1953年，工程结构教研室研究生钟善桐结合东北地区20万伏高压输电线路铁塔的设计工作，进行了新型铁塔试验方法和螺栓联结的研究，帮助生产单位进行试验，对我国新型铁塔设计起了重要作用。

1954年，在哈工大第四届教学研究和科学技术工作会议上，土木系建筑力学教研室主任王光远做了关于"计算刚架及绘制其感应线的近似方法"的学术报告。这次会议之后,土木系工程结构教研室、建筑材料教研室和公共课的化学教研室,发扬协作精神,共同进行了有关竹材问题的研究。

1956 年,在哈工大第五届教学研究和科学技术工作会议上,土木系有 4 篇报告——胡松林的"关于竹筋混凝土的研究报告"、李德滋的"关于钢材的均质系数的研究"、王振家的"关于结构圆销的结合计算"、高伯阳的"关于混凝土的均质系数的研究"被认为具有一定的科学水平,对国民经济建设有价值。

1957 年,土木系举行了第一次土木工程科学讨论会,这也是哈工大以系为单位举行的第一次科学报告会。会议共提出了 30 篇报告,其中关于竹材利用研究的有 9 篇,这是在苏联专家卡冈指导下进行研究工作的成果。在总结这次土木系的科学讨论会时,学校认为,以类别分系开科学讨论会比全校开综合性科学讨论会效果更好。校内有关专业教师和校外学术界、工程界的代表可以充分深入地讨论问题。从此,哈工大开始推广以系为单位组织科学讨论会。这次土木系科学讨论会后,《哈工大学报》发了专刊《竹材利用研究专号》。

据统计,从 1951 年到 1957 年,土木系进行的科学研究有 40 多项,取得了一定成就。但总的看,这时期参加科学研究的人数较少,科研题目面窄,进展较慢。

第二节 1959—2000 年的科学研究

一、1959—1977 年的科学研究

1959 年哈建工独立建院后,土木工程学院的科学研究活动逐步走上了轨道,取得了丰硕成果。

1963 年,由郭遇昌、徐承国主持完成了"玻璃钢端头"的研究,该项成果达到国内先进水平,获国家计委等部委颁发的新产品一等奖。

1963 年,建筑材料教研室完成了"蒸养石灰粉煤灰胶结料的炭化作用"的研究。该项成果达到国内先进水平,1978 年获国家建材系统科学大会奖状。

由王光远主持、郭长城参加,与中国科学院土建研究所合作进行的关于"建筑结构空间作用的计算理论"的研究,从 1959 年开始,到 1964 年完成。该项成果达到了国际水平,被《工业与民用建筑抗震设计规范》《砖石结构设计规范》

第三章 科学研究

采用，研究论文在中国科学院的《中国科学》和《土木工程学报》发表。该项成果1964年为国家登记的重大科研成果，1978年获全国科学大会奖状及黑龙江省科学大会奖状。

沈世钊在20世纪60年代至70年代开展了木结构领域的理论和应用研究，并在"胶合木结构""木屋盖的纵向刚度"等重要项目的研究中取得了有价值的成果。在"木屋盖的纵向刚度"的研究中，他提出了合理评价木屋盖空间刚度的系统理论和方法，结束了20世纪60年代初期国内学术界在这方面的长期争论，为木屋盖及其支撑系统的正确设计提供了科学的依据。

由地基基础教研室与黑龙江省低温研究所等单位合作进行的"多年冻土桩基及季节性浅基的应用"的研究，从1959年着手研究，于1965年完成。这是一项有突破性的研究成果，1974年为《地基基础设计规范》采用，1978年获全国科学大会奖状和黑龙江省科学大会奖状。

1975年，制品教研室与黑龙江省低温研究所合作，完成了"混凝土早强速凝外加剂——负温混凝土外加剂"的研究。该项成果为国内首创，1978年获全国科学大会奖状和黑龙江省科学大会奖状。

1977年，玻璃钢教研室完成了"玻璃钢管连续成型设计及工艺研究"，该项成果达到国内先进水平，1978年获全国科学大会奖状和国家建材系统科学大会奖状。

关柯、曹声远等从1973年至1975年与省建一公司协作主持了"新技术试验厂房"研究，1977年完成。该项成果达到国内先进水平，1978年获黑龙江省科学大会奖状。

1977年，施工教研室与黑龙江省低温研究所协作，完成了"电热法预应力工艺及其混凝土抗烈度计算"的研究。该项成果达到国内先进水平，1978年获黑龙江省科学大会奖状。

建材教研室王世芳、巴恒静从1973年到1975年和黄石市大理石厂协作完成了"铸石新产品的研制——铜矿渣铸石"的研制，该项成果达到国内先进水平，1978年获全国科技大会奖状。同时与吉林三峰洞铸石厂协作完成了"大型铸石管材的试验"研究，该项成果达到国内先进水平，1978年获黑龙江省科学大会奖状。

樊承谋在1974年到1977年间先后调查了3个省、12个地市、52项工程，又经过大量实验，取得大量数据，完成了"兴安岭落叶树利用"的专题研究，为开发利用9亿立方米落叶树做出了贡献。唐岱新从1975年开始，先后用7年时间，完成了"砖砌体局部受压"的研究。1974年到1977年，钢木结构和地基基础教研室以及结构实验室的部分教师，参加了日伪时期建成的镜泊湖水电站压力钢管使用寿命的研究，为压力钢管使用期的延长提供了可靠依据，为国家节省了大量钢材和资金。此外，"齿联接的承载能力""混凝

155

土构件的弯扭实验"等研究也取得了重要进展。这些研究均获得了有关奖励。

地下建筑教研室的教师于1973年至1978年间完成了哈尔滨人防工程——"7381工程"的设计、测量和施工任务,受到了指挥部的表扬。1975年又完成了黑龙江省和哈尔滨市备战指挥部地下掩蔽体的设计任务。这项设计系大型地下掩蔽室系统,建成后有关方面表示满意。1975年至1976年,地下建筑教研室又完成了南岗秋林公司地下商店的结构设计,并参与了施工技术指导。这个长57米、宽18米、有3层的地下商店采用沉箱式施工法,在宽长度和多楼层方面属国内首创。地下商店建成使用后,情况良好。1970年至1972年,地下建筑教研室还和其他教研室合作,完成了哈尔滨医科大学地下医院的设计并参加施工技术指导;1974年至1977年,又完成了省医院地下医院的设计并参加施工技术指导。建成的省医院地下医院,受到了沈阳军区的表扬,时任沈阳军区司令员李德生亲自来这个地下医院参观并主持了地下工程现场会。

1972年,王光远从农村回到学校,恢复了教学工作。在那紧张的教学之余,早起晚睡地辛勤写作,把自己20多年的研究成果总结出来,写成长达57万字的理论专著《建筑结构的振动》。1978年由科学出版社出版后,专著深受力学同行的好评,曾被选在国际书展中展出。著名钢结构专家李德滋,年已花甲,没有助手,自己跑材料,运材料,克服种种困难,取得了可喜的科研成果。

二、1978—1984年的科学研究

改革开放初期,土木工程学院教师大力开展科学研究工作,并积极为地方建设服务。

1978年,哈建工恢复了建筑科学研究所,王光远任所长。研究所设立结构动力学研究室、工程结构研究室等5个研究室,并配备了专兼职科研人员。

1979年,钟善桐、王用纯与哈尔滨锅炉厂合作完成"钢管混凝土轴心受压构件的工作性能和计算理论的研究",该项成果达到国内先进水平,获黑龙江省重大科技成果二等奖;钢木结构教研室与西南建筑设计院合作完成"木结构安全度研究",该项成果达到国内先进水平,获国家建工总局优秀科研成果三等奖;玻璃钢教研室与哈尔滨玻璃钢研究所合作完成"玻璃钢雷达罩的研制",该项成果达到国内先进水平,获国家航空委员会科技成果奖。

沈世钊在20世纪70年代末80年代初开展了高层钢结构领域的研究,提出了"高层建筑考虑楼板柔性的子结构分析方法",通过对节点的弹塑性断裂分析提出了高层钢框架梁柱节点的合理构造,提出了"高层钢框架三维二阶分析"的简化理论。还在里海大学吕烈武教授的主持下,与同济大学来的沈祖炎、胡学仁合作,编写了《钢结构构件稳定理论》一书,该书后来获得建设部优秀科技图书一等奖。

1980年,刘季主持完成"多层砖石结构房屋空间工作的研究"项目,该项

成果达到国际水平，获国家建工总局优秀科研成果三等奖；工程结构研究室与苏州水泥制品研究院合作完成"钢管混凝土工业厂房柱"的研究，该项成果达到国内先进水平，获建材部科技成果三等奖和六机部科技成果三等奖。

1982年，混凝土教研室朱聘儒、卫纪德、刘作华3人与黑龙江省低温研究所合作完成"浮石混凝土和钢筋浮石混凝土结构暂行技术规定"，该项成果达到国内先进水平，获黑龙江省重大科技成果二等奖。这项研究利用地方材料的特性，为墙体材料找到了一个新来源，已在全省大量推广应用。

1983年，朱聘儒等人与吉林省延边建委合作完成"吉林省浮石混凝土空心小型砌块建筑设计与施工规程"，该项成果达到国内先进水平，获吉林省优秀科技成果三等奖。

建筑管理工程系教师多年参加"建筑技术方向性预测性情报综合研究"。1984年3月，国家城乡建设环境保护部科技局、中国建筑技术发展中心给参加该项研究的关柯、樊昌武、任玉峰、田金信、刘保策、王长林颁发了表彰书，表彰他们所做的贡献。

1984年3月，由中国建筑技术发展中心举办的全国建筑科技成果交易会在南京举行。这是十一届三中全会以来对建筑科技成果的一次检阅。参加展出的有28个省、区、市和国务院16个有关部门的44个单位，展出科技成果1 284项。经专家审定，评选出优秀项目288项，另有5项优秀设计方案作为大会表扬项目。哈建工展出了11项成果，其中被大会评出获奖的优秀项目4项，包括建筑工程系的钢管混凝土结构基本构件研究、多层砖石结构房屋空间工作研究、结构构件复杂状态下的工作研究3项。

1984年9月，学校完成了受国家体委和吉林省体委委托的吉林市冰上运动中心设计任务，这项工程是为迎接1987年全运会、冬运会而兴建的，是当时国内最完善的冰上运动基地。比赛馆结构新颖，造型独特，受到了国内外工程界和体育界的重视。该项目在1984年5月全国建筑科技成果交易会上获得表扬奖，沈世钊担任结构组组长。

曹声远组织完成的星光厂报废10 000 m^2 工房的鉴定和加固设计工程，为该厂节省基建投资200万元，而且产品提前投产带来了重大的经济效益，同时，为结构加固工程积累了经验。

建筑工程系还与学校一起多次主持召开全国性的学术会议和科研成果评议会。1979年5月在上海主持召开了钢管混凝土科研工作经验交流会；3月在鞍山主持召开了预应力钢结构科研协调及交流会；1981年8月，受中国建筑学会委托主持召开了第一届"结构优化设计"学术会议，出席会议的有全国结构力学方面的专家、教授80余人，美国密苏里大学罗拉分校的郑毅教授应邀在会议上做了学术报告；11月，在湖北荆门主持召开了钢管混凝土施工现场会。1983年10月，在大连市主持召开了钢管混凝土结构科研、设计、施工第四次全国经验交流会，出席会议的有专家、教授等120余人。

1984年，建筑工程系教师与中国建筑科学研究院合作完成"建筑结构设计统一标准"，该项成果达到国际先进水平，获国家科技进步二等奖；建筑材料系与上海市政工程研究所合作完成"废旧沥青再生利用"的研究，该项成果达到国内先进水平，获建设部科技进步一等奖。

三、1985—1990年的科学研究

1985年以前，土木工程学院在承担国家级项目方面几乎是空白的。1985年后，情况有了很大的改观，学院承担国家自然科学基金项目、国家重点攻关项目逐年增加，并且取得了显著成果，为国家建设和提高学院知名度做出了重要贡献。

1986年，王光远申报的"工程结构的模糊随机分析和设计理论"课题、关柯申报的"城市基础设施建设经济与管理的研究"课题，首次获得国家自然科学基金的资助，为学院研究人员申请国家自然科学基金开辟了道路。此后，钟善桐、欧进萍、刘季、王振东、王光远、沈世钊、樊承谋、闵书亮等人的研究项目，又相继取得了国家自然科学基金的资助。

1987年，王光远、范乃文、高原青、刘晓燕、谭东耀等人承担了国家自然科学基金委下达的重大项目的子项"工程结构的多目标模糊优化和决策及其智能化"的研究工作。"七五"期间，国家精心组织了84项意义重大、目标明确、研究基础较好且有望取得重大成果的重大项目，首批审定通过的仅有34项。土木工程学院在首批审定的智能系统重大项目中立项，这对土木工程学院的科研力量和水平是一次实际的检验，表明土木工程学院在这个领域中已经具有国内领先的研究基础和必要的实验条件以及学术水平高、组织能力强的学术带头人和相应的学术梯队。

1989年，王光远、欧进萍等人又承担了国家自然科学基金委下达的另一重大项目的子项"模糊信息处理与数学基础"的研究工作。

土木工程学院在努力开拓高技术研究领域的同时，积极开展各项重要课题的研究。这些重要课题，多数是国家或国务院各部、委、局直接下达或经投标中标的。

1984年，王光远主持完成"结构模糊设计理论"的研究，该项成果被专家们认为在国际同一领域中处于领先地位，是常规研究设计思想的一个突破，1986年获国家教委科技进步一等奖，1987年获国家自然科学三等奖。该项成果结合

王光远主持完成的"结构模糊设计理论"获国家自然科学三等奖

第三章 科学研究

现代计算科学手段，将结构工程工作环境的非确定性因素纳入优化设计的目标函数和约束条件，使结构方法更加合理，而且可以带来显著的经济效益。该项成果的论文《结构模糊优化设计理论》被登载在1986年《北美模糊信息处理学会通讯》的首篇，以后又被国内外多个刊物转载。

1985年，刘季与他人合作完成"结构竖向地震作用"的研究，该项成果具有国内先进水平，达到了国际水平，1986年获建设部科技进步三等奖。该项成果揭示了高层建筑、高耸结构和大跨桁架的动力特性和竖向地震作用的规律，提出了结构竖向地震作用的计算方法，被纳入国家标准《工业与民用建筑抗震设计规范》。

1987年5月，国家城乡建设环境保护部邀请哈建工参加"七五"重点科技项目"高层建筑钢结构成套技术"课题投标。8月，评标专家组认为哈建工联合其他单位的投标方案符合课题招标要求，而且具有较强的技术力量和较雄厚的科研装备，以及较丰富的实践经验和理论基础，有能力完成这一课题的研究任务。根据国家城乡建设环境保护部对这一课题中标单位的要求，哈建工和中国建筑设计标准所等中标单位联合成立了"高层建筑钢结构成套技术"课题领导小组和专家指导小组。土木工程学院沈世钊、李德滋、张耀春参加了领导工作。

1989年，王要武主持完成"全国建设事业人才预测与规划决策支持系统的研究"，该项成果总体设计构思完整，各子系统结构严谨，使用方便，预测精度较高，填补了我国软件开发的空白，研究成果具有国内领先水平。建设部人才开发司利用该成果提出的"八五"期间建设人才培养规划，分析准确，数据翔实，规划周密，得到部领导肯定。

1985—1990年，"矩形水下沉井基础钢板配筋混凝土组合结构试验研究""3 m×4 m单向地震模拟实验台""钢筋混凝土构件抗剪强度设计方法的研究"等成果均达到了国际水平。

在开拓新技术、解决生产难题方面，这一时期的成绩也是非常突出的。关柯、王要武、张德群、张庆范等人先后为哈尔滨市二建公司、齐齐哈尔市建总公司开发了"建筑工程预（结）算微机管理辅助系统"，为在改革开放形势下建筑施工企业经营管理中应用微机开创了新路。这两项成果均达到国内先进水平；戚鹏生的"用生活垃圾生产水泥技术的研究"具有突出的社会效益，不但改善了人民的生活环境，而且节约了水泥生产原料；樊承谋"节能型岩棉红砖复合墙体"的研制成功，从理论到实践都证明这种墙体既经济又合理，为我国建筑节能做出了贡献。

此期间，土木工程学院还承担完成了一批国家有关部门下达的标准编制任务。在20世纪80年代初，王振东就组织教研室教师学习美国混凝土协会ACI318—77规范和《混凝土统一理论》等有影响的科技文献和专著，并承担了国家标准《混凝土结构设计规范》第一至六批混凝土复合受力性能的课题，对钢筋混凝土弯剪扭复合受力构件开展系统的研究，多项研究成果编入国家规范，作为召集人举办了国内有影响的《混凝土结构设计规范》科研协作研讨会和全国高校教师学习交流会，确立了哈建工混凝土结构复合受力性能研究在国内的学术地位和影响力。他参与编写的《混凝土结构设计规范》（GBJ10—89）1991年获国家科技进步二等奖。此外，樊承谋、王振家联合主编《木结构设计规范》(GBJ5—88)，刘季、唐岱新参与编写《砌体结构设计规范》(GBJ3—88)，刘季参与编写《建筑抗震设计规范》（GBJ11—89），李德滋、朱聘儒参与编写《钢结构设计规范》（GBJ17—88），樊承谋、赵景海等编写《钢纤维混凝土试验方法》（CECS 13：89），其他教师参与编写《钢管混凝土结构设计与施工规程》（CECS 28：90）、《安全网搭设安全技术规范》《钢管脚手架安全技术规范》《人民防空地下室设计规范》《高层建筑设计施工规范》《多年冻土地区建筑地基基础设计规范》《竹脚手架安全技术规范》等，为加强国家建筑工程标准化和规范化建设提供了可靠的科学依据。

这一时期科研工作的广泛开展，使土木工程学院的一大批青年教师在实践中得到了锻炼。这些青年教师勇于承担课题任务，积极参加科研工作，敢于在竞争中碰硬，在众多的研究项目和一些高层次的课题研究中起到了非常重要的作用，有的还成为项目的研究骨干或主要负责人。

为鼓励青年教师积极从事科学研究，发现和培养人才，哈建工及时抓住契机，于1989年4月设立了学校青年教师科学基金。在1989年底首次确定的12个项目中，土木工程学院林伯中的"人防结构体系可靠性研究"，温广武、张丽娟的"无机非金属材料激光着色研究"，李长江的"稻壳灰混合水泥研究"入选。

1986年7月，第十一届亚洲运动会体育馆设计方案预审会在北京召开。在众多方案中，哈建工一举夺得了北京朝阳体育馆和石景山体育馆的设计权。沈世钊担任这两个体育馆的结构设计负责人。

北京亚运会石景山体育馆

四、1991—2000 年的科学研究

1991—2000 年，土木工程学院在科研工作中又取得了许多新的进展，科研档次显著提升，科研成果大幅增加，杰出人才不断涌现。

黑龙江省科委为加速尖子人才的培养，从 1995 年起设立"黑龙江省杰出青年基金"，每年由省自然科学基金委员会拨款资助 10 名在研究、开发领域有突出成绩的杰出青年，欧进萍、张素梅获得资助。

1996 年，欧进萍在 1995 年获黑龙江省首届杰出青年科学基金后，又获黑龙江省唯一的国家杰出青年科学基金。该项基金是由李鹏总理批准设立的，目的是为我国加速培养一批进入世界科技前沿的优秀学术带头人和优秀青年学者，创造更好的条件。

1996 年，建筑管理工程系何佰洲主持的研究课题"关于我国城镇土地使用权法律规范的研究"获国家社会科学基金资助，这是哈建大首次获得国家社会科学基金资助的项目。

1998 年，王光远与同济大学项海帆院士共同主持的国家自然科学基金重大项目"大型复杂结构的关键科学问题及设计理论"得到了国家自然科学基金委员会的批准，资助经费达 910 万元人民币。在这个重大项目中，哈工大主持两个课题的研究，分别是由沈世钊主持的"大跨空间结构新体系及关键理论研究"和欧进萍主持的"复杂环境下海洋平台结构系统优化理论"。另外，吴波、张耀春、陆钦年、赵臣博士和段忠东博士等分别负责其中 7 个专题的研究。

1991—1999 年，土木工程学院获得国家自然科学基金面上项目资助的教师有：欧进萍（2 次）、钟善桐、刘季、陈昕（2 次）、吴振声、赵臣（2 次）、关柯、赵仁孝、何若全（2 次）、张耀春、叶英华、韩林海、巴恒静、吴波、李惠、吴斌等。

1991—1999 年获得霍英东教育基金会青年教师奖的有：欧进萍（1992，研究类一等奖）、王要武（1992，教学类三等奖）、韩林海（1996，研究类一等奖）、陈昕（1996，教学类三等奖）。

1991—1999 年获国家教委优秀年轻教师基金的有：何若全、叶英华、吴波、张素梅、李惠、韩林海。

1991—1999 年，先后获得黑龙江省自然科学基金资助的教师有：王焕定、范乃文、何若全、宋中健（2 次）、吴波、陈昕、张素梅、李惠、王玲、赵亚丁、王荣国等。

除以上获得各类基金外，土木工程学院还承担了多项国家和省部级重大科技攻关课题的研究。

1999 年 11 月，由哈工大牵头的国家高技术部门发展项目"建设工程全寿命质量控制与管理体系"获得批准。该项目由欧进萍、王要武负责。该项

目研究采取有效的现代科学手段,对工程质量进行适时监测或随时检测,实现有效的监督,使工程质量达到预期的要求。

1991—2000年,土木工程学院有多个科研项目通过验收,并有多项成果获得各级奖励。

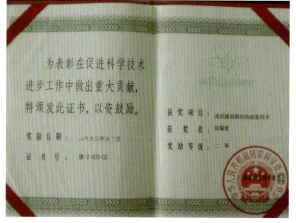

土木工程学院1991—2000年获得的部分国家科技奖励

1991年,刘季与他人合作完成的"不对称建筑抗震计算方法研究"获国家科技进步三等奖。

1991年,张耀春与他人合作完成"高层建筑结构成套技术"获建设部科技进步一等奖。高伯扬主持完成的"人防工程结构的安全度研究""核爆动载作用下受压钢筋砼组合柱受力性能与设计计算方法研究"两项成果均获国家人防科技进步二等奖;张晓漪主持完成的"防空地下室及一般地下室临空应急加固措施研究"获国家人防科技进步三等奖。

1993年,张耀春与他人合作完成的"高层建筑结构成套技术"获国家科技进步二等奖。该项目在中心支撑构件、内藏钢板支撑剪力墙、箱型柱和工字梁节点、框架中心支撑结构等静动力性能和整体结构有限元分析方法等方面进行了深入研究，研究成果达到国际先进水平。

1993年，王光远主持完成的"模糊随机振动理论"获国家教委科技进步一等奖；钟善桐主持完成的"钢管砼基本构件性能研究"获建设部科技进步二等奖；关柯主持完成的"火电厂建设项目施工组织管理系统优化"获建设部科技进步三等奖；刘长滨、关柯主持完成的"中国城市小康住宅居住标准及其多层次化的研究"获国际松下奖。

1994年，钟善桐主持完成的"钢管砼统一理论"获国家教委科技进步一等奖；王光远主持完成的"工程建设中智能辅助决策系统的应用研究子项"获国家教委科技进步二等奖。

1995年，钟善桐主持完成的"钢管混凝土结构构件基本性能和计算理论研究"获国家科技进步三等奖。

1995年，关柯与他人合作完成的"我国建筑业技术进步评价指标体系与评价方法研究"获建设部科技进步三等奖。

1996年，沈世钊主持完成的"悬索与网壳结构应用关键技术"获建设部科技进步一等奖。刘季与他人合作完成的"砌体结构隔振减振方法及工程应用研究"获建设部科技进步二等奖。刘季主持完成的"底层柔性结构的制震技术"获黑龙江省科技进步三等奖；唐岱新主持完成的"砖混住宅房屋质量评定与理论作价"获黑龙江省科技进步三等奖；巴恒静主持完成的"混凝土负温泵送剂的研究及其在工程中应用"获建设部科技进步三等奖。

1997年，沈世钊主持完成的"悬索与网壳结构应用关键技术"获国家科技进步二等奖。该项目针对网壳结构稳定性问题提出了基于精确理论的成套实用公式，为单层网壳用于中等以上跨度开辟了广阔前景；还提出了适用于大跨柔性结构的随机风振分析理论，并通过大规模参数分析提出了风振系数的建议值，将悬索结构的抗风设计推进到实用化的程度。1997年，沈世钊作为建设部系统唯一获奖代表，参加了全国科学技术奖励大会。

1997年，卫纪德与他人合作完成的"预应力混凝土结构设计基本问题研究"获建设部科技进步一等奖。沈世钊主持完成的"黑龙江省速滑馆大型网壳结构"获黑龙江省科技进步一等奖；巴恒静主持完成的"寒冷地区砼冬季施工综合技术研究"获建设部科技进步三等奖；王要武主持完成的"节能小区优化的研究"获黑龙江省科技进步二等奖。

1998年，刘季与他人合作完成的"砌体结构隔振减振方法及工程应用研究"获国家科技进步二等奖。该项目研发了橡胶隔振垫等多种新型隔振装置及其性能，建立了相关隔振装置的本构关系模型，提出了砌体结构隔振设计方法和施工技术，完成了多座砌体结构的隔振装置工程应用。

1998年，卫纪德与他人合作完成的"预应力混凝土结构设计基本问题研究"获国家科技进步二等奖。

1998年，欧进萍主持完成的"钢筋混凝土结构地震损伤理论与应用"获建设部科技进步一等奖。

1999年，郑文忠主持完成的"静载下预应力混凝土结构设计统一理论"获黑龙江省科技进步二等奖；钟善桐主持完成的"钢管砼压弯构件动力延性的研究""钢管砼耐火性能研究"分别获建设部科技进步二等奖、建设部科技进步三等奖；王要武主持完成的"大中型建设项目立项评估决策支持系统的研究"获建设部科技进步三等奖。

土木工程学院在取得众多科研成果的同时，特别注意科研成果的推广工作。

沈世钊在大跨空间结构领域的研究成果，不仅解决了多项关键理论问题，而且在多项工程实际中得到了应用：吉林滑冰馆预应力双层悬索结构，1995年获中国建筑学会第一届全国优秀建筑结构设计奖；1995年建成的大跨网壳结构的黑龙江省速滑馆，其轮廓尺寸为 191.2 m×86.2 m，是当时国内净覆盖面积最大的大跨空间结构，该项目1998年获中国建筑学会优秀建筑结构设计一等奖；1996年建成的哈尔滨大型嬉水游乐场所梦幻乐园，轮廓为 120 m×110 m 折板网架结构，是当时国内同类型最大的网格结构；1997年建成了当时国内最大的球面网壳结构福建省后石电厂储煤仓共5座；还有哈尔滨工业大学体育馆和汉中体育馆等。

在刘季、欧进萍等共同努力下，土木工程学院在结构振动控制的耗能减振、半主动控制及智能控制、主动控制等多个方面引领了国内的发展。1997年，吴波和李惠率先完成了沈阳市政府大楼摩擦阻尼器抗震加固技术应用。1998—2000年欧进萍研制开发的摩擦阻尼器应用于云南省洱源县振戎中学教学楼和食堂楼。2000年，欧进萍参与完成了北京饭店、北京火车站等首都圈多个重要建筑的抗震加固工作，同年欧进萍牵头完成国家标准《建筑抗震设计规范》的"耗能减振技术"部分，对该技术的推广应用发挥了重要作用。

1998年，张耀春主持设计了北京朝阳金盏汽车维修中心，该建筑物共4个单层轻钢工业厂房，总建筑面积 5 000 m^2，其中汽修车间为 40 m 跨空间轻型刚架体系，建筑面积 4 000 m^2。

1998年，郑文忠应用由他提出的预应力混凝土房屋结构设计统一理论，在哈尔滨医科大学附属第一医院大型套建工程中取得了巨大的成功。在不影响原4层 7 000 m^2 建筑正常使用的情况下，续建10层，使建筑面积达到 31 000 m^2。该项工程在当时是国际上最大的套建工程。

欧进萍在海洋平台研究方面做了大量的工作，取得了令人瞩目的研究成果。他负责的中国海洋总公司的"八五"攻关项目"海洋结构检测、维护与修理"通过了鉴定，该成果使我国海洋结构检测、维护与安全迈上了新

第三章　科学研究

的台阶，并创造经济效益达 1 200 万元。他还主持了中国海洋石油总公司"九五"攻关项目"现役固定式海洋平台结构的体系可靠度分析与安全评定"、国家自然科学基金委员会重大课题"复杂环境下海洋平台结构系统的优化理论"以及中国海洋石油总公司及其下属公司的多个数据库开发研究工作。

建筑材料学科的科研工作经过多年的艰苦探索，形成了具有寒冷地区特色的长期稳定的研究方向，为工矿企业解决了大量的技术难题，完成了大量的科研成果转化工作。1995 年为大庆石油管理局开发了耐寒型自然养护粉煤灰砌墙砖，粉煤灰用量根据原料的不同品质掺量可达到 60%；1999 年超轻粉煤灰陶粒的推广也取得了较好的效果。这些技术的开发和科研成果的转让，不仅为粉煤灰的废物利用寻求了新的途径，减少了因粉煤灰造成的环境污染，而且节省了土地。AS 高效防冻剂和 AS-2-2 负温泵送剂等外加剂在"亚冬会速滑馆""中港合资森融大厦""新加坡大酒店"等多项重点工程中应用，总用量近 600 t，用于 110 万 m^3 混凝土施工中。

建筑经济与管理学科关柯主持完成的能源部"八五"攻关课题"火电厂建设项目施工组织管理系统优化"，统筹考虑了火电厂建设项目涉及面广、工种多、工期紧、交叉作业多、工序复杂、作业难度大的问题，对火电厂工程施工项目管理具有重要的指导作用；王要武主持完成的建设部"八五"攻关课题"节能小区优化研究"，采用系统工程方法，在国内首次对一个建筑群进行全面、全过程的节能优化，对我国寒冷地区节能住宅的建设具有一定的借鉴价值。

科学技术研究工程取得了令人瞩目的成就，学术交流活动也空前地活跃与繁荣。

1990 年 11 月，工程理论研究所筹备和主持召开了"中国建筑现代化设计法研究会模糊分析设计学会第二届全国学术交流会"。参加这次会议的有来自全国各省、市高等院校、工厂和设计单位的代表 106 人。会议论文集收录了模糊分析与控制、模糊设计与决策、模糊专家系统以及有关模糊数学在工程中的应用等方面的论文 98 篇。王光远的"论工程软科学"、欧进萍与王光远合作的"结构模糊随机振动的理论与应用"、谭东路和王光远合作的"大系统观念——产生与发展"、唐岱新的"砖混房屋墙体破损诊断专家系统初探"等论文在会上宣读并被收入入会论文集。

1992 年 8 月，由国家自然科学基金委员会委托哈建工承办的第一届"结构工程科学发展青年专家研讨会"在哈尔滨举行。出席此次研讨会的 30 位青年专家年龄都在 40 岁以下，其中 90% 以上是我国近年来自己培养的博士。会议收到论文 86 篇，特邀顾问撰写论文 5 篇，收入论文集 47 篇。

2000 年，经建设部批准，结构与抗震减振实验室、寒区混凝土工程病害与防治实验室、建筑业信息化实验室被列为建设部重点实验室。

第三节 2001—2020 年的科学研究

一、2001—2005 年的科学研究

2001—2005 年，土木工程学院建设始终瞄准科技发展前沿和国家重大战略需求，形成了大跨空间结构、高层建筑钢结构与轻钢结构、钢管混凝土结构与组合结构、混凝土及预应力混凝土结构、海洋平台结构、结构振动控制与健康监测、岩土与地下工程、寒冷地区高性能混凝土力学性能研究等特色研究方向。

2001—2005 年，土木工程学院有多项成果获得各级奖励。

2001 年，欧进萍主持完成的"海洋平台结构检测维修、安全评定与实时监测系统"项目获中国高校科技进步一等奖；"现役固定式海洋平台结构体系可靠度分析与安全评定系统"获黑龙江省科技进步二等奖。

2002 年，郑文忠主持完成的"现代预应力结构设计理论研究及应用"项目获黑龙江省重大科技效益奖；李惠主持完成的"高强混凝土叠合柱设计方法研究"项目获黑龙江省科技进步二等奖。

2003 年，欧进萍主持完成的"海洋平台结构检测维修、安全评定与实时监测系统"项目获国家科技进步二等奖。该项目掌握了较为完备的中国近海海洋平台环境荷载分布特点，提出了海洋平台结构动荷载全时程分析理论，获得了海洋平台结构动力模型计算的修正方法，开发了监测海洋平台局部和整体抗力衰减的传感器系列，自主完成了海洋平台结构荷载计算与安全监测的大型数据采集和远程实时信息处理并行系统，集成开发了具有自主知识产权的海洋平台结构检测维修、安全评定与实时监测软件系统，为海洋平台安全服役提供了可靠的评判方法与成套技术。对 JZ20-2MUQ 平台进行了三个冬季的实时安全监测，标志着我国海洋油气开发安全保障技术进入了一个新的水平，带动和促进了陆地重大工程结构实时安全监测技术的发展。

2003 年，郑文忠主持完成的"体内预应力、体外预应力及预弯预应力结构设计理论系列研究与实践"项目获黑龙江省科技进步一等奖。

2005 年，谢礼立主持完成的"基于性态的抗震设防标准研究"项目获黑龙江省科技进步一等奖；凌贤长主持完成的"特种粘土固化浆液研制及其工程应用成套技术"项目获广西壮族自治区科技进步一等奖；吕大刚主持完成的"结构智

国家科技进步二等奖证书

能选型的理论、方法与应用"项目获黑龙江省自然科学二等奖。

此期间，土木工程学院教师还参与了多部国家标准的编写工作和相关的科研工作，如唐岱新、王凤来、姜洪滨参与编写《砌体结构设计规范》（GB 50003—2001），欧进萍参与编写《建筑抗震设计规范》(GB 50011—2001)，王正秋参与编写《冻土工程地质勘察规范》（GB 50324—2001），王振东参与编写《混凝土结构设计规范》（GB 50010—2002），张耀春参与编写《冷弯薄壁型钢结构技术规范》（GB 50018—2002），樊承谋参与编写《木结构设计规范》（GB 50005—2003），张耀春、武振宇参与编写《钢结构设计规范》（GB 50017—2003），邹超英参与编写《混凝土用膨胀螺栓、扩孔型建筑锚栓》（JG 160—2004）等。

学院教师积极参与生产实践，将科学技术应用于工程实际。通过设计、咨询解决工程中遇到的重大难题。2001—2005 年，承担的工程设计、工程咨询、结构检测项目等 200 多项，取得了较好的社会效益和经济效益，提高了学院在社会上的声誉。在大跨空间结构、钻井平台及智能控制、高层建筑钢结构与轻钢结构、混凝土及预应力混凝土结构、配筋砌体结构、工程加固与改造技术、地基基础等领域取得诸多创新性实践成果。先后承担了北京顺义四季滑雪场大空间网架结构设计（拟建）和黑龙江省会展中心主馆等工程的设计。沈世钊、向阳、武岳、徐崇宝、陈新礼完成了威海体育场看台挑篷索膜结构设计，并荣获中国建筑学会 2003 年度优秀建筑结构设计奖二等奖。完成了锦州 20-2 凝析气田北高点简易井口平台设计。承担了底盘 19 m×19 m，顶部 70 m×70 m，高度为 120 m 的长春开发区高塔架式钢烟囱设计。采用预应力混凝土结构及挂模施工技术，成功地实现了对绥芬河青云市场的套（扩）建增层改造，其结构设计获全国优秀建筑结构设计奖。完成了阿继科技园配筋砌块 D 栋 13 层，A、B 栋 18 层等高层住宅的结构设计。对哈尔滨市珠江路局部倾斜达千分之十的某 6 层砌体结构住宅进行了纠偏处理。应用新一代粘土注浆技术，实现了广西龙州金龙水库主坝等四个坝体的防渗加固处理。完成了辽宁省潮阳市东大桥及大连开发区环海路等多座桥梁及多条道路的设计。

二、2006—2010 年的科学研究

2006—2010 年，土木工程学院面向国家重大战略需求，围绕学科关键科学问题，立足国防、民用科技，坚持基础研究与应用研究并重，强调学科交叉与融合，形成了一批稳定而有特色的研究方向：大跨空间结构、高层钢结构与轻钢结构、钢管混凝土与组合结构、预应力结构与现代砌体结构、海洋平台结构、重大工程结构健康监测、结构振动控制、结构可靠度与风险分析、岩土工程、冻土工程、土木工程复合材料与智能材料、桥梁结构工程等。

2006—2010年，土木工程学院共承担国家级项目91项。其中，国家"973"计划重点项目2项，国家"863"计划重点项目1项，国家自然科学基金重点项目2项，国家"863"计划项目4项，国家科技支撑计划重大、重点项目课题5项，国家自然科学基金面上项目31项，国家自然科学基金青年项目31项。

2006—2010年，土木工程学院有多项成果获得各级奖励。

土木工程学院2006—2010年获得的国家科技奖励

2006年，李惠与他人合作完成的"国道205线滨州黄河公路大桥工程综合技术研究"项目获国家科技进步二等奖。该项目提出了基于单点观测的分布参数体系控制算法，与国际两位同行同期分别独立发现负刚度控制现象，建立了斜拉索负刚度控制方法，揭示了斜拉索负刚度控制机理，实现了我国首例实际斜拉索（滨州黄河公路大桥斜拉索）磁流变半主动控制系统，现场试验验证了磁流变半主动控制具有负刚度控制特性，并使半主动控制优于被动控制；为滨州黄河公路大桥设计、安装了实时远程控制健康监测系统，并揭示了该桥的安全水平。

2006年，欧进萍主持完成的"结构健康监测的光纤光栅传感技术及其应用"项目获教育部高等学校科学技术发明奖一等奖。该项目发明了兼具受力与传感特性、集结构材料和功能材料于一体的纤维增强树脂(FRP)－光纤光栅(OFBG)智能复合筋，并实现了产业化生产。发明了一种对光纤光栅传感元件进行封装的工艺与专用装置。研制开发出高耐久性埋入式FRP封装光纤光栅应变传感器、高耐久性焊接式无胶封装FBG应变传感器、高耐久性光纤光栅智能拉索，以及无外力影响封装光纤光栅温度传感器，并实现了产业化。发展了光纤光栅传感器现场布设工艺与温度补偿技术，并将光纤光栅传感技术较大规模地应用于重大工程结构健康监测中。

2006年，沈世钊、范峰等主持设计的"哈尔滨国际会展体育中心"获得土木工程詹天佑大奖（一等奖）；李惠与他人合作完成的"智能结构系统在滨州黄河公路大桥工程中的应用"项目获中国公路学会科学技术二等奖。

2007年，欧进萍主持完成的"重大工程结构的健康监测集成系统与应用"项目获国家科技进步二等奖。该项目针对土木工程结构全寿命安全问题，研制并较大规模实践应用了长寿命纤维封装表面焊接式和埋入式光纤光栅应变与温度传感器、基于光纤光栅传感技术的自监测智能筋和智能拉索；发展了分布式光纤光栅传感网络集成技术与集成系统。研制并实践应用了无线传感器及其网络系统，研究了无线传感器网络的低能耗路由协议算法与自适应组网技术，提出了无线传感器网络拓扑结构优化方法。研究了变时基、广义柔度矩阵、小波包变换、信息融合等结构损伤识别方法，建立了非确定性结构模型修正方法；提出了基于监测信息的结构健康诊断、多级预警水平和数据挖掘方法。研制并较大规模实践应用了基于PCI、PXI和CanBus总线技术的多种类大规模传感器同步数据采集软件及其集成系统、海量数据实时传输软件及集成系统、结构健康监测的网络数据库、实时自动网络远程控制的结构健康监测集成技术及集成系统。相关成果支撑了10余座大型桥梁、国家奥林匹克游泳中心、高速公路、地铁建筑、胜利油田CB32A海洋平台的建设与健康运营，对我国结构健康监测技术的发展发挥了牵动作用，取得了良好的社会效益和经济效益。

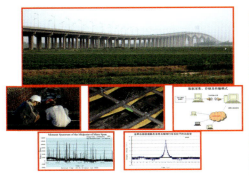

"重大工程结构的健康监测集成系统与应用"项目的工程应用

2007年，滕军与他人合作完成的"多高层建筑多维抗震分析与振动控制——理论及工程应用"项目获国家科技进步二等奖。该项目在多高层建筑多维抗震分析方面，建立了地震转动分量统一数学模型，在国际上首次用试验测到的记录对理论结果进行了验证；提出了针对钢筋混凝土柱改进的多弹簧宏观有限元模型，建立了钢筋混凝土框架结构在多维地震作用下的弹塑性时程分析方法；提出了针对钢筋混凝土剪力墙的改进的多竖线宏观有限元模型，建立了简化的钢筋混凝土框架-剪力墙结构多维非线性有限元分析方法；应用能力谱方法对钢筋混凝土结构的性能设计进行了研究；用随机过程理论建立了多维地震动作用下结构反应的组合方法，给出适合工程应用的双向地震动作用下的反应谱法；基于空间结构多维地震反应计算方法及参数研究成果，开发了可供工程应用的 SATWE 设计软件。在减振控制技术研究方面，提出了 TLD-结构减振体系振动控制的简化计算方法及多振型控制方法；建立了调液柱型阻尼器 TLCD 和环形调液阻尼器来控制空间偏心结构地震作用下的扭转耦联振动模型；进行了智能压电摩擦阻尼器的控制理论与试验研究；对磁流变智能阻尼器在结构中的减振控制进行研究；研制开发了双功能软钢阻尼器，深入研究了消能减振技术；对利用 TMD 的减振控制和混合控制方法进行了研究。研究成果已在大连理工大学综合实验楼、深圳红树湾西岸工程、深圳市梧桐山电视发射塔工程、广州市市政工程设计研究院宿舍楼等几百项工程中得到应用，其编制的多维地震反应分析的 SATWE 设计软件已在全国 90% 以上建筑设计院得以应用，并推广到新加坡、越南、中国香港、中国台湾等东南亚国家和地区。

2007 年，王光远主持完成的"土木工程全系统全寿命优化设计理论"获教育部自然科学二等奖；武岳与他人合作完成的"广州新白云国际机场航站楼结构综合技术研究与应用""薄膜结构成套技术与风致效应及工程应用"分别获华夏建设科技进步一等奖和教育部科技进步二等奖；王力主持完成的"基于软计算的结构智能方案设计研究"获华夏建设科技进步二等奖。

2008 年，王力与他人合作完成的"HS-ICF 外墙外保温建筑节能体系成套技术研究"获黑龙江省科技进步一等奖；郑文忠主持完成的"预应力混凝土梁板中无粘结筋应力增长规律研究及应用"获黑龙江省科技进步二等奖；黄智山主持完成的"C30 免振捣自密实混凝土配制及应用技术"获黑龙江省科技进步二等奖；王玉银与他人合作完成的"五跨连续无风撑斜靠式钢管混凝土拱桥综合施工技术"获吉林省科技进步二等奖。

2009 年，王凤来主持完成的"节能省地环保型承重墙体系研究与应用"和"大庆奥林国际公寓 A、D 区工程"分别获黑龙江省科技进步一等奖和中国建筑学会优秀建筑结构设计二等奖；滕军主持完成的"大跨度复杂体型空间网架结构风致损伤与健康诊断的智能化方法与技术"获湖北省科技进步一等奖。

2010 年，巴恒静主持完成的"海港工程混凝土结构耐久性寿命预测与健康诊断研究"获中国水运建筑行业协会科学技术特等奖；欧进萍主持完成的"结构振动控制与应用"获教育部科技进步一等奖；郑文忠与他人合作完成的"混凝土结构抗火关键技术研究与应用"获教育部科技进步一等奖；张守健与他人合作完成的"工程建设标准对国民经济和社会发展影响研究"获华夏建设科学技术一等奖。

2006—2010 年，学院主持或主要参加编制的国家标准和行业标准 15 部。如郑文忠参与编写《混凝土结构设计规范》（GB 50010—2010），沈世钊、范峰参与编写《空间网格结构技术规程》（GJG7—2010），王要武主持编写《建设领域应用软件测评通用规范》(CJJ/T 116—2008),赵景海参与编写《纤维混凝土应用技术规程》(JGJ/T 221—2010),张耀春、武振宇参与编写《钢管结构技术规程》(CECS 280:2010)等。

2006—2010年,学院取得的研究成果被广泛应用于奥运场馆水立方等标志性城市建筑、大型桥梁工程、海洋平台结构、重大岩土工程、城市灾害安全等重要领域,为解决我国重大工程结构的关键科学问题、保障重大基础设施和城市安全、提高其防灾减灾水平、构建和谐社会提供了重要保障。

沈世钊受聘担任2008年奥运场馆建设工程指挥部顾问。2003年3月至6月期间,他先后担任国家体育场、国家游泳中心方案评审专家委员会成员,并多次为最后中标的"鸟巢""水立方"方案提出建设性的修改意见。李惠与滕军完成了国家游泳中心钢结构屋盖卸载监测和运营监测及有关软件的研制开发,为奥运场馆的建设提供了可靠的技术保障,是我国第一次对大型复杂钢膜结构进行全面系统的健康监测,对推动我国大型基础设施健康安全监测具有积极的作用,受到国资委的表扬。

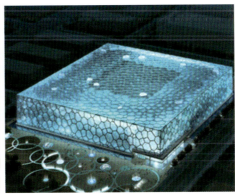

沈世钊院士参加2008年奥运会国家游泳中心设计方案评审

三、2011—2015年的科学研究

2011—2015年,土木工程学院共承担国家级项目106项。其中,主持国家"973"计划项目课题3项、国家"863"计划项目课题1项、国家自然科学基金重点项目1项、优青项目2项,国家自然科学基金国际合作项目2项、国家自然科学基金面上项目49项,国家自然科学基金青年项目32项。

2011—2015年,土木工程学院获国家科技进步一等奖1项、二等奖2项,省部级科技进步一等奖8项、二等奖2项、三等奖2项。

2011年,范峰与他人合作完成的"复杂钢结构施工过程时变分析及控制关键技术研究与工程应用"获国家科技进步二等奖。该项目建立和完善了复杂钢结构施工过程一体化协同时变分析系统及计算理论,解决了施工时变结构"形"与"力"控制的关键技术难题,推动了我国复杂钢结构施工力学计

土木工程学院 2011—2015 年获得的国家科技奖励

算理论与施工控制技术的跨越式发展。对一体化协同时变分析系统在桥梁工程中的应用，尤其是开发桥梁结构分析程序 BAS 有主要贡献。该项成果已在国内多座大型桥梁工程的建设中应用，如杭州湾跨海大桥、青岛海湾大桥、象山港公路大桥、青银高速黄河大桥、湘江三汊矶大桥、明州大桥、青林湾大桥等，解决了复杂桥梁工程施工位形控制的关键问题，保证了成形桥梁内力和线形状态与设计的一致。

2011 年，范峰与他人合作完成的"寒地建筑设计技术"获黑龙江省科技进步一等奖；陶夏新主持完成的"地脉动机理和借助台阵观测反演地表浅层速度结构研究""活断层强烈地震引起的地震动和地表破裂"分获黑龙江省自然科学二等奖和黑龙江省科技进步二等奖。

2013 年，欧进萍主持完成的"结构振动控制与应用"项目获国家科技进步二等奖。该项目在结构被动、主动、半主动和智能控制等多个方面取得创新研究成果和重要突破。针对土木工程在地震和强风等作用下突出的振动问题，研究形成了结构振动控制理论、方法、技术、装备/系统、标准规范和工程应用等系统的成果。该项目引领我国结构智能控制的工程应用，并为结构主动、半主动和智能控制的应用提供了理论基础和技术支撑。在控制技术和装置的标准化、产业化和工程应用方面，研制了系列多种耗能减振装置、电磁驱动 AMD 系统、半主动变阻尼控制系统和半主动变刚度控制系统，并形成定型产品，获国家专利 25 项，支撑了两个高新技术企业。欧进萍执笔完成了国家标准《工业与民用建筑抗震设计规范》的"耗能减振"部分 (2001 和 2010 版)，在我国较早开展了结构控制的工程应用，完成了国际上第一个抗冰振和地震海洋平台结构智能隔振体系，对我国结构振动控制的发展发挥了牵动和引领作用。

第三章　科学研究

"结构振动控制与应用"项目获 2013 年度国家科技进步二等奖

2013年，李惠主持完成的"添加纳/微米材料的高性能智能混凝土与结构"项目获教育部自然科学一等奖。该项目率先发现了纳米材料对水泥水化的特有作用机制，实现了由微观结构的调控对宏观本征特性的控制；发现了纳米混凝土本征特性的增强机理和原理，发现了压力作用下混凝土内半导体纳米材料带隙及粒子间距变窄、增强隧道电流而诱发力电特性的机制，实现了纳米混凝土高性能本征特性与感知特性一体化的多功能特性；发现了极少掺量的非火山灰活性纳米材料大幅度提升混凝土本征性能且其增强效果远高于火山灰活性纳米材料的重要特性，证明了纳米混凝土微观结构的增强机理和宏观本征性能的增强效应，建立了纳米混凝土高性能本征特性预测模型；发现了诱发纳米/纤维混凝土力电特性的场致量子隧道效应新机制，建立了自感知混凝土压阻本构理论模型；发现了力电特性的"空间矢量特征"，提出了力电特性的调控和预测方法。

2013年，郑文忠主持完成的"预应力混凝土耐火性能与抗火设计关键技术"获黑龙江省科技进步一等奖，与他人合作完成的"鸿盛建筑节能技术研发与应用"项目获黑龙江省重大科技效益奖；滕军与他人合作完成的"广州塔主被动复合调谐控制技术研究"获广东省科技进步一等奖；武岳与他人合作完成的"大跨屋盖结构风致效应分析、抗风设计理论及其应用"获教育部高等学校科技进步二等奖。

2014年，郑文忠与他人合作完成的（哈工大为第一完成单位）"混凝土结构耐火关键技术及应用"项目获国家科技进步二等奖。该项目针对混凝土结构的火灾安全问题，积淀形成了涵盖明火试验装备、高效防火涂料、结构耐火设计、灾后评估修复等方面的成套技术。该项目发现了火灾下预应力梁板混凝土爆裂规律，构建了预应力混凝土梁板火灾坍塌计算模型；提出了避免高强及超高强混凝土高温爆裂的有效方法，建立了高温下/后高强及超高强混凝土力学性能预测模型；研发了复杂明火试验装备，建立了异形柱和空心钢管混凝土柱的耐火性能预测方法；提出了构件各点历经最高温度推断方法，建立了高温后多种材料力学性能的确定方法，以及火损构件剩余静力和抗震性能评估方法；研发了高效防火涂料和耐高温无机胶凝材料。研究成果对提高我国混凝土结构抗火能力、降低结构火害引发的损失具有重要意义和示范作用。

2014年，谢礼立主持完成的"建筑结构基于性态的抗震设计理论研究及规范编制"获黑龙江省科技进步一等奖；范峰主持完成的"大跨空间结构新体系研究与应用"获中建总公司科学技术一等奖；查晓雄与他人合作完成的"组合桥梁理论与桁式组合桥新结构新技术及应用"获黑龙江省技术发明二等奖；杨华与他人合作完成的"钢-混凝土组合扁梁及其框架的承载性能与设计理论研究"获中国钢结构协会科学技术特等奖；黄智山与他人合作完成的"水泥聚苯颗粒模壳格构式混凝土墙体建筑技术规程"获黑龙江省科技进步二等奖；李学英主持完成的"高寒地区水工混凝土裂缝机理及防护措施的研究"获黑龙江省科技进步二等奖。

2015年，谢礼立主持完成的"建筑结构基于性态的抗震设计理论、方法及应用"项目获国家科技进步一等奖。该项目在建筑结构基于性态的抗震设计理论、方法及工程应用等方面取得重要创新和突破。首创了最不利设计地震动及双规准设计谱等理论和方法，攻克了地震动潜在破坏势及设计谱存在巨大离散性等世界性难题；开创了全概率、多目标的抗震性态设防理论，实现了抗震设防从定性到定量的重要跨越；创建了我国建筑结构基于性态的抗震设计方法及技术体系，提升了我国土木工程抗震设计的整体水平。谢礼立主编了首部性态规范，引领了基于性态抗震设计规

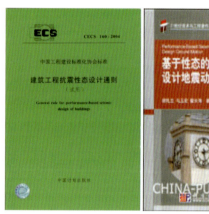

《基于性态的抗震设防标准研究》成果的应用

范的发展；推动了百余所高校及科研院所的抗震性态科学研究；支撑了大量工程抗震设计；推动了汶川地震的恢复重建，结合项目研究培养全国工程勘察设计大师、长江学者等高层次人才多名，社会效益尤为显著，推动了科学技术进步和行业发展。

2015年，范峰与他人合作完成的"500米口径球面射电望远镜超大空间结构工程创新与实践"获中国钢结构协会科学技术特等奖；李惠主持完成的"结构健康监测数据驱动科学与工程的理论及方法"获黑龙江省自然科学一等奖；滕军主持完成的"复杂高层建筑结构大震失效分析、评价及控制的关键技术与工程应用"获教育部科技进步一等奖；凌贤长主持完成的"季节性冻胀路基在列车载荷下稳定性研究"获中国铁道学会科学技术一等奖；郑文

忠与他人合作完成的"预应力混凝土耐火性能与抗火设计关键技术"获黑龙江省技术发明一等奖；乔国富主持完成的"基于TPS及ENA的钢混结构钢筋腐蚀电化学特征识别与监测传感器系统"获黑龙江省技术发明二等奖；王凤来主持完成的"百米级配筋砌块砌体结构高层建筑研究与应用"获黑龙江省科技进步二等奖；武岳与他人合作完成的"点支式玻璃幕墙与采光顶创新技术及工程应用"获山东省科技进步二等奖。

2015年，李惠获得2015年度国际结构健康监测年度人物奖。该奖项是在国际结构健康监测大会上推选，由世界20多个国家的50余位国际知名专家组成的评委选举出来的，旨在表彰过去三年中，在世界结构健康监测领域贡献突出的科学家。

2016年，滕军与他人合作完成的"广州塔工程关键技术"获国家科技进步二等奖。该项目在超高复杂斜交网格钢结构建造技术方面，研究形成各类局部结构和整体结构的分析方法和设计技术，形成了阶段调整、逐环复位的变形预控制技术。在超高变曲面混凝土结构建造技术方面，研究形成超高混凝土结构建造钢柱联合内筒外架支撑式模架装备技术，成功实现了核心筒水平结构与竖向结构同步施工。在超高细柔结构体系主被动复合调谐控制技术方面，研究形成新型直线电机驱动的两级主被动复合调谐减振控制技术，并根据上述原理研究开发了主被动复合调谐减振控制装置系统，填补了国内外空白。在超高扭偏结构体系施工运营监测控制技术方面，研究形成了一体化和全寿命期的结构健康监测控制技术、超高层结构动态位移监测技术等，为验证设计参数和制定相关规范提供了支撑。

土木工程学院教师在文物建筑维修保护方面积累了丰富的工作经验和专业知识。2013年，王凤来及其团队成功完成中东铁路2栋文物保护建筑的迁移保护工作。该工程首次利用严寒地区冬季气候特点，浇筑冰面形成迁移下滑道，开创了建筑迁移工程的新方法。王凤来还系统地开展了配筋砌块砌体剪力墙结构的多种力学性能和抗震性能试验，完成了大型结构模拟振动台、拟动力试验和环境激励下的结构动力性

集块绿色装配式示范建筑——科盛科技大厦

能实测，形成了完整的配筋砌块砌体剪力墙结构的设计理论体系和计算方法，主导完成了大量的工程应用，为编制标准规范奠定了理论基础，提供了成熟的工程案例。2013年首次用配筋砌块砌体结构建成了98.8 m高大开间办公楼示范建筑，当时为该类型结构的世界最高建筑。

姜洪斌及其团队在装配式混凝土结构创新研发与应用方面，原创性地提出了具有中国自主知识产权的以"约束搭接连接""钢筋环插筋连接"为主要关键技术的装配式混凝土结构体系，研究成果获中国发明专利授权10余项、实用新型及外观专利授权50余项。大量系统地研究了装配式混凝土结构的连接与抗震性能，通过产学研合作，实现研究成果的广泛转化，相继在黑龙江、辽宁、湖北、安徽、北京、上海等省市建立了产业化生产基地，截至目前，装配式混凝土结构项目成果应用实施建筑面积近100万 m^2，推动了装配式混凝土结构在黑龙江省和全国范围内的发展和应用步伐，奠定了哈尔滨工业大学在装配式混凝土结构研究领域的领先地位。

装配式混凝土结构创新研发与应用

2011—2015年，土木工程学院教师主编或参与编写了《砌体结构设计规范》（GB 50003—2011）、《建筑结构荷载规范》（GB 50009—2012）、《钢管混凝土结构技术规范》（GB 50936—2014）、《混凝土结构工程施工质量验收规范》（GB 50204—2015）、《木结构工程施工规范》（GB/T 50772—2012）、《木结构工程施工质量验收规范》（GB 50206—2012）、《冻土工程地质勘察规范》（GB 50324—2014）、《钢板剪力墙技术规程》（JGJ/T 380—2015）、《高层民用建筑钢结构技术规程》（JGJ 99—2015）、《冻土地区建筑地基基础设计规范》（JGJ 118—2011）、《索结构技术规程》（JGJ 257—2012）、《住房保障信息系统技术规范》（CJJ/T 196—2012）等30多部国家及行业标准、40多部团体标准。

四、2016—2020 年的科学研究

2016—2020 年，土木工程学院共承担国家级项目 115 项。其中，国家自然科学基金创新研究群体项目 1 项，国家重大科研仪器研制项目 2 项，重点项目 3 项，杰青项目 3 项，优青项目 1 项。主持国家重点研发计划项目 2 项，国家重点研发计划国际科技合作项目 1 项，国家重点研发计划课题 19 项，科技部"万人计划"项目 2 项。

2018 年，李惠承担了国家重点研发计划"绿色建筑及建筑工业化"重点专项"智能结构体系研究与示范应用"，研究经费 1 788 万元。该项目旨在通过智能技术提高土木工程结构的抗灾性能，重点研发自感知与自修复装配式智能结构体系、高耗能易更换构件和限度损伤构件及可恢复功能抗震结构、自适应抗风抗震全覆盖耗能减振结构、抗风抗震监测与控制一体化智能高层建筑和大跨空间结构，提出智能结构体系高效减振机理、损伤控制机制和抗灾设计方法，研究基于人工智能和大数据的智能结构（群）灾害评价方法，发展物理和信息融合智能多灾害防灾减灾结构系统，进行工程示范，实现高抗灾智能结构体系及灾害智能评价和精准管控。

2019 年，凌贤长承担了国家重点研发计划重点专项"特大滑坡应急处置与快速治理技术研发"，研究经费 1 728 万元。该项目将诠释特大滑坡成因演变机理与岩土力学问题；开发滑坡防范先进技术、装备、材料，以及治理的滑坡体开发利用技术，形成应急处理与快速治理成套技术；研究滑坡治理工程实时监测与健康诊断先进理论、技术、装备，以及修复加固先进技术、材料，形成安全检测与防控标准化技术体系。推动我国重大地质灾害应急响应实现关键技术突破、传统技术跨越、整体技术升华。

2019 年，土木工程学院"城市工程结构抗灾韧性与智能防灾减灾"项目获批国家自然科学基金创新研究群体，学术带头人为李惠，成员包括欧进萍、范峰、滕军、郭安薪与翟长海。该团队聚焦城市工程结构安全，以建筑结构和桥梁结构为主要研究对象，通过学科交叉与融合，在结构动力灾变机理和智能防灾减灾方面取得重要创新成果。该团队建立了基于最不利设计地震动概念的地震动输入方法，发展了基于双规准反应谱的统一设计谱理论，解决了地震动潜在破坏势强弱无法判断和近断层脉冲型地震动定量识别的瓶颈；发明了多种装配式建筑结构高耗能可恢复无损构件与高耗能易更换构件，建立了抗震可恢复功能韧性结构体系。还建立了近海桥梁在腐蚀 - 地震、地震 - 海啸、风 - 浪联合多灾害作用下的损伤分析和性能评估方法；发现了大跨分离式双箱梁风场作用下多场异性旋涡共存现象和间隙涡致振动机理，揭示了

雷诺数对多场旋涡和涡激振动的影响规律，解决了多场旋涡与钝体结构运动耦合作用的难题，发展了大跨桥梁结构风效应的主/被动流动控制方法；发明了导波阵列长距离监测技术及基于机器学习的信号处理算法；在国内外开创了结构健康诊断大数据范式，提出了结构健康监测数据挖掘与诊断的机器学习算法、结构微裂缝识别的计算机视觉深度学习网络、基于计算机视觉的全桥车辆荷载时空识别方法、大跨双箱梁涡激振动自动识别和预测机器学习模型，形成了结构健康监测大数据挖掘与诊断理论；发明了石墨烯等气凝胶自感知复合材料，研制出了世界上最轻的磁弹性体智能传感材料，以及超轻超弹陶瓷气凝胶超级隔热材料；发现了纳米材料对混凝土水化和微观结构的调控机制，提出了混凝土性能提升新原理；发明了纤维表面水化活性层改性方法，解决了水泥基纤维复合材料弱界面关键难题，实现了水泥基材料强度与变形性能的统一提高。

2016—2020年，土木工程学院获国家技术发明二等奖1项、国家科技进步一等奖1项、国家科技进步二等奖3项，省部级科技进步一等奖7项、二等奖5项、三等奖1项。

土木工程学院2016—2020年获得的国家科技奖励

第三章　科学研究

2016年，范峰主持的"大跨空间钢结构关键技术研究与应用"项目获国家科技进步二等奖。该项目针对大跨空间钢结构的关键设计理论、新型结构体系、绿色智能施工技术进行了系统的理论研究，提出了大跨空间钢结构非线性稳定性、抗震与抗风设计理论与方法；提出了半刚性节点网壳结构、自由形态空间结构和实时变位巨型索网结构等系列大跨空间钢结构新体系，率先在我国开展了以半刚性节点单层网壳、自由形态空间结构为代表的新型结构体系研发与工程实践，突破了国家现行技术标准的限制，实现了大跨空间钢结构体系的多样化。结合世界最大射电望远镜工程（FAST），提出了实时变位巨型索网体系，解决了其超大口径、超高精度、实时变位的工程难题；研发了异形复杂构件精益制造、精确定位与4D动态测控、自动化焊接与集群卸载等大跨空间钢结构绿色智能施工成套技术，实现了绿色智能化施工。

2016年，凌贤长主持完成的"病险水库大坝运行状态评估方法与除险加固成套技术"获黑龙江省科技进步一等奖；姜洪斌与他人合作完成的"装配式混凝土结构技术规程"获华夏建设科学技术一等奖。

2017年，凌贤长主持完成的"水库高坝/大坝安全精准监测与高效加固关键技术"项目获国家技术发明二等奖。该项目立足于山区谷地、高寒冻融、断层活动、地震影响、库水变化和洪水袭击等复杂环境下长期超负荷服役的大型病险水库，选择辽宁蔑窝水库大坝、广西金龙水库主坝分别作为典型病险混凝土重力坝、土坝的研究对象，系统建立了病险水库大坝运行状态评估理论与方法，创新性研发高效可靠的病险水库大坝除险加固成套技术，研究成果极大推动了农业水利工程行业科技进步，提升病险水库大坝防护和维修技术水平，有效消除病险水库大坝的安全隐患，显著增强大坝防汛抗灾能力，为我国病险水库大坝安全运行提供了技术保障，取得了可观的经济和社会效益。项目关于复杂环境下病险混凝土重力坝运行安全性与强震稳定性的评估方法及结构损伤修复加固成套技术研究成果总体达到国际领先水平。

2017年，查晓雄主持完成的"复杂作用下多种组合钢管混凝土结构设计方法与建造技术"获湖北省科技进步一等奖；王玉银与他人合作完成的"钢桁腹PC组合桥梁设计与建造关键技术及应用"获中国公路学会科学技术一等奖。

2018年，李惠主持完成的"大型桥梁结构健康监测数据挖掘与安全评定关键技术"项目获国家科技进步二等奖。该项目针对长期制约大型桥梁健康监测发展的数据获取、挖掘和安全评定问题开展深入系统的攻关，率先研发了工业物联网架构的数据获取新装备，提出了机器学习与深度学习的数据挖掘和安全评定新理论和新技术，形成了成套软件、规程和大规模产业，实现了大型桥梁科学维护和灾害精准管控。项目成果自主开发了大型桥梁健康监测集成系统和数据挖掘与安全评定软件，填补了国内外空白，为我国港珠澳大桥和杭州湾跨海大桥等50余座特大桥梁设计构建了稳定可靠的监测系统。制定了交通行业首部《公路桥梁结构安全监测系统技术规程》，使我国大型桥梁安全保障提升到新的水平，对我国桥梁的信息化和智能化做出了巨大贡献。

2018年，滕军主持完成的"复杂高层结构抗震设计理论与工程应用"获广东省科学技术一等奖；满庆鹏与他人合作完成的"重大工程管理理论、关键技术创新及其应用"获教育部科技进步一等奖；咸贵军主持完成的"土木工程纤维复合材料的服役行为机理"获黑龙江省科学技术（自然科学类）二等奖；王凤来与他人合作完成的"东北严寒地区绿色村镇建设关键技术研究与应用"获华夏建设科学技术一等奖；姜洪斌主持完成的"预制装配整体式城市地下综合管廊技术"获黑龙江省科技进步二等奖；王玉银主持完成的"钢管混凝土结构技术规程（CECS28：2012）""纵向变厚度钢板（LP钢板）的轧控技术和性能研究及其工程应用"分别获中国工程建设标准化协会标准科技创新一等奖和中国钢结构协会科学技术二等奖。

2019年，张素梅与他人合作完成的"高层钢－混凝土混合结构的理论、技术与工程应用"项目获国家科技进步一等奖。该项目针对高层混合结构发展的瓶颈问题，在国家科技支撑计划、国家自然科学基金等30余个项目资助下，经产学研深度结合，历时20多年，通过大量模型试验、理论研究、数值模拟、设计理论与方法研究、软件开发以及工程实践，取得系列创新成果。相关成果被10余部标准采用，为高层混合结构工程应用提供了技术支撑。成果应用于30多个国家的300余项工程，取得了显著的经济效益和社会效益，具有广阔的推广应用前景。

2019年，杨华与他人合作完成的"基于全寿命周期的钢管混凝土结构损伤机理与分析理论"项目获国家自然科学二等奖。该项目基于精细化试验、模拟和工程实践反复验证，攻克了准确揭示核心混凝土被动约束效应机制的科学难题，建立了其通用型本构模型，成为该领域被采用最广泛的模型；阐明了钢管混凝土结构在常遇静载和极端荷载作用下的损伤机理及计算方法，建立了系统的基于全寿命周期的钢管混凝土结构分析理论体系。代表性论著被国内外学者大量引用，受到包括多国科学院／工程院院士等著名学者的高度评价。主要成果被多部教材／专著、国家／行业标准采纳，并被直接应用于多个标志性工程设计，为推动结构工程学科的发展做出了贡献。

第三章 科学研究

2019年，凌贤长主持完成的"高寒深季节冻土区快速轨道交通建造岩土关键技术集成"获黑龙江省科技进步一等奖；王玉银主持完成的"大跨度钢管混凝土拱桥精细化分析与设计理论及施工关键技术"获中国钢结构协会科学技术一等奖；张素梅与他人合作完成的"钢管约束混凝土结构的理论、技术与工程应用"获教育部科技进步一等奖；武岳与他人合作完成的"寒地城市建筑风环境优化与抗风设计关键技术研究及应用"获黑龙江省科技进步一等奖；吴香国主持完成的"高性能与超高性能纤维混凝土材料与结构应用技术"获黑龙江省科技进步二等奖；刘昌永主持完成的"超万吨级桥梁双幅同步水平转体施工关键技术研究"获吉林省科技进步二等奖；咸贵军与他人合作完成的"工程结构增强用高性能连续纤维复合材料制备及应用关键技术"获教育部技术发明二等奖。

土木工程学院教师注重将科研成果应用于国家和地方重大工程项目。

有着"超级天眼"之称的500米口径球面射电望远镜（Five-hundred-meter Aperture Spherica Telescope，简称FAST），是目前世界上最大的射电望远镜，于2016年在贵州省平塘县的喀斯特洼坑中落成使用。哈工大参与了该项目的预研及工程前期研究，是该项目的第一合作承建单位。由沈世钊院士率领的哈工大空间结构研究团队承担和完成的FAST项目主动反射面结构系统，被称为中国"天眼"的三大自主创新之一。研究团队提出了"短程线型三角形网格＋单下拉索"的望远镜整体索网主动反射面的总体技术方案，全面完成了主动反射面整体索网的结构优化研究，确定了

沈世钊团队在FAST项目现场

FAST主动反射面结构设计的总体控制参数取值，应用"保形设计"思想，提出新型主动反射面背架结构体系，成功实现了FAST 30 m模型的全过程试验，积累了望远镜整体索网主动反射面结构分析、设计、建造、测试的第一手珍贵资料，为FAST原型结构顺利实施提供了坚实的技术保障。由于沈世钊院士团队对"天眼"工程的贡献，中国科学院国家天文台经国际天文学联合会小天体命名委员会批准，将中国科学院国家天文台施密特CCD小行星项目组发现的小行星1996LN命名为"哈工大星"，其国际永久编号为第55838号。

侯晓萌赴巴基斯坦进行滨佳胜港三期联合循环电站结构安全评价

2019年12月，应哈电国际和巴基斯坦K-Electric(KE)电力公司邀请，侯晓萌赴巴基斯坦卡拉奇，进行滨佳胜港三期联合循环电站结构安全评价。该电站为巴基斯坦最大的联合循环电站，为卡拉奇及周边地区约2 500万人提供电力，对卡拉奇乃至巴基斯坦人民都具有重要意义。由于电站临近印度洋，极端环境下混凝土结构安全性及耐久性退化，同时新增电力设备导致荷载增大，对结构的后继使用提出了严峻挑战。侯晓萌对历经印度洋侵蚀30年的混凝土结构的安全性进行了科学评价，提供了极端环境下该类结构继续服役的性能提升方案，为该项目的可行性提供了科学依据，赢得了中、巴双方的信任。这是哈工大积极响应国家号召，努力推进"一带一路"建设，进一步提升国际影响力的有效举措。

2016—2020年，土木工程学院教师在 Advanced Materials，ACS NANO，Carbon 等交叉学科、高影响因子国际期刊上发表论文数不断增加。2019年初，徐翔以第一作者身份在国际著名期刊《科学》（Science，2018年影响因子为41.058）发表了《双负陶瓷气凝胶超隔热材料》（Double-negative-index ceramicaerogels for thermal superinsulation）一文，李惠为共同通讯作者。路晓艳与合作者首次在铁电外延薄膜中观察到类似"多米诺"式大面积铁弹翻转，研究结果于2019年9月在 Nature 子刊 Nature Communications 在线发表，论文题目为"Mechanical force-induced, non-local, and collective ferroelastic switching in epitaxial lead titanate thin films"。

2016—2020年，土木工程学院教师还主编或参与编写了《木结构设计规范》（GB 50005—2017）、《钢结构技术标准》（GB 50017—2017）、《建筑抗震韧性评价标准》（GB 19106—2019）、《既有混凝土结构耐久性评定标准》（GB/T 51355—2019）、《多高层木结构建筑技术标准》（GB/T 51226—2017）、《装配式钢结构技术规程》（GB/T 51232—2016）、《公路桥梁结构安全监测系统技术规程》（JT/T 1037—2016）、《屋盖结构风荷载标准》（JGJ/T 481—2019）、《建筑工程施工协同管理统一标准》

（T/CECS 620—2019）等 75 部国家及行业标准、49 部省部级及行业协会规范标准。发表专利 249 项，其中国家发明专利授权 132 项，新型实用专利 88 项，软件著作权 25 项。由土木工程学院教师主持编制的国家规范《钢结构通用规范》是国内首部钢结构通用规范，按照住房和城乡建设部组织制定的《2019 年工程建设规范和标准编制及相关工作计划》，该规范是由住房和城乡建设部负责的 32 部国家工程建设重要规范之一。

2018 年 7 月 27 至 28 日，由国家自然科学基金委工程与材料科学部、地球科学部、管理科学部和政策局主办，哈工大承办的第 204 期"双清论坛"在哈尔滨召开。来自 20 多所国内高校和研究机构的 50 余名院士和专家学者参加此次论坛。论坛以"抗震韧性城市建设的关键前沿基础科学问题"为主

哈工大承办的第 204 期"双清论坛"

题，共安排了 1 个主题报告和 12 个大会报告。谢礼立院士以"从地震工程到防震减灾工程"为题做了主题报告。论坛期间，与会专家、学者围绕交通枢纽工程以及地下结构抗震韧性、地震危险性与抗震韧性城市建设、多灾害韧性与智能防灾减灾等议题进行了深入研讨与交流，凝练出了一系列与抗震韧性城市建设相关的科学问题并提出了具体的建议。

"双清论坛"是国家自然科学基金委为推动创新文化建设、营造良好创新环境而举办的高层次学术性战略研讨会，旨在立足科学基金资助工作，集中研讨基础研究前沿和国家战略需求的交叉性、前瞻性和综合性科学问题。这次论坛是"双清论坛"设立以来首次在土木工程领域召开的高端论坛。

第四章 合作交流

第四章 合作交流

第一节 国际合作与交流

一、1978—1990年的国际合作与交流

改革开放后，土木工程学院较早地开展了国际学术交流活动。

1978年，国家实行改革开放政策，土木工程学院的沈世钊参加国家选派出国的外语资格考试，取得了黑龙江省第一名的成绩，并于第二年作为第一批出国访问学者赴美国里海大学符立兹工程研究所进行为期两年的访问和交流。在此期间，沈世钊对"高层房屋结构空间工作"进行了深入研究，发表了5篇研究论文，不但在科研上取得了成绩，回国后在教学上也做出了新的贡献。

1979年，王光远到意大利参加了"国际钢筋混凝土抗震性能"学术会议，宣读了《钢筋混凝土单层厂房地震反应》的论文，并被收入会议论文集。

1980年，王光远在土耳其召开的第七届世界地震工程学术会议上交流了《多层剪切型框架抗震设计最优刚度分析》的论文，并被收入会议论文集。

1981年，林荫广、关柯参加建筑教育考察团访问日本。考察团访问活动历时17天，先后访问了东京早稻田大学理工学部建筑学科、东京芝浦工业大学工学部建筑工学科、东京艺术大学建筑科、神户大学工学部环境计划学科，还访问了日本建筑学会教育委员会、大成建设株式会社、东京建筑中心、东京能率学会、横滨市政府城市开发部、建筑省筑波建筑研究所等单位。

1982年，刘季参加了在意大利召开的第六届国际砖石结构会议，宣读了《多层砖石结构房间空间

建筑教育考察团访问日本（右四为关柯、右三为林荫广）

工作的研究》和《多层无内横墙砖石结构房屋空间作用系数的分析》两篇论文，这两篇论文均被收入会议论文集。

从1980年到1982年，美国里海大学教授吕烈武、黄棣，日本早稻田大学教授尾岛俊雄，美国密苏里大学罗拉分校教授郑毅，日本国际管理工程学会学术部长村松林太郎以及瑞典皇家工学院代表团等先后来哈建工讲学、考察和进行学术交流。其中，吕烈武和郑毅被哈建工聘为名誉教授。

1984年5月至7月，王光远应邀到美国密苏里大学罗拉分校讲学，介绍他本人在结构力学方面的研究成果，受到热烈欢迎。在此期间，王光远还参加了两个国际会议，先是在第八届世界地震工程会议上宣读了论文《地震烈度模糊综合评定及其应用》，该论文被载入国际刊物《地震工程及结构动力学》。接着，在美国第五届工程力学会议上

王光远在美国讲学

宣读了论文《结构模糊优化设计》，该论文登载在国际刊物《工程优化》上。

1984年5月，樊承谋参加了在法国召开的国际标准化组织木结构技术委员会ISO/TC 165第四次会议。

1984年6月，李德滋参加了在苏联莫斯科召开的"欧洲钢结构协作年会"。

1984年6月，刘季在波兰华沙召开的第三届国际墙体会议上，宣读了两篇论文。一篇是《高层剪力墙建筑在水平与竖向地震动联合作用下的反应分析》，一篇是《在水平荷载作用下多层砌体建筑的空间作用系数及其设计方法》，这两篇论文均被收入会议论文集。

1984年9月，王用纯参加了哈建工组织的"建筑教育考察团"。该团在东京受到哈工大校友同窗会的欢迎。1945年毕业于哈工大土木系、时任日本建筑技术顾问、株式会社取缔役技术部长的大谷刚先生和许多日本校友向考察团表达了希望参加1985年的65年校庆的愿望。

1984年12月，刘季参加了在香港、广州举行的第三届国际高层建筑会议。在会议上宣读了论文《高层框架建筑的竖向地震反应分析》，并收入会议论文集。

在此期间，土木工程学院还接待了美国、日本等国外专家和学者的访问、讲学，带来了先进的技术和资料，活跃和促进了科研和教学工作。

1985年8月，钟善桐等筹备组织了钢管混凝土结构第一次国际学术讨论会。参加这次会议的有来自日本、加拿大、新西兰等7个国家和国内有关研究单位、

第四章 合作交流

高等院校的 70 多位专家学者、钟善桐等在钢管混凝土结构研究方面的卓有成效的工作和独到研究成果,受到了与会专家学者的高度评价。国外专家在这次会议上建议成立有关钢管混凝土结构研究的国际协作组织,并一致推举钟善桐代表中国作为发起人之一。在这次国际会议以后的 3 年时间里,土木工程学科先后组织召开了 6 次全国钢管混凝土结构设计、科研、施工经验现场会,使这种新型的建筑结构在我国近 20 个省市的 60 多项大型工程中得到了推广,取得了显著的经济效益和社会效益。

钢管混凝土结构第一次国际学术讨论会全体代表合影

1985 年 10 月,朱聘儒作为国际标准化组织第 71 技术委员会第 2 分委员会积极成员方中国代表团的两名成员之一,出席了在奥地利召开的该委员会的工作会议。这次会议的主要议程是根据成员方提出的意见,逐章逐条审查并修改国际标准《普通钢筋混凝土结构设计规则》(草案)。朱聘儒等提出的书面意见,被作为会议的 3 个正式文件之一提交会议研究。会议着重讨论的 6 个问题中,有两个全面采纳了朱聘儒等代表中国提出的方案,其他 4 个问题也不同程度地吸取了中国代表提出的意见。

1986 年 8 月,经中国钢结构协会批准,中国钢-混凝土组合结构研究会成立,并一致推选钟善桐为主任委员,高伯扬任秘书长。1988 年 10 月,在这个研究会的基础上，又成立了中国钢-混凝土组合结构协会，钟善桐任理事长，高伯扬任秘书长。

1986年9月，沈世钊出席了在日本举行的国际薄壳和空间结构学术会议。参加这次会议的有来自世界29个国家的500余名代表。沈世钊在会议期间担任悬索和薄膜结构分会组的主席，并做了两次学术报告，介绍了哈建工在大跨钢结构方面的研究成果，和各国学者进行了广泛接触。国际著名学术刊物《空间结构》主编、英国的诺逊在会议期间向沈世钊教授约稿，要求他介绍吉林冰球馆的结构设计。会议之后，沈世钊还访问了东京大学生产技术研究所和建在筑波科学城的建筑研究所、土木研究所、防灾研究中心以及私立奥村组研究所。东京大学高梨晃一教授专程到大阪迎接沈世钊，并派专人陪同访问。

1986年9月，王光远、刘季应邀出席了在北京召开的城市抗震防灾国际学术研讨会。参加会议的有来自日本、美国、罗马尼亚等国的39名专家和学者。王光远在会上做的"地震中的模糊因素"专题报告和刘季宣读的《高耸和高层结构在竖向地震振动作用下的反应》论文，受到了与会者的重视。

1986年9月，高伯扬、曹声远、卫纪德等人应邀出席了在南京召开的钢筋混凝土及预应力混凝土基本理论国际会议。参加这次会议的共有来自23个国家和地区的156名专家、学者。高伯扬等人的论文受到了专家们的好评。匈牙利布达佩斯技术大学教授、欧洲混凝土学会及国际预应力混凝土协会成员塔席对高伯扬说："我知道近年来你们国家变化很大，但没想到你们的学术水平达到了如此高的地步。"

1987年6月，钟善桐在美国参加国际学术会议后，应邀到里海大学和休斯敦大学进行了访问和学术交流。

1987年，沈世钊应邀到捷克布尔诺理工大学讲学，为该校土木系的教师、高年级学生以及来自设计部门、钢结构制造厂等单位的工程界人士较全面地介绍了我国大跨度钢结构的应用与发展情况；哈建工在大跨度钢结构方面的理论研究和工程实践；我国钢结构设计理论的进展；中国的教育制度和哈建工教学、科研概况等内容，受到了捷克同行们的热烈欢迎。沈世钊还以贵宾的身份参加了斯洛伐克钢结构协会年会，而且作为会议的第一发言人做了专题报告。同时，沈世钊还与捷克土木建筑界的几位代表性学者进行了会晤。

1987年7月到8月，哈建工通过世界银行贷款项目邀请日本东京大学生产技术研究所著名学者高梨晃一和他的得力助手大井谦一来校进行了3周的讲学活动。在这3周里，高梨晃一讲了10个专题：试验方法概述、联机反应试验现状、联机反应试验的原理和软件开发、联机反应试验的改进与评估、振动台试验及联机反应试验的实例、抗震结构研究概况、抗震试验设施、弱小建筑物的地震反应观测、日本的抗震设计规范、日本钢结构荷载和抗力系数设计法草案。高梨晃一的讲学生动、形象，围绕联机反应试验这个中心，从试验仪器、设备，到试验原理、方法以及发展前景，讲得有条有理，对土木学科的青年教师和研究生的提高帮助很大。

1987年10月，沈世钊参加了由国际薄壳和空间结构学会会同中国土木工程学会组织召开的重要国际会议——国际体育建筑空间结构学术讨论会，并作为全体会议的3位中方执行主席之一，主持了大会的闭幕式。参加这次会议的有来自12个国家的200余名专家和学者，国际上空间结构方面的权威学者几乎尽数出席。

1987年和1988年，应沈世钊邀请，日本东京大学高梨晃一教授和中岛正爱教授先后到哈建工讲学。

1988年5月，王光远应苏联高教部的邀请，到莫斯科建筑工程学院讲学。

1988年8月，土木工程学科筹备并主持召开了钢管混凝土结构第二次国际学术讨论会。日本、英国、加拿大等9个国家和国内有关研究单位、高等院校的100多位专家与学者参加了这次会议。会上有48位学者做学术报告。会议期间，各国代表参观了哈建工结构实验中心和计算中心，观看了哈建工钢管混凝土结构研究概况的录像，哈建工的实验设备和在钢管混凝土结构研究方面取得的成果给与会学者们留下了深刻的印象。这次会议正式成立了"钢-混凝土组合结构国际研究协会"，钟善桐被一致推选为这个研究协会的首任主席。

1988年9月，国际著名学术刊物 International Journal of Space Structures 主编致函沈世钊，邀请他担任该刊的编委。

1988年9月，樊承谋在美国参加学术会议后，又被邀请到肯塔基大学讲授"古代中国木结构"课程，受到了该校师生的热情接待和欢迎。

1988年9月，高伯扬应邀参加了在上海召开的第三届地下空间和掩土建筑国际学术会议。参加会议的有来自美国、日本、韩国等22个国家的200余名国际知名专家。高伯扬在会议做了题为"在地下环境中人们工作和生活的心理条件的研究"的报告，受到了与会者的好评。

1989年9月，沈世钊应邀参加了在西班牙马德里举行的国际薄壳和空间结构学会（IASS）成立30周年大会。

在1990—1995年间，刘季邀请加州大学尔湾分校的J.N.Yang、美国纽约州立大学布法罗分校的T.T.Song访问学校，并与他们合作开展了国家自然科学基金中美合作项目。

二、1991—2000年的国际合作与交流

沈世钊担任中日加3国合作的研究项目"寒冷地区建筑"的中方负责人。1991年6月，他作为黑龙江省科技代表团成员访问了加拿大阿尔伯塔省，并参加了在埃德蒙顿市举行的"寒冷地区发展问题"国际学术会议。

应钟善桐邀请，英国曼彻斯特大学土木工程系特尔曼博士和廖志豪博士于1992年4月来学院访问讲学。此次访问活动是英国文化委员会资助土木工程学院与曼彻斯特大学在组合结构方面的科技合作部分。特尔曼博士做了"爆炸冲击波对结构的作用""美防爆设计规范 TM5—1300"及"组合钢板的工作性能"3个专题报告；廖志豪博士做了"门式钢架性能的试验研究及计算机模拟"和"英国工程防护规范"两个主题报告。英国学者此次访问讲学，进一步拓宽了双方在组合结构领域的交流范围，加深了双方的了解，增强了组合结构研究的国际合作，推进了组合结构在国际的研究与应用。

在1992—1994年间，欧进萍邀请美国纽约州立大学布法罗分校的T. T. Song、日本京都大学的 Fujiwara、Suzuki 等到学校讲学，并建立了密切合作研究关系。其后，欧进萍于1995年访问美国哥伦比亚大学和纽约州立大学布法罗分校，1995和1996年吴波访问了日本京都大学和美国纽约州立大学布法罗分校，李惠于1997—2003年多次访问日本京都大学，并且派出多个博士生和接受日本京都大学博士生进行长期互访。

1993年，沈世钊出席在英国伦敦召开的第四届国际空间结构大会并应邀对英国伯明翰大学进行访问；同年，钟善桐到英国诺丁汉大学访问，与 Nethercot 教授进行学术交流（Nethercot 现为英国帝国理工学院的教授，皇家工程院院士）。

沈世钊访问英国伯明翰大学

钟善桐与 Nethercot 交流

1993年9月，经国家科委批准，由关柯发起并主持的"建筑业发展与管理系统优化国际学术研讨会"在哈尔滨召开，会议论文集由中国建筑工业出版社出版。这也是国内首次建筑经济与管理领域的国际学术会议。

1994年4月24日，为期5天的第四次钢-混凝土结构国际学术会议在斯洛伐克结束。钟善桐以钢管混凝土组合结构国际合作研究协会主席身份出席了会议开幕式和闭幕式并致辞，其博士研究生韩林海在会上做了两个专题学术报告。本次学术会议有40个国家的200余名代表参加，收入论文集论文141篇，其中哈工大论文6篇。哈工大所做的学术报告理论性强、内容新颖，反映了哈工大在第一科研领域中的领先地位。

1996年5月，沈世钊等4人参加了在北京召开的亚洲及太平洋薄壳及空间

第四章　合作交流

建筑业发展与管理系统优化国际学术研讨会部分代表合影

结构学术会议。参加这次会议的有该地区和来自欧洲的17个国家的120位代表。沈世钊作为特邀代表发言，在会上全面介绍了我国近年来在空间结构方面的研究、开发和工程应用等情况。

1996年12月，应中国建筑科学研究院邀请，钟善桐出席了在香港举行的第三届土建基础设施国际学术研究会，并担任了会议分组主持人。这次会议是根据建设部和美国国家科学基金会签订的科学技术合作协议召开的。会议收到中国、美国、日本、韩国等国专家的论文20余篇。

1997年8月，美国里海大学土木工程系主任吕烈武教授及其同事尼克尔副教授等到哈工大访问，并就钢框架、钢混组合结构、现浇钢筋混凝土结构及其结点的抗震性能等最新研究成果进行了6个单位的讲学。

1999年9月7日至9日，国际标准化组织木结构技术委员会（ISO/TC165）第十三次会议在哈工大召开。来自加拿大、美国、法国、日本、挪威等国的22位代表出席了会议。ISO/TC165共有21个P（正式）成员方和31HO（观察员）成员方以及两个通讯成员方。我国为P成员方。此次会议在哈工大召开，标志着哈工大木结构的科研水平已经达到了国际上发达国家的水平。

1999年12月，沈世钊出席在香港举办的第二届国际钢结构会议。

2000年，沈世钊出席在汉城举办的亚太地区空间结构会议。

通过以上的学术交流，不仅促进了教师学术水平的提高，同时也扩大了土木工程学院在国内外的学术影响,进一步提高了学院的知名度,增进了学院与国内外同行业、同行专家的友好往来。

三、2001—2010年的国际合作与交流

2001—2010年,土木工程学院充分利用学校国际化合作与交流的新政策,加大了学术交流机制的建设力度,加强了与国际知名大学的交流,积极支持教师走出国门,参加各种国际学术会议,了解国际同领域学术研究前沿动态,展示自己的研究成果,将高层次专家请进来为学生开选修课、举办讲座,营造活跃的学术氛围。学院同时还重视加强教学方面的国际交流,与国外10余所大学建立了长期稳定联系,并签订了联合培养本科生、硕士和博士研究生协议。为了进一步促进学科建设、人才培养和国际接轨,与国外知名院校达成相互开展人员交流,合作开展课题研究的共识,扩大国际学术影响,树立国际学术形象,学院以国际化建设带动教学、科研和人才培养,并根据自身的学科发展状况制订国际合作的长期规划。

在"学校国际化建设基金"支持下,学院树立"不求所有,但求所用"的新型人才观念。以新观念、新形式、新层面加强国际交流,拓展国际合作,推动了学院办学国际化的步伐,教师事业空间更加广阔。"十五"期间,学院聘请了来自美国国家自然科学基金委员会、美国加州大学伯克利分校、美国北卡罗莱那州立大学、美国伊利诺伊大学、美国得克萨斯南方大学、英国牛津大学、英国普利茅斯大学、英国曼彻斯特大学、英国威尔士斯旺西大学、英国布拉德福大学、俄罗斯远东科学院、俄罗斯科学院环境科学研究所地震中心、得克萨斯州休斯敦大学、日本东京工业大学、瑞士苏黎世工业大学、加拿大魁北克技术中心、德国柏林工业大学、慕尼黑工业大学、欧盟交通技术委员会等世界知名大学、研究机构的30余位国际知名专家来学院做学术报告,为学生讲授相关课程。

在2000—2005年间,欧进萍邀请了伊利诺伊大学厄巴纳-香槟分校的Billie F. Spencer、纽约州立大学布法罗分校的T. T. Song、南加州大学的Sami F. Masri、加州大学伯克利分校的Stephen Mahin、斯坦福大学的Fu-Kuo Chang、休斯敦大学的G. B. Song、密苏里大学罗拉分校的G. D. Chen、北卡罗莱纳州立大学的Fuo-Kuo Yuan、密歇根州立大学的Jerom Lych、美国科学基金会的S. C. Liu等多位国际知名教授来学校访问,建立了广泛的国际合作研究关系,扩大了土木工程学院的国际影响力。

2003年11月,沈世钊出席在北京举办的中日钢结构论坛。

2003年11月,欧进萍率领哈工大代表团一行5人参加了日本土木工程学会召开的"第一届土木工程国际健康监测与智能结构会议",并分别做了主题

第四章　合作交流

和专题报告。欧进萍领导的"结构健康监测与智能结构"课题组经过多年的努力，取得的成果获得了各国与会专家学者的充分肯定。鉴于中国近年来的突出进展，第二届会议决定在中国召开，由欧进萍主持，定于 2005 年 11 月 16—18 日在哈工大深圳研究院举行。

2003 年 11 月，哈工大与英国索尔福德大学、新加坡国立大学、美国普渡大学、香港理工大学在哈尔滨共同主办了"2003 年建设与房地产管理国际学术研讨会"，王要武和香港理工大学沈岐平教授担任会议组委会主席。与会学者分别来自美国、英国、澳大利亚、中国等国，会议共收录 95 篇学术论文，论文集由中国建筑工业出版社出版。会议组委会提出，将建设与房地产管理国际研讨会办成系列年会，每年度举办一次。

2003 年建设与房地产管理国际学术研讨会部分代表合影

2004 年 2 月，澳大利亚悉尼大学工学院院长 Greg Hancock 教授一行 4 人对土木工程学院进行访问，双方就学生培养、学科建设以及科学研究等方面做了详细的介绍，并展开了热烈的交谈和讨论，访问团还参观了土木工程学院力学与结构实验中心和智能监测实验室。双方就联合培养硕士研究生和开展科研合作、学术交流达成共识。

澳大利亚悉尼大学工学院院长 Greg Hancock 教授一行访问学院

2004 年 5 月，应土木工程学院院长张素梅邀请，美国加利福尼亚大学伯克利分校教授 A. Astaneh-Asl 来土木工程学院进行为期两周的讲学与学术交流,所讲课程"Behavior and Design of Steel and Composite Structures—Including Seismic Effects"受到广大研究生的一致好评,A. Astaneh-Asl还被哈工大聘为兼职教授。

2004年7月,欧进萍率领哈工大代表团参加了在纽约哥伦比亚大学召开的第四届国际结构控制与监测研讨会,并分别做了主题和专题报告。会议决定2008年第五届大会在中国召开,由欧进萍担任会议主席。

在2004—2017年间,李惠多次访问美国加州理工学院,与美国工程院院士Bill Iwan和国际著名贝叶斯专家James L. Beck建立了长期合作关系,其后鲍跃全于2008—2009年、2013—2014年访问加州理工学院,黄永自2012—2017年在加州理工学院做访问学生和博士后。

2004年,段忠东出席了第二届加拿大ISIS国际健康监测会议并做特邀报告。

2004年,建设管理专业教师与新加坡南洋理工大学教师在哈工大举行了建筑业竞争与发展学术研讨会,双方就两国建筑业的发展进行了研讨和交流,并洽谈了相关合作事宜。

2005年,由欧进萍主持的第二届中日结构减振与健康监测学术研讨会在深圳研究生院召开。

2005年9月,美国普渡大学代表团来土木工程学院访问。会见双方就开展两院间在教师及学生交流等领域的合作进行了积极

加拿大ISIS国际健康监测会议主席与特邀报告人合影

建设管理专业教师与新加坡南洋理工大学教师在哈工大举行建筑业竞争与发展学术研讨会

欧进萍院士主持第二届中日结构减振与健康监测学术研讨会

第四章 合作交流

探讨。代表团一行还参观了土木工程学院新办公楼和结构与抗震实验中心。

2006—2010年,学院与美、日、韩等国的5所著名大学和研究机构共同发起并成立了"智能结构技术亚太协作研究中心(ANCRiSST)"。目前,该中心已成为"亚太网络地震工程研究中心(ANCER)"成员和"国际结构控制与监测学会中国分会"挂靠单位。

美国普渡大学代表团访问土木工程学院

2006年,英国曼彻斯特大学机械、宇航与土木工程学院季天健博士受聘为哈工大客座教授。季天健是哈尔滨建筑工程学院结构工程专业1976级校友,在哈工大获得学士和硕士学位,1990年博士毕业于英国伯明翰大学结构工程专业。受聘时任英国曼彻斯特大学机械、宇航与土木工程学院高级讲师,其主要研究方向为结构振动、人与结构相互作用、结构概念。

美国加州大学伯克利分校土木与环境工程专业的知名专家和学科带头人Anil K. Chopra教授是结构动力学和地震工程领域的大师级学者,他的研究成果引领着全世界该领域的学术研究。谢礼立、吕大刚与Chopra有着多年的友谊与交流,2006年买断了Chopra的《结构动力学理论及其在地震工程中的应用(第2版)》在国内的版权,并于2007年1月翻译出版,为推动哈工大结构动力学课程建设及双语教学提供了有效工具,在国内相关领域也得到了广泛好评。通过Chopra专著的翻译出版以及与他广泛深入的交流使哈工大结构动力学和地震工程的教学理念得到更新,教学内容更加合理,教学手段和方法更为先进。紧跟国际潮流,也大大促进了哈工大土木工程学院相关学科的建设。2006年在马其顿共和国斯科普里的一次学术活动中,土木工程学院教授向Chopra发出了邀请,并终于促成了Chopra于2009年4月末来哈工大访问。访问期间学校授予Chopra哈工大荣誉教授称号,开启了学院与Chopra更进一步的合作与交流。Chopra对哈工大土木工程学院教学、科研、学科建设都给予很大的关怀和帮助,对促进土木工程学院建设世界一流学院起到了积极作用。

Anil K. Chopra受聘为哈工大荣誉教授

2006年7月至10月，吴斌到美国加州大学圣地亚哥分校（University of California at San Diego，简称UCSD）进行了为期3个月的访问，与国际著名结构动力试验技术专家P. Benson Shing教授开展了关于实时子结构试验技术的合作研究工作。

2006年8月，由国际钢管混凝土组合结构协会（ASCCS）主办，哈工大承办的第八届钢管混凝土结构国际学术讨论会在哈工大召开。来自国内外的150余名专家学者出席了会议，张素梅主持了会议开幕式。在随后召开的国际ASCCS协会理事会会议上，张素梅当选为新一届理事会主席。

第八届钢管混凝土结构国际学术讨论会在哈工大召开

2006年8月，莫斯科国立建筑大学校长特利琴科·瓦列里·伊万诺维奇教授和土木工程学院院长尼·伊·谢宁教授来学院访问，双方就在人才培养、合作办学、科学研究等方面的合作进行了深入探讨，取得了共识。莫斯科国立建筑大学校长一行还参观了学院力学与结构试验中心，并给予了高度评价。

莫斯科国立建筑大学校长一行到学院访问

2006年9月，在欧进萍的组织下，已经在俄罗斯连续举办了5届的"亚太光电基础问题会议"在土木工程学院召开。来自中国、俄罗斯、美国、加拿大、日本、澳大利亚等国的专家学者以及研究生共120余人欢聚一堂，就光电领域主要专题研究、重要技术问题展开了专题报告和张贴报告。会议收到论文共180篇，由SPIE出版，并被EI检索。

"亚太光电基础问题会议"在土木工程学院召开

2006年9月，美国普渡大学建设管理系主任Robert F. Cox教授访问建设管理学科。在系列学术报告会上，Cox介绍了普渡大学建设管理学科的研究成果，

第四章 合作交流

并同建管学科的教师就科研合作、联合培养博士生和主办国际会议等进行了交流。

2006年10月,范峰等出席了在北京举行的国际薄壳及空间结构学会(IASS)学术讨论会与亚洲及太平洋薄壳及空间结构学术会议(APCS),范峰就大科学工程FAST(500米口径球面射电望远镜)结构设计做了邀请报告,武岳及3位博士生也就研究课题分别做了分组报告。

美国普渡大学建设管理系主任
Robert F. Cox教授访问建设管理学科

2006年10月,周智应邀参加了在墨西哥坎昆市举行的第十八届国际光纤传感会议,并代表欧进萍院士做了"光纤传感器在中国大陆桥梁监测中的应用"的特邀报告,得到了国际同行的认同。

2006年11月30日至12月1日,由土木工程学院主办的第二届国际土木建筑工程研讨会(The Second International Symposium on Innovative Civil & Architectural Engineering)在哈工大召开。会议收到并宣读学术论文28篇,涉及钢结构、组合结构、混凝土结构、大跨度空间结构以及桥梁结构等多个

第二届国际土木建筑工程研讨会在哈工大召开

研究领域,与会专家就上述领域的研究课题展开了深入热烈的讨论,取得了良好的交流效果。

2006年12月,UCSD的Shing P.BenSon教授应吴斌邀请到哈工大讲学,双方就"砌体填充钢筋混凝土框架的抗震性能"的进一步合作研究进行了深入讨论并建立了一致的合作研究方案。

2007年3月,由Pacific Council of Structural Steel Associations (PCSSA) 主办、新西兰Heavy Engineering Research Association (HERA) 承办的8th Pacific Structural Steel Conference (PSSC'07) – steel structures in

新西兰HERA主席会见张素梅

199

natural hazards 在新西兰 Wairakei 召开。由中国钢结构协会牵头包括张素梅、王玉银和杨华在内的中国代表团应邀参会，并在会上介绍了最新研究成果。张素梅代表中国钢结构协会做大会发言，并作为 PCSSA Committee member 积极促成了 2010 年中国举办第九届 PSSC 会议等重要会务事宜。

2007 年 6 月，英国 Salford 大学商业、法学、建筑环境学部主任 Ghassan Aouad 教授访问学院，双方就两院在工程灾害管理领域中科研、教学合作、师生互访等方面进行了深入的探讨，Ghassan Aouad 教授希望两院能长期建立合作关系，双方已初步达成了进一步交流的合作意向。Ghassan Aouad 教授还面向建管学科师生做了学术报告并参观了学校的整体规划。

英国 Salford 大学商业、法学、建筑环境学部主任 Ghassan Aouad 教授访问学院

2007 年 6 月，澳大利亚纽卡斯尔大学副校长高巴尼教授一行 5 人在陶夏新副院长陪同下参观土木工程学院力学与结构试验中心。

澳大利亚纽卡斯尔大学副校长高巴尼一行参观土木工程学院

2007 年 7 月，吴斌与 UCSD 的 Shing P. Benson 教授共同申请国家自然

第四章 合作交流

科学基金重大研究计划重点项目"大型建筑及桥梁结构动力损伤过程的实时混合试验方法与技术"并获批准。

2007年8月,建管学科教师在参加由英国西英格兰大学承办的"建设与房地产管理国际学术研讨会"后,应邀访问了英国索尔福德大学建筑业信息技术应用国家重点实验室,双方就在相关领域的进一步合作进行了讨论和交流。

建设管理专业教师访问英国索尔福德大学建筑业信息技术应用国家重点实验室

2007年9月至2008年9月,凌贤长与UCSD的Hutchinson Tara教授合作开展了可液化场地强震下桩-土-结构地震相互作用大型振动台试验研究,双方就在岩土地震工程领域的合作达成了共识。

2007年11月,郑文忠应邀在圣彼得堡国立技术大学做了题为"预应力混凝土结构在中国的应用与发展"的学术报告,受到圣彼得堡国立技术大学同行的好评。郑文忠教授在俄期间还了解了圣彼得堡国立技术大学等高校土木工程专业的方向设置、人才培养模式、教学计划、科研方向与前沿动态,并进行了交流。

郑文忠应邀在圣彼得堡国立技术大学做学术报告

2008年至2013年,土木工程学院全职引进了韩裔美国籍退休教师河虎夫教授,开设全英文课程"近海工程"。

2008年4月,张素梅选派其助手郭兰慧到UCSD与Uang教授合作从事了为期一年的钢管混凝土组合结构研究。

2008年4月,应哈工大空间结构研究中心主任范峰邀请,悉尼大学土木系主任Kim Rasmussen教授在土木工程学院303会议室为土木工程学院师生做了题为"Stability Research in Steel Structures"的学术报告,会后部分师生与Kim Rasmussen教授展开了热烈的讨论。

悉尼大学土木系主任Kim Rasmussen教授做学术报告

2008年7月,UCSD的Shing P. Benson教授受聘为哈工大防灾减灾工程及防护工程学科兼职教授、博士生导师。

2008年8月,邹超英应邀参加了由日本室兰工业大学主办、日本建筑学会北海道分会协办的第二届"日中韩建筑物混凝土耐久性性能改善"国际研讨会,并在大会上做主题发言。中日韩建筑物混凝土耐久性专题的国际研讨会(PICLS)是邹超英与日本和韩国学者共同发起的,自2007年创办至今已成功举办了13届,邹超英一直担任共同执行主席。十多年来,面对日益复杂多变的环境条件,中日韩的专家和学者从现代混凝土施工技术、土木工程新材料的研究进展、混凝土结构性能优化、混凝土结构耐久性等方面进行交流与研讨,分享新技术、新成果,面对共同的疑难问题联合攻关,国际研讨会持续举办,影响力不断扩大。

邹超英参加第二届"日中韩建筑物混凝土耐久性性能改善"国际研讨会

2008年10月10日至11日,由哈工大主办,兰州大学、清华大学、韩国庆北大学(Kyung-Pook National University)、日本神户大学(Kobe University)、韩国朝鲜大学(Chosun University)、中国钢协钢-混凝土组合结构分会以及中国钢结构协会协办的"第四届建筑结构安全进展国际研讨会(The 4th International Symposium on Improvement of Structural Safety for Building Structures)"在哈工大召开,来自国内外的50余位专家和学者参加了本次会议。张素梅作为此次国际会议副主席主持了开幕式,王树国校长致欢迎词。与会人员还参观了在建的结构风洞实验室及部级重点实验室"力学

第四章 合作交流

与结构试验中心"，对哈工大在该领域中取得的成绩表示了充分的肯定。

第四届建筑结构安全进展国际研讨会在哈工大召开

2008年10月，美国佛罗里达大学的R. Raymond Issa教授和Lucas博士访问哈工大，R. Raymond Issa教授和Lucas博士分别做了学术报告，并与建管学科的师生进行了讨论和交流。

2008年11月，澳大利亚阿德莱德大学土木与环境工程学院院长Michael Griffith访问土木工程学院。双方就共同感兴趣的科研项目和联合培养学生等事宜进行了深入探讨。Michael Griffith一行还参观了风洞与浪槽实验室、力学与结构试验中心和结构健康监测实验室。

美国佛罗里达大学的R. Raymond Issa教授和Lucas博士访问哈工大

澳大利亚阿德莱德大学土木与环境工程学院院长Michael Griffith访问土木工程学院

2008年12月，哈工大引进了UCSD结构工程系的博士后咸贵军博士。咸贵军作为哈工大的海外引进人才，筹建了土木工程学院的土木工程复合材料研究所，并于2009年9

月获得了教育部新世纪优秀人才计划的资助。

2009年1月,吴斌与UCSD的Uang教授开展了新型结构耗能减振技术的合作研究。同年,土木工程学院与UCSD的"实时混合试验"国际联合实验室获得学校"985继续工程"的资助。由吴斌牵头建设了"大型复杂结构实时混合试验平台"国际联合实验室。国外合作单位为美国加州大学圣地亚哥分校(UCSD)。国际联合实验室建设的目标是与UCSD建设成国际联合实验中心,为土木工程学院在结构工程、防灾减灾和工程力学等专业的学科建设,为研究生和青年教师培养,为土木工程抗震研究以及与自动控制和机械工程等学科的交叉研究,为国际学术交流,提供国际一流的支撑平台。本项目的建设也为哈工大-UCSD海外学术基地提供强有力的支撑。该项目建立了实时混合网络控制系统,建立了与UCSD的远程协同试验平台,配置了多通道动态数据采集系统,开发了混合试验软件,完成了一系列典型结构的混合试验;为在结构工程、防灾减灾和工程力学等专业的科学研究,为研究生和青年教师培养提供了国际一流的支撑平台。

2009年3月至2010年3月,郭兰慧参与了Elgamal教授和Uang教授联合申请的美国国家自然科学基金项目"可再生能源风车抗震性能"的研究。

2009年7月,谢礼立选派其助手翟长海到UCSD与Uang教授合作,针对汶川地震的结构震害机理及中美抗震规范的对比等问题进行了为期一年的合作研究。

李惠与UCSD的工学院院长、美国国家工程院院士Seible Freider教授始终保持着长期的学术联系。2009年9月,李惠与Seible Freider教授针对桥梁抗震问题和结构抗爆问题达成了合作研究意向。李惠、关新春与该校的Lanza di Scalea Francesco教授、Michael D. Todd副教授、Yu Qiao(乔宇)副教授就在结构健康监测、智能材料与结构体系等方向的合作达成了意向。

澳大利亚西澳大学土木与环境工程学院院长Andrew Deeks访问土木工程学院

2009年6月,澳大利亚西澳大学土木与环境工程学院院长Andrew Deeks等访问土木工程学院,双方就共同感兴趣的科研项目和联合培养学生等事宜进行了深入探讨。客人们还参观了风洞与浪槽联合实验室、国防抗爆实验室。

2009年9月,王伟、吕大刚、贾明明、戴洪哲和博士生于晓辉参加了在

第四章　合作交流

日本大阪关西大学举行的第十届国际结构安全性和可靠性大会（ICOSSAR 2009）。博士生于晓辉获得了ICOSSAR2009会议主办方颁发的海外学生奖学金。

2009年10月，韩国汉阳大学副校长Seung Soon Im教授一行6人访问土木工程学院。院长范峰、副院长吕大刚与客人进行了交流与会谈。客人们还参观了风洞与浪槽联合实验室和结构与抗震实验室。

2010年3月，吕大刚等3人参加了在新加坡国立大学举办的第四届可靠性工程计算国际研讨会（REC 2010）。吕大刚当选为REC 2010会议的国际科学委员，并和其博士生崔双双分别担任了两个分会的主席。

2010年6月28日至29日，由土木工程学院和韩国汉阳大学联合举办的第四届土木与建筑工程创新国际学术会议在土木学院报告厅召开，国内外的60余名专家和学者参加了会议。来自国内外的18名专家和学者进行了大会发言，并展开了热烈的学术讨论，充分交流了土木与建筑工程结构领域所取得的新进展、新成果。会后，与会代表参观了哈工大的风洞与浪槽联合实验室、冻土实验室和结构与抗震实验室。

王伟等参加第十国际结构安全性和可靠性大会

韩国汉阳大学副校长Seung Soon Im教授一行6人访问土木工程学院

与REC 2010会议主席Mullen教授合影

2010年7月，应吴斌邀请，UCSD的Shing P. Benson教授再次来哈工大访问，就"美国的抗震设计规范""配筋砌体结构的抗震"等问题做了5次学术报告，并参加了由哈工大承办的"全国砌体结构与墙体材料基本理论及工程应用学术交流会"。

2010年以来，李惠多次应邀访问美国普林斯顿大学，并做William

Pierson Field Fund 学术报告，与相关教授合作开设健康监测课程；与剑桥大学、英国皇家工程院院士 Soga Kenichi 针对健康监测建立了密切合作，并派学生在剑桥大学做访问学生 14 个月。

第四届土木与建筑工程创新国际学术会议在土木学院召开

四、2011—2020 年的国际合作与交流

2011 年以来，随着土木工程学院教师更多地参与到国际重要的学术组织之中，参加大量重要的专业学术会议，在国外学术期刊发表越来越多的论文，学院教师的学术成果不断得到世界同行们的认可，学院的国际知名度不断提高。根据 2019 US News 世界大学工程专业排名，哈工大的工程学（Engineering）位列世界第六，土木工程学科位列世界第 24 位。

学院与世界知名院校及实验室建立了多个国际联合实验室、实验/教学平台，包含：HIT-UCSD Real-Time Hybrid Testing 联合实验室；哈工大 - MOI（美国）光纤光栅传感器和监测系统联合实验室；中俄结构健康监测光电技术联合实验室；HIT - Rainbow（美国）无线传感技术联合实验室；哈工大 - 法尔福 FRP 复合材料与结构联合实验室等。另外还与香港理工大学合作建立了哈工大 - 香港理工土木工程联合实验中心。

学院承担了国家自然科学基金重大国际合作项目"重大工程结构的智能健康监测研究"、与美国西北大学申请获准美国国家科学基金会重点项目"PIRE-ISHM project"、承担了香港、澳门青年学者合作研究基金"重大土木工程结构动力特性-智能监测、模型试验和数值模拟"、承担了中、芬、瑞、德、奥五国合作科研项目"Improved moisture (WoodWisdom-Net Project 162006B)"等。

为加快哈工大学科的国际化发展步伐，拓宽青年教师的国际视野，培养一支与国际接轨的高水平师资队伍，根据哈工大学科建设的发展规划，有目标地选择世界一流大学的一流学科作为参照系，建立"哈工大海外学术合作基地"。学校有计划地选派教师集中赴"海外学术合作基地"进行学习访问；集中从"海外学术合作基地"聘请一流学者来校访问、讲学。通过与海外一流学者的合作交流，促进学术思想的碰撞与融合，实现学术前沿的拓展与创新，培育和打造世界一流的学科，哈工大出台了"海外学术合作基地建设暂行办法"。作为"985继续工程"中"领军学者与创新团队项目"的一部分，哈工大首个海外学术合作基地——"HIT-UCSD 土木工程防灾减灾海外学术合作基地"于2011年成立。

"HIT-UCSD 土木工程防灾减灾海外学术合作基地"以建成具有国际竞争力的师资队伍，建设"国际化、创新型、精英式"的人才培养体系，营造长期稳定发展的国际化环境，实现开放式、研究型、国际化土木工程一级学科为建设目标，依托哈工大结构工程和防灾减灾工程及防护工程两个二级国家重点学科，瞄准土木工程学科前沿和国家经济建设中的重大需求，以土木工程防灾减灾研究为主线，发挥多学科集成创新优势，加强学科基础设施与条件平台建设，努力构建开放性、研究型、国际化的土木工程学科体系，形成具有国际竞争力、具有符合我国国情和可持续发展特色的土木工程学科体系，实现土木工程防灾减灾的可持续发展目标。通过HIT-UCSD土木工程防灾减灾海外学术合作基地的建设，哈工大在学科发展、国际交流与互访、国际联合实体、高水平研究生课程、共同举办高水平国际学术会议和暑期学校等方面与UCSD的结构工程系进行了更深层次的交流与合作。

作为"HIT-UCSD 土木工程防灾减灾海外学术合作基地"项目工作的一部分，2011年1月24日至29日，哈工大土木工程学院代表团赴UCSD参加了HIT-UCSD土木工程防灾减灾合作学术研讨会，代表团由土木工程学院副院长吕大刚、副院长吴斌、王凤来、咸贵军、翟长海组成。

2011年1月25日至26日，代表团参观了UCSD的野外地震振动台，还参加了哈工大兼职教授P. Benson Shing 主持的三层足尺配筋砌体结构振动台试验，并与P. Benson Shing 在配筋砌体抗震性能研究方面的合作进行了细致探讨，达成了初步协议。

参加 P. Benson Shing 主持的大型振动台试验

2011年1月27日，HIT-UCSD土木工程防灾减灾合作学术研讨会在UCSD正式举行。双方针对HIT-UCSD土木工程防灾减灾海外学术基地的建立进行了细致讨论，在国际交流与互访、联合培养博士/硕士研究生、共同承担国际合作项目、共同主办国际学术会议、建立联合实验室、共建高水平研究生课程、共同承办暑期学校等方面达成了一致的意见。研讨会前，雅各布斯工程学院副院长Charles Tu会见了代表团。

2011年1月28日，代表团参观了UCSD的鲍威尔结构实验室，双方对相关的试验内容进行了探讨。

HIT-UCSD土木工程防灾减灾合作学术研讨会

2011年3月10日至13日，副校长孙和义率团赴美参加了"HIT-UCSD土木工程防灾减灾海外学术合作基地"启动仪式。代表团成员包括土木工程学院院长范峰和副院长吕大刚。代表团一行受到了该校科研副校长Paul Kit-Lai Yu教授，雅各布斯工学院院长、美国工程院院士Frieder Seible教授以及哈工大兼职博士生导师P.Benson Shing教授的热烈欢迎。孙和义与Frieder Seible一起为哈工大土木工程学院在UCSD的海外学术合作基地——"HIT-UCSD土木工程防灾减灾海外学术合作基地"揭牌。在美国访问的李惠以及在该校结构工程系做访问学者的贾明明博士也一同参加揭牌仪式。

参观UCSD的鲍威尔结构实验室

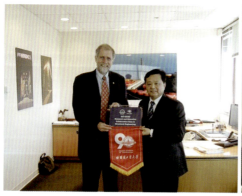

哈工大土木工程学院在UCSD的海外学术合作基地揭牌

第四章 合作交流

代表团参观了该校世界上最大的野外试验振动台以及鲍威尔结构实验室,还与 P. Benson Shing 一起就哈工大海外学术合作基地项目中的教师合作与交流、学生交换与联合培养、共同举办研讨会和暑期学校等问题进行了详细研讨。

"HIT-UCSD 土木工程防灾减灾海外学术合作基地"成立后的几年中,王伟等 7 位教师赴 UCSD 进行短期或一年期的访问工作,8 位博士研究生分三批赴 UCSD 参加博士生联合培养项目,派出办公室人员前往 UCSD 调研学习。李惠、关新春与 UCSD 的 Yu Qiao 合作申请科研项目,并选派青年教师徐翔前往 UCSD 学习、工作。

2011 年以来,学院国际合作工作发展迅速。教师与国外知名大学及研究机构联系密切,通过派出访问学习,参加国际会议,邀请知名学者来院讲学等方式,与世界许多知名大学/研究院的著名教授建立了合作关系。教授们共同申请国内外的科研项目,联合组织国际会议,共建课程,联合培养研究生。积极选派青年教师出国到世界知名大学进行访问、学习。

2011 年 5 月,在美国科学基金会推动下,受美国科学基金会和哈工大国际合作处资助,"中美先进传感与仿生传感技术在巨型城市巨型灾害减灾与可持续发展中的应用论坛"在土木工程学院成功举办。李惠和美国 University of Michigan 的 Jerome P. Lynch 教授分别担任中美双方主席。

"中美先进传感与仿生传感技术在巨型城市巨型灾害减灾与可持续发展中的应用论坛"在土木工程学院举办

2012 年 5 月,哈工大空间结构研究中心十余名成员参加了在韩国首尔举办的 2012 年国际空间结构协会(IASS)学术会议。

2012 年 10 月 30 日,悉尼大学副校长戴里克·阿姆斯特朗(Derrick Armstrong)访问土木工程学院,并参观了结构与抗震实验室和风洞与浪槽联合实验室。

哈工大空间结构研究中心成员参加 IASS-APCS 学术会议

2013年4月10日，澳大利亚阿德莱德工学院院长来土木工程学院访问，与党委书记邹超英共同讨论了两院的学生交流合作前景，并参观了学院结构与抗震实验室和风洞与浪槽联合实验室。

2013年11月19日，泰国蒙格克特皇家理工大学副校长卜万提·阿达楚一行7人访问哈工大，参观了土木工程学院结构与抗震实验室、风洞与浪槽联合实验室。

2014年12月，李惠担任大会主席，在哈工大深圳校区主持了第六届亚太结构健康监测研讨会。

2015年6月，加拿大阿尔伯塔大学建筑工程学院穆罕默德·侯赛因教授访问哈工大，并做了一系列面向建设管理学科师生的关于建筑工业化的学术报告。访问期间，王要武和侯赛因教授就今后两校相关学科的合作与交流进行了洽谈，双方达成了教师、学生交流和共同主办2016年建设与房地产管理国际学术研讨会的意向。

2015年8月，由斯坦福大学主办的"第十届国际结构健康监测研讨会"在美国旧金山圆满落幕。在此次会议上，李惠荣获2015"国际结构健康监测年度风云人物"。"国际结构健康监测年度风云人物"由结构健康监测

悉尼大学副校长戴里克·阿姆斯特朗参观实验室

澳大利亚阿德莱德工学院院长
来访并参观土木工程学院实验室

泰国蒙格克特皇家理工大学副校长卜万提·阿达楚
一行参观土木工程学院实验室

加拿大阿尔伯塔大学建筑工程学院
穆罕默德·侯赛因教授访问哈工大

第四章　合作交流

领域权威期刊《结构健康监测》编委会组成评审委员会，每年在全世界范围内评选出不超过两名在结构健康监测理论、分析、应用和教育等方面做出杰出贡献的学者。李惠成为中国大陆结构健康监测领域第一位获此殊荣的学者，也是国际结构健康监测领域迄今为止唯一获此殊荣的女性学者。

李惠荣获2015"国际结构健康监测年度风云人物"

2016年5月17日，俄罗斯远东联邦大学工程学部部长贝克尔教授一行来校访问，希望哈工大土木工程学院与该校工程学部通过联合成立中俄极地工程研究中心，为双方师生开展学术交流、联合科学研究等项目搭建有效平台，在寒区冻土、极地工程等领域开展深入合作。

2016年5月，瑞典吕勒奥理工大学结构和建筑工程系托马斯教授一行到哈工大访问，双方就合作开展科研项目、联合培养博士生、共同举办国际会议等事宜进行了深入研讨。托马斯一行还参观了土木工程学院相关实验室。

俄罗斯远东联邦大学工程学部部长贝克尔教授一行来校访问

为切实推动中俄学术交流，加强两校合作关系，哈尔滨工业大学土木工程学院与俄罗斯远东联邦大学工程学院共同创建了中俄极地工程研究中心。2016年6月16日，中俄极地工程研究中心在哈工大揭牌；同年9月28日，在远东联邦大学揭牌。中俄极地工程研究中心中方主任由王伟担任，俄方主任由贝克尔院士担任。中俄极地工程研究中心成立后，依托阿斯图大学联盟，充分发挥

瑞典吕勒奥理工大学结构和建筑工程系托马斯教授一行来校访问

两校的优势学科资源，推动双方在海洋抗冰平台、寒区结构可靠度等极地工程领域深入合作，面向中俄两国关键性科学及前沿问题，实现双边科技成果产学研有效对接。该中心积极探索资源共享的新型协作模式，引领极地工程领域发展方向，促进了两校在教育教学、科技创新等领域的合作，为中俄两国在极地领域的科学交流发展做出重要贡献。

中俄极地工程研究中心分别在哈工大和远东联邦大学揭牌

2016年7月，在韩国仁荷大学召开的第七届国际控制与监测研讨会上，经国际结构控制与监测学会（International Association for Structural Control and Monitoring，IASCM）理事会投票，李惠全票当选国际结构控制与监测学会理事长。这是该学会成立以来第一次由华人学者担任理事长。国际结构控制与监测学会于1990年由G.W. Housner、T.Kobori、F.Casciati和谢礼立院士共同发起成立，经过20多年发展，

参会代表合影

该学会在国际结构振动控制与监测领域享有很高声誉，是土木工程领域权威的国际学术组织，设有美国分会、中国分会、欧洲分会、日本分会、韩国分会和大洋洲分会6个分会，拥有《结构控制与健康监测》会刊，每4年举办一次世界大会和研讨会，对相关领域学术研究和学科发展具有极大的影响力。

2017年1月4日，日本高知工科大学校长矶部雅彦一行5人访问了土木工程学院，参观了土木工程学院结构与抗震实验室、风洞与浪槽联合实验室。

2017年4月4日，副校长任南琪在行政楼会见了来访的俄罗斯科学院西伯利亚分院雅库科学中心主席列别捷夫一行。双方就共同开展极地冻土工程合作研究进行了深入交流。

第四章 合作交流

学院积极响应国家的"一带一路"倡议,注重加强与俄罗斯、乌克兰等国的知名大学、知名学者的合作。同时土木工程学院积极参与"中国-东盟工科联盟"框架下的中国-东盟科学与技术论坛,并于2017年承办了中国-东盟科学与技术论坛土木分论坛。由土木工程学院牵头,联合40余个我国一流大学以及文莱、柬埔寨等东盟大学成立了"中国-东盟科学与技术研究院土木工程分中心"。学院还发起签署了"中国-东盟科学与技术研究院土木工程分中心贵阳宣言"。该宣言提出了中国及东盟各国的开放大学在团结协作的基础上开展的合作领域及中心机制,40余所中国及东盟大学作为创始院校在宣言上签字。

日本高知工科大学校长矶部雅彦参观土木工程学院实验室

俄罗斯科学院西伯利亚分院雅库科学中心主席列别捷夫一行来访

土木工程学院中国-东盟科学与技术论坛土木分论坛人员合影

为了进一步巩固中国-东盟科学与技术论坛取得的合作成果,推进"中国东盟科学与技术研究院土木工程分中心"的国际影响力,土木工程学院主管副院长关新春出席了2017年11月在印尼泗水举行的"中国-东盟工科大学联盟论坛"。关新春在会议上介绍了由土木工程学院在"中国-东盟工程科学与技术研究院"架构下发起成立的土木工程中心的成立以及运行情况。与会代表共同讨论了如何进一步加强中国与东盟大学间的学生交流、教师交流以及科研合作事宜。会后,关新春到泗水理工大学,与该校土木系主任以及学科负责人进行了交流并参观实验室,讨论了未来在"中国-东盟工程科学与技术研究院"的土木工程研究中心架构下,共同组织土木工程方向研讨会等事宜。

2018年1月，土木工程学院举办了2018年纳米与多功能混凝土高层国际研讨会。来自普林斯顿大学、加州大学洛杉矶分校、美国西北大学、荷兰代尔夫特理工大学等高校20位教授、学者参加了会议。

关新春出席"中国－东盟工科大学联盟论坛"

2018年4月，丹麦皇家科学技术院院士、奥尔堡大学土木工程系教授迈克尔·哈佛波·菲波尔受聘哈工大名誉教授仪式在校举行。菲波尔教授是工程可靠度、风险和安全评估研究领域的国际知名专家，2011年成为哈工大客座教授和兼职博导，并于2015年续签合同，受聘时哈工大与菲波尔教授联合培养的3名博士研究生在读。

2018年纳米与多功能混凝土国际学术研讨会

2018年7月，由国际结构控制与监测学会（International Association for Structural

丹麦皇家科学技术院院士菲波尔受聘哈工大名誉教授

Control and Monitoring, IASCM）主办，哈尔滨工业大学、国际结构控制与监测学会中国分会、中国振动工程学会结构抗振控制与健康监测专业委员会承办的"第七届国际结构控制与监测大会"在青岛召开，共有来自25个国家和地区的768名代表出席，李惠任大会主席。大会期间，举行了KoboriPrize获奖者颁奖仪式。李惠主持召开了国际结构控制与监测学会理事会和亚太智能结构技术协会理事会。与会代表参观了山东高速胶州湾大桥健康监测系统

第四章 合作交流

和青岛市民健身中心健康监测系统。

南北两极对全球气候变化和人类生存发展具有重要影响。哈工大充分发挥地缘优势和学科交叉优势，成立了哈工大极地研究院。研究院本着"认识极地，保护极地，推动极地的可持续发展"的原则，瞄准极地科学前沿，依托哈尔滨工业大学环境科学与工程、物理学、土木工程、建筑学、交通运输工程、生物学、食品科学与工程等12个国家一级学科，通过多学科交叉与融合，积极开展与极地科学有关的高水平研究，构建现代化极地科研平台，推进极地科研国际合作，提升哈工大优势特色学科的科研水平和国际影响力，为我国的极地研究提供科技与智力支撑。

参加"第七届国际结构控制与监测大会"的部分代表合影

2019年2月，土木工程学院牵头成立了"哈尔滨工业大学极地研究院"下属的"极地与寒区工程国际研究中心"，主要致力于联合北极大学联盟开展极地工程领域的研究。

2019年5月，由哈尔滨工业大学、香港理工大学、加拿大阿尔伯塔大学主办，加拿大阿尔伯塔大学承办的2019年建设与房地产管理国际学术研讨会（ICCREM 2019）在加拿大班夫举行，加拿大阿尔伯塔大学Mohamed Al-Hussein教授担任执行主席。全部会议论文被收录于ASCE数据库，并全部被EI数据库检索。这也是建设与房地产管理国际学术研讨会连续17年举办，王要武和香港理工大学沈岐平教授一直担任该会议的组委会主席。

2019年6月18日，来哈尔滨出席2019中国-俄罗斯科技创新日等活动的俄罗斯科学和高等教育部第一副部长

2019年建设与房地产管理国际学术研讨会部分参会代表合影

215

特鲁普尼科夫率领代表团来哈工大访问、交流并实地考察了包括寒地建筑科学工业和信息化部重点实验室、风洞与浪槽实验室在内的相关实验室。

俄罗斯科学和高等教育部第一副部长特鲁普尼科夫率团来哈工大访问

2019年11月，首届中俄寒区土木工程可持续发展研讨会在土木工程学院举行。来自土木工程学院、建筑学院、交通学院的师生与俄方专家就新材料及新型结构、组合结构的抗爆抗冲击性能、多层建筑结构抗震性能、城市化机制及寒区冻土工程等方向做了精彩的学术报告。俄方专家还参观了土木工程学院风洞与浪槽联合实验室、结构与抗震实验室及寒地建筑科学实验室。

参加首届中俄寒区土木工程可持续发展研讨会的俄方专家参观土木工程学院的实验室

2019年12月，土木工程学院选派吴香国参加由柬埔寨柴桢大学承办的"中国-东盟工科大学联盟2019年年会"。吴香国在会上做大会发言，介绍了学校、学院、土木工程学科基本情况，汇报了中国-东盟工科大学联盟土木工程研究中心的基本情况和工作进展与发展思路。参会期间，吴香国访问了柬埔寨教育部秘书处、柬埔寨工业大学土木工程学院、PARAGON国际大学土木工程系，介绍了土木工程学院和学科基本情况以及我校对中国-东盟工科大学联盟土木工程研究中心的进一步发展构想。围绕推进学院同柬埔寨相关高校土木工程学科的进一步国际交流与合作交换了意见。

第四章　合作交流

吴香国出席"中国-东盟工科大学联盟2019年年会"并访问柬埔寨教育部秘书处

2020年，由土木工程学院联合多所国际知名大学联合主办的建设与房地产管理国际学术研讨会（ICCREM）2013—2019年论文集被全球规模最大的文摘和引文数据库Scopus数据库收录。Scopus数据库目前在世界范围内已得到高度的认可和广泛应用，是顶级排名机构QS排名及泰晤士高等教育排名唯一的文献计量基础数据库。建设与房地产管理国际学术研讨会会议集自2013年开始由美国ASCE出版社出版，自2003年以来相继被全球三大学术数据库CPCI (Web of Science)、EI、Scopus收录，这标志着ICCREM收录论文的质量和学术水平已经受到了国际学术界的广泛认可。

第二节　港澳台学术交流

1996年5月，香港理工大学土木系主任高赞朋教授等访问土木工程学院。双方就分别从事的大跨钢结构、高层钢结构、砌体结构、岩土工程、结构损伤理论与应用、海洋结构、钢筋混凝土结构等方面的研究情况及成果进行了交流。

1997年，关柯受邀访问香港城市大学，与香港城市大学建筑系主任就相关合作问题进行了讨论和交流。

1999年6月21日，哈建大建筑代表团访问台湾成功大学。景瑞校长与台湾成功大学校领导会晤。

2000年1月，工程管理学科与中华建设管理研究会、香港理工大学建筑及房地产学系合作，在哈尔滨召开了"世纪之交的城市发展国际研讨会"，产生了较为广泛的影响。王要武担任此次会议的组委会主席。

2003年1月，工程管理学科再度与香港理工大学建筑及房地产学系合作，在哈尔滨举办了建筑领域信息化国际学术研讨会，会议吸引了内地许多高校和研究机构以及香港理工大学多位学者。王要武担任此次会议的组委会主席。

景瑞校长与台湾成功大学校领导会晤

2003年10月，沈世钊出席在台北举办的第三届两岸结构与大地工程研讨会。

2007年2月，台湾交通大学曾仁杰教授一行访问哈工大。建管专业教师与曾仁杰教授就Eco-city、建筑产业现代化等主题进行了交流，并探讨了相关合作事宜。

2007年4月，武岳参加了在台湾淡江大学举办的首届"全球华人风工程论坛"国际会议，并在大会上做了题为"大跨屋盖结构抗风敏感度分级方法"的邀请报告。

2008年12月，香港金门建筑有限公司行政总裁何安诚，营运总裁及执行董事黄唯铭，董事雷远达、黎永觉一行4人到访哈工大，参观了土木工程学院力学与结构实验中心、风洞与浪槽联合实验室及相关实验室。

2010年10月，学院代表团访问台湾地震工程研究中心和台湾大学土木工程系，并参加在台湾地震工程研究中心举行的第一届海峡两岸地震工程青年学者研讨会。我校是本次研

香港金门建筑有限公司行政总裁何安诚一行参观实验室

讨会的发起单位之一，同时也是会议的协办单位，翟长海教授担任此次会议的组织委员会主席。

2011年4月，时任台湾大学工学院土木工程学系主任吕良正教授访问土木工程学院，讲授"结构最佳化系统开发及其于桥梁设计之应用，建筑结构中阻尼器之最佳配置以及建筑节能分析与设计"的专题讲座。同时签订学院与台湾大学土木工程学系合作备忘录，该备忘录的签订为双方土木工程学科的学生提供了更多的交流与联合培养的机会，同时也为双方教师间的教学交流与科研合作提供了支持。

台湾大学吕良正教授访问土木工程学院

2013年1月，土木工程学院接待了香港工程师协会（HKIE）参观团。来自于香港政府、高校、企业单位的香港工程师学会建造分部的25位专家参观了土木工程学院的结构抗震实验中心、风洞与浪槽联合实验室以及岩土实验室、智能健康监测实验室。并与学院领导进行座谈，增进双方的了解，寻求学院与学会之间的合作机会。此次访问是在中央人民政府驻香港特别行政区联络办公室的联系和组织下进行的，旨在向香港同行专家推荐内地最北方的一流大学的顶尖学科，增强交流与合作。

香港工程师学会（HKIE）参观团参观土木工程学院实验室

2018年6月，香港海外学人联合会一行21人访问土木工程学院，中联办张总明副巡视员随团陪同。双方就项目合作、人才培养等多个领域展开深入交谈。香港来宾一行随后参观了风洞与浪槽实验室，感受了哈工大土木工程学科强大的科研实力与优质的科研环境。

香港海外学人联合会访问土木工程学院

第五章 师者风范

第五章 师者风范

力学泰斗 土木之光

——记王光远院士

王光远院士1924年3月25日出生于河南省温县一个小学教师家庭。在父亲的影响下，他很早就树立了"科学救国"和"教育救国"的思想。1937年，日本侵略军大举入侵，从华北进逼河南，学校解散。王光远时年13岁，不得不离开家庭只身逃亡陕西。为了能到国立中学接受正常的教育，他历尽千辛万苦，只身奔赴甘肃天水，进入国立第五中学。为了能安静读书，他曾在山坡挖洞居住两年之久。1940年，他以全省会考第二名的优异成绩初中毕业，免试进入高中。1942年以同等学力考取国立西北农学院水利工程系。在该校学习期间，有幸受到著名力学家孟昭礼的特别培养。1946年毕业于国立西北农学院水利工程系，毕业后被分配到黄河水利委员会参加花园口堵口工程，任新堤第一段工程员。同年孟昭礼应邀回北洋大学（现天津大学）任教，他推荐王光远担任他的助教，从此，王光远终生从事工程力学的教学和科研工作。1949年暑假，王光远被提升为教员，1950年被提升为讲师。

1950年10月，高教部在全国工科院校选派了第一批助教和讲师到哈尔滨工业大学作为师资研究生跟苏联专家学习，王光远是其中之一。第一年学习俄语，后三年学习业务和教学方法。王光远由于基础较好，两年就完成了全部学习计划。1952年，王光远提前两年在研究生班毕业后，立即被任命为哈尔滨工业大学建筑力学教研室主任。该教研室负责全校材料力学、结构力学和弹塑性理论的教学和科研工作。在此期间（1952—1956），王光远协助苏联专家培养了大批研究生和进修教师，这些人后来都成为我国各主要工科大学的骨干教师和领导人，其中，陈肇元和沈世钊成为中国工程院院士。

1955年，国务院提出十大研究课题，其中土木建筑方面的是"抗地震结构的计算方法"。考虑了国家的迫切需要、结构力学发展的趋势和本人的主客观条件后，王光远积极响应号召，参与了开辟当时在我国尚属空白的这个研究领域的工作。1956年，王光远应中国科学院土木建筑研究所（现国家地震局工程

223

力学研究所）所长刘恢先的邀请，担任了该所的兼职副研究员。

20世纪50年代后期，他应用新的数学工具——随机过程理论，研究地震荷载和风荷载的计算理论，于1964年发表《在非平稳地震作用下结构反应的分析方法》一文，这在当时是接近世界先进水平的。20世纪60年代初，他带领工程力学研究所的周锡元（后成为中国科学院院士）、徐祥文和肖光先等同志开展了"建筑物空间整体作用静力与动力计算理论"的研究。在对单层厂房大模型试验和实测的基础上，进行了深入细致的理论分析和反复验证，取得了在国际上居领先地位的优秀成果，被评定为1964年国家重大科研成果，并在1974年为我国制定的《工业与民用建筑抗震设计规范》所采用，该项成果于1978年获全国科学大会奖。

王光远院士非常重视抗震设计规范的编制工作，他参加了1959年我国第一个抗震设计规范草案和《工业与民用建筑抗震设计规范》（TJ 11-78）的编制工作。为此总结了各国抗震设计规范中的地震力计算部分，为规范的修订工作做出了重要贡献。

1959年，哈尔滨工业大学土木系独立建院，成立哈建工。同年，经国家批准，王光远等开始培养四年制研究生。20世纪70年代以前，他共培养研究生9名。1978年建设部批准在哈建工成立以王光远为首的结构动力学研究室，后来成立了工程理论与应用研究所，并担任所长。

王光远1978年晋升为教授，被任命为国务院学位委员会力学学科评议组成员和国家自然科学基金土建学科评议组成员，1981年被国务院批准为我国首批博士研究生导师，指导了黑龙江省第一位博士霍达；1991年至1994年担任中国力学学会副理事长；1994年当选中国工程院首批院士。此外，他还担任国际刊物 *Engineering Optimization* 编委，国际结构安全与可靠性协会（IASSAR）委员等学术职务。担任国家自然科学基金"八五"重大项目"城市与工程减灾基础研究"二级课题负责人，与同济大学项海帆院士共同主持国家自然科学基金"九五"重大项目"大型复杂结构体系的关键科学问题及设计理论的研究"。

从1978年恢复研究生招生以来，王光远院士主要从事研究生的培养工作和科学研究工作。到2003年为止，他已培养毕业硕士31人、博士30人，指导博士后29人。

在学术思想上，王光远院士十分重视开拓新领域，对新兴的科学领域非常敏感。20世纪70年代后期，他开始将系统工程、优化和决策理论、模糊数学等新兴学科应用于工程设计理论和结构动力学研究，取得了多项重大成果，主要包括：

（1）建立了"结构模糊随机优化设计理论"。王光远院士和他的学生王文泉于1984年首先提出了"结构模糊优化设计理论"，这项成果获得了1986年国家教委科技进步一等奖和1987年国家自然科学三等奖。在此基础上，王光远院士和他的学生陈树勋、武爱虎（武哲）、谭东跃、乔忠等进一步提出了多目标多约束的普遍型结构模糊随机优化设计理论及其实用设计方法，以及模糊随机规划的一般性理论，推动了模糊数学的发展。

第五章 师者风范

（2）建立了"模糊随机振动理论"。1985年，王光远院士和他的学生欧进萍提出将地震地面运动模拟为具有模糊参数的随机过程，给出了计算方法，后又与欧进萍、张跃、吴波、哈明虎等提出了模糊随机振动的一般性理论，并提出了动态模糊集合、模糊过程、模糊随机过程、模糊随机动力系统等理论，把模糊数学从静态推到了动态。这项成果获得1993年国家教委科技进步一等奖。

（3）提出了"广义可靠性理论"。1988年，王光远院士及其学生王文泉、欧进萍提出了考虑系统随机性和模糊性的"广义可靠度"的概念和计算方法，1990年提出了未确知性信息的定义及其数学处理方法，20世纪90年代中期与刘玉彬提出了基于模糊随机变量理论的广义可靠性理论，90年代后期与张鹏、陈艳艳、于玲等提出了考虑中介状态的工程结构与系统广义可靠性理论。

（4）建立了"工程大系统全局性优化理论"。20世纪80年代以来，王光远院士从"大系统全局优化"的角度，与其学生谭东跃、陈树勋、白广忱、张淑华、陈艳艳、谭中富、张鹏、朱靖华等针对简单系统、递阶系统、网络系统等，建立了工程大系统全局性优化理论，并在航天器系统、卫星系统、电力系统、交通运输系统、油气田系统等领域获得了广泛的应用。

（5）建立了"地震工程全系统全寿命费用最小优化设计理论和方法"。20世纪90年代以后，王光远院士从工程结构与系统抗震优化设计的实用方法角度，与其学生顾平、吕大刚、王力、张世海、张鹏、陈艳艳等提出了"基于最优设防烈度的抗震结构全寿命优化设计理论与方法""基于最优设防烈度的工程系统全局优化理论与方法""结构智能选型设计理论与方法"，该项成果获得2007年教育部高等学校自然科学二等奖，专著《结构智能选型——理论、方法及应用》获得全国首届"三个一百"原创图书工程奖。

王光远院士是一位非常"多产"的力学家。他总计编写了《弹性及塑性理论》等8部教材，翻译了苏联别辽耶夫的《材料力学》、美国克拉夫的《结构动力学》等7部国外教材，出版了《建筑结构的振动》《工程软设计理论》等14部专著，为我国的地震工程、结构动力学以及高等学校力学的教学工作的发展做出了重要贡献。

王光远院士不仅在科学研究工作中做出了重要贡献，而且十分重视教学活动，他花了10年的时间过教学关，为大学生和研究生讲授过力学和数学等10多门课程。他教学态度十分认真，教学效果非常突出，曾在《人民日报》等刊物上发表过教学方面的文章60篇。

王光远院士不仅热爱教学和科研事业，而且非常懂得生活。他说，对人生来说，"奉献"就是创造生活，"取得"就是享受生活。因此，人生的意义就是创造生活和享受生活；而生活的艺术就是创造和享受的最佳协调。让我们在勤奋的工作之余，尽情地享受生活吧！

（供稿：吕大刚）

为草做兰　为木当松

——记"优秀教工李昌奖"获得者陈雨波教授

在哈工大博物馆的校史展板上，一幅年轻、英气勃勃的大照片，展示了1949年哈工大开始招聘中国专业教师的历史。陈雨波，新中国哈工大的第一位华人专业教师、苏联专家的翻译，他还曾是大学校长，为一所高校的发展领航掌舵。

2010年秋季学期开学的第一天，从上海回哈、89岁高龄的陈雨波和他的夫人——已坐上轮椅的赵晖来到哈工大博物馆（老土木楼）参观，他们当年就在这个楼里工作。陈雨波见证了那个年代这里发生的一切，见证了哈工大的历史沧桑，也见证了哈尔滨建筑大学的发展壮大。他对在这里学习和工作了40多年的老楼眷恋至深，以至于耄耋之年仍不能忘怀……

如今，91岁的陈雨波虽没有了当年的英俊帅气和翩翩风度，但其睿智深沉、儒雅谦和的气质，才气过人的领导韬略仍让人难忘……

爱国青年，投身抗日救亡运动，一腔热血挥洒豪情，立志走工业救国之路

陈雨波，原名陈燕，1922年8月生于江苏无锡一个中产阶级家庭，祖父与父亲都是商人。其堂叔父是集著名社会活动家、经济学家、历史学家、社会科学家、教育学家和外交家于一身的学界泰斗陈翰笙。

少年陈雨波聪慧过人，因品学兼优在辅仁中学得过奖学金，当过班长。后考入江苏有名的上海中学，但淞沪战役爆发，日寇打进上海，学校不得不搬到法租界。那时，日军包围了租界，上海全部沦陷。日本飞机到处轰炸，日本特务横行，天下大乱，穷人没饭吃，每天都有饿死的人被马车拉走……目睹这种惨状，陈雨波愤怒了：日本人怎么可以在中国的土地上这样横行霸道？中国人真要当亡国奴了吗？他回忆那段经历时说："那时我白天上课，晚上参加上海

第五章 师者风范

剧艺社的一个子剧社的活动,上海剧艺社受中共地下党的人领导,演出的是像《文天祥》等宣传民主思想和爱国主义精神的话剧。"有一次,这个子剧社去法租界当局关押"八百壮士"的集中营演出,他们趁这个机会,用巧妙的办法救出了一位中共地下党的干部,并将他送到苏北新四军解放区。那时,才17岁的陈雨波还常去职工俱乐部和学校,帮助他们化装和演出,还曾担任过揭露社会黑暗的《生之意志》《红灯笼》两部话剧的导演。

陈雨波生长在那个战火纷飞的动荡年代,怀着一腔热血,立志走工业救国之路。毕业后他就到抗战大后方昆明中央电工器材厂任工务生,该厂主要为抗日前线生产军用电话、电缆、手摇发电机等军需产品,这是国内最大的生产军需电器的工厂。

1941年,他考入西南联大工学院学习。学校校部只要有讲演会、座谈会、联欢会,他都要步行往返五六千米前去参加。那时,闻一多、张奚若、费孝通、曾昭抡等进步教授的讲座和报告所体现的科学与爱国思想,对他人生观的形成有着巨大的影响。

1945年4月,他从西南联大土木系毕业,又志愿到战时运输管理局第一公路工程总队,到广西抗日前线,把他的知识和技术运用到修路、修桥中,为当时反攻桂林战役服务。日本投降后,1946年10月,他被清华大学土木系聘为助教,在大学里可以培养更多的工业人才,因而陈雨波立志当一名好教师。其间,经清华大学中共地下党员方复同志介绍,他参加了党的外围组织"炼社",是当时清华教师中积极投身学生运动比较早的青年教师之一。

一个忧国忧民的高材生,一个立志工业救国的热血青年。这就是陈雨波27岁前的一段人生经历。

哈工大第一位华人专业教师,从清华"自投罗网"到东北,服从需要牺牲专业,舍小我高风亮节

1949年8月,清华大学校园,一群年轻人围着看一则招聘启事。哈工大校长冯仲云是清华大学校友,他去清华委托钱三强教授在清华大学公开招聘20名助教。

此时,看招聘启事的人中有的面无表情,有的睁大了疑惑的眼睛:去东北?去那个冰天雪地的哈尔滨?他们摇着头,不屑一顾地走了。只有一个年轻人有些抑制不住兴奋,仔仔细细地把招聘启事看了好几遍,决定不错过机会,立刻去钱三强家报了名。他,就是清华大学的助教陈雨波。

"陈雨波报名啦?他一个南方人放弃清华、放弃北京,去东北?真是个傻瓜!去了就让他后悔吧!"他周围的人不解地议论着。

钱三强把陈雨波介绍给冯仲云,冯校长非常爱惜眼前这个帅气儒雅的青年

227

教师。说起哈工大来，陈雨波敞开心扉："一是因哈工大用俄语教学，我在清华曾旁听过俄文，来这里工作困难少些。二是因为从少年时代起就向往世界上第一个社会主义国家苏联，来哈工大就可能有机会去苏联。"冯仲云校长立即决定聘用陈雨波。

哈工大建校后一直按苏联和日本教育模式办学。1949年，学校为了培养中国人自己的教师队伍，第一次在清华大学招聘青年教师，却出师不利。整个清华园，只有陈雨波一人报名应聘。

陈雨波回忆到哈尔滨后的情景："预科主任刘仲甫派了哈工大唯一的交通工具——马车，接我到中山路教堂街口的学生宿舍暂住。这幢三层小楼原是一座小教堂，俄式风格的窗玻璃五彩缤纷。这里的本科中国学生交谈时往往都是中、俄文混用。第一天晚上，我学会了一支俄文歌曲《喀秋莎》。

"到哈工大报到时，新艺术运动建筑风格的校舍（现哈工大博物馆），圆拱形大门，外墙人像浮雕，让我感觉仿佛到了苏联。副校长是苏联人，大楼的门卫、清洁员也是苏联人，本科学生大多也是苏侨。课堂上讲俄文，校园里张贴的校令、布告和各房间的标牌也是清一色的俄语。我在清华虽旁听过一年多的俄语，但一周也只有一两次课，学得不多。第一天进校部楼时，居然连男厕和女厕都分不清，想起来就好笑……"

当时的哈工大，本科教职员工几乎都是苏侨。学校除了一位体育教师、两位教外籍学生中文的教师，以及预科的两位国文教师外，陈雨波是唯一的华人专业课教师。

1951年，东北人民政府决定成立"东北招聘团"进关南下招聘有志之士来东三省工作。陈雨波随招聘团先后在上海、南京、杭州、北京、武汉、长沙为哈工大招来一批青年教师，其中包括黄文虎在内的许多优秀教师，他们都成为哈工大的"八百壮士"。

1953年3月，以古林教授为首的苏联专家陆续到达学校，向苏联专家学习就成了学校的头等大事。根据学校改建扩建的要求，陈康白校长等开始制订《哈尔滨工业大学五年发展计划》，这是新中国成立后哈工大的第一个发展计划，全校师生都为之振奋。陈雨波是陈康白校长组织制订计划的主要助手，因而大家都幽默地称陈校长为"陈大计划"，而称陈雨波为"陈小计划"。

陈雨波是哈工大土木系最早从事钢结构教学和科研工作的中国教师，教书，一直是他的愿望。在第一批苏联专家中，建筑力学专家库滋民是土木系顾问，他带来了苏联高校"工业与民用建筑"和"工业与民用建筑结构"两个专业的全套教学计划、教学大纲、生产实习指导书等教学文件。他亲自给学生上课，陈雨波担任他的助教。陈雨波回忆说："我听俄语课问题不大，但要在大庭广众之下用俄语进行集中辅导和回答学生提出的问题，这对我这样没系统学过俄语的人来说可谓是艰巨的任务。"但那时，他还是成了苏联专家很得力的助教，

第五章 师者风范

并在本科一个班（全是苏侨学生）用俄语辅导"材料力学"和"结构力学"这两门课。1951年，哈工大举行第一届教学研究和科学技术工作会议，库滋民除了给大家介绍苏联高校"工业与民用建筑"专业的教学过程和办学经验外，还做了一个"关于挡土墙应力计算"的学术报告，陈雨波在台上为他口头翻译，并回答大家临时提出的问题。他熟练的俄语和扎实的专业知识，受到苏联专家和师生的称赞与好评。

1952年秋，学校把建机械楼、第二学生宿舍和镜泊湖疗养所这三项繁重的设计任务交给了30岁的陈雨波，并将他调出土木系，任命为"基建设计室"主任。不搞教学，他虽不愿意，但还是服从了组织的安排。

他在短时间内组织了三支队伍：一是临时抽调的研究生，二是刚毕业留在基建处的学生，三是学校的助教，在苏联专家的指导下进行建筑设计和结构总体设计。他协调各工种之间的关系及矛盾，为每一个设计人员创造工作和生活条件。他做事井井有条、虚心公正，且科学规律地安排紧张的工作。任务紧、人员少，他要亲自带着学生到工地进行地形测量，自己绘制地貌图……陈雨波曾在西南联大土木系学习，除了学习房屋建筑结构外，还学习了铁路、水利、公路、桥梁、给排水、暖通和建筑学等专业课。他说："我之所以能够起到总抓、协调的作用，要归功于我在大学受到的是这种'通才教育'。所以，哪里人手不够，我就可以在哪里补缺。"

三项任务完成后，一向低调务实的陈雨波觉得自己只是个"后台工作者"，但学校领导和苏联专家却把他看作功臣。在设计室工作将结束时，大家一起合影。高铁副校长和苏联专家在第一排中间入座，可苏联专家却硬是把陈雨波拽过来按在第一排中间座位上，并大声地说："你是我们的'那恰里尼克'（首长），应该坐这里。"

之后他先后被调任土木系副主任（主任是从关内聘请来的专家、教授）、教务长助理、教务处副处长。1957年经高教部批准，哈工大在全国首次评定13名副教授，陈雨波是其中之一。他们的平均年龄27.5岁，是哈工大的第一批"八百壮士"。

陈雨波是苏联专家非常器重的专业人才。库滋民回国前，专门找了高铁副校长建议："希望学校能尽快解除陈雨波的行政职务，让他一心一意做一名专职教师，教好书，搞好科研。他在业务方面是很有发展前途的。"但校领导认为行政工作也离不开他，因此没有采纳苏联专家的建议。

夫人赵晖说："他一直不情愿放弃专业，但又不能不听党的话，得服从组织安排，这很矛盾。他从上海到北京，又从北京到哈尔滨，一辈子没为个人想过。他母亲在无锡卧床20年，叫他回南方工作，他虽有过动摇，但却走不了……"

1959年4月，根据国家需要，哈工大土木系扩建为哈尔滨建筑工程学院，他又一次服从组织安排，离开哈工大前去赴任。

从 1949—1959 年，从 27 岁到 37 岁，正值陈雨波生命的黄金时期。10 年，他的大好年华融入哈工大历史上的第一个"黄金时代"。这里有他舍小我、顾大局的高风亮节，有他孜孜不倦忘我工作的精神境界，有他用青春和智慧谱写的奉献之歌。

哈建工第一位学者型校长，才干与魄力、胸襟与境界相映生辉；鞠躬勤政，成效令人瞩目

教学、行政，再教学、行政，岁月更迭，几经变换。1982 年在哈建工发展的关键时刻，陈雨波被国务院任命为哈建工院长，1983 年 8 月又被任命为党委书记兼院长。与其说陈雨波一次次听从调任是服从组织安排，不如说他有着坚定的教育信仰与博大胸怀。

一位教育家曾这样比喻大学校长："一所学校因为有一位好的校长而迅速崛起，也因一位庸庸之辈而日落千丈。校长之于学校，犹如灵魂之于躯体。"

陈雨波的工作印证了这位教育家的名言。在学校发展的关键时期，他抓住机遇，并尽心竭力领导全校教职工，使学校从小到大，又从低到高地稳步发展，在办学规模和层次、学术地位上更上一层楼，为学校的振兴与发展做出了重要贡献。

学校要发展，校舍是首要条件。1980 年，哈尔滨市批给哈建工一块 40 公顷的土地作为新校区。这是航校训练驾驶员的飞机场，航校"寸土不让"，批文下来已近 3 年交涉未果。若仍不动工，规划局就要收回土地使用权。在这个关键时刻，他下令强行开工，但晚上又被一次次推倒夷为平地。万般无奈之下，他与当时学校的其他几位领导一起决定边施工边通宵守护工地……最后总算保住了这块来之不易的土地。

1983 年作为党政一把手的陈雨波，肩负着建设新校区的重任。兵马未动，粮草先行。大笔建设费用从何而来？正在这时，在北京的夫人赵晖受哈工大设备处派遣去国家教委申请第一批联合国世界银行贷款，得知贷款也将分配给其他部委所属学校，就立刻给陈雨波打电话，把这个消息"透露"给他。陈雨波第二天便飞往北京，"马不停蹄""披荆斩棘"地跑贷款，同时组织学校把申请和订购计划报送国家教委，如果这笔贷款能争取到，对学校真是雪中送炭。但天有不测风云，经"过五关、斩六将"地一番折腾，最后眼看到手的贷款被分出一半给了建设部的一所重点院校，哈建工最终得到了 361 万美金。这笔贷款，对学校的发展起了十分关键的作用。

30 多年后说起此事，夫人赵晖笑着说："如果不是我给他们通风报信，他们也不会先下手为强，得到贷款，这里也有我的功劳啊。"然后她神秘地说："现在说透露消息，没关系啦。"

第五章 师者风范

陈雨波主持工作期间，凸显出一位大学校长的领导才能，他使哈建工在发展和提高的道路上取得了令人瞩目的成就——

1984年，40公顷的新校区开始兴建，361万美金的世界银行贷款用于计算中心、力学与结构振动实验中心、建筑节能实验室和水污染防治测试分析中心等4个大型实验中心的建设；这一年，学校与黑龙江省签订了委托办学协议书，为地方培养本科学生。这笔委培办学经费，也成了新区建设的"救命粮草"；这一年，在建设部对11所土建类高校进行的本科学生数学、英语的抽查考试中，哈建工获得了"双料冠军"；这一年，学校由二表上升为一表招生；这一年，学校被国家教委指定为国家高教自学考试土建类专业的牵头学校；还是这一年，王光远教授指导的结构力学专业第一位博士生霍达获得学位，他也是建设部系统和黑龙江省的第一位博士。同年，陈雨波以最大精力抓新区建设的同时，还多次交涉解决了多年遗留的公司街商店租占老土木楼房舍的问题。

陈雨波对学科建设和科研工作一刻也未放松。在他的领导下，这些方面都取得了骄人的成就。1983年，哈建工被国家教委破例列为参加全国高等工程教育改革工作的31所院校之一。他把握市场导向大局，增设了建筑管理工程专业、计算机工程专业等一批新专业。其中建筑管理工程专业在国内建筑类院校中"名列前茅"。到1986年哈建工已有5个学科的博士学位授予权、16个学科的硕士学位授予权。

在科研上，他看准方向，抓住时机。学校在钢管混凝土结构计算理论与计算方法方面的研究成绩显著。1985年，钟善桐教授组织召开学院历史上的第一次国际学术会议——钢管混凝土结构国际学术会，他们卓有成效的研究工作和独创的研究成果受到与会专家、学者的高度评价；在新型体育建筑、大跨建筑、高层建筑方面的研究成果令人瞩目。学校设计并建成的"吉林冰上运动中心"一炮打响，在北京亚运会楼馆设计竞赛中，"朝阳体育馆"和"石景山体育馆"方案双双中标并投入使用。

作为校长，陈雨波经常与上级有关部委、地方有关部门打交道，同时还要面对学校各级领导，他的"灵活"与"折中"帮他化解了很多矛盾和僵局。新校区的规划在审查上遇到的最大难题是校区中间横着一条大马路，车、人络绎不绝，噪声严重干扰学生的学习和生活，于是在校区设计中封闭了这一段的海河路，但审查时，没得到批准。陈雨波一个"折中"的建议，把海河路的路面标高降低几米，居然把这个难题解决了……解决工作中遇到的很多困难，他都表现出了一个学者型校长的智慧与机敏。

从1959年到1986年退二线，在这段人生的漫长岁月里，他亲历了哈建工从无到有、从小到大，又从低到高的发展过程。他说："这27年，我经受了一次又一次的大风大浪，无数次的挫折和失败，又为每一次获得的成就而欢欣鼓舞，虽然取得了一定的成绩但也有遗憾。而且我要强调的是这些成绩与前任

231

领导打下的基础和广大教工的努力是分不开的。"

谈到当年放弃专业，陈雨波说："我从事的是钢结构研究，这个专业前景很好。没能更深入地研究专业，我是有些遗憾，但能让哈建工学院发展起来，让工民建专业的学生在社会上有极好的评价，还是值得的。"是的，1994年，学校更名为哈尔滨建筑大学，在中国建筑领域已有很高的声誉和影响，被公认为是我国建筑业和建筑科技教育界培养高层次人才的主要基地，是我国著名的建筑老八校之一。这个发展过程，消耗和融入了陈雨波几十年的精力和心血，他为中国建筑科技教育的发展做出了重要贡献。

1991年离休后，他仍在另一岗位上继续奉献着，先后参加国家教委组织的对高等教育自学考试工作的调查；组织并审校工民建专业的全套自学考试教材；担任《中国土木建筑百科大辞典》总编委会副主任，并与同济大学朱伯龙共同担任大辞典"建筑结构卷"的主编等。

这就是陈雨波的人生轨迹，他虽没有值得炫耀的亲传弟子，但社会对这所学校学生的极高评价却是他的骄傲；他虽没有标新立异的著书立说，但载入史册的却是他"为草做兰 为木当松"的奉献境界，是他把教育当作事业追求的奋斗精神。他的学识之博、信仰之坚、胸襟之宽、儒雅之美就是一本无价的人生教科书……

（来源于《哈工大报》2014年10月18日07版，作者陶丹梅）

第五章　师者风范

资深领导　仁者胸怀

——回忆我的研究生导师李德滋先生

2020年，哈尔滨工业大学以崭新的面貌迎来了100年华诞，此时此刻我特别怀念我的研究生导师李德滋先生。

李德滋先生1917年12月出生于福建省福州，1934年至1939年在交通大学唐山交通学院土木系读书，1938年至1948年在滇缅公路、铁路的建设中任副工程师、主任工程师等职务，1848年至1952年任燕京大学副教授、土木系主任。

李德滋先生是哈工大土木工程学科的资深领导。1952年，他从燕京大学调到哈尔滨工业大学，担任土木系主任，并在1955年至1956年期间，兼任哈尔滨市建筑工程局局长。1956年至1958年，李德滋先生到苏联古比雪夫建筑工程学院进修，1959年回国续任哈尔滨建筑工程学院建筑工程系主任。1978年李德滋先生被评为教授。

李德滋先生长期从事钢结构的教学和研究工作，所主持的钢柱柱脚锚柱的应力分析和设计研究成果，纳入我国当时新修订的《钢结构设计规范》中，并著有《焊接钢结构》《钢结构》等著作。1956年，李德滋先生荣获由院长郭沫若亲自签署的"中国科学院土木建筑研究学术委员会委员证书"。1976年，他对镜泊湖水电站高层钢管材质和应力进行了认真分析和研究，在此基础上对水电站的基础结构进行了调整，据改正后估算这个电站不必继续投资，可再用20年，为国家节省了大量资金。他曾主持并写出的"我国低温湿地区建筑钢结构钢种选择的初步建议"，均为国家标准或规范所采用，在我国钢结构学术界具有深远的影响，对我国土木建筑的教学和科研工作的发展起到了重要作用。他曾担任哈尔滨市土木工程学会第二届理事会副理事长、中国焊接学会第十五届焊接结构委员会主任等学术职务。1983年，李德滋先生受聘赴美国埃欧大学讲课，被誉为我国钢结构科研教学领域里的著名专家学者。我记得李德滋先生在美国有一位姐姐也是教授，可以说是教育世家了。

李德滋先生1950年10月加入中国民主同盟，曾任黑龙江省政协五、六、七届常委,由于其在政协和党派工作中积极参政议政,严格要求自己,被授予在四化建设中成绩优异的政协委员称号。他1988年5月退休后,将自己收藏的中、英、俄文图书捐给了哈尔滨建筑工程学院,学院设立了李德滋先生图书专架。2008年5月12日汶川大地震发生后,5月19日中午,哈工大土木工程学院院办来了一位特殊的捐款者,她自称是一位退休职工的孙女,替爷爷向四川地震灾区捐献赈灾款20 000元人民币。院办工作人员请她留下老人的姓名,但她说老人不让留姓名,在工作人员一再地猜问下,她才默许地点点头。原来这位不留姓名的捐款者就是学院退休多年的老教授、民盟老盟员、美国侨眷、省政协原常委、92岁高龄的李德滋先生。难能可贵的是,他退休多年,仅靠退休金生活,平时很注意节俭。当得知四川汶川发生大地震的消息,他毫不犹豫地拿出自己的积蓄,向灾区人民献上一份爱心。这就是我的恩师——李德滋先生!

李德滋先生指导研究生非常仔细而且亲力亲为,对每个研究生的培养计划都认真审核和把关。研一学完基础课之后,李德滋先生1983年受聘赴美国埃欧大学讲学,所以让我提前进入研究生课题研究,他亲自选定了硕士学位论文题目,主要是研究角焊缝群在偏心荷载作用下的合理计算。因为李德滋先生已经是65岁的高龄,故每次指导时都让去他的家里。他住在离学校不远的苏式独栋专家楼(应该是苏联专家住过的楼吧)的二层里,书房满屋子都是书,包括中、英、俄文在内的书和资料。他还给我提供了20篇左右的英文论文的复印件(那时复印还是比较贵的),这对我完成学位论文有非常大的帮助,并特意给我买了一台日本SHARP公司出品的PC-1500袖珍计算机(一种可以通过BASIC语言编程的计算机)。每次到他家,师母都给予热情的接待。师母对李德滋先生照顾得非常细心,当时哈尔滨冬天也没有太多的绿叶菜,主要是土豆、白菜、萝卜,每次都能看到师母给他熬白菜汤补充营养,能够体会到老夫妻的恩爱生活,也是非常简朴的生活。

我们读研究生阶段每人都有2 000元的科研经费,我利用这个经费进行了试验研究,包括不同角焊缝群受力状态试件的设计、加工制作、试验以及试验数据的分析等。在整个研究过程当中,李德滋先生都给予了具体的指导,从而能够形成初步的学位论文。这时李德滋先生要到美国埃欧大学讲学,所以我们三位弟子建议跟他一起照个相作为纪念,他欣然同意,我们四个人一起到照相馆照了

研究生弟子与李德滋先生唯一的一张合照

第五章 师者风范

相,这应该是我的第一张彩色照片,其中站着的是我,前排是齐骥,后排是冷志刚。

进入硕士学位论文答辩阶段,李德滋先生已经去了美国,所以未能参加我的答辩,由于我提前进入了学位论文的研究,与两位师兄一起进行了答辩,答辩委员会主席是钟善桐先生,委员会成员还有沈世钊老师、朱起老师等,还有从中国建筑科学研究院建筑结构研究所和北京钢铁研究总院请来的两位外单位的专家。这两位外请专家的接站送站、食宿安排都由我们来办,所以事情还是蛮多的,通过这些也锻炼了能力。那时的答辩也没有现在的计算机和PPT等,所以把答辩的内容手写在很多张的零号图纸上,再贴在墙上进行答辩。答辩过程比较紧张,各位专家提的问题也都比较尖锐,但我们三位弟子都顺利地通过答辩,获得了工学硕士学位。

在研究生学习阶段,李德滋先生给弟子们创造了比较宽松的学习氛围,研究之余也出去玩一玩,觉得非常开心。

学位获得之后就面临毕业分配问题。当时都是国家统一分配,又是恢复高考之后的第一届毕业研究生,选择范围非常广,而且随你选。我是农村来的学生,非常向往祖国的首都北京,因此就选定了北京——中国建筑科学研究院建筑结构研究所,这应该是我们建筑行业顶级的研究机构。我于1984年11月13日到建研院结构所报到,开始做升板建筑和大跨空间钢结构方面的研究,一直到1994年2月,近10年的时间在建研院工作,对建研院还是很有感情的。之后,在1994年3月至1999年6月,到韩国大邱的国立大学——庆北大学校建筑工学科攻读博士学位,学位论文主要研究单层网壳的模糊优化的问题,1999年2月获得博士学位,同年6月回国,7月到北京科技大学土木工程系工作,主要从事钢结构与混凝土结构方面的教学和科研工作,现担任教授、博导和结构工程学科带头人,并兼任中国土木工程学会空间结构委员会委员、中国建筑学会建筑结构抗倒塌委员会委员、韩国薄壳与空间结构学会终身会员和IASS国际薄壳与空间结构学会会员以及《钢结构通用规范》编制组委员等。在这20多年间,我培养了70余名硕士、博士研究生,发表了200余篇学术论文,为国家的教育事业做出了一点贡献。这都是我的恩师李德滋先生的教育和长期潜移默化影响的结果,所以我非常感谢您——李德滋先生!

留学回国之后,我只要有机会到哈尔滨,都会到李德滋先生的家里拜访他。有一年春节我带夫人回家过年路过哈尔滨,我们一起拜访了他,他非常高兴,一定要请我们吃饭。二校区住宅小区附近餐厅师生相聚的那一餐我们觉得非常开心,有一种一日为师终身为父的感觉,也因为李德滋先生跟家父年龄相仿,比我父亲小一岁,但我父亲早已去世,那种父爱的感觉是很浓烈的。还有2003年初,他给我写了一封信,其中附带了两张照片,一张是在哈尔滨的家里照的,另一张是在美国华盛顿照的,照片后面分别写着"在根留念 德滋寄自哈尔滨""在根留念　德滋摄于华盛顿",说明李德滋先生心里有我这个弟子,也非常挂念着弟子,为此我非常感动。

2010年,李德滋先生因病在哈尔滨不幸逝世,享年94岁,他的逝世是哈工大的一大损失,我们这些弟子也深感悲痛。哈工大为李德滋先生举办了隆重而肃穆的追悼会,我跟齐骥师兄都参加了,见了恩师最后一面。

李德滋先生一生淡泊名利,寡欲清心,执着事业,宠辱不惊,生活俭朴,奉献在祖国的教育事业上。他半个多世纪从事教育生涯和科学研究的光辉历程,永远激励着后辈们继续向前。李德滋先生,您的一生是为科学研究和教育贡献的一生,是成功的一生,也是幸福的一生。

2020庚子鼠年,我的恩师李德滋先生已经去世10年了,我也到了花甲之年,思绪良久,对我来讲真是师恩难忘,作为您的弟子,我永远怀念您——李德滋先生!

(撰稿:牟在根,工民建78级校友,北京科技大学土木工程系教授、博士生导师)

第五章 师者风范

组合先驱　人生楷模

——记钟善桐教授

钟善桐教授是国际土木工程领域著名专家，我国钢结构与组合结构事业的主要奠基人和开拓者；他创立了钢管混凝土统一理论，开创了钢管混凝土结构研究的新方法；他推动完成了国家标准《钢管混凝土结构技术规范》的编制；他荣获国家及省部级科技进步奖12项，先后被授予"钢结构终身成就奖""组合结构终身成就奖""中国钢结构事业开拓者"等称号；他与陈绍蕃、王国周并称为中国钢结构领域的"三大才子"，是哈工大第一代"八百壮士"的杰出代表。

弃笔从戎　热血青春

1919年4月29日，钟善桐出生于浙江省杭州市。青年时代，他本是一介贫寒书生，就读于杭州高级工业职业学校机械科，曾立志于发奋读书，以报效祖国。

1931年日本侵占中国东北，1937年7月发动全面侵华战争。同年11月，杭州沦陷，当时年仅18岁的钟善桐毅然弃笔投戎，投军国民党200师某汽车团，历任中尉材料员、少校汽车教官，直至1945年6月结束军旅生涯。

抗战胜利后，1946年，钟善桐重新考取位于四川省三台县的川北大学，就读于土木工程系，并在大学三年级时担任校学生会主席。由于思想比较活跃和激进，不满于国民党政府的政治腐败，他被列入"受控"人员黑名单。

新中国成立后的第二年，钟善桐从公立川北大学土木系毕业。由于学习成绩优异，经解放军军代表征得全校师生同意，他被保送到哈尔滨工业大学研究生班继续深造。

作为我国首批由外国专家给予教学指导的硕士研究生，钟善桐于1954年8月通过论文答辩，顺利获准毕业，作为外国专家培养的年轻教师队伍哈工大

"八百壮士"的一员留校任教。从此，钟善桐开始了60年之久的学术生涯，始终奋斗在教学、科研的第一线，先后被评为讲师、教授、博士生导师，历任教研室副主任、科研处副处长和教研室主任等职务。

潜心学术　助力结构

1954年，钟善桐从国外的教材中得到启发，开始构想钢结构的预应力原理并启动了相应的研究准备。随后，钟善桐进行了国内第一个12米跨预应力钢桁架的试验，并专注于预应力钢结构的研究和推广工作。在近10年的研究和实践基础上，他总结并提出了预应力钢结构的本质和基本原理是用高强度钢材代替普通钢材，以取得经济效益，施加预应力只是达到这个目的的一种手段。1959年，钟善桐的第一本专著《预应力钢结构》由中国建筑工业出版社出版。

钟善桐从20世纪70年代开始着手研究钢管混凝土结构。经过深入细致的思考，他揭示了前人研究方法的不足，把分别研究钢管和管中混凝土转变为研究钢管混凝土整体的性能和承载力。这种转变不仅是研究手段的改变，更是一种哲学思想的运用和实践。

经过十多年不懈的努力，钟善桐采用钢材和混凝土的本构关系导得钢管混凝土轴压短柱的力和应变的全过程曲线，开创了对钢管混凝土整体性能的理论研究，结束了过去只能依据试验曲线来解释其性能的历史。从此，钢管混凝土在各种受力状态下的性能、实心和空心构件的性能、圆形和四边形等各种截面构件的性能、短柱和长柱等各种长度构件的性能，都可以用统一的公式来描述并进行工程设计。1994年，他完成并提出了"钢管混凝土统一理论"。此后，他不断丰富"统一理论"，不但使这套理论日臻完善成熟，更使其在不少桥梁工程中得到验证，如1997年建成的跨度为420米的重庆万州长江大桥，1999年建成的高度为291.2米的深圳赛格广场，2005年建成的跨度为460米的重庆奉节巫山长江大桥，都有他在背后出谋划策。

教学名师　人生典范

钟善桐在教学和科技工作的第一线勤奋耕耘了60年。凡是听过他讲课的人都注意到一个细节，他上课从来不用讲稿。在课堂上，他会把每一个符号、每一个数据都准确无误地表达出来。下课铃声响起的时刻，一定是他讲完最后一句话的时候。他对时间、重点、难点的把握，令学生和同行叹服。

对于他的学生而言，听先生讲课是艺术欣赏，更是精神陶醉。他关于钢结构原理许多精辟的解释和表述，经常成为钢结构学子们引用的名言，为钢结构事业留下了许多翔实的笔墨。

钟善桐治学严谨，对每个学生、每次试验都严格要求。他经常会到实验室现场指导学生们做试验，跟大家一起分析试验数据、试验现象。据弟子胡青花回忆："给我印象最深的是有一次，钟老师刚刚大病了一场，待病情稍微好转一点，他就又到实验室来跟我们一起分析数据，当时看着他瘦弱的身影，感动不已。"

在学生们的心里，钟善桐是他们人生的引路人，指引他们将"做真正对社会有用的人"作为人生信条，同时在学生找不到路的迷茫时刻，随时给出建议和指引，为他们照亮前进的方向。

在钟善桐获得的众多教学奖励中，有一项是1989年黑龙江省优秀教学成果奖一等奖，这是表彰他对我国本科教学、继续教育所做的突出贡献。钟善桐既把博士生、硕士生和年轻教师的培养当作重要工作，也把提高广大一线岗位上在职人员的业务水平时时挂在心头。20世纪60年代，在鞍钢、包钢、武钢、宝钢、一汽、二汽等国家大企业中，众多的技术骨干是他继续教育的学生；到了90年代，各大设计院里经常有他做报告和答疑的身影……他的教学成果实用有效，编写的教材深入浅出，深受钢结构从业者的欢迎。读他的书，能够深切地感受到他的大家风范。

退而不休　鞠躬尽瘁

1998年5月，钟善桐正式退休，时年80岁。退休后，他依然潜心从事科学研究，多篇学术论文被EI检索收录，并且从未间断过对钢管混凝土结构的研究，始终在为丰富完善钢管混凝土统一理论而尽心尽力。他高尚的品格和对待科学的认真态度，为学生们树立了终生的榜样。

2007年，中国工程建设标准化协会的空心钢管混凝土结构规程开始制定，并由钟善桐主持此项工作。他亲自策划和组织了规程制定的研讨会，召集国内知名设计院和科研院所以及构件厂的学者和工程师，对1996年的空心规程进行了较大的修改。这一规程，为空心钢管混凝土结构的大范围应用提供了坚实的理论基础。而所有这些，都是他在退休后所取得的宝贵成果。

到了80多岁的年纪，一般的老人都会选择安享晚年，但钟善桐却一刻也离不开自己的研究工作，每天仍然坚持工作8小时以上，编写书籍、准备试验、解答工程咨询……干劲和冲劲丝毫不亚于年轻人。他的人生信条是，只要是自己经手的事情，都会尽最大努力做到几近完美。即便是到了90岁的高龄，钟善桐仍思路清晰、思想活跃，身体力行地出现在指导学生的课堂、国内国际会议、大型重要项目论证会和热火朝天的工地。

2005年秋天，钟善桐突发心脏病。在病榻上他感叹道："再给我一些时间吧，我还有三件事情没有做完，一个博士生没有毕业，一部国家标准没有编完，策划的一个国际会议还没有召开！"在病情好转后，他又回到至爱的工作中，继续未完的事业。

2006年8月，由他发起创立的国际钢-混凝土组合结构协会的第八次国际会议在哈尔滨成功举办；2008年3月，先生最后一名博士王宏伟顺利完成了博士学位论文的答辩。2008年底，由他主持编写的《空心钢管混凝土结构设计技术规程》按时交稿出版；2012年6月，他全程参加了由哈尔滨工业大学和中国建筑科学研究院共同主编的国家标准《钢管混凝土结构技术规范》专家审查会。

至此，钟善桐晚年的三个心愿都实现了！他为自己所热爱的科学事业，奋斗到了人生的最后一刻。2013年2月12日，钟善桐因病去世，享年94周岁。

（供稿：哈工大金属与组合结构研究中心）

第五章 师者风范

奠基建管 毕生求索

——记中国建筑经济管理学科的开创者关柯教授

时光飞逝，我国建筑经济管理学科的开创者关柯教授自2014年9月10日教师节那天离开我们已经近6个年头了。值此哈尔滨工业大学建校100周年之际，我们深切地缅怀他。

关柯生前曾多次用过一个笔名——求索。这沉甸甸的两个字，也是他开创进取、孜孜追求的人生之路的最恰当的诠释。

关柯生于1925年10月20日，黑龙江省五常市人，中共党员，1948年毕业于哈尔滨工业大学土木工程专业。

1948—1961年，关柯先后在吉林化工厂、沈阳化工厂、沈阳飞机制造厂、渤海工程局等单位任技术员、助理工程师、工程师、高级工程师、主任工程师，主持或参与了部分国家"156"项重点建设工程的建设工作，从事飞机制造厂、核潜艇厂、大型电厂等国家重点工程，解决了多项工程技术和管理方面的难题。这一段工程实践经历，为他后来的教学和研究生涯奠定了厚重的基础。

1961年，关柯调入哈尔滨建筑工程学院从事教学科研工作，历任教研室主任、系主任、建设部哈尔滨建筑工程学院管理干部培训中心主任、哈尔滨工业大学建筑经济管理研究所所长，副教授、教授、博士生导师。他是黑龙江省第五届、第六届（1983—1993年）政协委员，曾兼任黑龙江省科技经济顾问委员会委员、黑龙江省住房改革委员会委员、黑龙江省投资学会和基本建设经济研究会副理事长、哈尔滨市专家咨询顾问委员会委员、CIB（国际建造）协会W89委员会成员、中国建筑学会建筑经济委员会等职务。1998年离休，享受局级待遇。

关柯是我国建筑经济管理学科的开拓者和奠基人。20世纪80年代初，关柯受命组建建筑管理工程系并担任系主任长达十年之久。他大力推动创办了我国最早的建筑工程管理专业，并在此基础上，扩展了建筑（含市政工程）企业一长三总师培训、建筑管理干部专修科、短期培训等多层次管理教学。为推动建筑管理向高层次发展，他积极开展硕士学位点的筹建工作，使哈建工在1984年率先获得了我国最早的建筑经济管理学科硕士点；1991年，经国务院学位委员会批准，关柯成为我国建筑经济管理学科的第一位博士生导师，哈建工也于1993年获得了我国唯一的建筑经济管理专业博士点。针对当时我国经济建设快速发展，仅增加建筑管理教育尚不足应对的现实，关柯又提出应创新专业多元化，相继创办了会计学、房地产经营管理专业和国际工程管理（专门化）。基于开拓新专业的经验总结，他完成的"开拓新专业积极进行多层次专业建设，向教学科研改革多元化发展"成果1989年获黑龙江省优秀教学成果一等奖。

关柯是我国建筑管理现代化事业的倡导者和践行人。1985年，他发起创办了《建筑管理现代化》杂志，致力于传播建筑管理现代化思想、理论和方法，并一直兼任该杂志的编委会主任和总编。1987年，关柯又发起创办了"中国建筑业联合会管理现代化研究会"（后更名为"中国建筑业协会管理现代化专业委员会"），致力于搭建起"政企学"相连的桥梁与纽带，促进我国建筑业的管理现代化发展，并长期担任该专业委员会的会长。

关柯先后承接并主持国家自然科学基金项目、国家"八五"科技攻关计划项目、国家"九五"重大国际合作项目及省部级重点项目30余项。其中，"新技术厂房设计与施工"1978年获黑龙江省科学大会奖；"建筑业方向性预测性情报研究"100项课题中的"建筑管理定量化""施工组织管理新方法""建筑技术评价"分别获国家建工总局优秀科研成果一等奖、二等奖、二等奖；"中国城市小康住宅标准及其多层次化研究"获国际松下奖；"火电厂建设施工组织与管理系统优化""我国建筑业技术进步评价指标体系与评价方法研究""节能小区优化"等项目，均获省部级科技进步奖。

关柯曾出版著作和大学教材近20部，其中主编的《建筑企业管理学》1992年获国家优秀教材奖、建设部高校优秀教材一等奖；《现代住宅经济》获国家科技出版基金资助；《建筑工程经济与企业管理》获建筑部科技进步奖，为我国高校引进版经典系列教材；《建筑经济新论》为"十一五"国家重点科技图书出版项目。关柯参加编著的《建筑施工手册》获全国优秀科技图书奖、建设部全国优秀建筑科技图书一等奖，被誉为"推动我国科技进步十大著作"之一。他还在国内外期刊上发表过具有重要影响的学术论文140余篇。

关柯治学严谨、教书育人，为我国建筑经济管理领域培养了25名博士生和83名硕士生。毕业弟子中已有12人成为大学教授（其中6人为博士生导师）、4人为政府高级公务员、56人为企业高级管理者或获副高职称，可谓桃李满天下！

1989年，关柯被评为全国优秀教师，1991年获国务院颁发的政府特殊津贴。

1998年关柯离休后，仍然继续指导研究生28名，其中18名为博士，编著及翻译图书7部，主持科研项目4项，并不断向国家和省政府进言献策。

关柯秉承毕生求索的精神，把全部心血奉献给了党的教育事业，为我国建筑经济管理学科的建设和建筑业的发展做出了不可磨灭的贡献。他对学业的刻苦勤奋、对教学的细致严谨、对子女和弟子的慈爱严格、对周围人的耿直豁达、对金钱的慷慨大方、对不良世事的勇敢抨击、对坎坷命运的奋力抗争、对知识和新鲜事物的无尽渴求、对国家民生大事的热切关注、对建筑经济管理专业的无私奉献，无不激励着我们去敬仰、学习与继承。

（撰稿：关为泓，关柯之女）

以木为材　精雕一生

——记樊承谋教授

樊承谋，1926年2月出生于浙江温州。樊家在温州市区八字桥一带曾算大户人家。清末，店员出身的先祖樊德臣，赚了钱之后发奋读书，考取生员。他勤俭节约，时常把布鞋夹在腋下走路，因此成了附近有名的"大脚"生意人。一个偶然机会，他发现了改建成内河小客轮码头的小南门一带将有繁荣的前景，就买下了附近的大片土地，做起房地产开发生意，成为富有人家。樊家重视教育，家族兴旺，培育了好几位名家。叔父辈的樊祖鼎是兰州大学著名教授，为我国培养了大批外语人才；弟弟樊承武是1959年的小提琴协奏曲《梁山伯与祝英台》在上海首演的指挥，蜚声乐坛。

1949年6月，樊承谋在厦门大学土木系毕业，毅然从厦门回到温州。然后即去上海向东北招聘团报名，8月受聘来到了沈阳，在东北财经委员会基建处当技术员。毕业短短两个月时间就投身于我国重工业基地的建设，次年被派往哈工大学习。学完俄语之后，被分配到哈工大苏联专家组组长卡冈门下。樊承谋说："能得到卡冈的指导虽属偶然，却是我今生的荣幸。"因为在当时，哈工大共有67名苏联专家，但其中仅有3名博士、教授，卡冈是其中之一。并且卡冈还是苏联有名的木结构权威，莫斯科建筑工程学院的知名教授。在卡冈的指导下，樊承谋花费了一年多时间完成了《含水量对竹材理学性能的影响》的副博士论文。1958年导师将他的副博士论文带到苏联莫斯科建筑工程学院，经该院学术委员会讨论通过，还通知他到苏联参加答辩之后便可拿到副博士学位。由于当时两国关系的恶化，樊承谋未能成行。尽管如此，樊承谋仍把木结构研究作为自己的专业，并为之奉献了毕生。

樊承谋参加了中国第一部《木结构设计规范》文本的翻译，因其俄语水平较高，最后由他完成定稿，质量甚佳，受到了建设部的表扬。1963年，樊承谋又参加了中国自行制定的《木结构设计规范》初稿的编写。他曾担任国际标准化组织木结构技术委员会中国常驻代表、全国木材及复合材料结构标准技术委员会副主任等职务。1998年5月离休，2012年12月14日逝世，享年86周岁。

第五章 师者风范

樊承谋治学严谨，成就卓越。他毕生从事木结构及纤维混凝土的教学与科研工作，发表论文 100 多篇。他主编了《木结构》等高等学校试用教材、国家标准《木结构工程施工质量验收规范》（GB 50206—2002）、中国工程建设标准化协会标准《钢纤维混凝土试验方法》、建筑工业行业产品标准《建筑用竹材物理力学性质试验方法》等。还出版了《木结构工程》《钢纤维混凝土应用技术》《现代木结构》《木结构基本原理》多部理论专著。

新中国成立初期，由于木结构能就地取材，较多地采用砖木结构。1958 年，46% 的工业厂房采用木屋盖。到了 20 世纪 70 年代后期，结构用材采伐殆尽；国家又缺乏外汇，无力进口木材。我国木结构的应用和研究也就停了下来。樊承谋在木结构的教学、科研长期处于停滞状态的大环境下，始终坚持对木结构的极大关注和潜心研究，曾被媒体誉为我国木结构的"末代皇帝"。

20 世纪 80 年代，国内基本上所有从事木结构的人都转行了，樊承谋也转到了纤维混凝土专业。1986 年，樊承谋 60 岁，从当时哈建工教务处处长的位置上退下来，由于学校的需要，到建材系做系主任，更多地是做纤维混凝土结构的研究。作为国际标准化组织木结构技术委员会（ISO TC/165）中国常驻代表，他每年都要参加 ISO TC/165 的年会，并在哈尔滨主持召开了 ISO TC/165 第十三次会议。

到了 20 世纪 90 年代后期，随着改革开放的深入，人民生活水平的提高，我国经济发达地区开始进口轻型木结构住宅，建设部下文，由樊承谋主编完成了国家标准《木结构工程施工质量验收规范》（GB 50206—2002），标准中列入了轻型木结构的内容。这标志着在我国停滞 20 来年的木结构终于复苏。为了恢复我国的木结构学科，樊承谋虽早已年过古稀，但他义无反顾，又重新操起了"旧业"。樊承谋说：当中国的木结构停滞 20 来年时，正是国际上木结构发展最快的时期。国外已从实木结构发展到复合木材结构。木材加工从锯切发展到旋切或削片，使出材率提高 20% 以上，复合木材也逐步从整张的旋切板胶合的旋切板胶合木（LVL），发展到采用制作胶合板的下脚料的旋切板条胶合的平行木片胶合木（PSL），进而又发展到用速生阔叶材的杨木削片胶合成层叠木片胶合木（LSL）。在欧美发达国家，已经实现了"砍伐一株，种植两株"的森林资源利用的良性循环，实现了科学采伐，所以北美、北欧 90% 的住宅采用轻型木结构。这才是真正的绿色环保的木结构。木材是可再生的资源，比起钢筋和混凝土来，每生产一吨木材，只需要 453 kW 的电力，而生产一吨钢材需要 3 780 kW，与之相反，木材的成长过程却能吸收 CO_2，可见，木材的使用是"唯一真正天然的可再生的建筑材料"。木结构前景无量。

樊承谋一生坚信中国共产党的领导，热爱祖国，热爱自己所从事的工作。在半个多世纪的教育生涯和科学研究中，他辛勤耕耘，硕果累累，桃李满天下。谈到自己的人生感悟，樊承谋说："首先是树立坚定正确的政治方向；其次是孜孜不倦地掌握知识；虽然机遇是第三位的，但非常重要，只有把握机遇才能成功。"

（摘编自哈尔滨新闻网《中国木结构的"末代皇帝"——访樊承谋教授》，专栏主持金辉）

我从教的几点杂想

郭长城

郭长城（1925年6月—2002年12月），黑龙江省呼兰县人。中共党员。1953年毕业于哈尔滨工业大学土木系，留校任哈尔滨工业大学力学教研室助教。1959年转入哈尔滨建筑工程学院结构力学教研室任助教、讲师、副教授、教授。他是哈尔滨市力学学会常务理事、东北振动咨询部常务理事，《工程力学》编委。曾获"省优秀教师"称号。主编了全国统编教材《结构力学》和《建筑结构振动计算》。主审统编教材2本，译著2本（合译），发表有影响的论文20余篇。参加研究的"建筑结构整体空间作用的计算理论"项目获1978年黑龙江省及全国科学大会优秀成果奖。1982年主持研究了多层厂房楼板振动的电算方法和手算方法，部分成果列入了《多层厂房楼盖设计暂行规定》。1985年负责国家规范研究课题"振动层间影响计算理论和方法"的研究，阶段成果已通过建设部及机械工业部的鉴定。关于"变形体虚功原理"的推证方法，在结构力学及弹性理论全国教学经验交流会上宣读。这项成果在东北、华北教学经验交流会纪要中被推荐使用。培养硕士研究生10名。

第一点，我感到今天我的生活，我家的生活在我一生中是最好的。伪满时期我中学毕业，学习成绩还不错，做梦都想升大学，就是升不起。那时我家还不算太穷。旧社会穷人的日子更不好过。共产党来了，我才升上了大学，并被培养成了今天的大学教授和一名共产党员。无论在精神生活上、物质生活上，都是过去连想都不敢想的啊！我老伴是一名工人，幼时生活很苦，现在有劳保工资，生活得很愉快。我俩一致感到现在的生活比以往任何时候都好。这是一个最重要的事实。它帮助我明辨是非，也给我以向上的力量。

第二点，我体会教师首先就要认真地教好课。一堂课讲得好，就感到很愉快，讲不好，就感到很不舒畅。

第五章 师者风范

有时感到一生中没有做多少事，但一想到自己教过的学生已经成为国家各个岗位上的骨干，又觉得我们教师对于祖国的建设还是起了作用的，特别是当我们到外地调研时，出来接待的竟是我们的学生，他们已经是专家了，见到老师又是那样热情，我们感到很是欣慰，同时又感到我们责任的重大。

怎样才能讲好课呢？

我的体会是首先要肯下功夫，就是要肯花时间。我开始讲课时讲一次课要花20个小时备课。不是备一次，而是备几次，反复地修改。有时已经上床睡觉，突然想到一个更好的讲法，就马上起来修改讲稿。

我在讲新课时，从来不盲目地沿用别人的讲义。常常回忆一下自己的学习过程，就沿着这个思路去备课。这样做，效果往往较好。

我对待自己的旧讲稿也常常感到不满意，部分或全部重写的事也是常有的。

讲完一堂课，如果感到不满意，那就马上重新修改。由于印象深刻，改起来就顺当。趁热打铁，效果更好。

焦裕禄同志在每天工作后总要仔细想一想，叫作"过电影"。备课中"过电影"也是必不可少的。写完讲稿后，总是要静静地想一遍，想两遍，越想思路越清楚，越想最紧要的东西越突出，这对于讲好课是十分有益的。

要想讲好课，就要对教学内容加深理解。自己不明白想让别人明白是不可能的。遇到理解不透的内容就要努力钻研。

我赞成用较少的时间讲尽可能多的内容，但是一定不要让次要内容冲击了主要内容。片面强调增加课堂讲课内容是不可取的。少而精、循序渐进是教学必须遵循的原则。

脱离讲稿问题。有些苏联专家很重视脱稿，我认为关键的问题是课讲得明白不明白，而不是脱稿不脱稿。尤其是如果硬要把讲稿中的数字背下来，反而可能会产生逆效果。当然，经过认真备课，课程内容的主要脉络是可以自然而然地记住的。不过背得滚瓜烂熟，而内容并不了然的例子也并不乏见。

引导学生积极思考是上乘的教学，应当向这个方向努力。

主要要靠科学内容来引起学生的兴趣，脱离主题加点笑料不应誉为"趣味教学"。

基础课教学内容应尽量联系后续的专业课和工程实际。

第三点，我体会搞科研可以促进教学，有利于对教材内容的理解和培养学生分析问题、解决问题的能力。

搞科研不妨从点滴入手。我开始搞的是教学中的问题、学生科研小组研究的问题、设计中出现的问题和对别人论文的讨论。通过这些小的科研工作，逐渐锻炼了我的科研能力，培养了自信心，也积累了一些科研成果，同时也赢得了别人的信任，为以后的工作打下了基础。

搞科研既要重视收集资料，又要靠自己动脑筋想办法，二者不可偏废。我比较重视后者,在这方面既有经验,也有教训。经验是,不能等资料收集全了再干,实际上也是很难收集全的,而自己想办法又常常是可以解决问题的。当然这有时会重复前人或别人的劳动,没有把力气用在高水平的创造上,但总的来说,还是利大于弊。古人说:"学而不思则罔,思而不学则殆。"大概就是说,要自己勤于思考,又要向别人学习。

有条件时要抓住一个题目坚持研究下去,这样做会研究得深入些。

要有战略眼光,要能看到发展趋势,要能抓住新的苗头。在这点上我是有缺陷的,研究一个具体问题我有信心,但缺乏远见卓识,应引以为戒。

在科研中或写作中往往与别人或别的单位合作,要注意尊重别人的劳动,特别是要尊重后辈人的劳动。工作要多做,利益要谦让。这样,别人才愿意同你合作,工作才能做好。

以上是粗浅体会,不当之处,敬希指正。

(此文系景瑞推荐,原载自1991年《哈建风范》)

第五章 师者风范

勇挑重担 使命必达

——记赵九江教授

值此哈工大百年华诞前夜，回想建筑工程与设计学院成长过程，依然会心潮澎湃。赵九江老师带领一批年轻教师艰苦创业的景象历历在目。

赵九江，1928年9月出生于河北玉田县，汉族，中共党员，哈尔滨工业大学教授，享受国务院政府特殊津贴。1947年考入东北大学工学院土木系，1952年进入哈尔滨工业大学研究生班学习，1953年留校任教。历任哈尔滨工业大学材料力学教研室助教、讲师、副主任、副教授、党支部书记。1983年担任哈尔滨工业大学工业与民用建筑专业筹备组组长，1987年担任哈尔滨工业大学建筑工程系主任，1994年退休。赵九江长期致力于力学的教学与科研工作，主讲"材料力学""飞机结构力学""结构力学""结构分析有限元法"等课程；主编教材《材料力学》、合译苏联B.N.费奥多谢夫所著《材料力学》一书；指导3名硕士研究生，撰写教学与科研论文10篇。曾荣获哈工大优秀党员、黑龙江省优秀教师称号。曾任哈工大教学质量研究组成员、哈工大高等教育学会理事、哈工大学术委员会委员、哈工大职务评审委员会校级评审委员、黑龙江土木建筑协会理事、黑龙江力学协会理事。

哈尔滨工业大学建筑工程与设计学院成立之初，经历了不寻常的岁月。当时哈工大隶属航天工业部，从国家战略上考虑要加大加快航天建设的步伐，因此急需大量人才，基建人才当然也在其中。由于众所周知的原因，哈工大的土建专业分出成立了哈尔滨建筑工程学院，哈建工毕业的学生多投向对口的建设部各单位，还要面向全国，分配到航天系统的寥寥无几，难以满足航天系统大量基础工程对土建人才的需求。航天工业部领导了解哈工大雄厚的人才储备和强大的再生能力，因此决定在哈工大重新组建工民建专业。1983年，经航天工业部报请国家教委批准，在哈工大恢复重建工民建专业。考虑时任力学系副主任的赵九江性格耿直、办事扎实、坚守原则，是一个有党性，有经验的老教师，校党委经研究决定，庄重地把这个任务交给了赵九江。在那一时刻，赵九江真切地感到任务的艰巨，一种神圣的使命感油然而生，决心不辜负组织的信任，全身心投入，保证完成任务。

1983年7月正值毕业季，赵九江首先想到的就是要聚拢人才，储备师资力量，为筹建专业打好基础，于是他亲自参加79级力学师资班所有学生的毕业答辩，了解每个学生，最后通过考察选留了李强等5位成绩比较优秀的毕业生。学校又调配具有行政工作经验的毕福祥协助赵九江的工作，至此共7人组成最初的工民建专业筹备组，赵九江任组长，以后陆续加入吴知丰、聂圣世、关士义和谢鸣等人。筹备组临时挂靠在基础部，筹建工作由此展开。

开办初期困难重重，办公条件不足，教师几乎都是在家办公。赵九江多次跑学校相关部门，才争取到老行政楼最上层阁楼的一个房间。当时老行政楼还是个筒子楼，一些教职工也在里面居住，经常有人在走廊里生火做饭，孩子跑来跑去，家里吵吵闹闹。10多平方米的面积，面北有两个椭圆形小窗算是唯一的采光通道，房间的三分之一空间被屋面斜坡占据。房间尽管小但总还是有了安身之地，放上两张桌子，就算有了办公地点。对此大家毫无怨言，还是信心满满，感觉很充实。

为了加强专业教师力量，补齐短板，赵九江将5位留校年轻教师送到哈建工代培专业课，部分课程自己培训（如聂老师的画法几何等）。筹备组当时仅有10万元的开办费，处处需要精打细算，笔笔都要用到刀刃上。"创业艰难百战多"，赵九江深知会遇到很多困难，但坚信"世上无难事，只要肯登攀"。万事从头起，考察环境、论证条件、准备材料、审慎进人、购置设备、培训师资、邀请专家、申请教学条件，每项工作都需要跑相关部门落实，赵九江必亲力亲为才放心。经过两年的精心准备，哈工大工民建专业终于在1985年具备了招生条件。

1985年招收第一届本科生，1986年又开办干部大专班，培养了一批工程技术管理人员，为航天系统最初的基建工程解决了燃眉之急。随着规模的不断扩大，教师资源也在不断补充，好在与哈建工有着割不断的血缘关系，在开班之初给予筹备组极大的帮助，派出教师，补足专业的短板，带动专业的年轻教师从助课开始，培养锻炼，直至能独立承担相应课程，顺利走上讲台。随后筹备组又陆续接收了一批工民建专业、建筑材料专业的毕业生担任专业课教师，不断调入教师、技术人员，逐渐壮大了教师队伍。就是通过这种送出去、请进来的方式，保证了师资队伍建设的不脱节。新的专业，新的成员，这些年轻教师血气方刚，对未来充满信心，踏实肯干，自觉钻研业务，不负众望，担起大梁。

随着发展壮大的需要，由最初的一个工民建专业，逐渐增设了建筑学、施工组织、艺术设计等多个专业，形成各自的教研室和建筑设计室，同时构建配套的测量实验室、土工实验室、建材实验室、工程质量检测站、建筑结构和建筑材料实验室、资料室、微机室，完善了课堂教学、实验教学、工程实习等必备的教学手段，教学有了保证。在完成本科教学的基础上，还培养出一批硕士生和博士生。目前他们在各自的工作岗位上都成了领军人物，为哈工大扬了名、争了光。

工民建专业的党建工作和学工工作也做得有声有色，学风考风各个环节都做了细致工作，学生的基础课成绩、毕业生的综合考评在全校都名列前茅，一个班级还成为全国标兵，哈工大体育场上也出现过工民建的冠军，年年有优秀教学奖、优秀教师、优秀党员、优秀工作者、五好家庭当选。把一个小小的工民建专业搞得红红火火，在校内小有名气。

筹备组不仅在教学方面加大投入，还积极组织参与学校的发展建设和社会服务，鼓励教师利用业余时间承揽工程设计任务（设计了哈工大威海校区主楼、哈工大理学楼、哈尔滨航天大厦，参与地铁工程勘察等工作），提供社会技术服务（基桩动态测试），增加收入，改善教学环境（计算机工作站），增加实验设备，提高教工生活品质。

随着工作的不断深入，时机成熟，水到渠成，1987年，在工民建专业的基础上成立了建筑工程系，史称14系，赵九江出任首任系主任。赵九江在抓全局工作的同时不忘老本行，经常深入课堂，了解教学情况，狠抓教学质量，亲自给年轻教师示范教学，亲自给学生上课。毕业多年后的学生至今不忘赵九江当年在课堂上的风采。

如今赵九江年事已高，每当回忆起当年的创业历程，心中都无限感慨，看到一茬茬的年轻力量不断推动着事业向前发展，规模在不断扩大，质量在不断提高，层次在不断攀升，他深感欣慰，为自己当年的辛勤付出和今日的丰硕成果感到由衷的骄傲和自豪。

他一直默默祝愿土木工程学院发展顺利，早日建成世界一流学院。

（供稿：李强、翟希梅、张鹏程）

百年土木 百年树人

厚植笃行　精彩空间

——记现代空间结构的开拓者沈世钊院士

沈世钊，结构工程专家。1933年12月18日出生于浙江嘉兴。1953年同济大学结构工程系本科毕业，1956年哈尔滨工业大学研究生班毕业，此后在哈尔滨工业大学、哈尔滨建筑大学等高校任教。曾任哈尔滨建筑大学校长，现为中国工程院院士，哈尔滨工业大学教授、博士生导师。

历任中国建筑学会副理事长、国际桥梁与结构工程学会常务委员会委员、国家自然科学基金会监督委员会委员、国务院学位委员会学科评议组成员、全国博士后管理委员会专家组成员、2008奥运会场馆建设高级顾问。

沈世钊院士长期致力于大跨空间结构新兴学科的开拓，在"悬索结构解析理论""网壳结构非线性稳定""大跨屋盖风荷载及风效应""网壳结构动力稳定性及在强震下的失效机理"等前沿领域取得重要成果；并创造性地设计了多项具有典型意义的新型空间结构，为我国该学科的发展做出了重要贡献。1999年当选中国工程院院士，2012年获国际空间结构协会（IASS）"Honorary Membership"称号，2017年获中国钢结构协会最高成就奖。

也许，许多人从网上熟悉沈世钊院士的名字，是关于他为2008年奥运场馆建设做评审、咨询工作的一些报道。2004年5月，巴黎戴高乐机场候机厅发生坍塌事故之后，世界瞩目的奥运主会场"鸟巢"工程的安全性也受到了关注。5月30日，北京市委召开了专门会议，听取北京市国资公司、规划委、建委、奥运建设指挥办公室汇报奥运场馆结构设计及施工安全情况，并邀请沈世钊等几名专家参加。在会上，中共中央政治局委员、北京市委书记刘淇直接要求专家们表态："在安全上，到底有没有问题？"沈世钊坦诚地回答："鸟巢的结构设计符合规范要求，理论上没有理由说它有问题；但实际上我们确实有点担心，主要原因是它的自重太大，固定荷载占总荷载的80%以上，就好像一头老黄牛成年累月在重载下工作。"

第五章 师者风范

刘淇书记问有何解救办法,沈世钊从结构角度提出了一种可能的解决方案,即在保持"鸟巢"外观不变的前提下,去掉顶上的可开启屋盖,并相应扩大中央的开孔。采取这一措施,他初步估计可减少钢材用量15 000吨,不仅提高了结构的安全性,而且仅钢结构一项可节省投资3亿元。他同时提出,这一措施牵涉到体育场遮雨功能的调整,所以除了从结构自身角度以外,还应该从更加宏观的角度来进行决策。两个月以后,针对国内关于奥运场馆等大型公共建筑的设计和建设方针的议论,温家宝总理提出"节约办奥运"的指示,有关部门开始对奥运场馆建设实行必要的"瘦身"计划。在这一背景下,上面提到的关于为"鸟巢"减负的建议获得认可并付诸实施。如今,已建成的"鸟巢"雄伟地矗立在北京市北郊的奥运公园内,以其新颖的建筑形象吸引着全世界的目光,向人们展示这一历史文化名城新老年轮的多彩符号。

为奥运场馆建设做评审、咨询工作只是沈世钊院士在大跨空间结构领域长期理论研究和工程实践历程中的一个侧面。但由此我们更希望了解他在建筑结构领域一步一步走过来的60载春秋,他的富于启发的治学思想和人生态度,以及他为发展中国的建筑事业奏响的一曲曲优美乐章……

厚植专业根基,笃行报国初心

沈世钊1950年毕业于嘉兴中学,那年夏天还不满17周岁,一个人背着小行李卷坐火车到上海,报考上海交大土木系,并以第一名的成绩被录取。从此开始了他从事结构工程事业的一生。1952年暑假,全国高校进行院系调整,上海各高校土木系全部合并到同济大学。同时,由于建设事业的需要,国家决定1949、1950年入学的两届大学生全部提前一年毕业,于是他1953年暑假即匆匆结束同济大学结构工程系的学业,被分配到哈尔滨工业大学师资研究生班。第一年脱产学习俄语,然后被分到卡冈教授名下当研究生。卡冈来自莫斯科建筑工程学院,是苏联著名的木结构学科带头人,当时哈工大聚集了研究生和国内其他高校派来的进修教师共20余人,一起随卡冈学习,气氛十分热烈。经过两年系统学习,大家均较好地掌握了代表当时先进水平的苏联木结构学科的基本内容,并结合中国国情开展了一些科学研究。这些人后来都成为我国木结构学科建设中的骨干力量。1956年,沈世钊结束研究生学业后即留在哈工大土木系,从事木结构的教学与研究,并在"胶合木结构""木屋盖的纵向刚度"等研究中取得有价值的成果。作为新中国成立初期哈工大"八百壮士"的一员,沈世钊至今回忆起那段岁月仍无限感慨:"我是从旧社会走过来的,经历过那些真真切切的苦难,新中国成立后,一群年轻人干劲儿十足,都想为建设新中国贡献一份力量,我所理解的哈工大'八百壮士'精神,就是当时形势下的爱国奋斗精神。"

1978年国家实行改革开放政策,沈世钊参加国家选派出国的外语资格考试,取得了黑龙江省第一名的成绩,并于第二年作为第一批出国访问学者赴美国里海大学符里兹工程研究所。该研究所以钢结构闻名,所以从那时起,他的研究工作就完全转到钢结构方面来。在美国两年期间,主要从事高层钢结构及其梁柱节点构造方面的研究,后期在里海大学吕烈武教授主持下,与同济大学来的两位访问学者沈祖炎、胡学仁合作,撰写了《钢结构构件稳定理论》一书,旨在将当时国外钢结构稳定方面的最新成果介绍给国内读者。该书在国内出版后获得了优秀建筑图书一等奖,受到广泛好评。

在美国两年,沈世钊除了写成上述专著外,还完成两项研究课题,发表5篇论文,并协助美国教授指导了一名博士生和一名硕士生。这种卓有成效的工作在以高效率著称的美国也不多见。里海大学符里兹工程研究所所长皮特尔教授在给沈世钊的送别信中说:"多么希望我们能相聚更长一点时间,以便更多地讨论您在我们这里所做的工作成果。您做出如此杰出的成绩,为推进美中学术交流做出了巨大贡献。"

投身空间结构,勇攀科学高峰

1981年秋季,沈世钊回国,担任哈建工钢结构教研室主任,致力于开拓新的研究方向。根据当时国家建设事业发展趋向,高层建筑和大跨度建筑是代表国家建筑科技发展水平的两个新兴结构领域。他本人由于在里海大学的两年经历,倾向于参与高层钢结构方面的研究,但后来完全由于偶然原因使他加入到大跨空间结构的行列。

1983年,建筑系梅季魁教授承接了为第六届国家冬运会建设吉林滑冰馆的设计任务,找沈世钊配合做结构,希望在结构形式上有所创新。从梅季魁的建筑方案来看,最适宜采用悬索结构。当时我国这类空间结构的应用还比较少,所以他们结合这一工程的特点,决定应用一种新颖的预应力双层悬索系统,希望以此促进悬索结构在我国的发展。沈世钊说,他自己当时对悬索结构也不熟悉,出于无奈,硬着头皮对悬索结构文献钻研了几个月,推导了预应力双索系统的全套解析计算理论,总算把这一设计任务顶了下来。

吉林滑冰馆工程完工后,它那新颖的悬索结构受到了国内外工程界的普遍重视。1986年,中国空间结构学会在吉林召开现场会,美国、德国、日本等国的结构工程专家也来参观,同行们交相称许。1987年,这一结构设计被推荐参加了在美国举行的"国际先进结构展览"。

沈世钊此后就对空间结构产生了浓厚的兴趣,感到空间结构形式如此丰富多彩,又有许多特殊的理论问题需要解决,是一个广阔、深邃的探索领域。1985年,他与梅季魁再次合作承担北京亚运会两个体育馆的设计任务时,就有意识地采用了在当时看起来比较创新的组合网壳结构和组合索网结构这两种空间结构形式,并在理论上进行了相应的探索。以这几个工程为契机,沈世钊与

第五章 师者风范

大跨空间结构结下了不解之缘。

沈世钊认为，空间结构的健康发展依赖于两个不可或缺的基本要素：一是结构形式的不断创新，二是理论研究的同步开展。大跨空间结构作为一类全新的结构体系，在其发展过程中提出了一系列具有基础性质的关键理论问题，例如网壳结构（尤其是单层网壳结构）的静力稳定性问题，索、膜等柔性体系的初始形态分析问题，网壳结构的动力稳定性及在强震下的失效机理问题，大跨屋盖风荷载及索膜结构的风振响应和抗风设计问题，等等。这些关键理论问题的深入研究和解决，是大跨空间结构这一新兴领域获得健康发展的必要条件。

沈世钊认为，在高等学校工作，做一些理论研究可能更合适，或者说更义不容辞。因此自20世纪80年代以来，他主要是带领学生从事空间结构的理论研究，例如对上面提到的这些关键理论问题，都先后进行了较系统的探索。沈世钊说，结构工程领域的理论研究属于应用型基础研究，必须坚持为实用服务的目标，不能只写几篇理论文章就算交账，而必须把理论成果推进到实用化的程度。这一目标实际上大大增加了研究工作的深度和难度，因为解决实际问题是硬任务，要有定量的结果，还需要考虑一系列实际因素的影响。而且，这样做的结果反过来也增强了研究成果的理论价值。显而易见，这样做理论研究工作是很费时间的。沈世钊及其团队从1983年起研究悬索结构，经过10多年的积累，1996年才写成专著《悬索结构设计》并出版；对网壳稳定性的研究是从1987年开始的，持续了大约10年，先后有9名博士和硕士研究生参与此项工作，1998年作为阶段性成果出版了专著《网壳结构稳定性》，其后续工作又继续进行了10余年，2015年出版了第三本专著《网壳结构弹塑性稳定性》；关于索结构风振的研究是从1988年开始的，1994年把重点转移到膜结构风振的研究，2001年又推进到风-结构相互作用，即流固耦合理论的研究，然后把重点转到大跨屋盖风荷载特性和实用设计方法的研究，在此基础上对这类结构抗风设计理论进行系统总结；关于网壳结构动力稳定性的研究是从1992年开始的，1996年起研究网壳结构在强震作用下的弹塑性响应，从1999年起把二者结合起来，研究网壳结构在强震作用下的失效机理问题（包括可能的动力失稳），2014年才出版了专著《网壳结构强震失效机理》。所以沈世钊说，做理论研究工作要有耐心，只要坚持从实际需要出发，坚持科学的研究方法，不怕做艰苦细微的分析和实验工作，持之以恒，把大量感性资料逐渐积累起来，最后总是会取得有价值的成果的。

除理论研究外，沈世钊也曾主持设计了一些大型空间结构，这些结构因其新颖精巧的构思、良好的受力性能而得到人们的广泛好评。但沈世钊说，他完成的设计其实并不多，因为他认为高等学校教师不宜把过多的时间用在工程设计上，他也不同意他的学生从事大量的一般性设计。自然，他也认为，有选择地结合一些有代表性的工程来进行创新的实践活动，对于研究空间结构的教师和研究生来说,的确具有不可或缺的作用。关键是要在这种实践活动中坚持结构创新,这样才能真正做到既锻炼了队伍又对空间结构的发展做出贡献。这是因为,大跨空间结构的特点之一是形式十分丰富多彩且不拘一格,而且其受力特性与结构形体之间存在紧密的内在联系。因而结构形式的不断创新既是大跨空间结构发展过程中的一个主要特征,也是这一新兴结构领域的生命力之所在。这一结构领域也赋予了具有创新精神的工程师们以充分驰骋的广阔空间。

沈世钊在所主持的工程设计中都是按照这一想法进行努力的。20世纪80年代以前,空间结构在我国仅有少量工程应用,应用形式也比较少,工程界对空间结构还比较生疏。因此如前所述,1983年在设计吉林滑冰馆时以及1985年在设计北京亚运会石景山体育馆和朝阳体育馆时,均有意识地采用了在当时算得上是新颖构思的结构形式,体现出在结构体系创新方面所进行的努力;对它们的结构性能和受力特点也都经过了一段钻研和探索的过程。到90年代,膜结构开始在我国兴起,但结构形式还不够丰富,一些大型建筑大多采用骨架支承式膜结构。因此,1998年承担威海体育场设计时就试图创造一种具有典型意义的全张拉式膜结构,而且在宏观造型上采用了富于变化的马鞍型,现在看来取得了预期的效果。

2003年,沈世钊承担了国家天文台500米口径射电望远镜(FAST)主动反射面结构的方案设计任务。FAST是世界上迄今最大的望远镜,技术条件十分复杂,沈世钊及其团队通过连续三年的理论和试验研究,提出了创新的可变位索网结构方案,较圆满地完成了给定的任务。国家天文台因此将一枚小行星命名为"哈工大星",表示感谢和纪念。

沈世钊认为,结构形式的创新决不是追求外形上的新奇,而是应当符合以下几个基本要求:(1)新颖结构形式与建筑功能要求的和谐统一;(2)优美的结构形体与合理的受力性能之间的协调;(3)符合建筑技术(包括构造、材料、节能、施工安装技术等)的发展方向。符合这些基本要求的工程创造才具有生命力,才能在大跨空间结构的发展过程中起到典型作用。正是坚持了这些原则,沈世钊领导的工程实践活动与他的理论研究成果一起,为我国大跨空间结构学科的健康发展并进入世界先进行列做出了重要贡献。2002年12月,在北京举行的空间结构委员会成立20周年大会上,沈世钊被授予"空间结构杰出贡献奖"。

广育天下英才,笑看桃李芬芳

沈世钊在从事科学研究过程中,为我国培养了大量的空间结构人才,到现在为止,已经有100多位硕士、博士研究生从他领导的研究中心毕业,并逐渐成为我国大跨空间结构队伍中的重要力量。事实上,为国家培养人才是沈世钊毕生最为钟爱的事业。他说,个人精力有限,科学的进步,学科的发展,需要年轻英才的不断涌现,因而他觉得,如果把更多的精力放在人才培养和梯队建

第五章 师者风范

设方面,也许是自己所能做出的最大贡献。

他曾写过一首《抒怀》诗,足以代表他的育人情怀:长江后浪拥前浪,万骏奋蹄驰大原;喜看满园滋桃李,耕耘未辍心尤甘。他在附注里写道:"此生有幸为教师,得天下英才朝夕切磋与共,其乐融融。"

沈世钊经常说,他喜欢同学生们在一起,年轻人充满活力,具有旺盛的求知欲和强烈的进取心,同他们在一起,常会感到后继有人而深受鼓舞。当然,他们也容易受到社会上各种风气的影响。所以,作为导师,除了让学生们在业务能力上、在思想方法上经受系统的训练以外,也应当十分关心他们思想上的成长。他认为,素质教育不仅适用于中小学生和大学生,其精神也同样适用于研究生的培养。其实,每个人都处在不断自我完善的过程中,研究生们作为相对比较成熟的年轻知识分子,他们这种自我完善的自觉性是较强的。因此,为他们营造一种积极向上、具有高尚情操和道德风貌的群体环境,对他们进一步成长为社会栋梁之材有十分重要的意义。在这一过程中,导师以身作则,在治学态度、科学道德乃至思想情操等方面言传身教,是无可替代的,这也是作为一名导师应当自觉履行的重要职责。

沈世钊为其研究团队写的治学格言是"厚植笃行"四个字,他还写了解释性的附言:"不断积累,厚植根基,才能做到高瞻远瞩,举重若轻,且邪谬不侵。治学做人,均同此理。又贵在身体力行,知与行相辅相成,在服务社会的同时,不断提升自己,故君子笃行。"《科学时报》在其创刊45周年之际,累计征集到689位两院院士的治学格言。2004年4月1日的该报头版展示了沈世钊的这一治学格言。2013年,沈世钊还为研究生们写了一份题词:"学习科技,也关注人文;重视科学精神,更崇尚人文精神,坚持做学问与做人的统一。"可以领悟到,沈世钊正是本着他的这种治学态度和育人思想,带领他的团队持之以恒地努力奋斗,为我们国家培养出了许多优秀科技人才,并为我国大跨空间结构的蓬勃发展做出了重大贡献。

(武岳根据《科学人生——黑龙江省两院院士风采录》中赵明地文章修改)

关于我校土木工程学科发展和人才培养的思考和建议

谢礼立

谢礼立，1939年出生于上海，1960年天津大学毕业后一直在中国地震局工程力学研究所工作，1999年加入哈尔滨工业大学，任建筑工程与设计学院院长，教授、博士生导师，1994年被选为中国工程院首批院士，2006—2014年当选为中国工程院主席团成员。

谢礼立院士担任中国地震工程联合会会长，并曾于1987年至1996年连续9年被联合国两任秘书长（德奎里亚尔和加利）聘为联合国国际特设专家组专家和联合国科学技术委员会委员；此外，他还先后被选为国际地震工程协会（IAEE）副主席，国际强地震学学会主席；他曾在1987—2001年被国际地震学组织选为国际地震学与地球内部物理学学会(IASPEI)执行主席，这是该国际地学领域的科学组织成立100多年以来，第一位也是迄今为止唯一的从事工程领域研究的科学家被选为该组织执行主席。谢礼立也是国际学术组织国际结构控制与健康监测学会四个发起人和奠基人之一。

谢礼立院士的主要研究领域是地震工程与安全工程、城市防震减灾能力评估、工程抗震设防标准、抗震设计规范研究等，先后在国内外发表论文400余篇以及出版著作多部。在国际上他第一个提出"最不利设计地震动""统一抗震设计谱""广义概念设计""城市防震减灾能力""建设可康复的城镇防灾体系""土木工程灾害"等理论和技术方法。由他主编的我国核电站抗震设计规范和第一部基于性态的抗震设计国家推荐标准——《建筑工程抗震性态设计通则（试用）》已正式批准颁布执行。2015年，他的研究成果"基于性态的抗震设计"获国家科技进步一等奖，2016年获黑龙江省科技最高奖和哈尔滨市市长特别奖，此外还曾先后获多项省部级科技进步奖。

2008年，在第十四届世界地震工程大会上，谢礼立院士当选为国际地震工程协会的终身名誉理事，这是国际地震工程领域的最高学术荣誉和终身荣誉，也是我国迄今为止被该国际学术组织选为名誉理事的唯一中国学者。

哈尔滨工业大学土木工程学科是1920年创校之初成立的三个学科之一，也是我国最早从事土木工程人才培养的基地之一。经过几代土木人的艰苦奋斗,哈工大土木工程学科在混凝土结构、高层钢结构、大跨空间结构、钢-组合结构、地震工程及风工程、健康监测及振动控制等方向做出了卓越成就。1986年结构工程学科获博士学位授予权,1991年获批土木工程一级学科博士后流动站,1998年获首批土木工程一级学科博士学位授予权,2001年结构工程学科被评为国家重点学科,2007年防灾减灾工程与防护工程学科和土木工程一级学科同时被评为国家重点学科;2003年和2008年教育部组织的全国一级学科评估中,土木工程学科位居全国前三,应该说在各个历史时期我校土木工程学科一直处于国内同类学科发展的前列,为中国土木工程学科跻身世界前列做出了重要贡献。

我国城镇化建设、"一带一路"、海洋强国等国家重大战略的实施对土木工程学科提出了新的需求,人工智能、先进材料等学科的突破为土木工程学科发展提供了全新的机遇,材料学、工程学、经济学、社会学等多学科的交叉融合成为学科发展的新趋势。这些急剧变化,特别是科技教育战线上的竞争日趋激烈,既推动了我校土木工程学科的建设,同时也对我们的学科建设和相应的人才培养提出了严峻的挑战。

由于哈工大所处地域的自然条件和经济社会发展条件与兄弟院校相比均不占有优势,面临国内外的激烈竞争,学科方向老化,人才不断流失等问题正在不断显现。站在哈工大土木工程学科发展的百年关口上,我们只能锐意进取,采取更为积极有效的措施,才能迎头赶上,再创新的佳绩。其中最重要的措施还是那句老话,要坚定不移地全神贯注于人才培养和学科建设。

建立良好学术生态环境,培养世界一流人才

"为什么我们的高校总是培养不出世界一流人才?"这是著名的钱学森之问,也是党和国家乃至全国人民深感忧虑的事情。

我认为高校培养世界一流人才的根本途径是要在校园内创建一个良好的学术生态环境。这个良好的学术生态环境应该包括以下四方面的内容:营造一个刻苦学习、钻研问题、迷恋创新、持之以恒的学术氛围;提倡尊师爱生,培养优秀学生是老师的天职;杜绝浮躁、急功近利、弄虚作假等不良行为,崇尚学术自由争辩,倡导严肃、严密、严格的"三严"治学精神;创建并坚持以激励奋发向上为导向的学术成果和人才的评价体制。目前我国高校较多强调硬件、平台建设,盲目追求论文数量而忽视了对优良学术生态环境的营造和保护,致使高校学术生态环境"雾霾"严重。真正的大师级人才,要有渴求知识、呵护真理的求实精神;刻苦学习、安心学问的钻研精神;潜心研究、锲而不舍的痴迷精神;高瞻远瞩、勇于超越的进取精神以及善于合作的求同精神。

关于人才评价问题,要建立以解决国家和社会亟待解决的重大问题作为导向,而不是以论文数量、专利、奖励等指标为导向的科研成果、人才的评价和管理体制。成果评价和人才评价是一个十分严肃的事情,有时往往需要一个较长的时间来考证,不应急功近利,更要防止那种"只争朝夕"、"投桃报李"、积弊众多、已经变味的"成果鉴定"和"人才评价"方法。

坚持敢为人先，紧扣国家的发展需要，不断引领土木工程学科发展的新方向

坚持敢为人先，追求卓越是搞好科研工作最重要的素质。说别人没说过的话，想别人没想到的事，做别人没做过的事，做科研一定要强调观念、思路和技术路线的原始创新性。长期以来我们就是试着这么想和这么做的：我们在国际上第一个提出"最不利设计地震动""统一抗震设计谱""广义概念设计""土木工程灾害""城市防震减灾能力"等理论和技术方法并被广泛采纳，应用于土木工程和土木工程防灾领域，并先后成为国际同行研究的热点问题；我们提出的"数字减灾系统"和"韧性城市及其评价体系"的思想和构架先后被我国自然科学基金委的最高科学论坛，即"九华山庄论坛"和"双清论坛"选作土木工程领域内的仅有的两个研讨选题，并根据论坛凝聚的科学思想安排了自然科学基金委迄今为止在土木工程学科中唯一的"重大研究计划"；我们提出的 ABC 和 4P 与 4R 综合防灾减灾理论被国际广泛接受，成为联合国开展"国际减灾十年活动"的重要指导思想。

在土木工程防灾减灾方面，中国式"巨型城市"和"大型城市"防震减灾的客观现实对土木工程防灾减灾研究提出了新的要求：研究对象从单体基础设施（如单体建筑、桥梁、地下结构）转向城市工程系统；研究的科学问题从仅限于抗灾性能及破坏机理转向复杂城市工程系统的建模与功能失效、恢复过程、耦联机制以及工程与非工程系统的多元融合；研究的灾种从地震单一灾害转向地震、台风、暴雨、滑坡、泥石流、恐袭以及各种技术灾害等多灾害研究。这些转变，对工程防灾科学和技术提出了更多的挑战。虽然工程结构在灾害荷载下的损伤演变与设防方面已经取得令人瞩目的研究成果，但城市是一个复杂的系统，如何将单一基础设施防灾安全转向综合基础设施系统的防灾安全和确保功能韧性是城市韧性研究的巨大挑战。

前面已经提到过，在国家自然基金委的指导和安排下在 2018 年我校举办了土木工程领域的第一个，也是唯一的"双清论坛"。抗震韧性城市建设的关键前沿基础科学问题，奠定了我校在该领域暂时领先的地位，我校应积极进行布局，紧扣国家的发展需求，争取早日取得理论、方法、技术、标准、示范的全链条成果，使我国在城市韧性这一国际前沿研究领域具有与美国、日本等发达国家处于齐头并进甚至超越的研究态势。

这里也顺便提一下，我们在学科建设中反复强调创新的同时，也必须强调"要有所进，有所退"的战略思路。在国家和社会需要的方向、学科前沿的方向上我们必须勇于前进，大胆创新，勇于突破；与此同时也必须及时调整乃至放弃那些已经成熟的，甚至陈旧的老学科、老方向，要不然我们的负担就会太沉重，老的陈旧的方向舍不得退、舍不得放弃一定会阻碍对新的领域的突破。这已经是为世界学科发展反复证明的事实了，这里因限于篇幅就不再赘述。

第五章 师者风范

新中国成立前后的哈工大点滴回忆

林荫广

林荫广,1929年7月生于辽宁大连,汉族,中共党员。1947年进入哈尔滨工业大学土木系学习,1952年毕业后留校任教。历任土木系施工教研室助教、讲师,兼任施工实验室主任。1961年任哈尔滨建筑工程学院建工系党总支副书记;1979年任建筑工程系副教授、副主任、党总支副书记(主持工作)。1983年任哈尔滨建筑工程学院科研处处长。曾任哈尔滨工业大学老科协副会长,2009年荣获中国老科协先进老科技工作者荣誉称号。

我的母校哈尔滨工业大学于1920年创立,至2020年正好是100周年,她培养的本科生、研究生等各种人才分布在全国乃至世界各地,为当地的经济建设做出了重要贡献,他们是国家栋梁,是社会中坚力量。

解放战争时期,在解放区,工科最好的学校就是哈尔滨工业大学。它属于当时中长铁路的一所工业高等学校,为中长铁路培养各种建设及管理人员。哈尔滨工业大学用俄语授课,本科生大部分是苏侨学生,中国学生只有极少数,为了使中国学生到本科后能用俄语听课,专为中国学生设立初高级班两年制预科,中国学生通过两年的学习,把苏联中小学的数理化课程用俄语再学一遍,并适当地学习了一些文学和诗歌。

1947年,我考入了哈尔滨工业大学。校舍是二层砖木结构,呈俄文字母"п"字型。全校学生不足400人,其中预科生近200人。我在预科初级班学习时,俄语教师是鲍士蔻(Бошко)。进入高级班学习时,俄语教师是巴塔绍夫(Баташов)和巴塔绍娃(Баташова)夫妇二人。俄语教师对中国学生要求非常严格,几乎每天都有家庭作业,他们悉心批改,我们努力学俄语,没有辜负老师的期望,都较好地完成了预科的学习。在预科学习阶段,前方打仗,我们在后方安心学习。通过组织邀请一些名人来校做形势报告。纪念"一二·九"

运动 11 周年时,学生会号召各班扭秧歌演出节目。我班在哈工大小礼堂(现哈工大博物馆进门向右拐的大房间,面向花园街)演话剧,反映国民党军队掠夺老百姓粮食和财物的内容,获得了一致好评。

1949 年暑期,中国学生们在现市九中教学楼举行夏令营活动,主要学习时事,唱革命歌曲迎接新中国的到来。这些活动提高了学生的政治觉悟和政治素质,有很多同学加入了青年团组织。

1949 年 9 月 1 日开学时,根据个人志愿,我被分配到土木系学习。全班有 20 余人,苏侨同学有 10 多人,中国同学 7 人。刚开始听课时,并不是非常顺利,特别是有些俄罗斯老师由于年事已高、口齿不清,导致我们不知道他们说的是什么意思,记笔记非常困难。课后我们和苏侨同学一起对笔记,才完成了这堂课的学习。中长铁路局对哈工大图书馆的投资较少,每科教材只买两本,一本给主讲教师,一本放在图书馆,所以我们只能靠笔记来复习功课。

1949 年 10 月 1 日,是中华人民共和国举行开国大典的日子。哈工大学生要去参加在八区举行的开国大典典礼,但是学生们觉得应当突出一些学校的特色,所以"中国学生会"就找到"苏侨同学学生会",请他们出个乐队,穿着校服来奏乐,按照歌曲的步调步伐整齐地进会场。在当时,高等学校里面只有我们学校有这个乐队,我们觉得有这个乐队还是很有排场,很自豪的。

1950 年春,我校来了第一批研究生(清华、北大、交大、复旦、浙大等校毕业生),通过组织联欢和一些活动互相认识。记得 1950 年 5 月 4 日青年节,我们和研究生去帽儿山旅游,跑步登山比赛。我跑到半山腰时就跑不动了,坐在路旁大石头上休息,看到有一位长得很秀丽的高个女青年在一直向前跑,看到胸前名签是周定,我就跟在她后面跑到终点。从此我认识了她,退休后我们都在校老科协发挥余热。

1950 年 6 月,美国对朝鲜发动侵略战争,中国志愿军赴朝参战。我校分配每个班要完成炒面任务,大家爱国热情高,都踊跃参加。晚上利用自习时间都去炒面,一直炒到半夜。有些人一直工作到第二天早晨,然后接着去上课。由于和苏侨同学相处很好,我们就向他们学了一些俄文歌曲。当时哈工大每周六晚七点到十点举行晚会,首先是由各班的苏侨同学出节目,比如唱歌、舞蹈等,剩下时间就是大家跳交际舞。同学饿了就在校博物馆的地下室小卖店买零食。到现在,同学教的歌曲我也没有忘,比如《灯光》《喀秋莎》等苏联卫国战争时期的歌曲。这些歌曲激励着我们努力学习,报效祖国。

1951 年春,哈工大来了第一批苏联专家后,每年苏联专家都会陆续到校授课。来土木系的有力学的库滋民(Кузьмин)、水力学的瓦西利耶夫(Васильев)、钢筋混凝土结构的特里丰诺夫(Трифонов)、钢结构的维琴尼阔夫(Ведиников)、建筑学的普里霍吉科(Приходько)、水能利用的格鲁伐契斯基(Груфачесхий)、地基基础的齐斯佳阔夫(Чистяков)、木结构的卡冈(Каган)及夫人玛丽雅

第五章　师者风范

（Мария）、给排水的莫尔加索夫（Мордясов）、暖通的德拉兹道夫（Длаздов）、煤气的约宁（Уонин）等。这些苏联专家仪表堂堂，服装整洁，待人诚恳，在黑板上写字时板面规整，讲课重点突出，特别是在一些重要的地方反复地讲解。考虑中国同学的语言问题，重点的地方讲得慢，以便中国同学能记下。我们有不明白的地方请苏联专家答疑时，他们都很热情，耐心地解答。1950 年春来的这批研究生经过一年的俄语学习，都能听有关专业专家的课，到班级听课都坐在我们的后面，下课有时向他们请教或者互相交流，感情融洽，有些成为我工作后的同事和朋友。

1950 年，中长铁路局将哈工大移交给中国政府后，哈工大有很大变化：将为中长铁路服务的专业调整为为我国经济建设服务，如土木系的"工业与民用建筑""采暖通风""给水排水"专业。苏联专家陆续来哈工大授课，一批又一批的研究生和进修教师跟专家学习、听课。著名教授如朱光亚、马大猷先后担任教务长职务，清华大学水力学教授夏震寰在 1951 年、钢结构副教授李德滋在 1952 年前后担任土木系主任。基建部门开始建教学楼、宿舍、住宅等建筑，如 1952 年 6 月 1 日开工的面向大直街的土木楼、54 机械楼、55 电机楼等。同时也进口苏联科技专业书籍和德国教学用品，如塑料计算尺、图纸、制图仪器等供学生设计用，质量好又方便，同学很满意。

为了提高学生的政治思想水平，学校给各班订阅《人民日报》《中国青年报》等四份报纸，学校有些领导有时还给学生做时事报告，其中李昌校长最受欢迎。他口才好，对国内外形势分析得非常透彻，有理有据，学生都愿意听。土木楼大礼堂座无虚席，过道两侧都站满了人一直听完，给学生的印象深刻。

我班中国同学和苏侨同学有深厚的感情，学习上互相交流，有事互相支持和帮助。苏侨同学斯维斯杜诺夫（Свисдунов）一人独自生活，每周有几天打工不能来校，周日则邀我带笔记本去做客，我把一周的课程向他讲了一遍，然后我和他分别抄写我的笔记以便把落下的课程给他补上。他给我做俄式西点，我们一起听音乐，愉快地在他家度过一个星期天。在结束俄语课学习时，老师要求每人用俄语写一篇文章，我在《人民日报》看到魏巍写的《谁是最可爱的人》这篇文章时很受感动，就把文章压缩并适当增加了一些内容，译成俄文交给斯维斯杜诺夫，修改后就交给俄语老师。她看了说文章写得很好，我听了表扬很高兴。

在校学习的过程中用俄语听课，政治课例外。学期末要考查和考试，考查分优秀、良好、及格和不及格，个别课分通过和不通过。考查课合格才有资格参加该门课的考试，考查不及格（不通过）即该门课考试不及格。考试时抽考票，考票多于参加考试人数，抽考票后给半小时准备。考票有三个大题，每大题又分若干小题，内容有理论题、叙述题和计算题。成绩也分优秀、良好、及格和不及格。工民建专业课程设计较多，每种结构设计都分工业与民用设计，建筑设计也如此，还有给排水和暖通各两个设计，学习负担较重，毕业设计答辩要成立国家考试委员会，由本校教师和外请专家组成，经高教部批准后公布，答辩成绩和考试一样都分四等。1956年前只有哈工大毕业答辩成绩合格后按专业授予工程师学位（资格），1957年后与全国高校一样，由学校成立毕业答辩委员会，不再授予工程师学位称号。

1954年，我分配到施工教研室任教。当年，我校工民建51级到长春第一汽车厂建筑工地实习，一共有四所名校参加。工人们对哈工大学生的反映是，生活艰苦朴素、吃苦耐劳，下雨了男女同学都挽上裤腿和工人一起淘水，不明白就向工人请教，和工人打成一片，遇到苏联专家时能用俄语交谈，得到了好评。从此艰苦朴素、吃苦耐劳、勤学好问、刻苦钻研这种作风就一直传下去，成为我校的传统作风。

施工教研室的建筑机械课要求学生实际操作，我们只好用从建工部订购的37种为实物1/4大小的建筑机械模型进行操作方面的教学。其中自动化混凝土搅拌站模型高4.5 m，但地下室教室的高度只有4.2 m，实验员阮忠虞提出向下挖1 m的方案把模型安装好，为建机课教学提供了方便。"哈军工"师生于1956—1957年来施工实验室参观，由实验员讲解，操作也便于"哈军工"学员学习。

1955年，施工教研室邀请从苏联古比雪夫建筑工程学院来的木结构著名专家卡冈（Каган）博士、教授座谈建机课学生学习建机操作问题，他讲学生要操作建机最好是用Э-505型挖土机，既能挖土，又能吊装。教研室责成我向李昌校长汇报。与李校长约好时间，到达后，报告我的名字。李校长说："老林，你请坐。"当时我一惊，我才二十五六岁，就叫我老林，我想这是对我的尊重。李校长要我吃苹果，当时市场少有且价钱又贵，我不好意思吃。他把苹果削了皮，一分为二，说"你一半我一半"。吃完后我讲座谈会的意见，要买一台Э-505型挖土机供学生操作，以满足建机大纲的要求。他问多少钱，我说现在抚顺重型机械厂产的一台10万元人民币。那时大学毕业生参加工作工资只有40多元。他问使用率怎么样，我说使用率不高，只有实习时间才用。他说太贵了，是不是可以改用别的机械，汽车行不行。汽车在建筑机械里属于水平运输的机械，我说可以。他说："一周后我给你答复。"第三天一名司机来实验室报到，另外还带了一台嘎斯51型汽车。1958、1959和1960年毕业的学生在大三下学期学开汽车，用木工机床做窗扇和板凳，窗扇送给学校的维修科；学生都站着吃饭，就把板凳送给食堂用来坐着吃饭。这也是我们的教学为本校做点好事。

1958年，土木系成立"共产主义设计院"，由相关专业师生参加，但没有施工实践场所。1958年夏，土木系党总支书记陈毓英同志责成施工教研室林荫广、王学涵、马连生、皮齐宝和实验室全体人员参加负责此项工作。由于我是省商业厅基建处技术顾问，与李处长联系时，他支持勤工俭学活动，将哈尔滨百货公司二库的四栋针织品仓库工程包给我校，并借给我们2万元人民币购买施工材料。每栋仓库建筑面积960 m²，跨度为16 m的砖木结构单层建筑，设计由"共产主义设计院"完成，施工由土木系"共产主义工程公司八一工地"负责，组织工民建55级1~4班为主力，还有给排水55级、暖通55级、部分工民建54级、暖通57级同学参加劳动。施工高潮时，土木系全体师生参加。由于采购的木材为劣质材，不能做木屋架。木结构青年教师沈世钊（现为中国工程院院士）提出用胶合木结构设计取代原设计，就可以施工了，施工实验室皮齐宝老师带领学生用木绞盘将屋架吊起安装就位，全部施工安全顺利地进行。通过"共产主义工程公司八一工地"的劳动显示出土木系学生能吃苦耐劳、勤俭节约的品格。如没有运输工具，早晨吃完早饭男生都自觉每人肩扛长4 m、宽20 cm、厚2 cm的木板，女生扛2 m长的木板，步行50分钟到达施工现场。无人叫苦喊累，砌砖时把落在地面上的砂浆拾起来装桶里，用水搅拌，将砂浆灌入墙体，材料没有浪费，又加固了墙体，这是多好的学生啊！施工时没有出现安全事故，这是我最高兴的事了。

在和李昌、高铁、吕学坡等老领导的接触中，感到他们很敬业，关心学校的建设和发展，对学生的生活、学习，对教职工的生活、工作等都很关心。能解决的就地解决，办不到的给予答复，工作雷厉风行，说办就办，对我有很深的影响，是我学习的榜样。虽然他们已经不在了，但他们的音容笑貌和工作之风永远存于我的心中。

我非常怀念20世纪50年代的一些领导、老师、同学、同事、朋友，他们在生活、学习、工作等各方面对我的支持和帮助，我永远不会忘记。

重温百年母校一些温馨可珍惜的记忆

唐岱新

唐岱新,哈尔滨工业大学教授、博士生导师,享受国务院政府特殊津贴。1932年生于福建省福州市,汉族,中共党员。1951年至1957年于哈尔滨工业大学工业与民用建筑专业学习,1957年9月留校任教,历任助教、讲师、副教授、教授、博士生导师。曾任中国土木工程学会理事、全国高校建筑工程专业指导委员会委员、全国砌体结构标准技术委员会副主任委员、全国建筑物鉴定与加固技术委员会委员。讲授"钢筋混凝土结构""砌体结构""特种结构"等课程,承担"砖砌体局压强度""浮石砌块结构""配筋砌块砌体结构体系应用技术研究"等多项研究课题。对砌体结构学科有较深的造诣,是砌体结构设计规范编写组构件计算部分的负责人。曾担任哈尔滨建筑工程学院土建设计院院长。

1950年周恩来总理来到哈尔滨,代表中国政府从中长铁路手中接收了哈尔滨工业大学。当年就开始了较大规模的全国招生。学校被国家确定为学习苏联的样板,陆续迎来了一百多位苏联的专家、教授。每位专家来校工作两年,培养一批年轻教师,建立专业教研室。从此哈工大步入了发展的快车道。

我是1951年经第二次全国招生从福州老家考入哈工大的。在预科学习一年,学了3门课:俄语、政治和体育。9月份入学很快进入冬季,体育课就是学习滑冰。学校提供不了700多名新生正规的滑冰鞋,就用木板钉上冰刀绑在鞋上代替,但规定学不会滑冰就是体育不及格,也不能升入本科。

1952年正值全国院系调整,哈工大整合成机械、电机、土木3个系。我们重新报专业,我被编入土木系工民建专业。学校采用苏联五年制工科的教学计划、课程设置、教学大纲和时数安排。有一些教科书来不及翻译印刷,学校就影印了原文教科书放在图书馆供学生借阅,等毕业时再退返给学校。

1957年,我本科毕业留校,在土木系工程结构教研室任教。1959年土木系

第五章 师者风范

从哈工大分出来成立哈尔滨建筑工程学院，归建工部直属管理。1994年哈建工学院更名为哈尔滨建筑大学。2000年全国高校整合发展，哈建大又并入哈工大。我所在的土木工程学院就是从哈工大土木系逐步发展分出新设学科专业，历经分校合校发展壮大的。我是母校特别是土木工程学院20世纪50年代以来发展壮大过程的亲历者中的一员，得到母校的教育培养，留校工作之后得到母校的支持和锻炼，也做过一些为学校建设添砖加瓦的工作，以及学科建设方面勇攀高峰的努力。值此母校百年庆典之际，一些片段的回忆权作向母校的汇报。

1958年我继续担任胡松林老师的助教。跟班听课，晚自习要到学生班级去做答辩辅导，要编写课程设计指导书，还要担任毕业设计的指导教师。当时正是要求教学与生产实际相结合进行教育革命，以前的毕业设计要用真刀真枪的生产设计代替。1958年学校成立了共产主义设计院，让我兼任设计院秘书。除了联系、组织、管理等事务之外，还要指导学生做生产设计。可以想见任务重工作压力大，但也是努力拼搏锻炼成长的好机会。

哈工大主楼的设计就是土木系师生教学结合生产实际的一个实例。主楼的结构设计部分是朱聘儒老师和我带领1959年与1960年两届毕业班部分同学生产设计完成的。1961年主楼将要施工时，学校领导决定要把主楼中部塔楼和两翼教学楼各增加一层。如此一来，就需要重新计算内力和修改图纸。此时学生已经毕业离校，只好由我和教研室青年教师来完成。当时电子计算机和软件均未面世，求解多层框架内力只能用手摇计算机摇好多天才能计算出来。修改图纸也是要花费很大工作量的。后来施工过程中我们还得去做技术交流，解决施工中的问题。

建筑物鉴定加固与技术改造一般来说是有经验的成熟的结构工程师才能承担的业务，也是土建类高校结构工程教师应该达到的业务能力和使命担当。我在老教师的指引帮助下比较早地参加了这方面的研究和实践。在社会上完成的工程技术服务的项目主要有"武汉民众乐园V型旧楼改造""长春第一汽车厂锻造分厂钢结构厂房抗震鉴定与加固""齐齐哈尔华安机械厂2112厂房结构可靠性鉴定及加固""牡丹江水泥厂1号窑厂房结构可靠性鉴定与加固处理""哈尔滨香坊区地下商业街大面积坍塌抢险修复"等几十项工程。

在校内，我也曾经参与、负责完成好几项房屋技术改造项目。

1980年，学校决定将西大直街上的第一宿舍楼进行加层改造。这个宿舍楼是哈工大于1956年建的一栋学生宿舍，4层、7 000多 m^2 的砖混结构。这也是哈建工分出来后唯一的学生宿舍楼。学校附近实在无法取得建房的土地，严重限制了学校的发展，只好采取加层的办法。朱聘儒老师和我负责加层改造设计工作。我们采取两层轻型钢筋混凝土框架结构，用加气混凝土砌块作为内外填充墙，以原有的4楼顶部内外承重砖墙作为轻框架的基础。在原楼1、2层走廊两侧内纵墙开间轴线处，采用钢筋混凝土局部夹墙落柱进行加固，以承受加层后增加的荷载。宿舍楼加层后使用面积增加到1万 m^2 以上，缓解了当时学生宿舍紧张的局面。

2000年合校后该楼又改造成宾馆——海燕大酒店。

1990年，学校决定要对土木楼后院的后楼海城街段、花园街段8 000多m^2的已使用70年的哈工大1920年建校时的老楼进行修整改造。海城街段老楼是地上两层地下一层砖混结构。顶上是豪式木屋架，1、2层两边教室进深10 m，中间走廊宽5 m（便于冬天学生在走廊做操），学校要求拆掉1楼两侧的承重墙，改用混凝土柱来支撑，以形成25m宽30多m长的大空间作为学生食堂的大餐厅。2楼的教室、实验室不动，2楼两侧承重纵墙也不动，并需要保持顶上木屋架的中间两个支点的传力。学校要我和教研室教师完成旧楼维修改造设计任务。经过检测发现10 m跨的楼盖混凝土预制大梁，虽然混凝土碳化深度已超过钢筋保护层厚度，但钢筋并未生锈也没有发现混凝土梁的锈胀裂缝，该梁可以继续使用。木屋架也只是两端弦杆因长期雨水浸蚀局部发生腐蚀溃烂，可用两端换置木夹板加个"新靴"来解决。1楼大餐厅的改造，我们采取先在1楼顶板下方设置混凝土夹墙梁，接着挖开柱位的承重墙墙钢，做混凝土柱及柱下扩展基础，待混凝土达到强度后，逐步拆除1楼柱间、夹墙梁下的承重墙体。该楼使用至今没有发生过质量问题。2020年是哈工大建校100周年，也标志着建校之初唯一的教学楼经1990年维修改造后又安全使用了30年。

20世纪80年代初，我就已是全国建筑物鉴定与加固委员会委员，参与了历届全国学术交流活动，并在本科生、研究生中开出了相应的选修课。1990年，整理编写出校内教材《建筑工程质量事故分析与加固》并在1998年成立了黑龙江省建筑物鉴定加固分委员会，对黑龙江省这方面工作的开展起到了促进作用。

在砌体结构学科建设方面，我经过多年的跋涉和耕耘也取得一些成果和进步。

1974年，我参加了砌体结构设计规范编制组工作，承担了砖砌体局部受压规范重点课题研究任务。在了解原规范引用苏联规范存在一些问题后，对各种工况开展了一系列的试验研究工作。从1975年开始的8年里，花费了近3 000个工日进行试验研究。摒弃了原来的"套箍强化理论"，提出了"内力扩散原理"，阐明砌体局部受压工作机理，提出了一整套砌体结构局部受压各种工况的计算方法。研究成果1983年经专家论证后纳入《砌体结构设计规范》GB J3—88，通常我们称为砌体88规范，即1988年公布的砌体规范。实际这是主要基于我国科学研究成果和工程实践经验的第一本砌体结构设计规范。

长期以来，我国都是用烧结黏土制品即所谓的"秦砖汉瓦"建造住宅房屋，带来的毁田烧砖与农业争地的矛盾已到了无法化解的地步，政府不得不下令"禁实"（禁用实心黏土砖）。随着经济和社会的发展，我国早已开始大规模地建设中高层房屋，采用的大多是现浇钢筋混凝土结构。据统计仅2007年一年的全国住宅施工面积达到23.89亿m^2。面对需要消耗如此巨大量的水泥和钢材，如何用更少的资金、资源和能源投入，建设更安全又环保的住房，是体现建设技术水平的关键科学命题。我们科研团队（我和我指导的研究生们）多年来逐步形成的

第五章 师者风范

主要科研方向——配筋砌块砌体剪力墙结构就能比较好地达到上述要求,而且已经得到了一定规模的应用。

自1990年开始,我们团队先后在实验室进行了500多个实体试件的科学试验,对配筋砌块砌体剪力墙结构体系各种静力性能、抗震性能进行了系统的研究,成果被纳入《砌体结构设计规范》GB 50003—2001。配筋砌块砌体剪力墙结构正式列入国家设计规范,标志着我国砌体结构已步入现代砌体结构发展阶段。

1997年,我校(我们团队)与中国建筑东北设计院合作在辽宁盘锦建成了一栋15层配筋砌块砌体剪力墙点式住宅楼;1998年与同济大学合作进行试验研究,在上海园南新村建成一栋配筋砌块18层塔楼;2002年与黑龙江省建工集团合作在哈尔滨建成配筋砌块双塔18层住宅楼。此后几年经过我们团队的努力,在哈尔滨、大庆地区大力推广了这种结构体系,相继建成了哈尔滨群力新区西典家园、大庆祥阁小区、奥林国际公寓等一大批配筋砌块高层住宅房屋,取得了很好的社会效益和经济效益,得到了住房和城乡建设部的重视与肯定。截至2008年,黑龙江省应用该体系的建筑面积已超过200万 m^2,占全国应用总量的80%以上。

2011年公布的《砌体结构设计规范》GB 50003—2011(即砌体11规范)是在01规范基础上吸收近年来砌体结构领域的创新成果和成熟经验,在结构类别和应用范围方面有所扩大、充实、更新。我校(我们团队)继续参加了这本规范的编制工作,特别是对配筋砌块砌体构件设计计算条款做了充实、完善,对这种结构体系在抗震设防地区的适用高度适当增加提供了工程实践的参考依据。

砌体88规范公布后,我在哈尔滨、长春、北京、郑州等地工程技术人员新规范学习班上所用宣讲稿基础上修改、充实写成的《砌体结构设计新规范应用讲评》一书,1992年10月由中国建筑工业出版社出版(唐岱新主编,龚绍熙、刘季参编)。

砌体01规范公布后,由我主编,龚绍熙、周炳章参编的《砌体结构设计规范理解与应用》一书,2002年由中国建筑工业出版社出版,该书被列为建筑结构新规范系列培训读本之一。

砌体11规范公布后,《砌体结构设计规范理解与应用》(第二版),2012年由中国建筑工业出版社出版(唐岱新主编,龚绍熙、周炳章、翟希梅参编)。

教材方面也应该随着有关规范的更新逐步修改。2003年1月我主编的高校本科专业教材《砌体结构》,由高等教育出版社出版(唐岱新主编,许淑芳、盛洪飞参编)。这本书被高等教育出版社列为新世纪土木工程系列教材。2009年1月出版了《砌体结构》第二版(唐岱新主编,许淑芳、盛洪飞、王凤来参编);2013年7月出版了《砌体结构》(第三版)。

笃志躬行　润物无声

——记刘季教授

刘季教授，我国著名结构抗震与振动控制专家，1983年荣获黑龙江省劳动模范称号，1984年荣获国家级有突出贡献的中青年专家称号，1987年评聘为博士生指导教师。他曾担任国际结构控制协会中国分会主席、国际标准化组织委员会专家组成员、中国灾害防御协会常务理事、中国振动工程学会结构抗震控制专业委员会主任委员、《地震工程与工程振动》副主任编委、哈尔滨建筑大学建筑工程学院副院长等职。他曾主持"六五""七五""八五"国家重点科研项目，国家自然科学基金项目，建设部重点攻关项目等一系列国家级和省部级科研项目的研究工作。在结构振动、抗震设计理论与方法、灾害防御对策、结构振动控制理论与技术和建筑结构空间工作等领域取得了一系列具有国际先进水平的重大科研成果。曾获国家科技进步二等奖1项、三等奖1项，部级科技进步奖4项，其系列科研成果已被四个国家标准所采用。

爱因斯坦说过："一个科学家的人格魅力对人们的影响，远大于科学本身。"熟悉刘季教授的人从他身上就常常感受到这种崇高的师德和高尚的人格魅力。

刘季的老家在辽宁省辽中县，1956年考入哈尔滨工业大学土木系给排水专业，1960年以优异成绩毕业留校任教，1964年8月至1967年8月攻读哈尔滨建筑工程学院结构力学专业研究生，师从王光远教授。早年日子很苦，也许是这个缘故，他的性格很刚强，工作勤勤恳恳，做事认真。然而，最使人敬佩的还是他那孜孜不倦的科研精神和对人对事刚直不阿的为人。

20世纪六七十年代，刘季潜心进行有关多层房屋空间和力学性能的研究工作。当时，他是哈建工少数几位搞学问的人之一，十分难能可贵。这些工作为他日后的发展奠定了坚实的基础。

一个在学业和事业上有所成就的人，无一不是具有远大的抱负、有恒心和献身精神的人。20世纪70年代末期，国内外专家、学者都认为多层空旷房屋

第五章 师者风范

只能设计成钢筋混凝土或钢结构的,而对造价很低的砖石结构则不敢问津。当时刘季决心向这个传统的观念挑战。他同另两位助手一起承担了这项研究课题。他们的研究是从试验开始的,试验设备缺乏,就自己动手制造;设备有了,就开始测试。连续四个夏天,他们顶烈日,战酷暑,风尘仆仆地奔走于营口、镇江、扬州、天津等城市的现场工地,对正在施工中的建筑进行细致的实测,记下数不清的数据,经过无数次的研究和分析,终于得出一个突破性结论。为了使理论更加完善,他又开始了深入的研究。计算分析、分析计算,占据他的整个生活,终于他如愿以偿了,1982年5月,他登上了在意大利首都罗马举行的第六届世界砌体结构会议的讲台。会议专题主席、英国爱丁堡大学的汉德尔教授在报告结束后拍着他的肩膀说:"对多层建筑空间工作的研究在欧洲还只是刚刚开始,你们的研究比我们早,你们不仅定性地研究,而且做了定量的研究,这很好!"此时,刘季似乎有些激动,他感慨地说:"任何妄自菲薄都是不必要的,中国人可以走向世界。"

刘季一生过着清贫而充实的生活,一直都在努力工作,顽强拼搏,取得了突出的成绩,为我国的科学教育事业做出了卓越贡献。他长期从事结构抗震与结构控制的研究,在科研工作中,他特别强调"探索创新"。20世纪70年代,他首先在国内从事空间结构的分析和试验研究工作,这一工作使结构分析与结构的实际工作状态更吻合,使结构抗震分析进入了一个新阶段,有关成果获得国家科技进步三等奖。80年代初,王光远院士将结构控制的概念引入我国后,刘季率先在我国开始了结构控制的研究,使哈建工成为最早开展这一研究的单位之一。在从事结构控制的研究中,他取得了一系列创造性成果,如发明了液压质量控制系统,该项发明获国家专利,并获国家科技进步二等奖;他当时率领的科研小组在国内首先开始结构主动控制的理论分析和试验研究,并于1995年首次在我国成功地进行了结构主动控制的试验;之后,又首次在我国成功地进行了结构混合控制的试验和结构半主动控制的试验。上述成果填补了我国在混合控制和半主动控制研究领域的空白,促进了结构控制在我国的发展,丰富了我国结构控制的理论和方法,使我国结构控制的研究跨入了世界先进行列。刘季在结构控制领域内不断创新,不断开辟新的研究课题,他的锐意进取,使他获得丰硕的成果,也得到了国内外结构控制领域同行的高度赞扬,为国家赢得了极高的荣誉,1998年他被推选为"国际结构控制学会中国分会主席"。

刘季为人正直真诚,严谨求实,令人敬佩。自1994年底,学校建工学院筹备小组成立和1995年4月28日建工学院正式成立,直到1998年3月换届止,刘季在建工学院领导岗位整整工作了四年多。在这段时间里,他无私奉献的敬业精神,顾大局、识大体的团结作风,艰苦奋斗、不怕困难的创业情怀以及刻苦钻研、诲人不倦的严谨治学态度都给我们留下了不可磨灭的印象。他为建工学院所做的贡献,人们是永远不会忘怀的!

有人说：教师很平庸，而且不富有。而刘季却说："高校教师的工作是神圣的、崇高的，我愿做一个知识的启蒙者，带领我的弟子去打开知识的大门。"他是这样说的，也是这样做的。刘季一生勤奋钻研，他经常说："勤能补拙，要知道学习是没有捷径可寻的，只有靠自己动手动脑，学习才会精益求精。"他是这样说的，也是这样做的。刘季经常说："做人要正直，要真诚，要言行一致，要光明磊落。"他是这样说的，也是这样做的……

高山巍巍英名不朽，流水淙淙精神常在。刘季教授虽然已经离开我们多年，但他为我们留下了无数光辉灿烂的科学果实，为我们留下了桃李满天下的荣耀，为我们留下了为科学不屈奋进、严谨求实、勤奋耕耘的精神，这些都值得我们永远学习。

（撰稿：刘安业，刘季之子）

第五章 师者风范

钢筋砼骨　扭转人生

——记王振东教授

王振东老师离开我们已经整整三年了。每当想起，他老人家音容笑貌宛在。

王老师1928年生于浙江省临海市。1953年青岛工学院毕业后，在哈尔滨冶金部土建校任教师，1958年起在黑龙江工学院土建系任讲师，1973年5月调入哈尔滨建筑工程学院建筑工程系，任副教授、教授，1992年12月退休。2017年3月12日逝世，享年90岁。

王老师一直从事钢筋混凝土结构的教学和研究工作，长期担任国家混凝土结构设计规范编制组剪扭复合受力专题组组长，在剪扭复合受力研究领域成果丰硕、贡献卓著。他讲授的混凝土结构设计课程，深受广大师生好评，1981年被评为黑龙江省高等院校优秀教师。他领导编著的《钢筋混凝土与砌体结构》（上下册）被国家土木工程专业教学指导委员会指定为推荐教材。他在钢筋混凝土结构受扭计算方面的论著为我国混凝土受扭构件设计计算奠定了重要基础，所编著的相关著作与教材培育和影响了几代人。他是国家标准《混凝土结构设计规范》（GBJ 10—89）和《混凝土结构设计规范》（GB 50010—2002）两版规范的编制组成员，是《混凝土结构设计规范》（GB 50010—2010）的编制顾问组成员，为我国混凝土结构技术的标准化做出了重要贡献。

王老师曾长期担任哈建工建工系混凝土与砌体结构教研室主任，在人才培养、学科建设、科研优势转化为教学资源、产学研结合和实习基地建设等方面都做出了杰出贡献。王老师几十年如一日奋斗在教学、科研第一线，为祖国的科学和教育事业做出了卓越的贡献。他为人热情，平易近人，关心学生，团结同志，热爱集体，赢得了所有学生的敬佩和尊重，也受到了同事的爱戴和好评。混凝土与砌体结构教研室当时是学校最大的教研室，有20多位教师。他就像水泥胶体把沙石凝结在一起而形成混凝土一样，将教研室的教师凝聚成一个团结向上的集体。20世纪80年代，教师每月工资不足百元，王老师利用学科优势，一方面为偏远地区培养土木工程专业人才，为青年教师提供授课锻炼机会；另一方面，也为教研室教师增加收入。从最初教研室每位教师每月补助 15 元逐渐增加到每月补助 50 元，避免了教师为生活温饱而分心。为提高教师学术水平，他组织教研室教师翻译美国休斯敦大学徐增全教授的专著和 ACI 规范，带领教研室教师开展科学研究，为教师订阅各种学术刊物和学报。

王老师培养了 30 多位研究生，我和修龙是他 1982 年春正式招收的第一届研究生。那时我们住在和王老师一个大院的教化广场的研究生宿舍，晚间或者周末经常去他家蹭饭，他总是能用南方人的手艺给我们做出香喷喷的饭菜，像红烧竹笋我还是第一次在他家吃到。他一口的浙江话，我们一开始听不太懂，后来就慢慢习惯了。有时一边和王老师聊天，一边看着他的 14 英寸的彩色电视，我们愉快地度过了研究生学习阶段。他脾气有些倔，但是对学生和同事总是和颜悦色，待人处事公平公正，同学们都很喜欢他。王老师生活简单朴素，但为家乡发展献策和捐款却非常大方。虽为南方人，在哈尔滨寒冷的冬天，他仅穿秋衣秋裤就能过冬，有着坚强的毅力。

王老师经常亲自带领我们去哈尔滨郊区的混凝土预制构件厂浇筑钢筋混凝土结构试件。在科研试验准备过程中，他为我们演示如何贴应变片、安装结构试件、加载调试和试验数据采集。在试验加载过程中，他详细地讲解试件变形和混凝土开裂机理，引导我们逐渐进入钢筋混凝土结构复杂受力理论与试验研究领域，这些收获为我们毕业之后的教学和科研工作奠定了重要基础。王老师指导我们基于试验和数值模拟分析取得的混凝土结构剪扭相关研究成果，已被国家规范采纳并一直沿用至今。

王老师晚年一直保持着规律的作息时间，每天在家走上几十圈，然后坐下来撰写学术论文或写书。他在年近 80 时仍然在撰写学术论文，阐述混凝土结构设计规范关于剪扭专题的修订背景；还一直在补充修改《钢筋混凝土与砌体结构》教材。2008 年，王老师和我一起编著了土木工程专业规划教材《混凝土结构设计计算》。后期他还写了关于养生的小册子。去世前几年，他还让我给他找关于易经的书籍。他说，看书写书是几十年的习惯了，他就不想改变了。

王老师 69 岁那年，曾在省英模回执单上写过这样一段话："人活着，要经常想到自己为国家和人民多做些什么，而不是首先向国家和人民多要些什么。"他还说："待人要真诚，这样，别人才能真诚地对待你。"让我们也以王老师这些话鞭策自己。

（撰稿：叶英华，工民建 77 级校友，北京航空航天大学土木工程系教授、博士生导师）

第五章 师者风范

忆海拾零

——有关哈工大土木工程专业的回忆

张耀春

张耀春,哈尔滨工业大学教授、博士生导师,享受国务院政府特殊津贴。1937年2月生于山东莱州,汉族,中共党员。1962年毕业于哈尔滨工业大学(原哈尔滨建筑工程学院)结构与施工专业,留校任教至今;曾于1981年至1983年赴美国康奈尔大学土木与环境学院作为访问学者从事冷弯薄壁型钢结构的学习和研究;1991—1994年任哈尔滨建筑工程学院副院长;1993年,承担完成的研究成果"高层建筑钢结构成套技术"获国家科技进步二等奖;1995—1998年任哈尔滨建筑大学建筑工程学院院长。曾于2005—2009年担任中国钢结构协会钢-混凝土组合结构分会第六届理事长。2007年2月退休。2009—2015年被哈工大威海校区返聘,2009—2012年任土木工程系主任,2012—2015年任校区教授会成员兼土木工程系教授会主任。2009年获工程建设标准化协会先进个人称号。2014年获中国钢结构协会中国钢结构三十年杰出贡献人物称号。2017年获中国钢结构协会专家委员会终身成就奖。

2020年是母校(也是土木工程专业)的百年华诞,我的校龄也将增长到64年。60多年来我一直在土木工程专业学习和工作,在百年校庆来临时,回忆我所经历的专业的成长和壮大,缅怀师长的教诲和贡献,祈望专业的未来和发展,很有意义。

我所经历的土木工程专业的变迁

1957年,一直怀揣报考北京航空学院梦想的我,收到哈工大的录取通知书,从而与土木工程结缘。刚入学时,哈工大土木系共有3个专业:建筑结构与施工、给水与排水、供热供燃气及通风。我被分在建筑结构与施工专业,当时有两个班,后来由这两个班又调出部分同学成立了建材与制品专业和建筑学专业,毕业时我们就变成一个班了,简称结施57。哈工大最早成立了工业与民用建筑专业,57年结施专业的教学计划及课程和工民建专业是一样的,所以我们也自称是工民建专业毕业的。

1959年4月,为适应国家社会主义建设事业的需要,经教育部、第一机械工业部和建筑工程部联合决定,在哈工大土木系基础上独立建校,扩建为哈尔滨建筑工程学院,归属建设部。当时,建设部派郭林军院长来接收学校。学校刚建,仅有土木楼、结构实验室、部分教师宿舍和学生宿舍楼,基础课教师紧缺,困难不少。为解决这些困难,学校决定在香坊区建设主校区,要办理工科大学。在礼堂开誓师大会时,我们学生都非常兴奋。但由于历史原因,整个国家都进入困难时期,学校的决定也是脱离现实的,不可能实现。最后在香坊区红旗大街只盖了几栋教师宿舍楼,1960年招收的数学系、物理系新生,也转为工民建专业60特1和特2班的学生。

成立哈建工后,原土木系分成建筑工程系和城市建设系,给排水和采暖通风专业转入城建系,其余归建工系。其时王光远老师和李德滋老师已分别招收结构力学和结构工程学科的导师制研究生。我们班于1962年毕业,毕业证书上写明了在哈工大和哈建工的两段学习经历。1954年到1958年入学哈工大土木系学生的毕业证书都是这个样子。

张耀春的大学毕业证书

1962年毕业后,我留在建工系工程结构教研室钢木结构教学组做助教。我一边给唐旭光老师的钢结构课做助教,一边给干光瑜老师的材料力学讲习题课,帮钟善桐老师指导工民建59班的毕业设计,还做工民建60特班的指导教师,压力甚大。虽然已与哈工大分家,但哈工大"规格严格,功夫到家"的校训,依然是我们育人的原则。"文革"前毕业的学生,业务基础扎实,实际工作能力强,具有勤奋、刻苦、朴实的优良传统和作风,深受社会的欢迎。

"文革"后,不再招生,在校学生也停课。我于1970年初跟随我的夫人到哈市郊区王岗公社哈达大队插队落户当农民,直到1971年,各地插队落户

第五章 师者风范

的干部陆续回到原单位，恢复工作。我也于1972年中回到学校，在建工系钢木结构教研室做助教。

1973年张铁生事件出来后，高校招生不再考试，改为选拔推荐。我曾到鸡西兵团招生。我们学校于1972年开始招收工农兵学员（到1976年最后一届），采取年级组的教育方法，即主要教师要负责学员从入学到毕业的整个教育过程。我是工民建73年级组的负责人之一，负责工民建73-1班的教学工作。为了完成三年的培养计划，我们采取开门办学，把学生拉出学校，围绕工程组织教学的方法。首先到大庆让胡路工地进行施工实习；接着接受东北铝合金加工厂试验研究大楼的设计工作，边教学边设计，还参加了部分施工工作；1976年初到黑河汽车修配厂进行厂房设计，考虑当地方便取材的原则，决定采用砖墙柱和钢木结构屋盖的结构形式，樊承谋老师也和我们吃住在一起。该班毕业后，我转入工民建74年级组，参加了天津塘沽海上石油基地钢结构厂房的设计指导工作。由于和同学同吃同住，朝夕相处，既方便教学答疑，又增进师生感情，教学效果很好。但真刀真枪做设计，单靠同学完成是不可能的，为确保设计质量，教师要负主要责任。每次同学做完设计后，相关教师要认真校对修改，最后完成整套图纸和设计计算书，工作量十分巨大。

1977年，国家恢复了高考制度，我系也恢复了本科和导师制研究生的招生工作。1978年，党的十一届三中全会召开，吹起了改革开放的号角，我们学院的师资队伍建设也上了一个新台阶。不少教师响应学校的号召，争取国家公派出国进修。我经过考试争取到出国进修的资格，经英语培训考试合格后，于1981年11月到美国康奈尔大学土木与环境学院做访问学者，重点研修冷弯薄壁型钢结构。1983年11月回国后，担任了建工系副主任，同时讲授钢结构课程。

在1984年陈雨波校长任内，我校获得了三大突破：经教育部批准恢复了一表招生；获得了世界银行第二批大学贷款；无偿获得了南岗老机场600亩土地建设新校区。1985年新校区破土动工，建工系新的大型结构试验中心和办公室同步开建。我们合理地利用了世界银行贷款，设计了单向振动台和当时国内最高的反力墙。还邀请日本著名钢结构专家高梨晃一教授来校交流联机试验方法。新校区的建成，为我们建工系的教学和科研创造了有利的条件和环境，为进一步发展奠定了物质基础。

1987年5月，在原结构动力学研究室的基础上扩大成立了工程理论与应用研究所，王光远教授任所长。为了与建工系更好地联系与合作，共同使用新建的结构试验中心，由我兼任工理所的副所长，这为以后成立系、所合一的单位创造了条件。

1991年11月，我被建设部任命为哈建工的副院长，协助沈世钊院长管理人事、科研、研究生和成教学院的工作。除做院里的工作外，我还坚持本科教学和指导研究生的工作。1994年经教育部批准，我院更名为哈尔滨建筑大学，建设部毛如柏副部长亲临我校参加了更名典礼。其后校领导换届时，我又回到了建工系做普通教师。1995年，学校让我在建工系和工理所的基础上筹组建筑工程学院，并做首任院长（任期1995—1998）。那时，国务院正筹备批准《"211工程"总体建设规划》，所以在建工学院成立时，我们挂出了"建工老臣忠心辅建大；钢筋铁骨托起211"的对联。

1994年，按国家专业目录调整的要求，工民建专业更名为建筑工程专业。由于我们非常重视人才的培养质量，对学生坚持高标准严要求，1995年，我院建筑工程专业首批通过了全国高等教育建筑工程专业教育评估。我们一直坚持内涵建设的发展道路，重视教师队伍建设，倡导教学和科研并重的办学方针，我院的教学与科研水平相互促进，不断提高，不少教师的科研成果获得了国家奖励。1998年，我院与市政环境学院等共同首批获批土木工程一级学科博士学位授权单位。

2000年，分离41年的哈建大与同根同源的哈工大又重新合并成新的哈工大，我们建工学院也和哈工大后来成立的土木系合并成土木工程学院。如果没有41年的独立发展，哈建大不会有合校前的规模和水平；如果2000年不合校，哈建大也面临下放地方等不利处境。所以分校是适应国家建设事业的需要，创造各自独立发展的条件；合校是适应国家高等教育改革发展的需要，实现强强联合、优势互补、资源共享。分、合都是正确的抉择。我们哈工大现在的办学特色和宗旨是"立足航天、服务国防、面向国民经济主战场"，这就为我们土木工程学科的继续发展奠定了基础。

师恩难忘

1957年入哈工大时，苏联专家已陆续撤离，给我们上课的老师是由全国各地汇聚来的"八百壮士"。他们有的年龄稍大，具有较丰富的教学经验，更多的是大学刚毕业的年轻人，响应祖国的号召，来到哈工大向苏联专家学习，投身到为祖国工业化培养人才的教育事业中。

到现在我还记得，第一次听刘谔夫老师给我们讲高等数学课的情形：宽大的土木楼303大教室座无虚席，刘老师不带讲稿，用非常通俗而精练的语言给我们讲解高深的数学知识，不时用粉笔在黑板上书写繁杂的公式，并加以解释。由于听讲入神，不知不觉就到了下课的时候。当时高等数学课的教材是哈工大数学教研室自编的讲义，言简意赅，方便学生学习，我现在还保留着。

给我们上物理大课的是史福培老师，他的普通话带有江浙腔，用形象化的语言，讲解难懂的物理概念，令我至今难忘。在上学期间，我还买到一本商务出版社1954年版的《向量计算及张量计算初步》，是史福培老师翻译的H.E.柯青的著作，可见史老师的数学功底非浅。

第五章 师者风范

钟宏久老师给我们上理论力学课，该课程包括静力学、运动学和动力学三部分，是后续各门力学课的理论基础。上课时用的是校内编的理论力学讲义，后来由童秉钢、钟宏久和黄文虎老师整理出版了《理论力学》教材，发行全国，影响深远。可惜钟老师英年早逝，是我校的重大损失。

材料力学课是我们土木工程专业的技术基础课，当年是干光瑜老师给我们上大课，用的教材是杜庆华等编著的高等教学用书《材料力学》，该书1957年底由高教出版社出版，书中参考和引用了王光远老师等翻译的苏联别辽叶夫编写的《材料力学》书中的内容。后来，由高教出版社出版的干光瑜老师主编的《材料力学》，已成为高校广泛采用的教学用书。干老师不但课讲得好，还多才多艺，口琴吹得特棒，是我们学生崇拜的对象。我毕业留校后，曾作为干老师的助教，给工民建62级上小班习题课，上课前，都要试讲，干老师每次都会提出许多宝贵意见。

听郭长城老师讲结构力学课是一种享受，他每次讲课都简要回顾前次课的重点内容，然后详细讲解本次课的基本概念和原理，最后落实到实际应用和解题方法，环环相扣，引人入胜。他的板书非常工整，边讲边写，一堂课下来，整个黑板正好写满，而且准时下课，从不压堂。当时我们没有教学用书，只有参考书，所以要边听讲边记笔记，结构力学的笔记我现在还保留着。

我们的结构课正赶上教学改革，采用一条龙的教学方法，即钢、混、砖、木四大结构统起来上，材料的力学性能和结构的计算方法等共性内容合起来讲，各门结构的特性内容分开讲。统称建筑结构课，主讲是朱聘儒老师。由于没有教材，只有零星的讲义，全靠上课记笔记。朱老师备课认真，上课卖力，声音又大，还能和同学打成一片，同学们送给他一个绰号"朱大炮"，他知道了也不生气。朱老师主要讲概论、计算方法和钢筋混凝土部分内容，砖石结构由唐岱新老师讲，钢结构由钟善桐老师讲，木结构由樊承谋老师讲。由于四大结构内容繁杂，采用一条龙的方法讲，持续时间过长，一直到5年级才勉强讲完，所以此法仅在57级试用，以后就分开讲了。但这种方法却特别适合仅要求学生掌握一般建筑结构基本原理的建筑学专业，后来由朱聘儒老师任主编，由我校和华南理工大学的部分老师参编的《建筑结构》（中国建筑工业出版社出版）高校试用教材，就是吸取了上述教学改革经验编出来的。

我的毕业设计题目是建筑施工展览馆，采用了伞形悬索屋盖，指导教师是钟善桐老师，建筑和施工方面的指导教师分别是郑忱老师和涂逢祥老师。在老师们认真指导和严格要求下，经过半年多的努力，我的毕业设计答辩获得了优秀的成绩。毕业设计是对5年学业的总结和实际运用，从接受设计任务，到毕业实习收集资料，到完成设计任务，最后经毕业答辩进行验收，是我们专业坚持多年的实践性教学环节的重要组成部分，传承至今。

在学生时期给我留下深刻印象的课程和老师还有：画法几何谢培青、工程地质杨可铭、土力学和地基基础刘惠珊、建筑学李行、工业建筑宿百昌、施工技术马连生、建筑结构试验李德庆等。

毕业后,在李德滋和钟善桐老师推荐下,我被留在结构教研室钢木结构教研组做助教。当时,钟老师是教研室副主任兼钢木结构教研组组长,他给我制订了详细的培养计划:兼职材料力学课助教,进一步打实基础;做钢结构课助教,深入学习钢结构原理;参加各种实践性教学环节,注重理论联系实际能力的培养。在这种"压担子"的培养方法下,我过得十分充实,收获颇丰,在短时间内适应了教学要求。在半个世纪相处中,钟老师的言传身教,令我受益终生。

在我的成长过程中,钢木结构教研室的同仁都给过许多帮助。例如德高望重的李德滋老师在 20 世纪 70 年代,带着我参加了钢结构和冷弯薄壁型钢结构规范组联合召开的规范编制研讨会,还引领我参加了钢柱脚在偏心受压下的工作性能分析和试验研究工作,虽然因我赴美国康奈尔大学访问进修而中断,但令我较早地接触到钢结构和冷弯型钢规范的编制工作。在他退休后,将自己的藏书无偿地捐赠给学院资料室,令人敬佩。又如苏联驻哈工大专家组组长、木结构专家卡冈教授的高足樊承谋老师,曾亲自联系工程,帮助我带领工民建 73-1 班去黑河开门办学。更令人感动的是,他在确诊患了不治之症后,仍坚持将主编的书稿和规范完成并出版。又如被卡冈教授挽留学校任教的沈世钊老师,虽然没有给我上过课,但对我的成长起过重要作用。20 世纪 70 年代我们一起参加了镜泊湖发电老厂压力钢管的检测工作,他深厚的力学功底给我留下深刻印象。他早在 20 世纪 80 年代初,就结合吉林冰上运动中心滑冰馆的工程设计创造性地开展了大跨悬索结构的研究工作,开启了空间结构研究的航程。作为运动中心结构设计的总负责人,他委托我负责滑冰练习馆的结构设计,我采用了直接焊接钢管结构体系,为日后开展轻钢结构的研究开了个好头。20 世纪 80 年代中期,为了实现高层钢结构设计和施工国产化,国家自然科学基金委和建设部联合资助有关重点项目的研究工作,是沈老师鼓励我开展高层钢结构的研究,并协助组成我校的团队与中国建筑标准化研究所联合申报了"高层钢结构成套技术",并一举中标,使我校在高层钢结构的研究领域占有一席之地。

上述的许多老师已离我们而去,有的也已进入耄耋之年,但他们艰苦创业、拼搏奉献、勇攀科学高峰、爱国奋斗的精神,是不应忘怀的,应永远载入我们土木工程学科的史册。

(2019 年 12 月 9 日于威海)

第五章 师者风范

敬贺母校百年纪念有感

范乃文

范乃文，教授、中共党员，生于1936年，辽宁省新民县人。1953年9月考入哈尔滨工业大学土木系工业与民用建筑专业学习，1959年7月毕业，留哈尔滨建筑工程学院建工系任教。曾任哈尔滨建筑大学建筑工程学院党总支书记、哈尔滨建筑大学工程理论与应用研究所副所长、哈尔滨建筑大学函授部副主任等职。受聘于黑龙江省自然科学基金委员会，任材料与工程学科组评审委员。范乃文教授曾主持国家自然科学基金重大项目"工程建设中智能辅助决策系统的应用研究"的子课题"住宅房屋安全鉴定专家系统""面向土建工程的决策型工具 C-ADVISOR"的研究，经国家验收评为 A 级，获国家教委科技进步二等奖和黑龙江省科技进步三等奖。发表论文30余篇，出版著作2部。曾荣获黑龙江省教书育人优秀工作者、全国优秀老科技工作者称号。

    1953年的一个夏天，我第一次踏进母校的大门，恰同学少年，挥斥方遒，依稀昨日。然而70年弹指一挥间，民族崛起，时代变迁，我也从一个干净挺拔的少年变成如今满头华发的老人，而母校依然是那个青春洋溢的可爱模样，不承想，竟也已经100岁的高龄了。念及此，诸多往事如电影一般在脑中重现，不禁感慨万千。

    我上学的时候，正值中苏友好的黄金时代，学校聘请了苏联专家帮助对院系、专业和教学进行改革。开始接受苏联专家授课时，常苦于苏联专家语速太快，授课内容又不局限于书本，尽管我粗通俄语，但稍有不慎便跟不上老师的授课节奏，满黑板歪歪扭扭的字符公式更是如天书一般晦涩难懂。好在我一直是个勤勉的学生，苏联专家也乐于答疑解惑，同学之间互帮互助的学习气氛也颇为融洽，所谓勤能补拙，几门专业课程倒还学得不错。以至后来渐入佳境，不仅为我打下了扎实的学术功底，也深刻地影响了我日后几十年的教学生涯。

1959年，正值哈建工独立建院之际，我正式告别了学生时代，留哈建工任教。舍弟乃武出身行伍，在下乃文投身教科，也算是遂了父亲的心愿。彼时师长，此时同事，工作起来不免有些拘谨，讲台之上也难免青涩和紧张。仍旧是在"勤能补拙"信念的驱动下，学术上我狠下功夫、认真研究，教学上我勤于备课、细心教授，将别人用来休息的时间工作和学习，尽量缩小自己和前辈们的差距。长此以往，终于做出了一些成绩，也终于体会到"规格严格，功夫到家"对于做学问的人来讲是多么沉甸甸的八个字。

1999年，我结束了40年的教学生涯，正式退休，但又不甘心赋闲在家，便加入了老科协继续发挥余热。当年风华正茂的"八百壮士"再聚首时已然年逾花甲，两鬓霜染。然而老骥伏枥，壮心不已，那颗对三尺讲台的热爱之心依然勃勃跳动，那个将一辈子奉献给祖国科学和教育事业的信念依然拳拳赤诚。或许，这份热忱是母校对我们这一代哈工大人最深刻的烙印吧。

回想以前研究结构分析中计算机应用的时候，电脑还是一个庞然大物，网络更是鲜有所闻。如今电脑竟能放到巴掌大的手机里，5G 更是悄然掀起新一轮的工业革命，自己是越来越跟不上时代了，时常有哀吾生之须臾，羡长江之无穷的感慨。但越是如此感慨，越感叹百年哈工大的来之不易。一百年里，母校见证了残酷的战争肆虐这片沃土，见证了英雄的中华儿女抗击外寇，见证了中华民族的伟大复兴，还将见证中华儿女书写下一个一百年的历史篇章。历史的长河中，每个人都是过客，而无论历史行进到哪一个阶段，哈工大学子都秉承着"规格严格，功夫到家"的信念为国家和民族而努力学习、刻苦奋斗，或许就是一百年里母校最珍贵的传承吧。

（2020年4月7日书于家中）

第五章 师者风范

坚守执着　铸石育人

——记巴恒静教授

在哈尔滨工业大学的校园里，春夏秋冬，阴晴雨雪，时常能见到一位清瘦的老者，精神矍铄，步履匆匆往返于建筑学院前楼与后楼的实验室，他就是我国土木工程材料领域著名学者巴恒静教授。

2020年，巴恒静82岁，这也是他在哈工大从教的第62个年头。巴恒静1959年参加工作，毕业于哈尔滨建筑大学建筑材料及制品专业，并留校任教。1978年晋升讲师，1983年晋升副教授，1992年晋升教授，1995年被评为博士生导师。历任哈尔滨建筑工程学院建材教研室副主任、主任，工业废渣研究室主任。2000年哈尔滨建筑大学与哈尔滨工业大学合校后，任哈尔滨工业大学土木工程材料学科组主任、材料学科带头人，建设部寒冷地区混凝土工程病害与防治重点实验室主任，兼任中国硅酸盐学会工艺岩石学分会副理事长、中国土木工程学会高强与高性能混凝土委员会委员、中国土木工程学会冬季施工委员会委员、黑龙江省混凝土及外加剂专家委员会主任、省博士后专家组成员、哈尔滨市政协原常委、RILEM混凝土抗冻性专题委员会委员。

任教60余年的巴恒静一直坚持在教学和科研工作第一线，曾获黑龙江省优秀教师和建设部先进科技工作者称号。他从20世纪60年代开始主要从事建材耐久性研究，并在1962年提出碳化碱度理论，在国内发表关于碳化的第一篇学术论文，在全国硅酸盐学会第二届年会上获优秀论文奖，并获全国建材系统科学大会奖。在20世纪60年代末70年代初，他参加了中国科学院土木研究所"中国红星一号"速凝剂研制，为我国大三线建设做出贡献。

20世纪70年代初至80年代初，巴恒静主要从事无机非金属材料——铸石的教学与科研，为全国铸石行业培养了大批技术人才，使铸石工业从无到有。此期间，他完成了6项国家铸石重点项目，其中"大型铸石管材的研制"和"铜渣铸石的研究"两项成果1978年分别获全国科学大会奖和黑龙江省科学大会奖。

"为我国铸石工业的形成做出贡献",这是时任国家计委主任的余秋里同志在全国建材工作大会上给予巴恒静的评价。

20世纪80年代至90年代末,巴恒静主要从事"寒冷地区负温混凝土基础理论及工程应用"的研究,并获得国家自然科学基金的资助。他提出了"负温混凝土早期结构形成理论",利用该理论,设计并研发了高效防冻剂,显著提高了冬季施工混凝土的耐久性,研究水平处于世界领先地位,并在"亚冬会速滑馆"、晨龙康乐宫等十几项大工程中应用。

2000年至今,巴恒静主要从事"高寒地区高性能混凝土耐久性及使用寿命评价"研究,并获国家自然科学基金资助。他针对高寒地区混凝土特点,提出了多篇有价值的论文并获得多项科研成果。在退休前后(2006—2009),巴恒静与交通部四航工程研究院等单位联合承担了"十一五"西部重大项目"海港工程混凝土结构耐久性寿命预测与健康诊断研究",2009年12月完成项目,2010年3月经国家专家组验收通过,获得交通部运输系统特等奖,哈工大排名第三。

2007年,巴恒静到南海调查海洋混凝土工程耐久性,发现生物和微生物对海洋混凝土工程有阻锈作用。他先在实验室做了前期作用,随后申请了国家自然科学基金面上项目"微生物对海洋混凝土工程腐蚀抑制及应用技术的研究",并于2009年获得了资助。在该项目的研究中,他首次提出海洋固着生物和微生物对海洋混凝土工程具有防腐作用,并在混凝土中掺入诱导剂,实现了混凝土表面海洋固着生物快速致密的附着。该技术建造的海洋混凝土工程,集工程高耐久和海洋生态修复于一体,改变了传统海洋混凝土工程建造破坏海洋生态环境的弊端。该课题目前由课题组成员吕建福继续进行研究,其中"海洋固着生物对潮差区钢筋混凝土腐蚀抑制机理与应用研究"获得海洋科学与技术国家实验室2017年度开放基金项目资助,项目经费额度100万元人民币,并在海洋混凝土工程中开展应用。

巴恒静从教62年来,共发表论文200余篇,出版著作4部,完成的项目中多项获奖,包括全国科学大会奖2项、部级科技进步奖2项、国家科委嘉奖1项、省级奖3项、中国高校科技进步二等奖1项等。培养博士生、硕士生100余人,博士后4人,获得授权国家发明专利8项。

谈及对建材学科发展的设想,巴恒静一定会滔滔不绝地说到海洋环境下混凝土结构耐久性调查,对东海和南海长期服役混凝土工程调研和实验室分析已接近尾声;海洋环境下海砂、海水在混凝土结构中应用及耐久性监测技术研究,目前实验室研究已有阶段性成果;未来哈工大建材人应该开展太空基于资源利用建筑材料的研究;等等。

巴恒静的学生和同事,经常会感慨巴老师为什么会有这么饱满的工作状态,这么热烈的坚守和持久的投入,言谈笑语间、亲力亲为中,你会感受到所有这

第五章 师者风范

一切是源于他对建筑材料行业的热爱,并且愿意为之奋斗终生的理想。与他交谈中,他会为20世纪六七十年代建材专业停招的人才断档而感慨;更会为改革开放后我国工业民用建筑及基础设施建设中新材料、新技术快速发展而击掌叫好。他最为关心的还是哈工大土木工程材料专业方向的发展与壮大和年轻人的成长。考虑建筑材料专业的博士点对一个学科的蓬勃发展是至关重要的一环,1995年,他怀揣着申报材料,历尽一个多月的时间辗转北京、上海等地,向其他高校同行介绍我校建筑材料专业所取得的成绩,最终,他如愿以偿,哈尔滨建筑大学与重庆建筑大学被并列评为全国建筑材料专业第一批博士点。从此,建筑材料专业方向的发展进入了快车道。2000年,哈建大和哈工大两校合并,建筑材料专业并入了哈工大材料科学与工程学院,合校后由于专业方向不相容限制了建筑材料专业发展,他提出建筑材料是土木工程发展的基础,更应与土木工程紧密结合。2003年,他率先带领他的团队来到了土木工程学院。2009年,余下的建材专业师生整建制并入土木工程学院。这次并入是土木工程材料专业方向快速提升的重要转折点。

几十年来,巴恒静关心学科发展和实验室建设,一直秉承着"不能等,不能靠,有条件上,没有条件创造条件也要上"的信条,研制了"非接触混凝土收缩测量仪""混凝土电通量测定装置""混凝土单面冻融试验机""混凝土收缩应力测定仪""混凝土孔溶液榨汁机"等,他的学生都会记得他为了试验的顺利进行,利用有限的科研费用,不等不靠,自主研制的辛苦付出。

从教62年来,他从未离开过工作岗位,即使20世纪六七十年代,他也在给铸石班学生讲课。他热爱教育事业,更关心年轻人的成长,无论是谁的学生有问题,他都有问必答;无论哪个学生需要仪器设备,他都会倾其所有。耄耋之年,他还坚持进行科学研究,经常在实验室为学生答疑,与老师和学生讨论、交流课题。即使在退休后,他仍用前期项目剩余的科研经费培养了3名硕士生和3名博士生(1名出国交流)。很多学生由于巴老师的鼓励和信任得到了良好的发展,他更赢得了学生的尊敬和爱戴。

巴老师仍在争分夺秒地学习和工作着,他是良师,是益友,是我们一生学习的榜样。

(撰稿:杨英姿)

发扬哈工大精神　搞好教学工作

王焕定

王焕定，国家教学名师，哈尔滨工业大学教授、博士生导师，享受国务院政府特殊津贴。1942年10月出生于浙江仙居，汉族，无党派人士。1964年毕业于西安冶金建筑学院（现西安建筑科技大学）应用力学专业，先后在哈尔滨建筑工程学院（后更名为哈尔滨建筑大学）理论力学、力学和结构力学教研室任教，1987年担任结构力学教研室主任，1990年被评为教授，1997年被聘为博士生导师。曾任中国建筑学会建筑结构计算机应用学组成员、黑龙江省力学学会理事、高等学校工科力学课程教学指导委员会委员（1990—2000）、中国工程抗震理论及计算软件专业委员会主任。1993年获黑龙江省教育系统劳动模范称号，1995年获宝钢优秀教师称号，1998年获全国优秀教师称号，2007年获国家级教学名师奖。

对校训和哈工大精神的一些体会

其一，我是1964年从西安冶金建筑学院分配来哈尔滨建筑工程学院的最后一批20世纪60年代毕业生，到校后与同济大学分配来的郭骅同时被分配在理论力学教研室。当时的教研室主任是钟宏九老师，他也是"八百壮士"之一！新学期开始前，我们的工作任务是给钟老师当助教，负责上习题课。第一次与钟老师见面，他除了说一些有关教学工作应该注意的事情外，还给我们布置了必须完成的任务：要求我们在助教阶段必须做完两本习题集的全部题目，一本是密歇尔斯基编的《理论力学习题集》（苏联教学参考书），另一本是哈工大王铎教授编的《理论力学习题集》。他跟我们说哈建工是从哈工大分出来的，哈工大李昌校长制定的校训是"规格严格，功夫到家"，哈工大是工程师的摇篮，因此两校的传承是一样的。而要使学生达到校训要求，成为合格的工程师，作为教师就必须对本门课程达到熟练掌握的程度，这是理论力学教师的基本功。

郭骅和我虽然都是力学专业毕业，但当时在校学习理论力学时也就一门基础专业课程，一些习题经过课程内容的再学习，也比较容易地解答了。但是许多难题自己冥思苦想不得其解，相互讨论也未必获得好的求解思路，经常为此费尽脑筋。至今时隔55年，对哈工大的严格要求仍记忆犹新。

其二，20世纪70年代恢复教学活动后，开始时三个教研室（理论力学、材料力学、结构力学）合并成一个力学教研室，到恢复招生后又分解为三个教研室。不管是前期还是后期，教学工作的分配都有一条不变的规则：那就是年轻教师必须经过助课、给少学时专业上课、再给中学时专业上课，最后才能给多学时的工业与民用建筑专业上课，开始只能给小班上，几轮后才能给大班上大课。不管你来自何名校、不管你在校时是多优秀的学生，一律没有特殊。当时不理解这样做有何必要，但如今想想，一是为学生负责，二是为教师自身的发展打实基础，也是哈工大精神的一种具体体现。

对教学工作的一点希望

说实在的，我做梦也没想到会当一辈子教师，因为我语言表达能力很差，本不适合当教师。所以获得了国家级教学名师奖，我一直诚心诚意地说，一是各级领导的全力支持（只要我提要求，所有领导都一路绿灯，真是有求必应），使我不得不在教学研究上投入全力。二是全教研室同仁们的全力支持，在我带领下在教学上做了一些工作并获得了同行的认可，获此荣誉自当属于大家，我只是代表大家领取了此奖励。

有了大家的支持，我在教学岗位上工作了48年。后期随着大环境的变化，我也带研究生并与他们共同进行研究，但这一辈子主要还是献给了教学。

我可能也算是一个另类。在校学习时因为种种原因，对于专业主干的考试课程我都不听课（身在教室心不在），基本都是靠借图书馆参考书和相关刊物或老师印发的讲义自学，因为我觉得我自己看书比老师讲得快，能学到更多的知识。非主干的考查课程当然更不听课了，临考查前几周借同学笔记学习一遍（因为我们当时基本没有教材），应付考查通过从未出现问题。

临毕业时因我们所敬仰的陈叔陶教授动员，考过一次他的研究生。但是不幸考得很差，没能如愿。20世纪70年代恢复研究生招生时，因为正随刘季老师（当时他还不是教授）一起搞科研，因此没有报考干光远老师的研究生，后来因工作任务也就没再想过报考。在我一生的教学研究和本学科研究中之所以也能做一些工作，我觉得主要得益于我从入大学一直坚持自学，从而培养了较强的自己获取知识的能力。从后来自己也成为硕士、博士生导师，更体会到，实际研究生教育就是培养他的自我获取知识的能力，使其具有从事科学研究或独立从事科学研究的能力。

我一直在想，在现今科技发展异常迅速、知识爆发的情况下，高等教育应该如何培养更多高素质的本科人才。退休前也曾试探过"兼顾协作的自主学习型网络课程和自主学习为主的教学方法研究",也在教学会议和杂志上发表过论文。但在现今的教学大环境下,显然无论从教还是学的方面来看,都是不可复制、无法推广的。因此就想在教师不可能全身心投入教学的情况下(这是客观事实,原因大家都十分清楚),如何能够培养出更多的符合"规格严格,功夫到家"的优秀本科人才。下面就说说我的想法。

任何班级的学生都分好、中、差三类,教师事先给好(指接收能力强的)学生"上课(辅导)",教会他们需掌握的知识,这相对来说比较容易(省精力)。然后,再给全班学生上课,用较少的时间讲述最核心的知识要点(即所谓精讲)并提供思考讨论的问题和布置习题作业,接着用可用的剩余学时以好学生为核心组织讨论,教师负责答疑解惑。我想这样做的好处主要有两点:中、差学生的疑惑可以得到及时解决;好学生在帮助别人解惑过程中加深了对知识的掌握。进行得好理论上应该是双赢的!经讨论学生掌握了知识以后,必须严格要求其独立完成作业,这很重要,但是如何保证实现暂无办法,如果能进行教学试点有待试验者来解决。

我的想法是否完全错误,因为退休多年已无法亲自实践验证,以此作为希望提出,有兴趣的年轻教师不妨一试,希望相关领导能给予支持。

第五章 师者风范

科研之路　源远流长

欧进萍

欧进萍，1959年3月8日出生于湖南省宁远县。结构监测、控制、防灾减灾工程与海洋工程专家，1987年于哈尔滨建筑工程学院获博士学位，2003年当选中国工程院院士。曾任哈尔滨建筑大学副校长、哈尔滨工业大学副校长、大连理工大学校长。

欧进萍1978年在湘潭大学原零陵分校水电系大学毕业，1983年在武汉理工大学结构工程专业获工学硕士学位。攻读硕士学位期间，在陈敬生教授和李桂青教授指导下，他分别完成了两个课题研究的硕士论文：其一是装配式轻板框架建筑结构"双格构钢筋双向密肋混凝土楼板的极限承载力分析与试验研究"，采用双向交叉密肋钢筋混凝土板分块、分层有限元，将楼板极限承载力全过程分析的三维转化为二维有限元分析，并进行了试验验证；其二是结构动力可靠性分析的"非平稳非高斯随机过程首次跨域界限的Fokker-Planck方程及其特殊函数求解"，在国际研究热点、难点及其进展基础上，将结构动力可靠性问题转化为随机反应过程首次跨域允许界限的随机事件及其概率密度方程与求解问题。进一步，他拓展研究了结构抗风抗震可靠度分析方法，包括结构风振疲劳可靠性分析转化为热点随机反应过程超越界限次数的概率密度方程及其求解方法，结构体系抗震动力可靠度分析多失效模式转化为同随机源作用的最弱失效模式分析方法，为结构抗风抗震动力可靠性分析和设计提供了基础。

1985年春季，欧进萍考入哈尔滨建筑工程学院结构力学专业攻读博士学位，师从著名结构力学专家王光远教授，并于1987年底毕业获博士学位。攻读博士学位期间，在结构随机振动与动力可靠性研究方面，他考虑结构动力作用、反应、损伤和安全的不确定性（随机、模糊及其二者耦合等不确定性），创立了模糊随机振动的基本理论。他从动力作用模糊不确定输入入手，提出了动态模糊集及其样本函数生成方法、模糊微分方程的样本函数解法；他考虑模糊和随机等不确定性动力作用耦合问题,提出了模糊随机过程、模糊随机振动反应分析方法;考虑结构损伤与安全的不确定性,提出了结构模糊随机动力可靠性分析方法;进一步,他将这些方法应用于结构抗震分析,提出了与模糊地震烈度等关联的含模糊参数的地震动随机过程及其结构模糊随机地震响应分析方法,以及与结构地震破坏指数、安全等级(如轻微破坏、中等破坏、严重破坏等)模糊性相关联的结构模糊随机动力可靠性分析方法。这些理论、方法和应用解决了结构工程、结构动力学和模糊数学方面的一些具有开创性的问题。1986年,作为最年轻的会议特邀代表,欧进萍参加了在北京召开的中欧地震工程学术会议并做"结构模糊随机振动及其应用"大会报告,得到了国内外学者的高度关注和好评。日本京都大学的教授曾对欧进萍的研究高度赞赏,邀请他赴日本攻读博士学位,但欧进萍婉言拒绝了。

1987年,欧进萍进入哈尔滨建筑工程学院结构力学博士后流动站工作,在合作导师王光远教授指导下,继续进行"模糊随机振动的理论与应用研究"。他1987年获霍英东教育基金会高等院校青年教师奖(研究类一等奖),1989年晋升为副研究员。1989年,在美国举行的"第五届国际结构安全度与可靠性会议"上,欧进萍宣读了《抗震结构的模糊随机动力可靠性分析》论文,受到来自40多个国家的300多位专家的关注和好评,并受邀在美国密苏里大学罗拉分校进行了3个月的学术访问和讲学。在此期间,他曾受到包括国际原子能结构力学协会主席以及美国地震中心主任等多所国外知名大学和专业机构负责人的邀请,但毅然选择回国继续完成博士后研究。1990年,欧进萍博士后出站留校任教,并被破格晋升为研究员。1991年,他获得有突出贡献的中国博士学位获得者称号;2005年,被评为中国优秀博士后。他博士、博士后研究的"模糊随机振动"成果1993年获国家教委科技进步一等奖(王光远、欧进萍),1998年出版著作《结构随机振动》(高等教育出版社,欧进萍、王光远)。

欧进萍在博士后研究期间,除深化结构随机振动及其动力可靠性研究外,积极拓展新的研究方向,特别包括受王光远教授在国内最早倡导结构风振控制以及工程软设计理论的"全寿命维修决策理论"的影响和启迪,从结构振动的被动耗能减振到主动、被动与智能控制,以及从结构地震强非线性损伤、风浪流等高周疲劳损伤到健康监测、安全评定与寿命预测,走出了自己的研究方向和科研之路。在2015年中国博士后制度实施30周年纪念活动中,欧进萍发表了"博士后让我从容淡定地思考、拓展和探索新的学术领域和方向,并因此开启新的研究历程"的感言。

在结构动力损伤、安全评定与健康监测方面,自20世纪90年代起,欧进萍带领博士、博士后团队从不同的分支领域进行探索和研究,取得了系统的研究成果。第一,钢筋混凝土结构地震损伤理论与应用,在结构随机地震动模型参数确定与随机损伤演化、主余震震级关系与累积损伤、地震损伤性能设计、耗能减振抗震加固等方面取得系统研究成果，1998年获建设部科技进步一等奖。第二，海洋平台结构检测维修、安全评定与实时监测系统，在结构安全评定的荷载标准、损伤与模型修正、极限承载力分析、综合评定、维修与报废决策、实时监测与预警等方面取得系统研究成果，2003年出版著作《海洋平台结构安全评定理论、方法与应用》（科学出版社出版），同年获得国家科技进步二等奖。1996年，他获得"结构累积损伤与安全评定"项目研究的国家杰出青年基金资助。第三，重大工程结构的健康监测集成系统与应用，研究开发光纤光栅封装、压电薄膜封装、压敏水泥基以及无线传输等系列传感器，建立海洋平台、大跨桥梁和高层建筑等结构健康监测传感网络、数据管理处理与安全评定等软硬件集成系统，2007年获国家科技进步二等奖；主持编制《公路桥梁结构安全监测系统技术规程》（JT 1037—2016），引领了我国结构健康监测发展和应用、推动了我国这一领域步入世界先进行列。

在结构振动控制方面，自20世纪90年代初，欧进萍以坚实的结构动力学基础，带领博士、博士后团队从结构振动的被动耗能减振到主动、半主动和智能控制等不同的分支领域进行探索和研究，取得了系统的研究成果。在我国较早研究开发了粘滞、粘弹、金属、摩擦四类多种被动耗能减振阻尼器，提出了被动耗能减振结构线性、非线性、地震损伤性能分析和设计方法，执笔撰写《建筑抗震设计规范》（GB 50011—2001）"耗能减振设计"章节，为促进和规范工程应用做出了贡献；研究开发了高性能磁流变

海洋平台

液体及其公斤级到大吨位级出力的磁流变阻尼器系统，并应用于大跨桥梁斜拉索风雨振控制以及固定式海洋平台结构冰激振动控制；研究了电磁驱动质量调谐阻尼控制系统，并在国内合作研究开发用于我国电视塔风振控制的电磁驱动-被动质量调谐混合阻尼控制系统；提出了结构半主动、智能和被动阻尼控制装置的阻尼力优化统一按照最优控制理论设计的方法，并科学地证实了按此方法设计的结构阻尼减振效果可以达到主动最优控制的目标；2003年出版著作《结构振动控制》（科学出版社出版），2013年成果"结构振动控制与应用"获国家科技进步二等奖，对我国这一领域的发展和应用并步入世界先进行列发挥了

引领和推动作用。

自20世纪90年代末，欧进萍从海洋工程、桥梁结构等恶劣环境侵蚀和性能快速退化的实际工程需求出发，带领博士、博士后团队在纤维复合（FRP）材料制品、部件与结构方面积极探索，在国内外较早研究开发了FRP筋、FRP-钢绞线复合筋、FRP-光纤光栅复合自感知筋及其FRP索等高耐腐蚀、高弹性模量、自感知功能制品和部件，研究了FRP加筋混凝土构件性能与设计方法，并逐步推广应用于岩土工程、桥梁结构、海洋工程结构以及FRP加筋海水海砂混凝土结构。

欧进萍1993年经国务院学位委员会评审通过博士研究生指导教师资格，带领博士生和博士后团队开拓进取，走出了自己的科研之路，引领了相关领域的发展。他曾任国家自然科学基金委员会专业评审组组长、国家自然科学基金委员会-中国科学院2011—2020学科发展战略规划"工程学科"组长、国家自然科学基金重大研究计划"重大工程的动力灾变"专家组组长、国家高技术研究与发展计划（"863"计划）海洋资源开发技术主题专家组副组长、国家科技支撑计划城镇化领域发展规划专家组成员，为国家相关重点科技领域规划和重大研究计划实施做出了贡献。他曾任中国振动工程学会理事长、中国建筑学会副理事长、中国力学学会常务理事、中国土木工程学会理事、中国海洋工程学会副理事长，为繁荣相关领域学术交流和合作做出了贡献。他立足国内、走向世界，在国际重要学术会议应邀多次做大会学术报告，建立了较为广泛的相关领域合作团队，并曾任国际结构控制与监测学会（IASCM）执行理事、国际智能基础设施结构健康监测学会（ISHMII）副理事长。他2003年当选中国工程院院士，在新的起点上带领团队、合作相关教授团队继续开拓进取、推动相关领域发展。

（撰稿：关新春）

第五章 师者风范

我所经历的哈工大建筑工程与设计学院

吴知丰

吴知丰，1946年11月8日出生于上海，汉族。

1965年考入清华大学数学力学系流体力学专业，1970年2月毕业被分配到黑龙江省木兰县公交系统工作，历任工厂的工人、技术员、生产调度和厂长，以及县公交办干事等职。1972年加入中国共产党。1978年考入中国科技大学回炉班学习，1979年考上哈尔滨工业大学硕士研究生，1982年毕业留校在理论力学教研室任教师，1984年到2000年在工民建专业教研室任教，其中1989年1月到1990年7月在加拿大西安大略大学做访问学者，1997年又去美国做访问学者3个月。历任助教、讲师、副教授和教授。

1984年参加哈工大工民建专业的筹建工作，以及后来的建筑工程系和建筑工程与设计学院的工作，先后任工民建教研室主任、建筑工程系副主任和主任、建筑工程与设计学院院长。兼任合校前的哈工大建筑设计院院长。2000年任合校后的土木工程学院的副院长。

今年正值哈工大百年校庆，我为能在这个学校学习工作27年而感到欣慰。在这27年中，我目睹了学校改革取得的重要成果，我也目睹和参加了哈工大在1985年后的土木工程专业、建筑学专业和工业设计专业建设，以及2000年与哈建大相关专业的融合过程。

现在，正值哈工大百年校庆之际，简单回顾一下哈工大从1983年筹建土木工程专业到1998年建立哈尔滨工业大学建筑工程与设计学院这段历史，为关心我们的人提供点材料。

1983年，哈工大因航天部对这方面的人才需要，开始投资筹建土木专业，当时由赵九江老师牵头筹建。先后建立了建材、土力学和测量实验室，以及计算机实验室,并在 1985 年开始招生,一个本科班和一个专门为航天部招的专科班。建设初期在师资上得到了哈建工为我们输送的年轻教师,也得到哈建工王光远老师、高伯扬老师、刘季老师等的帮助。我在 1992 年接替退休的赵九江老师任建筑工程系主任。紧接着我们系在 1994 年 10 月 10 日成立工业设计专业;1995 年 12 月由学校批准设置建筑学专业,1998 年 2 月在国家教育委员会备案。这两个专业分别在 1995 年和 1996 年招收本科生。学校根据我们系的特点,于 1998 年 9 月在原哈工大建筑工程系的基础上正式成立了哈尔滨工业大学建筑工程与设计学院。学院下设建筑工程系、建筑学系和工业设计系,还包括了面向全校的工程制图教研室。此后,还先后成立了哈工大建筑设计院、哈工大艺术设计工程研究所、哈工大建筑计划与设计工程研究所、哈工大工程质量监测站(黑龙江省一级站)等教学与科研设计部门。学院一共培养了 14 届本科生和 30 多名硕士生和几名博士生,为航天部输送了优秀的毕业生,受到好评。学院的毕业生分布在全国各地,他们脚踏实地为各自服务的企事业单位做出贡献,并至今建立联系群,与学校的教师保持联系,互相鼓励,共同进步。

哈工大是全国有名的高校,特别是 2000 年在强强联合以后,我所在的土木工程专业,排名一直在全国高校的前四名,我似乎是坐享其成,不用再为专业的发展动脑筋了,其实我更为之高兴。今年也正值我大学本科毕业为国家健康工作的第 50 年,实现当年本科学校对它的毕业生的要求。我也庆幸我现在还工作在土木工程专业的本科教学岗位上。我以培养学生为荣,要当好教育界的普通一兵。

今年正值哈工大百年校庆,在高兴庆祝之际,我相信学校的教职员工和校友中的每一位都在规划着自己的未来。我想,我在自己的有生之年要忘记自己的过去,要快乐地过好未来的每一天,要诚实而不说谎,要自信而不随大流,要自强而不埋怨。最后,祝愿哈工大在下一个百年当中,早日实现自己双一流的目标,也祝愿土木工程专业越来越好。

第五章 师者风范

哈工大土木人风范

景 瑞

景瑞，1948年10月生，男，满族，中共党员，研究生班学历，哈工大二级教授，结构力学专家。

1978年考入哈尔滨建筑工程学院力学专业，1982年毕业留校。历任结构力学教研室副主任、基础学部副主任、院长助理、副校长兼党委副书记、常务副校长，1995年任哈尔滨建筑大学校长。2000年哈建大与哈工大合校，2000年—2009年任哈尔滨工业大学党委副书记兼副校长。现任哈工大校友总会副会长。

长期致力于结构力学的教学及科研工作，主（参）编（著）著作7部，获国家优秀教学成果奖二等奖1项、省优秀教学成果奖一等奖3项、部级科技进步奖二等奖1项，论文若干篇，获宝钢优秀教师奖。

曾兼任中国《工程力学》期刊第三届和第四届编委会编委、国家住建部建设教育协会普通高校理事会理事长、宝钢教育基金会评审委员、哈市专家顾问委员会城建环保组组长等。黑龙江省第九、十、十一届人民代表大会代表。享受国务院政府特殊津贴待遇。

我读书的那个年代，能够读大学是幸运的，能够读一所好大学是幸福的。我是幸运而幸福的。

虽然，1966年因废除高考制度，只差17天高考，而下乡近9个年头；

虽然，1973年阴差阳错未能被推荐上大学；

虽然，1978年恢复高考后，迟到了12年，在儿子降生的那天报到上学。

但是，我终于读了大学，读了一所好大学。

从哈建工到哈工大，都是好大学。

一所大学好不好，全在于有没有好教授。

梅贻琦说："所谓大学者，非谓有大楼之谓也，有大师之谓也。"

一所好大学，给予我们坚实的业务本领，更指引我们"智者"之道。

人的成长，大师的影响，风范的力量，是取之不尽用之不竭的。

我读力学专业，教授结构力学。

感恩我的老师，思念我的老师。

常常想起他们日常的"小"故事。其实，"小"故事，更能展示"大"风范。

郭长城

郭老师，1925年生，哈尔滨市呼兰人。1953年毕业于哈工大土木系，著名结构力学专家。

他衣着简朴，常骑一辆旧自行车。看上去，像老农似的。

他讲授课程，名扬校内外结构力学界。

他待人处事，非常纯朴，非常规矩。

毕业后，系里把我分到结构力学教研室，让我协助郭老师做行政工作，他是室主任。所以，我与郭老师亲密接触多年。

当年，有一位来进修的老师。结束后，需要教研室出一份鉴定。我把鉴定书交给郭老师，他拿回家去填写。待他返给我时，但见半页空白处，只有八个字："学习刻苦。成绩优良。"我疑惑不解。

他说，她几次课下请教他，说明学习是刻苦的；她的考核，多在70~80分，表明成绩是优良的，但不是优秀。他说，要写实的，不要空洞，也不要写不了解的。他还说，能一个字说明白就不要用两个字，能一句话就不要两句话。

1984年秋，我给工民建专业82级上结构力学大课。

第一次试讲，我下了很大功夫，自己感觉讲得挺好，但没有通过。

郭老师讲过许多往事，大体如下："讲好课，要肯下功夫，就是肯花时间。我开始讲课时，讲一次课要花20个小时备课。不是备一次，而是备几次。""对旧讲稿常常不满意，部分或全部重写，是常有的。""想讲好课，就要对教学内容加深理解。自己不明白，想让别人明白是不可能的。遇到理解不透的，就要不懈钻研。""讲新课时，我从不盲目地沿用别人的讲义。常常回忆一下自己是怎样学懂的，就沿着这个思路去备课。"

我连续给工民建专业上结构力学大课，郭老师几次听过我的课。虽然学生们欢迎我，但郭老师对我的意见不少。概括如下："我赞成用较少的时间讲授更多的内容，但不能让次要的东西冲击了主要内容。片面强调增加信息量是不可取的。少而精并循序渐进，是教学必须遵循的原则。""不要追求脱离讲稿。有些苏联专家太重视脱稿。但，关键是课讲得明白不明白，不是脱稿不脱稿。当然，认真备课，脉络自然而然就记住了。""要靠科学内容引起学生的兴趣，脱离主题加点笑料不应誉为'趣味教学'。"

郭老师说："今天的生活是最好的，伪满时中学毕业，成绩不错，做梦都想升大学，就是升不起。共产党来了，我才升上大学，并被培养成大学教授和

第五章 师者风范

共产党员。无论精神生活还是物质生活，都是过去想都不敢想的。这是一个基本的事实。它帮助我明辨是非，给我以向上的力量。"

郭老师，虽然已经离世多年，但是，他的教诲记忆犹新。郭老师，我大学教师生涯的启蒙人。

王焕定

王老师，是我大学教师生涯的引路人。

王老师，1942年生，浙江仙居人，他从小生活与学习在上海，20世纪60年代前远赴冰城任教，著名结构力学专家，二级教授，博士生导师，国家级教学名师奖获得者。

毕业后，我与他在一个教研室。开始接触不多，后来走到一起，我一直"追随"王老师。

王老师的一生，可谓"老老实实做人，勤勤恳恳做事"。

他很直，既正直，又直率。他很急，只要是有利于教学与科研工作，他刻不容缓。他很强，结构力学的先修课高等数学、理论力学与材料力学及后继的结构课，他都有很深的造诣。他很能干，人们说他是"拼命三郎"。他很严厉，学生们都"怕"他，怕考试不好通过。他很规矩，明明可以发表两篇论文的成果，他总合为一篇。他很谦让，在名利上总是不断地向后退……

1987年，王老师接任教研室主任，即大刀阔斧改革多学时结构力学课程，增加"结构力学程序设计"课。他要求我们在一周之内自学掌握算法语言Fortran77，然后分组带学生24小时上机实习。其苦其累，一点儿不亚于在兵团，而其艰难，则非农活所能比。指导学生编程，又要数学模型，又要力学原理，又要算法语言，还要摆弄机器。那时还没有PC机，只有西门子终端和一堆旧苹果机，备感艰难。

王老师对个别老师一字不漏地看"小报"非常不满。他说的"小报"，指的是《新晚报》和《生活报》。他说，哪有那么多时间看那些。

在与国内知名院校多项合作中，包括国家结构力学试题库、结构力学CAI、面向21世纪《结构力学》教材等，他的水平、他的能力、他的投入、他的品德，得到一致的好评，特别得到清华大学龙驭球院士与袁驷副校长的首肯。

王光远

王老师，1924年生，河南温县人。1952年哈工大研究生班毕业。国务院学位委员会学科评议组成员、中国力学学会副理事长、国际国内许多重要期刊编委，获奖无数。结构力学和工程设计理论专家，首批中国工程院院士。

王老师是我从事业务与管理工作的"导师"。王老师曾指着我对他人说，"他是我的学生"。王老师给我上过课,但很遗憾,我不是王老师的研究生。不过,由于同在一个学科,我又较早走上校领导岗位,除了他的研究生,我们接触是比较多的。王老师对我的教诲,给予我无尽的向上动力。

王老师"又红又专"。他的业务,可谓天赋加勤奋;他的品格,热爱母校热爱祖国,非常具体。

王老师与他的夫人叶老师一家人都平易近人。他的大女儿王孟华,是我的哈六中校友,是哈工大财务处原副处长;他的小女儿王孟梅,是我大学同专业的同学;他的小女婿季天健,曾与我在一个教研室共事。

从教学到科研,王老师有许多著名论断。

第一,"十年教学关论"。

"很多教师认为自己把教科书弄懂就可以上台讲课,实际并没有把自己教的课弄懂。任何一门课程都不是孤立的,不熟悉相关的课程,就不可能弄懂自己所教的课程。就是老学科,也有新问题,不存在一劳永逸地弄懂。"

"过教学关,要经过相当长期的艰苦劳动,虚心向老教师请教。我个人基本上用十年时间过教学关,光材料力学我就多次随孟昭礼、库滋民、齐斯加阔夫等中外教授跟班听课。"

第二,"广博常识论"。

他认为,"知识面太窄,不可能搞好科研;而掌握知识太浅,不可能有所创新。这就必须有所选择,对不同层次的知识,在广与深上给以不同要求"。

他还认为,"必须具备知识基础。但是,不能无限制地打基础,需要一个最小基础。这个必要的最小基础,就是本学科硕士课程所含内容"。

这就引出"广博常识论","就结构力学而言,指有关数学、力学、结构、工程理论的发展方向和最新成就"。

20世纪50年代,他认为应把地震地面运动视为随机过程,就自学概率、数理统计和随机函数。没有学过随机函数,不等于不知道这个数学分支,否则想不到地面运动模拟为随机过程。还有"缓坡陡坡论",等等。

上面是我的三位老师,下面是我的三位前任。

陈雨波

陈老师,1922年生,江苏无锡人。当年从清华大学来支援哈工大,是新中国成立后哈工大第一位华人专业教师,著名钢结构专家。

他曾于1982至1986年任哈建工院长,为学校做了三件大事,为哈建工腾飞奠定了坚实基础,包括哈建工恢复一表招生,获得世界银行贷款,无偿获得老飞机场600亩土地建设新区。

当年,学校外事活动较多,陈老师家配有开通国际长途的电话。他的儿女

第五章 师者风范

在国外,每每他与儿女通话后,第二天都要到学校财务处缴费,公私十分分明。

十多年前,陈老师夫妇多次与我父母相聚,因为我母亲与陈老师的夫人赵老师是当年"国高"同期同学,又因为我的父亲早年于伪满大学毕业,他们有话可聊。父母多次对我说:"陈院长,博学多才,君子之风,实为鲜见。"

何钟怡

何老师,1938年生,江苏南京人。著名流体力学专家。

他从哈佛大学做访问学者多年后回来,于1986至1990年任哈建工院长,主张学校"精兵简政",向"精尖"发展。

何老师讲课的"精彩",不仅在于信息量大、判断力强,也不仅在于他口才出众,轰动哈工大"大讲堂",还在于他敢为人先与以身作则。

1990年,何老师在辞去院长的大会上说,"我52岁辞去院长,是想用行动证明,在大陆高校,校长也是能上能下的"。

2002年,一个晚上,得知何老师腰病住院,我立即赶往哈医大一院,只见何老师住在四人间,只有他的夫人邹平华教授(博导)一人陪护。问:为什么住在这样的普通间?答:刚刚合校,不了解学校有关规定。实际上,何老师与时任校长杨士勤是非常要好的朋友,第二天一早,杨校长就去了医院。

沈世钊

沈老师,1933年12月生,浙江嘉兴人。著名钢结构专家,中国工程院院士。

沈老师曾于1990至1995年任哈建工院长,主张"充实内涵",坚持课程建设及系列课程建设与科研工作并举。

无论是做学问,还是做管理,沈老师都有独到之处,并充分发扬民主。

时时处处,沈老师彰显"大家"风范。2000年合校前,我征求一些大师意见。在可供选择三条路(与哈工大合校、与东北林大合并、下放省管独立办学)中,沈老师说,找哈工大,我说,"回归",沈老师说,这个提法好。

这就是"哈工大土木人"的风范。哈工大,是一所学成以后乐于成为基石和螺丝钉的学校,是一所有功夫更有情怀和担当的学校。哈工大土木学科、专业,是一片沃土良田,我以我为哈工人土木人而骄傲。

我是幸运与幸福的。三十多年,我一直感受老师的风范,追随老师矢志不渝。在业务上,破格评聘为副教授与教授,免评为哈工大首批二级教授。在管理方面,从助教破格提为教研室副主任,从讲师破格提为系副主任、校长助理,从副教授破格提为副校长、常务副校长、校长。从《工程力学》多届编委到宝钢优秀教师奖到国务院政府特贴,从土木工程学院到学校,从哈建工到哈工大,方方面面给予了我很多很多。

哈工大百年华诞是温馨的,唯愿每一个哈工大人在"哈工大人风范"的春风化雨中,得到永远的归宿。

以沈世钊院士在1991年的题词结束本篇:春风化雨,沉雷惊蛰,毕生事业为育才,巍巍师道可风;谆言九鼎,情系后学,百年砥砺凝丰碑,煌煌风范长存。

（2020年3月17日）

第六章 校友情怀

第六章　校友情怀

第一节　校友感言

哈工大，我的梦想起飞之地

王铁梦

王铁梦，1931年出生在辽宁省铁岭，满族人。1955年毕业于土木工程系工民建专业。曾留校任教，先后任冶金工业部建筑研究总院副院长和副总工程师，上海宝山钢铁总厂和宝钢工程建设指挥部副总工程师，国家工业建筑诊断与改造工程技术研究中心专家顾问，教授级高级工程师，博士生导师。获国家科技进步奖特等奖1项、二等奖1项。2008年获宝钢功勋人物奖，2011年获得亚洲混凝土协会杰出贡献奖。

国家建设实践的需求改变人生轨迹

20世纪50年代，我作为新中国成立后第一批大学生来到哈尔滨工业大学学习，正赶上了新旧交替的伟大变革时代，面对满目疮痍、百废待兴的现状，不愿意虚度光阴和随波逐流，想为祖国建设做一点贡献。新中国成立初期东北开始了大规模经济建设，考虑自己的特长和爱好，梦想做一名建筑师。当时，东北有156项苏联援建重点工程，哈工大学生在苏联专家指导下到工程项目进行教学实习，这也是我最早接触实践，我同时还担任苏联专家的俄文翻译。在齐齐哈尔机车车辆工厂、沈阳电机厂、沈阳某变压器厂、鞍钢大型轧钢厂工地进行实习时，中国的工程技术人员向苏联专家提出许多建筑实践中的技术难题，其中较多的是建筑物温度伸缩缝和变形缝问题。现场踏勘发现，建筑物的温度伸缩缝设置与裂缝出现规律无明显直接关系，与当时苏联规范的规定有一定矛盾。苏联专家认为这纯属偶然现象，苏联规范是按苏联经验和弹塑性理论决定的，应该无条件执行。当时我感觉这偶然现象背后可能隐藏着必然规律，查阅资料发现并没有先驱者对这一不起眼的课题进行研究，但却是规范性问题而且是国际性规范问题。

我决定先抽点时间研究伸缩缝问题，没想到我对伸缩缝与裂缝控制问题进行的研究和探索一发而不可收拾，研究探索中发现其涉及领域之广、问题之多，远远超出了我原先的认识。在茫茫知识海洋中，查不到研究合理设置伸缩缝的理论和实践对口资料，只能作为一个拓荒者艰难前行，遇到数不清的困难，但始终不离不弃，跌倒再爬起。工程实践的需求，彻底改变了我一生的追求和生活轨迹，这一探索之路竟成了我的终生事业和追求，整整跑过60年。解决裂缝问题最好的设计原则是应用"抗与放"的设计原则，辩证统一了国际上设缝与无缝两大流派。我提出最新的超长大体积混凝土设计与无缝施工法——跳仓法，将结构、材料、施工和地基联合起来进行研究应用，解决实际工程问题为最终目的。变形效应是一个新的领域，使我感悟到科技进步的推动力有两个，一是学术需求，二是实践需求。

偶然现象激发创新驱动力

20世纪50年代初期，正是全国学习苏联的高潮时期，苏联专家认为苏联规范是根据苏联建设经验和弹塑性理论计算决定的，执行这一规范有东欧的许多国家、德国和中国。然而，1954年夏季毕业前实习，苏联教授带我们去苏联援华项目，包括铁道部、机械部、冶金部等许多工程现场教学实习时，在厂里发现混凝土框架长度150余米铸造车间并没有设伸缩缝。这个长度超出规范规定3倍的建筑物没有预先留伸缩缝，既没有影响到建筑物的质量，又有良好的外观。为什么会出现这种反常的现象？设计人员由于没有按照规范留伸缩缝而受到批评，但是工程没有开裂，苏联专家的回答是，对设计者既不要批评，因为工程没裂，但也不要表扬，因为他没有按苏联规范设计。这纯属个别的偶然现象，不具有普遍性。中科院力学所邀请波兰专家讲学，我有机会去请教国际著名力学家基斯尔教授，没想到教授回答和苏联专家一样，纯属偶然，没有研究价值。但我认识到这种建设实践中的偶然现象背后，极有可能隐藏了某种必然的规律。我到建科院、北京图书馆、北大数学系和水科院等许多著名研究院，都找不到伸缩缝的研究论文和资料，没人对这个课题感兴趣，也没有哪个科研院所列过这样的研究课题，只找到一些力学理论资料。我决心深入到工程裂缝最多的工程实践中去，以裂缝现象作为研究伸缩缝的切入点，开始对工程实际变形和裂缝扩展规律进行工程实测，实测资料的累计作为分析问题和简化计算方法的基础，收集到第一手大量裂缝实践资料，包括许多前人所不能解释和国际上发生过的重大裂缝事故，同时做了一点小型粗略实验。开始从混凝土结构扩大变形缝间距，取消变形缝，至今发展到无缝设计与施工，实现了不断在实践中研究和应用，不断创新了工程设计原则和方法。

深入研究取得有价值成果

1955年哈工大本科毕业后，我被分配在哈工大任助教，开始对建筑裂缝进行全面而深入的研究和探索。最初的研究文章是《结合现场反常的裂缝现象与建筑物伸缩缝的理论关系》。我根据东北156项苏联援建重点项目中的部分工程收集到的"偶然现象"，结合工程实践和实测，发现了苏联规范的局限性和片面性，准备对苏联规范提出质疑。通过学习弹塑性理论计算方法，提出了多系数简易计算法，可以算出伸缩缝间距，研究论文于1957年发表在《哈尔滨工业大学学报》上。1957年初在哈工大的学术报告厅做了关于工业厂房混凝土框架伸缩缝的初步研究报告。可能是感到我对苏联规范和苏联专家的不同意见，听众中途退场，那是对我的第一次打击。我给几个杂志写的文章均被退回，但我还是鼓起勇气，将论文送给苏联专家库滋民教授审查，他又转送苏联建筑科学院，最终审查后由国际上颇有名望的技术杂志，苏联的《工业建筑》杂志两次发表，即 *ПромышленноеСтроительство* 1958年第10期、1960年第4期。1958年6月，我接到杂志主编密尔扎先生的通知，论文将于1958年10月刊出，编辑部总编附加了编辑部"按语"："本问题在苏联尚未得到成熟的解决，本论文具有现实意义，发表中国工程师王铁梦的文章，是为了向本刊读者征求讨论意见。"总编密尔扎先生的电报，是我低迷状态下前进的动力，使我终生难忘。

控制混凝土结构裂缝问题是一项综合性技术难题，我开始探索厂房排架结构和框架结构联系混凝土特性，温度应力和长度成正比的计算方法，补充了常规弹性理论中忽略了材料、施工及环境条件的常规计算方法，长度不能成为判定裂缝与否的唯一因素，否定了当时留缝与否作为裂缝唯一判别依据。1959年以后，多篇文章发表在《建筑学报》《土木工程学报》《冶金建筑》等杂志上。

1959年5月，我被借调到建筑科学研究院，与一机部第八设计院签署了在沈阳电机厂主厂房168 m长混凝土框架结构取消伸缩缝厂房实验工程合同。工程质量正常，裂缝控制取得了成功。工程实践中，我还发现变形引起的作用效应与结构刚度成比例的特点，结构材料的弹缩性和工程结构的构造方法有直接关系，作用效应与自身结构刚度成正比，这与荷载效应有着根本的区别，弹塑性、徐变、微裂缝和装配节点都会软化温度收缩应力，反复温差会引起异号应力，这些因素都与混凝土的龄期有关，苏联规范和弹性理论计算决定伸缩缝间距的规范有被突破的可能，这在后来的工程实践中得到证明。专著《工程结构裂缝控制》1997年由中国建筑工业出版社出版，2002年获得国家科技进步二等奖。

60年的探索之路风风雨雨，坎坎坷坷，研究成果在国内外多项重大工程中应用，如人民大会堂、武汉钢铁公司、上海宝钢总厂等国内重点建设项目，巴基斯坦核电站、伊朗德黑兰1号地铁、美国华盛顿M-1工程、俄罗斯圣彼得堡波罗的海明珠工程等"一带一路"国际重点项目，都取得良好的社会效益和经济效益，"宝钢一期工程施工新技术"获国家科技进步特等奖。

我所走的探索之路一直是在沿着现场发现问题，又以现场施工技术人员都可以掌握的技术措施方法解决现场裂缝控制的实际问题，不是单纯地以温度应力理论谈温度应力，而是综合材料、结构和施工等要素，以长期大量的处理裂缝经验为基础，运用前人的力学手段，抗与放的哲学概念，探索统一了混凝土结构有缝与无缝的辩证关系，为工程裂缝控制找到了一系列简单实用的方法和概念设计原则。

最后请允许我赠给年轻朋友一点建议：在高度信息化的时代，人们接触实践的机会越来越少了，但是土木建筑工作者应当更多地走到实践中去，吸取生生不息的营养，实践是我们创作灵感的沃土，是检验一切理论的唯一标准，过分相信计算机程序是会犯错误的。看未来，挑战无止境，让激情与生命同步，今天不去创新，明天就无法生存，用实践来缩短梦想与现实的距离，在研究探索中实现人生理想和奋斗目标。

哈工大，是我梦想起飞之地，在母校建校百年之际，我非常难忘母校对我的培养，在哈工大学习和工作的岁月，给了我专业知识和前进的动力，锻炼了我分析问题和解决问题的能力，让我受益无穷。

祝贺母校百年华诞！祝母校在新时代伟大发展征程中，为国家培养出更多优秀的土木工程人才！

第六章 校友情怀

我的成长之路和母校情结

徐增全

徐增全，1951年进入哈尔滨工业大学学习，1957年本科毕业于土木工程系。1958年赴美国康奈尔大学深造，1960年获硕士学位，1962年获博士学位。徐增全教授是美国休斯敦大学土木与环境工程系享受Moores基金津贴的杰出学者。创建了国际知名的休斯敦大学"徐增全结构研究实验室"，相应的研究工作奠定了美国混凝土协会建筑规范中剪切和扭转设计章节的基础。

我于1951年进入哈尔滨工业大学预科学习俄语，之后跟随苏联专家开始专业学习，1957年本科毕业于土木工程系。1958年赴美国康奈尔大学深造。毕业后我选择留在美国从事教学科研工造词作，1962—1968年在美国普特兰水泥协会结构实验室从事研究工作。1968—1979年，在佛罗里达州迈阿密大学土木工程系从事教学科研工作，1973年获任终身教授，1974—1978年任土木工程系系主任。1980—1984年担任美国休斯敦大学土木与环境工程系系主任，创建足尺结构实验室，2002年被命名为"徐增全结构研究实验室"。

我的职业生涯与混凝土为伴，致力于让混凝土结构设计理论更趋完善，致力于建立钢筋混凝土统一理论服务于工程应用。1993年出版专著《钢筋混凝土统一理论》，首次提出的统一理论对钢筋混凝土基本单元体的分析模型发展具有里程碑意义。1995年，通过在休斯敦大学的万能平面试验装备上安装10通道电液伺服控制系统，实现了试验过程的位移控制，为建立更先进的材料本构模型奠定了坚实基础，推进了剪切和扭转作用下非线性理论的发展。2010年，出版专著《混凝土结构统一理论》，发展了计算机非线性分析方法用于混凝土结构分析，以揭示由框架和剪力墙组成的整体结构真实力学性能，推动钢筋混凝土统一理论向前迈出实质性的一大步，这也是极富有挑战性的一项研究工作。2019年主编《混凝土结构抗震》一书，收集11个国家顶级专家和学者的23篇论文，着眼于基础设施的安全性普遍需求，发展了灾变控制的知识。以上研究取得的成果成为我个人的荣耀，也得到了同行的高度认可，1965年获得美国混凝土协会（ACI）Wason奖章，1969年被授予Arthur R. Anderson研究奖，并获得美国工程教育协会（ASEE）颁发的研究奖，1974

年获得 Huber 土木工程研究奖，2007 年被授予 Arthur J. Boase 奖，2009 年 ACI 和 ASCE 联合主办 ACI 秋季大会"徐增全学术讨论会：混凝土结构剪切和扭转"，我的成就得到了全世界混凝土结构学者的确认。

我很幸运与教学结缘，为本科生和研究生开设课程，编写教材，成为我的乐趣，任职系主任带领大家建立了一支卓越的师资队伍，创建了结构研究实验室，这些也得益于我的哈工大学习生涯的积累，并得到了认可，先后获得 1998 年休斯敦大学的 Fluor-Daniel 杰出教学奖、1998 年的 Abraham E. Dukler 工程教员研究奖、1996 年的杰出研究奖、1992 年的高级教员研究奖、1990 年的 Haliburton 杰出教师奖，以及 1989 年的优秀教学奖。2005 年，我和夫人共同为休斯敦大学设立了"工程领域徐增全-林慧年杰出教师奖励基金"。

回顾自己在美的留学生涯和工作经历，我深刻感受和体会到：在母校 6 年的本科阶段学习，打下的坚实理论基础和接受的专业训练，成为我毫无困难完成研究生学业，继续从事建筑材料和混凝土结构设计理论方面教学研究工作的必要保证。在 20 世纪 50 年代，哈工大在知识理论教学和专业训练方面的成就，印证了哈工大"规格严格，功夫到家"的校训内涵，也是我对母校一直心怀感恩，工作中不敢稍有懈怠的深层次原因。一直以来，我亲自和协助接受培养了多名中国留学生和访问学者；多次回国（包括母校）进行讲学和交流访问；2007 年在哈尔滨工业大学捐赠设立旨在促进提高教学质量和社会声望的"徐增全奖学金"，并一直持续至今。尽绵薄之力当连心之人，对母校一直未曾忘怀。

值此百年校庆的伟大时刻，作为哈工大曾经的一员，衷心祝福母校生日快乐！祝母校在人才培养和科学研究上取得更大成绩，建设成为世界一流大学！

（徐增全授意，王凤来执笔）

第六章　校友情怀

我的八年大学
——忆在哈工大土木系的一段特殊经历

姚炎祥

姚炎祥，土木系1957级校友，教授。曾任苏州科技大学（筹）党委书记、院长，苏州城建环保学院党委书记、院长，哈尔滨建筑工程学院建筑工程系党总支书记等职务。

1957年我考入哈尔滨工业大学土木系。当年因松花江特大洪水新生推迟入学。那时土木系有工业民用建筑、供热供煤气及通风、给水排水三个专业，这都是全国设立最早的专业。9月中旬入学后，整个土木系57级的学生未分专业，都在一起上课。一年后分专业，我分到了给水排水专业。不久成立水工建筑专业，我们班整体转入水工建筑专业。

1959年4月，哈工大土木系扩大，单独成立哈尔滨建筑工程学院。新成立的哈尔滨建筑工程学院设立建筑工程、城市建设和水利道路三个系，水工专业归水利道路系。由于哈建工新成立缺少教师，当时就从学院各专业抽调学生培养教师。我是班团支书记，1960年3月抽调到马列主义教研室当教师。

从1960年3月到1962年7月近两年半的时间在马列主义教研室任教。刚去分配到科学社会主义教学组。1960年9月30日《毛泽东选集》第四卷出版，全院迅速掀起学习毛泽东著作高潮，马列主义教员都要参加毛泽东著作学习辅导。12月，要我辅导学习毛泽东著作，300人在303大教室上课。最尴尬的是，听课的正好是57级的同学，还有同班的同学。说实话，这不是讲课，这是靠激情，硬着头皮背讲稿。过了春节，又到阿城县玉泉镇农村参加整风整社工作队。工作队要求很严，不准吃肉，不准吃鸡蛋，不准吃豆制品，到群众家同吃同住同劳动。在工作队两个月的时间，过生活关、劳动关、群众关，经受了多种考验和磨炼。返校后，又到中共黑龙江省委党校学习两个月。

1961年7月到1962年7月，又被派到中国人民大学马列主义基础系政治学专业进修一年。这一年主要是读马列原著，如《共产党宣言》《路德维希·费尔巴哈和德国古典哲学的终结》《反杜林论》等。由于基础差，也读不懂。这一年也有一大收获，就是1962年国庆节，中国人民大学有一部分学生到天安门广场参加庆典活动,我们进修班学员全去参加。我记得早上4点出发,从中国人民大学徒步走到天安门广场,到那里找到每一个人被指定的编号方砖,整个庆典都站在这块方砖上。庆典结束又徒步走回,走回人大已经到了晚上。参加这次庆典,留下了终身的记忆。在人大进修结束回到学院,正赶上学院精简机构和人员,原来调出来当教师的学生,可以回班再学习,我申请回班学习煤气工程专业。

从1962年9月到1965年7月,又学习煤气工程专业三年,加上以前基础课的学习,完成了煤气工程专业五年本科的学习,获得了毕业证书。从1957年入学到1965年毕业,前后有8年时间,可能是哈工大土木系57级学生中最后一名毕业生。毕业后留校工作,开始说到流体力学教研室,后来又叫我留在了党委宣传部。1984年,国家落实政策,又给补发了同1957级学生同年毕业的1962年的给水排水毕业证书。

回忆这段复杂经历,值得高兴的是获得两个五年本科毕业证书:一个是煤气工程毕业证书,一个是给水排水毕业证书。还有一件有意义的事,我的8年大学只有一个记分册,那是我1957年9月23日的哈工大土木系的记分册。这个记分册,记录我1957年9月到1960年3月的考试成绩,也记录了我1962年9月到1965年7月的考试成绩。这个记分册说明哈工大土工系是我的根,在这里我完成了五年本科学业,经受了多种考验和锻炼,加入中国共产党。做到了党叫干啥就干啥,国家的需要就是我的志愿,这为我后来的发展打下了坚实的基础。

我为在哈工大土木系上学和工作而自豪,我感谢母校的培养和教育,我感谢老师们的辛勤劳动,我祝福母校永远兴旺发达!

第六章 校友情怀

忆峥嵘岁月 话难忘感恩

于兴敏

于兴敏，水泥77级校友，教授级高工、中国勘察设计大师，现任中国硅酸盐学会工程技术分会会长。曾任天津水泥工业设计研究院有限公司院长、董事长兼总经理，中国中材国际工程股份公司常务副总裁、党委书记兼副董事长等职务。曾任中国建筑材料联合会副会长，中国水泥协会副会长。

在母校工作的王政教授是我的老同学。在与他几次交流中，他提到了学校筹备百年校庆的事情。我感到自豪与幸运。在母校学习期间，我们赶上了母校60年校庆，感受到了母校厚重的历史与文化。母校在科学技术领域为民族与国家做出了重大贡献，在许多学科取得了重要成果，是几代人艰苦卓绝的努力成就了学校的辉煌。弹指一挥间，转眼已过40年。目前我已退休，并在中国硅酸盐学会工程技术分会的平台上发挥余热。如今迎来母校的百年校庆，我感到由衷的喜悦，同时也十分感慨。

我上大学前，下乡当过两年知青，回城又做了近两年的机械工人。其间我参加了国家1977年恢复的高考，并非常幸运被母校录取，成为恢复高考后的首批大学生，成为哈尔滨建筑工程学院水泥77级的一名学生。进入母校深造并度过四年大学的学习时光是我人生的重要转折。

生活的阅历，使我倍加珍惜大学学习的机会。母校老师们的谆谆教诲，使我逐渐认识到四年的学习所要肩负起的使命与责任。

母校到处都充满了浓浓的学习氛围。在象征着厚重历史与知识沉淀的教学楼中，德高望重泰斗级的老教授在粉笔的粉尘下悉心传授着知识。无论是具有扎实理论基础又有实践经验的老教师，还是充满激情与活力的年轻教师，都全身心地向我们传道授业解惑。他们为人师表的高尚品德深深地启发着我们如何做事如何做人。母校淳朴务实的校风激励着恢复高考后第一批大学生如饥似渴、废寝忘食地学习，有太多生动感人的画面，已深深地印在我的脑海中。这令人眷恋的画面时常萦绕在我的脑海中，多年以来，母校的学习记忆使我在工作中获得了无尽的激情与动力。

  大学的四年,重塑了我的知识结构,影响我对知识的敬畏与尊重,给我注入了新的基因,奠定了我以后职业生涯的轨迹。

  1982年,大学毕业后的我,很幸运地来到我职业生涯重要的工作平台——国家建筑材料工业局天津水泥工业设计研究院(这是新中国成立初期组建的第一批国家工业设计科研院所,20世纪70年代后期由北京迁址天津,国家建材局取消后曾隶属国务院国资委直属企业)。专业对口,平台很大。这是将科学、技术、工程紧密联系,高效转化,推动技术进步十分重要的企业平台。在这里开始了我的新的职业生涯,见证并参与了我国水泥工业的巨变历程。

  当时我国的水泥工业还处在十分落后的阶段。高耗能、高污染,产品质量低,年产能不足1亿吨,远不能满足国家发展建设的需求,已制约了国民经济的发展。国际上在20世纪70年代已出现的新型干法水泥烧成技术,当时在国内还没有。我参加工作起步就从这里开始,与院里的老专家、同事们夜以继日地投入到工作中。经历了艰苦的探索研发实践,引进、学习、模仿、徘徊、赶超,终于在2010年前后,实现了超越与领跑。国家水泥工业技术从曾经的严重落后,跃升到国际先进一流行列。水泥生产几乎全部采用了先进的新型干法水泥烧成技术,能耗与排放指标与国际先进水平同步,年产能达到近19亿吨。由技术装备依赖进口,实现了带有自主知识产权整条生产线的出口,并由发展中国家扩展到发达国家。实现了国际市场占有率稳居全球第一。时任国家领导人出访曾分别多次到我们出口的项目视察指导。当时我国一些工业行业还在依赖进口引进,我们的技术与装备已率先实现出口。引起国家领导人与政府相关部门的关注支持与鼓励。

  在这个过程中,我所工作的企业发挥了不可替代的作用,做出了重大贡献。在我担任院领导岗位工作期间,在几代老知识分子、老专家打造的这个平台上,我充分运用了母校传授的专业知识结构,并为其注入了新的基因。我凭借担任重要领导岗位的优势,汇聚资源,凝聚力量,攻坚克难,成功实现了重大专业技术装备国产化、大型化技术比肩国际发达国家水平;成功破解了制约我国水泥工业发展的重要技术装备瓶颈,为推动我国水泥工业的技术进步做出了应有的贡献。我所在的企业也实现了从水泥技术装备在国内市场稳居第一,到具有我国自主知识产权的整条水泥生产线出口,在国际市场占有率实现第一的跨越,并获得了多项国家科技进步二等、三等奖等奖项的鼓励。我还代表企业荣幸地出席了全国科学技术大会,聆听了时任国家领导人对科技人员的鼓励与鞭策。这期间我也获得了中国勘察设计大师称号的荣誉。

  我很庆幸赶上了这个时代。母校淳朴厚重的校风的影响,老师们辛勤忘我的教育栽培使我有资本和条件去努力拼搏。我由一名普通的专业技术人员、专业组长、主任、副院长,一步一步走上了院长的重要领导岗位。在岗位上发挥了些作用,取得了些成绩,获得了一些荣誉与光环,这些成绩、荣誉与光环应

第六章 校友情怀

归功于我的母校,归功于辛勤培育我的母校老师。

百年校庆之际,我感慨这峥嵘的岁月,感慨母校77级的学子们,在祖国伟大建设发展变化中,作为参与者、建设者、奋斗者留下的足迹。我更加眷恋我们的母校,印在脑海中诸多难忘的画面,更加频繁地浮现在我眼前。我感恩母校及老师们。我也要感谢水泥77级的同学及校友们,感谢他们对我的支持和鼓励。我要特别地感谢我们班的班主任及授课老师齐继禄、王志伟夫妇两人,感谢他们在校期间精心的栽培,以及他们到了新的工作单位后,一直对我的关心、指导与呵护。感恩、感谢……

百年校庆之际,作为母校的一名学子,衷心祝愿母校越办越好,基因更加强大,培养更多优秀的学子,为国家为人类创造更大的价值。衷心祝愿母校繁荣昌盛,再铸新的辉煌!

重回母校话感恩

王铁宏

王铁宏，工民建77级校友、教授级高工，哈尔滨工业大学兼职教授，现任中国建筑业协会会长。曾任住房和城乡建设部总工程师、办公厅主任，中国建筑科学研究院院长等职务。

两年前，在大学入学40年之际，我和我的众多同学一起，回到了魂牵梦绕的母校。40年弹指一挥间，重回母校，往事历历在目。作为77、78级的学生，我们的共同心声就是"感恩"。

首先要感恩邓小平同志。改革开放最伟大的举措之一就是恢复高考。正因为如此，积压了13年的高中毕业生才得以从田间地头、工矿企业回到考场，公平竞争，成为恢复高考后的首批大学生。是小平同志以战略家的伟大胸怀和气魄做出了惊天动地、气壮山河的重大决策。他不但改变了党、国家、民族的命运，也改变了我们每个人的命运。我们永远怀念他。

第二要感恩母校，感恩敬爱的老师对我们的教诲和栽培。77、78级的同学无比幸运，那时给我们上课的都是行业里如雷贯耳的大家、名家，都是院士与大师级的泰斗，聆听他们的教诲，是一种享受，受益终身。大学的最后一学期，我和同学于之绰跟唐岱新教授做毕业论文《砌体结构局压试验研究》。唐老师要求我们当天试验当天回归成曲线，教了我们一个小技能，利用当时小小计算器就可以将每天的试验数据、数理统计回归成曲线。既直观，又便于及时调整方案。试验结束，结论已了然于胸。毕业后我到建研院地基所工作，参加的第一个课题"上部结构与地基基础共同作用研究"，当我按唐老师的教诲把学到的技能运用到课题上，当天试验，当天回归成曲线时，令组内同志刮目相看。这个故事，我跟很多同学讲过，是唐老师教会了我如何做科研。后来我在德国魏玛包豪斯大学读博，在地基所做项目负责人制订茂名30万吨乙烯工程等重大项目地基处理方案时都在秉持唐老师的学风。我们的老师言传身教，为人师表，教我们做人做事。所以77、78级的同学特别崇尚朴实无华，温良恭俭让，知敬畏，懂进守，会取舍，善莫大焉。他们永远是我们的楷模。回校后看到当年的老师依然精神矍铄，感到特别高兴，他们还将是我们健康长寿的楷模。

最后要感恩我的学哥学姐，大学四年，教学相长，让我们所学知识功底扎实，学学相长，也令我们收获满满。我在 20 世纪六七十年代接受了高中之前的教育，所学知识极其匮乏。怀着忐忑不安的心情来上大学，学哥学姐给了我很多帮助，让我学到了许多书本以外的知识。作为班里的"老疙瘩"，那时候的我是"吃瓜群众"，只有鼓掌叫好的份儿，学习成绩中等。作为应届高中毕业生，跟同龄人比很是自豪，可是跟同学们比却缺乏自信。班上卧虎藏龙。最厉害的莫过三种人：老三届的、上过中专的、赶上回潮的。我们的大哥，大我 13 岁，浓眉大眼，慈眉善目。他上大一，他儿子上小一。大哥是我们班长，为人十分敦厚，对所有同学都仁义，人如其名王广义；另一位大哥，才华横溢，满腹经纶，专业知识十分扎实，但为人格外谦虚，尤其在老师面前，这一点令我十分钦佩，他叫苗若愚；还有一位大哥，人生规划十分精致，他的人生的确如规划般精致，大目标、小目标，标标中的，是人生赢家，现在他依然退而不休，是行业的名家大家，他叫孙伟民。我从他们那儿学会了如何做人、做事、做学问。

77、78 级同学是见证了伟大的改革开放整个过程并做出重要贡献的一代人。40 多年过去了，许多学哥学姐已近古稀之年，"老疙瘩"都到花甲之年了。我们应该向敬爱的老师学习，以积极的心态，永葆青春，健康长寿。

归根结底，感恩！感恩小平同志和伟大的改革开放！感恩母校和敬爱的老师！感恩学哥学姐！

感恩母校 不负韶华

齐骥

齐骥,工民建77级校友。曾任建设部副部长、党组成员,建设部人事教育司司长,建设部标准定额司司长,中国建筑技术研究院副院长、党委副书记等职务。

两年前,回校参加哈工大77、78级学生入学40周年庆祝活动。校友会给了我莫大的荣誉,让我在庆祝大会上做个发言。在那样的情况下讲话,我是头一次,所以有点诚惶诚恐,主要是怕在那样一个特殊的时间代表不了校友们的心声。但是既然应允了,所以就有感而发,讲几句心里话,希望能引起校友们的一些共鸣。

77级、78级,用现在时髦的话来讲,叫作国家改革开放的早期受益者。虽然在称谓上我们分为了两个不同的年级,但是同年入学,同年离校,大家年龄相近,经历相仿,思想相同。所以在当时那个特别的会上,我把77级和78级给简略成一个共有的统一的称号,"778"级。因为这个历史成就了我们这份渊源。40年前,哈建工接纳了我和我的同学,使我们有幸圆了大学梦;也是哈建工培育了我,教会了我们服务国家和社会的本领。我将永志不忘。而沧桑巨变,两校合并,我可以用沈世钊老师的一句话做总结,哈建工回归哈工大以后,曾经的哈建工已经成为一段历史,那个响亮的名字已经成了大家尘封的记忆。记得回校时,周玉校长在傍晚时亲临我们曾经住过的一宿舍(现在叫海韵宾馆),亲切看望我们当年住在那个宿舍的校友代表,他的一番亲切深刻的谈话使我们深受感动。入学40年,大家聚集在哈工大的校园里面,来搞这么一个特殊的纪念活动,使得我们更加感到亲切。特别是哈工大作为我们的母校,我们会感到十分的荣光。

回到母校,思绪万千,主要可以归结为以下两点:

一是感谢学校和老师们。当年伴随着中国改革开放的第一缕春风,我们怀着对知识的渴望,从祖国的四面八方来到了哈尔滨,踏进了南岗大直街,咫尺相邻的两个不同校门。以严谨治学著称的校园里,弥漫着激励学子刻苦学习的氛围。老师们对专业的准确理解和把握,教书育人的高尚情操,讲台上深入浅出的授课艺术,使我们这些学子犹如久旱逢甘露,教室里、课堂上、实验室中,

第六章　校友情怀

我们的老师诲人不倦，无保留地奉献，为同学们的成长竭尽了全力。时间就是生命，把失去的时间夺回来，当时的时代口号成了我们这一代学子的座右铭。作为"778"级的同学，我们都记得很难抢到好座位的大教室，和每天晚上大直街最晚熄灭的灯光，是老师们的精心指教和同学们的刻苦钻研，使我们学到了专业的技能，进而增强了推动国家发展社会进步的本领。有幸的是40年后回到母校，我们仍然可以面对面地向我们的恩师沈世钊老师所代表的一批老师，当面表达我们由衷的感谢、感激之情。而对于那些已经远离我们而去的先生，他们的音容笑貌将永远珍藏在我们的心底。

二是我们尽力了。"778"级是一代幸运儿，不仅是因为我们乘着改革开放的第一缕春风跨进了大学的校门，更在于我们是国家改革开放快速发展取得巨大成就的见证者、参与者和成果的享受者。尽管大家所学的专业不同，每个人的志向各异，我们走了不同的人生道路，工作在不同的岗位上，但有一点是相通的，那就是我们大家都秉承了学校的优良传统，为国家发展为民族振兴奉献了我们的才华和精力。当国人们在为中国的经济发展、社会进步、人民安康引以为豪之时，我们"778"级的同学们也可以欣慰地说，这里有我们的一份贡献。我们"778"级同学当中，不乏科学家、教育家、企业家、工程师、公务人员，也有一批自主创业并有所作为和在海外求学求发展的有识之士。无论大家投身国防事业、科学研究、经济建设，还是社会治理，我们都在推动着国家的发展和社会的进步，实实在在地追求中华民族的伟大复兴之梦！我也可以欣慰地报告我们的母校："778"级同学没有辜负你的期望，我们尽力了。

自然规律把我们大部分同学引下了工作的第一线，我们已经或者即将成为长者。中国人常说长江后浪推前浪，一代更比一代强，更多的是强调人类社会发展的规律，社会在发展，社会在进步。作为长者，我们不再可能像过去一样风风火火（我这里加一个括号，周玉、任南琪等院士校友除外）。但是我们这些人仍然可以从容地继续用我们有限的余热来温暖社会，继续为学校的发展再添一块小砖，再加一片细瓦。

四年的大学校园生活让我们这些人结下了终身的友情，浓浓校友情，割舍不下的母校情，将带给我们永久的美好回忆，充实着我们的余生。如果期盼也是一种活力的话，我们将期盼母校在新的时代里得到更大的发展，我们还要期盼我们的学弟学妹们再创辉煌，将哈工大精神薪火相传，通过一代又一代人的努力，让哈工大的名字叫得更响，誉满全球。

难忘的哈建工十年学习生涯

苗若愚

苗若愚，工民建77级校友、教授、工学博士，曾任长春市市长助理、长春高新技术产业开发区管理委员会主任、吉林建筑工程学院院长、哈尔滨建筑工程学院研究生处副处长等职务。

时光荏苒，岁月蹉跎，转眼我离开母校哈尔滨建筑工程学院已经32年了，但我对母校的深深眷恋和对老师及同学的浓浓情意却从未改变。我是1977年恢复高考后母校第一批录取的本科生，后来又录取为硕士生和博士生，在读7年，毕业留校从事科研、教学工作，同时在研究生处做学位与研究生管理工作，3年后由于工作需要调到吉林建筑工程学院。在母校学习和工作的10年，是我终生难忘的10年。

入学前，我当过3年建筑工人，也做过3年建筑设计工作，接触过一些哈建工毕业生，他们大多很优秀，我很羡慕他们，盼望将来也能考入哈建工学习。那时阅读过的教材、专著，许多是哈建工的老师编著的，我更是仰慕这些专家、教授。入学后，直接聆听他们讲课，太兴奋了！当年给我们授课的老师大多是土木工程领域著名的专家、学者。例如，三大力学的授课老师：理论力学钟宏九教授、材料力学干光瑜教授、结构力学郭长城教授；三大结构的授课老师：钢结构钟善桐教授、钢筋混凝土结构朱聘儒教授、木结构樊承谋教授。几乎所有课程，不论是基础课、专业基础课、专业课，还是社会科学课、外语课，授课老师都非常优秀、非常敬业。在许多老师身上反映出哈建工多年积淀的具有本校特色的校风、教风和学风，即立足于培养刻苦学习、勤奋工作的态度；不畏艰难、团结奋斗、为国家建设和发展勇于奉献的精神；锐意进取、不断创新、执着追求、一丝不苟、实事求是的科学作风；不务虚名、不尚空谈、一切从实际出发的思想方法和工作方法。

在哈建工许多老师中，对我影响最大的，是我的导师钟善桐教授。我是母校培养的第一批博士研究生，也是钟老师的第一个博士生，在哈建工10年中，有8年半时间是跟在导师钟善桐身边：跟着他听课，跟着他做实验，跟着他读书，跟着他撰写论文，跟着他带硕士生、博士生，跟着他主办全国组合结构学术会议和国际组合结构学术会议，等等。耳濡目染，获益匪浅。

钟善桐老师是国际土木工程领域著名专家，我国钢结构和组合结构事业的主要奠基人和开拓者，先后被授予"中国钢结构事业开拓者""钢结构终身成就奖""组

第六章 校友情怀

合结构终身成就奖"等荣誉称号。钟老师在课堂上讲课非常认真，他讲课思路清晰、语言简练，重点、难点突出。他从不拿讲稿，但会把每一个概念、每一个数据、每一个符号都准确无误地写在黑板上，下课铃声响起的时刻，一定是他讲完最后一句话的时候。钟老师讲课，不仅是专业知识讲得精彩，同时对听课的人来说，又是教学艺术的欣赏，更是文化和精神的熏陶。钟老师对研究生的科研实验，同样要求非常严格，大到实验方案，小到实验手段和细节，都认真指导，常常亲自动手示范，对学生们的生活及家庭等也非常关心，既是良师，又是益友。有一件事，我记忆非常深刻，钟老师指导研究生有时安排读原著，或是中文，或是英文，他说："读完这部原著，你有问题提出来问我，你没有问题我提出问题问你。"当然，学生们会认真地准备问题向老师请教，同老师共同讨论。在这个过程中，老师从学生们提出问题的深度可以了解他们是否认真读了这本书，是否读懂了这本书，如果学生没有认真读书，提不出问题，老师提问题，实际就是出考题，学生是很难通过的。这个方法对学习很有效。后来我带研究生时也常常照搬这个办法，研究生们会很认真，当然逼迫自己要更认真。

除钟老师之外其他许多老师，也同样教书育人严谨、师德高尚。我接触比较多的外语教研室主任赵明瑜老师就是典型的例子。77级本科生英语基础参差不齐，学校把各班基础好一些的抽出来，成立英语快班，让我当班长，赵老师是任课老师。赵老师名气很大，她和钟老师一样是新中国成立初期苏联专家指导的研究生，主攻化工专业，专业方面颇有建树，她不仅是化工专业著名的专家、教授，同时也是俄语和英语专业著名的专家、教授。她曾讲授俄语课，课外翻译了多部俄语著作，书名当时我都记得，现在几乎都记不得了，仅记得曾经读过的一部长篇小说《叶尔绍夫兄弟》。赵老师和蔼可亲，像同学们的母亲一样。她对待英语教学非常严谨、认真、一丝不苟。她在课堂讲课，不论是中文，还是英文，不论是口头说，还是用笔写，字字珠玑。记得有一次她布置我们翻译一篇英语科技短文，大家完成后，她针对大家翻译过程中出现的毛病和缺点进行了认真讲解，最后，她口头讲出自己满意的中文译文。大家听完呆了：全文任何一个句子、任何一个词组、任何一个字，甚至任何一个标点符号，都无可挑剔。中文、英文水平之高，语言表达之精准，备课之认真，令人赞叹。

在哈建工学习、工作的10年，是我一生最美好的时光。沐浴在优良的校风、教风、学风环境中，不仅打下了坚实的专业知识基础，而且在认真做人、踏实做事、刻苦学习、锐意进取等方面颇有收获。因而在离校后的每一个实际工作岗位，无论是高校的教学、科研及管理工作，还是政府及开发区的经济社会管理服务工作，都是得心应手，多年的工作、学习、生活都很充实。我的本科阶段的同学和攻读硕士学位、博士学位阶段的同学更是人才辈出，在各自不同的工作岗位上，为国家建设发展做出了不可磨灭的贡献。

值此哈工大百年华诞，祝愿母校不忘初心，牢记使命，越办越好，枝繁叶茂。祝愿"铭记责任、求真务实、海纳百川、自强不息"的哈工大精神永放光芒。

百年土木 百年树人

我的母校、我的老师、我的同学

修 龙

修龙，工民建77级校友、教授级高工，哈尔滨工业大学兼职教授，现任中国建设科技有限公司董事长、党委书记，中国建设科技集团股份有限公司董事长、党委书记。兼任中国建筑学会理事长。曾任中国建筑科学研究院副院长等职务。

2020年，我的母校即将迎来百年华诞，作为哈工大建校最早的专业之一，从建校伊始到如今国际知名的土木工程学院，她历经沧桑，发展壮大，已枝繁叶茂，为祖国发展强盛做出了重大贡献，为祖国建设培养了一批又一批优秀人才。我为能在这里学习并开启自己的职业人生深感幸运、骄傲与自豪。前些日子超英同学邀我和同学们在母校百年校庆之际写些什么，这让很多当年的记忆一幕幕闪现脑海。确实，记录那个特殊年代和特殊经历，是我们这代学子感恩母校的一份责任，这也是在校庆百年之际，她的学生应有的一份情感表达。大学对我们这代人来讲是命运的转折，因为我们是20世纪70年代第一批大学生，一批积攒10年的青年人共进考场，是重新获得学习机会的新一代大学生。一些深深印在脑子里的回忆自然而然地不断涌现，尽管有些零碎片断，却是藏在心底的真实印照，令人难以忘却。这几天，同学们在世界各地通过微信回忆当年同学的名字、座位怎样排，以及生活中的一些细节，就像刚入学一样，真的感到特别亲切，仿佛又回到了当年。在这里我也想说说记忆中我的母校、我的老师和我的同学。

人生最忆是母校

我是20世纪70年代恢复高考的首届幸运儿，于1978年初进入哈尔滨建工学院工民建77-2班学习。从此，开启了全新的大学生活，在这里留下了我最值得留恋的7年大学印记。

43年过去了，当年在校学习的场景历历在目。对于我们这一代人来讲，历经动荡，曾经人生迷茫无望，大学曾是不敢想的奢望。能够以考试进入大学，就像命运的一种馈赠，让我们通过读书和学习，在无望中看到曙光，开启对未

第六章　校友情怀

来的企盼和别样人生。大学是我们人生转折的地方，是我们职业生涯的出发地。大学对我们有着特殊的意义。我们感恩伟人邓小平，感恩那个来之不易的特定年代。

大学，一切是那么新鲜，我们带着很多梦想和追求来到这里。同学们倍加珍惜学习机会，有句口号至今还在脑海中回荡，叫"夺回我们的青春"。这是口号，但更是同学们的行动。这几届学生有着特殊的人生经历。他们大多命运多舛，年龄差距超过10岁。大家十分珍惜这来之不易的学习机会和命运的眷顾，学习异常刻苦。记忆中，有的同学甚至在学习期间没去过一次电影院看电影，也有同学因过度熬夜以致昏倒。同学们的刻苦学习精神也成了一种时代的特征，这给我留下了非常深刻的印象。

在大学里，我们懂得了拼搏进取，形成了科技报国的价值取向与追求。在这里，我们打下了坚实的专业基础，使未来为国家建设贡献专业力量成为可能。学校的校风校训在我们身上深深地打上脚踏实地、实干认真、朴实无华的母校风格烙印。同时，大学生活也是丰富多彩的。我们讨论"实践是检验真理的唯一标准"，我们聚在一起思考国家和个人未来发展之路；我们也忙里偷闲看小说和文学作品，想当年《小说月报》《收获》《读者文摘》等也是我们的抢手读物。那时，改革开放的春风吹拂校园，时尚的青年学生也拿着录音机欣赏开放带来的港台音乐、校园歌曲，一切是那样新奇和充满诱惑。

雄伟漂亮的主教学楼最使我们念念不忘。它的面积不大却包罗万象，这里留下了我们的青春印记。印象特别深刻的是302等阶梯大教室。同学们为抢占座位而急速奔跑，只为能离老师更近一些，听课效果更好一些。图书馆、阅览室总是座无虚席，但却异常安静，同学们的心思都在书本上，心无旁骛。礼堂、体育馆也是各年级男女同学聚集之地。舞会也在这时悄然兴起，时尚的同学们聚在一起翩翩起舞，恣意洒脱的青春欢笑总是在这里回荡。学校生活是这样丰富多彩。食堂也是特别值得回忆的地方。前几天莫名其妙做了个梦：自己回到了当年场景，在食堂里找不到饭盆，急得团团转，生怕晚了买不到梦寐以求的丸子粉丝汤，以及运动会的大包子。看来当年食堂的粗茶淡饭给我们留下的印记太深了。43年了，梦中的大学竟然是在食堂这里。这些片断回忆是我们当年生活的重要组成部分。大学是我们人生最关键的阶段。母校给予了我们无私的爱与培育，是母校和老师教育了我们、培养了我们。同学们在这里相互帮助、相互陪伴、共同成长。在母校的教育和培养下，我们学知识，长见识，懂是非，增本领。大学使我从懵懂青年，逐渐成长成熟，知道了什么是理想，什么是追求，什么是知识，什么是拼搏，什么是友爱。我们的职业人生在这里起航。

虽然今天我们已经离开学校40多年，但母校情结一直伴随着我们，母校——让我度过人生最关键的节点，是人生最忆的地方。

人生最敬是师长

我们是幸运的,因为我们遇见的是最值得我们敬重的师长。来到大学以后才知道我们学校里有这么多享誉全国的名家、大师,和一大批特别敬业的先生、老师。我们对这些先生特别仰慕崇拜。能够在他们的门下学习真是太幸运了。在学校的 7 年时间里,我有幸聆听过学界泰斗级的王光远老师、钟善桐老师、李德滋老师、朱聘儒老师等的亲自授课。先生们的博学、敬业、认真与慈祥给我们留下深刻印象。同时,更不能忘记的是那些整天和我们在一起、陪伴我们的授课老师。他们是长辈,同时也像家长一般地呵护着我们。他们中大多是当年哈工大"八百壮士"。他们无私奉献、有耐心、倾囊相授。当时我们的学习资料非常少,几乎没有像样的课本。很多课程都是老师们自编教材,自刻蜡纸印出来给学生们学习,特别感人,这在今天是无法想象的。我们是时代的幸运儿,同时也是宠儿。当时学校最好的老师几乎都被配备给我们讲课。老师们授课的精彩场面至今都不能忘记,他们也成为我们直接模仿的榜样。郭长城老师的结构力学是同学们的最爱。再复杂的问题,在他那里通过通俗易懂的讲解,立即豁然开朗。而且他的课也特别幽默,谈笑中知识已然传授给学生。为上郭老师的课,同学们都在打破脑袋抢占座位,这些场景活生生地印在脑中。印象中还有高竞老师。刚入大学,对画法几何的空间概念很难理解。高老师每晚都坐在教室不厌其烦地给同学们答疑,直至关灯清楼。他当年声音洪亮、英俊潇洒。在这里特别想说的是我的导师王振东先生。王老师人品高尚,待人宽厚,平易近人,亲切慈祥。他对学生既教书,又育人。研究生期间,我们几乎天天得到他的指导,王老师带着我们一起学习,和我们一起做实验。王老师治学严谨,对事业全身心投入,是当年国家最重要的基础性规范《混凝土结构设计规范》主要编制者之一。他对学生要求严格,工作中每个细节都不得马虎。他言传身教,带着我们不断成长进步。在生活上王老师非常俭朴随意。他总是想着别人,关心别人,帮助别人。那时生活艰苦,王老师时不时把叶英华和我叫到他家,我们就像一家人一样,他一边和我们谈论学习,一边亲自做饭为我们改善伙食。他的家既是家,又是课堂,也是食堂,那里还是我们师生共同生活的一部分。现在想想真是很后悔,除了给老师添麻烦外我们就不能为老师多做些什么吗?这种师生情谊在今天很难见到了。叶英华同学在回顾追思王振东老师时讲了王老师的一句铿锵之言:"人活着,要经常想到自己为国家和人民多做些什么,而不是首先向国家和人民多要些什么。"他还说"待人要真诚。这样别人才能真诚对待你"。恩师是这么说的,也是这么做的。他就是我们身边的榜样,他的话与恩情伴随影响着我们一生,我们也自然在随后的工作中模仿他,学习他。他的这种精神也已在我辈身上打下烙印,并融入我们的行为之中。我们的事业成长,正是得益于恩师的言传身教,并因此而受益一生。前年回学校,我和守健、超英同学一起去看他老人家。年届 90 高龄的他还和我们讨论编写教材的事情,

第六章 校友情怀

这场景想想也是很感人的。没想到不久后，他就故去了。作为学生，我们非常悲痛。对老师的回忆还有很多很多，正是由于当年师长们的谆谆教诲和悉心栽培，给予我们知识和力量、自信与勇气，才使我们这些学生在今后各自的事业之路上不断前行。

人生最纯是同学

说到同学，首先就不能不说我们班、我们宿舍。我们班是一个非常优秀的集体，工民建77-2班当年也是一个响当当的名字。在校期间我们班学风尤盛，以学见长。三年级时就有三名同学考入研究生学习，大学毕业时又有近三分之一的同学进入研究生阶段学习，这在当时也属非常罕见。同学们深知读书机会来之不易，倍加珍惜，没人贪玩、没人会心有旁骛，大家互相较着劲读书，几乎是分秒必争地疯狂学习着。对知识的强烈渴求，使我们毫无保留地交流知识、碰撞思想，彼此取长补短，共同成长进步。从社会底层中走进纯净象牙塔的我们，格外珍惜彼此的相遇、共处的日子，互相支持、互相帮助、互相关爱，纵然有时候为一道难题争得面红耳赤也无损彼此的深厚情谊。王广义老班长是我们班最年长的同学，入学时已三十多岁。他为人忠厚老成，待人真诚，我们班能有这样好的班风和老班长的带领密不可分。在这个集体里，我学到了很多人生道理。同学们学习上共促共进毫无保留，这方面事例随处可见。生活上大家也互相帮助，那时条件艰苦，同学们会把从家乡带来的改善伙食的好吃的食品拿来分享，尽管可能就是一罐带肉的咸菜。每当想起大学同学，我特别想说的是同学们对我的帮助爱护，我都深深地记在心中，虽然不能都一一道来，但我是不会忘记这些同学情的。没有当年同学们的帮助，我也不会有后来的研究生阶段的进一步学习的机会与进步。前些天看到甘扬同学写的大学时的记忆文章，很感慨。当年甘扬大姐对我的关照今天也是个美好的回忆。

我们宿舍也是一个特别值得记忆的小集体。8名同学学习和生活在一起，尽管大家年龄相差近10岁，社会经历完全不同，有设计院来的，有中学教师，有工人，有知青，还有解放军战士，但这里很温暖很团结。印象中似乎从未有人红过脸、吵过架、闹过不愉快。这个小集体很优秀，8名同学有6名考取了研究生。这在当时也是个不小的新闻。要知道当时考取研究生还是比较难的，录取人数非常之少，我们这届全校才30名左右研究生，当时同学们甚至报名都有些不好意思，怕别人笑话自己不自量力。我们宿舍非常上进，苗若愚老大哥是我们全方位的榜样，他和巩超两位老大哥在学习上一直是我们的带路人。宿舍的生活也千姿百态，好多故事至今难忘。有件事一直令人津津乐道。那时大家学习都特别努力，两位老大哥每晚都挑灯夜战至后半夜。有一次，大约午夜两点，他俩放下书本稍事休息，说起了平时不外露的心里话，包括未来发展的想法、计划提前报考研究生等，印象中似乎还有爱情的内容（必不可少）。这些话在当时应该是绝对私密的。两位老大哥觉得夜深人静，小兄弟们已睡熟，也就没有顾忌了。然而第二天大家碰头时才知道，小同学们竟然一个也没睡着，都竖着耳朵偷听，大开眼界，并且受益匪浅。令人赞叹的是，大家当时一个人也没翻身、活动身体，没有一点声音，全都变成了"木头人"一动不动。就这样，最私密的话题变成了"现场直播"。事后大家都笑翻了天。这个故事自然也成为大学生宿舍的一段佳话。今天看来，两位老大哥的私密话，对小兄弟来讲也是非常难得的一课，让我们也知道要有追求，要努力拼搏、不断进取！我们这些小兄弟，就是在这样的环境中，耳濡目染，在不知不觉中不断进步前行。

…………

大学期间的同学情，是那么纯洁、简单、朴素，是值得一生珍藏的财富。这种感情一直保持至今天，人生最纯是同学。

时间过得飞快，转眼几十年已过去。尽管我们在校时间只有短短几年，但学校的教育和我们的学习成长经历已在同学们身上留下不可磨灭的建工特色和印记。今天，哈工大暨土木工程学院迎来百年校庆，虽然我们只是百年历史长河中的一点一滴，可也正是这点点滴滴汇成了一股洪流、一股力量、一种特色和风格，推动她的学子不断向前，不断成长成才。在这里感恩母校、感恩师长、感恩同学。

第六章 校友情怀

学用互补 用为先导

刘 杰

刘杰，管理科学与工程2002级校友（博士），教授级高工，现任中国建设教育协会会长、中国企业文化促进会副会长。曾任中国建筑工程总公司党组成员、纪检组长、工会主席、管理学院院长等职务。

我于1995年由香港中国海外集团调回北京，在中国建筑工程总公司任办公厅主任，也负责企业文化建设。当时一直想做两件事：一个是建立完整的公司企业文化体系，包括视觉、行为和理念规范等；再一个是建立公司的品牌体系，促进企业更好发展。

1997年，我参加了中国建筑工程总公司与哈尔滨建筑大学联合主办的工程硕士班，写论文的时候，我选择王要武教授作为导师。当时正在推进中国建筑工程总公司的企业视觉形象体系建设，内部效果很好，外部影响很大，如果能够在理论上总结提升，更好地指导实践，是一件双赢的事情。经与导师沟通，我选择了建筑企业形象策划这一主题，作为硕士学位论文的选题方向。在完成论文的基础上，我又主编了《建筑企业形象策划》一书，2002年由中国建筑工业出版社出版。撰写硕士学位论文期间的研究成果和《建筑企业形象策划》一书，对中国建筑工程总公司的企业视觉形象体系建设工作起到了一定的指导和推动作用。

获得工程硕士学位之后，我选择参加国家统一考试，考取了哈尔滨工业大学王要武教授的博士研究生。后来的舆论说，很多在职的同志，尤其是大小领导同志，都想搞个学位，有利于将来发展。我要说我的真实想法，可能有些矫情。在企业，没有实实在在的工作业绩，仅凭学位博取个"功名"，是不现实的。在校博士生教育，与在职不同。但是有实践支撑的理论学习，在实践中又形成理论成果，即使在完全的负面舆论中，我觉得也应该给它留有一席之地。

记得当时最主要的目的，确实想通过被动学习，得到督促，学用结合，促进工作，同时也想在实践过程中，总结出更好的理论成果。事实证明，用博士期间学习到的知识，指导工作，效果很好。我的博士学位论文题目是《建筑企业品牌管理运作模式与绩效评价》，在准备博士学位论文期间，中国建筑工程总公司为了品牌建设，几次聘请麦肯锡、埃森哲等知名咨询公司策划此事，由于有了学习和实践，每次配合、应对和协调事项，都很自如。

其后，中国建筑的品牌和业绩发展很好，世界和国内的排名都稳步提升。2019年已经是世界500强的第21位，国内企业的第3位。其下属中国海外地产公司的品牌价值，也连续15年排在国内房地产界的第一名。

我也在学习的基础上做了些总结，多次到有关协会、企业和院校做过关于企业文化和品牌的讲座。我还和王要武教授、哈工大管理学院毕业的硕士刘洪喜同志，共同撰写了《建筑企业品牌》一书，准备在中国建筑工业出版社出版。

在完成博士学习之后的数年，我又完成了中国建筑工程总公司的理念规范《中建信条》和行为规范《十典九章》的策划和发布，取得了很好的社会反响。《中建信条》和《十典九章》均得到了国家相关机构颁发的最高奖项。至此，通过20多年的学用互补，我完成了中国建筑工程总公司完整的企业文化体系建设。

值此哈工大建校100周年和土木工程专业创建100周年之际，我由衷地感谢哈尔滨建筑大学和哈尔滨工业大学对我的培养与教育。目前我已经从中国建筑工程总公司党组成员、纪检组长、工会主席和管理学院院长的位置上退休，担任中国建设教育协会理事长和中国企业文化促进会副会长。但无论走到哪里，我觉得学用互补、用为先导，都是效果显著的学习方法之一。

第六章 校友情怀

秉承哈工大精神，勇担为城市创造价值的使命

杨天举

杨天举，工民建79级校友、哈尔滨工业大学兼职教授。现任泛华集团党委书记、董事长。

"规格严格，功夫到家"是20世纪50年代由时任校长的李昌等领导同志归纳概括而成，体现了过程管理与目标管理相结合的思想，成为哈工大的办学传统，对每一代的哈工大学子都产生了深远的影响，对我也不例外。

1983年，我从哈尔滨建筑工程学院毕业后，被分配到了国家计委即现在的国家发改委，工作内容涉及国家战略及区域经济，这对于一名学工民建专业的学生来讲，无疑是一个非常大的挑战。但我并未退缩，凭借一股韧劲儿，秉承"规格严格，功夫到家"的哈工大校训精神，以及在学校养成的良好学习习惯和方法，除工作时间外几乎都泡在了图书馆，在知识广度和深度上下足功夫，改变思想通道，扩展知识边界，提升认知维度，形成有效的学习。立足本专业，从工科思维上升到哲科思维，打破认识禁忌，追求更好的思维模型，形成终生受益的学习力。

择一事终一生。我在建设部设计司工作的那段时间，不断加强在城市建设领域的研究与探索，秉承哈工大"八百壮士"的家国情怀与责任担当，学习国外的先进理念与模式，并转化为适合国内的操作路径。1992年，建设部开始组建股份制试点企业，这一机遇开启了我带领泛华集团近30年的创业历程。

泛华集团作为建设部原直属企业，是为探索城市建设和建筑业改革，并为实践城市建设、工程总承包和建设项目全过程管理而设立的现代化企业。使命和责任让年仅32岁就担任泛华集团总经理的我深感肩上的重担。凭借着一股闯劲和读书期间练就的自强不息的精神，我带领泛华集团深耕城市发展，为城市创造价值，使泛华集团成为中国新型城镇化的创新领跑者，成为城市建设领域独树一帜的"泛华"品牌，获得了社会各界的广泛认可。

或许与自己成长的环境有关，恢复高考的那一代人，自始至终都带有浓浓的家国情怀和回报社会的基因。我的理想是推动中国城市化的进程，是站在一百年后的发展来看今天的城市建设，是以系统的思维去解决城市面临的问题

和困境。

通过多年的城市建设实践，我发现中国的城市建设是一个复杂的巨系统工程，需要用系统论的思维去推动城市发展建设工作，要站在区域甚至全国、全世界的发展背景下，通过城市战略定位、城市发展系统规划来重新审视自己，探索"我是谁""我要去向何方""我如何去"等诸多问题。

基于对城市价值链的充分认识，我对泛华集团也进行了重新定位，经营思路逐步由传统的建筑企业向城市投资建设集团过渡，从对具体项目的系统研究向对城市的系统研究过渡，秉承为城市创造价值的理念，通过不断的理论探索和丰富的实践案例，逐步总结出了切合中国城市化发展进程需求和城市建设行业创新的趋势，形成具有自身特色的"中国城市发展创新模式"。

我们的世界正处在一个多种、多维变革集中的时代，各种颠覆性力量重塑着商业环境，也呼唤着新商业文明，而商业文明的核心在于连接。连接产生价值，连接聚集能量，连接实现协同，连接创新客户价值、重构客户价值。在新时代发展背景下，我带领泛华集团员工一起二次创业，重点关注创意经济和数字经济对经济社会发展的引领作用，打造以创意设计为牵引、以数字经济为驱动、以职业教育为支撑、以科技创新为动能，以资本为助力、以区域交易结算中心为平台的泛华产业育城中心，形成"港产城人"融合的数字产业生态综合体（ICBD），构建产业生态联盟，共同为城市赋能，创造更高品质的城市价值。

2019年，恰逢哈工大百年校庆即将来临之际，我受聘为哈工大兼职教授。这份沉甸甸的荣誉与责任，带给我诸多的欣喜与感动，我愿将自己40年的奋斗经验与哈工大学子分享，愿意做他们的引路人。同时也希望借助这样的一个机会，再次感谢哈工大的培养，感谢哈工大精神培育了我坚忍不拔的毅力和品格，成为我一生源源不断的财富，支撑我一路走来，不断创新、不断转型，带领有共同理念的奋斗者为城市创造价值，实现精彩人生。

第六章 校友情怀

承恩母校 报效国家

于丛乐

于丛乐，工业与民用建筑专业80级校友，现任青海省委常委、省委秘书长、省直机关工委书记。

哈尔滨工业大学百年华诞之际，收到母校百年发展史"校友风采"征稿邀请函，我感到非常荣幸，同时为母校走过的百年历程而感慨万千。作为百年哈工大中的一名学子，回忆起40年的过往岁月，内心深处充满了对母校的无限感怀。

1980年秋天，我从包头铝厂中学考上哈尔滨建筑工程学院，登上了北上的列车，开始了新的求学旅程。对这所在哈工大建校时最早设立的土木系基础上发展起来的著名建筑老八校，心中充满美好向往。当年手拎行李，站在学校门口仰望这个"工程师摇篮"的憧憬神情，不时萦绕在脑海，至今还记忆犹新。

哈建工与哈工大同根同源，学院始终秉承科学的教学理念和严格的教育方法，有着严谨求实、刻苦勤勉的治学风气。我时常记起同学们在阶梯教室、图书馆和二楼五班教室里埋头苦学的情景，记起在大庆、沈阳、辽阳项目工地实习的难忘日子，记起在大三时参与松花江大桥引桥工程测绘和香坊校区施工的场景。还记得入党介绍人唐淑琴老师和闫波同学，更记得给我们教授知识，对我们影响至深至远的王光远、沈世钊、钟善桐、庄重、张铁铮等一代名师。四年的母校生活对我刻骨铭心的感受，就是勤奋与求真相伴，严格与责任同行。

四年的大学生活很快过去，该怎样选择自己的人生道路呢？到大城市发展？还是到艰苦的地方去锻炼？当时，国家恢复高考不久，作为为数不多的建筑名校毕业生很是"吃香"，同学们都有着不错的分配去向。莘莘学子情，拳拳报国心。经过一段时间的思考，我决定放弃学校分配到北京的名额，响应国家开发大西北的号召，支边到西部去，到青海去，到祖国最需要的地方去，这一决定当时在学校中引起很大反响。1984年8月，我第一次踏上青藏高原，来到美丽的青海，走上人生第一个工作岗位——青海省城乡建设环境保护厅勘察设计管理处科员。从那时起，一名学子奉献青海、报效国家的人生追求就此启程。

1992年，小平同志南方讲话发表后，国家改革开放的步伐加快，东南沿海和内地相继建立经济特区，全国范围内的人才如春潮般涌动。按当时的国家政策，支边服务满8年的大学生可以回内地工作，我已经干满了8年，是坚守？

还是寻求新路？面对人生的又一次考验，我选择了坚守并决定到企业去，到能进一步锻炼自己的地方去。经过组织筛选，我被选调到新成立的建设厅下属企业任负责人，这个企业是一个应改革春风而生、用全新现代企业管理模式运营的公司，在这里我和同事们辛勤耕耘、努力奋斗，闯出了新路子、积累了新经验，为企业的发展打下了坚实的基础，今天省内最大的国有建筑业企业青海建设集团公司就是在这个基础上发展壮大起来的。1997年，我回到建设厅机关工作，先后任建筑业管理处处长、副厅长、厅党委书记。在建设行业工作的24年间，我用母校教授的专业知识，积极参与推进建设行业技术进步和重大工程项目建设，为青海经济社会发展做出了应有的贡献。

2008年5月12日，汶川地震发生后，按照建设部和省委省政府的指令，我带领青海工程救援队千里驰援，打通了一条条关乎灾区人民生命安全的生命通道，青海工程救援队获得了中共中央、国务院、中央军委授予的"全国抗震救灾英雄集体"的荣誉称号。此后，我履新青海省水利厅党组书记、厅长，组织推动三江源自然保护区生态环境治理和水功能区规划，加快实施水资源可持续利用与保护等工作。2010年4月14日，青海玉树发生地震，我第一时间赶赴灾区，领受任务后，以最快速度组建水利应急抢险队开展抢险救援，在最短时间内控制次生灾害，实现灾区通水通电。青海水利抗震救灾指挥部被中共中央、国务院、中央军委授予"全国抗震救灾英雄集体"荣誉称号，我被中共中央、国务院、中央军委授予"全国抗震救灾模范"荣誉称号。同年7月，青海格尔木温泉水库发生了历史上从未有过的重大汛情，我作为温泉水库抢险前线总指挥，在海拔4 000米极其恶劣的条件下，指挥抢修出浆砌石工程性溢洪道，确保了温泉水库安全泄洪。一次次地带队抢险救灾，一次次地成功组织指挥，一次次地战胜艰难险阻，母校给予我"铭记责任、求真务实、海纳百川、自强不息"的精神品格和土木工程的专业能力，是十分重要的基础和底气。

2011年，第二轮西部大开发拉开序幕，国家主体功能区规划确立了兰西经济区，处于这个经济区中心位置的青海省海东地区成为全国重点开发建设地区和主要城市化地区，省委省政府做出建设青海东部城市群和海东工业园区的重要决策。在海东地区发展的关键时刻，组织委派我担任海东地委书记。两年后，海东成功实现"撤地设市"，成为青海省第二个地级市，并进入了建政以来发展速度最快、发展质量最优的黄金时期。几年来，与北京中关村联合共建了青海中关村高新技术产业基地暨海东科技园，入住的200多家科技型创新企业产业孵化成效日益显现；规划建设的青海临空经济区，开始成为青藏高原东部第一个国际商贸物流中心；建成的青海高等职业技术学院，已经为全省培养了数千名高技能人才；组织推动建设的世界首台首套6.8万吨乐都康泰多功能大压机项目建成投产，成为国家装备制造业的大国重器；等等。回顾这些建设成果，从中都能感到"规格严格，功夫到家"校训的厚重气息和价值追求。

第六章 校友情怀

2017年5月,省第十三次党代会选举我为青海省委常委,回到省委工作。回望这片土地,绿河谷中的年轻城市已经露出了美丽的天际线。展望未来,我们在以习近平同志为核心的党中央坚强领导下,三江沃土"坚持生态保护优先,推动高质量发展,创造高品质生活"的新青海建设正跃马扬鞭,青海已阔步走在实现中国梦的道路上。

百年哈工大,终生母校情。我心怀感激,感谢母校的知识滋养和深深教诲,使我有了梦想而得以实现梦想;感谢老师们的精心培养和热情关怀,使我受益终身、师恩难忘。40年来,我始终没有忘记"八百壮士"书写哈工大壮丽篇章、缔造哈工大精神的呕心沥血,没有忘记哈工大人牢记使命、报效国家的爱国精神,以及自强不息、勇攀高峰的创新精神,也正是秉承"规格严格,功夫到家"的校训和"铭记责任、求真务实、海纳百川、自强不息"的哈工大精神,我才得以从一项项工作中取得成绩,从一个个岗位上不断成长,这是党和人民对我教育、培养的结果。这份感激,必将激励我继续前行,必将伴随我一生。

今年是母校建校100周年,百年风雨兼程,哈工大积淀了深厚的文化底蕴;百年励精图治,哈工大孕育了催人奋进的哈工大精神;百年辛勤耕耘,哈工大创造了一个又一个奇迹。我为母校在百年发展历程中取得的优异成绩而自豪,祝愿母校在新百年发展征程中,再创佳绩、再攀高峰!

饮水思源，缘木思本
——忆难忘的哈建工学习生涯

牛荻涛

牛荻涛，结构力学专业86级校友（硕士、博士）。现任西安建筑科技大学副校长、研究生院院长。国家杰出青年科学基金获得者，"新世纪百千万人才工程"国家级人选，国家"万人计划"首批百千万工程领军人才。

十年树木，百年树人。岁月如歌，青春如虹。回顾当年在哈尔滨建筑工程学院求学的历程，我心潮起伏，感慨万千。

时光荏苒，岁月如梭。1986年的秋天，我踌躇满志背起行囊从西安冶金建筑学院北上哈尔滨建筑工程学院攻读结构力学专业研究生，1991年取得博士学位后又返回西冶工作。弹指一挥间，踏出哈建工校门已有29载，欣逢母校百年校庆，往事如云如雾渐行渐远，又如影相随渐行渐近。

在哈建工，恩师王光远院士、欧进萍院士引领我进入一个全新的科研领域。在西冶就读本科期间，我接触较多的是工程结构确定性设计计算理论，而工程结构不确定性问题，以及利用概率统计、模糊数学等不确定性数学方法研究结构抗震分析与设计问题，对我来说是一个未知的科研领域。在恩师的指导下，我系统学习了相关理论、方法，开始了随机振动在地震工程中的应用研究。恩师的耳提面命，启迪了我的科研思想，也为我以后的学术研究奠定了坚实的基础。

5年求索，恩师用他们严谨的治学态度、深邃的科研思想潜移默化地感染并影响着我。至今，我依然清晰记得王光远老师给我们讲授的关于学科发展规律的一堂课。他娓娓道来，给我们讲解一门学科往往呈阶梯式发展，当发展到一定阶段，通常会遇到一个平缓发展的瓶颈期，如果有学术敏锐性，善于将相关新理论或新思想巧妙合理利用，可以推进该学科突破瓶颈迈上一个新的台阶，实现跨越式发展。他还结合自己的研究经历，给我们讲述他如何在不同阶段，分别提出概率统计和模糊数学在地震工程中的应用、结构全局优化、结构动态可靠度等学术思想。我时刻铭记王老师的教诲，开阔思维、关注相关学科发展动态，站在学科发展前沿，并在自己日后近30年的学术生涯中努力践行，积

第六章 校友情怀

极借用其他学科先进的理论方法来研究解决土木工程学科领域的难题。

王老师精深的学术造诣和前瞻的学术思想，对我选定并坚守学术方向影响深远。1990年，王光远老师在《哈尔滨建筑工程学院学报》上第一次提出"动态可靠度"的概念，充分考虑工程结构在服役过程中作用与抗力的时变性，将可靠度理论由静力可靠度、动力可靠度拓展到动态可靠度，引领学科进入到既有结构可靠性评价范畴。正是受王老师这一学术思想的启发，我面向既有结构性能提升的重大需求，将研究方向由博士阶段的地震工程领域调整为混凝土结构耐久性与既有结构可靠性评价领域，并于1992年主持了国家"八五"攻关子课题"服役结构抗力衰减模型与可靠性研究"。此后，我在该领域躬耕不辍近30载，开展了一系列研究工作：2006年获批国家自然科学基金重点项目"大气与冻融环境混凝土结构耐久性及其对策的基础研究"；2016年获批国家自然科学基金重大项目课题"极端热湿气候环境建筑结构耐久性"、国家重点研发计划项目"既有工业建筑结构诊治与性能提升关键技术研究与示范应用"等。在这些项目的支持下，2003年出版国内混凝土结构耐久性领域较早的一部专著《混凝土结构耐久性与寿命预测》；2012年"工业建筑混凝土结构诊治关键技术与应用"获国家科技进步二等奖；2019年主编的国内第一部专门针对既有混凝土结构耐久性评定的国家标准《既有混凝土结构耐久性评定标准》（GB/T 51355—2019）颁布。与此同时，2007年获批国家杰出青年科学基金，2013年入选首批国家"万人计划"百千万工程领军人才。

人常说饮水思源，缘木思本，我所取得的这些学术成果点点滴滴都离不开哈建工对我的培养，以及王老师、欧老师对我在学术品格和学术思想上的悉心栽培和精心锻造。自闭桃源称太古，欲栽大木柱长天。在哈建工的5年，我亲身感受到王光远、欧进萍二位院士对学生在学术和生活上的殷切关怀，如今，这种良好的师生关系和团队精神凝成的师德师风一直被我恪守和传承！

1991年的那个夏天，我们一群求索的青年，分手在松花江边，一朝挥手离别，各奔南北西东。2020年，哈尔滨工业大学建校100周年校庆，我们也将在母校再重逢，在土木工程学院再相聚，东逝的江水依旧那么湛蓝，岁月的年轮已悄然爬上我们的面容，相逢再聚，两鬓已霜。回眸始觉沧桑易，垂老方知岁月稠。回顾那些青春燃烧的岁月，我们曾一起渴望求知，历练意志，那么亲切，那么难忘！再回首，我们曾为之付出的汗水和坚持，终成生命里最重要的支撑，为此我感谢恩师，感谢哈建工！

值此哈尔滨工业大学百年华诞，我们重提当年书生意气，尽显今朝事业峥嵘。我也将继续关心和支持母校各项事业的发展，祝愿土木工程学院培养出更多土木菁华人才，深深地祝福母校乘风破浪，再创辉煌！

筑梦·远方

曾赛星

曾赛星,管理科学与工程专业95级校友(博士)。现为上海交通大学安泰经济与管理学院教授、博士生导师。国家杰出青年科学基金获得者,教育部长江学者奖励计划特聘教授。

"规格严格,功夫到家",这句朴实厚重的校训陪伴着坐落于松花江畔的哈尔滨工业大学,历经斗转星移,走过百年风霜。2020年6月7日,母校哈尔滨工业大学即将迎来百岁华诞。每每回想起在学校的学习和生活,那段镌刻于心灵深处的岁月却清晰如昨,依然滋润着激情澎湃的灵魂。

我是1995年9月考入哈尔滨建筑大学攻读博士学位的,师从关柯教授。当时,学校拥有全国唯一的建设经济与管理学科博士点,关老师是该学科创始人,率先开辟了建筑管理和房地产专业,也是国内该学科第一位博士生导师。从1961年从事教学和科研工作开始,关老师就一直为我国建筑业发展和教育事业默默奉献着。在关老师的领导下,学科与专业发展始终坚持理论与实际相结合、管理与工程相结合的原则,率先成立建筑经济管理研究所,不断探索教学科研体制改革,推行科学研究与工程管理实践密切结合的培养模式。从20世纪40年代建立铁路管理、工程经济等专业,到1981年成立全国首家建筑管理工程专业招收本科生,再到1993年成为我国唯一的建筑经济与管理博士学位授权单位,学校始终走在我国工程管理学科发展的前列。无论是学科建设还是专业发展,都不断与时俱进,为国家培养了一大批行业精英和领军人才。

回想在攻读博士学位的日子里,对我帮助最大的还是我的恩师关柯老师。关老师对学生培养倾注了全部的心血,筹集资金成立建设经济与管理学科发展基金会,致力于培养学科创新人才。关老师不仅传授我们专业知识,更是身体力行向我们展示了做人做事的典范作用,如此种种,我对恩师的感念之情一直留存心底并永远激励我。

我师从关老师时,他已年逾古稀,但关老师严谨的治学态度、敏锐的学术观察力让我受益匪浅。1996年,关老师就觉察到重大基础设施工程建设对

第六章 校友情怀

推动国家社会经济发展所具有的不可替代作用，多次带领我们到国家相关部门参加研讨会，大力推动相关研究项目的立项工作，促进学科发展。这对我以后的学术生涯都有着重要影响。2014年，我在承担关于重大基础设施工程社会责任和国际化的国家自然科学基金重大项目课题时，就秉承了关老师的学术思想，出色完成该课题并在结题时被评为优秀。1997年初，关老师就以其极具前瞻性的思维提出，中国未来应大力发展小城镇，通过高速公路连接小城镇，以缓解城市群发展面临的交通、资源配置、产业布局等诸多问题，从学理上带领我们研究内外部环境、影响机理、应对策略等，多次组织我们到各地调研，并邀请校内外专家开展研讨，今天看来这些理念和思想仍然具有重要的借鉴意义。在那段求学时光里，关老师循循善诱，从治学理念、研究方法入手，潜移默化中引导我开拓科学视野，更以自己的一言一行，给我们树立了标杆。如今回想起来，这段求学时光对我本人科研态度以及品行修养的磨砺影响极大。关老师具有宽阔的胸襟，总是创造各种机会让学生们到香港地区、美国、日本等校访学。1997年，关老师推荐我赴香港城市大学进行合作研究，拓宽了我的研究视野。在我的博士论文选题时，关老师就认识到中国建立多层次住房体系的重要性，建议我借鉴香港公共房屋建设管理体系，研究中低收入者住房保障。在关老师的悉心指导下，我的博士学位论文后来还荣获了全国百篇优博提名奖，为哈工大管理科学与工程学科赢得了荣誉，在今天看来这个选题仍然具有重要的理论和现实意义。

关老师在工作中展现出敢想敢为的执行力，当学校要开设一个全新的专业之际，确实面临很多棘手的问题，例如需要一批有工程管理实践经验的教师、一套系统化的工程管理专业教材，还要根据本科生、研究生培养目标探索不同的培养模式，这些工作当时在国内没有先例可循，一切从零开始。可想难度之大，任务之艰巨，但关老师勇于带领团队攻坚克难，这种精神也深深地影响了我们。作为建筑经济与管理学科的开拓者和奠基人，关老师是在56岁已近耳顺之年时才转向"工程管理"教学与科研工作的，土木工程出身的关老师曾在吉林化工厂、沈阳化工厂、沈阳飞机制造厂、渤海工程局等单位参与或主持部分国家"156"项重点工程的建设工作。多年的实践经验让关老师总结出工程项目管理之道，深感理论与实际相结合的重要性，因此，关老师率先创办《建筑管理现代化》期刊，立足于打造理论研究和工程实践相融合的平台，鼓励我们在掌握理论知识的基础上，关注工程实践的创新。在学生培养过程中，关老师反复强调与工程企业及工程实际密切结合的意义，多次带领我们到北京建工集团、上海隧道股份等大型承包商调研。这一教导也使我终生受益，在我后来承担关于重大工程管理的国家自然科学基金重大项目课题及重点国际合作项目中，都会带领团队到港珠澳大桥、南水北调等重大工程进行广泛深入的调研。

如今工程管理理论已经发展到了一个全新的阶段,随着新技术的不断涌现,国家经济实力和建设能力的不断提升,工程体量和难度都在不断增加,也对工程管理理论提出新的挑战。作为全球工程建设大国,我们有责任探索产出工程管理领域的一流成果,为工程管理理论与重大工程实践提供智慧。我们一定会将哈工大"八百壮士"和关老师等老一辈科学家意气风发、攻坚克难的精神继续发扬光大。

转眼间,博士毕业离开母校已然20载,回望往昔如歌岁月,美丽的松花江畔、太阳岛上,当年意气风发的我们带着学校的印记,肩负老师的嘱托,怀揣梦想,奔赴远方。无论何时,无论何地,学生都会感恩母校的教育熏陶,感念恩师的谆谆教诲,感谢老师们的悉心教导。衷心祝愿母校不断开拓,勇于创新,再创辉煌。

第六章 校友情怀

不断学习、踏实修为

许杰峰

许杰峰，建筑管理工程84级校友。现任中国建筑科学研究院有限公司总经理、党委副书记。

今年母校哈尔滨工业大学迎来了百年诞辰。风雨百年，历经前辈们的卓绝拼搏，今天的哈工大已成长为一所以理工为主，理、工、管、文、经、法、艺等多学科协调发展的国家重点大学。十分荣幸自己能够成为母校的一分子，为此写下自己从毕业到现在一路走来的一点经历和感悟，献给正在哈工大学习的莘莘学子，希望能与大家共勉，也在此感谢母校的培养，祝贺母校百年华诞！

努力学习，全面体验，珍惜人生中最美好的在校学习阶段

1984年，我开始在母校哈尔滨建筑工程学院管理工程系学习，到现在我依然能清晰回想起当时得知自己被建工学院录取那一刻的惊喜。那时候，大家都一样，生活比较艰苦，父母坚持供我们读书，我们就用努力学习来报答他们。

1984年8月29日，我背上行囊，踏上了大学之旅，第一次一个人出远门，第一次由中原山区奔赴遥远的东北平原，一路上歌曲《太阳岛上》一直回荡在心头，内心无比忐忑和激动。那时候，我们都是独自扛着父母给收拾好的行李踏上人生的下一段征途。还记得，在拥挤的绿皮火车车厢里，我守护着自己的行李，坐在窗前，听着车上熙熙攘攘的来自天南地北的人们交谈着，好像打开了一个新世界，同时小心仔细地安放着自己那颗好奇的心。

经过长达30多个小时的旅程，我终于来到了心驰神往的哈尔滨建筑工程学院，主楼建筑赫然映入眼帘，大学生们进进出出，地面上杂七杂八摆放着新生报到时带来的行李。在来不及记住面容的热情的学长学姐的帮助下，我顺利地安置好了自己的东西并准备好融入这个大集体中，这一幕现在依然历历在目。

我们80年代的大学生，对知识的向往如饥似渴，对未来充满希望，都在为建设祖国而努力学习，"世上无难事，只要肯攀登"，向科学家学习、向先进模范学习，"榜样在前、使命在肩"，大家都在为实现"四个现代化"、为建设社会主义现代化强国而学习。

但学习毕竟还是要克服困难和沉下心来的。作为一个管理工程系的学生，还记得"钢筋砼的设计和计算"课程，晦涩难懂的力学原理和复杂的计算公式，最后汇总为一张包络图和几根简单的钢筋布置，这让当时在学校的自己感到莫名的高深。攻坚克难时的那种孤独无助和啃硬骨头所吃的苦头，现在回想起来也还萦绕在心头，但也正是这种苦头、孤独感、攻克感和成就感，才是生活和工作的本质，才是解决难题的真谛。

工作之后更加深刻地感觉到，在学校解决的这一个个小难题只是以后学习和工作的开始，也正是凭借自己在学校中汲取的知识、积累的解决问题的经验，特别是哈建工扎实、认真、负责和担当的校风培养的迎难而上的精神，才使自己能够正确面对以后学习和工作中遇到的一个个困难。

回想起来，在哈建工学习的4年时间是自己一生中最美好的阶段，学校里有明亮的教室、厚厚的外墙、宽敞的窗台、宽阔的台阶、古典的礼堂，还有忙碌的老师、勤奋的同学。学校是放飞理想的地方，是未来国家栋梁的摇篮，是祖国未来的希望。我时刻铭记着"规格严格，功夫到家"的校训，践行着"铭记责任、求真务实、海纳百川、自强不息"的精神。

不断学习，广泛涉猎，是终生修炼的课题

学校的学习奠定了现在工作的扎实基础，使我养成了不断学习的习惯并掌握了思考问题的方法，让我认识到学习并不仅仅是学生时代要做的事情，学习的内容也不仅仅限于对专业知识的学习，唯有不断学习、广泛涉猎，才是终生修炼的课题。

工作的需要就是最强的学习动力。1988年7月，带着对哈建工的依恋和不舍，还没来得及整理自己的情绪，就进入了我深深热爱并工作至今的中国建筑科学研究院。20世纪90年代，正值我们国家经济高速发展，市场经济逐渐成熟之际，中国建研院在市场化改革、科技成果转化为生产力方面率先走在市场的前列，但是，在"摸着石头过河"的改革开放过程中，我们也遇到了很多新问题，其中最大的问题就是市场不规范、缺乏有效的市场监管制度、缺乏行业共识的健康市场运行规则，使得我们一些理想化的设想和模式被现实击得粉碎，这样我们才真正认识到了什么是市场经济规律。

我们在海南经济开放前沿地区遇到了首例经济诉讼官司。面对残酷的现实，我们要学会自行解决问题，我们要自己学习经济法、合同法、建筑法等法律。对于从来没有接触过这些法律知识而且刚毕业的大学生来说，哈建工的学风、文化起到了关键作用。我们针对问题和困难，自己研究、学习和讨论，在当时背景下总结出了工程诉讼官司主要靠当事人自己梳理法理，律师和咨询机构在程序上起把关作用的一套办法。这起诉讼官司我们主要是靠自己的力量来完成的，没有采用以往诉讼官司全部交给律师来办的传统做法，同时也达到了给自己弥补管理漏洞、提供管理建议的双重目的。

第六章　校友情怀

在学校总觉得学好自己选择的专业知识课程就行，"学好数理化、走遍天下都不怕"。工作之后才发现，虽说术业有专攻，但是我们在学校所学的专业知识并不能够解决我们工作和生活中所遇到的全部问题，还需要我们不断学习，广泛涉猎各种知识，形成比较完整的知识结构。

踏实修为，厚积薄发，是金子总会发光的

30多年前，能够考上大学，成为一名大学生是一件十分光荣的事情。那时候，我们每个大学生都在努力做一个有理想、有作为的人。我们都踏实、认真地学习，没有功利心，心里也并没有那么浮躁，严格按学校安排学好每一门课程，因为我们坚信，踏实修为，才能厚积薄发，是金子就会发光。

我所在的哈建工管理工程系（六系），在关柯主任带领下，经过全体教职员工的共同努力，在教学、课外活动等方面全面发展，在短短几年时间内，自己就亲身体验到了六系在学校地位与影响力的提升。六系老师们的严格要求、缜密的逻辑思维、对学生耐心细致的教诲和深深印刻在我脑海中的学风，使我在以后的工作中形成了谨慎、认真、负责的态度以及系统性思维，这些使我受益终身，再一次真心感谢老师们的辛勤付出和谆谆教导！

20世纪80年代，受当时社会发展所限，我国信息化水平，包括硬件和软件都是比较落后的。毕业设计论文我选择的是学校图书馆管理信息系统设计。令我意想不到的是，多年之后，在学校学习的管理信息系统课程会成为我今天工作的主要内容。建筑信息模型（BIM）技术进入我们国家后，就像党的十九大报告中提出的战略目标，现如今已经成为建筑行业转型升级和实现高质量发展的主要手段和不可或缺的核心技术。

离开母校31年了，深刻体会到人生不可能一帆风顺，不可能一步走向成功，要经得住浮华，要耐得住寂寞。水滴石穿，非一日之功，冰冻三尺，非一日之寒，只有不断学习，踏实修为，努力提升自己，才有可能走向成功。人生没有白走的路，生活没有白吃的苦。眼前所做的一切，也许看不到任何成果，但并不是没有成长，而是在扎根，在打基础，所有的付出，将来都会有回馈，时间会证明，是金子总会发光。

感谢母校！感谢亲爱的老师和同学们！

感恩母校　再创辉煌

吕红军

吕红军，工民建85级校友，哈尔滨工业大学管理学博士，哈尔滨工业大学兼职教授。现任哈尔滨奥威斯房地产开发有限公司董事长，哈工大（北京）军民融合创新研究院有限公司董事，哈尔滨工业大学北京校友会副会长。

1989年，我从哈尔滨建筑工程学院土木工程系毕业后，曾留校教学四年。1993年走出校门创业至今，其间于哈尔滨工业大学管理学院取得管理学博士学位。

首先，我要感谢母校，她不但使我在这里度过了十几年学习和教学的快乐时光，更激励我走出校门创业发展。我还要感谢我的硕士生导师唐岱新先生、博士生导师王要武先生，他们进一步培养了我系统钻研、深入思考的能力，更全面提升了我科研攻关的水平。

母校一直是我心里的家。刚入社会介绍自己时，母校的名字是放在最前面的。有时候，我还会骄傲地补充一句：在中国，很多伟大的建筑工程和结构工程，都留下了哈工大人的身影。

哈工大土木工程专业于1920年创立，当时称作中俄工业铁道建筑专业。母校在新中国成立后，党和人民都对她寄予了殷殷厚望。而母校亦不负众望，培养的人才为国家立下赫赫功勋，可谓群星闪耀，熠熠生辉。这些在校史馆处处可见。这些学长一直激励着我们前进，是我们学习的榜样。

今天，在中华民族伟大复兴的时代，我们更应该尽一切努力发挥优秀传统的力量，发挥知识的作用，发挥个人的能量，为中华民族的复兴贡献自己的一份力量！为此，我们应当：

立大志，干大事

人要树立远大理想，要自强创新，服务国家和社会，为国家和民族多做贡献。能进入哈工大读书，已经证明了你的优秀。自知者明，虽然在你的内心已经种下了很多种子，但决定性的是理想的种子。把自己的发展，融入并贡献到民族复兴发展之中，才能体现你人生的最大价值。眼光决定境界，境界决定格局，格局成就心胸，心胸决定理想高远。唯有如此，才能摆脱各种羁绊，努力成就自己，也成就事业，进而对社会有贡献。有了理想和信念，没有什么能难住我们！

把挫折当作通往成功的桥梁

没有人能随随便便成功。没有遭遇过足够的磨炼，不足以言人生；没有百折不挠，不足以谈成就。遇到困难和挫折，不能怨天尤人，随波逐流。挫折是上天给你的完善自我的机会，完善的过程就是自己成长的过程。不欺人，还要不自欺。智者不惑，仁者无忧，勇者不惧。

努力学习，懂得感恩

只有努力刻苦地学习，才能最大程度完善自己，才有资本面对人生挑战，成就一番事业。我们每个人生来都欠父母一份恩情，学校和老师是我们的再生父母，是他们没有功利心，呕心沥血地培养我们，只愿我们健康成长，造福国家。我们只有投身社会，融入时代，为中华民族的复兴贡献自己的力量，才是对亲人、母校和国家最好的报答。

为了感恩母校，我个人捐款2 000万元，资助土木工程学院科研楼的建设。与母校、恩师对我的培养和教诲相比，我现在只是做了些小事。希望下一个十年回校时，能用更好的成绩来慰藉老师的期盼。

再次感谢母校，给我磨炼，给我方法，给我激励，给我理想。我终生都以母校自豪。也希望母校有更多的专业、更多教师比肩世界一流水平。

百年华诞，让我们一起祝福母校继续书写光辉的篇章，祝福每一位校友有成功的人生；祝愿所有的老师身体健康，学术精进；祝愿哈工大学子们能够秉承校训，团结合作，沿着前人的足迹，继往开来，谱写新的华美篇章！

借得大江千斛水，研为翰墨颂恩师

陈枝东

陈枝东，14系工业与民用建筑87级校友，现任深圳宏业基岩土科技股份有限公司董事长，哈尔滨工业大学深圳校友会副会长，土木工程深圳校友会常务副会长兼秘书长。

抚今思昔：难忘寒窗求学生涯

1987年9月，我从宜昌来到哈尔滨，就读哈尔滨工业大学工业与民用建筑专业。

刚入学时，就感觉大学生活并没有比高三轻松，反而压力更大，仿佛在读"高四"。生活的窘迫、学习的重担都压得我喘不过气来。

"规格严格，功夫到家"是哈工大的校训。哈工大学风严谨、学功扎实，严把培养关，对成绩不达标的同学，直接降级或做退学处理。大学期间，除了去食堂吃饭，我基本上是"三点一线"生活，要么在教室学习，要么在外兼职做家教，要么回宿舍休息。那时，我每晚都提前去教室占位，稍微晚点就没座位。每晚十点，管理员都会往外赶学生："到点啦，回去休息，教室要关门了！"

功夫不负有心人，大一我拿到了一等奖学金，同时被评为"校三好学生"。

春去秋回，时光荏苒。回想起求学生涯，我内心深处充满了对母校的感恩！我出生在一个普通工农家庭，兄妹四个，家境贫寒。大学四年，一半的费用来源于学校提供的奖助学金、无息贷款和勤工俭学。

在我求学最艰难的时候，母校给予了我信心和帮助，恩师给予了我温暖和鼓励。师恩难忘，往事如昨。至今，我仍清晰地记得有一次到老师家包饺子的情景。

那是1991年的春节前夕，班主任张洪涛老师（同学们习惯地把班主任称为"亲老师"）邀请我们几位同学到他家包饺子。同学们开心地撸起袖子动起手，有的和面，有的拌馅儿，有的擀皮，有的包饺子，有的下锅，同学们有说有笑，那温馨的画面让我深深地感受到家的温暖。这份至真至纯、春风化雨的师生情，至今仍驻留我脑海深处。

学校的课外活动精彩纷呈，有许多兴趣小组。更让我受益匪浅的是，学校经常邀请著名的专家和学者给学生们做免费讲座，这给我打开了另一扇窗，让我看到了更广阔、更精彩的外部世界。

中国焊接终身成就奖获得者、曾担任哈工大党委书记的吴林教授在讲座中曾说："哈工大给了我一切，哈工大又是我的一切。"吴林教授对事业"干一行、爱一行、钻一行、精一行"的执着追求，特别是他爱党爱校，国家利益高于一切的思想，深深地影响了我。

四年大学生涯锻造了我求真务实、发奋图强、报效祖国的志向与品性，不仅为我今后的工作打下了扎实的基础，也深刻影响了我此后的人生历程。

饮水思源：回报母校反哺社会

1991年毕业后，我先后做过结构设计、技术管理、市场营销，2002年创立了深圳宏业基岩土科技股份有限公司。经过18年的努力，今天的"宏业基"已经迈入国内基础工程行业头部企业行列，年合同额从2002年的1 000万元增长至2019年的20亿元。公司获评"深圳建筑业协会信用AAA级企业""深圳知名品牌""深圳500强企业""中国基础施工企业10强（非国有）""国家高新技术企业"等，成为国内绿色建造行业中的一颗新星。

今日小有所成，得益于母校的培养、恩师的指导。在哈工大百年校庆来临之际，虽已毕业29年，但我对母校的一草一木仍如数家珍，对四年寒窗苦读的日日夜夜仍历历在目，对母校与老师的感念之情常常萦绕心头。

没有母校帮助，我就无法完成大学学业；没有改革开放，就没有我的今天。吃水不忘挖井人！毕业后，我始终谨记师恩、感念母校、感恩时代，一心想要回馈母校，帮助和我一样的寒门学子，尽力为社会公益事业多做贡献。为此，我在哈工大土木工程学院以及深圳研究生院，共捐款200万元设立了"宏业基"奖助学金。

星星之火，可以燎原。为发扬哈工大精神，我和薛振睿、黄海、任玉国等校友以深圳为中心，以"大土木"专业为基础，在哈工大土木工程学院、深研院、深圳校友会以及校友总会各级领导的关心和支持下，于2015年5月9日正式发起并成立哈尔滨工业大学土木工程深圳校友会，联合校友企业先后向母校捐赠奖助学金400余万元。此外，为了庆祝母校百年华诞，土木工程深圳校友会还发起捐款100万元资助土木工程学院编辑出版《百年土木 百年树人——哈尔滨工业大学土木工程学院百年发展史》。让人欣慰的是，土木工程深圳校友会已经成为校友们与母校沟通交流的桥梁，对促进校友与母校的共同发展做出了积极贡献，成为哈工大行业校友会和专业校友会的一面旗帜。

此外，我还通过深圳狮子会参与捐建了贵州雷山县乌坌泰安狮子小学。

在哈工大，大家都是接力手，希望生生不息，爱心代代相传！今后我将尽己之力继续为母校、学院的发展做出应有的贡献。

学子以母校为荣，母校以学子为傲！值母校建校100周年之际，作为自豪的哈工大学子，除了衷心地祝福母校早日建成"双一流"大学，我还将紧跟母校步伐，带领宏业基努力实现"中国岩土科技行业领跑者"的夙愿。基础决定高度，我将谨记"规格严格，功夫到家"的校训，扎实奋进，展翅翱翔于中国建造的蓝天！

铭记青春志　心系母校情

任玉国

任玉国，工民建89级校友。现任深圳市金鹏建筑装饰工程有限公司董事长，深圳市企业联合会副会长，中国建筑装饰协会常务理事，深圳市装饰行业协会常务理事，哈尔滨工业大学土木工程深圳校友会副会长兼副秘书长。

1989年9月，我被录取到哈尔滨建筑工程学院工民建专业学习，在现哈工大二校区空旷的校园里，参加了有史以来第一次为期1个月的大学生军训，真正体验了一次军人的生活，为以后4年的大学校园学习及生活打下了良好的基础。现在回想起来仍记忆犹新，在物资匮乏的那个年代，正值长身体年纪的男同学，心里没少惦记女同学手里的米票！为了能吃上一顿熘肉片和松肉，下课前10分钟左右偷偷去排队买菜，谁还没有"调皮淘气"过呢！我们从大一每人每月15元的生活补助，到大四每人每月27元的生活补助，虽然日子过得并不宽裕，但也不乏各种有趣的生活，乐在其中。

在哈工大学习期间，老师们深厚的学术底蕴、严谨治学的态度给我们打下了扎实的专业基础，淡泊宁静、淳厚朴实的生活作风为我们立业做人树立了榜样。现在还依稀记得教学严谨的王耕田老师（讲授理论力学）、英俊潇洒的邹超英老师（讲授钢砼）、知识全面的何若全老师（讲授专业英语）、谦虚低调儒雅的宁仁歧老师（讲授施工技术），他们传授我们知识的情景历历在目。亦师亦友的党总支副书记石景岚老师，在我们毕业生动员大会上说，"是龙你要卧着，是虎你要趴着"，教给我们到社会上如何做人处事，让我们受益终身。

白驹过隙一般，不知不觉我已离开母校27年了。难忘母校，漫步校园，留下声声欢笑；难忘老师，谆谆教诲，传道授业解惑；难忘同学，朝夕相处，友谊敢比天高。哈工大校园有我们的笔墨飘香，有我们的深情厚谊。

1993年毕业后，我顺利地进入到黑龙江省建设银行工作。此时的深圳以开放的胸怀迎接四海英才，百万大军南下深圳寻找梦想，我于1999年南下深圳，开启了我的寻梦之旅，于2005年6月创立了深圳市金鹏建筑装饰工程有限公司，并担任公司董事长。金鹏建筑装饰是一家集建筑装饰设计施工、建筑幕墙设计施工、机电、消防、园林及智能化、展览工程为一体的大型装饰企业，是国家

第六章 校友情怀

级高新技术企业、中国建筑装饰行业百强企业、中国建筑装饰协会常务理事单位、深圳市装饰行业协会常务理事单位，多年荣膺行业百强企业。金鹏建筑装饰在国内率先成立建筑幕墙联合研究中心，是产业链较为完善、综合竞争力较强的大型建筑装饰企业。

企业始终坚守"诚信、创优、发展"的指导方针，打造了金鹏设计与施工的大型项目——哈尔滨工业大学深圳校区。我们金鹏人始终坚守以匠人精神打造匠心品质，秉承哈工大校训"规格严格，功夫到家"，致力于将哈工大精神与深圳特色有机融合，打造绿色共生、文脉传神的现代国际化智慧校园！不负众望，哈尔滨工业大学深圳校区项目摘得了我司的首个"鲁班奖"，以及中国建筑装饰工程奖、住房和城乡建设部绿色施工科技示范工程、工程项目建筑信息模型服务 BIM 荣誉白金级、广东省土木工程詹天佑故乡杯、广东省建设工程优质奖、广东省建设工程金匠奖等多个荣誉奖项。

由于我司在哈尔滨工业大学深圳校区项目施工、管理中的出色表现，凭借着良好的口碑和金鹏建筑装饰品牌效应，紧接着我司又承接了中山大学深圳校区内外装项目，并获得了政府有关部门的广泛好评，目前广东省一文一理两所重点大学，我司都参与了施工建设，我感到无比荣幸和自豪。企业良好的发展，也助力我成为中共深圳市福田区委员会/深圳市福田区人民政府福田英才，我将带领我的团队为"企业愿景：筑美好饰界"而继续奋斗！

成绩的取得离不开母校的栽培，感恩哈工大土木工程学院为我们提供了良好的学习环境。天涯海角有尽处，只有师恩无穷期，感恩老师们的辛勤付出，把我们培养成对社会有用的人。为报答母校的教育之恩，我于 2015 年 5 月 9 日举行"哈尔滨工业大学土木工程深圳校友会成立大会暨教育发展基金捐赠仪式"时向母校哈尔滨工业大学教育发展基金会捐赠 100 万元，设立专项奖助学金，资助在校贫困学子完成学业。2018 年组织哈工大土木工程深圳校友会为《百年土木 百年树人——哈尔滨工业大学土木工程学院百年发展史》书籍出版捐款，并向土木工程学院科研楼建设捐款。2018 年向哈尔滨工业大学（深圳）捐赠 100 万元，2020 年参与哈尔滨工业大学（深圳）校训石捐赠。同时，我司也成为哈尔滨工业大学（深圳）校外实习基地，为学生实习和社会实践提供平台。

我和三位校友发起成立的哈尔滨工业大学土木工程深圳校友会，自成立伊始始终秉承校训："规格严格，功夫到家！"在过去的 5 年时间里，一直践行哈工大土木工程深圳校友会的宗旨："聚合、交流、共赢、发展。"以开放包容的胸怀，以全心服务的理念，构建平台，搭建桥梁，努力实现校友与母校之间相汇融通，共赢未来！

同学情，校友谊，长相忆，驻心头。2020 年 6 月 7 日母校迎来百年华诞，祝母校生日快乐！聚百年历史，谱世纪华章；承五秩辉煌，展时代星光。衷心祝福我的母校，年年桃李，岁岁芬芳，百年树人，再创新的辉煌！

初心不改　情怀永驻

薛振睿

薛振睿，工业与民用建筑89级校友，哈尔滨工业大学（深圳）兼职教授，现任深圳市皓特投资有限公司董事长，深圳市新邦实业有限公司董事长，哈尔滨工业大学深圳校友会副会长、土木工程深圳校友会会长。

在人生的道路上，选择与谁同行，比心中的远方更重要。

记得有次女儿问我这样一个问题："老爸，你为啥要选择土木工程啊？"当时还真把我问住了！回想30年前的我，还是一个生活在东北小城的懵懂少年，那时见过最大的土木工程就是家里盖的一座大约180 m^2 的平房，我亲眼见证了挖地基、抛石头、撼砂，直到上梁盖瓦等全过程，也为之付出了辛勤的汗水，印象非常深刻！我的父亲是在我考大学前一年去世的，他唯一一次和我谈起大学志愿时就希望我报考土木类专业。高中毕业时，我遵照父亲的遗愿，报考了哈尔滨建筑工程学院的工业与民用建筑专业。现在回想起来，我觉得这是我人生中做的最重要的一次选择，也是最好的选择。因为这次的选择，让我与土木工程结缘一世，与哈工大相伴一生。母校的校训"规格严格，功夫到家"也影响了我的一生。

回忆起成为哈工大土木人的30年，真是感慨万千，思绪无限！我是1989年秋天到哈尔滨建筑工程学院（现哈工大第二校区）求学的，那时的二校区有点荒郊野外、孤悬一方的感觉！不过咱们的老师们授课极其严格，从高等数学到三大力学，从钢筋混凝土到毕业设计，每门课程都必须认真学习，每次考试都必须严阵以待！压力大，但收获更大，至今我还记得不少结构形式的弯矩图，记得厂房牛腿柱的吊车路线……严谨的教风、严肃的考试，成了我身上最深的哈工大土木烙印，直至今天。

1993年7月，响应国家改革开放总设计师的号召，追随着春天的故事，在当时土木系副书记石景岚老师和班长任玉国的推动下，我和几名土木校友一起，"雄赳赳、气昂昂、跨黄河、渡长江"，到深圳勇闯天下，真可谓筚路蓝缕、栉风沐雨。我个人经过20多年在房地产开发行业上的深耕和探索，伴随深圳繁荣发展的东风，取得了一点点成绩。感慨之余，深刻感受到我们在学校里打

第六章 校友情怀

下的扎实基础，形成的严格细致的做事风格和"诚实做人、踏实做事"的行为准则，是一路走来最坚实的基石。

2015年，在土木工程学院范峰院长、邹超英书记以及哈工大深圳研究院韩喜双校长助理的倡导下，在原哈建大景瑞校长的指导下，我和陈枝东、黄海、任玉国等在深圳的土木校友一起，发起成立了哈尔滨工业大学土木工程深圳校友会。作为土木工程学院在全国成立的首家区域专业校友会，校友会得到了最真诚、最广泛的理解和关爱，周玉校长、孙和义副书记、深圳校区甄良副校长和韩喜双校长助理、校友办卢长发主任、土木工程学院范峰院长和乔世军书记等很多领导、老师以及广大的校友都给了我们深切的关注和坚定的支持。

土木校友会成立4年多来，在土木工程学院和深圳校区的鼎力支持下，我们校友会背靠母校的怀抱，依托校友的关照，坚持严谨哈工大精神与厚重土木作风，坚持服务校友，回馈母校。以"聚合、交流、共赢、发展"的宗旨，通过召开校友会年会、理事会，通过举办"领军人物""创投展望""金融投资""时代精神""深圳规划""房地产发展""粤港澳湾区"等系列专题讲座，通过捐助奖助学金、赞助迎新音乐会、支持土木新楼、捐助百年土木院史编撰等，不断凝心聚力，互赢发展。

景瑞校长给我们讲过这样一段话，至今铭记："大学的空气是不可以传播的！"遥想当年，我们这些芳华学子，走进了母校母院的大门，一路走来，变化的是人生轨迹，不变的是我们对母校、对土木工程学院深厚的情怀。目光掠过的地方，总有触及内心的温暖。面对浮躁忙乱、焦躁不安的社会，我知道土木工程学院就是我们放松休憩的港湾和洗涤心灵的净土；面对复杂多变、人工智能的时代，我知道母校能给我们带来砥砺前行的一抹深蓝和支撑梦想的一穹拱木。

同学谊，校友情，长相忆，驻心头。爱出者爱返，福往者福来。我作为哈工大土木人，初心不改，情怀永驻。与时间相伴，与校友同行，共同见证土木工程学院百年里一个片刻一个片刻的不凡，共同分享母校百年中一个刹那又一个刹那的灿烂。

过去未去，未来已来！百年工大，百年土木！衷心祝愿土木工程学院百年奋斗，树大根深，枝繁叶茂。衷心祝愿母校百年积淀，中流击水，再创辉煌！

循百年校训　谱世纪新歌

黄　海

黄海，工民建90级校友，深圳市鹏城建筑集团有限公司董事长，深圳市企业家联合会副会长，深圳市建筑业协会副会长，哈尔滨工业大学土木工程深圳校友会副会长。

2020年，母校迎来百年华诞。自1920年建校以来，校风淳朴，治学严谨，人才辈出，为祖国各行各业培养输送了众多精英和栋梁，桃李遍华夏。母校的发展进步也伴随着祖国的繁荣昌盛日益彰显，为国家的发展不断助力赋能。在这百年历史长河中，哈工大精神和"规格严格，功夫到家"的校训，一直流淌在每一个哈工大人的血液里，激励我们砥砺前行。

我是在1990年9月进入哈尔滨建筑工程学院工业与民用建筑专业学习的，四年后，又继续修读国际工程管理专业，1995年毕业。在母校学习生活的五年，留下了最美好的青春记忆。

从母校毕业走向社会，弹指一挥间，迄今已25载。这期间，哈尔滨建筑工程学院于2000年回归到哈尔滨工业大学。25年的工作经历，我深深感到，我的成长离不开母校的教育和培养，我不仅学到了知识，更学会了掌握知识的方法和为人处世的道理，正是哈工大精神让我受益终生，指引我在工作上不断成长进步。

求学期间，源于哈工大近百年发展形成的历史传统和文化特色，校训"规格严格，功夫到家"深深地烙在我们每个哈工大学子的心里，是哈工大人做人、做事、做学问的共同标准和行为规范。在校五年，母校严谨务实的治学风格深深影响着我，"规格严格，功夫到家"更是作为我工作当中的座右铭鞭策我前行。"规格严格"说的是我们要以更高的标准对自己的工作、生活和学习加以约束，过程中要严格要求自己，"功夫到家"说的是我们做事要有工匠精神，精益求精，做到极致。正像《论语》中所说，"君子务本，本立而道生"一样，守本分、讲诚信，走正道！

毕业后进入社会，工作中我也一直以哈工大规格来严格要求自己，扎扎实实做事、老老实实做人。在工作中保持学习，先后获得香港理工大学项目管理

第六章 校友情怀

硕士及香港中文大学金融财务工商管理硕士。正是得益于在学校期间的扎实的知识基础给予的自信,做事敬业、专注、精益、创新,脚踏实地,先后在上市公司深圳市天地集团任董事总经理,深圳市东部集团任董事总经理, 其后加入深圳市鹏城建筑集团有限公司,任董事长兼党委书记,获得全国优秀施工企业家、深圳市政府福田英才等荣誉。

作为土木工程学院的一名学子,受益于哈工大良好的学习环境和实践平台,深深懂得自强不息,业精于勤。感恩于学校和老师的培养教导,积极为母校反哺奉献,尽己力捐资助学,先后捐赠资金用于哈工大土木工程学院科研楼建设及学院百年发展史的编辑出版,同时同哈工大深圳校区积极开展合作,签订了校企战略合作协议,建立产学研合作基地,用实际行动回报母校和老师。

百年践行,母校奋发图强,赢得桃李满天下,为祖国培养了数十万计的各类人才。回顾过去,我们无比自豪,展望未来,我们信心十足。我们相信,母校的一百周年华诞将成为承前启后、继往开来、开拓创新和再创辉煌的新起点。祝福百年母校,祝土木工程建设成为世界一流学科,在新百年征程中谱世纪新歌,再创辉煌!

第二节 校友活动

校友是学校建设发展的重要力量和宝贵资源。土木工程学院历届领导高度重视校友工作，采取各种方式积极与校友保持着联络。广大校友在各自岗位上的积极贡献，传播了学校的声誉、增强了学校的影响、提升了学校的地位。校友们对母校的关心、热爱和宣传，增进了社会对学校的了解，有力地支持和促进了学校和学院事业的发展。

一、土木工程学院创建纪念活动

（一）土木工程学院创建60周年活动

1980年6月7日，哈建工隆重举行建校60周年庆祝活动。这次校庆活动是哈建工建院以来规模最大的一次校庆纪念活动。全校师生员工和中外校友欢聚一堂，举行隆重的庆祝大会。这次校庆活动以学术交流为主要内容。6月6日举行的全校性学术报告会，揭开了校庆60周年活动的序幕。报告会上，日本名古屋大学教授荒井利一郎的"结构力学发展"、日本大成建设公司横滨分公司营业部长笼田寿宽的"从施工者立场看日本的高层建筑"、日本冈田大学教授河野伊郎的"日本土质工学特性"等校友的专题报告，受到了与会者的好评和称赞。6月8日、9日继续举行学术报告会，王光远教授、李德滋教授、钟善桐副教授等分别介绍了自己的科研成果。此外，沈阳建筑设计院副院长尚久赞等校友也分别介绍了自己的科研成果。建筑工程系还专门组织了专题报告会，宣读了数十篇论文。这次校庆，增进了同国内外校友，特别是土木工程学院校友的学术联系和交往，加深了友谊，开阔了师生的视野。

（二）土木工程学院创建65周年活动

1985年6月7日，哈建工隆重举行建校65周年庆祝活动。这次校庆活动是继1980年60周年校庆后的又一次大型的国际学术交流活动。6月7日下午和6月9日上午，学校按专业分别在17个大中小会场举行了学术报告会。来自日本的31名校友和有关专家、学者以及国内的校友100余人，共进行了104个专题的学术报告。其中，王光远教授的"模糊数学在结构力学的应用"、钟善桐教授的"钢管混凝土组合材料一次压缩的工作性能与强度指标"、岩原享一先生的"关于日本的综合建设公司的建筑工程的质量管理体制及管理标准"、野村淳二先生的"日本的城市铁路的现状和建设咨询的作用"等报告，受到了与会者的热烈欢迎。这次校庆，增强了哈建工，特别是土木工程学科同日本的学术联系和交往。

（三）土木工程学院创建 85 周年活动

2005 年 6 月 7 日，哈工大建校 85 周年校庆期间，土木工程学院也举行了土木工程学院创建 85 周年纪念活动，一批 20 世纪 50 年代入学的老校友回校参加活动。

王光远院士、李德滋教授等和 20 世纪 50 年代入学的老校友在土木工程学院门前合影

校友活动剪影

（四）土木工程学院创建 90 周年活动

2010 年，适逢哈工大建校 90 周年，也是土木工程学院创建 90 周年，土木工程学院举行了隆重的庆祝活动。校庆期间 1 000 多名毕业校友返校参加校庆活动。

6 月 6 日下午，土木工程专业成立 90 周年庆祝大会在二校区文体活动中心礼堂隆重举行，原建设部部长叶如棠，住建部副部长齐骥校友，住建部原纪检组长姚兵，安徽省住建厅厅长倪虹校友，中国建筑工程总公司副总经理、中国海外集团副董事长孔庆平校友等企业家代表及土木老校友和全院师生参加庆典。齐骥代表校友发言，他欣喜地说："90 年来，哈工大土木培养出大批优秀的毕业生，他们是现代建筑业起步的传承者和发展者，为社会做出了巨大的贡献。"6月7日晚，举办了土木工程专业成立90周年文艺演出。新老校友、全院师生一起同台献艺，通过丰富多彩的艺术形式表达了对学院的感激之情。

土木工程专业成立90周年庆祝大会及文艺演出现场

围绕庆典活动，土木工程学院还举办了90年校庆名家讲坛，邀请优秀校友、知名学术大师进行讲座。校友与社会各界踊跃为学院发展热心捐助，2010年共捐款522万余元，设立奖学金、奖教金及校庆活动专项经费。

二、土木工程校友会活动

（一）哈工大北京校友会建材分会及其活动

哈尔滨工业大学北京校友会建材分会是哈工大北京校友会各专业分会中，历史最悠久、连续举办活动时间最长、最具特色的分会组织之一。

1999年12月26日，在刘旭晨、胡耀林、于明等哈建大建材系老校友的积极筹备下，哈建大北京建材校友会在京成立；2004年，哈建大北京建材校友会更名为哈工大北京建材校友会，正式投入了哈工大校友会这个大家庭的怀抱。根据校友会章程，先后选举产生了胡耀林、于国亮、邬长森、赵霄龙、张登平5位会长和于明、朱连滨、檀春丽、李帼英、齐文丽、常峰5位秘书长，校友委员会和秘书处也在每次换届中进行了适当的调整增补。建材分会的北京校友也逐渐发展壮大到300多人。

1999年至2020年，哈工大北京校友会建材分会已成功地连续举行了21次联谊活动。历届建材校友联谊会上，来自于母校哈工大的葛兆明、王政、范征宇、巴恒静、关新春、李家和、赵亚丁、范增、卢长发、杨英姿、王玉银、高小建等多位老师和院系领导代表母校多次参会，给大家带来学校的最新发展情况和对校友的亲切问候。黄士元、王立臣、郎惠生、潘守文、齐继禄夫妇等在国家、北京市及行业内做出杰出贡献和享有较高威望的老校友也多次出席，给予了大力支持和指导。许多其他专业分会以及外地分会等兄弟校友会领导也多次参会，交流办会心得并给予指导，并带来兄弟校友会的祝福。

第六章 校友情怀

校友会利用联谊会或单独举办专题讲座等多种多样的形式，每年组织深入校友企业观摩考察、校友企业管理经验交流、建材新技术讲座、建材行业论坛、新技术研讨会。老校友言传身教，校友之间相互帮扶，资源共享，校友会为校友搭建了合作交流的广阔平台。

哈工大北京校友会建材分会校友联谊活动合影

自2005年起，建材分会在校友倡议下，设立爱心奖学金，由校友为在校贫困同学捐款，坚持每年从奖学金中支出11 000元捐助两名贫困学生，历年累计接收捐款近20万元，捐助学生10多人，累计捐助15万余元。此项爱心奖学金于2014年成为哈工大土木工程学院常设奖学金之一。母校建材

举办专题讲座，校友、企业开展管理经验交流活动

系张洪涛老师肝移植手术，韩兆祥老师患白血病骨髓移植手术，校友积极通过北京建材校友会向张老师、韩老师捐款，奉献校友爱心。目前两位老师健康状况恢复良好，让校友们备感欣慰。2020年新冠肺炎疫情肆虐全国，建材分会积极响应校友总会筹备防疫物资的要求，为母校师生捐款捐物，贡献了自己微薄的力量。

2020年是母校建校100周年，建材分会组织了奥森健走、庆母校百年华诞羽毛球赛等系列活动进行校旗传递，并在新春联谊会上举行了庄重的传旗仪式，将主题为"传承工大精神，喜迎百年校庆"的校旗传递活动推向高潮。

（二）哈工大京津地区建筑工程管理类学科校友会及其活动

为了拓宽校友与母校之间、各届校友之间沟通交流的渠道，推动哈尔滨工业大学校友会建设，凝聚京津两地校友资源，促进建筑工程管理类学科的发展，在京津地区的校友们共同发起并经哈尔滨工业大学校友总会批准，哈工大京津地区建筑工程管理类学科校友会于2012年5月12日正式成立。来自京津地区建筑工程管理类学科各个时期逾140名校友代表参加了成立庆典。

哈工大京津地区建筑工程管理类学科校友会成立大会合影

哈工大校友总会副会长景瑞，校友总会副会长、北京校友会秘书长熊焰，校友总会办公室主任田振辉，北京校友会副会长郎惠生，经管学院院长于渤、党委书记鞠晓峰和王要武教授到会并讲话。大会宣布了校友会组织机构名单，关柯等3名资深教授担任顾问，哈工大兼职教授姚兵担任名誉会长，刘杰校友担任会长，巴根那校友担任秘书长。

目前，哈工大京津地区建筑工程管理类学科校友会已联络在京津地区的校友千余人，形成了一个紧密的哈工大建筑工程管理学科校友网络。

（三）哈工大土木工程深圳校友会及其活动

2015年5月9日，哈工大土木工程深圳校友会成立大会暨教育发展基金捐赠仪式在深研院F栋国际报告厅举行。哈工大校长、校友总会会长周玉出席会议并致辞。会议选举深圳市东部开发（集团）有限公司董事、副总经理薛振睿校友担任会长，深圳市宏业基基础工程有限公司董事长陈枝东校友担任常务副会长兼秘书长。哈工大校友总会副会长、原副校长景瑞向新当选的土木工程深圳校友会会长、秘书长颁发证书，授予校友会会旗。

哈工大土木工程深圳校友会成立大会剪影

大会随后举行了教育发展基金捐赠仪式。深圳市金鹏建筑装饰工程有限公司、深圳市宏业基基础工程有限公司、深圳市鹏城建筑集团有限公司、哈工大土木工程深圳校友会分别向哈工大教育发展基金会捐赠100万元、100万元、

周玉校长向捐赠企业及土木工程深圳校友会颁发捐赠纪念奖牌和证书

50万元及10万元。周玉校长向捐赠企业及土木工程深圳校友会颁发了捐赠纪念奖牌和证书。

哈工大土木工程深圳校友会成立以来，每年举行年会和其他活动，凝聚校友力量，关心关注母校发展。深圳校友会的校友捐款在土木工程学院设立了100万元宏业基奖学金和25万元金鹏装饰奖学金；组织校友为土木科研楼建设捐款助力；2018年，向母校捐款100万元，成立了哈工大深圳校友会出版基金，资助哈工大土木工程学院编撰出版《百年土木 百年树人——哈尔滨工业大学土木工程学院百年发展史》。

（四）哈工大沈阳校友会土木分会及其活动

2015年8月23日，哈工大沈阳校友会土木分会成立大会在沈阳建筑大学市政与环境工程学院隆重举行。哈工大沈阳校友会会长郎业丕、沈阳建筑大学建筑设计研究院书记孙长征、中国建筑上海设计研究院常务副总工程师于冶磐、沈阳建筑大学市政与环境工程学院院长冯国会、哈工大沈阳校友会土木分会资深法律顾问张海妮、哈工大沈阳校友会秘书长刘凯，以及50多位哈工大沈阳校友参加了本次大会。哈工大沈阳校友会土木分会首届会长由佟兴龙校友担任，秘书长由赵丹校友担任。哈工大沈阳校友会会长郎业丕代表哈工大沈阳校友会向土木分会提供1万元经费资助。

与会的嘉宾及校友还参观了沈阳建筑大学校园及博物馆，校友们在参观途中进行了亲切深入的交流，最终成立仪式在全体合影留念中温暖落幕。哈工大沈阳校友会土木分会将秉承"相互帮助，相互促进，共同提高，共同发展"的宗旨，集合校友资源、汇聚群体

哈工大沈阳校友会土木分会成立

智慧、服务校友会员,为在沈阳的土木行业校友们搭建沟通交流平台。

2019年7月20日,为响应母校号召,勤力同心、爱国奋进;凝聚力量,共创一流,哈工大沈阳校友会土木分会在最能代表沈阳历史地位的沈阳故宫举办校旗传递活动。本次活动在土木分会广泛宣传,得到了哈工大沈阳校友会的大力支持,选定35位校友参与校旗传递,多位校友为本次活动积极提供赞助,充分展现了哈工大沈阳校友不忘初心、团结奋进的良好精神面貌。

(五)哈工大广东大土木校友会及其活动

哈工大广东大土木校友会(以下简称"广东大土木校友会")成立于2017年7月1日,是经过哈工大校友总会备案、面向广东哈工大大土木校友的专业(行业)校友会。广东大土木校友会成立以来,开展了丰富多彩的活动。

2017年7月1日,由广东大土木校友会组织的第一期"哈工大广东大土木学术论坛"成功举办。周玉校长为大土木学术论坛发来贺信并表示"希望把'大土木学术论坛'这个载体办出特色、办出水平,实现常态化,成为我校海内外校友会创新校友活动的一个示范"。

第一期"哈工大广东大土木学术论坛"

原哈尔滨建筑大学校长、哈工大原副校长景瑞教授亲临论坛,并做"百年哈工大、土木当自强"主题演讲;哈工大土木工程学院院长范峰教授,哈工大校友工作办公室主任、教育发展基金会秘书长卢长发先生,哈工大广东校友会会长张肖宁教授也到会致辞祝贺。此后,广东大土木校友会又分别于2017年9月23日、2018年1月20日、2019年1月12日和2020年1月12日举办了第二期至第五期"哈工大广东大土木学术论坛"。

2019年9月22日,以"迎新友传校旗贺国庆"为主题的校友活动在广州站举行,这也意味着哈工大百年校庆校旗传递广州站成功"点亮"校旗。110多位广州各届校友参加本次活动。

纪念哈工大建校百年校旗传递仪式

2019年11月10日,

第六章 校友情怀

共同迎接纪念哈工大建校百年的校旗传递仪式在广州举行,活动地点选择在广州市地标建筑中山纪念堂及越秀公园(五羊雕塑)。校友们欢聚一堂,喜迎哈工大百年华诞,又开展参观、徒步、拓展、公益活动,增添了哈工大校友在广州的美好记忆。

(六)哈尔滨工业大学天津校友会土木建筑分会及其活动

2019年1月12日,哈尔滨工业大学天津校友会换届大会暨2019年新春盛典在鑫茂天财酒店召开。哈工大杨士勤老校长,原副校长、校友总会副会长景瑞,天津市有关领导,哈工大外地校友会,各兄弟高校在津校友会,在津有关协会、商会及在津校友,共500余人出席盛典。哈工大土木工程学院党委书记乔世军、环境学院党委书记齐晶瑶、建筑学院副院长邵郁、环境学院副书记孙犇飞出席会议。

这次盛典由"换届大会""分会授旗""迎接新人""新春晚会"四大部分组成。内容充实、议程紧凑,是一场隆重而又不失激情,庄严而又不失豪迈,活泼而又不失澎湃,和衷而又不失感动的精神盛宴!

大会选举产生了第二届理事会理事,理事会第一次会议选举郑炜为新一届理事会会长。大会上,郑炜会长向新成立的土木建筑分会会长、工民建专业78级校友冯宏伟授旗,天津校友会名誉会长朱世和、土木工程学院党委书记乔世军、建筑学院副院长邵郁向土木建筑分会会长冯宏伟、副会长代表柴红珍、秘书长李龙飞颁发证书。

颁发证书并授旗

(七)哈工大土木工程北京校友会及其活动

2019年5月19日,哈尔滨工业大学土木工程北京校友会成立大会暨首届哈工大北京土木菁英论坛在北京举行。哈工大校友总会副会长才巨金教授,原建设部副部长齐骥校友,哈工大原副校长、校友总会副会长景瑞教授,中国建筑业协会会长、住建部原总工程师王铁宏校友,中国建筑工业出版社党委书记尚春明校友,哈工大原党委副书记、副校长,哈尔滨理工大学党委书记张洪涛教授,哈工大校长助理、土木工程学院院长范峰教授,哈工大校友总会校友办公室卢长发主任,哈工大北京校友会于明秘书长,哈工大土木工程学院书记乔世军教授,副院长吕大刚、王玉银、关新春,副书记吴严,教师代表王要武、王伟、王政和来自哈工大北京校友会、深圳校友会、沈阳校友会、济南校友会、大连校友会、黑龙江校友会等兄弟校友会的代表们，来自清华大学土木校友会、哈尔滨工程大学北京校友会、东南大学北京校友会等兄弟高校校友会的代表们，以及哈工大各级校友，共计约330人参加了成立大会。哈工大新加坡校友会、日本校友会、英国校友会、美国南加州校友会发来贺信，祝贺哈工大土木工程北京校友会成立大会的召开。哈工大土木工程北京校友会第一届理事会以哈工大原副校长、校友总会副会长景瑞教授为名誉会长，方东祥校友为会长，杨俊磊校友为秘书长，下设房地产、勘察设计、施工、建筑材料、项目管理、造价咨询及高教科研7个行业委员会。

才巨金教授、齐骥校友、景瑞教授、王铁宏校友、张洪涛教授、范峰教授、卢长发主任、于明秘书长、乔世军教授、方东祥会长共同为哈工大土木工程北京校友会揭牌。

哈工大土木工程北京校友会揭牌仪式

哈工大土木工程北京校友会在筹备过程中，共收到校友们捐款共约150万元，其中，成立大会和助学基金近80万元，土木科研楼捐赠70余万元。成立大会上，校友会向母校捐赠100万元。哈工大教育发展基金会秘书长卢长发老师和土木工程学院党委书记乔世军教授代表学校和学院接受土木工程北京校友会的捐赠。

哈工大土木工程北京校友会校友会向母校捐赠100万元

哈工大校友总会副会长才巨金教授为土木工程北京校友会颁发了哈尔滨工业大学教育贡献奖奖牌，以及捐赠纪念奖牌和证书。

下午四时，首届哈工大北京土木菁英论坛开幕。论坛由史铁花副秘书长主持。本届论坛邀请哈工大原副校长、校友总会副会长景瑞教授，中国建筑业协会会长、住建部原总工程师王铁宏校友，哈工大土木工程学院博士生导师王要武教授，泛华控股集团董事长、泛华建设集团董事长、党委书记杨天举校友四位嘉宾做报告发言。

第六章　校友情怀

（八）湖南省哈工大校友会泛土木分会及其活动

2019年10月19日，湖南省哈尔滨工业大学校友会2019年会暨哈尔滨工业大学百年华诞校旗传递（湖南）仪式在湖南省长沙市成功举行。会上宣布了湖南省哈工大校友会泛土木分会的成立。

湖南省哈尔滨工业大学校友会名誉会长、哈工大杰出校友方怒江先生（工民建60级）和土木工程学院党委书记乔世军教授向泛土木分会会长胡格文（工民建86级）、邓益安（工民建87级）授旗。会议期间乔世军与泛土木分会会长就庆祝母校百年华诞、校友活动、院企合作等事项进行交流，取得共识，也增进了感情，并祝贺校友们所取得的成就。乔世军代表学院向方怒江老会长表示衷心感谢，感谢他慷慨捐赠并带领校友们为学院的发展所做出的积极贡献！

方怒江校友和土木工程学院党委书记乔世军教授向泛土木分会会长授旗

（九）哈工大土木工程学院上海校友会及其活动

2020年5月31日，哈尔滨工业大学土木工程学院上海校友会成立大会以线上线下方式同步进行，线下设有上海、哈尔滨两个主会场，以及杭州、南京、苏州、无锡、宁波5个分会场。200余位校友参加了上海主会场成立大会，近百名校友参加了分会场活动，7 000余人云端观看直播。

出席上海主会场的嘉宾有哈工大原副校长、哈工大校友总会副会长景瑞教授，住建部原副部长齐骥校友，哈工大土木工程学院党委书记乔世军，教师代表吴知丰、刘广义、徐鹏举，哈工大航天学院原院长助理王秋生教授，哈工大土木工程学院原施工教研室主任宁仁岐教授，以及来自哈工大珠海校友会、哈工大厦门校友会、哈工大北京校友会、哈工大广州大土木校友会、哈工大土木工程学院深圳校友会的代表和在沪兄弟院校代表及专业校友代表。出席哈尔滨主会场的老师有哈工大校长助理范峰教授，哈工大校友工作办公室主任、教育发展基金会秘书长卢长发老师，哈工大土木工程学院院长王玉银教授，副院长关新春教授、武岳教授、

上海主会场会议现场

陈文礼教授和党委副书记吴严老师等。

哈工大土木工程学院院长王玉银教授宣读了《关于同意成立哈尔滨工业大学土木工程学院上海校友会的决定》。会议通过了哈尔滨工业大学土木工程学院上海校友会章程和由名誉会长景瑞、顾问邹超英等，以及会长张泽林、秘书长孙小烈等组成的校友会组织架构名单。

哈工大原副校长、哈工大校友总会副会长景瑞教授和哈工大土木工程学院上海校友会会长张泽林为哈工大土木工程学院上海校友会揭牌。景瑞教授和住建部原副部长齐骥校友分别做了重要讲话。哈工大土木工程学院深圳校友会会长薛振睿和哈工大建筑学院上海校友会秘书长郑迪分别代表兄弟校友会致辞。哈工大土木工程学院党委书记乔世军教授为首届会长张泽林及秘书长孙小烈颁发聘书。

会长张泽林校友介绍了校友会的筹办过程以及对校友会未来工作的展望，并代表哈工大土木工程学院上海校友会及全体长三角区域土木校友，向学校教育发展基金会捐赠116万元助学金用于土木工程学院人才培养。校长助理范峰教授，哈工大校友工作办公室主任、教育发展基金会秘书长卢长发老师分别讲话。

土木工程学院上海校友会向学校教育发展基金会捐款

三、校友逢十返校活动

2010年90周年校庆之后，各届校友在逢十值年纷纷相约回母校相聚。学院主动联系并进行邀请，热情接待校友参观校园和学院，学院领导介绍发展情况，与校友座谈，听取校友的意见和建议，招待校友到食堂共用"怀旧餐"。接待校友工作已形成格式流程并常态化。

2018年9月22日至23日，77级、78级

工民建特601班校友毕业50年回母校团聚

第六章　校友情怀

校友入学40周年回母校团聚。22日晚，土木工程学院举行欢迎招待会，77级、78级工民建、建筑材料、力学师资班以及地下建筑77级校友170多人参加聚会。23日上午，学校举行隆重的纪念活动，周玉校长，沈世钊院士，工民建77级校友、住建部原副部长、中国市长协会常务副会长齐骥等讲话，深情回顾当年的求学经历及师生情、同窗情、母校情。

9月23日下午，校友们回到土木工程学院，学院领导和老师与校友们座谈，忆往昔、展未来，共话当年的校园生活及学院的发展。

工民建77级校友毕业20年回母校团聚

水泥77级校友毕业20年回母校团聚　　水泥77级校友入学30年回母校团聚

77级、78级校友入学40周年回母校团聚　　78级力学师资班校友入学40周年回母校团聚

工民建80级校友毕业30年回母校团聚

工民建82级校友毕业30年回母校团聚

建筑管理工程84级校友毕业20年回母校团聚

建材85级校友毕业30年回母校团聚

工民建90级校友毕业20年回母校团聚

第六章 校友情怀

90141班校友毕业20年回母校团聚

建筑工程94级校友毕业20年回母校团聚

工民建92级校友毕业20年回母校团聚

05级土木工程专业校友毕业10年回母校团聚

第三节 校友捐助

一、校友设立教育基金

广大校友和诸多爱心企业关心、关注土木工程学院发展，向学院捐款设立各种奖学金、助学金。截至2020年6月，累计捐款22 741 075元。

土木工程学院校友、社会捐赠情况表（截至 2020 年 6 月）

序号	名称	建立时间	合计捐款（元）	捐款用途
1	徐增全奖学金	2006	719 115	奖学金
2	德威佳业基金（吕红军）	2010	300 000	学科发展基金
3	双良物资基金（李忠良）	2010	100 000	学科发展基金
4	宇辉新材基金（刘文清）	2010	100 000	学科发展基金
5	长春昌驰基金（辛建贵）	2010	100 000	学科发展基金
6	大唐首邑基金（谢利中）	2010	100 000	学科发展基金
7	工大钢结构幕墙基金（陈月明）	2010	100 000	学科发展基金
8	哈尔滨青年校友基金（吴向阳等）	2010	100 000	学科发展基金
9	黑龙江建设集团奖学、奖教金	2010	1 000 000	奖学、奖教金
10	栋梁奖学金（哈工大14系）	2010	297 000	奖学金
11	大连泛华基金（安玉杰）	2010	1 200 000	奖学金、奖教金
12	未之星基金（刘国钧 吴晓蓓）	2010	1 000 000	奖助学金
13	烟台飞鸿建设基金（郑克勤）	2010	100 000	奖学金
14	易来泰奖学金（北京建材校友）	2011	45 000	奖学金
15	爱之源基金（刘红亮等）	2011	1 000 000	奖学金
16	宏业基金（陈枝东）	2011	1 120 000	奖学金
17	省建筑业协会基金	2011	400 000	奖学金
18	振利奖助学金（黄振利）	2012	577 000	奖助学金
19	沈阳欧亚奖学金（刘明）	2013	200 000	奖学金
20	柳州欧维姆奖学金	2013	200 000	奖学金
21	建材94级校友奖学金	2013	104 900	奖学金
22	土木学院爱心基金	2013	26 060	奖学金
23	坚朗奖学奖教金	2013	430 000	奖学、奖教金
24	浙江中巨奖学金	2013	600 000	研究生奖助学金
25	郎丽娜光彩奖学金	2013	21 000	奖学金
26	北京建材校友奖学金（李娜）	2014	13 500	奖学金
27	工民建90级校友奖学金	2014	200 500	奖学金
28	90级龚建一奖教金	2014	100 000	奖教金
29	贵州中建建研院奖学金	2014	1 000 000	奖学金
30	金鹏装饰基金（任玉国）	2015	250 000	奖学金
31	苏交科奖学金	2015	150 000	奖学金
32	中建成都奖学金	2016	500,000	奖学金

第六章 校友情怀

续 表

序号	名称	建立时间	合计捐款（元）	捐款用途
33	工民建86级退休职工奖教金	2016	100 000	退休职工奖教金
34	建材82级校友基金	2016	20 000	学科发展基金
35	1992级工民建奖学金	2016	30 000	奖学金
36	1982级工民建奖学金	2016	30 000	奖学金
37	2002级土木5班奖学金	2016	10 000	奖学金
38	方怒江奖学金	2017	1 000 000	奖学金
39	刘志坚学科发展基金	2017	470 000	学科发展基金
40	工民建1993级奖学金	2017	20 000	奖学金
41	0233201力学班奖学金	2017	20 000	奖学金
42	制品专业1983级奖学金	2017	10 000	奖学金
43	哈工大工民建93141班奖学金	2017	10 000	奖学金
44	哈工大Z94141班奖学金	2017	10 000	奖学金
45	制品92级奖学金	2017	35 000	奖学金
46	土木学院学科发展基金	2018	2 352 000	学科发展基金
47	哈工大土木工程学院深圳校友会出版基金	2018	1 000 000	编撰出版《百年土木 百年树人——哈尔滨工业大学土木工程学院百年发展史》
48	中建一局建设发展	2019	100 000	奖学金
49	中景恒基助学金（肖厚忠）	2019	50 000	助学金
50	上海实正助学金（方东祥）	2019	50 000	助学金
51	钟善桐教育基金（浙江元筑）	2019	200 000	奖学金
52	钟善桐教育基金（深圳顺欣同创）	2019	50 000	奖学金
53	钟善桐教育基金（上海欧本）	2019	100 000	奖学奖教金
54	钟善桐教育基金（组合结构中心）	2020	100 000	奖学奖教金
55	方怒江奖助学金（二期）	2020	1 000 000	奖助学金
56	黑龙江建投奖教金	2020	1 000 000	奖教金
57	中泓晟圆发展基金	2020	480 000	学科发展基金
58	厦门联和建物基金	2020	400 000	学科发展基金
59	哈工大土木学院上海校友会（学生工作教育基金）	2020	860 000	学生工作
60	哈工大土木学院上海校友会（上海建纬奖助学金，曹珊）	2020	300 000	奖助学金
61	广东大土木校友会基金	2020	200 000	学科发展基金

续表

序号	名称	建立时间	合计捐款(元)	捐款用途
62	张建胜基金	2020	50 000	学科发展基金
63	施丁伟、杨蕾基金	2020	10 000	学科发展基金
64	程东昌奖学金	2020	20 000	奖学金
65	汤克涛发展基金	2020	300 000	学科发展基金
66	哈工大第二工程质量检测站	2020	100 000	学科发展基金
67	李春海	2020	100 000	奖学金

土木工程学院接受的第一笔教育基金捐款，是校友徐增全于2006年设立的"徐增全奖学金"，截至目前，已累计捐款719 115元。徐增全校友1951年入哈工大土木系学习，1957年毕业后赴美留学，6年间系统学习的基础知识和专业训练，成为徐增全在美国无困难地完成学业、深造和从事研究工作的坚实基础。

土木工程学院"徐增全"奖学金第一届委员会成立

1958年，徐增全赴美国康奈尔大学深造，1960年获硕士学位，1962年获博士学位。1962—1968年，他在美国普特兰水泥协会结构实验室从事研究工作；随后，在美国迈阿密大学从事教学工作，1973年任教授，1974—1978年任土木工程系系主任；1980—1984年担任美国休斯敦大学土木与环境工程系主任。在美国土木工程学界享有较高声望。徐增全多年来一直关注着祖国的建设和母校的发展，亲自和协助培养了多名中国留学生和访问学者；多次回国(包括母校)进行讲学和交流访问。2006年在哈工大捐赠设立了旨在促进提高教学质量和社会声望的"徐增全奖学金"，并一直持续至今。这一次次带有深刻情怀的行动，无不充分体现着徐增全校友的赤子之心，践行着哈工大人的有为精神。

2010年5月27日，90周年校庆前夕，哈工大教育基金会颁发奖牌和证书最多的一次颁发仪式在行政楼616会议室举行，哈尔滨工业大学校长王树

第六章 校友情怀

国出席仪式。土木工程学院校友中的12家企业及个人向哈工大教育发展基金会进行了集中捐款。其中，黑龙江省建设集团捐赠100万元，校友刘国钧、吴晓蓓夫妇捐赠100万元，大连泛华集团有限公司董事长安玉杰校友捐赠120万元，

土木工程学院部分校友为哈工大教育发展基金捐款

哈尔滨德威佳业科技有限公司董事长吕红军校友捐赠30万元，哈尔滨工业大学14系校友会捐赠20万元，徐增全校友捐赠12万元，哈建工工民建专业哈尔滨青年校友会吴向阳等、北京大唐首邑建筑集团总裁谢利中校友、哈尔滨工业大学空间钢结构幕墙有限公司董事长陈月明校友、黑龙江宇辉建筑材料有限公司董事长刘文清、长春昌驰混凝土有限公司总经理辛建贵校友、哈尔滨双良物资经销有限责任公司董事长李忠良校友各捐赠10万元。

2011年2月25日，哈工大教育发展基金会纪念奖牌颁发仪式在二校区土木工程学院3楼会议室隆重举行。哈工大教育发展基金会理事长、党委书记王树权分别向刘红亮、陈枝东、张小伟颁发了捐赠纪念证书和奖牌，并向刘红亮、陈枝东两位校友颁发了教育贡献奖。刘红亮、彭岩等向哈工大教育发展基金会捐赠人民币150万元，用于在哈工大土木工程学院设立"爱之源"学生奖学金，奖励具有助人为乐、见义勇为、团结友爱等高尚品德的在校本科生；陈枝东向哈工大教育发展基金会捐赠人民币100万元，用于在哈工大土木工程学院设立"宏业基"奖学金，奖励品学兼优的学生。

2012年4月6日，哈工大教育发展基金会纪念奖牌颁发仪式在行政楼616会议室举行。校教育发展基金会理事长、党委书记王树权为北京振利节能环保科技股份有限公司颁发了"哈工大捐赠纪念奖牌""哈工大捐赠纪念

北京振利节能环保科技股份有限公司捐赠100万元设立"振利奖（助）学金"

证书"及"哈工大教育贡献奖牌"。北京振利节能环保科技股份有限公司向哈工大教育发展基金会捐赠人民币100万元，用于土木工程学院设立"振利奖（助）学金"。

2013年11月20日，中国建筑第四工程局有限公司向哈工大教育发展基金会捐赠150万元，用于现代绿色建造技术与管理研究中心学科建设、奖教金和学生培养。校

参加中国建筑第四工程局有限公司捐赠仪式的代表合影留念

党委书记、教育发展基金会理事长王树权为捐赠方颁发了捐赠纪念奖牌、证书和教育贡献奖牌。

2014年3月20日，深圳市鹏城建筑集团有限公司捐资50万元，用于土木科研楼建设；广东坚朗五金制品股份有限公司捐资40万元，用于设立土木工程学院"坚朗奖教学金"；建材

参加捐赠仪式的代表合影留念

94级全体校友捐资10.49万元，用于土木工程学院奖学金及基本建设。基金会副理事长、副校长郭斌分别为捐赠单位代表和捐赠集体代表颁发捐赠纪念奖牌和证书。

2014年7月18日，本科毕业20年的90141班近20位校友怀着深深的依恋回到母校，在行政楼419会议室集体向哈工大教育发展基金会捐赠20万元，用于母校发

90141班捐赠仪式现场

展建设和土木工程学院奖教金。教育发展基金会监事、校纪委书记才巨金为校友代表颁发了捐赠纪念奖牌和证书。

2014年9月10日,哈工大教育发展基金会纪念奖牌颁发仪式在校举行。厦门万荣集团捐赠100万元,用于设立土木工程学院"万荣"奖学金。哈工大教育发展基金会理事长、校党委书记王树权为捐赠方代表颁发捐赠纪念奖牌、证书和教育贡献奖牌。

2015年12月30日下午,哈工大教育发展基金会捐赠纪念证书颁发仪式在活动中心举行。深圳市宏业基基础工程有限公司和深圳市金鹏建筑装饰工程有限公司分别向基金会捐赠人民币100万元,用于土木工程学院土木学科学生奖助学金。基金会理事长、校党委书记王树权为两家企业代表颁发捐赠纪念证书。

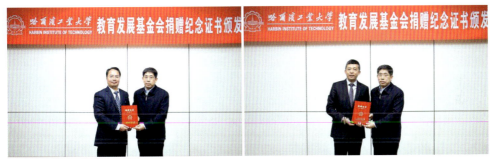

基金会理事长、校党委书记王树权为深圳两家校友企业代表颁发捐赠纪念证书

参加深圳两家校友企业捐赠仪式的代表合影留念

2017年10月,哈工大湖南校友会会长方怒江校友个人向哈工大教育发展基金会捐赠人民币100万元,用于设立土木工程学院学生奖学金和土木工程学科建设。哈工大教育发展基金会副理事长、校友总会副会长崔国兰为方怒江校友颁发了纪念证书。

2020年,方怒江校友再次捐款100万元,用于设立土木工程学院学生奖学金和土木工程学科建设。

哈工大湖南校友会会长方怒江校友向学院捐款

校庆前夕，先后成立的基金有：钟善桐教育基金 35 万元、黑龙江建投奖教金 100 万元、厦门联和建物学科发展基金 40 万元、汤克涛发展基金 30 万元、李春海奖学金 10 万元、上海校友会学生工作教育基金 86 万元、建纬奖助学金 30 万元等。

二、校友捐建土木科研楼

土木科研楼是由吕红军等校友、各年级毕业班级及星河湾等合作企业捐资兴建的。科研楼建筑面积 1.4 万 m^2，建设总投资 5 600 万余元。该楼的建设，将极大地改善伴随学院近年快速发展带来的师生办公、科研、实验空间不足的问题。

2013 年 1 月，星河湾集团向哈工大教育发展基金会捐赠 300 万元，用于土木科研楼建设。1 月 12 日下午，哈工大教育发展基金会纪念奖牌颁发仪式在行政楼 616 会议室举行。黑龙江省政协副主席陶夏新，中国工程院院士谢礼立、沈世钊出席仪式。基金会理事长、校党委书记王树权，校长王树国分别向星河湾集团颁发了教育贡献奖奖牌和捐赠纪念奖牌、证书。捐赠仪式前，孙和义副校长还在哈工大博物馆为星河湾集团董事长黄文仔颁发了哈工大兼职教授荣誉证书。

王树权书记向星河湾集团颁发教育贡献奖　　　星河湾集团副总裁宁仁岐校友讲话

第六章 校友情怀

出席星河湾集团捐赠仪式的嘉宾合影留念

此后，在吕红军等校友的倡议和支持下，广大校友、各毕业班级、年级及合作企业积极捐款。

2018年5月11日，哈工大教育发展基金会纪念奖牌颁发仪式在行政楼626会议室举行。校党委书记、基金会理事长王树权为捐赠企业代表和校友代表颁发捐赠纪念奖牌、证书、教育贡献奖牌和杰出教育贡献奖牌。哈尔滨奥威斯房地产开发有限公司董事长、工民建专业85级2班吕红军校友向基金会捐赠人民币2 000

校党委书记王树权为吕红军校友颁发捐赠纪念证书

万元，其中，1 800万元用于土木科研楼基本建设及其他项目，200万元设立"红军基金"，用于"困难不怕，哈工大是家"的舒心车票项目；哈工大土木工程深圳校友会向基金会捐赠人民币100万元，用于土木工程学院文化建设；海南邦城置业投资有限公司总经理杨勤校友向基金会捐赠人民币10万元，用于土木科研楼基本建设；工民建专业85级2班捐赠10万元，86级1班捐赠10.65万元，86级2班、3班捐赠11.5万元，86141班捐赠10万元，87141班捐赠10万元，88141班捐赠10.3999万元，89141班捐赠10万元，90141班捐赠10万元，91141班捐赠10万元，以上捐赠款均用于土木科研楼基本建设。

2016年11月，土木科研楼项目在哈工大正式立项，学校按照1∶1的捐款金额进行资金配比。2016年12月，土木科研楼项目获得工业与信息化部规划司批准。

参加捐赠仪式的代表合影留念

2018年5月11日，以校友为主捐资兴建的土木科研楼举行开工仪式，正式开工建设。中国工程院院士沈世钊，哈工大校友总会副会长、原副校长景瑞，苏州科技大学原校长何若全等出席开工仪式。哈工大85级毕业生、哈尔滨奥威斯房地产开发有限公司董事长吕红军校友，哈工大97级毕业生、星河湾集团上海公司总经理孙小烈校友，江苏江中集团公司副总经理马建军分别作为校友代表、捐赠方代表和土木科研楼总承包单位在开工仪式上发言。学校相关部处和土木工程学院负责人，部分企业、校友和师生代表参加开工仪式。

土木工程学院科研楼效果图

截至2020年8月，校友及社会捐款已到账22 736 206元。

土木科研楼建设校友、社会捐赠情况表（截至2020年8月）

序号	捐款单位	时间	捐款金额（元）
1	星河湾集团	2012—2020	10 000 000
2	黑龙江锦秀（吕红军）	2013	1 000 000
3	深圳鹏城	2013	500 000
4	工民建85级	2014	252 000
5	姜洪岗（吕红军）	2016	2 983 355
6	黑龙江万合装饰（吕红军）	2016	2 266 645

续表

序号	捐款单位	时间	捐款金额（元）
7	黑龙江顺威投资（吕红军）	2017	200 000
8	工民建89级1班	2018	100 000
9	88141班	2018	103 999
10	89141班	2018	100 000
11	91141班	2018	100 000
12	86141班	2018	100 000
13	87141班	2018	100 000
14	90141班	2018	100 000
15	工民建86级1班	2018	106 500
16	工民建85级2班	2018	100 000
17	杨勤	2018	100 000
18	工民建86级2、3班	2018	115 000
19	研9001班	2018	100 000
20	制品89级	2019	110 000
21	土木2003级3班	2019	100 000
22	土木2004级3班	2019	100 000
23	土木2004级6、1、4、2、5班	2019	100 000
24	德威佳业科技有限公司（吕红军）	2019	1 000 000
25	奥威斯商业广场有限公司（吕红军）	2019	500 000
26	北京思泰工程咨询有限公司捐	2019	100 000
27	江苏江中集团有限公司捐赠款（吕红军）	2019	1 000 000
28	土木2002级7班	2019	100 000
29	土木2002级2班	2019	100 000
30	土木2003级5、1、4班	2019	101 000
31	土木2002级8班	2019	22 200
32	土木2002级1、3班	2019	136 000
33	张建胜	2019	100 000
34	制品91级	2019	100 800
35	土木2002级6班	2019	12 000
36	建材2001级	2019	100 011
37	土木2003级2班	2019	122 986
38	建材92级	2019	100 000
39	硅工85级	2019	100 000
40	土木工程上海校友会新柏石智能科技（姚磊）	2020	100 000
41	系统工程研究所	2020	103 710

目前土木科研楼正在进行内部装修,按计划,将在2020年9月前投入使用。

即将投入使用的土木科研楼

三、校友捐助《百年土木 百年树人》编写出版

2018年5月,为了迎接母校百年华诞,总结办学经验及专业历史传统,由哈工大土木工程深圳校友会发起捐款100万元,专项用于资助土木工程学院编写出版《百年土木 百年树人——哈尔滨工业大学土木工程学院百年发展史》。共有81位校友参与捐款,具体名单如下:

薛振睿	陈枝东	任玉国	黄 海	王世宇	汤明安	索忠诚	王雨光	邢云梁
徐利健	焦 涌	李 颖	韩 刚	熊辉球	李 捷	叶深根	张成亮	魏雅丽
王 豫	李忠山	潘爱龙	梁 振	卢 郁	张 磊	丁向阳	韩喜双	韩 宏
关双宏	冯 力	王小玉	马 驰	谭薇薇	王红朝	王 浩	杨大田	李雪松
杜 英	陈 烈	关为泓	王春生	祁鹏恩	李春雷	李 挺	杨 涛	常峻岭
陈 峰	王 军	冯兆君	刘为春	白永志	刘衍伟	张彩虹	徐 波	吕红军
黄奕斌	郭艾哲	费金标	塔怀勇	李学章	胥国娟	李 旭	朱儒杰	杨晓东
刘长宇	王立国	周 进	张 来	傅 强	薛振煊	郎吉祥	李述林	朱晓松
邱 勇	马占江	智勇杰	姜文汇	张恩涛	刘新宇	姜洪涛	张 萌	刘晓东

附　录

附录1 土木工程学院历任负责人

名称	行政负责人		党委（党总支）负责人	
	任职时间	姓名	任职时间	姓名
哈尔滨中俄工业学校铁路建筑科	1920.10—1922.10	摄罗阔夫(兼)		
哈尔滨中俄工业大学校铁路建筑系	1922.10—1927	阔茨洛夫斯基		
哈尔滨中俄工业大学校建筑工程系	1927—1928			
东省特区工业大学校建筑工程系	1928			
哈尔滨工业大学建筑工程系	1928—1930.2			
	1930.2—1935.6	范其光		
	1935.10—1936.1	格里果洛维奇		
哈尔滨高等工业学校建筑系	1936.1—1938.12			
哈尔滨工业大学土木科	1938—1945	大崎虎二		
	1946—1951	司维里多夫		
哈尔滨工业大学土木建筑系	1951.9—1952	夏震寰		
	1952—1953			
哈尔滨工业大学土木系	1953—1958	李德滋	1954—1958	陈毓英
			1958—1959	陈瑞林
哈尔滨建筑工程学院建筑工程系	1959—1962	李迈	1959.4—1962	李迈
	1962—1965	李德滋	1962—1963.11	董兆琪
			1964—1966	周简
	1965—1975	胡松林	1966—1968	李翰城
			1968—1976	吕宗仁
	1975.1—1983.11	林荫广	1976—1978	姚炎祥
			1979—1982	吕宗仁
			1982—1983	林荫广
	1983.11—1986.3	沈世钊	1983—1989	徐崇宝
	1986.3—1993.3	张铁铮		
	1993.3—1994.1	何若全	1989—1994	刘志才
哈尔滨建筑大学建筑工程系	1994.1—1994.9			
	1994.9—1997.1	王用信	1994—1995	范乃文
	1997.1—1998	邹超英	1995—2000	郭旭
哈尔滨建筑大学建筑工程学院	1995—1998	张耀春		
	1998—2000	欧进萍		
哈尔滨工业大学土木工程学院	2000—2005.3	张素梅	2000—2005.3	邹超英
	2005.3—2009.7	邹超英	2005.3—2006.10	陶夏新
			2007.10—2017.1	邹超英
	2009.7—2020.4	范峰		
	2020.4—	王玉银	2017.1—	乔世军

附录 2　土木工程学院历任教授

 阔茨洛夫斯基
 摄罗阔夫
 铁摩辛柯
 格里果洛维奇
 巴尔利

 高见太
 荒井利一郎
 夏震寰
 卡　冈
 王光远

 李德滋
 钟善桐
 陈雨波
 胡松林
 樊承谋

 谢礼立
 沈世钊
 朱聘儒
 郭长城
 高伯扬

 关　柯
 王世芳
 刘　季
 赵九江
 曹声远

 唐岱新
 张晓漪
 郭树谦
 王振东
 王振家

附录

张耀春　　　　赵景海　　　　杨可铭　　　　王焕定　　　　刘锡礼

黎绍敏　　　　欧进萍　　　　吴振声　　　　任玉峰　　　　王学涵

巴恒静　　　　钮长仁　　　　范乃文　　　　卫纪德　　　　张克绪

王用纯　　　　徐崇宝　　　　龚逸明　　　　王长林　　　　刘长滨

陆钦年　　　　刘保策　　　　陶夏新　　　　计学闰　　　　潘景龙

张宝生　　　　房东德　　　　王要武　　　　王祥林　　　　何伯洲

哈尔滨工业大学土木工程学院 **百年发展史**

百年土木 百年树人

 董玉学	 刘宗仁	 吴知丰	 景　瑞	何若全
赵传文	田金信	龙复兴	金英俊	陈　昕
 韩林海	 董毓利	 李　暄	 宋忠健	 李书波
 张智慧	 张守健	 赵仁孝	 吴　波	 张素梅
 邹超英	 廉晓飞	 徐学燕	 王　政	 李恩辕
 武永祥	 张铁城	 刘金昌	 刘志才	 戚鹏生

附录

| 赵　臣 | 李　惠 | 朱本全 | 王幼青 | 葛兆明 |

| 张庆范 | 张进国 | 郑文忠 | 罗兆烈 | 李　强 |

| 王　伟 | 田石柱 | 段忠东 | 邵永松 | 李忠富 |

| 凌贤长 | 西　宝 | 滕　军 | 查晓雄 | 祝恩淳 |

| 周广春 | 武振宇 | 吴　斌 | 李家和 | 李晓东 |

| 王　力 | 范　峰 | 刘红军 | 吕大刚 | 河虎夫（美籍） |

百年土木 百年树人

崔昌禹	肖仪清	耿永常	汤爱平	王凤来

邱志贤	关新春	武 岳	乔世军	边文凤

咸贵军	杨英姿	郭安薪	翟长海	王玉银

凡友华	薛小龙	王震宇	高小建	杨 华

赵亚丁	翟希梅	支旭东	刘铁军	张文元

吴香国	徐龙军	肖会刚	戴鸿哲	张金生

附录

钱宏亮　　　　　陈文礼　　　　　乔国富　　　　　郭兰慧　　　　　周文松

鲍跃全　　　　　唐　亮　　　　　孙　瑛　　　　　周春圣　　　　　杨晓冬

黄　永　　　　　周　威　　　　　陈再现　　　　　李锦辉　　　　　徐　翔

李　爽　　　　　曹正罡　　　　　陈　锐　　　　　王　迎　　　　　张凤亮

附录3　土木工程学院教职员工名单

附录

百年校庆土木工程学院教职员工合影

附录3-1 校本部土木工程学院教职员工名单

钢结构与木结构

李德滋	陈雨波	钟善桐	唐旭光	樊承谋	季直仓	陈永润	熊占永	潘万祯	沈世钊	王振家
李鸿业	徐崇宝	干用纯	王用信	梁志宏	张耀春	侯炳麟	曲竹成	何若全	王国兴	张有闻
张连一	赵振峰	王 湛	陈 昕	赵 臣	祝恩淳	王 娜	杨 斌	崔昌禹	张素梅	屠永清
张雪梅	邵永松	程晓杰	韩林海	王凤友	朱勇军	吴向昀	杨庆山	武振宇	范 峰	张文元
武 岳	王玉银	孙晓颖	孙 瑛	支旭东	郭兰慧	丁玉坤	周华樟	郑朝荣	马会环	耿 悦
张清文	牛 爽	莫华美								

钢筋混凝土与砌体结构

胡松林	朱聘儒	罗维前	吕宗仁	滕 俊	符名泰	吴尚信	陈基发	曹声远	王振东	唐岱新
刘文如	徐凯怡	卫纪德	刘作华	王仲秋	吴振声	徐其鼎	计学闰	张景吉	廉晓飞	谭爱兰
王广才	刘 毅	李佩君	杨熙坤	朱广成	郭 旭	陈 光	孟宪君	武秀艳	黄宝魁	原长庆
巩 超	李铁强	叶英华	邹超英	王景文	吕玉山	刘广义	国明超	王幼东	高向东	张晓东
胡 琼	张培卿	王歆梅	郑文忠	王 力	董毓利	刘学东	吕红军	李小安	王雨光	原卫星
王 英	姜洪斌	王震宇	翟希梅	何 政	金熙男	周 莉	杨 华	吴香国	周 威	侯晓萌
严佳川	王代玉	刘发起	王永辉							

岩土与地下工程

杨可铭	王春昌	高伯扬	宋文天	张晓漪	徐攸在	刘惠珊	吴巨业	施 奈	杜予勤	张立平
刘英三	计 新	侯忠良	赵 铮	江亚英	于文增	刘景堂	陈家瑾	胡 昌	吴葵英	祁瑞芳
王兴祥	李 舜	赵焕斌	张克绪	全玉婉	陈 越	沈哲明	徐学燕	李龙洙	崔文太	陶夏新
耿永常	邹学义	陈润明	祖青山	白福波	王幼青	刁 波	姜 伟	林伯中	高晓军	齐加连
周 宏	邱明国	韩丽娜	郭晓林	凌贤长	徐鹏举	汤爱平	何 林	胡庆立	关海燕	陈 剑
唐 亮	于皓琳	孙 凯	郑世杰	徐鹏举	杨 旭					

防灾减灾工程与桥梁工程

谢礼立	李 惠	吴 斌	郭安薪	河虎夫	李宏伟	张东昱	翟长海	周文松	刘 敏	辛大波
陈文礼	李 爽	李素超	王 建	王 贞	丁 勇	赖马树金	黄 永	温卫平	籍多发	高东来
徐 阳	刘嘉斌	陈智成								

结构力学

王光远	黎绍敏	赵九江	郭长城	关士义	金梦石	姚肇平	王惠德	杨佳华	梁国华	马士玺
陈鑑曾	刘芝瑞	许建华	王淑清	范乃文	孙佩英	李桂青	刘 季	董明耀	王焕定	马世英
谢逢萱	王祥林	陆钦年	苏世功	龙复兴	赵仁孝	何立民	吴知丰	吴 捷	张金生	孙希平
宋建华	孙 峰	闫维明	景 瑞	朱本全	段明珠	季天健	王 伟	周广春	欧进萍	陈树勋
张永山	吴 波	段忠东	闵书亮	李 强	林晓光	张嘉振	丁 伟	王 征	耿淑伟	马晓儒
赵桂峰	吕大刚	肖仪清	丁建华	周道成	单宝华	李冀龙	曹正罡	张春巍	贾明明	戴鸿哲
鲍跃全	路晓艳	张博一	张 瑀	赵 威	于晓辉	李泓昊	刘 坤	钟 晶	李 亮	王明治

土木工程材料

唐尔焯	王世芳	何增沁	陈振基	邓迪前	郭树谦	郭遇昌	徐承国	张学勤	黄士元	钮长仁
刘雄亚	张桂芳	皮齐宝	冯诗杰	赵桂春	马德育	刘正蓉	龚逸明	赵景海	刘锡礼	巴恒静

附录

田广墅	杨茂荣	杜贤瑞	刘颂卿	赵传文	高廷臣	张宝生	贾玉瑛	宋忠健	黄起文	孙庆坤
赵桂琴	王福珍	程惠新	吴耀楚	刘福汉	王惠民	何守俭	张惠林	赵 杰	王连杰	张魁洁
齐继录	戚鹏生	卫惠云	王志伟	张明仁	远忠海	迟 海	高而丰	贾新华	祁景玉	张松榆
王 政	张玉珍	付忠斌	姜世玖	李广元	葛兆明	李长江	李志国	黄龙男	张丽娟	李家和
马昌臣	隋承飞	施 旗	温广武	易 成	赵 晶	张洪涛	宋伟国	朱丽英	徐 鹏	赵亚丁
李秋义	黄智山	陈树仁	杨英姿	王 臣	咸贵军	赵霄龙	刘晓波	白心平	李学英	关新春
高小建	杨怀军	赵 雷	周 智	韩宝国	肖会刚	王 川	乔国富	卢 爽	周春圣	徐 翔
刘雨时	李承高									

建设管理

关 柯	祁学仁	蔡秉乾	涂逢祥	郑耀伦	黎家礼	杜焜明	林和生	徐家克	林荫广	王学涵
王钻基	马连生	高 竞	任玉峰	陈德蔚	樊昌武	刘启陆	顾迪民	王长林	房乐德	刘保策
刘宗仁	张铁铮	朱 起	田金信	施惠逊	董玉学	刘长滨	罗兆烈	周爱民	张永波	邓凤英
刘金昌	李书波	周立志	张铁城	王庆惠	刘志才	张广鑑	武永祥	王明秀	王要武	张德群
张 敏	李晓东	李芳洲	刘 力	陈 健	张守健	杨 跃	那 路	王 伟	张庆范	张力泉
李恩辕	徐大江	秦文跃	马尧海	孙 震	金成文	何伯洲	刘建德	陈晓晖	许程洁	丁传波
闫大勇	董中慧	马洪波	陈立群	霍志秋	张智慧	李 静	杨 光	李颖超	刘 林	王世平
王子恒	武晓军	李忠富	邹玉平	王 平	王 威	孙立新	杨晓林	相恒江	马恩国	栾丽华
宁仁歧	于 洪	薛 飞	翟文彬	郭晓东	刘德辉	孙美进	付宏杰	成力为	杨德忱	高艳娟
姜庆远	冉立平	王 丹	马继伟	周晓静	张爱东	西 宝	邓蓉晖	张 红	温玉杰	周鲜华
孙成双	薛小龙	王凤来	台双良	李良宝	王绍君	耿建勋	杨晓冬	李云波	刘 铁	成飞飞
满庆鹏	刘昌永	王玉娜	于 涛	冯凯伦						

党政教辅人员

夏震寰	朱厚生	戴春荣	李 栋	陈 简	彭新泰	陈璧宏	朱建华	武梅分	李旭增	金 光
霍荏乔	董桂凤	陈毓英	陈瑞林	李 迈	姜 珂	童兆琪	李翰城	盛明德	程 琳	吴应龙
吕桂林	吕祥玉	陆永根	刘显民	刘斌玉	王玉燕	毛逸男	李翠芸	高五余	徐立非	郭士元
贾玉琢	陈伯祥	魏栋先	孙恩润	姚炎祥	李名奇	陈 荫	张连枝	郝玉兰	杨德华	赵静旋
刘伟光	李佩义	贾乃军	石景岚	王慧云	王德明	唐淑琴	卢 峰	毕永祥	关忠庭	张洪涛
陈景泰	王秀光	赵克非	关秀岩	武晓琨	闫 波	王 仿	毛文英	孟 庄	乔世军	陈玉梅
刘雁斌	赵晓红	张鹏程	仝德峰	于茜薇	吕晓波	徐晓飞	徐 凯	于 健	周建峰	于江红
卢成江	裴 镁	王 涛	陈春霈	刘鹏远	李晓峰	王庆瑞	杨瑜蓉	孙冬东	黄 露	盖遵彬
刘艳军	单 蕾	戎 芹	汪鸿山	于 萍	吕 娜	杜晓鸥	吴 严	李 蕾	魏小坤	李梦晗
樊嘉宁	石千程	白雨佳	樊少勇	张崇栽	杜子勤	王洪志	陈 夔	李仲钊	刘鹏殿	冼熾光
丘 良	曹明廉	王正秋	林宝钦	齐文岚	黄利滨	朱晓济	张尔其	吴学军	沈晓东	王世鑫
高士宏	赵俊荣	殷国栋	李士珍	田士伟	王俊廷	王 清	徐志民	杨 波	樊利民	汪树斌
刘丽美	刘光明	梁广平	魏红梅	杨文鹄	黄绍强	陈璧琳	汤智民	徐希昌	阮忠虞	李承志
李 川	耿广民	任延珠	李翔煦	范慧君	吴素香	周秀云	杨瀚云	常介瑾	郭淑芝	土春江
曲海涛	周 庄	张丽华	张德华	王永利	范征宇	邱静喆	吕宝玉	邓宏卫	宋 亮	陈智韬
崔文瀚	张洪瑞	李永成	李兆祥	滕治政	罗云山	关雅琴	关玉春	郭士杰	王传有	于化泳
孟维佳	刘秀艳	甘耀清	董玉华	于 泳	刘忠东	刘延岭	刘琴凤	于荣波	常 萍	郝万荣
王新发	李 然	从德福	刘鹏伟	张宝力	孙爱群	王晶红	胡国华	翁兆祥	王桂英	金英俊
王铮洪	李德庆	徐兆亮	陶云宝	潘景龙	杨德懿	贾蕊新	杨青春	孟庆元	高云起	郝殿贵
张春祥	郭子元	吴明伟	龙 毅	乔桂香	贾瑞星	付凯芳	马希圣	孙凌云	金成鹤	袁舜明

387

李　暄	王铁滨	刘晓克	杨卫东	叶　林	苏飞跃	邱法维	丁爱军	韩丽娟	李廉鹤	丁孝发
徐　峰	初铭强	耿建华	田石柱	马云飞	田玉滨	张洪涛	周大睿	倪　丽	许国山	卢姗姗
赵　鹏										

附录 3-2　哈工大（威海）土木工程系教职员工名单

钱宏亮	邱志贤	吕大刚	张进国	金松波	边文凤	王焕定	徐龙军	马新伟	贾立哲	刁鹏飞
陈再现	张耀春	刘荣刚	唐海红	赵庆丽	董　科	曾　森	陈国芳	张英姿	王幼青	王化杰
张鸿名	刘　璐	唐　琳	粟本龙	朱兴吉	陈德珅	赵国臣	祝恩淳	李素超	崔淑萍	张　涌
武亚梅	苏乃乾	旺敏玲	王承鑫	张天伟	王江波	邹德巧				

附录 3-3　哈工大（深圳）土木与环境工程学院教职员工名单

欧进萍	张素梅	滕　军	刘红军	查晓雄	凡友华	肖仪清	刘铁军	顾　磊	许　颖	彭细荣
雷卫东	陈　锐	李锦辉	段忠东	柳成荫	李祚华	程　昭	霍宏斌	卢　伟	李　朝	徐　枫
裴华富	林　坤	邹笃建	胡卫华	冯　然	彭化义	周　傲	张凤亮	李兆锋	曾　清	王　迎
胡　钢	泰　培	李　烨	刘海涛	于洪涛	刘　宇	闫佳怡	杨　静	李　磊	王　一	鞠芳菲
吕俊宏	刘文亚	赵竹青								

附录 3-4　外籍教师或专家名单

阔茨洛夫斯基	摄罗阔夫	铁摩辛柯	巴尔利	格里果洛维奇	伊烈英	基思利春	拉奇雪夫
萨雯	舍尔阔夫	乌斯特鲁洛夫		菲托洛夫斯基	福雷贝尔格		杰泼
福列洛夫	爱黎赫曼	贝尔纳达兹		特鲁齐宁	凯特林斯基		雅古波夫
奥萨基	伊曼	范其光		方相奇	阿拉依		王荣希
关元同	魏经良	李焕济		萨托	戴恩钦杨清如		韩清珊
高见太	荒井利一郎			大崎虎二	司southern里多夫		阔鲁舍夫
卡冈	库滋民	瓦西列夫		特卡丰诺夫	维琴尼阔夫		普里霍吉克
格鲁伐契斯基	莫尔加索夫			德拉兹道夫	齐斯加阔夫		约宁玛丽雅
扎衣切夫							

附录 3-5　兼职教授名单

Kim Rasmussen	P Benson Shing	田村幸雄	Billie F.Spencer Jr			
Michael Havbro Faber		洪汉平	Anil K.Chopra	Pol D.Spanos	徐增全	滨田泰以
崔栋浩	Scott T. Smith	莫治隆	Mark Gerard	姚　兵	张青林	Stewart	植松康	铃木祥之
胡　晖	LAW Siu Seong	王永维	聂圣哲	毛志兵	官　庆	王铁宏	孙柏涛	王肇嘉	益小苏
朱卫中	修　龙	沈岐平	丁传波	黄文仔	王金国	肖绪文	冯夏庭	杜彦良	叶浩文	吕红军
左　强	魏武臣	金会军	龚　剑	张守杰	Buddnima Indraratna		朱东海	周观根	杨天举
王忠仁	于兴敏	郑晓静	姚　燕	崔源声	Paolo Gardoni		岳清瑞	Ahmed Elghazouli

附录3-6 博士后人员名单

力学博士后流动站

1987	欧进萍
1988	陆念力　陈树勋
1989	谭东耀
1990	杜修力
1991	李大华　赵成刚　赵　臣
1992	张素梅　毕士华　姚熊亮
1993	吴　波　王东炜　汪越胜　傅士太　李乃宏
1994	谭中富　吕建刚　关惠敏
1995	朱景川　哈明虎　任　慧　龙方勃
1996	蔡德所　梁　军　孙爱荣　郭　迅
1997	鲍　文　聂润兔　阮　跃
1998	李鸿晶　于胜百
1999	郎利辉　赵伟民
2000	闫　石
2001	周正华　丁海平　赵茂才
2004	王　华　杨　华　王玉银　王　勃
2005	张春巍　胡　琼　翟长海　刘立鹏
2006	徐龙军　王林安　陈　波　刘洪波　支旭东
2007	曹正罡　孙　瑛　王春刚　解恒燕　周文松　公茂盛　董泽蛟　钱宏亮　张壮南　孙晓颖　肖会刚　刘　敏　毛晨曦　薛忠军　周道成　张连振
2008	李　岩　贾明明　赵宏宇　董连成　贾立哲　土绍君　张茂花　姜庆远　刘　丹
2009	武　胜　周华樟　鲍跃全　李顺龙　陈文礼　丁玉坤　侯晓萌　薛　渊　谢　宁
2010	徐　莹　孙绪杰　许国山　张博一　李　爽　齐岳　唐　亮　张宏生　张　瑀　李忠龙
2011	蔡伟华　周春圣　郑朝荣　陈国芳　孙　航　曹　莉　王　建　孙永明　王晓东
2012	刘昌永　戴鸿哲　马会环　王　贞　于皓琳　李新凯
2013	严佳川　刘　璐　王代玉　李泓昊
2014	于志伟
2015	刘发起　牛　爽　卢姗姗　隋　超　李　亮
2016	王永辉　温卫平　施秋华
2017	莫华美　方庆贺　刘雨时　郑智颖
2018	王明治　籍多发　陈朝骏　杨　旭
2019	刘　朝　武小荷　刘嘉斌　任兆勇　蔡婧妮

土木工程博士后流动站

1992	尹　明　于春阳　闫维明
1993	郑建军　傅铁铭　陈国兴
1994	王　哲　叶英华　刁　波　常建民
1995	叶继红　于秀娟
1996	郑文忠　马春元　凌贤长　王东升　郝际平　李　星
1997	姜绍飞　孙治荣

1998	龚景海	李立新	李帼昌	查晓雄	张肖宁						
1999	李小青	汤爱平									
2000	马玉宏	李山有	何 政								
2001	张宝杰	侯纲领									
2002	赵纪生	陈 晨	戴君武	武湛君	吕大刚	吴松涛	霍明昕				
2003	周 智	刘文峰	杨 飓	崔 杰							
2004	贾进章	戴彤宇	张立秋	杨鼎宁	张世海	龙 旭					
2005	孙 静	梁咏宁	金 波	裴 强	孔德森	李宏伟	吕国辉	韩宝国	马新伟		
2006	单宝华	闫桂荣	王玉银	郭兰慧	陈宪麦	何 飞	冯树民	高小建			
2007	逯彦秋	陆诗亮	薛小龙	和雪峰	于万钧	闫桂荣	关明杰	何 飞	王会立	丁发兴	张玉玲	齐 虹
2008	丁 琳	程国柱	徐 澎	单 炜	辛大波	刘 洋	戴鸿哲	和雪峰	徐洪澎	胡长胜	慈玉生	傅继阳
	刘红军	杨少华	许文峰	李 军	刘 丹						
2009	郭乃胜	周纯秀	刘 伟	路晓艳	王 川	郝庆多	成飞飞	陈再现	李云良	乔国富	郭乃胜	余新盟
	刘志生	周庆生									
2010	李 爽	杨少伟	张学义	张 坤	曹振中	唐 亮	于红军	陈再现	黄 锰	徐 枫	龚国斌	迟润强
2011	张东昱	王 建	耿 悦	金晓飞	陈 剑	曾 森	高桂波	王晓东	邹中权	刘传卿	赵安平	
2012	李新凯	孙 凯	赵安平	曹正罡	袁炳祥	黄 永	董永康	王化杰	董 宇	涂胡兵	黄 艳	
2013	梁 猛	于晓辉	张爱兵	张清文	董国朝	谢 鹏	李学英	王 军	赵 威	李素超	徐鹏举	丁 勇
	周宝峰	李学英	丁 勇	赵 威	李素超	于晓辉					
2014	范 昕	朱业光	刘 坤	徐畏婷	刘芳芳	张中昊	李双欣	王锦文	朱崇利	郑世杰	陈 旸	
	Gul Ahmed Jokhio		Dilli Ram Thapa								
2015	龚 超	南海顺	刘昌永	刘 坚	赖马树金	Anna Dilfi K.F.					
2016	王维铭	邹海天	张海顺	郝天之	郑庆星	Mohamed Ayeldeen					
2017	张海滨	许照刚	何伟华	武 悦	周 鹏						
2018	周知星	于 涛	赵 磊	彭 超	陈智成						
2019	陈德珅	杜 鹏	刘小璐	邢 超	邓 鹏	何 珺	李德如	吴成龙	徐 阳	李承高	吴国华	张嘉文
	陈 煜	雷 俊	张惊宙	黎燕文	冯凯伦	Bandna Bharti					
2020	郑志宝										

附录 4 土木工程学院学生名单

附录 4-1 本专科学生名单

附录 4-1-1 校本部土木工程学院本科学生

1924 届
建工系

Д.Н.多尔玛托夫	Н.П.卡鲁庚	М.В.卡尔波舍夫	К.И.泼果定
Е.П.托普尔林	Б.С.法列肯舒泰恩	王守先	

1925 届
建工系

В.Н.阿古罗夫	Г.Г.阿列克谢也夫	А.Н.巴拔邪夫	И.К.波格丹诺夫
В.В.博拉曼	Л.С.布达戈安茨	Н.А.伏斯克列辛斯	Ю.М.格拉波夫斯基
Б.Н.狄司帖尔洛	А.Н.多博洛霍托夫	С.К.伊凡尼茨基	В.В.廓峈耿
М.А.克雷洛夫	Т.Т.雷薩阔夫斯基	В.Г.梅里霍夫	М.Г.奥列霍夫
И.С.比嘎列夫	М.Н.波多罗夫斯基	С.Н.波多罗夫斯基	И·Ф.普拉沃苏杜维
И.С.斯帖博林	С.В.舍沐阔夫	П.А.歇尔阔夫	В.В.雅浸阔-赫梅列
王寿祥	罗云平		

1926 届
建工系

М.П.安德雷也夫	А.А.博浪阔夫	Е.А.布思庚	В.С.闻桑	Т.В.宗度维契
А.Д.伊恩纳斯	Л.С.卡富卡	А.А.卡津柯	Н.А.卡津柯	И.К.凯罗-奥泼
Н.П.科ës列夫	П.А.涅倍申阔夫	В.Д.鲁蛮切夫	С.П.斯塔利阔夫	迟格林涅茨
С.С.斯帖盘诺夫德米多夫		К.К.菲杜谢也夫	Н.А.舍斯托夫	М.И.优霍茨基
王锦本	叶大年	刘欣翔	苏诗度	许玉冰	吴凯翔	吴 察	田秉承	陈昭耀	张挚耕	赵书勋
施尚文	王郁芬	史崇周	胡则寅	史尚文

1927 届
建工系

В.А.博洛欣	К.П.列夫钦阔	В.М.列昂托维奇	В.Ф.绍富阔普略斯

1928 届
建工系

М.В.安东诺夫	И.С.波尔薩阔夫	И.Ф.卡钦	Н.В.基塔也夫	Ф.З.阔瓦列夫
П.Е.刻拉符庆阔	И.Б.库列也夫	М.А.穆齐克	В.В.诺西阔夫-涅夫斯基	
М.Н.奥诺泼利恩阔	Ю.В.斯米尔诺夫	Н.Д.苏普薩	К.И.费利普夫	Н.В.费利普夫

1929 届
建工系

В.Е.别略阔夫	И.М.戈叶斯度弗	В.С.多博洛夫列斯卡娅	А.Г.扎尔茨曼
А.В.兹威列瓦	М.Н.伊瓦申柯	Г.Е.伊尔略舍维奇	Е.С.卡巴尔金娜
Л.С.卡巴尔金娜	О.И.阔拉博列瓦	И.И.阔拉博列夫	А.В.马尔索夫
Н.М.涅克留杜付	С.И.派夫列富斯基	К.К.萨维茨基	М.А.梯曼诺维奇
М.Я.特罗菲孟阔	П.П.车尔耐	夏树兴　团宗煌　计砚玲	

1930 届
建工系

И.Л.阿达莫维契	В.В.阿列亨	Г.И.巴尔贝留克	Г.С.波利索格列博斯基
Н.П.符亚特金	Б.П.嘎尔绅	Р.Г.儒拉夫斯基	М.С.佐托瓦
Г.Н.伊瓦舒阔夫	М.Н.卡列利	В.В.基塔也夫	А.П.科库林
Г.П.刻拉维茨基	А.П.克罗托夫斯卡娅	А.В.库刻林	А.А.列别杰夫
Н.А.雷柯夫	Н.А.萨马尔切夫	М.А.特罗依茨基	Е.А.乌拉索维兹
Б.Г.车尔涅夫斯基	Н.В.舍沐阔夫	А.А.歇尔巴克	Н.В.歇尔乌茨卡娅
关裕谷　于家祺　杨希岭			

1931 届
建工系

П.П.阿博拉木	Е.П.阿卡基也夫	А.И.阿略夫定	Б.И.巴图邪夫
Л.А.波涅茨基	Г.И.瓦西列也夫	Н.В.嘎里茨基	Э.Л.甘涅林
П.В.格列铁尔	З.А.庚陀夫特	И.М.格洛兹曼	В.В.果里庆
Т.Н.龚达梯	Г.Р.迭司涅尔	В.Н.狄果	А.Г.日沃托夫斯基
И.С.扎度罗仕耐	Г.В.伊姆申涅茨基	Н.А.卡鲁庚娜	П.К.刻尼倍尔
Г.В.库克辛	Н.Н.库列晓夫	С.Н.卢克雅诺夫	Н.П.奥西波夫
Т.В.谢尔贡尼娜	А.Я.特罗菲孟阔	А.С.费拉杰列伏夫	Н.С.费拉杰列伏夫
Я.Н.弗林科尔	М.А.齐托维奇	М.Г.优素普夫	王竹亭

1932 届
建工系

Ф.И.巴让诺夫	А.В.贝阔夫	Н.Д.瓦雷尼克	И.П.瓦西列也夫
П.А.沃叶采霍维契	А.М.格鲁舒阔瓦	С.П.果尔蓬措夫	А.Ф.久班诺夫
Н.Г.多里安	Е.С.叶林斯基	В.А.儒阔维契	А.Н.扎依齐金
В.М.扎泼鲁琴	Л.В.捷仕优凯维奇	О.Л.伊凡诺夫	Н.Д.科兹留克
В.И.阔罗列夫	Л.М.克鲁格洛夫	Н.Ф.拉列金娜	А.А.里莫尼阔夫
А.В.里涅瓦	П.И.卢申	М.П.孟仕阔瓦	А.Д.米纳也夫
М.М.米谢维奇	Ю.А.米申	С.Н.穆留京	В.А.尼基京
А.Е.尼卢斯	Г.П.尼谢格洛多夫	М.В.匹尔呼罗夫	Б.П.泼列汉诺夫
Д.М.泼多列斯基	Г.П.萨列茨基	Ю.М.西陀罗夫	И.Е.斯帖盘宁阔
А.П.斯帖盘诺夫	А.И.斯帖盘诺夫	А.П.富尔塔特	Й.Я.哈林
П.П.沙拉宾	Б.Г.释木京	王欣润　王新民	谢光炬　贺闻深

392

1933 届
建工系

М.А.巴基契	В.Н.波威津	К.Д.波洛夫	А.С.瓦列克
В.А.华西列夫斯基	К.Г.簋杜克	Р.А.甘	В.А.嘎尔诺维索娃
В.Т.格里果列也娃	И.В.古略也夫	Б.Е.狄卡诺夫	Е.П.兹优列曼诺夫
Э.Н.伊瓦申柯	В.Д.卡尔雪拉则	Л.В.卡尔雪拉则	В.Л.科玛琳斯基
Ю.И.克留阔夫	В.Ф.刻略日姆斯基	Б.Н.库杨	В.Л.洛庚诺夫
В.И.马科也夫	К.Г.梅里尼阔夫	Н.Г.孟尼格	М.Н.穆拉托夫
Н.В.纳扎罗夫	Б.Н.涅斯帖罗夫	П.В.尼基福罗夫	Г.П.奥斯塔谢维奇
С.Ф.彼特洛夫	С.М.拉佐莫夫	Я.Е.鲁马尔丘克	А.П.蕯列茨基
П.П.蓬里歇伏	В.М.森宁	Н.Е.西特尼克	Е.Ф.杜尔阔夫
К.А.沙拉叶瓦	В.В.歇尔乌茨基	Б.К.优赫诺	
В.И.杨阔夫	王兆昌	关鸣山	刘正寅	许日鸣	陈商驰	张至祥	赵广震	陈厚培	于火晨

1934 届
建工系

В.Г.巴克	М.Л.别洛乌索夫	З.С.波契琳	Е.Д.维尔特波娃
Г.Е.葛罗斯曼	Г.Н特维纳林阔	А.П.叶果林阔夫	В.А.叶尔莫洛维契
А.А.兹沃尼柯夫	В.Е.阔诺瓦林柯	Г.Е.阔诺宁柯	С.В.廓斯文切夫
А.С.库拉诺夫	А.Я.库思	А.Д.拉尔钦阔	В.Н.留度果夫斯基
В.С.马克西莫夫	Ф.К.派特拉赫	В.С.鲁诺夫	Е.В.谢尔格叶夫斯
А.И.斯塔霍夫	Б.Н.斯托杨诺夫	Б.С.苏斯塔托夫	П.И.特罗菲孟阔
И.С.菲杜林阔	А.Н.哈扎诺夫	Е.С.舍赫帖尔	Е.М.释霍夫
В.М.世泰因别尔格	王国超	王迭璞	王浑翰	卢玺冠	刘航道	刘春来	孟昭林
江济敬（田延庆）	秦尔温	杨士强	王 锦	申钟岳

1935 届
建工系

Н.Г.阿古列也夫	Н.К.阿美钦柯	Н.А.安楚果夫	И.А.邦达丘克
О.Г.瓦西林阔	В.М.符笃洛夫	М.Л.格拉西莫夫	Б.Н.庚赫
Н.Г.格拉伸	К.Г.格里果列也夫	П.П.多罗贡措夫	А.А.多罗费叶夫
С.Н.伊凡诺夫	В.Т.伊林斯基	И.В.卡拉托扎舒维	Р.А.卡林娜
Н.С.卡斯匹罗维契	В.В.科刻沙罗夫	Е.Ш.克鲁格略阔夫	А.И.库刻林
Г.М.库佩尔曼	В.С.库利洛-库罗夫	А.Ф.马尼尔阔	А.Х.马尔阔夫斯基
Г.И.梅荷德	Э.Т.米肯纳斯	Н.В.莫罗佐夫	Е.А.泼留歇
Г.В.浓果热夫	В.Ф.普利马钦阔	А.Т.普罗廓平阔	В В 鲁砇列夫
С.Н.斯帖舒科维奇	Д.М.斯多宾	И.Ф.透透尼克	池尔阔夫
В.Н.仕派阔夫	王熙衡	卫凌沛	国礼楷	国竹山	杜洛诚	刘 度	刘德海	刘唐领	马庆桐
苏景阳	贺 期	何 铸	曹世幸	贾永昌	赵谆善	程综晓	陈祖棠	盛特悦	于勋治	罗云平

1936 届
建工系

В.В.波尔嘎尔斯基	Б.С.布哈罗夫	В.М.符笃罗夫	К.М.果尔迭也夫
С.П.卡欣	А.Л.雅库波维奇	白震宇	王 津	王语山	李祥宾	刘威帆	马 力

孙翁益　孙锦思　金润华　崔衷远　张文敬　张以琏　张显祖　张增绍　赵敏烜　赵　琦　赵福魁
施　英　于雄志

1937 届
建工系

А.Г.阿博拉莫夫　　О.Ф.巴索夫　　　И.М.博雷斯列尔　　В.А.伏尔阔夫
М.С.甘宁　　　　　Е.А.格拉捷琳　　Е.И.格尼略克　　　Г.Г.达尼列钦阔
Ю.Г.多里安　　　　А.С.德鲁奇宁　　С.В.叶尔绍夫　　　В.Г.捷兹因
В.К.佐洛塔列夫　　Г.М.卡茨　　　　Ю.И.克留阔夫　　　А.В.库兹涅佐夫
В.В.库列明　　　　Г.И.库切夫　　　А.Г.马克西莫夫　　Л.П.马尔基佐夫
П.А.马杜里克　　　А.Я.奥库洛夫　　В.Ф.奥斯特洛格　　П.И.泼普阔夫
Б.Л.萨德阔夫斯基　Е.М.斯维司杜诺夫　А.В.谢尔格叶夫斯　А.Н.杜京
С.Н.菲奥多西乌　　В.Н.弗林德也夫　　Н.В.契尔托果瓦　　Р.Я.沙叶驰克
Н.А.释罗基　　王辛娥　王传刚　关靖芳　关敬方　宫熙晴　丁昭敏　丁福库　登恩成　伊茂田
穆志书　倪田藏　孙育贤　许久常　肖杼友　唐恩浩　陶国瑞　吴航民　曹济樵　江珽河　崔春咏
张博义　赵永康　邱嘎叶　白永荫　李国荣　孟祥文　哈锦成　黄守球　黄永恒　金泽涌　赵敬新
舒景琏　任震英　张名策　孙竹生　关信昌　周树人　关狱东　邓思城　孟照然　林钧朴　杨景太
杨景龙

1938 届
建工系

И.В.奥西波夫　　В.И.巴毕　　　　В.А.嘎富利阔夫　　В.Н.果尔布申　　В.Н.伊凡诺夫
П.А.龙绎彰　　　В.А.纳尔科维奇　В.М.匹列派茄　　　Д.К.福敏　　　　И.Н.齐斯加阔夫
许海昌　邵耀宇　王贵宁　洪伦　洪修　张葆书　赵昌国　周福义　陈炎　杨若任　杨静素
李耀荣　许忱　吴强镇　赵颂庆　钟毅　邓恩诚　枥景苏　王益新　裴连振　李连魁　吴春康
吴家珍　枥若震　张德元　马精一

1940 届
土木工程系

董泰和　营春林　李学孟　刘全俊　徐宗岱　吴锡阳　靖绍康　崔松山　车明值　张立本　杨　献
杨承惠　高锺义　铁城（李乃华）罗鸿年　刘恒兴　刘世凯　马鸿飞　何宝尊　何景福　合志淳
蔡克成　金匡九　金命锡　金鹤善　金恒来　赵国政　杨兴斌　王绍孚

建筑工程系

王富山　王明序　崔永新　关兴勤　关征定　孙庆玺　刘启元

1941 届
土木工程系

贾志诚　勾志恒　李樾滋　彭明宇　孙廷先　萧庆钧　邹国琛　张文魁　张德文　张　正　张绍卿
郑泰新　毓连珍　杨宝树　王贵德　王益群

1942 届
专业不详

高伯文　管博范　关中藩　李学孟　刘茂轩　刘曙晨　梁得安　潘世昌　森　贤　徐文安　吴家汉
吴　琦　费永汕　江奠民　邱麟书　张宪漠　张骏烈　肇永和　于世公　杨大山　高永庆　丁克骏

附录

李玉德	龙川淳	孙建勋	项鸿才	吴庆昇	蔡克成	金宝祥	姜国衡	张 彤	尚久铠	金谷鹤吉
杨宗章	郭乃立	董富海	李绍伯	刘恒增	马永斌	那绳武	辛 起	孙江安	金山明正	张立勤
赵自亮	周连俊	沈元毅	石宗林	杨忠民	阎玉宝					

建筑工程系
| 高宗义 | 崔学勤 | 张 维 | 麻贵茂 | 马纪勋 | 栾春仁 | 李果毅 | 邱佩书 | 郎式通 | 王世隆 | 洪克政 |
| 王庭义 | 王延义 | | | | | | | | | |

土木工程系
萧庆钧　孙延先　刘作田　樊立成　于延光　邱佩杰　赵龙泉　黄春蕃

1943 届
建筑工程系
王泽岐	尹振疆	汤金业	叶先民	泰家恒	李光耀	胡天民	邓九风	王恩昌	石永安	汤维武
刘 钢	曲 伸	李绍伯	祁永义	辛 起	孙江安	解宝琨	安振声	张立勤	张尊三	郑善德
俞多昌	王时昭	马永斌								

1944 届
建筑工程系
| 边金城 | 王延艺 | 刘曙辰 | 杨忠民 | 安永渝 | 李殿远 | 穆翼康 | 王英美 | 张兴汗 | 董 桥 | 赵景信 |
| 王克法 | 高瑞东 | 白音大来 | 金广之 | 邱麟书 | 吴 琦 | 王九章 | 魏正修 | 吴 为 | 张俊烈 | |

1945 届
建筑工程系
白友三　杨永成　尚久赞　李铭仿　赵大兴　傅清淡　崔双寅　南永德　承 丕　丁国治

1946 届
建筑工程系
肇永和　弗永汕　王 理　徐文安　梁德安

1948 届
建筑工程系
关 柯

1951 届
城市建筑
恩·得·沃龙错夫
桥梁隧道
贝·非·吴索夫

1952 届
工业与民用建筑
依·阿·舍列涅切也夫　盖·维·康司坦丁诺夫　亚·杰·阿列克塞　傲·雅·库兹聂错瓦
开·安·乞力笑诺克　初仁兴　陈学斌　张海文　王茜梅　周 庸　张海文　初仁兴　关仁普
王日铎

上下水道
阿·特·敖国列勒阔夫　　卡·勒·贾其阔瓦
铁路管理
特·勒·阔勒齐娜　　威·威·阿夫古司托夫　　勒·各·之洛滨娜　　恩·木·安劳诺耿诺娃
依·得·保保娃　　　　耶·木·罗日阔娃　　　梁万裕
铁路勘测及设计
司·耶·阿阮那留斯　　盖·依·司利文斯基　　关仁普
铁路运输管理
孙梦菊

1953 届
工业与民用建筑
耶·别雅库保夫斯基　　阿·芦·彼力宝也夫　　阿·阿·聂尔司库西　　张自杰　　宿百昌　　赵亚杰
杜鹏九　　周凤瑞
上下水道
列·里·阔兹民　　　　周　庸　　克·阿·吉茶果夫　　王西梅　　田孟春　　别·瓦·卡尔金
达·阿·都鲁日娃斯卡娅-卡勒金
采暖通风
玛·露·开托豆里德-阔诺瓦洛瓦　　克·维·沙木拉也夫　　柳·司·塔尔广司卡娅

1954 届
工业与民用建筑
斯·斯也洛非也夫　　格·恩·阿结也夫　　特·恩·塔尔诺夫斯卡娅　　特·司·巴甫列夫斯卡娅　　波·威·阔沙列夫
木·威康可坦丁诺夫　　阿·斯·司维斯都诺夫　　阿·费·德鲁仁　　威·威·谢苗诺瓦　　木·尔·司米尔诺瓦次利错
列·斯·那木南　　伯·恩·司都可夫　　李建华　　王缵基　　郑　忱　　吕宗仁　　王　江　　王学钧　　王任刚
赵亚杰　　范垂丽　　罗国书　　刘傅碧　　蔡长鼎　　钟　义　　谭桂范　　庄　重　　赵良荣　　李存德　　胡绳齐
盛秀娟　　朱善礼　　尚银凤　　林高年　　李国相　　唐春沛　　刘德满　　张成全　　叶明五　　张友仁　　叶辛裔
崔鸿盛　　李景元　　常　荣　　丁克侯　　刘守仁　　贾登基　　何权昌　　何秀珍　　董少英　　应志森　　金常鍊
陈玉章　　李明忠　　杨经华　　曹玉玢　　任玉田　　张鸿杰　　李云波　　高　竞　　王开达　　胡启模　　杨爵如
任文忠　　郭其惠　　王崇诚　　吴百强　　李崇森　　姜鹤年　　胡发辉　　陈　淇　　熊长兴　　谭泽瑶　　周修哲
王焕耕　　沈玉桂　　林荣祖　　王子步　　毛　凤　　彭项列　　何文杰　　吴　彬　　安迪生　　郭白然　　朱　起
谭培身　　郑锦旋　　张　琳　　林荫广　　谢增宏　　王文顺　　赵静嫒　　李永贵　　卢　国　　余永遐　　张玉林
黄居祯

1955 届
工业与民用建筑
卢宗和　　关荣昌　　杨占惠　　刘东奎　　王铁成　　曹声远　　王振家　　刘启陆　　周翠琴　　李洪业　　任汝龙
孙效昭　　陈洪奎　　何增沁　　李凯文　　陈振基　　王铁梦　　吴良玖　　刘惠珊　　王春昌　　刘继谦　　熊占永
哥·阿·别洛夫　　郭长城　　杜鹏久　　赵树行　　阎荣昌　　张泽华　　张人洪　　关世义　　姚雨霖　　林荣忱
给水排水
李圭白　　王宝贞　　赵玉龙
供热供燃气及通风
路　煜　　武建勋　　刘祖忠　　盛昌源

附录

1956 届
工业与民用建筑
马方台	梁凤歧	王承顺	张法良	邓淑芬	张冶那	龚士章	谬世芬	田瑞英	杨秀文	王令仪
毛淑华	毛士弘	朱君道	曹天民	常怀生	李树荣	黄士元	樊昌武	刘常林	马松山	刘振文
马光政	曹泽润	于凤汶	司徒戍生	王廷奎	陆聚东	田家骅	边喜全	石长生	钮长仁	张琪
韩昭信	李德庆	陈基发	李哲新	王凤年	马熙大	李棠	杨真三	蔡其昂	田大叶	佟守城
段锋	梅季魁	张晓漪	王书培	徐攸在	杨天然	刘雄亚	李志飞	程缄三	符名泰	皮齐宝
傅增玉	陈懋恭	施奈	陶中节	陈淦荣	滕展鸿	张绍钢	喻廷岚	江青梅	朱克敏	陈远椿
陈秀梅	高尚华	滕俊	胡季容	王余庆	李维玲	陈德冀	胡世风	季南	赵福滨	王惠德
梁人和	黄家渠	郭士元	郭树谦	郝秀文						

给水排水
罗达粮	董辅祥	张愈	金锥	赫贵理	刘馨远	范成鑫	鲁令淦	邵元中	徐彬士	王伦
陈霖庆	孙慧修	王训佺	廖文贵							

供热供燃气及通风
徐谋海	刘锡山	刘钊宽	王民生	秦书勤	王义贞	林淑令	王少峯	谷剑宽	龚循吉	贺平
高泽华										

1957 届
工业与民用建筑
郑生荣	张秀金	陈大方	王文斗	陈研	吕振亚	洪树森	许镇焕	林长虹	李忠涛	谢力子
姚石甫	林士栋	陈清文	柯昆耀	王少星	薛纪培	吴德玉	计学义	卢建生	孙方文	郑雁宾
江宗奎	阮金藩	潘承刚	冯靖宇	葛志新	刘昌茂	张鸿志	王永康	李瑞桥	徐增全	赵绍普
陶懋治	卢继文	魏洪图	侯作卿	朱世沭	潘浩润	王利华	骆澄寰	时慧珍	陈浩荣	杨永溢
戴良瑛	陈慕松	王硕纲	孙同济	侯枫	切而恩舍瓦	冯毅	王博强	姚澄	彭灼凯
周书经	喇国仁	时树洲	赵耀	苏振松	载绍国	聂平	杨妈注	汪卓敏	杨文彦	王少东
项玉璞	唐岱新	张承复	严田	郑雁寰	杨章滨	张炳权	熊吉生	梁国华	曹伯扑	蔡玄晖
罗为现	张金铭	邵卓民	张安帮	纪新	赵桂春	鲜继康				

给水排水
张有威	曾锦之	黄昌武	吴满山	李大元	王焕文	戴之荷	朱启光	安鼎年	葛文洁	王昪
陶济林	盖钧	韩铎	陈贤关	夏秀清	陈永富	汤鸿霄				

供热供燃气及通风
高泽华	贺平	薛秀英	张乃涵	杨绍海	赵恩卿	陈学昌	程志英	高文忠	邵锦书	诸明杰
张林瑞	杨庆礼	陈国彬	张永铨	任振良	廉乐明	秦兰仪	吴元炜	崔汝柏		

1958 届
工业与民用建筑
吴建勋	张玉芹	顾德武	周鼎芬	周学禹	王枢立	卢沫逸	钟德腾	朱楣才	董幼祺	梁正容
胡秀彪	叶履金	任邱大	汪景文	董振兴	彭秀侣	陈学龄	谭玉辉	赵励	杨学明	杨敬生
陈燩超	林桂珍	纪新	木沙巴也夫	阿力琴	阎语	罗为现	吴泉生	权昌宇	黄颂椒
李济行	姚文禄	金启元	钟丽蓉	杨彩凤	曾繁世	黄振翰	李坦	单仁煦	马明义	于晓琪
陈淑兰	谢代仪	杨润身	陈光嫦	金润锡	刘建群	程肇芬	江安宇	陈春梅	李建章	赵桂春
高国泉	杨菊芳	李树生	崔淑贤	田桐玉	陈益寿	郑世喜	沈志信	鲜继康	王庆林	刘长禄
牛庠均	吴淑贤	张淑芹	王锡鹤	高福洪	田家英	白颖慧	杨毓亭	郑文权	吕元大	马英豪
程本坚	甯念聪	袁振东	谢明珠	孙淑明	孙培生	何国宗	岳玉栋	姚传愚	张育智	朱法仁

397

刘迪荧	张安邦	王义鹉	郝恒利	陆晏田	谢贝琳	赵丽华	马天才	何汉明	何毅民	梁远强
吴国信	韩桂勋	高文臣	陈明泓	林正桂	郭济昌	周星基	刘义竹	王文生	谭攸玫	程一恭
萧玉礼	张世昆	戚恩淮	袁永贵	祝昌文	邰卓民	赵静媛	李介直	徐千秋	蔡敬仲	王裕国
杨 军	吕 嘉	李秉仁	高文廷	冉念聪	肖玉礼	庐沫逸	张吉林	安佩深	虞良铭	郭恩章
赵 铮	申金友	崔化海	张爱真	辛 炯	张金铭	Г.Н.马拉伏夫		E.E.波多斯基		
В.Г.古尼科		Л.Н.波波娃		В.М.依格纳金格						

给水排水

杜魁元	龙振涛	张增善	缪进和	牛绍膺	李香娣	廉贵昆	莫亚雰	孙玉兰	陈玉官	徐允文
龚兆骥	孙凤英	赵 锋	冯裕琚	李光勤	李茅英	高增傅	金长礼	彭道崇	邓崇志	易惟谦
袁声威	刘有任	张希衡	汤鸿霄	陈克任	张教坦					

供热供燃气及通风

朱学明	李本谙	陈美梅	刘永志	谢伟光	施能树	刘钊荣	刘永芳	徐慧筠	景淑白	孟宪吉
袁论元	吴铭泉	徐岚文	陈锡敬	王庆华	汪墨林	严正元	傅维栋			

1953 级（最后一届含预科六年制，1959 届）

工业与民用建筑

李 明	赵 争	张立平	王衍吉	侯忠良	谭爱兰	王玉泰	朱家林	欧阳伯岩	冷兴武	徐凯怡
卫纪德	刘作华	金承基	陆亚俊	黄 鹏	陈洪章	黄 篴	范乃文	高士廉	秦惠民	郭盛元
江孝禔	韩原田	李 湃	赵青荣	姜桂芝	刘岳山	陈辅君	刘岱宝	于鸿章	战复斌	王永江
王福祥	邓治扬	徐维强	李永有	金瑞成	丁会度	王克昌	刘漠菊	赵文杰	工茂刚	秦佩君
张敬方	刘 有	葛仁廉	李云刚	何相林	韩浩然	贾俊卿	殷洪才	王乃凡	梁春茹	王牟丽
刘英三	刘忠德	金芷生	张玉荣	王广才	陈铁鑫	金德恒	孙万成	何 凡	丁思新	徐温玉
陈鉴曾	伍修凡	邹永志	郎忠儒	王延祥	余志成	杨占山	昭那斯图	张爱贞	郭永芬	沈玉海
蔡绍湘	赵景海	徐其鼎	汪成杰	许剑华	张 城	石威廉	朱景义	罗 苏	张占生	田广墅
黄天其	王德清	张致和	赵 斌	梁现聪	邱长敏	董凤石	冯玉珠	周起臣	朱贵新	张国华
赵文瑞	王忠信	曹敬德	宁潜明	王景龙	吴荣珍	孙荣植	陈文秀	戚式姮	阎志超	高培臣
尚茂举	于长路	汪泰钧	徐道海	薛红福	贾鸿蕴	张光热	邓毕升	董桂凤	宋嘉喜	吕晓原
付思羲	詹家柄	付良伟	江亚英	张晓东	姜鸿光	陈惠明	罗永钧			

给水排水

陈会礼	黄国干	陈联珠	韩绍暄	冯武宗	韩世荣	邸宝英	李希哲	张芳西	陈辅军	赵青荣
刘录声	李桂新	陈平兴	李心君	王永江	邓汉钧	王增品	周淑芬	金承基	李云刚	王玉玲
马德钢	周文翰	金瑞城	蔡著先	芦银汉	张静玉	卜恩云	潘正陞	张宝印	赵文杰	张贵学
黎式强	韦学编	李永有	陈浩文	徐云凤	张敬芳	云桂春	徐维强			

供热

葛仁濂	韩浩然	崔春英	程紫润	陈宏章	门璘生	吴有筹	钱育民	张凤桥	王珍生	杨振魁
陈鸿润	余恢度	刘绍基	申国宾	李自然	栗颖娟	王国瑜	王度方	裴尚伦	乔世茂	邢迺成
奚志忱	钟步超	沙兆坚	邓松如	蒋光大	时淑芬	李明运	魏运香	吴成禄	蒋宜萍	郭盛元
何相林	范惠民	汪博泉	郭魁选	张宝珩	陆亚俊	俞纯桥	邹士富	贾福康	王凤才	沃丁柱

燃气

傅忠诚	艾效逸	管荔君	江孝堤	梁安馨	陈培英	黄 篴	李 荣	高学孟	殷 勤	吴裕英
黄兴洲										

附录

1955级

工业与民用建筑

颜景田	吴振声	梁志宏	王仲秋	王淑清	任玉峰	王用信	赵焕斌	杨立华	刘叙和	赵 鸿
张凤珍	李 蓉	庄秀芳	张树贵	韩桂勤	戚式娥	苏景舜	赵乃洁	伍文枢	阚景新	王恩泰
邓治扬	韩维贞	刘其信	郁维俊	马周良	全 智	陈景泉	王文达	刘其贤	全钰婉	陈增麟
吴茂林	董兴旺	薛莲芝	齐学杰	李淑洁	王月福	马士玺	李占杰	蒋连生	姚传芳	刘树挺
陈玉民	金石坚	常玉春								

给水排水

王昕权	陈九年	刘希泰	吕宏谋	周莲山	谭学忠	夏 洋	陈忠正	庞马可	刘 淼	王殿侠
左本秀	王增贵	王维锦	邵明春	阎岚坡	覃显森	肖 春	宋孝先	卢 洁	向忠耀	杨景芳
丁正同	车月璋	付九龙	郭玉茹	戴爱临	陶尊寿	陈凤刚	孟庆海	季登明	郝桂兰	何钟怡
陈雪珍	王仲仁	王振和	邵 刚	谷立黄	唐云梯	曲冠英	王杨祖	郭 文	李家春	郭振荣
卢乃仁	周 鼋	赵 虹	倪乔生							

供热

马金洋	马鸿发	魏学孟	张士文	赵德宇	钟庆琛	杨家诚	孙性良	高文韶	于凤兰	黄耘秋
孔庆宝	张耀岚	刘汉忠	娄长彧	卢永昌	孙 平	汤 原	程仁美	王延荣	王兆椿	徐志远
阎尔平	李朝君	杨崐龄	尹维轩	张景芳	张启先	赵文德	李闺霞			

燃气

常树人	孙庆复	白淳岳	常玉春	陈玉民	董 珊	段常贵	姜永顺	蒋连生	金石坚	李振鸣
苗树园	谭达德	徐国峰	严铭卿	赵宝田	刘树挺	冯长海	郭银广	焦正润	刘世昌	李茹蓉
姚传芳	曹兴华	王锡鹏	赵志达	刘金波	征祥生	刘淑琴	王先绰	吴健英	许 祥	

1956级

工业与民用建筑

李世文	刘锡哲	秦春芳	李国强	杜维宏	陈孔圣	高文斗	程雅文	景玉辉	稽春美	任新存
黄显迪	姜鸿举	曹秀珍	张家喜	张福运	刘静庄	李占杰	李志深	刘术博	王忆华	孙永才
丛秀杰	刘小安	俞树滋	黄开明	董绍勋	计学闰	徐崇宝	吴癸英	刘宗仁	方承恩	唐福成
李淑芬	刘肖莹	王景春	魏文才	李宝珠	綦敦柱	刘宗智	王顺荣	谢 俊		

给水排水

引林华	徐景颖	许秉和	乔广义	刘志达	杨子文	姚靖华	高博敏	张廷望	王世甫	刘 彻
祁荣富	王永古	王碧玲	陈启昭	潘兆祥	戴有慈	刘庆昌	刘作达	高显德	王景志	韩丁年
聂璋义	贾万新	孟祥阁	高福恕	唐明翰	宋敏生	刘光昱	孙国臣	林 生	邓荣林	

供热

王延荣	德占海	刘汉宗	刘 海	许忠臣	王慕贤	李春山	孙柏林	马广大	汤 源	许世韶
张俊同	王德新	陈启中	刘宗智	陈世岩	吴味隆	门连卿	许 让	孙继承	王景春	刘金波
李宝珠	刘桂萍	展毓恂	王凤莲	樊砚冰	李云凤	鲍二立	刘志学			

燃气

| 曾昭浩 | 赵廷廷 | 严继铮 | 邵玉祥 | 赵常桓 | 付祚鹏 | 刘兴业 | 李伟奇 | 张茂祖 | 顾建刚 | 张化修 |
| 邢德惠 | 朴凡兴 | 陈小英 | 袁银海 | 谢 俊 | 陈红润 | 赵宗琦 | 张桂琴 | | | |

（以下40人因抽调等原因学习期间离开）

魏文才	吴儒元	杨家成	郭育德	李淑笃	苏忠华	张 坪	郑官振	薛祖玉	周雪筠	王 玲
魏厚敏	凌更成	徐秀登	陈蕊萱	常 瀛	张淑珍	王顺荣	卢桂菊	陈葆满	姚光群	于立强
王 涛	程云凌	王昌祥	姜昌德	赵思泳	程明美	栾学翔	田凤仪	曾祥生	赵常桓	杨怀周

张明惠	金泽民	梁守信	李成根	李恩甲	杨德山	王相华			

1957 级
工业与民用建筑

盛文考	张铁铮	赵立德	王永安	宋春霆	宫学璧	张华丰	潘其彪	于孝诗	薛守堂	徐萼俊
于万元	冯国茹	安秋民	金明仁	李勇	袁佩珙	程又新	张纪铭	张耀春	张庆祥	王忠学
陈贵祥	张万昌	蒋禄	王忠安	王文秋	贾庆山	杨淑玲	华更生	万国祥	沈保汉	宿希尧
全龙夒	常锡智	廉晓飞	刘圣颖	宋锡仲	贾恩福	牟忠信	张昭德	迟文喜	马炎明	陈世江
车庆斌	吴庆科	张涛	蓝宝瑞	曹敏	周游	吴汝洁	崔万志	刘德润	王春先	吴庆科
张晓钟	王宝麟	金德满	金基万	陈庆国	贝殿庆	袁景玉	栾宝瑞	于弓源	赵长德	刘立安
袁守丰	周兴岐	花更生	权钟莹	陈喜江	白景银	姚来信	李昆	徐宝山	于进才	

给水排水

熊玉宣	杨玉槐	王云鹏	陈庆海	安继源	关云祥	于拥群	聂璋义	赵春成	文筑成	吴济华
温锦泉	王逸民	吴杰	宋治国	王文斌	李书林	艾红星	李文容	吴玉琛		

供热

赵天玉	陈洗尘	秦传奎	郭天绿	李华滨	刘丽清	石登云	李崑	白国梁	白景银	施宝臣
邢玉田	姚来信	朱世林	朴斗焕	郑炳学	陈阴轩	马树连	王海文	李宝贵	孙宝和	邢玉贞
金沢民	吴力运									

燃气

罗仁静	李佐奭	郑明义	黎光华	王印峰	霍占礼	苏仲印	范良君	崔秀玉	邓渊	任庆福
潘元官	彭子虞	施培森	黄效忠							

1958 级
工业与民用建筑

朴千吉	张劲羽	赵芳政	吴玉华	詹家炳	唐玉德	史连祥	姜德洙	尚锡璋	潘述舜	王紫安
陈凤阁	阎保顺	霍学谦	万炳武	周树森	常忠周	王文山	胡洁光	苏中鲜	夏玉臣	石斗万
李广全	李宝堂	韩金山	翁翔滨	齐华	李注明	任庆魁	李明福	孙岩山	李秉春	张自信
冯国师	王士云	田降瑞	刘魁新	刘权	韩邦德	刘中良	田光前	戴文斌	郝明义	孙景贤
孙康	张英铎	何兆生	易光炳	潘秀桴	高永成	冯明新	沈本	孙守文	孙荣宗	尹璋镐
潘锦凌	梁维斌									

建筑学

李玉芳	庞寒山	王国栋	刘义洲	孟庆慧	杨树忠	宋德印	谢远骥	陈岳	韩友仁	朱福音
袁纯嘏	张凤奎	姜余珍	王长海	李林青	申丽云	戴惠云	马英	崔洁祺	张国学	赵昆明

力学

陈维奖	高国民	魏栋先	王金才	徐尚达	房国民	张镜平	龙复兴	金家和		

混凝土与建筑制品

张宝生	杨茂荣	巴恒静	王宗学	肖凤鸣	赵传文	俞茂成	白振忠	郭茂	刘颂卿	战忠翰
朱希武	李久兴	郑承学	彭志斌	赵伏生						

给水排水

郭维华	李化民	刘章富	张用鼎	陈玉山	陈玉明	朱永泰	贾万新	温淑媛	廉基	李玺明
英占芳										

河川枢纽及水电站水工建筑

赵炳琪	王魁元	石震荣	金雄杰	朱有亮	李凤堂	于景春	张希岭	王福云	隋咸志	王成樟
杨汉臣										

附录

供热

徐宝山	张守德	杨寅兰	钟汉鼎	张志敏	王 涛	钱嘉章	朱沉潜	吴春林

燃气

何伯康	高淑范	奚黛玲	谢焕武	姚焕有	张树藩	秦肃钧	罗仁静	高首魁	胡来臣	刘书贞
李永庆	俞季兴	朱富荣	赵仁田							

1959 级

工业与民用建筑

刘有乾	赵元弼	周宗贵	孙雨宋	邱玉深	王安兴	苗春芳	吕英超	孙永昌	姜海山	张淮英
潘云绮	南范鹤	白家祥	王永成	曹树儒	崔士缓	郑全寿	邹景荣	张敬五	陈昌国	张 坚
李鹤书	赵继纯	冯国勤	孙成林	孙吉义	于政民	王鑫源	邓志安	聂鸿禧	赵春林	赵振贤
王伯銎	龙志明	徐登谷	殷福和	由自立	金家琦	于学庆	张明德	张德庆	徐姒姗	齐庆春
关汉忠										

混凝土及建筑制品

吴占杰	林明辰	周世同	郝 智	陈克胜	高士英	马勇纲	韩通岳	黄荣辉	张致平	王嘉义
于连贵	白常举	吉家燃	刘书华	刘阜季	朴越桥	孙怀玉	孙 才	何新营	张太溶	贾宏盛
薛洪迈										

道路专业

王 铎	纪铁汉	张贵先	郑国英	关荣厚	杨发成	仇燕萍	王 锐	盛洪飞	孙雨筑	宋学劳
刘景星	孙喜才	杨明德	付林祥	王兴良	白世强	钱力航	王 银	潘世伟	那继山	田春荣
杨万才	高 岚	林巨尚	曹淑琴	钱丽容	王振兴	赵玉璋	李松滨	赵庭耀		

建筑学

吴 尽	李丽梅	孙福云	高光华	李传才	楚锡邻	李殿英	肖传慧	王志贤	宋月芳	王清国
赵恩远	吕有信	姜新光	陶大钧	周 儒	邹鸿祥					

1960 级

工业与民用建筑

李曰镛	王玉和	牟树泰	关四彰	赵智良	刘德政	许祖伟	王言斗	崔文太	杨秀田	吴志德
章剑刚	杨文福	万 汇	曹升铉	刘如明	鲍立浩	杜林水	李荣瑞	赵振清	金东焕	陶进德
曾庆海	董玉学	胡继忠	金宝臻	张秀杓	刘媛媛	周桂英	戴丽宏	赵登亭	卢华强	李景兰
俞昭仪	杨全生	方怒江	王家梁	陈述礼	贾元亭	张树清	刘思达	孙跃先	竺文正	冉宪义
金喜临	张家瑶	赵国钧	申贺元	潘昌伟	蒋铁坤	邓文跃	陈玉山	匙泽文	徐秉顺	宁国涛
陈丰泰	宋幸民	赵希平	孙维礼	吴思远	黄继先	关振东	丁培元	孙世永	陈庆洲	卫 明
刘金昌	王宝印	张 扬	梁树声	杨润广	田帮友	丁占志	赵世福	包德才	李毓春	彭克勤
吕志善	王文长	赵维之	张天任	戴凤臣	沈家鹏	黄怡德	吴根林	蒋志伟	马湘芬	徐锦蓉
吴秀兰	周蕊华	赵继武	邢海涛	徐宗范	卢颐和	金本有				

工业与民用建筑（特）

阎海旺	许承芝	武幼文	刘蕴华	王素云	周凤山	田秋实	刘春宗	杜金峰	梁守信	吴国侯
蒋国强	孙印久	姚光群	王延年	万友莲	李树筠	刘庆贵	方丽蓓	邵 全	董金娟	戴旭平
张明惠	薛秀玲	吴维安	吴守正	陈守严	王祥茂	蒋威廉	唐永生	栾学翔	赵庆元	韩振尧
余兆才	李福生	贾学文	刘 忠	都振才	姜学成	贺善昌	张合占	杨如曾	娄 谦	张凤来
李治国	黄金源	江锡海	松 立	田 禾	梁恩顺	李纪祥	柯志良	孙延青	赵旭荣	何伏生
黄飞龙	肖稚萍	骆祖胜	魏庆礼	王荣斌	刘寿增	宣健夫	王景善	陈正贤	何福鎏	陶坤章
赵作宁	佟桂茹	李凤琴	林桂芬	张玉华	董洪秋	汤一莱	孙桂荣			

混凝土及建筑制品

吴传文　张可洋　陈礼岗　刘素贞　房殿义　黄克玉　石海山　何锁乐　赵香贵　王绍斌　田丰城
陈骥　屈振斌　张铁城　于永礼　周炳章　董长河　周诗枫　李绍业

建筑学

陶基励　马嘉懿　翁如琳　吴且美　谢松年　袁宗玉　吴乃耀　赵书然　王明历　孙长法　杨力加
王家恒　吴英凡　万福亭　戴国忠　周今立　徐正中　吴振国　漆安彦　吴中　张友生　张杰美
周飞　沈国辉　丁先鑫　王显椿　葛世恩　麦裕新　杨泗昌　宁家环　张开智　张伟仪　侯鸿昌
覃贤国　张连才　贾喜林　王维忠　陈景泰　于锡林　王连城　金将松　玄勋　项德铨　陈宗祥
杨厚君　许东焕

1962 级

工业与民用建筑

周家业　张久林　王广君　吴儒生　付我华　崔树人　刘荣　闫守田　李效思　任弘均　关家庆
韩昌根　朱延士　候承世　赵洪昌　刘宝聚　玄镇吾　金点珠　刘德仁　张金序　陶英滨　王玉琪
郑元非　邱素芳　刘文萍　王春霞　王兴兰　吴淑环　张廷深　王志忠　刘忠贤　常英民　王振忠
李恩超　郭洪宇　刘如湘　吴庆文　李桂芬　周述官　王滨堂　郑玉杰　常继忠　于安然　张文君
刘丽　于兆潭　张文林　高金生　郑福男　朱世玉　毛志娴　杨喜春　鲁坚　马凤香　程宝坪
艾梭良　曲竹成　汪太宗

混凝土及建筑制品

张继兴　张魁洁　邓德仁　刘昌庆　赵春利　李志勤　董丽云　赵俊林　王承超　周志宏　张浦滨
陈美伊　于林森　宋景阳　王玉田　闻世满　白立滨　吴志章　杨明哲　王增元　邓琬玉

建筑学

汪正平　张学民　徐冠军　李桂文　刘福祥　张一弘　郭民生　赵明耀　杜奇任　陈振启　罗文媛
于会文　许东焕　丁福祥　潘孝绚　徐勤　李昭川　刘雁平　张宝林　龚莉　王桂英　邓明厚
郭春光　胡君达　张宝重　张大成　舒桂琴

1963 级

工业与民用建筑

郎惠生　郎丽芬　白金祥　郭春余　祖青山　梁丽　王阁安　周瑞奇　何学增　周青生　贺联生
李行周　宋振国　李秉义　刘善民　王滨州　梁福全　鄂长安　李安春　宋长乐　闫校　韩秀良
王士瑞　杨友庆　郑会柱　程永万　曹立成　付健之　胡志有　朱广成　由玉林　裴纯成　陈作凡
黄永新　刘少义　戴万兴　孙元浩　管凤海　薛宝林　刘路　佟凤云　邹经金　董天淳　贺清海
张静波　刘润泽　张胜光　陈珩　杨鑫　李德祥　侯咸太　傅汝椿　刘忠凯　李宝骏　王立臣
王文利　高家榕　黄国瑞　李以昆　刘东才　刘本迪　董文章　王守惠　许兰　马殿昌　刘文林
袁荣芳　马春山　李占林　张吉玉　王弘毅　欧阳梅　孟繁德　申淑珍　张治国　孙铁东　张修达
马万芳　马永田　郑淑华

混凝土及建筑制品

曾庆斌　智荣扬　黄颂恩　潘守文　马蓬春　白秉银　高连庆　刘炳义　冯华英　齐海晨　张明仁
张志喜　慕丕蓉　邢福圣　朱萍心　赵劲夫　刘祥顺　金宗尧　姜福臣　高宝云　汪海沛　申成男
欧阳祥鹤　王如滨　张传芝

建筑学

张金秋　秦紫娟　张佩春　花实　孟昭林　林运涛　修象忱　郑淑华　胡康谷　段志学　郑玉文
张秀云　于振永　郑炳虎　孙庆周　王庚久　侯宝清　刘云龙　朴石出　崔庆浩　李孝宋　左国保
巫若智　姚殿武　李冰　邓守智　刘平顺

附录

1964 级
工业与民用建筑

王谭强	王常青	吴企望	姜培明	刘荣君	王儒发	邱久财	费以原	周振华	彭振峰	张国政
任信铎	周爱民	孙铁城	白贵成	李亚凡	张全文	穆宝鼎	曲瑞馥	张桂荣	王旭东	田金信
吕绍有	王德辉	姜宗喜	张士国	黄德明	罗遒参	付沿生	姜 玲	曲世明	杨洪基	李以坤
尹久本	周 君	张建国	姬天才	罗伟光	席玉林	张国荣	李艳华	鄂方振	游瑞娣	崔雅琦
刘淑安	冯玲达	姜尚坤	扬学志	李永龙	裴万善	段文英	梁东升	赵 鹏	李宝泉	杨志宽
刘 铭	杨彦斌	井学孔	谢玉琦	孙培仲	李 皓	霍 达	李明岳	吴国铮	张乃秀	赵宗喜
王弘毅	孟维先	付颖光	马华乾	张秀国	符国志	刘忠信	张 富	李英海	董玉玺	熊莉洁
白文智	金永麒	王家珠	崔殿满	于作华	孙 蕃	霍承礼	宋春英	李金枝	王明明	王凤山
王敏生	潘守前	杜 立	王兴新	梁文献	苏仲义	段以成	金应奎	张兴中	傅维良	张忠亮
袁庆忠	刘忠山	郭玉文	王庆鑫	薛良君	王效明	王清兰	李玉华	周秀琴	李生彩	徐自田
于百斌	刘仁恒	李咸尊	潘荣华	解培宪	徐连岐	王玉琛	姚天元	王长胜	李志一	赵树海
孙长荣	姚印顺	单毅平	孙相儒	陈贵祥	吕久远	赵 翠	武兆麟			

混凝土及建筑制品

姚吉生	吕淑敏	申瑞成	尹永焕	孙宗仁	张力学	党国一	李惠娴	梁尔林	周国泉	吴连喜
王连德									

建筑学

刘显龙	单明安	杜建忠	宋玉昆	郑明燮	张禄平	邢 英	刘韵成	侯和谐	崔古参	谭绪云
阎加魄	朱龙淳	王燕茹	陈景坤	李成学	杜有泰	蔡学诗	金成然	曹庆复	郑喜来	韩来发
吴 民	金国强	赵化敦	王 镛	吴再男	李洪泽	张宗华	陆英超	孙家连	王泰仲	都兴钢
张 震										

1965 级
工业与民用建筑

王胜仁	毛宏玉	杨智信	姚福新	李文斌	石朝松	吕 寰	张文敦	袁崇喜	刘玉芳	李晓天
刘秀敏	刘玉珍	郭树钰	尹广忠	邱瑞峰	蔡忠杰	白玉章	周国富	苑赠霞	刘 义	郝照来
陈国秀	王跃东	孙德仁	王庆波	赵祥敬	王子武	周广帅	张建华	马运德	杨晓杰	顾惠义
路成梅	付 强	徐启光	周立祥	白嘉楠	于银姣	王世均	黄 荧	李和平	杜昌熙	刘素玉
杨国栋	吕 才	林玉凤	刘承恩	田景华	刘国治	靳允正	骆万荣	张建民	颜廷芳	鲁永惠
王福队	赵永德	张美荣	李立昌	马胜太	阎正芳	张守仁	赵吉庆	尹振翅	李本德	谷玉田
黄士炎	左俊岭	白洪凯	文业林	孙承效	周传敏	解忠科	盖春凯	唐宝庭	邵友贤	贾志远
葛栋材	高铁生	於成林	邹曦臣	吕海峰	郑凤焕	张子水	刘洪霞	李健华	李云霞	孙淑华
孙淑云	赵殿亚	徐培基	李泽泉	杨福云	文道忠	谭志强	贾民权	赵国林	蔡宝泰	陈光明
迟志强	银建铭	王留合	闫世文	郑纯忠	刘 君	陈海珠	李洪波	陈广志	车永浩	赵桂英
曲绍兴	周立家	张洪波	果先立	牛清俭	邓铁虎	张秀荣	郝有诗	孙 科	燕连文	

混凝土及建筑制品

孙秀萍	何振英	王承明	马端闩	那仁智	刘升平	张桂芬	王淑萍	孟庆昌	张 震	王延生
孙金城	梁洪泽	马端丽	李天喜	伊文华	顾天栋	谢庆立				

建筑学

安小剑	赵俊义	张凤武	吕兴国	郝风鸣	佟若瑛	冯志行	刘光复	刘秋芬	付 旭	于幸国
李彦博	冯玉斌	赵锁柱	李春泰	王同震	徐兴全	金尚道	段保坤	邢焕林	刘训圣	李焕智
张起信	赵 白	叶慧芬	孟继刚	李荣鲁	李喜琴	赵东航				

1972 级
工业与民用建筑

刘玉山	郭 旭	杨荣坤	张晓松	黄英娣	梅翠英	戴燕明	张 辉	卜繁成	郑占山	马明润
朱永权	孙志来	曹振春	孔祥和	张毅刚	吕正道	李来斌	李建辅	张国志	李 肃	许东恩
王世昌	马正茂	魏学通	张 洪	于志明	王国荣	林道来	张成有	刘桂荣	何 锐	徐德琴
许 延	陈凤羽	顾彩珍	刘丽环	李秀春	孙 义	王志先	王 靖	孙家林	戚有奕	王洪顺
崔京万	罗宗烈	孟 伯	秦德信	党满良	姚志中	张宝才	李铁环	崔学善	徐利民	葛长君
马成超	张 达	邢作义	刘向东	刘发福	陆元一	朱荣利	樊佩霞	张黎明	赵汤山	赵素兰
郭金娥	韩玉琴	李凤琴	顾慧娟	赵立斌	张岐田	张景春	方松学	吴万庆	吴全吉	贾梦忱
郭益生	黄林成	程铁岭	王明富	包敖其尔	王凤才	赵德恩	杜 凯	冯福凌	李庆元	吕振雄
李六奇	章延康									

1973 级
工业与民用建筑

孙 光	许瑛英	吴 捷	孙世荣	郭玉仙	李 波	马克俭	杨忠常	何光文	苏 沛	田金华
薛守堂	刘丕义	李振华	崔德义	接 革	王锡铁	孙凤楼	宋印怀	王殿军	方明义	姜双伦
弓锡泉	何国瑞	黄韫武	冯文秀	徐培良	于春泉	闻 娟	常志模	康英男	方学良	张德才
王杰华	李陟博	刘光辉	狄 焰	王少青	季天健	李新芳	王忠生	田宝利	魏兆彬	王苏平
杜贵成	张泽良	胡国强	刘 星	戴晓华	李伯安	郑耀基	李 英	武秀彦	程惠秋	李金芳
田再琦	王明斗	罗茂荣	钱 伟	刘晔成	潘淑侠	牛熙民	杨年灯	林培彦	杨立本	张元球
赵成风	方伦耀	刘丽敏	谢学富	刘志才	赵秀英	王晓光	郭春芹	唐永明	孙宝银	乌 红
仲崇峰	李良才	郑友庭	丁煜泉	马东方	娄玉胜	刘国汉	金正奎	刘武芹	丁爱军	

1974 级
工业与民用建筑

杨 辉	孙为民	陈根双	张 仁	刘新嘉	张玉成	王慧春	张熙迎	丁奇伟	陈雪光	李晶霞
唐志忠	赵德文	温慧敏	邢国华	马曙光	宁志刚	朴永根	修 璐	张小坡	张 杰	宋晓夫
葛震球	胡东华	孙柏林	胡广成	徐福林	侯东明	王居元	李 平	刘长敏	唐淑芝	张新民
刘 艳	冯亚斌	侯志忠	宫 义	周长龙	王彩雲	赵全义	刘瑞华	李庭学	戚 瞬	付瑞生
房桂清	郭告华	李国振	周山清	孔庆文	陈 平	刘淑英	吕永华	安丽芳	李宝山	高成喜
刘德清	刘建国	张学成	于恩江	魏振海	何通威	姚广武	孙玉英	李金生	邰静芝	邵忠宝
王国兴	张书禹	王传右	李桂荣	李伟清	白金玉	赵中华	卢维补	白福波	解亚君	赵永军
徐伟良	仲卫星	张殿云	陈 光	林 叶	徐贵学	崔桂华	赵思海	蒋运庆	周 文	高 海

玻璃钢

胡玉芬	潘桂芝	刘振贤	孟凡生	杨耀国	王桂林	武晓兵	李彦春	孙忠文	凌良敏	王 清
谭家茂	孟玉娟	康洪滨	盛 华	周连会	杨学义	张秋英	富 强	陶美萍	阎守祥	崔文英
于洪波	康建华	陈朝福	李文才	胡建富	向继全					

建筑学

刘文革	苏国英	高凤龙	刘秀华	李清林	刘玉莲	王 金	郑宝臣	沈忠利	王 丽	申柳霞
虞力行	马云龙	赵庆楚	刘维彬	周英莉	韩国才	张宝丽	向本秋	王 辉	洪大亮	刘振广
徐 芬	张凤芹	赵荣山	杨艳清	鞠立复	庄 霞	郑春方	王 军	史淑芳	王玉芬	骆明忠
于文明	孔令芳		李艾芳	吴晓亮	胡凤英					

附录

1975级
工业与民用建筑
董保华	高洪杰	屈连祥	冯 平	李爱平	徐永甫	李世琪	王铁民	郭俊荣	苗长传	张元喜
杨玉梅	张 岐	张家顺	崔积荣	付荣先	邹长礼	王玉芸	刘国发	关纪平	孟宪君	孙文春
王丽华	程丽君	张 跃	吴慧君	张晓英	陆江滨	朴兴默	于志光	贾士全	陈贵学	王玉申
孙洪刚	彭永智	曹宝元	梁 宁	谭连迎	刘长洲	李昌实	柳桂芳	廉广德	韩云洪	吴锁柱
孙鹤斌	华国仁	许晓哲	宋庆华	李声抑	姜源深	郭淑芬	张云海	胡孝先	王利人	周振利
杜忠岐	石济民	孟宪琦	毕亚波	张点芬	邵亚伦	王建华	薛治柱	叶耐冬	周亚莹	齐 虹
胡宝玉	赵树明	孙长忱								

农村建筑
徐顺哲	梁文斌	郭 江	腾树君	张广坤	葛天英	汤德发	刘 义	孙树和	吴连义	王 波
谢宪江	祝书才	梁 义	李生广	徐国有	佟伟勋	董庆祯	王 权	金彦哲	郄中权	刘 金
李丰富	杨晓峰	于宝森	刘广学	刘德莹	关明贵	杨凤琴	沈一梅	董艳军	费玉贤	曹桂茹
吴丽华	金洪忠									

玻璃钢
张力权	王俊亭	刘佳海	焦叔旗	杨阴萍	李连柏	王远东	李荣云	张玉春	朱民生	贾志芬
程京林	徐国江	张忠山	阎丽茹	王少华	赖秀玲	张立国	高建生	陈孝银	李 繁	

建筑学
蒋春晖	袁之钧	林连行	李慧盈	丁涛志	李广城	徐绍古	李荣安	郑广译	吴龙顺	杨丽英
秦 莹	金玉兰	张长新	姚福祝	郑广大	石风德	张 如	陈东红	尹建慧	李 力	王文艳
于建民	黄芝廷	李红英	徐慧芬	张风琴	叶吉林	孙 钢	余类琼	赵玉红	陈福贵	姜维耕
刘敬和	任福君									

1976级
工业与民用建筑
刘振汉	李晓波	王廷毅	赵晓忱	徐素芬	李居维	马振华	郑友发	张吉庆	黄宝魁	贡 萍
张 灵	李志宇	孙伟光	袁炳华	李 伟	盛敏芝	王秀兰	于长海	周洪有	陈为民	李贵德
韦 宏	周志民	张建海	曲坤山	贾东米	关晶露	陈振江	康英成	苏宝民	张建三	张永铭
孟宪海	王亚伦	杨少华	高树新	吴宏臣	韩笑梅	徐德秋	余大伟	刘玉娟	葛亚洲	唐淑琴
吕清武	房东森	刘德彪	于维平	王明秀	陈国君	王珏珂	金博哲	于洪积	梁大伟	杨宁馨
孟昭栋	全 日	李平壤	王福林	朱 莉	杨勇直	白晓光	王善安	刘景文	张 利	徐玄庚
顾 强	李佳志	李尚文	王加升	陈诗白	王建国	王连伟				

农村建筑
杜 英	宋杭林	王家军	扬胜尧	赵贵生	李 鹏	王 军	孙彦福	孙连庆	申玉库	张云芳
邬文燕	张桂琴	刘长海	姜振祥	朱正华	谢 斌	吕富荣	邵军华	葛守仁	张广存	杜景坤
王开君	林月昌	金志岳	辛永久							

建筑学
孙清军	韩成义	张福敖	窦广顺	徐雁枫	李玉敏	张世军	王海山	宗晓微	张伟明	颜昭君
于连国	赵志江	李连科	周玉琦	张朝玉	王 强	刘福清	姜凤云	陈晓森	徐支援	郭向阳
孙福生	李世军	宋恩海	王国清	王文秀	谭洪江	路宝廷	张海军	杨淑珍	张志国	赵振华
付凯华	周振喜	冯志行	赵滨江	董 冰						

水泥工艺
崔 魁	林国生	宋日焕	程少林	赵毛媛	关 颖	吴志伟	贺建庆	王 莉	张 健	王玉平
杨砚秋	许荣海	赵 坤	曲祥平	孙克新	徐继承	安素芹	刘 杰	胡淑兰	王治国	葛利媛

朱忠庆	李庆国	韩吉顺	李守山	刘延洪	李洪海				

玻璃钢

张福生	林秀成	马建发	徐向阳	张 会	徐 辉	邓连英	王 伟	刘 忠	郑宝佳	唐忠敏
宋卫国	王春江	陈怀凤	孙鲁平	王秀芸	赵龙珍	张妙香	赵长文	鲁玉芹	郑学功	段习文
孙远阳	郑慧文	陈慧敏	张维红	何 锐	张庆兴	李毓坤	张一非	凤 城	栾仁卿	郝颜智
任德凤	段秀兰									

1977 级
工业与民用建筑

谢淑颖	张英哲	张连一	玛丽克	李冬沛	江 湃	李效民	田在良	高会卿	孙玉杰	朱铭芳
王洪升	陈 健	张 敏	刘 力	孙煜伟	李亚新	赵成刚	杨 跃	车作寅	卢展工	蒲建宏
张兴卫	薛伟光	苗若愚	巩 超	盖春旭	李铁强	胡伦基	朱敦裕	张守健	李春明	于之绰
苏飞跃	宋晓东	朱晓峰	白春满	乔春坦	王要武	宋 炜	李淑华	叶 林	孙伟民	王幼青
修 龙	王广义	于化泳	王铁宏	崔丕记	刘 哲	冷志刚	甘 扬	那 路	赵振峰	李芳洲
张德永	王 莉	李晓东	武志金	金洪烈	武永祥	孙 明	石 彬	屈文俊	叶英华	史 鹰
赵立志	牛世录	刘泽刚	齐 骥	熊光晶	谭素杰	王 立	徐 琳	孟庆禹	原长庆	张德群
付春元	宋春梅	杨 兰	周立中	杨鲁豫	刘 谔	王洪才	李子强	王 伟	侯力民	李小倩
柳凤亭	唐晓丽	吕德宽	薛 辛	罗 建	郝国军	钱 铮				

力学师资班

崔敬志	安松柏	苏伯威	刘 钊	哈 跃	杨延仟	曲传军	张金生	李洪泉	宋建华	段明珠
王孟玫	李大华	赵 彤	孙 峰	于晓黎	王秋生	王文泉	阎维明	杨祖杭	周永生	王彦宇
刘云生	王力南	栾锡富	张静华	张 焕	邢 文	陈树华	孙希平			

建筑学

黄良平	冷御寒	艾 敏	鲍继峰	赵 伟	贺 芳	胡 英	时向东	国庆华	何 平	金广君
任乃鑫	董 黎	周文连	张 辉	于 滨	于正伦	朱幼宣	刘德明	宋 伟	郑 昕	滑 夏
赵运铎	李洪夫	陈伯超	张景河	宣心明	娄仲恒	吴雪岭	王庆昌	张伶伶		

地下建筑

付春青	张同义	冯慧英	高晓军	毛 焕	吴伟军	杨富春	许安国	刘长春	段毅敏	梁 鸣
徐广利	汪晓铭	杜育科	文继典	赵兴权	刘群英	王 毅	吕 岩	于万民	张宇平	林柏中
王存贵	窦敬锋	邢 凯	王力健	王月希	刘善玲	吕德宽				

水泥工艺

姜世玖	李 乔	马卫国	王桂林	张松榆	李迎春	陈立军	田 昕	刘大林	付忠斌	徐志远
刘景然	高亚文	沈 斌	王 政	张玉珍	于兴敏	隋忠仁	何湘珉	朱莉娅	金玉石	闫 平
刘亚军	张维佳	周海红	金顺哲	郝晓波	沈武一	周 明	崔源声	邢世俊		

玻璃钢

牟东一	杨 波	王列东	王玉京	陆 昆	李 刚	陈 辉	刘宪明	黄力刚	苏 汲	张晓明
丁志德	于锦生	徐智民	王兴华	刘延臣	罗殿才	杨楠楠	包 卡	申长江	高巨龙	李军利
刘加铭	张晓春	胡亚民	肖 军	李永清	周彦明	宋予智	栗爱林	田进龙		

1978 级
工业与民用建筑

任 民	杨德安	王志平	李 兴	吴 琨	吴向阳	梁吉太	王明吉	王景文	尚春明	邓新义
史家贤	刘国钧	胡晓光	贾德斌	何伯洲	胡晓钢	张爱茹	张伟民	由 壮	葛汝宏	王 瑷
孙志忠	王建英	卢银容	孙长征	崔瑞芳	阮文易	申泽远	邱明国	张大鲁	邹超英	牟在根

附录

董寅忠	陆根福	高 田	张 微	陈 跃	韩金龙	沈东进	赵作衡	张文成	金成文	李亚权
王玉明	徐 欣	国明超	王永会	张小云	于建波	潘长安	刘安平	张文会	王永建	庞小平
王里安	张兆冈	郑永强	乌 刚	沈文华	单荣民	马 骥	崔正秀	张林立	邢 彦	张沐夫
严志根	张喜秋	陈晓辉	庄千珍	付殿起	张 明	陈小宁	陈永强	吕玉山	陈国才	肖 金
孟凡中	张 锐	刘 涛	刘晓东	齐 航	李 鸣	桂春艳	刘大新	刘广义	马志良	刘 安
孔庆平	全大伟	高沛建	左晓昱	吴世英	刘顺明	顾 群	梁海滨	徐 旸	孙 震	吴一红
闵红家	张晓放	王志成	吕忠慧	陈晓军	窦长奎	戴晓巍	王立银	叶广英	冯宏伟	朱树成
高彩霞	李树江	李尚明	边晋川	姜 伟	屈峥嵘	白云飞	林治孚	李东夫	刘 巍	金玉东
刘 杰	刘殿忠	董纯生	崔 锐	贾国玉	朱和鸣	王 洋	张顺强	李 虹		

力学师资班

秦文欣	王 伟	王 筠	安学敏	于恒涛	张 凯	赵伟民	许晓梅	周广春	汪 跃	朱本全
赵俭斌	张有闻	韩连辉	李树滨	乔 立	王振波	谢松涛	黄玉平	李前程	于 玲	孟令桦
景 瑞	丁志前									

建筑学

徐苏宁	王晓光	邹广天	李曼曼	张姗姗	任 明	刘大平	王宏新	沈黛琦	李晓霁	陈昌生
唐东宁	王 君	刘劲松	周 畅	周大荣	李 平	王少梅	范 雪	谢忠辉	高 薇	梅洪元
吴雅娟	陆 伟	王正刚	张晓玲	郑晓洪	葛蔚平	孟 磊	陈邦贤			

水泥工艺

齐广华	韩世涛	王世柱	张清杰	蔡迎春	刘明旋	景 柯	贾宝林	郑建华	王 孟	金 跃
崔 明	李 放	祝培智	王兴东	方 兴	崔子君	薛 良	李丰润	汪秀文	张子平	王继禹
王春伟	刘洪林	杨树林	王志林	李喜全	康 民					

混凝土与建筑制品

余 莹	葛兆明	刘 波	番绍明	葛 勇	苑铁民	张玉军	魏积义	李长江	郑焕斌	唐力学
关洪波	姜云亭	李志国	姜学东	张立文	由世宽	陈一中	鹿向军	王 欣	贾东明	沈公望
刘衡吉	王洪琳	李晓舟	赵文海	夏惜兵	石坚鸿	丁学文	李 宁	张继颖		

玻璃钢

张 建	胡晓旭	王敏进	王 湛	李海鸣	钱 洪	胡 波	刘在阳	钱民中	刘 刚	颜丹轲
刘国平	张 岐	龚 旭	林大庆	吴洪军	郑贵友	曹凤坤	吴兆汉	严 桦	郑大伟	钟明辉
林兴茂	周志安	高克强	冯 辛	顾 明	施 元	马凤淑	程 军	刘志军	庄立全	高 芳
张湘琴	司炳艳									

1979 级

工业与民用建筑

王文涛	宋蔼惠	高向东	朴永铭	郑国军	孙佳林	陈 威	丁传波	肖 琦	陈 卫	孔繁峰
许程洁	李 珏	刘 明	刘克敏	孟祥忠	田国民	田占路	张兴民	李 冰	黄树峰	王学山
吴洪明	谭成策	李 虹	赵 诚	李重宪	窦 侠	张振山	张国强	崔永群	毋少朴	王幼冬
朴冬梅	伊 敏	魏绪枫	刘其山	李 柯	张渡洲	张树新	土贵军	李义斌	徐晓鹏	张善室
姚 宏	周苗苗	王继森	孙亦工	张 宏	吴吉亭	倪 虹	文会平	杨天举	王 宁	阎保钢
杜友学	李春杰	齐加连	隋洪林	田广文	白 怡	张 锦	孟繁煜	姜殿文		

玻璃钢

王明寅	王荣国	高广安	刘 为	刘文博	张东兴	周尊儒	程永春	安玉杰	梁成利	胡振东
黄世桥	和 平	董 鹏	王晓津	王 义	刘晓中	刘建明	邹 新	于 慧	李地红	王 浩
蔡舒德	刘方旗	王美媛	李明娥	黄龙男	陈照新	宁 明	唐晓辉	刘运祥		

1980 级
工业与民用建筑

李 兵	刘晓乐	王金龙	吴书贤	王平俭	邓 林	赵考重	郑完淳	于 杰	刘淑波	魏延丰
张士俊	苏 敏	王 娜	周有仁	李 涛	魏大昌	吕 青	罗中才	康 慨	陈 昕	朱 磊
沈少伯	杨 扬	邵文东	刘 彤	王 敏	崔旭升	王文秋	徐东华	韩宏伟	张 锦	姜殿文
晁英男	黄小坤	徐继伟	王学海	惠建新	李毅彬	王德君	刘晓林	郝广权	李 伟	刘江业
张 全	国长权	黄莎莎	陈建超	王晓鹰	陈学敏	滕 戎	张丽文	陈光宇	黄显民	仝德丰
史 毅	徐 刚	杜 鹏	张 欣	成水红	秦小刚	董 宇	韩九柱	白春莉	李东彬	林 波
张 莉	张天舒	李新利	苏 雁	吴京宏	马洪波	张 玲	何 琼	李阳生	李春和	苑玉平
张双喜	吕梦周	吴向昀	薄 广	孙士明	张界夫	徐 志	宋宏伟	崔秀兰	邴 诚	刘 峰
张忍涵	胡 军	祝恩淳	刘学峰	史春尧	王建辉	周国民	伊红伟	许静东	陈方宇	涂 健
张晓冬	胡 颖	黄 驰	王晓梅	王 媛	韩淑滨	王仙蔚	樊 俐	王 节	卢彬彬	张学灵
陈媛婧	阎 波	苏余晴	张 永	赵滨生	王丹曦	赵玉琦	张德广	孙庆德	马忠吉	张东方
姚 进	张立臣	李 毅	丁 翌	关荣励	王连江	戴克男	李迎新	王 斌	田喜路	姜永行
刘 伟	张海滨	李福春	李龙镐	于海波	姜 军	宋绍锋	赵景耀	邱金城	张 鑫	于胜金
李旭东	孟育民	王 军	蔡 本	李顺秋	姜 霞	胡延平	刘吉宁	徐丹怡	商崇武	王旭东
王 进	武成安	于丛乐	杨顺利							

混凝土与建筑制品

王洪强	马 卉	隋成飞	李仁福	赵大奎	于晓峰	尚兆华	王大为	张玉忠	韩军州	毕建新
张晓东	胡荣军	鲁小丹	马锟臣	成 卓	裴学东	于继寿	盖广清	李家和	才少鸿	李怀宇
于卫东	张 伟	杨怀军	王锦华	施 旗	贺中光	吕宝申	王子明	杜俊斌		

1981 级
工业与民用建筑

卢 锋	于伟学	高晓康	杨恒江	姜义坚	李前进	贾 金	李 浩	卜舒强	母锁光	李玉温
张培卿	邱 巍	洪 伟	赵立志	张若时	娄汉国	张亚东	王文斌	付淼磊	郝卫洪	赵秋滨
曹英华	卢 欣	王少飞	胡 琼	付 江	晁英男	许敬东	周国民	王军生	邵晓岩	王保华
苏如霞	张立波	安强华	刘 建	张 洋	濮飞鸿	张素梅	孙 哲	陈 璇	姚 刚	刘俊海
张亚峰	陈 玲	李 志	蔡 葵	王敬勋	屠永靖	马鹏程	郭晓林	施晓飞	黄晓华	吴 疆
李 静	闫方亮	孟秋英	周保生	马继园	林立志	戴克难	吕 扬	史春尧	伊红卫	史 卿
张福桐	许跃湘	陈江宏	王建增	孙书勇	韩永锋	宋文军	李雅杰	赵 军	阎 石	赵春生
周小鸥	邹俭宁	马东起	隋振锋	王歆玫	姜 地	苏玉娟	刘长河	韩 孚	邵永松	杨晓林
孙海良	李秀河	樊学锋	魏玉芹	王建辉	李东彬	贺军利	王怀春	王连江	杨 蕾	赵锡强
徐晓明	罗 岚	马道乐	金红光	邹永超	张雪梅	王振东	李 林	何晓军	孙书本	赵 臣
宋海波	徐家杰	于福臻	于晓杰	韩丽娜	王永刚	赵 波	昌若冰	刘思远	王元丰	李立军
南振江	赵春闽	李明辉	王贵林	李 岚	李 虹	张志超	李铭虎	张业光	郭宪忠	

水泥工艺

孟 庄	郭殿贵	李兰冰	袁运法	陈金泉	王新军	王继祥	张洪涛	许岩松	李 东	石宜城
李继芳	王振华	毛永义	杨德广	冯秉信	陈志峰	刘青林	周胜军	许凤春	孙福春	朱德竟
卫杰英	张海岐	高金枝	冯 霞	许美兰	张一玲	宋卫国	杨东州			

混凝土与建筑制品

朱文波	杨 旭	金 巍	崔 志	邱天羽	车 赢	王增祥	关紫星	鲁国宾	毕万里	张 君
王惠民	张凌宇	刘 群	胡耀林	高 新	邱永祥	刘青春	徐鹤力	田式文	郑光明	张 敏
李福林	朱丽英	吴丽华	李为平	谢凤兰	刘爱君	李 洁	王 瑾			

百年土木 百年树人

408

附录

芦金峰	杨 光	李颖超	于 泳	丁 萍	刘凤卿	熊 涛	方 伟	谷学良	潘景林	吴复鹏
赵圣言	齐锡晶	李长凯	刘建君	刁 琼	杨巨伟	王秋山	郭留军	郭志明	李德标	麻艳鸿
高欣娅	张桂芝	马 岩	孟 龙	赵君胜	于凤光	张力俭	王 洪	翟文彬		

1982 级
工业与民用建筑

李大滨	郑 宏	陈 泰	顾晓龙	刘卫东	楚 勇	魏新春	李俊龙	郑志文	初绍军	田力军
陈 炜	季春华	蔡建民	徐海明	杜芝娟	刘英杰	王恒新	崔德军	李文涛	宋有桓	孙 燕
林 涛	陈鸿雁	李家德	郭晓平	高聚英	赵纪生	邹曙东	张立刚	张奈丽	李天强	陈 新
王叶民	于化澄	李国际	赵双群	卓有惟	苏 岩	赵 勇	蔡可秋	李忠富	王凤友	高培军
黄向阳	严汉见	周勤芳	严力军	吴英光	刘忠江	李建松	王连文	王耀成	姜卫东	吴 铭
陈考学	齐建伟	董镇江	郭俊杰	刘 威	郝鹏飞	张 健	程子悦	张 莉	李子侠	王 静
付桂宏	杨宝芬	陈 兰	王 铮	穆永生	王晓明	任传会	李四龙	李 兵	卫彦荣	董长祥
周胜远	刘宪忠	陈永池	闫新利	郭 进	闻大为	庞 震	刘兆祥	董悦华	丁 远	吕克顺
左小东	孙学岩	王秀梅	李建伟	施盘生	杨明辉	张士乔	唐 森	所春光	刘德胜	王少军
茹广生	杨大田	卢江秋	刘淑媛	孙梅石	韩晓明	冯 侃	尹明辉	王 宇	郑 虹	刘艳萍
高月霞	郑传明	郑洪永	赵家强	陈发贵	曲延全	赵宏军	任洪伟	徐玉军	梁雪峰	侯元恒
李国庆	吴 玢	张金勇	田陆峰	宁仁岐	陶化庆	储夕龙	崔东杰	吕 斌	李禄基	谢 敏
刘广彦	黄亮宁	温有林	丁国义	纪立国	崔 彬	郭 壬	李良法	李新国	刘 原	

混凝土与建筑制品

赵亚丁	吕方君	张 立	程秋伟	杨贵春	毕百良	李 波	吕国胜	罗振中	孙滨乙	赵玉甫
董 韬	李树玉	郑吉生	程培英	乔玉强	叶 明	王 伟	洪 雷	沈振贤	刘敬江	李永男
杜万祥	郭永常	金飞鸿	李卫国	卢瑞芳	石树稳	贾 栋	孙世勇	王 波		

水泥工艺

耿凤桐	姜晓光	蔡 俊	刘旭晨	兰明彰	王 彀	韩书央	朱向红	李 东	刘树旺	梁中博
李伟东	于代国	王 铁	于伟江	李建国	于云利	李胜奎	马 军	惠中亭	李秋义	白春浦
刘金萍	单莲英	江丽珍	刘全叶	单 颖						

1983 级
工业与民用建筑

陈 勇	赵 岩	施 如	郭永庆	齐煜炜	王长明	邬国强	鲍长海	丁延生	程晓杰	马运军
祖国庆	杨云峰	赵迎新	徐 林	陶 洁	张国明	于治磐	孙学凤	张义琢	李保祥	王新国
文晓旭	张 安	张建婕	刘晓茹	刘秀华	曾 华	孙起瑜	杨卫红	崔东杰	温友林	金玉兰
王国存	林岚岚	段宇博	李荣清	徐晓飞	张惠军	刘志鹏	赵晓红	杜平辉	王振生	席永贵
俞应华	周永泉	柴俊曦	逄 维	赵歆亭	李明之	孙夕光	宋宪民	沈远君	陈永杰	田 雨
王学军	王 军	常凤林	吕晓波	杨 军	沈彦娟	张思强	王 芊	张 健	苏迎社	林 涛
韩国荣	郝印源	李慰诗	张 俏	周树彤	孙世钧	张学伟	李宏义	王 力	孟庆利	翟建祥
韩 帅	孙淑婉	高尔稼	咸 昆	丁志华	朱 堂	张存玖	董 平	袁佩双	乔亚婷	王维军
赵毅仁	邱继龙	王秀彬	张 宁	邵玉颖	任丽波	于国远	韩晓明	杨大光	刘苍社	候元恒
于 焜	高玉红	周建北	杨小微	韩旭升	于大海	邓凤雷	姜凤民	张淮汤	张 竹	侯立新
王海云	李生虎	屠晓凤	董永清	苏洪军	张志民	赵正良	张春元	徐爱杰	李文杰	关艺丁
曹皮旦	张少华	斯 超	曹锡君	王红波	王学军	马 宁	张卷舒	张卫红	李 泉	余岩柏
郭宪忠	杨 扬									

混凝土与建筑制品

张守杰	何忠茂	杨玉起	左红军	刘丽美	纪仁清	刘士宝	都锰钰	王清军	王德库	奚迎收
马卉	朱秀斌	刘志才	柳俊哲	赵炳强	李靖	付强	申臣良	王波	宋晓辉	陆海平
张国强	单靖枫	汪揆	杨本献	张枫林	王久良	陈树仁	孙桂玲	党同乾	罗日星	尤志洁
吕丽华	杨建新	杨克峰	孙同春	杨向宁						

建筑管理工程

姜万荣	郝永刚	吴德松	赵晓辉	张立成	王沿民	王衍行	刘程	刘霁虹	宋修日	孙贻超
张黎明	王龙	姚建民	张学义	许凤云	李宗永	孟惠琴	王琳	袁三虎	董阳	翟富强
周巧华	肖虎	张文杰	牟鸿储	鲍凯庆	孙应堂	祝英林	李道学	杨旭东	李振祥	罗书满
杨学贵	王宗让	郝崇旺								

1984 级

工业与民用建筑

冯丹	刘艳红	孟媛	李晓冬	邓冬梅	万木青	王敏	郭喜兰	张希平	刘晓燕	邱少华
王天宇	曹献芳	李林江	王广才	霍秀峰	任立军	宿绍平	田亚矛	腾伟	张松秋	杨念春
薛显伟	张春杰	隋亮	李克强	许万才	赵建军	文青俊	刘敏英	许会斌	王越	郭薇
杨晓梅	隋艳革	李清	王晓清	毛育红	于维琴	陈奋强	于培霞	郭东升	林楠	李大伟
张伟奇	刘福新	从潜黎	陆景慧	汪长山	张学森	曾森	张旭东	吕学志	李伟	邢志刚
张超	任广瑞	高正伟	白元学	安一清	李松岷	林茂	李从笑	王厚增	杨富山	冯宝利
司国娟	白宇飞	辛海虹	常延辉	陈君娇	李海琦	王凤荣	刘畅	张晓欣	曹卫华	陈国义
徐斌	向山河	魏利民	齐东巍	杨继民	王起国	朱景仕	戴尔强	徐辉	雷霖	杨喜才
孙业安	张善友	李鹏	唐力	樊淑圣	寇文生	王树波	杨焕宝	陈永红	李鸿达	刘树峰
李保明	裴晓文									

建筑材料与制品

王荣	战晓雷	张桂敏	谢开嫣	金曦	韩颖	郑翠英	张丽	于明	孟凡起	郑红高
万庆柱	刘凯	杨春立	王立军	刘德玉	仰曙光	孙准正	吕俊全	宋春岩	孙光华	王玉海
宋海旺	方震	唐学潮	安军峰	周建昆	徐爱国	张天民	刘英利	毕重良	王社玉	

水泥工艺

谢英新	丁俊杰	范彩富	程伟	宋少龙	孟振全	杨明柱	武文均	刘向阳	刘挥力	历彦金
高书平	石珍明	高卫红	于国亮	张小军	高丽杰	雷晓辉	王文奎	曹松武	孙传生	于一夫
王兰义	刘根东		王柱生	王振声	徐家民	尹虎玄	赵忠宝	曹增文		

建筑管理工程

吴大刚	景泓	薛团明	吕三元	周光华	李军红	李玉虎	张国宏	卜庆龙	陈莹	许杰峰
陈德义	高培岳	邓振文	李汇津	宋志红	吕泽成	张猛	回书海	毕春良	杨翠玲	赵春贵
张菊芳	杨慧秋	谢延秋	黄永寿	孙云峰	李振波	刘月俐	宋涛	徐宪武	王晓田	张登云
唐扬	吴志超	黄四清	唐健人							

1985 级

工业与民用建筑

史东海	郑宏军	王江川	胡建承	廉红	文剑明	李学忠	梁晨	张杨	杨兆源	关春阳
李强	张明	李东杰	房秀梅	苏阳	唐安立	周晓岩	柳沛	郭庆生	毕晓红	于海平
杨婧	孙学东	杨庆山	杜洪涛	朱晓伟	丁捷	李颖	肖伟东	白梅	陈丽辉	张令心
朱力	边小兵	廖健	于民	董俊祥	王超	张春雷	李小东	张志良	金世玉	王家亮
崔昕	何洪胜	刘志革	王云勇	吴艳芳	李可一	赵玉枝	丁新伟	杨桦	王金华	张红卫

410

附录

刘旭辉	杨生贵	韩 涛	周 游	王玉华	魏 莉	林学东	王 莉	郭 庄	倪贵红	张 勇
吕红军	吕 利	王 策	赵瑞奇	王云洲	乔 丽	焦国平	隋邦春	梅冰辉	房志伟	马晓光
孙 巍	胡瑞华	任 生	赵毅英	谭金亮	王 纯	肖 科	陈 进	连艳红	孙 影	王中秀
李文胜	杨丽君	田灵江	金喜民	李志远	朱晓冬	于 滨	武 霞	王文涛	史翠霞	张云峰
张金福	李 斐	郭 磊	张建中	张吉鸿	顾宏光					

哈工大建筑工程系：工业与民用建筑

郭 涛	常研平	秦文坚	李安平	张晓东	牟传华	韦 斌	马烛春	原庆斌	朱翔宇	杜爱红
戴 波	罗必忠	李志松	于 中	李景东	徐运博	熊永发	王欣悦	陶剑峰	龚希军	王开民
于亚龙	费 剑	张金辉	李玉民	魏 琼	洪 海					

地下工程与隧道工程

吴小明	张科科	于占龙	苏少华	陈学德	乔元华	吕春江	席亚煜	李建立	李 巍	刘鹏州
王俊峰	赵富莉	张久东	王子辉	邓雪松	倪少卿	杨玉梅	王思平	杨宝权	靳怀东	张玉华
宋春阳	阎志毅	李艳梅	陈忠泉	景 涛	武志荣	杨 杰	蒋晓军			

硅酸盐工程

刘铁军	李 维	魏殿富	崔景云	冯晓斌	徐鹏举	邓宏卫	王晓峰	皮龙春	许开河	李治东
周庆刚	黄宏涛	阚存一	刘大胜	王宝君	段跃俊	杜守明	马旭光	李明绪	于寒辉	武 静
赵彩霞	王淑丽	安 华	王 英	王立新	张 玫	赵克书	金锦花	段秀花		

复合材料

陈丰先	丛 龙	李宗田	李行军	谢 军	岳爱敏	孟庆胜	成旺义	陈子丰	土瑞宾	刘文建
孙亚仑	苏 峰	张 伟	胡东滨	邹永国	孙红芳	张金杰	黄凯发	张维智	邹玉萍	林秋婉
郭 晖	佟丽莉	许成江								

建筑管理工程

王绍莲	孙小京	张学勤	张明革	王静波	张江涛	崔俊寿	金崇朝	杨宏伟	王维智	李 薇
娄汉家	郭明芳	张文斌	王可伟	王全伟	杨会云	吕文彬	颜永杰	魏玉才	周元来	刘 旭
种衍斌	杨崇君	唐 瑶	徐洪俊	韩良波	韩孝贤	于 芹	尼红军	彭 力	赵利辉	

1986级

工业与民用建筑

赵学军	冯 冲	孟 红	张吉鸿	许 凯	李忠军	金峰秀	黄 毅	刘若贝	张国忠	艾丽杰
杜 伟	李 武	陈 娣	王 军	顾红光	杨 勤	胡 磊	彭时清	刘 静	任 强	陆向阳
修先湘	于 蒙	王 影	张维学	张 晖	韩 娇	王 卫	王晓江	李建春	李 博	范子明
尚 迪	孙晓齐	金 哲	董 忠	王春玲	王 军	李明华	尹晓权	赵 微	石小军	伍 亿
刘 勇	李智明	凌新华	贾林毅	王 炜	朱宏伟	赵金民	董水清	薛志坚	徐国祥	曹 进
苍 松	齐沿革	佟 嘉	莫冬梅	李明秋	杨树立	常忠江	崔国忠	金红群	肖红宇	钟纪文
关双宏	周丽萍	杨如何	魏春林	张 璇	周焕斌	韩 松	胡格文	张良安	李延炎	邓小华
南 晖	张 军	潘令昂	张 刚	冯 禄	丁 波	胡天兵	袁开宇	高 松	姚鲁豫	王洪福
徐常春	李夏东	陈健石	陈 伟	吴建明	李明垛	张盛银	何燕飞	王常平	蔡彦明	何淑光
成玉泽	王桂明	李海波	李 越	李大军	杨义殿	徐秀军	于燕华	杨东升	姜开义	黄 政
孙 彪	黄奕斌	刘树峰	王晋红	申小文	赵 伟	矫 斌				

哈工大建筑工程系：工业与民用建筑

雷贵民	许 研	陆 军	陈松涛	金远春	吕 思	姚亚伟	解 锋	丁 晖	任 放	周 钧
赵文峰	杨升利	卢玉涛	王志坚	蒋翼飞	李春海	彭 溯	毛根生	张和成	李 峰	王兴文
陈 赞	张宏图	孙长华	王 成	关 克	于险峰	李 奕	尹 丽	陈桂苓	于庆志	吕天启
姜国斌	周 文	吴晓丽	杜 英	刘丽娟	于洪建	夏 鹨	闫效群	籍学军	刘 英	王洪源

411

地下工程与隧道工程

崔 灿	国惠仙	温龙龙	欧 桑	孟 祥	赵 丽	刘升华	张和平	邢俊伟	万建元	蒋双龙
张 化	唐旭昶	朱国跃	吴伟松	樊建军	骆 伟	姚志春	陶一群	冯 俊	陈金华	杜 心
李顺利	徐家民									

硅酸盐工程

黄 丽	于 静	张守兰	余淑芳	方 会	张喜林	王洪智	孙树斌	倪耀宗	赵艳民	刘佣军
刘鸿峰	卫有进	苏向东	王贺忠	于 健	冷 冶	苌国伟	刘 隽	王 澎	孙贵春	王建国
李乃福	闵含波	张 向	杨洪源	张文哲	胡耀中	徐 平	高福田	张精卫		

建筑材料与制品

赵太峰	曲 剑	金哲锡	黄立伟	梁福龙	刘亚平	姚利君	李 鸣	李君烨	何 瀛	伊红男
朱义良	钟雪峰	孙咏梅	高东旭	刘绍勇	王佳东	许书峰	龚春明	赵天文	杨政威	杨智荣
方阳石	邵 正	温 富								

复合材料

付 平	夏元新	金文玉	宋中庆	谭忆秋	李弱珉	杨文敏	李红金	杨志文	徐建良	樊志强
李永国	盖志松	徐万伯	李卫强	金 鑫	燕 强	王 艳	徐晓清	秦晓春	邓建刚	唐本义
刘仕龙	耿汉林									

建筑管理工程

乔焕新	刘学兵	崔 鹏	刘延辉	倪伟健	林宏坤	杨 杰	朱慧强	王 蒙	苏亚冬	周立人
续德刚	许小慧	黎 华	熊先刚	阚 伦	盖丛生	赵铁军	黄 静	曹 迪	张鹏志	王 兵
关志刚	卢 爽	张 川	姬 刚	李建光	李永庆	曲育生	黄友清	唐民选	刘 欣	杨增果
刘文凯	邢 筱	兰英云	汪中耀	李维爽	于东杰					

国际工程管理

| 刘文凯 | 孙 彪 | 邢 筱 | 王 卫 | 刘树峰 | 姜开义 | 兰英云 | 王美花 | 樊 杰 | 曹 进 | 矫 斌 |
| 周 刚 | 左海滨 | 汪中耀 | 赵 芙 | 李维爽 | 姚鲁豫 | 包海涛 | 王晋红 | | | |

会计学

李永菊	薛四敏	郑连水	刘泳东	申松赞	肖瑞江	惠纪文	张永乾	王俊芳	蒋林红	熊向前
梁荣增	魏晓戎	肖 峰	许承宁	王世荣	胡慧琼	汤 宏	樊小江	姜宝东	李恒东	阎 捞
奚 英	黄雅平	江守忠	潘洪泷	李 央	周晓静	徐 泓	赵春颖	李向红	李立毅	满 莉
王峻峰	郭宗慧	刘启利								

1987 级

工业与民用建筑

郝燕茹	郑红阳	商宪波	武振宇	杨英璞	袁 泉	赵 彤	张建国	姜治丰	侯光宪	张延春
白学敏	刘卫东	刘建忠	刘红峰	张 涛	邢海嵘	李晓龙	鲍辛毅	黄 炜	杨忠华	顾晨群
何启忠	何永跃	佟丽萍	陈国明	孙 莉	王春红	姜玉涛	张 宏	王淑英	王 凯	赵玉宝
华玉杰	孙春田	曹 翔	曲延军	全哲奎	沈彦军	周祥顺	刘晓东	赵大鹏	刘明明	史文宝
孔 健	洪 梅	武 海	高 嵩	雷立宏	梁宗敏	严 军	丁 原	顾 强	汤建南	徐从荣
陈 超	郭正崔	张朝晖	江山红	曲 苋	宋冬梅	孙华飞	王文铎	张同伟	仇佰成	王 宏
王咏梅	任泽良	韩喜双	韩 姣	孙佩刚	商继东	吕 丹	王同军	付文达	张 彤	景 玎
刘 炜	刘宝宽	包伟东	刘海涛	刘苏鸿	蔡晓华	张爱军	曹 珊	陈若山	钱 栋	邓志刚
李红志	李学章	曾团铭	毕伟锋	谭学全	张向东	屠晓虹	杨 冰	张 强	朴成元	吕铁钢
时 杰	陈士军	刘景忠	董 丽	刘 缨	王 毅	司炳仁	李晓宇	梁 栋	洪东俊	林 文
谢利中	付正彪	刘 梅	王永林	费金标	丛正霞	林晋宏	王小玉	高淑蕴	王晓春	黄少军
殷 强	田兰斌	秦 忠	崔永红	徐 杰	于 清	杨桂滨	王晓方	王峥嵘	崔宏伟	修明友

附录

董长宇	刘洪斌	高建阁	梁德初	吴柏松	严凤威	郭传斌	邓益安	周发凯	丛国春	于 峰
刘为民	周晓燕	秦红晓	朱逻武	尚 茜	何星光	田文东	高新年	廖百圣	徐 静	郑 坚
张朝晖	黄奕斌	黄 政	马 明	孙德发	朱 江	张 倔	王 丛	张 伟	牟天宝	黄小龙
周 峰	王志民									

哈工大建筑工程系：工业与民用建筑

姜元阁	蒙兰婷	刘海波	贺军堂	吴晓波	刘福明	袁 平	邢军波	张 宇	宋红英	石建华
李 平	张春洲	陈天异	陆孝青	张宝银	祝 斌	朱 彤	楚秀娟	陈枝东	郑 重	陈文明
田可耕	傅卫东	王佳萍	王洪源	韩英爱	余永彬	周 明	万延平	孙文艺	徐春红	孟相旗
杨学春	孔繁立	李伟涛	侯虹红	骆金中	刘 露	万树兴	贺东武	李 智	王 群	吴科佩
王晓东	赵素波	叶帮庆	彭建雄	马本成	张 帆	陆蓬涛	唐晓明	吴杰毅		

硅酸盐工程

段千挥	马春林	田庆君	仉长明	曹福利	杨金彪	张凤喜	刘建春	全洪珠	姜川玉	李志刚
李国明	苏贻波	梁世林	张凤元	余 浩	郭忠华	杨凤起	王晓峰	徐锐锋	夏 伟	高宗亮
檀春丽	卢笑梅	江丽艳	王 璇							

建筑材料与制品

苏 波	王 强	刘 泉	潘屹东	冷 东	张玉伦	李凯东	周金先	马俊英	高文霞	高振国
刘全胜	李 玉	李文利	陈 瑨	武素生	王 翔	李建勇	陈 瑾	杨利雄	杨 军	王 慧
石 浩	孙继红	曹雄涛								

复合材料

张成武	高丽花	吴宁海	简文华	王 瑾	杨洪忠	罗来平	张 琪	俞晓国	李玉贞	盖春胜
仓 元	王 辉									

建筑管理工程

陈崇祥	郭世宏	周庆明	王溯舟	王志禹	刘 勇	管祖强	赵宏生	章可可	孙玉然	林绍纶
赵乾宇	吴桂新	郭东升	李志清	田永红	蒲立志	钟半舟	沈汉燮	申红一	王 全	周贵中
胡玉美	曹 飞	王明昆	许剑平	王焕平	贺志云	宰乐义	蒋响元	王 东	张国斌	赵瑞春
张贵军	魏爱国	李慧思	孟 敬	郭佩义	寇传平	李红媛	刘德成	张洪霞	薛 娟	华 晶
李春杰	潘志忠	谢 鸿	余英敏	李秀波	西 宝	杨晓梅	于东杰	郝 钧	王生明	骆文忠
孙立忠	唐玉强	高 虹	贤笑梅	陈胜波	张继民	郭宏图	郭成伟	解维海	霍 旺	宋凌云
吴建雨	吴兰忠	张伟泽								

国际工程管理

马 明	梁 旭	吴兰忠	吴建雨	汤 权	王艳华	张德平	王友江	林明华	刘 昊	高 虹
宋凌云	郭宏图	郭成伟	张伟泽	解维海						

会计学

张新华	王敏华	朱 力	李文志	张金维	王 坤	刘羊子	周永强	胡学忠	荣 杰	赵 敏
张仁玉	安 淼	贺 兵	刘艳红	丁 华	奚君艳	沈 青	陈国高	柳斗斗	王雪青	邵友明
刘哲文	刘伟丽	张文清	由 芳	雷冠波	马金国	周 堃				

1988 级

工业与民用建筑

梁 俊	颜晓耕	杨 旭	马中斌	陈江华	王 丛	唐庆会	李 鑑	刘峰山	马文初	孟祥旭
原卫星	任 华	苏军伟	周永程	张毓澍	陈 勇	梁 松	刘宏棋	马东兵	边茵梅	王新字
计 锋	陈 华	高 云	李俐勋	张 伟	尹逊昆	罗屹淳	沙 钢	李长军	张 凯	马晓儒
田延全	陈 浩	李志强	范 卓	关 壮	杨 默	董良仙	刘国友	杨庆红	刘永智	谢 钰
郑克勤	刘国银	钟 锐	周文元	王少波	李智勇	余程清	祝联合	张建国	姚 红	周晓光

刘畅	安向明	边可	王雨光	郭丽俊	徐洪敏	苏德权	曹广慈	高嵘	许海春	张爱群
郗育庆	吴丽华	李永珍	周广兵	董志群	从辉	梁月林	郭子明	林柏泉	刘玮	王学东
许宝君	王德军	张立波	郭继忠	卢郁	王广庆	谭宪海	李建华	王立学	张波	王宇
卢大立	李智平	苏宪忠	狄峰	宋绍健	李新华	张延辉	丁向阳	陈明菊	远方	李伯先
刘孔玲	马强	万涛	邓蓉晖	吕飞	于涛	祝石	薛亮	袁松	董岩峰	李胜满
梁永茂	毛彤宇	吕迎红	周兆峰	李亚南	冯斌	万继红	陈成林	倪涛	姜志刚	华冲
葛振华	王海滨	廖宏斌	张红卫	刁卫国	姜洪斌	王兰邵	林立	刁德明	许敬安	方智铭
蒋小林	张俊海	朱冬平	王珺卿	牟天宝	袁军	张雅琴	冯卫权	李运章	葛永胜	梁超波
周浩	王继红	苍松								

哈工大建筑工程系：工业与民用建筑

原建兵	龚云涛	赵圣武	姚兵	张艳凤	方思忠	段涛	吴畏	关栢岩	周奎彬	李四平
夏静岩	骆健	熊吉国	程晓多	杨力	陈琰	韩桂玉	章超	赵东辉	刘永辉	徐晓春
朱敏杰	关雷	张红	唐晓明	吴杰毅	杜振球	邱勋标	张恒庆	谭晖	丁少俊	张世生
谢洪伟	陈震宇	卢刚	汤永兴							

硅酸盐工程

卫文明	李忠俊	刘会金	黄鹤松	沙瑶	孙文博	李劲松	刘诗诚	杨玉柱	张书坤	张文生
马波	王丹	余润洲	崔福东	史延田	李滨泉	张俊才	苏林行	郑新瑛	王文秀	燕继秀
范云秋	杜乃红	刘春焕								

建筑材料与制品

王素梅	王爱民	须瑾	安明哲	余正义	张敏强	杜军	田培云	李晓伟	王春波	马新伟
王吉良	吕同魁	付景利	王东祥	谭丽娟	杨琴	崔忠英	田先忠	黄喜文	黄满林	周卫忠
梁勇	郑桃华	崔变凤								

建筑管理工程

许新	高平	姜山	叶发勤	刘娟	袁娜	阎鸿彬	何滨	许健	盖广龙	王华
张国君	张从欣	金升日	郑春官	黄军	许峰	李建锐	谢景林	金石光	王海健	高印明
杨忠	孟凡军	王会军	武士军	孙剑	谢颖	刘建军	王丹	高犁难	郝松岩	贺永学
周宏艳	林波	李志勇	孙秀杰	刘树国	朱华	张艳	孙树奎	班允杰	韩雪飞	谢兰生
刘志	陈芳									

国际工程管理

陈芳	李洪栋	张国君	刘禹	李志宏	文敬东	秦红	白晋安	都兴民	杨宇彤	吕正君
孟庆仁										

会计学

徐建军	金哲	朴顺姬	林岩松	陈冬拇	夏秀清	王觉	于爱晶	高红明	刘颖	刘小凌
乔丽艳	赵秀峰	林怡欣	郭永新	刘力	张淑娥	程启才	马纳新	沈铁庚	马永林	温红梅
孙正吟	田文丰	赵新	吴美良	龚志飞	刘云英	王淑萍	徐莉	于光		

1989 级

工业与民用建筑

李江涛	卢金刚	胡玉义	郑立彤	李世君	任玉国	田巍	李忠山	张昀燕	王豫	刘平
李永权	薛振睿	王海深	叶剑	魏雅丽	王鑫	何营忠	魏玉志	宋春彦	邹爱华	张守伦
熊辉球	李英	姚娅	李浩	张恩涛	尹伟	孙海啸	陈烈	李捷	俞还	王冬赞
王新斌	王旭东	孙楚平	姚美坤	王载	康世武	王崇艳	朱增强	徐朝阳	豆全泅	李勇
葛伟	戴莉莉	朱以刚	林莉	张涛	娄玉怀	滕勇强	何万发	谭建新	赵学孔	魏顺元
侯栓成	徐劲	陈翔	李学艳	刘国民	徐涛	涂劲	连旦宁	郭杰华	刘衍伟	徐利健

附录

刁树军	吴伟彤	迟冬梅	袁宏胜	张 劲	刘文勇	梁 力	顾 瑜	吴永灿	李文华	李静娥
王红媛	敖 辉	王华永	李 旭	杨志辉	周丽珍	王 俭	刘庆东	韦国清	李家亮	谢坤明
林玉顺	罗才德	王新革	徐涓生	马国安	姜 勇	王 军	王红庭	冯 松	夏 江	张 义
徐 雷	李 君	陈松来	殷从春	向 阳	梁 振	关为泓	吕哲勇	张守峰	赵秀荣	胡 良
柴守伟	张 蓉	张 威	王震宇	杜东明	安亦天	吴 昊	吕大刚	隋永刚	白东宁	张 萍
杨臣伟	李铁军	王琳榕	张 宏	王达春	魏永祥	曾昭达	朱 坚	叶 春		

哈工大建筑工程系：工业与民用建筑

相福生	刘 行	董荣杰	张焕柱	梁 明	干红梅	许东宇	李政林	周庆生	谭 辉	范 峰
张彩霞	白晶宝	傅俭文	施卫军	李安山	高 敏	禄晓东	林 华	刘 中	倪松郁	张雪涛
孙振起	徐永涛	翟希梅	郑 睿	奚庭婷						

硅酸盐工程

周明玉	盖四海	刘 鸣	武剑辉	王爱香	潘 冰	江世芳	张照宇	韩建军	杨延纯	陈江茂
刘清武	梁继昌	高 权	王 挺	王书社	陈胜传	李东鹤	万江春	王兆娣	邱辉模	兰峻文

建筑材料与制品

王 剑	关云航	赵霄龙	姚 崧	饶金环	田 原	唐 玲	邢明照	林 雄	朱广祥	于海涛
刘银辉	罗碧丹	黄妙明	姜 波	李西海	吴国锋	张连才	崔光明	宁爱东	毛朝晖	龚旺煊

复合材料

王 洋	王 芳	羊玉龙	谷壕春	孙 斌	郑天军	全文华	母滨海	吴 芳	许昌日	洪云龙

建筑管理工程

王庆华	宋艳君	刘 萍	杨桂英	苗迎春	李俊章	曲孔君	孟 骁	高延峰	韩 勇	冯松林
付 强	赵 宏	文 昕	万 平	李明春	许翔华	皮彦忠	毕彦成	张洪岭	徐印才	谢楚雄
姜 峰	马建友	陈俊杰	马绎红	张 涛	鹿学良	刘贵军	刘向敬	刘兆新	段 雄	段云飞
申光哲	刘 军	耿 刚	丁房欣	王 浩	吕卫东	田永民	王 彤	舒 清	栾林学	王德才
高海刚	田喜尤	李文彬	韩顺友	饶成波	常庆斌					

国际工程管理

郭杰华	刘衍伟	叶 春	连旦宁	俞 还	李 捷	夏 江	张 涛	滕宪华	姜子荣	孙永达
孟丽萍	苏红光	张志坚	常庆斌	董世杰	刘军成	陈 烈				

会计学

李曼静	温红艳	从 莘	温玉杰	顾晓林	李建宏	王晓波	刘宇舟	吴 萍	吴汉云	周多全
王晓林	聂英红	李桂芬	周志荣	杨文杰	闫桂芬	刘寒冬	张 迪	王红梅	耳今朝	袁 静
赵 妍	梁慧菊	陈水清	刘艳捊	汤明安	潘有典	成维华	陈忠华	车振武	王昌栋	徐 兵
彭 程	张 坡	刘立宾	张巍巍	宋宇丹	李 昕	朱韶音	田 雁	刘 克	陈 丹	段 云
董秀丽	丁廷轩	李 丽	周 苹	李 莹	丁 琦	王颖慧	黄海燕	张德鸿	龚卫东	

1990 级

工业与民用建筑

刘研哲	冯海悦	丫 宏	姜年君	畠冷霞	张 萍	许宏富	马 柯	李熙亮	王 燕	关 伟
付国琪	胡 杰	左树滨	吴益民	魏 军	董润萍	龙 波	刘忠旭	蒋航军	李天若	王国新
刘永新	杨晓冬	王良林	陈剑飞	冯亦彬	郝志军	霍堂霞	周静宇	刘延伟	王 宁	雷军鸿
杨香福	张炯华	崔 松	田国昌	索忠元	秦向东	阚咏梅	王 静	陈 刚	金 明	屈建国
王华锋	王志明	刘 忠	李 引	李春星	张小芹	吕 岩	吴敏杰	李 韬	武柏东	魏 哲
李艳宁	孙天舟	张中山	徐 巍	罗晓玉	金熙男	朱永镇	赵广海	王兆武	李凤玲	张 健
李 磊	高智龙	孙汉宗	李峰辉	王凤来	刘 丽	郑志刚	张私强	练贤荣	戴川江	刘秀平
史家波	张新建	邓小东	王海生	康 健	苗 郁	曲 喆	刘爱民	朱志龙	张英华	许庆贵

415

朴喜刚	韩广伟	高洪旗	马振华	董　辉	李大忠	王志成	熊朝辉	李小明	徐克俭	齐辅懋
张东臣	刘洪波	何　政	袁　静	王　琴	吴东利	姜玉民	付忠琳	于晓冬	刘　榕	王梦群
于爱水										

哈工大建筑工程系：工业与民用建筑

张　海	王　蔚	朱颂华	辛兆强	戴克洋	涂方学	徐　伟	袁　旭	易法军	陈国光	康志扬
陈　刚	宋树清	耿耀明	于海涛	张卫航	吴立鹏	郑　昊	张大伟	王金平	卢明礼	邱作霖
王　宇	孙廷洋	崔勇健	杨红琼	焦英立	倪秋英	李庆剑	黄　冰			

硅酸盐工程

刘光明	乔　峰	孙　刚	李坤鹏	马　严	王　蕾	任　智	李向东	郭长峰	胡水根	王长华
任建新	姚丕强	郑诗扬	宋　亮	严保文	高铁东	汤义勇	李帼英	谷洪飞	汤桂双	王　华
蔡德斌	刘晓鸿									

建筑材料与制品

于贵民	单春伟	周嘉宁	袁　杰	程　亚	范晓冬	赵　东	余忠林	罗永胜	杨智勇	黄永刚
焦战红	周　伟	吕艳红	邹桂莲	陈红英	李学英	孙建红	朱力军	于万春	陈华文	吕　山
朴龙泉	李同德	李春前	杨　波							

复合材料

裴　镔	冯　奇	张　彤	张秀燕	郭　泓	金艳淑	邓海岸	侯涤洋	梁　岩	张敬国	刘　涛
韩雪峰	柏晓光	张明涛	陈　强	谢文胜	许航明	吴鹏飞	卢成刚	冯林兆	王胜宝	邓运先
尹俊堂	张彦建	葛云峰	肖海涛							

建筑管理工程

徐耶加	肖晓军	洪　亮	王　南	徐俊波	翟传明	马志升	王朝凤	姜海燕	李淑红	李涨洲
杨晓玲	陈　民	曾　群	阎爱移	徐锡平	潘贺丰	邵凌宇	余　翔	史　震	潘英华	张宏亮
李金义	谭　民	刘旭辉	冯庆宇	何杨普	杨文辉	陈　伟				

国际工程管理

杨文辉	杨树义	潘智丰	徐耶加	郝梦竹	嵇永飚	朱红梅	黄　海	熊志坚	曾卫军	王艳萍
武　伟	王向超	叶成银	王恩仓							

会计学

秦余金	孙广锋	李　疆	张永正	王清鹏	刘　宇	马士军	黄　珊	贺丽霞	王之燕	杨　明
刁雅莉	汪心红	杨乐平	曾庆鹏	车岩石	胡友安	周明良	刘利军	杨建新	陈新生	于占武
吴红艳	王华英	王　鼎	张　卓	王迎新	杨　洁	王　健	杨雪松	郑腾淼	黄伟光	刘增强
毛以强	张越慧	郑志宇	罗　锦	任　旭	张　芬	陈莉莉	张晓菊	宫　蕾	欧少平	于永进
宫玉坤	徐　瀚	成登天	韩　薇	吕剑锋	淦克兴	张维斌	董海英	王秋燕	史晓宇	刘春艳
赵慧玉	余莲风	杜　玉								

1991级

建筑工程

高晓峰	叶　斌	章　杰	陈　璐	秦延文	岳献武	张俊华	白云艳	张凤海	阎维波	王福彤
孙宏嵩	奚宏彦	杨　烨	黄国军	张　静	王　浩	姚小平	付向阳	王胜利	赖天辉	朱庆涛
张路明	杨同利	石连和	胡剑波	韩　宏	李书颖	田志军	肖仪清	陈天愚	孙巍巍	冯志勇
李　晨	卫　东	闫文虎	刘克敏	刘柱石	刘松涛	陈　钢	苏　炜	陈春生	谭明辉	甄永辉
洪　蕾	姜隆之	蔡云龙	梁德勇	刘鹏远	李化明	龚耀明	金永泰	王乐文	潘龙贻	张　钧
陈　玮	宋春玲	张美仙	温　涛	常晓菁	吕彦良	崔秀光	高　杰	武　岳	杨　军	殷海龙
龙海霞	李　阳	薛　涛	朱　枫	姚　坤	程林昕	周志兵	翟振耕	段　晖	徐双烨	车艳梅
郭东杰	董保星	刘　英	宋守尧	韩　浩	王雪松	吴　轶	冯兆君	杨佳富	于彩峰	张　平

416

附录

马长涛	李晓明	冯永红	胡庆立	杨军宝	侯保华	袁勇军	张秀华	苑海城	牛清德	王济民
葛永强	李 崧	佟盛勋								

哈工大建筑工程系：工业与民用建筑

郭建通	李云波	王成芳	倪志伟	何 为	石文吉	文兴红	焦 涌	李铁涛	张文元	张立成
王秋丽	杨奇勇	蒋继鑫	刘兴华	彭修宁	张国栋	李永兵	马 缜	曹海峰	雷安定	王淑范
杨 民	王丙一	符小龙	程龙川	李云峰	杨 旭	狄文斌	彭 勇	钟继雄		

硅酸盐工程

胡国华	温喜宝	蔡苍锋	李世波	朴永灿	杨 泱	桂创社	陈亮伟	钟鸿吉	李和平	郑子明
练礼财	高 军	周润平	白丽峰	吕学龙	王利敏	吴智刚	王志清	郑诗扬	李珍贵	冯吉方

复合材料

蒋喜志	樊济军	郑 宇	郑雪梅	孙 波	孙 靖	安 盛	刘 虎	沈 军	兰 锐	魏 岩
肖彩霞	张学卿	葛云峰	陈正瑚	张彦建	吁雪春	赵剑成				

建筑材料与制品

王立伍	许世伟	王文玲	张雪飞	姜玉春	鲁 猛	卢育娟	王占山	田 芳	宗庆才	续志纲
刘国强	吕玉堂	张 洁	吴长龙	周崇强	李红英	徐建伟	陆小荣	向绪中	苑小镱	陈文耀
陈立胜	王景平	关新春	武占军							

建筑管理工程

张 绍	黄桂林	门晓莹	穆丽娟	姚一志	习志辉	聂亚沛	王 罡	李 桐	孙钦军	刘俊平
张 新	王彦利	郭 锋	李冬艳	李延明	王金锋	许军华	力国囡	李 燕	顾永才	章杜元
黄金海										

国际工程管理

程秀利	李 莉	任林军	刘 崴	罗光胜	古迎辉	台双良	李宇红	姜虹娇	张 苏	董 伟
李静秋	崔晶慧	刘 辉								

房地产经营与管理

陈海鹰	战 松	陈 君	刘显勇	沈肖励	刘利杰	文 龙	云 松	付 平	李雪峰	殷晓明
郑晓云	尚 刚	王大海	陈其诗	孙成彬	王 贺	黄福彬	陈朝荣	罗林生	杨 彬	朱久昶
杨 凌	蔺晓杰	邹为群	克甲庆	黄海斌	陈泽健	张国峰	王 贤	姚艳君	周丽雪	

会计学

韩 巍	王汉国	陆满宁	方金满	徐 蕾	刘彩霞	王深坤	潘 帅	伊俊勇	韩艳梅	钟小军
王吉讳	刘 宇	王 蛟	于雪冬	许继哲	刘景军	张海燕	袁德双	李春丽	陈春需	奚国彪
付 鸣	杨 毅	李中东	李雄伟	刘 强	李春雷	刘 飞	熊 文	冯宏伟	刘战红	张洪春
咸婧靓	冯茂林	田 智	严柳青	胡国军	王 瑾	湛 燕	赵海峰	于德水	梅学成	谭小明
刘 洋	夏宝晖	周 静	阎春仲	孔艺梅	孙少辉	刘红梅	张原勇	金颂时	刘树清	石兆梅
王东梅	刘 昊	阎宝琴	王建利	温佩玉	金红梅	张瑞君	金贞锦	吴慧发		

1992 级

建筑工程

吕兹振	王砚廷	方东祥	崔新峰	王英华	蔡 然	王溪柳	厉颖之	鲍 湧	郑宏滨	石启彬
于 镇	马 民	田玉滨	何延宏	于 戈	薛恒岩	黄 敏	陈新礼	陈谦良	方绍泽	胡晓莲
孙 强	申 健	牛世涛	李伟民	黄俊舟	周春光	王荣玉	孙东民	高伟迪	杨冀东	焦尔沵
刘 爽	赵 鹏	齐伯彦	张 宁	刘俊国	王 磊	郑 重	李 幸	于 萍	李金玉	李海涛
姜 武	朱秀媛	贾彦武	胡 涛	周 莉	何 成	徐永刚	董立东	杨少军	刘卫东	张泽林
易 飞	蒋 波	陈伟峰	焦 顺	季东海	殷鸿彬	侯礼强	徐 超	李津荣	王海龙	张洪涛
杨 策	杨明昕	赵 军	陈 婷	杨晓波	曲 永	张晓辉	王 铮	温丽劼	刘少军	代福军

417

郭 波	刘印涛	陈亥生	王继武	焦 明	叶燕春	王绍君	房守华	郭立勇	李生武	曹志明
解士昆	王公民	周 强	张士平	于海会	张 圆	曾 强	董慧宇	董 亮	曹顺星	王 钢
丛 柏	张力滨	焦明辉	杨绍镇	秦大勇	陈 峰	冷 炎	周炳涛	陈国斌	郝祁香	李念坤
王 健	许 勋	李庆军	李 明	邱奎宁	袁胜佳	许凤鸣	么罗野	付 凯	李立辉	刘德全
童小华	卢振华	郭国平	于 洋	曾文煌	李云飞	苑大欣	殷晓敏	史铁花	郭军伟	张秀红
薛剑平	李 斌	陆 阳	付剑平	张 崇	郑民实	屈 伟	朴成国	马振远	白 J	王懿久
宁松凯	王永生	侯为军	李海滨	马继兰	李洪奎	尹燕宝	陈慧杰	张国桥	高 飞	鲁文华
潘文霞	陈 洲	姜元涛	高 忠	耿建勋	方叶强	吴相平	刘 威	孟宪铭	刘红亮	杨俊磊
李 刚	褚以力	汪 浩	魏 宇	王卓男	刘治宇	孟祥轩				

哈工大建筑工程系：工业与民用建筑

王 刚	张洪利	历海生	杨 娜	冉建华	李宏伟	赵 明	李 炜	卢成江	于喜娟	张卫民
闫红雷	唐剑琛	王志明	胡思才	贺明尧	闫 军	耿 强	赵 杰	王松涛	李晓新	宁世朝
宋彦国	崔德军	耿景都	张旭东	汪浩渊		王 健	王大勇	孙建华	刘晓峰	

硅酸盐工程

江厚权	高志江	田党信	李 斌	李海生	车文秀	陈国明	张 财	井瑞吉	尹训生	牟英伟
朱连滨	付国军	李 平	王 剑	卫 生	尹宇辉	李 群	冯 燕	黄凤霞	李 红	

建筑材料与制品

冯会全	盛延庆	谢爱民	纪 录	曲守勋	杨洪生	张登平	肖瑞敏	金忠雄	郭永钢	刘太原
李 刚	赵庆新	陆松华	王建伟	朱晓东	韩兆祥	秦宪明	马学峰	白宇靖	胡 舜	吴爱芹
吴 炜	李学英	赵 霞	王巧然	张 弛	姜咏丽	冯鸿雁				

复合材料

钱小芳	孙宏杰	程艾琳	武 军	何福星	高 鹏	夏恩波	张玉京	祝若冰	陈立东	赖伟阳
王 健	杜 刚	郭志宏	田超凯	顾培荣	明东红	张国军	张立廷	石建军	陈修林	

建筑管理工程

肖天明	刘家广	仲伟国	梁为龙	程陈华	王冬梅	王乐军	葛丽萍	唐珠创	潘爱民	纪立君
潘志勇	刘立军	单联坤	闫闫闫	杨玉国	刘宏宇	苗 钢	杨桂林	李广德	孙成双	刘光伟
吕宜明	于 健	魏广玉	李灵爽	太昌盛	汪 赫	曲 斌	吴 哲	马丽萍	杨 奔	

国际工程管理

李灵爽	王 景	方晓乾	姜 帆	戴 晟	王君臣	陈 曦	孙成国	孙 韬	于 彬	董 宁
董晓奎	张秀红	李 肃	杜 绯	于晓怡	太昌盛					

房地产经营与管理

姜永丽	宋永男	焦尔密	齐伯彦	冯景瑞	刘晓迎	刘姜浩	魏春亮	李喜文	李 楠	刘连赋
马天翼	崔伟峰	刘君植	金东一	梁志东	陈国政	全镇浩	魏炽伟	韩 非	纪 录	冯鸿雁
冯会全	曲守勋	吴 炜	张岩海	程宗福	刘 云	李 娟	敖锁滨	李东宁	吴素剑	李 磊
于 红	江顺锁	郝建会	戴 梅							

会计学

刘友军	高 宁	王春生	汪海燕	嵩 晴	孙慧莉	李东风	姚大东	蔡永福	张连映	周志国
陈剑波	徐晓兰	范文娟	张艳荣	马友权	赵 健	开耀锋	李启清	张亚娟	薛兰英	郝 明
孔庆国	贾华峰	刘凤红	李文锋	黄德良	凌晓军	董立颖	刘爱华	董立颖	王冬至	华 莉
白于斌	胡臣旭	何西峰	梁海芳	闫 煜	龚静艳	孙湘晖	胡 慧	李 钢	于秀丽	王欣晖
岳 生	刘维东	张旭红	王学军	朱由艳	郑立红	刘 淼	王利军	王秋菊	张林国	范宇飞
商沁园	李树财	魏庆玲	闫 冬	孙继杨	刘歆蕾	谭雅萍	李培丽	赵 宇	米 磊	陈 述
赵 铭	马德伟	任 文	戴晓红	战希忠	于宏伟	李学玲	王 睿	安济群	邓庆奇	李 颖
王洪哲	刘 萍	吕传亮								

附录

1993 级

建筑工程

王雨鹰	李晓峰	吕晓震	孙 涛	郑代华	郭长明	苏 莉	李旭东	于 威	廖益林	刘海峰
王春雨	张 宏	吴维佳	王弘禹	寇润亮	杨 鹏	刘玉姝	任晓坤	常春雨	刘志斌	王 静
李浩久	刘东来	殷业国	曹志强	许洪超	范圣权	李 欣	段贵明	刘樱泉	李 迪	孙海涛
赵 军	王 虹	刘甲明	高 爽	高伟迪	刘正坤	熊才好	肖 睿	渠 岩	杨 韬	康 伟
刘 鹏	陈高照	黄晓红	陈军学	王淑玉	肖可硕	赵 扩	张 磊	张新同	孙 启	刘冰花
徐立春	贺 涛	赵振东	王新梅	刘学春	陈宝强	李忠宇	于三立	孙小烈	张立涛	李 铁
吴小庆	黄 英	范 猛	杨 勇	房益胜	张静芳	石可佳	金太龙	赵海光	尹胜阳	刘海涛
刘为春	单兴波	房英健	徐洪勇	胡文君	梁 伟	李 峰	王玉波	郭文学	张大旭	陈凌志
许建华	崔常均	许 强	孙智勇	侯 薇	吕慧敏	冯晓春	王正涛	赵连峰	宋炜华	李冬清
黄永春	常 虹	毕建军	渠 明	李海山	马政纲	郭 波	刘 彦	谷国艳	陈 婷	王 刚
吴 建	卢 洋	谢建华	江 波	于 沛	柯细华	李金树	李亚琦	周光毅	詹海泉	俞 磊
贾 军	胡 舸	王欣平	张海春	于 丰	孟庆日	刘欣宇	孙科学	赵洪宇	马元福	李 凡
陈志兵	赵中南	刘 兵	姜冬瑞	杨智英	赵 源	马步杰	胡 亮	夏继伟	蔡 月	王 通
林 虎	周艳辉	薛剑平	王卓男	魏 宇	姜 楠	韩志嵩				

哈工大建筑工程系：工业与民用建筑

张树强	刘林芳	郑 竹	马 勇	俞志海	钱 伟	杨本强	任立新	谭新宇	李 哲	刘兴全
李 刚	曹文达	王 力	樊延中	赵国栋	潘 元	赵 勇	李古柱	郭海山	王 聪	李新民
谢洪权	张英田	袁 平	吴 波	刘 琳	宋 佳	王今玉	陈 鹏	张风华	曾祥龙	曾毅君

硅酸盐工程

田小用	王秀玲	张 霞	李 群	孔繁敏	程立双	刘 超	周卡方	梁 斌	王 军	邓全厚
王洪院	王贤进	刘凯峰	张梦军	常保全	范兴国	邱学志	张艳文	杨建文	陈宗平	韩雪松
闫继东	杨医博									

复合材料

张晓晶	陈 婕	朱春侠	佟立芳	李香菊	卢晓海	王海龙	吕 敏	魏康军	高灿宏	林凤森
葛海生	欧书方	王连成	苗培雷	苏清富	王登勇	龚宜彤	石晓东	郭万涛	谢祥建	曾爱军
李龙光	潘回辉	孙其海								

建筑材料与制品

张文平	梁广平	向小军	柳尧军	高 旺	张岩波	孙秀刚	孙腾仁	刘 江	李 科	王 群
高学峰	刘兴明	胡廷林	吴培烁	陈 毓	张爱华	刘 强	丁新龙	于立华	沈必文	徐新伟
欧玉伟	李洪亮	程 波	花海东	李 贺						

建筑管理工程

孔凡有	卢 伟	李怀文	裴 潸	李绍铮	桂在友	樊绍勇	王立峰	张晓健	谢汉良	杨小平
翟新民	王继针	肖金界	孙儒强	张爱东	杨志刚	高熙德	施继英	李铁锋	刘仁辉	张绍鹏
薛小龙	石海霞	邵东波	韩建成	刘剑峰	骆亚卓	赵 宇				

国际工程管理

赵海光	张 平	刘 萍	周励强	许 刚	张鼎智	黄淑媛	王 莹	姜海峰	郭海玉	曲保成
孟庆日	邹晓虎									

房地产经营与管理

范 玲	张 庚	候建坚	张德星	刘海涛	王利林	潘 游	陈 东	肖 杰	杨晓冬	常 宇
慕国梁	刘 震	刘海涛	杨 平	台玉红	常运东	赵振文	金云星	梁 威	刘江彦	王承刚
齐金凯	王天宇	文安福	姜庆太	吕剑亮	栾德馨	陈 俊				

会计学

孟祥成	朴海燕	葛英毅	吴守东	李传飞	孙 震	林永冬	万丽红	聂诗勇	朱苑玲	林明海
罗浩斌	袁德胜	高 等	王利娜	刘银辉	王继鑫	谷如蜂	吕 情	程先勇	郑君田	江 宁
梁锦洪	曾 芳	蒙绪军	康 静	候国辉	张滨丽	赵新杰	卓胜波	曹公军	吕 斌	李春艳
寇 迁	姜文汇	张菊常	井维民	任 宇	张 魏	刘妍伶	魏建国	乔 阳	胡 欣	宋 健
曹 毅	孙笑生	牟善勃	柳淑琴	李 焰	梁永刚	禹贤淑	孙凤财	朱佩枫	李 娜	朴永浩

1994 级
建筑工程

宋 尧	姜志勇	李 钦	李 峰	李延东	张永刚	汤克涛	李满堂	吴春玲	李荣晖	张 文
韩 雷	施美骄	林李森	韩玉芹	李 云	崔小保	李 顺	王旭明	诸葛耿华	王冬梅	田宝吉
许 峰	辛 宇	殷朋成	杨建林	王世展	马文磊	郭 颖	马光磊	张 萌	刘广亮	岳慧军
范 猛	徐 霖	熊 莹	石显君	朱晓松	薛振煊	陆彩云	狄春辉	赵前程	鄂凯闻	王立国
叶长兴	叶深根	邱 勇	李 鹏	马占江	周 进	张 来	郭楠楠	杨小东	韩维吉	曹 飞
刘长宇	于 晶	李述林	倪文进	傅 强	于炳涛	郎吉祥	孙月虹	刘 鹏	朱儒杰	程志国
张立涛	郑广新	陈震升	于际华	于游宇	赵立刚	王新利	王玉银	张扬政	戴建泉	文 钢
宁红文	孙晓颖	刘 强	李栩伦	苏加峰	李佑彬	王剑虹	郑本河	王 萌	张 波	付玉华
张述坚	杨 飏	马 昆	王野冬	张长言	傅玉勇	梁学辉	王忠厚	熊庆东	刘 佳	吴 冲
尚边疆	周俊峰	李旭华	张 辉	刘兴权	王庆伟	张曙光	葛亚彬	石海涛	王志学	陈 磊
郑光迅	韩金玲	范振霞	田 妍	朱 坤	施建鹏	吴 笛	王大勇	曹 鹏	邹阿荣	王再刚
林 林	李志刚	张继德	赵洪宇	赵 源	赵中南	王宇航	王卓男	李 征	李贵江	徐晨宇
李佰玲	李 冬	付 强	王国梁	崔 琳	杨彦芳	赖忠楠	张 跃	郑春燕	李长山	李洪雁
吕 昌	蒋伟博	王化发	栗建冰	周 军	王欣泉	郑 铎	吕 彬	解彬彬	郑祖冬	常志玉
李健新	陈建华	黄 鹤	纪 晔	王春玲	李 征	谌 刚	郭 成	汪海鹰	金大强	程 刚
李吴为	王广宁	马智勇	王爱国	崔 凯	常 瑛	杜 峰	徐 霖	张 强	赵 雪	霍 钢
郭志东	于 颖	刘吉民	徐希文	王 雷	谷丹丹	朱韫智	李佰林	方 凯	闫永强	吕 峰
王洪波	王 哲	赵世海	陈 阳	李 煦	王艳伟	戴宏国	姚震宇	隋红艳	齐明空	王 宇
屈 丹	刘 勇	尹峰哲	刘佳军	周 昊	刘 超	鞠 航	李义山	张春野	白 晔	刘丽娜
杨旭光	王杨兴	高志强	刘 杰	张大义	唐红巍	郭 晨	陈宇飞	刘国锋	扬 帆	刘强一
何军娜	吴 俊	孙丽婷	金学俊	董文龙	赵秀英	吕言超	孙德鹏	孙利辉	伦志超	李壮宇
张智勇	鲍洪伟	范 娜	孙学全	姚 卓	孙 静	陈 伟	赵世林	张怀福	张美馨	潘真权
迟建珍	徐 龙	韩晓东	邹云峰	蔡学刚	汪庆涛	徐岩峰	李洪武	魏 林	周 强	徐 峰
张亚楠	朱 丹	王 欢	梁 屹							

哈工大建筑工程系：工业与民用建筑

宋思征	林炳坤	侯成春	李 军	李长生	武瑞松	许洪勇	郭 飞	张庆华	史艳敏	孔凡波
史曙光	宗可涛	彭晓峰	陈龙春	郭伟峰	王 刚	姜超亚	杨立锋	吕国辉	刘 波	温远太
郑成艳	王 淼	魏立忠	张 琰	李春艳	童雪梅	王 金	冯雪莉	那春生	于文福	刘丽萍
刘志全	郭 莉	徐 娜	张印国	邵怀利	朱美凝	刘海东	种淑婷	杨丽艳	梁 鑫	季路刚
刘培成	贺长城	高彦辉	王英华	咸志军	杨海涛	李轶华	杨樟柏	吴少勇	任丽丽	宋 鹏
张德祥	李 辉	弭连国	叶 锐	单春宇	张 军	勾世凤	鲁白恒	陈长雷	张文霞	张 栋
杨义光	王 伟	赵雪茹	冯明丽	刘好亮	李亚利	侯代立	周长亮	刘 敏	王 磊	景爱玲
庞黎明	韩 枫	申佃顺	赵伟霞	焦明辉	曾艺君	杨桂华	高 伟	王仁基	史海峰	高 春
王 娟	宋 卓	田春艳	李 冬	蒲小平	于德生	李 凯	林 海	张晓平	胡乃鹏	曾宪伟

附录

王洪峰	潘欣峰	周立涛	李　宁	马海涛	张凤来	范　涛	杨　语	瞿峥屹	韩春燕	张梅花
王宏艳	杜　浩	吴　定	王洪国	孙　瑛	王海龙	蔡为新	何树民	曹正罡	岳孝孔	栾　攀
宫　波	杨兵明	张　凯	王　威	展宏超	邓　刚	侯轩雷	佟北铃	李　臣	朱传魁	王亚辉
陈敏姝	王铁夫	乔宝娣	贺远新	刘秀凤	霍豫慧	李　鹏	刘晓明	刘洁平	孙广辉	杨　雷
武　勇	李　强									

硅酸盐工程

| 朱玉武 | 苏辉洪 | 阎锐晋 | 区洪英 | 何　琳 | 孔令千 | 葛兴源 | 郭恒辉 | 王世彬 | 胡普华 | 孙飞国 |
| 田景松 | 戚家权 | 管洪海 | 黄林从 | 吕时军 | 马永录 | 邱章龙 | 王　凯 | 郑复鹏 | 邢　飞 | 孙雅勋 |

建筑材料与制品

高小建	高春勇	薄明慧	于文均	袁　瑛	方　卉	马丽媛	邰志海	刘　宝	马雪英	高　嵩
张东平	韩　波	齐文丽	陈喜旺	王永亮	刘铁军	孙建亮	蔡才勤	王喜平	杨志航	安朝霞
沈平邦	郑淞生	秦　雪	张国平	许保民	陈震斌	吴鹰清	蔡国萍	叶再利	于明丽	

复合材料

董　鹏	李从茂	杨志忠	王晓中	袁亚鹏	罗　威	林治国	吴新跃	孙久亮	张　颖	周　平
李　勇	徐崇玉	房景臣	尉世厚	邓宜炘	顾守强	吴辉生	俞高磊	林桂红	王靖宇	周井森
叶永丰	祝晓明	陈大麟	杨宏宇	江建丰						

建筑管理工程

康　瑞	刘志超	钟生平	王迎莹	黄　健	袁吉伟	李焕琴	杜雷刚	李　雷	朱炯华	柴丙臣
董　伟	徐春磊	刘艳利	孙显庆	张丽梅	崔晓东	孙二龙	柳书峰	侯建辉	王志明	赵　于
谢亚芳	张绪平									

国际工程管理

| 张东平 | 江建丰 | 祝晓明 | 陈大麟 | 郑丽晶 | 宋金波 | 徐　峰 | 王　欢 | 杨宏宇 | 张德军 | 赵连志 |
| 刘红侠 | 张亚楠 | 王　童 | 梁　屹 | 朱　丹 | 孙　亮 | 姜呈家 | 张建东 | | | |

房地产经营与管理

矫吉峰	毛海燕	赵　旭	魏　剑	程迎辉	姬拥民	张英华	袁剑锋	任　稳	万佳斌	杜庆汇
程勇军	郭　飞	朱友智	张晓路	董晨明	温海波	律海军	孙　颖	赵永恒	于　飞	崔泰贤
李志军	张赫南	王彤疆	刘广成	韩松岩	高晓秋	孙　强	张　蔚	王玉涛		

会计学

黄毓秀	夏迎春	张连君	李　立	孟志宏	靳瑞萍	王　娟	王金良	章凌红	刘波贤	周雅卉
刘刊运	杨立枫	张胜军	张　辉	伍敏芝	张红梅	徐丽萍	李凤莲	昌汉钦	杨　震	于万利
孙　平	孔德适	石晚成	孔　泉	魏余勤	崔海勇	李　勇	刘　冰	张彩云	张术德	陈浩娜
王　卉	刘　娟	王　滨	张兴宏	江秀凌	孙巍巍	朴光日	张晓辉	刘艳虹	张　平	纪玉梅
王　旭	王冬柏	李修宏	王　辰	刘　妍	李　杨	金敬爱	金兴洁	刘敬一	丁　洁	刘树人
张　勇	肖剑光	王双彦	夏剑锋	胡宗能	马广林					

1995 级

建筑工程

郝加生	吴建发	周道成	詹琼兰	佟兴龙	张建明	张　杨	刘　洋	郭　琳	孙本刚	姚文丹
赵　宇	岳伟良	张晓华	李立军	王小民	张　颖	徐　雷	董艳秋	杨庆丰	张　华	周敏峰
卢　锦	王建男	陈　飞	倪　赟	刘丽颖	徐　斌	李国华	王肇辉	严博韬	殷丽娜	刘宗民
刘文昌	李国梁	金　栋	张　强	冯邵初	袁小东	孙海文	李衍东	许立平	赵金玉	张　鹏
韩　峰	付铁明	樊海涛	刘征宇	朱燕琴	刘水根	王宇瑶	覃拥华	沈群明	彭凤莲	胡德心
甄　诚	程　果	王德民	裴明华	吴　克	王　雷	李　莘	杨喜昆	徐洪志	王培帝	刘志伟
刘　铁	刘国彬	刘中菲	毛玉龙	马铁军	胡海博	王建志	曹立斋	孙广智	胡　伟	郭浩志

421

金龙杰	王 威	梁 甦	张春巍	支旭东	张宝超	薛 辉	王 丹	吕治国	徐慧东	王 建
陈 昭	杨贵君	刘 威	王开发	翟立祥	喻 炜	付伟庆	周 涛	孙文福	徐伟涛	王晓玲
王学强	张成亮	宋长海	于明伟	张友恒	祁 峰	孙 巍	柏文静	沈 瑞	何红海	保海娥
高营波	刘志强	周一民	朱 春	苑 恕	孙 亮	沈洪刚	付剑涛			

哈工大建筑工程系：工业与民用建筑

赵福元	许可顺	孟范辉	江朝宏	刘柳铮	栾宝峰	林政权	郭 莉	冯振明	李洪生	张家鹏
孙 一	赵建民	陈宝其	魏 飞	孙慧芹	孙佰明	王弘岩	王大全	徐晓东	蔡鹏程	徐友明
董伟华	何 平	周恩津	孙 磊	顾晓锋	时 辰	李 江	朱晓东	朱自略	袁登峰	陆宇明
刘国强	孙清华	王仁春	王庆丰	李 枫	李晓奇	高 峰	王霄鹏	贾彦宝	王 丹	邓 昱
顾太新	满世易	高 鹏	吴华平	刘大勇	陈春雷	孙佳敏	张海荣	周桂萍		

哈工大建筑工程系：建筑工程

孙少光	王化修	卢书楠	吕 铭	陈瑞瑞	沈凤杰	曹艳华	刘德峰	薛 鹏	孙胜利	王泰杉
李 佳	王秀艳	宫 振	王多慧	周 吉	李 明	吕 强	金满仓	李建国	袁玉红	马海涛
王茂增	王天航	樊 奎	杜志刚	李春彪	陈 峰	张凤冬	陈 林	王宇亮	李钦涛	杨文亮
韩继明	张铁军	孙成秀	刘志刚	卢志勇	韩文华	张 亮	王 勇	周宏军	崔肇岩	李国日
张海宁	杜建宝	马国权	刘宏宇	尹艳玲	王月丹	郭翠兰	刘华东	吕志丹	李秋红	蒋成双
李长江	王雪松	杨 静	冯立世	王 检	朱春福	关洪波	吴华平	聂 晶	王 芳	邓 勇
薛继勇	黄海龙	王世峰	傅瑞雪	刘柏涛	朱洪哲	蔡玉玲	张 亮	黄 露	展云超	邵静华

建筑材料

余成行	王 宇	钟业盛	谢志军	刘世喜	鞠栋岳	赵宏达	于镇江	翁守锋	黄群华	李兆亮
陈兴龙	肖海英	常 峰	詹文雄	郭耀芳						

混凝土方向

石昊苏	季向阳	王庆法	周子义	谢 鹄	史丽萍	郭晓鹭	郝润琴	姜慧颖	赵宇涵	李 峰
李 君	王建成	刘继龙	张国锋	张宏伟	梁 龙	曲维峰	李金海	穆云飞	林文强	张洪贵
吕 毅	金治锋	辛德胜	卢金国	高 岩	韩宝国					

硅酸盐工程

吴 坤	刘会军	屠志磊	齐丽梅	魏红梅	刘晓龙	孙皆勇	刘 扬	田景松	张耀华	郑金国
姜利明	欧阳翔	刘 刻	孙飞国	矫 磊	蔚世锦	姚培峰	王照华	徐凤举		

复合材料

柴红珍	雷秀玲	马丽影	乔秀杰	谢惠平	贾 近	刘永明	付 哲	钟能杰	刘汉勇	郝晓飞
方双全	郑同利	黎开兵	杨浩春	贺志远	李同波	魏小军				

建筑管理工程

徐 震	靳 洁	孟书斌	宋志强	武云常	单凯峰	姜志超	郝晓玲	井清涛	李致刚	张兰涛
刘瑞平	刘俊虎	孙 乾	王晓光	任晓龙	张 玲	杨红杰	张隽梅	徐 芬	周琳珊	刘 颖
李新宇	王 洋	苏 洋								

国际工程管理

王 琪	翁守锋	于金辉	王海静	王思琦	祝 嘉	伊新苗	张海鹏	张 锐		

房地产经营与管理

李庆辉	李志强	王连伟	赵湘楠	刘金生	潘恩德	韦国华	卢耀财	廖善辉	周桂军	罗 坤
陈健波	吴远志	潭 冰	张浩浩	张兆娟	刘瑞娟	王彩凤	朱冬霞	孙淼炜	陈龙君	李志华
鲍 忠	王兴野	王星海	叶 蔓							

会计学

高 强	贾海成	刘 聪	朱雪燕	李晨芳	王若霞	程春元	程云英	齐 忱	李晓凤	李生名
谭洪亮	严红梅	柏广军	王明功	包玉琴	邵井安	马金龙	苏 雯	万永庆	陆翔宇	周启华

附录

曾裕和	孟鸿翔	刘建国	魏 进	宋党国	单鸿英	何 红	俞云哲	杨丽萍	孙丽茹	叶宏燕
袁翠玉	辛宏庆	刘 洋	王桂杰	魏 娟	曲迪洲	邢冶夭	李京默	修砺平	李晓翠	王 刚
赵永芳	朱朝栋	魏宝英	王慧娟	刘 颖	郑 垒	谭明辉	常万军	李 振	韩丽静	李 丽
王永莉										

1996级

建筑工程

孟艳松	王 威	杨文军	江雨斌	宋罡程	周升录	逄毓卓	张金海	王文琪	孙学锋	金 华
冯若强	刘 男	杨光宇	高常忠	赵春燕	梁庆武	孙立江	夏广文	江明军	匡亚川	罗凌霄
马 旻	王 锦	贾宏宇	王志忠	王福魁	洪 刚	申海洋	张益江	郑 斌	朱思辛	孙金坤
李金宝	王炳洪	于光海	欧志刚	郭兰慧	姚晓笑	李 赫	王陈远	李靖宇	翟 林	李志国
刘韶刚	梅雪松	孙志勇	邵新妍	刘大坚	李鹏飞	王俊杰	邵 征	蒋明宇	胡 昆	赵 鹏
王建波	柯吉鹏	马向利	王军亮	梁昌春	张宝斌	徐丽娜	朱宇弛	邓 丹	洪 芳	段 健
黄国卿	陈小华	吴 山	李文超	刘 敏	栾 赫	毕小翾	贾永峰	张 煜	周 骥	徐世鹏
张 伟	王 锐	刘宏峰	冷艳平	金光成	徐显山	颜望玲	谷复光	彭启超	李晓稚	张作冰
林国峰	满庆鹏	赵宇栋	朱兴伟	伍 勇	肖 舟	陈 磊	魏庆繁	许名鑫	秦海燕	边立永
齐水金	李方会	席向宇	贾明明	刘立军	金胜财	王洪涛	袁 野	王宏伟	孙建波	姜 滨
于志刚	蔺 岩	高利峰	工远志	刘 云	曹金贝	张壮南	姜上昌	邢建龙	孙海角	王春刚
宁雪峰	杨明磊	赵志东	张 立	范 津	陈 栋	宁智勇	周华松	赵希孟		

哈工大建筑工程系：工业与民用建筑

金万福	周成功	邱德锋	刘红卫	赵 强	张雪丽	董恩琅	陈 海	白 樵	梁天辉	洪成斌
刘用海	纵云侠	王立春	钱宏亮	刘洪波	王仁辉	魏海琴	徐子芝	王 卓	于海锋	聂晓峰
赵 云	蒋彦涛	潘松林	秦志良	代洪斌	杨贵元	周明辉	陈海燕	石 雷	郭莹虹	刘永军
宦洪彬	周生震	谢汝强	严开涛	宋黎明	徐 洋	才洪艳	崔 歌			

建筑材料

戴志辉	陈瑞鹏	史 群	周景润	肖会刚	贺春晖	徐云彤	王瑞刚	石东华	周国河	孟 岩
周源斌	陆立新	吴剑光	侯永波	王达辉	王春雨	周国锋	曾欠敏	刘 龙	杨成武	李林军
李宝强	余 望	郑秀梅	单英春	李薇薇	吴 宏	辛 燕	林乐宏	王 红	刘红影	张 伟
王庆明	孟志锋	张 锋	牛迎国	徐银明	刘 宙	解 远	彭龙春	房德民	赵李明	谭春雨
李中华	管云鹰	周 鹏	李志强	柴朋军	王振泽	时庆龙	成振忠	王春涛	贾召杰	张国强
厉 宁	杨伟东	马伟军	张志会	刘敬宇	崔志鸿	陈 晞	汪学斌	马 俊	张 琦	张凤友
刘建军	贾上民	曾茂华	张春风	鲍立楠	李俊亮	刘志国	李小勇	陈永存	裴志红	李桂海
戴 明	王 健	杨 慧	郭慧书	刘红霞						

建筑管理工程

冯 萱	黄段晨	李定飞	陈社红	智文晓	胡信布	滕胜春	牟维杰	孟 艳	张振海	陈国英
党金忠	李方勇	谭 慎	张学茂	王志刚	于 娟	徐 德	胡 哲	黄富勇	宁庆霖	陈 刚
刘建安	朱 立	李 艳	江德武	张海燕	刘志杰	于德泽	贾 楠	江 晶	曹 雁	李月五
唐殿鹏	赵金友	杨清丽	程 鹏	苏增庆	金寿宪	王介新	李良雄	郎升山	刘占勇	杨宪堂
杨风丽	张安涛	吴 莹	刘俊学							

国际工程管理

周华松	胡澄宇	杜 娟	潘春明	王振泽	侯永波	沈 锴	任吉魁	潘 峰	关 军	屈显青
潘 华	吴 鏑	黄 健	崔永刚	宁志勇	周利明	郭铜强	黄杰文	马志超	贾召杰	

房地产经营与管理

冯顶利	张海峰	张晓山	范业丰	董 敏	李晨洋	王弱男	王利华	杨 辉	方晓华	邹冬云

| 金新花 | 金永男 | 李 景 | 沈 官 | 蒋 瑛 | 陈敏刚 | 石耀庆 | 陈 慧 | 陈彦顺 | |

会计学

汪令洲	金书豪	肖 敬	潘汝彬	姚建珍	张晓伟	王庆陆	侯志强	郭洪涛	李彩红	管德清
刘 芳	纪 伟	金硕琴	刘 双	于秀玲	李 琛	董 鑫	李 辉	罗梦遥	张平香	张启峰
张 鹏	刘石保	曹瑞娟	刘海英	付 于	支朝晖	田生秀	何 涛	张 翅	余华强	苗 馨
方国胜	杨 杰	赵卫臣	江 凌	曾志宏	薛可恩	郑玉生	郑 伟	高 元	秦小玲	林秀才
李荣昌	李 东	商晓艳	王旭红	斩丽珍	王玉玲	张霁虹	刘鸿艳	秦晓波	徐正男	周红亮
周 平	郭世颖	李延松	吕俊粉	丁爱娟	徐淑强	赵富明	张鹏鹏	刘小莉	钱 盈	

1997 级

土木工程（建筑工程方向）

龚永全	何相宇	林家辉	吴志宪	张洪召	直守坤	陈锦斌	刘 敏	田 松	温 涛	张 杰
韩 冰	韩金铭	郭宇东	王 雷	李纪成	黄成名	许 超	石汉伟	徐家斌	杨 勇	张德山
楼中恺	马海峰	陈 宇	夏 庆	张忠毅	郭林涛	杨佳平	张玉萍	史双丽	贾福丽	杨 耕
张宏伟	王鹏宇	车德波	谭 强	张 雷	朱月辉	初东霖	方 俊	董庆园	林星河	余源鹏
陈 静	宋明志	田 宇	杨其木	李 猛	张吉柱	王从菲	薛 丰	黄雪芳	吴华勇	张宏刚
邹云辉	楚遵林	韩 松	王志宏	陈 波	胡 伟	张 强	杨剑林	涂安华	厉世宝	赵宗波
徐森林	张 巍	杨秋鸣	苗斌艳	陈崇杰	付敬涛	谭 健	尚晓磊	朱 青	杨 帆	房 静
王 攀	岳克玺	罗建华	吕 伟	胡光亚	兰 江	姜志威	刘 通	朴 勇	刘 超	林 洋
侯 杰	刘 凯	常 弘	孟凡盛	荣庆江	李 岩	戴大志	李 达	田伟才	张昊宇	花 涛
王连峰	徐建雄	张晓娜	宋成刚	牛少儒	胡巨茗	陈光明	刘 充	李文权	李小华	洪 芳
初开旭	刘铭宇	李计龙	吴晓明	马晓燕	董其虎	侯 宁	陈曼英	郑天心	马艳军	于海峰
王志刚	张格明	李晓雷	于海博	郭法成	黄立刚	李博雅	刘 洋	王季夏	张 静	吴国梁
何艳松	宋成冬	庄春雨	徐 政	何育苗	徐丽妍	陆静芳	张 禁	王 超	王 浩	李 茜
丁玉坤	李 智	郑 洁	张海林	金晓春	李相超	杜志杰	王春刚	杨 超	姜晓亮	吴晓明
孟庆志	叶志刚									

哈工大建筑工程系：土木工程

梁 鑫	贺长城	杨海涛	赵伟霞	马家彬	董国晓	郝 敏	迟润强	占建刚	李友光	崔晓光
惠英伟	王立国	蒋向军	区王生	孟丽岩	乔振华	章继峰	盖遵彬	陈华星	丁明洁	高 峰
郑金根	于京博	焦明辉	王言磊	辛志江	徐 鹏	窦豪杰	杨建民	周 军	冯万鹏	冯海洋
王世权	程宇钢	杨 洋	肖 华	彭复建	林 峰	闫 昕	李 伟	田 华	陈伟华	孙保臣
徐 斌										

建筑材料

陶成云	陈尚江	尹力刚	贾立波	孙庆华	张晓宇	矫 飞	陈文松	李晓民	林承结	张武满
阚 晋	王文宇	张晓明	王大力	孙树程	郑洪亮	苏 时	包浩然	王金玉	朴春爱	邹杰华
马 冰	姜玉丹	崔建欣	南雪丽	姚连成	江守恒	刘卫强	李建平	丁国宝	张后禅	刘广同
程养学	王跃松	王宏亮	屈 伸	杨 雷	张志春	翟亚涛	威一嘉	王 锐	周 明	游万伟
张志军	朱世坤	董淑慧	李 靖	赵新颖	朱丽莹	王伟云	仝胜强	宋 灿	高 飞	张 楚
宋英华	曲东杰	许向飞	于 涛	纪红灿	税 利	吴治国	徐延春	庄建宁	钟海涛	王 宇
孔令军	王振辉	金 洋	马根华	刘慧鑫	孙明霞	腾 艳	车宏锐	包桂玲	王淑清	

建筑管理工程

杜晓鹏	郑开盛	张 从	梅保森	郭茂臣	郭 纥	温晔瞳	刘丽颖	吕 亮	蔡学义	刘家魁
张 蕊	夏秀江	高 岩	刘建勇	许 冰	李 森	马春辉	王 昊	黄欣卓	马 楠	陆凤舞
张 强	曹 鹏	杨 博	李 强	樊文广	向 炜	孙成彧	苟建科	李亚男	梁 颖	曾庆峰

附录

李麟	李蒙	梁永刚	张明慧	张宏宇	栾革伟	崔颖	杨卫明	刘晰	曾伟	郑立健
张德严	何燕	胡双艳	王新佳	孙燕	姚远	熊凌	王赫	李辉	李秋	宋伟
杨光	刘付明	阴宝春	鱼泳	张威	吴宇蒙					

房地产经营与管理

黄巍	张永能	王丽	方华丽	闫进锋	郭红领	康健	江树春	刘长巍	李钢	许昀哲
赵诗国	金贞玉	王影	李森	吕海峰	李嵬	康红	刘建科	马素萍	王丽	刘乐
贺海莉	刘哲宁	成鑫	滕东	姜德宇	李挺	万冬君	叶刚	梁建林	赵涛	

会计学

任雪洁	王鸻	许利达	刘磊	刘亚军	王秀侠	陈瑜君	任向锋	刘利国	赵加锋	姜春红
李雪	玄锦月	郑毅	党成宝	许丽丽	郭松丹	杨威	庞月	苏佳	富力强	吕文慧
杨鹏	张日香	车云龙	徐源	张晓显	郭海风	王华	陈燕丽			

1998 级
土木工程（建筑工程方向）

王龙	张德山	杨帅	马海峰	尚晓磊	刘铭宇	侯宁	马彦军	吴国梁	张文锐	孟震
农燕	王延辉	卢富永	于靖洋	王宝来	赵冬雪	于兴江	韩锐	曹瑞	王庆	马欣伯
富强	孙磊	李家尧	杨光	杨林	杨寄宇	刘鹏	刘峰	董莉	郭瑞	刘丕金
王菁	罗小华	吴华峰	朱国伟	夏林	李小乐	陈淑燕	赵顾	宋东方	赵明	孙忠洋
刘堂	刘栋梁	兰春光	于沭	陈明耀	陈琳	才奇	姜宁	姚福云	谢金涛	董彪
赖晶晶	刘春辉	刘皓	李印成	毕吉庆	姜良芹	孙宝元	龙飞	史健	余红	朱耀台
徐井波	阎鹏举	王茜	李攀	孙光辉	周英泽	王彦群	李强	王勇	崔舰	洪连明
赵龙	苏龙平	韩昊岩	刘延波	祖广宇	林瑀琦	金镇	卢金龙	耿春宇	张伟东	范明杰
董娟	薛凯	吴睿华	朱小峰	公进	陈井泉	孔蓉华	王永	张伟干	王秋莹	林斌
韩武怡	孙丽丽	张琪	丁新宇	戴鸿哲	宿柠	李春	钱成	王荣国	李德刚	侯立群
宋坤	李国良	王岩	苗宏刚	周科东	张月钢	张旸	隋叶鑫	曲巍	李进	廖声武
李晶	王环宇	郭楠	高鹏飞	张燕	李潭	程惠明	赵军卫	李华	彭根堂	张南
罗宏	杨子道	刘鑫	王飞	兰成明	庞博	赵杨	王文博	阮航	王静明	王建伟
姚立勇	宋涛	郝振鲁	崔旸	高艳群	马卓伟	徐金锋	李鸿坤	黄海燕	段林楠	齐铁东
白文婷	王海东	胡彦平	秦焕朝	荆雷	陈凌凌	郝增彬	刘宝山	毕琳璐	肖珂	于华龙
李慧林	石磊	陈洪胜	李海兰	王金山	程兆强	朱峰	张博一	左振营	刘若丹	胡凤明
王卓	张运生	张大鹏	王晓博	刘波	邢博	唐开春	杨洁	贾相财	李健民	鲁冰
顾宋苗	陈炜熙	张志	闫志刚	董妍燕	李芦钰	葛志刚	刘冲	石星亮	刘畅	曲春珑
李东伟	付英凯	黄超	周卉鑫	张健飞	李澈	曾祥君	邢晓洁	玄立三	邰旺	翟艳丽
汪必霞	王海波	安继冲	郝新红	秦超	张艳	李玲	卢正钦	乐承玉	刘金龙	徐林升
林洋	田琳	陈红军	张洪亮	马占伟	李博	辛大波	钱学明	魏嘉	陈希	黄树昱
王立辉	王连锋	孙晓颖	钱玮	赵振	赵广强	戴丽燕	隋春光	陈玉	梁龙喜	孙莹
杜滨	杨止	王浩然	张鲲鹏							

哈工大建筑工程系：土木工程

卢书楠	吕铭	李秋红	关洪波	王芳	黄露	马利东	周华樟	姜彬	温勇	吕军水
王建	翁来峰	许洪刚	乐园	李靖	于洋	王赫喆	刘静	封叶剑	唐传俊	张辉智
肖经纬	王一鸣	彭家华	陈亮	王大鹏	崔明芝	赵毅国	娄卫校	刘海巍	张光胜	陈文礼
屈俊杰	刘东	郑琨翔	梁立	王迎	陆秋风	王洪兴	李喆	刘超莹	赵士平	胡栋亮
李朝	刘海	黄清	吴帅	田维严	王欣	武立柱	赵华	熊海山	白秀芳	李思志
唐忠军	陈向阳	吕辉澍	于俊伟	闫嵩	李凯	钟文祥	雷波	刘清华	刘禹	朱金星
林喜										

无机非金属材料工程

王 利	张献桥	林铁松	王海涛	高雪松	李 龙	杨明霞	马 强	姜大伟	李高峰	张爱华
吴化平	孙婷婷	孟庆涛	宋喆慧	宋 涌	郑世春	苏安双	高升辉	石东雷	王 蓉	刘晓波
简 宇	姜 啸	解利冬	王 雷	朱 迅	王声亮	张 刚	彭春强	雷铁征	吴吉利	许 辉
闫 坤	米晓云	曹英华	陶 琦	杨立军	王 川	季洪雷	王 岩	郝时磊	张 茹	毛永琳
任恩平	赵 刚	韩 飞	石培龙	臧艳波	黄周强	王 磊	刘芳芳	黄 鹤	申星河	陈 军
李廷杰	吴程斌	孟 彬	栾向波	金 俊	李 艳	宣世宏	冷国东	王云龙	陆光远	张雪晶
张宝鼎	赵国平	刘爱萍	计 涛	王莉娜	陈 嵩	赵 阳	李 桢	王志勇	田军伟	宋 萱
郑利坤	刘晓飞	方礼凯	吴春雷	乔国富	张存坡	郑秀丽	王林海	张立庆	隋 伟	高丽敏
李海臣	彭洪艳	于金辉	王 伟	王立福	史国栋	张 驰	杨少伟	武 俊	李庆兰	芦强利
张少非	孙国栋	周冠林	朱曼玲	常 征	贾 然	聂 聪	林宇晶	赵忠强	李广州	夏国辉
罗立春	马耀辉	宋学富	张 楠	李春雷	池敏哲	刘景林	张莉丽	芦信家	徐 驰	张继松
王大博	王国星	史金龙	王文垒	陈幸开	王 赫	房 薇	曲艳双	刘 玄	王武娟	

建筑管理工程

俞国平	刘 佳	张玉发	钱晓林	吕少锋	陈富延	张 澄	邹恩鹏	颜 蕾	施胜福	张绍发
高维未	曹云峰	张 宇	张新宇	冯国柱	张勇婷	陈立辉	李金红	赵叶俊	袁德生	李 杨
李元春	魏元新	袁彦华	潘 亮	田 婷	陈雪峰	吴 凡	杨 豪	陈海滨	王彩香	钟锦标
郑宝财	张红雷	田东君	张淑华	原 野	李广丰	韩志伟	杜盛波	董 坤	吴 迪	赵凤杰
李艳明	张 霞	梁 勇	刘丽姣	苟海涛	曹 斌	张春风	王 鹏	孟 涛	李亚明	朱华笙
武小丽	张 恒	胡建成	李航天	吴维新	曾明义	韦 微	李 政	张金双	刘 洋	袁 月
于 鲠	李达峰	孙 瑜	郑秀奎	胡耀雷	李 季	李 坤	赵 鑫	王 英	张昂昂	赵 鹤
张海兵	李 宁	王 炎	赵 宇	孙国华	马媛媛	罗 瑾	樊宾霞	李 北	袁胜华	

房地产经营管理

樊亚军	鲁连泊	李桃连	陈兴文	杜永强	谢健儿	陈蔼星	郝守强	邓滨阳	卢 勇	赵海波
徐春宇	蔚衍俊	余建强	王雅兰	卢金玉	李俊玲	邓宇泽	王国业	韩 韧	邓晓涛	黄 涛
谢 琳	黄 亮	左元元	张 群	王雪松						

会计学

孙 博	祁洋洋	宋 磊	杜永生	王晓明	李丹妹	刘明辉	张士龙	王红玉	武宝忠	胡 静
邢海雁	秦宏兴	张 晶	刘铁成	史艳红	徐剑霞	陈海峰	鲍永辉	徐佳娜	刘 森	孙金颖
仇 远	刘丽艳	茹 忆	聂冬玲	池 璧	徐 静	刘 洋	杨丽娜	贾 琼	董卫岐	马 玉
杨中超	朱 魁	陈 宏	齐国庆	王 旭	汪玉涛	陈 超	姚国强	李华颖	王立颖	郭 杰
房海波	王锁梅	杨殿军	刘维丹	韩文彪	刘 旭	金桂花	王思前	金莲华	许玉兰	邢计磊
马 燕	杨贵荣	于沅加	从立业	黄敏娟	肖传泽	金星祚				

1999 级

土木工程（建筑工程方向）

王 悦	初开旭	吕 锐	马新宇	贺 岩	刘兆男	刘 刚	王洪南	刘 迪	李春明	张 麟
于鸿洋	李庆国	梁相川	徐 鹏	周 彧	于 涌	宋晓君	李成林	朴东元	辛立波	王 滨
孙灿亮	杨锋涛	吕学涛	席海峰	王大勇	李振强	郑伟国	李 佳	姜铁栓	王晓鹏	宋雪峰
谢玲燕	吴灵宇	王洪钊	钱 鹏	杨 样	邢 丹	单 蕾	蒋云清	郑光辉	谢东怀	翟国利
龚 刚	李 锐	范井全	王光辉	马 宁	李 朝	陈 因	杨建兴	凌国飞	胡继武	任宝军
张 涛	王 超	穆琳琳	张鲁阳	周和俭	郭 强	栾恒宇	林园园	于琳琳	王桂起	李东哲
白铁铮	付 丽	焦利鑫	刘海涛	王树阳	邝宇峰	赵冬瑞	王 亮	栾晞翎	方 斌	李晶岩
张 林	王晓锋	吴桂冬	朱晋东	许文杰	王 磊	陆文忠	龚 欢	于世涛	赵东滨	韩立伟

李长朴	白明鑫	王晓可	李洪峰	孙传波	李晓明	庞丽丽	钟玉柏	田 圣	于电力	朱家辉
王 健	韩小勇	张常明	张 勇	张 华	苏 伟	孙耀平	赵仲锟	李静宇	线金良	魏兴涛
高凌云	王庆海	张振禹	赵 为	部 凡	侯 东	田 甜	张开甲	胡志军	金恒军	尹学罡
王金梅	彭 翔	何额尔敦	冯德生	周 斌	刘 林	高彦良	孙 晶	王志泉	李永卫	吴 磊
赵新梅	常相军	董敬玲	宫文峰	陈艳宁	苏恩龙	费洪涛	王超峰	周振东	付军平	孙晓丹
赵彬惠	石文涛	孙 奇	闫明伟	刘 喆	孙 明	陈立新	史东博	陈文鹏	郝 婧	周岳常
吕洪峰	周 非	王共鸣	杨振宇	周向军	王 晋	戴海滨	侯屹君	杜 芳	刘 喆	彭 飞
王焕伟	何岳龙	肖之猛	姜 凯	李向荣	马云飞	李元生	钱摇琨	沈 桓	祥 捷	马小刚
翁承显	栾景秀	孟繁丰	周 岩	谷宏伟	杨 杰	张 伟	方 磊	吴 成	郭守毅	赵大营
嵇 东	岳立雪	张俊文	姚立婴	单海波	张 洋	苏卫哲	刘建华	纪永尚	刘 泉	刘国兴
杨全庆	程玉芳	鲍跃全	王继光	孙文海	孙瑞霖	张中龙	朱兆祥	原永亮	吴成村	崔 彦
王 鹏	韩星杰	刘敬涛	任永玉	孙英超	王永治	李夫伟	徐国超	李姝颖	李兴宝	何 伟
刘志奇	尼玛扎西	宁海燕	谢家强	周振坤	顾贤斌	吴 艳	李 玉	解庆平	苗雨顺	郭晓光
闫海涛	王凯泽	王海明	李瑞乾	程 勇	潘志强	赵 准	孙 鹏	李 新	孙若晖	华若瑶
王晓东	张 磊	滕 云	李捍文	徐文军	李 冉	隋传琦	王英春	刘佳生	白清涛	朱文生
赵东旭	丁 斌	李振喜	范雪莲	季 凯	毛 华	宋健松	程文刚	于海丰	卢海涛	季文君
奚俊峰	张 涛	武 峰	张世杰	刘 易	孙仁进	谢昌伟	张立国	赵中进	张微微	高英略
李晓龙	林建华	许 琨	李 刚	刘 洋	易江川	刘立双	王延安	梁彦升	申 娟	段国旗
李 皁	文小飞	刘 宇	马宝庆	耿 爽	于晓野	林荣伟	董卫飞	于海江	许海涛	张 晨
林福实	张 炎	杨立国	王 磊	郭文雅	王明琦	陈 巍	王书研	侯 佳	王永武	解 巍
李 莉	伞冰冰	李 爽	尹 璐	何 檀	高 峰	侯晓萌	董志君	于 芳	张 涛	苏 娟
戎 芹	梁剑青	马 驰	王伯昕	张 椿	李晓鹏	陈明阳	张 宁	郑英杰	张青霞	孙启刚
孟耀君	刘超然	姜勇鑫	张国栋	胡幸南	王书盛	姜峰涛				

哈工大建筑工程与设计学院：土木工程

金 旭	王 玮	曹巍巍	娄夕美	赵云龙	刘海杰	王庆江	莫亚飞	谭海晏	朱德臣	张继月
刘圆圆	卢 雷	李 坤	任树荣	吴春涛	姜 军	王京双	应文武	赵 立	王振华	李顺龙
朱海勇	工莹莹	张剑华	孙 节	冷冬梅	王 琦	常泽民	何国梁	周 然	季 飞	徐 枫
赵 宁	李 锐	陆柄成	刘宏伟	邓 锋	崔天霞	吴杰欢	汪小勇	王心心	关 威	李 博
高金生	孙大鹏	周 骞	李振波	王 丹	梁超锋	郝晋升	王 锐	樊 宇	李相兵	朱恒利
邓全超	谈 佳	邵 可	郭建国	曾 强	钟林海	韩 杨	李武洋	闻 明	周璇璇	李洪鹏
樊庆君	闫 亮	戴 辉	邓 萌	解艳华	于曰锋	王福楠	于 勇	陈 静	王文波	腾 达

建筑工程-理论与应用力学双学位

| 林太明 | 李世清 | 王 杰 | 刘景涛 | 潘 峰 | 柴 铮 | 林俊杰 | 高 涛 | 戴 雪 | 侯吉林 | 谷伟明 |
| 董 欢 | 尚建华 | 李 鹏 | 郭伟亮 | 李智伟 | 徐海清 | 祁 鑫 | 潘禹廷 | 李 宁 | | |

无机非金属材料工程

冉明哲	李用广	高小国	李培鹏	方盛发	熊爱玲	乐 硌	单 竞	崔成杰	王 恒	史绍彰
张 惠	魏 健	李彦钊	王立国	杨 宁	吴勤楠	土 雷	金海泉	臧晓微	曲 鹏	程芸芸
周 俊	王 聪	王俊峰	杨文萃	吕建福	王旭丹	石 奎	蔡新华	杨跃波	胡铁楼	胡敬涛
张晓东	严 宽	徐 彬	董 强	黄 岩	宋 琦	张 巍	马智法	姜祖强	刘波洋	李 浩
崔金江	宫 露	赵轶男	曹庆波	侯学力	施云彬	寇应霞	冯建华	尹 婕	隋 昊	孙仁杰
国爱丽	吴明慧	孔丽娟	蒋超杰	冯 娟	洪 毅	秦晓春	毕攀峰	张传鑫	皮中卫	翟俊祥
徐 冬	肖金亮	黎应江	李晨光	尹海鹏	郝 令	段 炼	韩江国	白 杰	刘冠英	罗庆生
杨高强	单星本	张 鸣	张 恒	马 鑫	崔昌东	张金仲	阎 冰	关丽娜	高顷钰	施 光
高学锋	张国平	宋满义	魏 磊	张振雷	石中涛	王金娣	郑春秋	李宏赫	朱 宁	黄云鹰

冯 蕾	宋德萍	黄晓峰	李玉玺	于海洋	隋本贵	郑光华				

高分子材料与工程

仝 静	王 利	夏莉红	张 琳	陈亚西	武卫卫	桑 勇	宋君涛	董旭峰	崔启征	刘春秋
于 湧	崔玉春	段建军	陈家政	焦志武	梁桂based	贾士强	李传胜	张立旻	尹瑞城	潘彦国
胡令金	曹景斌	张洪松	矫维城	张 扬	陈敏平	张 鑫	杜 鹏	席晨宇	吴毅然	高 鲲
李红光	孙银宝	常海峰	赵晓丽	罗运强	胥国军	张文龙	姜 静	吕新颖	吴海燕	刘 欣
张卓轶	张 亮	卢 山	刘 景	高丽红	徐春雷	魏喜龙	张大伟	张海涛	杨丽丽	

工程管理

张 丰	吕修晓	陈岸伟	贾志坚	张人天	黎华梅	刘向朝	李玉龙	徐 艳	吴东辉	常小青
赵 丹	何 伟	曲一飞	王宏哲	尹 洋	曹 霞	张建勋	王 翠	白雪波	袁洪涛	马雪峰
胡 莹	景 涛	李 涛	倪 琦	孟 佳	周奎兴	韩昆霖	田永巍	迟慕瑾	高志浩	高 剑
刘 伟	蓝樟明	赵凤林	卞文军	李 侨	滕 舟	林海芳	王 羽	李 薇	张同辉	叶钦繁
樊春田	张 丹	陈仁厚	韩 枫	梁 彬	田 峰	赵 智	马忠峰	韩 净	徐 涛	解正光
毛新春	张继东	冀 君	张 力	吕晓明	佟思年	谷 颖	方禹润	李 福	马增朋	骆伟明
宋利坡	张 宇	刘 鑫	胡 强	李 花	范业才	章尚琳	商学淑	单红中	王 钦	汪 洋
左庆峰	车丹丹	李秀民	焦 洋	赵万江	朱铁钺	王卫红	龚雅楠	卓 娅	李晓光	刘 耘
曹 凯	李 凯	王 新								

工商管理

孙耀强	周 生	霍慧智	张 续	何 秀	许 寒	朱进军	李 君	吴 波	王 鑫	宋凤花
宋丽丽	刘淘怡	范贵宁	李 伟	王之栋	王默涵	何志龙	宋井秀	李 嘉	王 蕾	沈义静
郭雅琴	梁 维	王 波	栗春辉	吕洪坤						

会计学

王永华	成 敏	刘红侠	叶盛茂	同 菲	孙玉华	唐湘婷	姜超伦	刘金荣	王常盛	耿 键
赵明星	周 栋	张艳双	季丽蜂	许东岳	段玉君	张维维	肖 晗	王嘉馨	金龙海	南 姬
王轶群	史顺伟	孟光昊	刘 丛	毛 翠	于海霞	郭 蕾	富 裕	刘 征	马 刚	曹 欣
惠 磊	杨伟霞	王宝金	王 丽	赵婿夷	姜琳琳	张 平	曹顺瑞	王艳芳	李俊坤	李 花
杨建君	徐 斌	栾晓丹	刘洪喜	隋勃漷	黄 泽	王简慧	龚江斌	夏利民	金 磊	徐淑红
郑 琳	潘 强	吕彩英	田 密	裴 杭	关 正	徐 英				

2000级

土木工程

江艳刚	白 石	史 岩	徐宏宇	周志鹏	李金辉	刘任峰	朱建祺	李 欣	赵 伟	曹喜翰
胡 泊	陈海玲	徐 卓	张继果	仝志欣	岳 娟	陈廷军	李旭鹏	王想军	佘志鹏	何晓镭
贺 诚	王 雷	郑 巍	唐玉玲	霍 健	施宗贵	王春荣	秦 力	杨 春	霍 锋	滕 达
卢孝哲	殷大伟	张玉石	姜震宇	刘志军	宋 扬	杨晓明	齐行军	卢赫晋	张 维	郭志武
张 博	白桂花	刘跃建	王玉文	郭 文	王明尧	孙晓麒	邵丽萍	陈大鑫	张大威	卢 明
张波涛	要治国	王一民	苏 博	魏思宁	蒋万伦	覃 雪	缪海波	齐悦石	邹力强	王耀立
李立刚	路 锋	王 刚	毕 胜	张辰熙	李海涛	韩金星	徐 曼	张学千	陈亚力	高远超
王之为	张振华	孟庆利	唐明华	安松青	赵瑞峰	张 磊	王澍亚	李伟娜	刘 娟	刘 楠
杨 春	李建文	张 坚	刘 健	柯宏伦	朱天龙	孟繁家	冯瑜琦	刘 鹏	陶 锐	陈义松
陈 伟	李 莹	康兴湖	曹天义	顾 磊	鄢长伟	史 学	姚 姝	邵广伟	凌瑛琦	沈海松

428

侯兴华	秦明义	白 玉	张 健	高金影	马中野	王晓峰	刘晓丹	郑晓宇	贾俊峰	刘志侠
卢 伟	于 波	金 路	魏红迟	王 哲	周述美	朱焰煌	彭微媚	张国峰	杨 龙	王晓蕾
金晓飞	陈志勇	穆继昌	祁 杰	吴恭伟	张 洪	黄 波	李 朋	王皆欣	秦思源	霍荣成
田宪铭	许春阳	王 超	杨 州	马晓明	张 静	张 强	姚海威	鞠正韬	郝二宝	秦 华
王 建	王丽丽	王 涛	宋 毅	魏颖慧	程定强	张福亮	王之野	陆文亚	陈 亮	于德广
黄 敏	孙 鹏	宋 杰	向泽西	白 杨	程静丽	马洪斌	贾洪波	戴树明	王 爽	张清文
暴 伟	李 健	张雪松	梁进财	王用锁	崔美艳	张子宪	魏振兴	贾志生	连厚舫	左乾正
黄朋举	刘晓艺	李 谭	姜 涛	徐 娜	李治善	鲁志锋	王 瑛	郑 远	白小东	陈伏彬
李素超	李 光	焦 挺	魏永哲	白 烨	李 超	吴志坚	耿庆锋	蔡 丽	王 峰	苏忠源
赵经伟	吕觅丰	徐佰春	吕 游	王 琨	付炫明	孟庆鹏	刘世辉	黄跃斌	古伟平	欧新宽
张 沛	押世波	李欣宝	崔 波	李 伟	黄 斌	翟 巍	王东杰	朱斌杰	李健华	孙金明
谢道通	张旭光	鲁海方	王大悦	李 丽	刘秀峰	单华喆	许春鸿	王孝锋	王 堃	徐春亮
罗镇南	隋长亮	牛 强	张 卓	秦 莹	石开明	闫维超	郭振东	陈 刚	马宏泽	李 健
王 蕾	孙广鑫	刘九江	韩 明	张文峰	董恩波	王晓冬	孙 杰	仉志静	陈 路	金 星
雷国强	逯志国	郭崇华	王 丹	李清月	张晋波	周春辉	周云龙	朱 凯	康丽娜	王海慧
张丙全	邓卫明	于 佳	宗彬彬	赵雄飞	李家宝	隋成艺	马臣杰	李 芹	史鹏飞	黄跃斌
王子龙	韩古月	鞠传斌	薛 鹏	李 斌	胡志远	彭 昊	沙 鸥	聂立武	刘 鹏	张 健
刘海丰	曹国帅	刘纯纯	张 鹏	杜红波	肖 婷	李珊珊	李彦东	王多智	李振鹏	崔 阁
陈 谨	张亚军	吴清于	崔 展	陈楠楠	韩家辉	孙建超	孙 刚	丁 勇	冷秋宁	曹上波
郝庆多	赵 慧	李纪胜	张亚男	张 杨	王 敏	杨维国	张 元	王想连	王子新	周 彬
王学军	徐鸿涛	熊 星	闫功伟	孙 颖	李 伟	赵银杰	耿冬梅	庞凯文	张 铖	贝 晗
李 然	高 帆	谭皓声	王 超	金 瑞	马继超	马伯涛	宋芳芳	王晋麟	于 航	白一多
齐永华	王大庆	王 英	路晓艳	史 亮	王 浩	林肖庚	郭 伟	李世源	张国栋	胡幸南
马安定	李 颖	赵光桦	高 健	叶国建	宋家承	安立铭	邢 卓	崔凤君	果 威	孟耀君
姜勇鑫	王双伟	陈星云	刘志远	李瑞龙	李彦斌					

理论与应用力学

何联涛	潘爱龙	全 亮	徐冠彤	吴 可	王岩松	卢 波	李彦滨	沈 楹	李海峰	曲 浩
张建胜	张景鑫	江云超	丑永富	张 瑀	许 磊	吴 琳	李 双	周玉涛		

无机非金属材料工程

郭永智	郭 鹏	张文成	唐明明	高清祥	程永刚	高希昕	康永生	杜卓铮	万维福	王成飞
王 玉	魏家振	栗向萍	夏鸿雁	许雅莹	孙迎迎	李 迪	于 宁	来立志	李 会	刘岩松
潘晓熙	周扬兴	朱石斌	樊 杰	李兴盛	简会颖	黄 晨	张 秦	郑洪海	崔德奎	孟庆超
张学禹	郝艳平	孙大禹	阴树波	徐国冉	闫 峰	张 伟	张 宇	林新周	李应学	刘 炜
王 岩	瞿 滨	王 洋	韩显达	卢 爽	钱旭坤	刘中华	史春亮	吕亚夫	徐 明	徐文中
黄会明	翁小乐	曹国英	吴宏阳	苗 彧	高秀利	张 颖	徐爱娇	千小容	刘丽芳	孙娇琦
戴海霞	颜 笛	陈 焱	侯 林	赵忠兴	陈晓刚	徐红军	吴 康	袁志超	崔 君	邓立伟
马 彬	吴敬龙	霍立强	许义全	马先中	孔令泰	高家林	吕海波	王大超	张龙巍	张志鹏
刘 瑞	张文渊	柳永日	黄小农	张 登	谭 侃	吴志刚	白 敏	邓亮亮	付长红	王 微
王 林	程 荫									

高分子材料与工程

杜美谕	张 焱	郭 慧	高 雅	刘 媛	赵 超	张 亮	邢 月	娄黔川	汪海峰	徐 亮
程 杰	张启权	邓 鹏	赵 峰	王 智	方佳莹	黎 俊	段德河	朱 琦	贾宝申	车爱馥
李永俊	赵文财	刘晓磊	王 虎	魏建功	王绪文	王 卓	王 冰	李学兵	张泓喆	刘双江
杨玉龙	杜建军	张海萍	张春静	李 露	郑宁溪					

工程管理

郑 泰	韩 洋	顾 楠	王俊磊	韩 旭	李 萌	徐 强	刘 伟	王有志	闫 辉	谢芬芬
陈宏伟	高 山	汪加光	张 蓉	王振川	周坤宇	郑凤卓	胡光泽	李朝阳	胡慧茹	范 伟
廉 庆	李 严	岳井峰	聂子轩	于 桐	唐 茜	吕永哲	牛祐娜	田和兵	陶军涛	李延丰
张妍妍	盛麒蓉	陈智娟								

2001 级

土木工程

张卫民	崔冬蕾	李 典	冯建东	张有为	赵景锋	毛炎星	孙 超	张 磊	王立明	籍学儒
国忠岩	刘昌永	李金洲	于雪飞	何志刚	于 博	王 颜	周岸虎	张 斌	郑 伟	陈峰雄
何周全	陈 飞	李晓宇	张 飞	刘 芳	张天阶	梁 健	周林仁	林升平	汪佳静	刘洧骥
马德萍	潘春林	郑 春	苗 劲	张平利	耿 悦	史义博	吕耀鹏	孙 健	孙得璋	孙家全
刘艳龙	齐 岳	杨 楠	潘 登	宋 楠	程振宇	张振伟	刁鸿鹏	杨 宙	孙泽田	张也弛
吴晓波	邱 景	陈伟伟	董清松	李艳敏	刘国昌	毛裕平	陈俊旗	翟志军	吴军强	陈 娟
李胜崇	陈 勇	蒋 黎	吴金妹	曾凡峰	陈 鹏	魏 鹏	赵 磊	董艳君	田利军	杨远龙
高继权	马 云	冯井方	石 磊	王 智	夏雪娇	郑 磊	闫 岩	王洪伟	相晶磊	李婉莹
刘明洲	杨振宇	沈文伟	王经运	王 波	崔传宗	刘冬明	许燕文	朱伟峰	曾育文	迟绍良
周 义	覃 霜	程希奇	彭慧君	曾 玮	付 铁	林仕明	熊 一	郭 乐	刘永乐	李海蛟
崔 晨	梁长明	马会环	刘东滢	王永生	辛恩石	马文野	孙洪洋	马丹丹	李光远	许佳伟
冯滨川	吴 刚	邱荣华	赵 辉	马学强	金 伟	孙 杰	包雄斌	杨 诚	杜思成	李 健
周 强	朱 勇	李 瑶	范 乔	伍义双	吴志胜	陈 锋	胡 友	陈玉山	黄小东	任斌斌
杨 春	王艳杰	国艳锋	郭文华	颜伟华	隋英杰	高 智	董万博	陈永丽	杨莹嘉	韩成熙
孙 琦	张 志	乔凤蛟	张海涛	崔万铖	王晓璐	贲 鹏	季 谦	翁宇浩	宋光明	许长安
王少华	王家春	徐鹏翔	闫新宇	陈 雷	陶 晋	宋益虎	张文强	何 轲	李孟任	邹晓陶
姜 洋	杨 钦	刘德峰	依明江	吐尔逊	高东伟	王 超	张启波	汪运韬	张 梁	李 锴
梁田甜	李亚侠	曲家新	于 航	李宗福	王胜伟	商文念	谷源鹏	毛浣林	陈一清	朱 鉴
周 伟	吴利华	茆 春	陈 翔	邹国胜	于颜光	李 森	陈小培	杨 为	王 泳	曾 森
蓝 志	朱禄军	陈中发	姬卫星	张永平	于 楠	郭守庆	李 军	代瑞辉	汪敬霖	谭 辉
朱 跃	王慧君	沈韦韦	刘 奇	成昌伟	从 峻	李 鹏	梁海峰	孟进锋	张丽丽	马天昊
迟 海	杨 帆	陈海英	武 洋	黄玉忠	钱 军	徐志程	李开伦	胡智慧	王海东	王 旭
李 鬼	王荣磊	王邦进	李 巍	袁朝芳	王 哲	张 凯	吕觅丰	侯玉岩	刘九江	刘 峰
焦振华	马春强	王怀喜								

无机非金属材料工程

肖 阳	刘永刚	王爱明	薛旭斌	李 龙	白宏伟	徐 东	寇大贺	唐才宇	徐久程	张 磊
倪 勇	刘 伟	吕佩玲	张 敏	暨永成	陈先仁	王永亮	黄 京	占 荣	秦少华	彭 博
胡 鸣	易凤举	曹 现	夏瑞临	陈 旭	何培刚	李景旺	吴 冬	刘君信	李 惠	范国栋
周 锋	徐刚强	李智慧	刘 嘉	刘菲菲	杜 毅	李 宁	石丰富	彭榕秋	秦 毅	马国儒
胡永权	李士诚	张伟男	侯志伟	李爱忠	陈 亮	李 伟	刘素欣	田 甜	赫 赫	陆 富
陆张敏	刘 颖	郑文明	陈炜安	张保祥	彭 伟	吴若鹏	徐永盛	李毅有	范 军	宋德强
蔡心映	陈江涛	张 锋	徐睦忠							

高分子材料与工程

吴佳朋	张 宠	牛永安	尤 洁	刘 博	李 营	李健芳	满 军	王晓明	张 璐	刘峻光
王海龙	张慧玲	蒋 竞	郁新举	葛邓腾	朱召刊	江 龙	田思钺	郝焕英	张 伟	吴 锐
周茂强	王永丽	薛伟锋	王胜来	张锦锋						

附录

工程管理

亢爱杰	刘 欣	周晓学	张 亮	兰清波	薛 岩	董智峰	陈秀杰	王和平	方伟亮	许 永
付金洪	刘海富	邓明灯	吴江毅	潘春薇	祖建鑫	李亚辉	廖承波	孙 战	谢兴定	马 华
周景瑞	闵佳麟	陈延升	陈 盛	程昌英	赵 涛	苏振振	李劲松	赵 雷	朱 宇	刘 娜
陈 勍	李明明	贾金龙	张媛媛	杨 东	于大海	陈 坤	何 磊	解安强	郭小伟	何财宁
吕孝礼	彭 辉	刘 玲	陈赤灿	李 涛	谭海斌	蒋金友	马文芳	陈夫涛	孙 李	张宇翔
郭少鹏	熊小青	王 征	李晓夏	吴洪洁	王 婧	张 闯	张 萍	苏立鑫	杨婉婷	孙鸿祥
白 冰	阮冯矞	林 曦	陈 磊	窦建辉	王世明	李燕康	赵启添	赵荣龙	周海容	刘 涛
刘世龙	苏俊达									

2002 级

土木工程

安永亮	付国松	耿 璐	高胜宗	渠育香	王化杰	郭振海	刘 欣	潘洪海	张德智	齐宏拓
李剑桥	于珊珊	李玉峰	季忠原	杨正宇	阎承博	陈海洪	葛玉鑫	邱云卫	孙作晓	吴 迪
林国铎	谷世航	吴晓生	农宝世	肖雯雯	安迎宾	李琪琳	朱晓峰	汤红永	郑红斌	宋鹏彦
侯兴宝	刘 伟	安培君	段 胜	韩 伟	张 永	邱立鹏	徐 勇	王国兴	刘 璐	任重翠
赵启龙	柳宪东	王伟光	魏 超	徐 立	于国栋	赵 威	严佳川	王 猛	叶家喜	管 娜
黄冬平	周 凡	李玉超	范志华	黄科平	卢槐阳	黄柳燕	卢孝彪	谭锦辰	景守军	郭建锋
焦其靳	徐怀央	上金明	胡 硕	谢志荣	刘兴伟	张 冲	丁 双	李成昕	郭晨儿	秦思索
兰海波	崔立巍	刘春生	董 明	赵金明	涂志翔	张 亮	石真祺	赵 刚	于延艳	马成刚
何明哲	钱信伟	孙树彪	林义成	刘 涛	孙振国	梁云东	龚 华	董 迁	王秋艳	杨 佳
梁 羽	宋美珍	王忠楠	苏 俊	刘 龙	李 辉	李云江	王 微	于岳龙	刘新博	王继行
张 明	吴 磊	刘 霞	周 杰	魏 礼	傅德坤	程 琪	张法荣	郝鹏飞	李 建	毛武峰
梁文江	李 伟	陈红军	傅玉祥	陈廷松	李 江	兰大根	施振宇	刘景龙	侯晓峰	胡 波
万海涛	宋春阳	张海洋	阚绍德	史祥生	祖德峰	孙唯瑶	于 磊	赵 岩	薄孝东	张 良
郑 浩	李斌辉	康在磊	涂 俊	彭克真	吕海霞	姚淇誉	陈业林	段 鑫	陈志明	丁虎成
王巍捷	胡 渝	殷良华	宫成武	彭凯明	李晓燕	李维亮	梁 枫	陈 旭	赵 丹	常秋影
徐风雷	张建鑫	吴润博	张 涛	栾 天	刘 洋	谷 爽	徐岩鹤	冒谨平	杨 刚	钟 晶
徐 锋	林 航	章乐天	谷 昊	张 弛	佘立新	何志川	梁 超	刘永锋	胡 彬	李 阳
张才佳	封利军	刘艳军	刘向东	聂桂波	张 浩	刘 坤	杨同盖	刘 锋	李 壮	郝慧鹏
王慧岩	吴文博	尚晓宇	朱海华	陈勇豪	钱 新	苏 亮	叶葱葱	沈学杰	朱晓洁	龙开定
农 瑞	蒋 利	孙 超	李利孝	牛 宝	刘远帆	霍锦宏	李 强	郎文龙	吕赫男	贾 磊
张 津	孙 然	姜殿明	崔 闯	许春风	钟雪霏	倪舜豪	曾 涛	陆晓俊	凌志强	严擒龙
吕春宁	代 菁	黄明超	章星星	黄德宗	黄全强	李玉东	冯 伟	张 孟	冯 潇	李耀东
才 峰	史 诚	郝志勇	叶广荣	张国勤	李博雅					

无机非金属材料工程

狄东良	刘俊海	冯 林	侯 盾	王 雷	黄止宇	刘 钊	冯金彪	梁晓亮	孙 超	黄智尚
王小伟	叶英远	徐延杰	徐 荣	栗 粟	李振宇	张 毅	陈 磊	刘 德	唐忍陶	李 萌
陈 蓓	高 蓓	丁宁彦	周红霞	张 翔	周志嵩	赫荣华	罗祖靠	孔 云	黄 忠	王凤平
田 凯	陈 彬	陈益涛	李亚伟	张 齐	盖庆恩	吕光晔	简晓军	王 晖	庄广志	石建刚
王文龙	孙越男	祖清明	姜 巍	修晓明	杨鹄宇	钟虎平	张震栋	吴培远	黎 华	樊小燕
周展钊	吴坤智	石自彬	唐小坤	江 海	何 明	朱会东	殷国伟	张慧君	杨 超	吴松岩
岳天佐	肖英男	兰泽鑫	和王峰	裴生清	罗金旺					

431

工程管理

杨昊亮	许栋梁	王世朋	安广宇	薄双雨	谭家升	万敏晏	邱 浩	叶跃柏	区敬杰	王 鑫
杨振鹏	刘承洁	陈 野	林 哲	赵小柱	曹 亮	陈志峰	汤有芳	林 波	许仕梁	刘 彬
韦永君	张 强	李世军	李 飞	路 平	胡志贤	李征珠	江志军	崔 巍	赵晓华	金美香
邹文琪	杜 宏	陈 亮	王 超	尤 佳	张 园	喻晨韵	杨 诺	莎日娜	张 旭	施展华
李绍健	汪 亮	李 辉	雷 蕾	芦 迪	孙雪莲	徐 凡	郑楚城			

2003 级

土木工程

张亚周	易 荣	王跃磊	孙国军	孔祥勤	武 科	韩家庆	唐宗松	陈 诚	蔡 勇	廖勇元
邹 彪	陈 龙	刘宏伟	张婷鹤	彭文涛	曾 桢	尤 杰	李彦平	钟志峰	陈 程	田力耕
孙义彬	范亚兴	郭宏亮	吴瑞龙	李 辉	张 冰	孔 兵	李 明	邢东旭	葛东晓	周 菘
万 春	韩宝权	方 波	刘 帅	李时光	何亚飞	刘世豪	王善章	朱水清	刘 璇	赵 盾
庞大成	张 超	崔永强	张海龙	谭双林	张京佑	李 雪	刘 洋	陈继博	杨晓丹	李陈元
邵宇航	王健锋	张芳玲	刘爱坤	巨 昕	杨江峰	王 瑾	王乾宇	曾国旺	张 博	幸厚冰
孙建华	王强强	江 杰	赵 钊	黄 兴	景乃清	韩 涛	吴先坤	张国勤	井司南	张雄迪
冯立年	黄运盛	陈 敏	魏 巍	魏 伟	成 博	赵震东	姜大川	杨 钦	李 迪	韩雁阵
陈博文	柳景祥	马 亮	贾春宁	陈茂杰	陈春磊	胡俊峰	黎颖庄	牛铁麟	蒋天星	王锋波
徐 昊	王富江	张 立	杨艳军	李建华	周 莫	唐灵生	耿 路	胡嘉华	王 剑	郭承钢
华少锋	朴永军									

理论与应用力学

张海顺	董 涛	张永会	孔庆乐	张永则	徐海滨	姚 迪	许 楠	姜宝石	刘 涛	柳少公
种福星	刘正欣	陆海林	石秀军	王蓬勃	余 艳	曾令波	许小波	吴 非	彭文昌	尹全林
程大勇	邢遵胜	朱伟杰	刘 淼	蔡瑞东	李京晶	时闽生	王 琳	王 强	刘雁宏	王志强
任智强	耿可新	胡佳龙	徐传礼	王美玉	吴 桐	李胜贵	张 曦	侯金生	徐东生	顾 锋
武 杰	曹石鼓	茴雨辰	舒孝勇	王 茜	魏 喆	孟燕燕	王春柏			

材料科学与工程

贺 淳	李鹏波	赵海军	郭 巍	刘道奎	金玉亮	王振强	孙 钊	刘世双	郑月仙	任 炜
何启翔	李尊义	张再扬	李彦来	李少锋	吕奎明	黄建平	庞丽侠	王庆民	佟 盟	王庆伟
杨 舟	韦昭南	郝心语	于 凯	杨 振	韩志宇	闻凌峰	刘宁波	游文斌	赵顺国	李晓东
张 斌	李培主	成礼锴	韩 聪	李 艳	赵忠兴	刘 炎	杨 茂	刘嘉颖	翟继深	张贵一
傅国宁	李佰强	邹 旸	杨文澍	黄 威	王 川	董亚波	周鹏飞	阎宏飞	黄颖卓	梁 雪
邹玉龙	徐启兴	张圣贤	李世勇	农智升	王国伟	龙本夫	崔立宇	陈 林	杜 涵	杨传瑞
夏荣森	那 玥	曹凤角	张 旭	应 韬	左军超	黄 科	王小杰	李军雷	甄淑颖	朱海涛
唐海雄	王远斌	钟继勇	赵世真	曹明元	康 欣	朱冀栋	张发幼	周鸿飞	吴传知	吴松浩
王怀建	孙延庆	王 晶	张伙雄	吴 尧	黄 建	李文君	朱 晨	朱靖靖	王大鹏	徐 超
许旭栋	唐 琦	陶廷记	高 继	肖 天	韦昌炜	安 路	贾吉堂	何延林	冯大成	

工程管理

孔 越	耿 瑞	安建超	从双龙	刘振华	刘东旭	张世铮	邹宏亮	陈旭文	石昌豪	周有胜
卢劲柳	王 迪	赵春城	魏晶晶	陈维华	周树楠	李家胜	周 薇	陈 波	毛俊杰	黄满强
李 军	雷 璐	马 军	罗国伟	江 红	王晓荻	李伟佳	金 锋	沈卫明	王霄霄	王超囡
田 哲	何胜前	朱小龙	党振华	苏 雅	方 沃	陈 帅	周榕冰	倪继起	张祖念	李 昂
崔丽芳	秦瑞彦	姜 军	李齐林	刘弋诉	巫树昌	王 亮	万彩娟	鲁明伟	郑 莹	王白雨
尤国连	冯小东									

附录

2004 级

土木工程

郭 龙	侯文景	李 欣	孙 扬	于明学	郎荣佳	吴丽洁	张家齐	卢 涛	张小兵	何 立
钟 坤	陈昌福	邓运生	刘 影	齐春玲	刘 智	邓君宝	钟儒宏	庞锋华	黄海明	张宏全
阿衣仙古丽·阿不都瓦衣提			高 山	田瑞芳	张 冲	李 奥	宋光宇	王慧慧	黄 寒	刘禄甫
苏海森	张 亮	刘 岩	徐志成	鲁军凯	付小伟	陈耕博	侯宇星	万晓阳	王 生	杨 进
詹永芳	梅 洋	张首飞	鄢兴祥	郑善善	覃 杰	邢耕维	吴开程	李 佳	张禹生	杨 菊
文殷瑞	李永秋	曲建亭	于 光	赵 力	魏 民	王志涛	冯玉辉	王德刚	王 曦	梁万虎
张兆兴	张 宇	郭 阳	栗永华	王立群	斯琴图	王 博	冯燕楠	韦翔宇	刘 术	吴 博
张 婷	刘 伟	孙超睿	郁昌力	郑民锋	鄢全科	贺 远	陈 睿	周小溦	黄承霜	李高岩
昌元伟	李春荣	熊小波	秦 川	李晶璞	钱利锋	王超锋	谭 平	张 振	李宜祥	陈 珏
刘忠旭	赵章鹏	虞春龙	洪雪峰	薄淑楠	王慧斌	张 凯	陈 然	梁 杰	祝阿丹	石星星
白久林	乔玉成	张 双								

理论与应用力学

高 占	韩石磊	蒋恒强	王 博	赵 星	黄理卿	葛书健	邹 挺	马美群	刘思嘉	张海斌
章 晔	游 涛	加 伟	徐 训	郭靖泽	陈云林	余清松	吕金龙	罗海军	马 赫	李万东
辛金超	林 泽	陈 伟	刘 鲲	李艳娇	李叶敏					

材料科学与工程

黄啸华	苍 启	张琨健	丁印福	张雁祥	陈 翔	杨富举	张永峰	识庆新	丁 笙	刘 川
孙鹏飞	李 飞	杨江龙	宋卫涛	李卫坤	汪 洋	徐德新	边卓伟	应 红	方 强	任 伟
窦立波	马新波	郭林林	郑峰叶	顾晓雯	魏雪娇	王玲玲	唐秋菊	赵 玥	孙科文	王丽亚
张丽芳	陈 苏	马 超	张亚栋	赵 刚	刘 通	杨晓冬	曾操宇	靳海山	王 豪	许显斌
李 慧	陈金虎	赵 博	徐锦稞	王树慧	梁德富	王 峰	龚伟明	林子皓	周 科	黎 静
赵学堂	田秋慧	孙玉芳	杨海霞	耿 欣	刘永辉	吴 东	周裕智	刘冠东	麦 雷	赵 雷
单平平	张世平	周 放	李满喜	白永昇	张 诚	李 涛	杨晓奇	方光银	于鹏展	孟凡雷
郭 亮	管 超	彭志珍	刘慧鑫	刘 芳	盛艳萍	王伟琦	甘 帅	赵 亮	高颖茂	方一帆
谢 晶	曹海燕									

工程管理

敖以斌	毕小龙	陈明邦	黎 亮	陈世银	陈少锋	秦 磊	梅 迪	刘健刚	金鑫鹏	丁树发
刘万峰	沈小宇	潘文龙	薛俊龙	贾郁剑	杨金元	王 靖	姜熙超	盛天雷	任 浩	白 冰
张 硕	刘录卫	赵金鹏	乐 琴	吕 岩	郭丽丽	刘 燕	李欣萌	覃 婧	邱 月	常菁楠
李 白	代 乾	闫刚波	罗基夫	张喜红	刘松鹤	阿德力别克·马尔哈		陈文生	余军强	张哲哲
高世锋	贾 培	付 坚	刘 建	杨晓平	陈 衡	林基聪	起林春	舒 婷	马玲艳	梁 艳
张瑞雪	张苗苗	戴海香	李丹丹	赵 爽	于 蔚	王美丽	王倩倩	高锐飞	王玉娜	段利真

2005 级

土木工程

王桂杰	徐在夏	李 博	王子文	田运超	焦禾昊	张 宽	李俊刚	赵 健	高文君	马志会
仲宝玉	毛小东	高 宇	范喜朋	张 强	韦宽宏	黄侦玉	张彦博	李小克	张超东	郑作强
韦 浩	刘晓旭	唐 坤	许勇峰	宋佳彪	李 杰	柏 杨	岳 帅	孙顺德	李 彤	洪文汗
朱 飞	董 飞	关天一	翟铁男	李 闯	徐 铉	王宝松	吴 鹏	王月华	张志兴	张映谦
张 凯	宋玉楚	邢纪咏	寇俊同	王露超	焦中明	刘海涛	张 松	王 飞	刘冬梅	陈 杰
刘建伟	刘 强	曾一婧	景燕飞	李 永	陶成江	刘志成	焦晨曦	周万波	梁寅峰	臧正义
李峰华	邱英亮	孙 霖	景明龙	张 浩	唐 震	罗保水	张小强	曹冬雪	梁 勇	刘 爽

百年土木 百年树人

李耀虎	李德锋	于 洋	张世宇	冯 悦	宁喜亮	马 明	高 磊	刘成铭	郭 威	陈 盈
揭宗海	巫兴发	郭 伟	胡细伟	尚彬彬	肖 波	肖良才	宋 宁	张 超	马成龙	周怀清
陈戴文	农国畅	李利刚	毛庆东	陈 富	金 辉	沈显龙	束 康	高维权	曹同欢	任广尧
聂建军	姜宝峰	来 晨	于 健	孟欣然	郭 钢	李子健	洪 君	钟 广	王 稳	刘文峰
王 宇										

理论与应用力学

郝 伟	张 宇	陈肖达	刘 祥	李新亮	崔志刚	杨 旭	罗福平	黄寅君	梁艺森	郑剑峰
张建亮	胡世强	徐国洲	龙 师	唐善然	林先博	李 慧	王宇飞	姜 晗	王泽兴	周 鹏
应乘风	董泽文	吴梦遥	王智锋	刘 超	梁恒宝	陈 宇	石 峰	郭宝花	文 鹏	宫 健
张国敬	历福伟	刘兆生	张春达	陈颖智	王兴叶	陈 觅	刘 伟	何宁宁	曾祥彬	王海峰
高 飞	吴 海	姜晰睿	叶光伟	项 博	任丽章	佟 强	张星明	王云峰	李丹丹	钟晓俊
金双双	李 雷	陈玉斌	胡文添	葛汝星	胥万涛	陈忠比	毛有佳	王洪波	赵金涛	胡 震
欧 歌										

材料科学与工程

白 雪	侯 震	贾 鹏	王 兴	沈王英	崇 严	钱明芳	马向雨	潘 峰	曹建云	刘文静
段佳林	武 润	陈 童	安佳宁	王文飞	陈晓江	林开杰	陈长龙	严峰鹤	韩晓东	丁 苏
李冰清	王 博	徐海滨	王 石	马 健	郑振兴	张伙隆	郑思维	何宗倍	吉国强	殷满虎
白亚冠	徐耀宗	刘 坤	王运龙	吴韡剑	韦其全	牟明川	李 鹏	潘伟健	胡凤强	叶政伟
张广良	史鹏超	常江浩	吕琦漪	胡 衡	覃佳栋	姚微一	张晓娟	任光旭	李玉顺	刘 扬
赵俊杰	曹 洋	曹智雄	杨锐滨	徐翔宇	李 阳	王 全	陈元杰	顿珠坚才	孔令超	辛 诚
李 亮	唐大勇	王俊杰	李国君	谭昕洋	苏 啸	陈 勇	陈春露	陈才洋		

工程管理

刘 杰	朱丽梅	辛 宇	周 峰	李 红	李佳斌	田 野	吴先慧	吴 洲	刘 林	左 骞
从小林	孙 悦	郑济锋	孙菁昊	陈 曦	黄东盛	王水银	罗跃平	汪启芳	杨 帆	杜泓翰
孙 巍	李 伟	周红博	尹玉琼	黎 巧	徐 烽	苏 雅	李晓晖	金 玥	李超乾	李 婧
梁 伟	王文勇	及炜煜	庄子卿	洪羽明	胡玉祥	陈锦宏	王 睨	谢 伟	寇 乾	袁 乐
贾银锋	李明亮	马 明	杨 瑕	历明发	陈一博	刘凤秋	姜 欧	王 博	刘京津	孙斌斌
吴志飞	田浩杰	张 华	张 勇	徐淑芬	钟 涛	钟运华	赵海涛	张瑞宏		

2006级

土木工程

王 宇	刘文锋	王 强	王 睿	卢常铭	李兆杨	左腾腾	闫天泽	刘 革	王春圆	马振东
邵 磊	李虎生	曾庆龙	赵 琦	孙 旭	樊怀亮	杨彦晟	汪兵业	何天杰	张希盛	林祯杉
黄 明	胡张雄	王 伟	韦柳志	黎新生	张书强	刘凌云	马金权	金 鑫	吴建新	郭立波
李 靖	荆智术	张 特	张 磊	商抒楠	王庆海	赵 建	王晓婷	崔 峰	田 旭	王东辉
刘志晶	杨上杰	李龙根	曲永山	陈 雷	陈 杰	殷风威	孔令军	魏亚涛	刘 栋	任春翔
井一村	孙 磊	吴守祝	罗樟华	郭 鹏	高广燕	周艳新	夏星星	杨永超	张启铭	姜积旺
李绍寿	刘 恺	陈 喆	田 涛	常麒麟	曹 宇	刘 莹	刘 也	张晓明	钱小辉	林少远
苏鹏飞	姜一天	徐伟帆	景志涛	韩艳波	董晓晨	贾鹏龙	东丽娟	李广旭	康 慨	沈博文
蒋中国	韦 伟	金思潭	洪财滨	姚 遥	郑志刚	王云升	杨义健	宋晓旭	朱 丹	蔡 振
李 安	吴 春	管建远	胡庆荣	索雪涛	陈 涛	熊 子	江 海	杨宗林	王大勃	王泽宽
陈励凯	许 群	王 騛	李麒麟	杨名流	张元元	张月乔	江明福	金永荣	陈晓光	乐 超
马 凯	黄延升	闫辉峰	杨礼东	张 磊	徐伟东	吕 韬	尹星耀	马亚文		

附录

理论与应用力学
王文韬	李志杰	李维修	王国乐	方 明	朱盼盼	林 琦	高泽运	高莹莹	张文斌	欧 歌
关 力	吴 明	赵鹏程	徐景锋	薛九天	胡 朔	张 辉	彭 利	韦承勋	杜江月	

材料科学与工程
李建峰	刘禹呈	张洪军	朱 璇	赵腾禹	魏博鑫	叶 峰	潘 鑫	马飞翔	罗 阳	李关兴
宋 杨	梅 宝	瓮金鹏	张 雪	吕建军	梁 旭	张宇锡	李 峰	厉沙沙	夏 青	古婉力
贺全志	王学荣	阿依古丽·麦买提依明			崔聪聪	张煜梓	孟祥鹤	张亦放	刘元超	刘法伟
王 博	李晓晔	董良新	姚宗烜	徐丽敏	刘 飞	郑 文	王天鹏	刘晓光	唐鹏飞	于建兵
周 易	陈 轲	罗 甸	赵丽君	李 倩	李 正	吴骋捷	卢 飞	李 龙	施 晗	袁永立
于文龙	李立群	潘阳阳	卢 逊	徐小龙	管仲鹏	王 君	张 翼	王声函	庄 严	郑志远
张东青	赵洪政	李凤泉	李沛恒	聂兴梅	刘金沅	李 宁	林 桓	黄 恒	尹炜锋	索松山
张 梁	阎学深	吴 杰	刘绪琨	龚仕超	陈 晓	包程和日	曲抒旋	张 舒	张文生	张 健
肖文强	敖萨日娜	杨福乾	孙松柏							

工程管理
王 杰	孙 健	陈春辉	王洋洋	许 财	杨 津	罗海斌	何冰琪	任众远	欧玫汝	邹富良
李宏亮	曾庆宇	李 博	陈沙龙	赵志远	段宇宙	张明月	张黎黎	蔡文文	王诗剑	戴新泉
张万勇	刘丹江	王邦阳	罗 堃	徐开宇	宋 飞	金 真	卫 巍	陈 翔	刘振兴	王金友
巴雅尔满米	张德全	钱 能	韦敏坤	罗玉龙	漆道海	武姗姗	孔德志	朱家祥	张 业
刘 鑫	李奥林	周 宇	武元浩	牛晋民	李博宇	沈忠云	高春雨	工 偌	吴文瑞	安 凯

2007 级

土木工程
王 博	叶思阳	熊志恒	李 阳	张 倪	连兴华	康建伟	王永亮	刘春宇	房 明	李 丹
于鑫垚	刘 维	王 鹏	江金豹	张 松	曾广江	林 涛	卢明曦	韦景珊	邓绪米	戴卓志
彭鹏飞	李江东	陈晓倩	刘燕茹	周国梁	施丁伟	黄楚乔	张洪华	黄静文	孙明庆	米鹏飞
李国强	刘 晗	张 帆	丁 尧	王 军	李玉田	陈 曦	商堪旭	宋 雪	刘贺凯	佟静伟
邵 帅	李 剑	吴丰奇	庄志烽	孙永亮	刘鹏远	杨成龙	吴小祥	陈国煜	张 臻	李晓明
赵 凯	石威宵	墨 涛	谭春帅	封 云	曲翔宇	陆正争	范恒申	潘奕康	陈金强	彭体顺
吴 峰	刘 洋	郑志京	张新新	赵 欣	敖 拉	刘 强	滕 云	田 浩	刘 靓	杨海洋
黄多娜	石志响	李 吉	宋毛毛	梅 帅	邓峥云	刘鹏宇	黄 鹏	周 乐	周 林	韦 科
尚学聪	杜志涛	陈君军	姜和平	丁志远	李秋稷	谢聪睿	邵 帅	陈 亮	杨 冕	汪洪雨
刘彦博	陈智成	吴 凯	梁 琨	崔丽平	陈荣华	李明辉	胡伟荣	汪梓威	裴维汉	容 冰
郭永刚	梁建军	沙国蔚	王 聪	张宏森						

理论与应用力学
叶年坤	李世达	陈 哲	李旭东	张 璐	王宏宇	魏经舒	袁 野	张云龙	曹泽平	于德海
张玉强	唱佳鸣	杨 勇	林 对	曹立之	石立旺	陈小斌	仲光耀	陈 龙	陈 勇	戴春春
瞿继龙	李承朴	袁颖杰	刘 利	任 强	徐金龙	王帅坤	乔 鑫	孙宇轩	蒋 明	刘学广
席早阳	张 洲	张 恬	赵汉杰	魏沛远	张 敏	郑 泓	王召钦	栾 帅	刘 佳	张冠亭
周世瑜	俞金永	徐海钦								

材料科学与工程
丁 超	刘 琪	林英魁	董芸松	曹 磊	孙 湛	王春颖	高 超	马 兵	叶 焕	孙 翔
朱子轩	刘晓文	李建飞	李明君	余 萍	高永胜	陈 鹏	陈彦廷	韩 闻	王 慧	吴彬龙
赵文博	柳 超	刘佳音	冯 聪	陆 莹	何明锐	刘宇通	朱开南	朱仁贤	王健波	周敏超

朱睿健	王曾全	易 祥	玉 婷	何东政	王槐豪	秦仕江	王 征	施 浩	刘 晗	魏陇沙
董蓉桦	金秀宇	蔡 鑫	徐兰兰	李明阳	尹 成	吕秀翁	鲁学锟	窦坤鹏	汪宇锋	周洋磊
伍 佳	李 俠	陈 准	廖 超	苏 航	汪续礼	于 波	寇建岭	于清林	李光宗	唐 然
任 涛	刘 昊	朱振龙	徐 敏	李华良	谢温龙	舒 鹏	鞠宗磊	王宏龙	付莎莎	王东亮
土比木乃	李其海	曲培文	孙崇亮							

工程管理

车 谦	舒曼曼	雷凌曦	刘 航	王亚新	毕永辉	贺夏青	王司龙	杨亚飞	李 喆	徐寒冰
朱丽德孜·海拉提		古丽巴哈尔·艾尼瓦尔			于 航	林佳睿	王雅璇	王 洋	洪能达	石 文
高秀琴	李正伟	马 晶	王晓康	陈德磊	张 奇	霍春亭	刘 建	张嘉冰	殷贵春	韩万胜
江 雷	刘天宇	王晓军	李文江	楚利源	郭亚南	景慧军	邓 龙	陈 琦	杜进宇	王婧然
佟秋璇	陈 刚	郭继龙	田 群	程 炮						

2008 级

土木工程

钱 冬	刘 碧	王梦磊	王 众	张亚兵	刘 源	李 潞	佟尚博	孙 博	蔡雪松	王 奇
杨胜男	张 旭	王余强	潘丁一	梁 浩	崔文鹏	孙嘉麟	张 禾	赖 勤	张梦灿	程春健
易佳斌	刘昭延	符举帅	何俊浩	殷海瑞	王江涛	李 鑫	马 冲	李 锐	孙 峣	陆伯辰
图尔苏江·斯拉吉艾合麦提		李 鑫	卢 铎	陈 星	秦 昊	邹若飞	高 嵩	王家辉	李 冲	
李 刚	高 源	丁 超	林 阳	陈俊元	黄金瑞	杨昱萌	魏光耀	韩敬伟	高梅子	王 晨
陈一楠	贺 超	张 川	刘洪庆	叶荣华	赵少锋	邓佛丹	段 骁	潘 康	杨 帆	陈夕飞
张 奎	王占红	杨新聪	孟庆飞	王珊珊	吴晓晴	佟 浩	付 尧	张 萌	张孝存	汪莘文
潘生幸	钱 琦	年学成	卢显滨	杨 婧	阿不都卡哈尔·木坦力甫		叶劭桐	刘广学	白亚宾	
李建兵	严子健	朱健隆	王明治	田宇峰	杨 蕾	迟晓彤	吴 迪	陈 博	赵中伟	初同才
刘思源	孟凡冰	汤 振	田 宇	刘凯华	高俊果	邵 山	顾一鸣	何小涌	叱干都	吕 蒙
邓普天	刘双成	吴青青	于洪波	李文文	蒋长军	涂安民	郑 睿	李伟文	曾述主	杨凯博
崔 崧	卢新建	白 杨	王 明	赵李源	陆春雨	马 俊	颜 瑞	刘天龙	刘书华	姜 松
罗小龙	王博文	诸葛仲彦	王向南	刘星博	刘 寒	施佳秀	李博强	程晓龙	王 恒	石通潞
苏 宁	谭剑耀	林敬木	徐 阳	赵南雨	李 竹	樊晋杰	张树伟	武时锋		

理论与应用力学

常 虹	张晓哲	兰 雨	靳铁标	李 昂	关 超	刘旭潮	陈哲明	林勇辉	晏夏明	辛 午
王建家	叶立渔	刘 志	黄 乐	杨 徐	李 成	胡玉堂	崔云龙	卢 伟	于海涛	龚鹏举
王冠锦	滕 飞	蔡 俊	王浙椋	祝琪琪	田 奇	程 程	倪英华	赵 宏	李云隆	杨 浩
刘星宇	李迎飞	陈华颐	席 信	胡玉学	王皓淞	杜 北				

土木工程材料

刘伯川	刘雨时	臧旭鹏	郑恩祖	薛纪辉	王滋元	阳 光	张 启	马春龙	史石林	乔振飞
查贺日嘎	刘天龙	蒙 井	崔 赫	田育旭	李彦锋	安 然	夏 冰	刘 毅		

工程管理

于金龙	汤小然	张小建	刘 震	王海淼	郭子盟	刘宇博	辛 静	刘晶晶	陈 早	周传祥
徐 建	韦 琦	曹凌云	杨洪飞	郭小坡	林建洋	李 勇	邱宇博	白小林	王 帅	王玉超
范传鑫	王 琦	李 昕	朱 潇	彭 微	陈 晨	邓封河	朱丽文	杜冰心	魏利强	孙琳琳
仝 浩	孙历呈	田菲菲	江 帆	谢丽娟	方铣磊	黄兴华	母光亮	李 过	李晓丹	刘童辉
热依拉·吐尔洪		冯 博	麦麦提艾力·艾尔肯		陈 新	席瑜泽				

2009级
土木工程

柏继华	孟祥鑫	韩 明	曲斯佳	贾 超	刘雨晨	查亚辉	蔡连伟	闫 豪	牛培源	吴 泽
付少俊	马 勇	龙海威	姚 丽	许文超	吴 昊	孙飞虎	吴硕军	侯跃鹏	郭小睿	田江通
胡春生	宫兴华	闫穆涵	王 健	赵春雨	王东洋	范恩铭	候 平	李志超	马德群	郑 巍
雷 霆	邓雅月	文 龙	荆新新	赵 骞	万宗帅	张 扬	陈省吾	胡文博	凌宏文	麦 浩
金易周	周 鹏	杨 镇	李金磊	王 帅	宁志岩	王史记	王庆鹏	孙振宇	李 悦	王开宇
高 璇	王 健	孙俊博	谭 啸	章 智	张 雷	杨 磊	尚庆鹏	费 嵩	吴祖辉	朱建涛
高 杨	杨 航	韦孜聪	马 迪	豆宁波	徐培根	张庆磊	陈 凯	刘云博	阴雅盛	李东明
庄梦园	孔祥柏	孔祥迪	赵 恒	武沛松	张媛媛	杜晨旭	李继宇	姜 帆	王春雨	韩克诚
姜 宁	唐 松	龙 甘	张洪智	胡荣攀	盛春晖	梁斯虬	钟尚烨	张天祥	余凌伟	曾英明
蒋天航	王 杰	李一峰	韦钰莹	纪鹏远	李 伟	王 怡	申鸿宇	王世宇	杨晓松	于 樵
赫里甡	刘洪玮	朱嘉懿	陈志恒	黄 铭	张 昊	黄 嵩	单文臣	谢靓宇	张新晨	蔡策毅
王 超	马炎青	欧阳浩	邹家撇	尚 卫	袁 强	吴 玲	陈 力	许 攀	王 健	卢树宁
曲诗洋	周小楠	姜振鹏	常啸锋	于海洋	熊靖宇	庄 宇	赵德志	肖 阳	李沛然	王 磊
程一斌	吴杨灿	黎迪晖	卢凌岳	何东栗	徐 龙	吴贺阳	裴一非	刘克智	郭晓松	刘睿明
刘 用	苗亚军	苏昌森	袁 奎	李玲芳	徐之彬	阳环宇	李镇明			

理论与应用力学

刘嘉斌	赵 敏	王志新	张 辉	王隆朕	薄埋壮	曹 町	李川江	南君耀	刘宗江	吴 琼
贺景然	黄俊杰	鄢吉虎	周 龙	张 哲	陈传向	唐志一	何玉乐	王雪明	马腾飞	魏 巍
段文搏	付晓岩	王佳龙	张 宇	徐志强	王 波	汪 鹏	沈汉源	李遥为	王 冠	刘云明
熊明攀	李 武	陈 健	詹雄兵	张 琛						

工程管理

刘政男	陈绍卓	古丽玛热·哈巴赛依	范丽静	李 涛	成 楠	王 悦	刘嘉埼	胡家园	李盼盼	
陈 亮	陈正梁	周巧丽	胡文佳	阳建斌	杨天雄	赵 丹	陈小龙	张 浩	田霖昊	刘云鹏
米尔扎提·阿得力		于孝童	安 杨	张 浩	万雪亮	周 璇	战鹏宇	崔 斌	王维娇	牛志丹
张起越	曾明月	杨将铎	陈 聪	罗启云	张浩宇	葛家成	孙一鹏	盛 威	孙一赫	贾雨霏
陈 喆	陈 倩	黄剑兵	黄丽平	孟洋洋	樊成龙	卜宗俊	文 凯	毛靖宇	曹晓晶	武 吴
牛泽斌										

2010级
土木工程

张 宏	于文昊	郭天佑	尹 路	王海玥	李诗尧	刘 扬	贺艳杰	张文赫	刘 洋	韩伟涛
陈嘉斌	马越洋	郑宏博	袁梅竹	刘 天	于洪博	李世瞳	罗清宇	闫 嘉	黄 鹏	杨 帆
蔡宗洋	蒋炳楠	李小勇	贾德登	黄洲林	肖 寒	谭启阳	李洪洋	王灏宇	董恒磊	石 谦
周 滔	黄海杰	刘 杰	陈 可	杨浩文	斯拉甫·伊斯拉音		刘晗珂	陈 伟	王旭阳	黄逸群
王正超	吴天琪	穆月微	王 亮	吴 桐	郑浩洋	冯丽丽	扎天宇	张余帅	冯浩然	吕柏仃
史鹏程	刘开诚	唐金存	李海涛	蒋月新	沈 玥	杨晓强	周宏彬	高 祥	庄存超	江 莹
程 晨	肖艳容	王云龙	张峰领	王识宇	吴宇星	曹翠霞	李恒明	卢闰秋	杜科材	陈健峰
陈 实	张 磊	王 楠	樊成志	魏世银	王 晨	何 欢	姚建全	陈蜀东	董国斌	任洪涛
牛美辰	张 磊	歙琪乐	杜超然	门 颖	王振欧	王 健	白馨宇	韩天浩	鲁健哲	李文信
史博元	吴广昊	李少强	王 强	董立松	邱里航	傅海军	周 雷	俞 弘	陈志东	魏芬洋
徐少军	邓俊杰	沈 斌	暴印铜	赵平阳	马亚东	汪宇明	李平昌	麦开基	李世祥	祁佳林
陈大卫	孟 宇	周传波	陈 君	颌瑞鹏	王旭志	袁美慧	李 阳	杨玮琳	金若羲	王子聪

437

徐懿晖	程 鹏	邹仁博	杨盛杰	刘庚辛	李世泽	邢兆辉	张 迎	潘玥行	李鸿儒	杨 钊
徐 瀚	范艺博	程旭东	郭恩龙	章 豪	占 兵	陈 祥	蔡瑜瑜	庄寿松	杨朝晖	刘洪铭
罗 奕	陈绍权	王宗维	赵 建	杨 勇	李庚辛	李 翔	孔锦秀	麦楚烽	席元企	刘 康
刘俊杰	范时枭	姜 超	王 通	莫量雅	吾尔开西·帕尔哈提		周昌杰	孙 乐	李 硕	高 晗
孙敬超	齐冰雪	范复平	佟 琳	鲁宇博	刘珊珊	杨文瀚	王 垚	王世磊	徐博闻	吕志浩
孙宇军	王浩屹	邵俊杰	严峥晖	王 笑	李 森	张俊良	陈波克	潘荫齐	罗晨皓	梁若洲
范玉峰	蒋 灿	黄嘉轶	李 阳	贾学敏	唐琪琛	文 乐	丁 俊	葛文泽	赵远征	董文晨
杨颜倾	严修发	王泽语	尹东健	陈李琛	阿克力江·玉山		杜军东	郑炳健	李苗凡	杨冬冬
朱 勇	王 浩	陈 昊	刘天宇	董 瑞	高 亮	石 颖	赵美娜	程 前	李景泉	刘殿琨
齐振麟	鲍晓旭	康海波	陈钿渊	瞿浩川	王伟凡	李金威	湛向东	刘洋涛	朱 伟	彭 汉
杨 洋	蔡 然	潘俊铮	陈玉州	张建童	乔生金	张慧超	王富洋	陈正林	丁井臻	杜晓宇
方 毅	冯宝山	郭莹莹	韩有鹏	黄文宣	李 昂	李胤松	梁晓东	梁 勇	刘家煜	刘盟盟
乔 刚	任 姗	师 珂	史新东	王广庆	王响军	王晓彤	吴正全	武启剑	徐志鹏	杨双成
张凯博	朱启明									

工程管理

姚 政	高 凡	张晓楠	张少伟	刘 翔	李 琼	周一鸣	陈明辉	刘琦鹏	李一帆	仲 毅
张 楠	张倩倩	周 磊	王重阳	孙志鹏	姜忠雪	孙 睿	张 楠	范承昊	南沣哲	邱珂珺
张 健	游高仁	郝园园	蔡 薇	段勇春	董 勐	贾皓天	时 玥	崔 芳	王泽宇	齐子健
翁 鑫	徐进英	杨 巧	蒋炅窈	程 凡	李彩霞	何 鎏	刘丽阳	杨 阳	王 硕	赵艳波
徐婧美	宫德圆	姚嘉玉	戴圣垚	吴华勇	付闫石	陈增广	韦业显	何 巧	冯凯伦	罗纪明
张 干	谭科斌	韩 熙								

2011 级

土木工程

李金平	白 浪	李 振	赵之栋	刘晓玲	白真忠	丛 霄	李 瑞	刘晓亮	赵 静	张一然
陈孝凯	纪浩森	彭根龙	张 鹏	程光钦	赵 鹏	张维康	辛国财	谢 顺	吴登国	任振映
孔祥矗	杨金泽	刘明建	刘炘鹭	孙盛洋	张毅夫	张志铭	吕志峰	石千程	张琬珩	姜宇琪
陈发鑫	常浪子	刘 威	陈宇轩	聂燕松	饶广鑫	赵 翔	彭诗涛	涂 欢	王 训	贾 晨
张智伟	刘 洋	周显昱	钱 鑫	陈哲铭	王 锐	刘鑫航	张昌达	于子力	张景鸣	索铭山
赵 旭	刘 凡	张兆岩	冷彦春	吴恬颖	林晟涛	娄睿深	杨 梦	程 超	缪明金	王乐乐
薛龙瑞	刘 欢	李彦均	敖吐根巴依尔		何 峰	张英楠	石 赫	宋鹏宇	孙 喆	王旭松
刘 玄	赵桠琦	葛蓓清	任方舟	马富梓	王 禹	郑学胜	姚彬烨	程 龙	袁 野	唐 娜
肖 磊	赵 健	李玮迪	曲 植	张傲淞	呼国栋	孟祥宇	王钰萌	吴宝鑫	李 强	王云鹤
江张帆	洪荣灿	何日劲	焦陈丽	陈辉志	魏 喜	刘 欣	李德强	马军科	王舸宇	杨 成
吴杭姿	李金玲	贾皓迪	赵 锐	袁浩宇	纪 旸	刘 锦	于永越	王金鹏	刘 源	刘天智
张志明	刘晓飞	余泰西	孙增珠	皇甫木东	张 颖	唐德徽	钟岳志	王远生	沈钊永	候 飞
杜文淼	丁 珂	张 梓	王正凯	薛志林	付万里	马 进	张 楠	杜昆懋	赵志旭	梅 磊
白 鑫	胡红斌	李 渊	陈校平	王文龙	汪 鼎	杨 韬	邵 波	郭同舟	张昌睿	陈嘉伟
刁星浩	吴永德	孜拉兰·木拉提		孙世斌	吴心怡	高 悦	郭亚楠	王 理	薛毓宁	何 理
王华钧	唐广庆	陈琳琳	刘 豪	鄢德虎	黄 河	鲜晓东	钟学良	高 鑫	李 阳	蒋文峰
陈铁锋	冯浩然	冯 杰	龚 俊	康 凯	李 羽	刘向阳	芦思炜	裴卫昶	宋国庆	王 廷
王玉涛	徐 颢	薛人峰	闫宇杰	杨 林	杨琪琳	杨志渊	于 洋	张俊奇	张 婷	张智栋
赵木子	朱春光									

附录

土木工程材料
黄竹一　肖前鹏　曾　杰　殷延昭　刘晨临　于海洋　徐　菁　李伟伦　仇世鹏　钱　辰　刘安泽
栾小旭　余　昊　刘鹏浩　李笑颜　徐堂轩　刘啸楠　高　可　何俊宏　胡翔宇　王志浩

土木工程力学精英班
汤会军　徐小童　田亚迪　张智龙　邱英豪　孟随随　田　俊　李　震　郑志宝　黄敏聪　胡　清
张大维　吴鹏程　夏鑫磊　包必生　刘高宇　苏　岩　卜令泽　高　宝

城市地下空间工程
刘　浩　朱忠越　何富泽　陈鹏宇　陈冠霏　兴　安　李佳伟　段林娜　李智明　方　贞　施　瑞
张涵泓　张　鹏　程　曦　韩阳洋　李卓文　黄德龙　张翔宇　王　良　王　阳　李　阳　石秀峰
单增尼玛　覃辉明　刘陶镇　其力格尔　王　博

工程管理
谭　宁　刘　翔　阿勒泰别克·阿木尔汗　付　爽　于亚峰　张雪丽　田思嘉　孙培元　吴坷佳
初瑞奇　孟宪薇　徐一博　黄　玮　张精忠　沈大双　沈远荣　黄　军　索朗白珍　党　行　丁以舜
杨照宇　张云天　王吉祥　韩天奇　李　洋　张　天　亢红梦　吴丘桐　郝　远　王宇皓　纪　然
郭金鹏　李冼阳　王丹爽　杜松津　李晓晚　谢　悦　雷　妍　喻　潇　易明照　魏　谦　金　莎
金天雨　李鹏飞　王　帅　乔树山　王成博　白远功　陈石玮　梅圣显　刘　璐　陈　政　马　席
虎伟龙

2012 级

土木工程
王苑佐　魏　盟　吕　堃　牛憧宇　朱广娜　徐婧琦　王冲和　苏安第　徐冰洋　张义鑫　张靖鑫
王吴阳　孙弘鹏　严　辰　杨学志　泽隽龙　王　帅　仇艺钱　廖国彬　黄　杰　唐云泽　吕效祥
高志朋　郭　琛　卢承敏　赵岩伟　单仁禹　李虹燕　丁　宁　马铭阳　董仕炜　高　鹏　张屿涛
邵　蓓　刘　旭　赵伟平　赵明敏　常　鹏　邓乃昱　谭夏墉　保德龙　沈应东　牟成铭　王　沛
王欣欣　徐嘉澍　朱　堃　解晓骁　陈嘉良　刘智宇　王　洋　姜庄园　墨　俊　张子豪　张雪松
李春尧　杨　光　黄金钊　刘世伟　周　杰　李长庆　赵文举　余健生　江碧远　李睿杰　赵春阳
高　阳　徐佳翔　罗杨诏　袁春雨　邢腾飞　刘志伦　张新陆　常志吴　艾　欣　商力夫　高　贺
周彦超　刘晶晶　杨林森　梁支耀　叶　馨　张少博　骆　金　廖一鸣　刘佳晨　王　骁　任广鹏
潘星辰　张宇琛　刘宣池　赵　畅　王治学　何　珊　吕　轩　周唯铱　戴静涵　冯振飞　陈维哲
施银峰　黄　勇　余志敏　田家栋　廖子谦　田孟银　刘风喜　王倚天　朱沛华　王　凡　张　程
王金为　薛　飞　柴光旭　赵正阳　史伟男　夏方旭　陈　涛　姚禹舜　吴俊杰　李长亮　卞晓晗
刘梓堃　景　轩　乔　治　侯新明　荀生贵　任晓春　刘书豪　魏祺琳　马　宁　迪露孜·海热提
李　毅　高　宇　刘大宇　刘逸凡　延兴华　张宪松　康广宇　李梓轩　张　帅　李明翰　闫　亭
张　拓　丁志祥　许　文　冯芝文　梁　琰　高　峰　杨　康　李白伟　林楚馨　赵元梓　童　兴
张广鹏　孙浩程　赵亚硕　马　驰　叶怀木　苗　壮　梅玉恒　李白宇　王　宇　源　航　胡佳星
刘　畅　刘辰辰　陈志鑫　应文剑　杨领先　韩兴鹏　崔忠乾　王玉珏　全玉湖　刘艺锋　蔡华胜
王义銮　谢永成　马普东　李　振　靳华凯　李文杰　刘嘉磊　刘　洋　欧若楠　孙士鹏　土国帅
王永超　邢文强　杨月明　叶家豪　殷海棠　尹　航　俞润田　张佳鑫　张文龙　张　赞　赵增阳
郑昕禹　周益国

土木工程材料
高延飞　孙梦楠　于　涵　杨　磊　李　超　刘　鹏　丁　威　张柏宁　王　辉　刘天安　王梦雪
赵光远　黄煌煌　胡景涛　张吴奕　梁瑞环　包学一　孙宇驰　徐　霄　刘　杰　熊　杰　高云鹤
杨凯淳

土木工程力学精英班

杨家树	赵 今	郭梦慧	陈 尚	姜 涛	何秋雨	谢 宇	闫佳琦	丁相宜	吴官正	林 茏
韩京城	李伟涛	李龙勃	霍亮亮	徐 凯	闫 政	莫惟杰				

城市地下空间工程

张宝民	赵 勇	杨金林	孟文昭	田 灏	张峻华	李 腾	杨 洋	俞祎康	张开翔	慕欣恺
刘炜坪	李雪伟	李润林	孔祥勋	李 欣	焦士龙	陈天宇	蒋启诚	崔 帅	韦富荣	仇 鑫
董尚委	徐海晶	张润涛								

工程管理

邓梓峰	王勇皓	韩顺一	郝迎丽	沈雨桐	封佳宾	赵小雪	王立安	姜 昊	刘 健	胡黄彬
杨 超	罗丽娟	蓝子龙	夏 雪	王唯泓	吴 鹏	金圣博	陈赞企	阿布德西库尔·努尔旦艾力		
皇甫文博	高铎荣	康珈铭	杨 光	鄂皓然	万 尧	普 尺	蒋 鹏	刘 昂	张旭旺	尚 书
高 炜	张曦莹	窦雅婷	孙博文	徐 畅	曹 越	张云帆	刘祥彪	肖毕江		

2013 级

土木工程

柳 林	莫镇发	余 鹏	刘博雅	孙毅仑	邹佳琳	赵立宇	陈文祺	贾鸿鹏	尹 健	范金威
吴常玥	朱雪兴	李纳川	林彬添	时 蒙	彭佳辉	谭福权	甘懿德	唐 卓	李 童	魏 鹏
熊汉文	杜志伟	陆娟娟	关开仁	闫科晔	孟令航	刘洋阳	路 博	钱逸伟	秦淑姝	王 乾
谌业成	昂东林	霍 龙	李延唯	李昕蕾	从泽学	胡志卿	王 浩	隋国威	于怀晨	田凯今
孟令钊	姜皓元	王铎宪	刘明鉴	刘思博	刘泽博	宋 浩	李若锴	韦其颖	曹 错	张华州
谭艺霖柯	戴振宁	白薪源	娄晓楠	王玮海	李博涵	王 哲	刘 闯	朱 亮	沈 忱	朱诗羽
苏志明	李雨韵	李哲伟	陈松林	熊亚凡	陈 琪	付佳丽	朱凡星	肖 凡	汤 文	董翔宇
招伟杰	曹 诚	郑 伊	赵元熙	吕 良	梁宝业	张婷钰	郭效羽	谈 然	沈俊凯	周 健
李 晨	唐国文	李馨户	王劭然	孙文景	李时锋	王 翔	武文琦	白玛丁增	梁 伟	从海瑞
张健琦	门禹杉	董丹妮	洪 旭	陈 曦	李逸群	吴皓凡	陈艺涛	刘锟宇	卢豪杰	刘 杰
景逸雄	沈德阳	蔡志远	才多扎巴	白 扬	李松佶	孔令鑫	薛博闻	杨 寒	于瀚博	礼向明
侯佑夫	张家豪	曹稼圳	张博耀	李鹏程	胡瑛琪	杨志常	刘 岩	王 琛	李 琛	芦 焱
郑珏辉	朴尚峰	单明丽	令狐昌齐	刘 燚	张 迅	李京航	李文博	杨天娇	付明龙	王田楼
李孝忠	谢昌霖	原 野	王 宏	胡祖俊	杨玉鹏	张 杰	刘轶阳	王 景	刘家文	刘南希
陈 文	李 阳	吕虹波	李智远	汤 超	李 玺	曹 灿	薛志豪	李同欣		

土木工程材料

苑 仕	孙 远	高金麟	郝哲昕	付志鹏	徐培智	刘 睿	施 政	王 瑞	姜梦阳	卢彦伊
刘明昊	高 鹏	付士雪	陈佳明	李仲伟	李 璐	杨 光	卢安汛	陈 蕾	李尚橙	赖昌昊
张博文	张羽飞									

土木工程力学精英班

缪嘉元	吕志浩	杨康康	郑凯凯	蒋 凯	万九成	胡 杨	陈 鑫	叶兴旺	胡 超	丁家新
刘泽龙	陈 琳	殷子昂	杨嘉琦	孙健峰	蒋 浩	汪子力	赵 林	邓秀胤		

城市地下空间工程

周子莲	张 箭	刘旭明	刘 沙	解 皓	桑兆彤	孟 畅	马 战	崔 航	张日尧	赵力挺
赵振宇	马越超	张舜禹	陈书晔	林国鹏	鲍宗辉	曹 祺	林 敏	王书睿	郑志杰	黄道明
张煊婕	薛博华	李泽宇	石启尧	申雨昕	张思凡	傅上嘉	张 磊			

工程管理

孙默愚	葛晓卿	朱怡萌	尹皓添	翟 浩	王鹤钦	赵海亮	杨承霖	刘金婷	张天琪	王卓唯
乔宇航	舒隆烨	陈莹莹	王麒钦	旦增次仁	邱凌皓	徐境键	商 航	张嘉鼎	李天翔	花 宇

附录

齐向坤	谢 译	蔡哲君	李美昕	谢 望	刘小溪	金 倩	王子懿	雷振华	林 峰	郑文博
张 晔	苗静怡	韩祖文	魏语良	李一凡	王共搏	孙莹莹	刘香君	张安琪	庞 博	冯 冲
崔瀚宇	吴世豪	陈泽宇	陈建勋	张正娅	于 斌					

2014 级
土木工程

丁加伟	郭凯生	孙沣鑫	梁永平	张少波	韩明里	马万杰	王东兴	许云雁	岳一森	刘匀召
李粼轩	王 极	张含笑	王江源	陈 浩	李 渊	何文景	张永健	谭 扬	黄 曦	刘裕禄
孙 伟	张钊辕	王向阳	索莹莹	何 涛	钟云舜	濮 昱	聂前锟	杨 炯	徐立峰	张 睿
王 焰	王 储	贺小轩	达娃格桑	李建伟	刘紫阳	付智中	刘 沙	姜咸邑	刘 聪	张居彦
左文涛	赵宇泽	唐子健	毕毓婧	银 恒	徐若愚	黄俊峰	孔祥昀	欧阳子豪	胡继承	鲜 晗
肖 闲	杨开棋	李宏达	宋 洋	雷威豪	宗成才	张明卿	黄丹宇	杨泽坤	王翰娆	彭 伟
刘金钊	张思为	辛 文	赵 宇	石 昊	崔荣剑	龙思雨	李昊宇	冯 时	仁增平措	陆俊杰	周忠祥
余丹敏	张 振	孟振亚	王嘉伟	陶昌良	龙思雨	王永飞	李 翔	陈 杨	刘梦非	朱旭鹏
王兴华	王子铭	任志成	李元媛	王俊彦	李雨适	冯子骁	丁 宁	何子涵	冉利滨	范新月
芦 强	白雨佳	刘佳轩	陈宇航	徐 帆	葛豪挺	丁夏鹏	石阿明	郭林强	李传栋	李洪波
张天瑞	冯少凯	刘玄烨	吴彤彤	王建皓	林泽昆	陈家丰	刘 亮	吴 浩	刘 迪	麦梁诗
张 恒	刘雪松	罗良斌	杨火明	李晨曦	袁 仪	王承承				

土木工程材料

李海龙	许家昊	郭金秋	梁轶循	戚聿昭	车紫进	李奕丰	李景润	赵家齐	谢明君	韩广帅
黄 帅	夏大旻	张朴轩	杨振东	苏嘉林	万家福	于 卓	彭 暄	江 辉	张宇宙	李邦达
邓凌鹏	龚银君	阳田华龙	李 祺	肖扬兴						

土木工程力学精英班

丁兆安	胡芳侨	杨思颖	赵 恒	应安家	韦海芬	王步余	雷锐钊	孟令宁	康 澄	钟 恒
邓云桓	任宇东	桑笑晗	吴津飑	宁 鹏	胡帝广					

城市地下空间工程

考晨耕	张元铭	柴建泽	李圣旭	田 雨	蔡 鹜	张思宇	马乐乐	迟皓元	刘峻滕	冯 策
王 昱	陈 阳	陆晓佳	邱梦瑶	李秦正	丁屹傲	江建锋	池君宇	刘仕航	宫 奥	庞玺源
何玉森	詹申滨	周东阳	周 闯	姜凤柱	李锦林					

工程管理

蔡俊君	焦兴东	刘 洋	李桂炎	由 晶	刘嘉禾	马丁媛	唐 琪	单 余	石 玲	黄开浪
陈艳婷	平措德勒	刘 焱	王悦人	邱瑞杰	兰 可	李 赫	张艺格	邢春梅	丁 希	李晓宇
汪禹杉	韩艳婷	赵勇刚	郑晶雨	贺纯阁	杨晶晶	刘 伟	石 林	王曼宁	岳高羽	高 鹏
张译天	李楠希	吴卓奇	高 生	宋 爽	岩志明	万振东	庞宇亨	李津京	张亚军	

2015 级
土木工程

滕威然	樊少勇	侯明昊	郭泳铄	董子恒	田 欣	冯勇啸	尚立鑫	梁连浩	张忠帅	沈毅峰
卢仁宝	秦晓明	李明阳	曹闻聪	杨刚有	崔鸿涛	王龙明	曹子汐	张书楷	史冬楠	刘金琦
周非凡	张 颖	李 刚	钱 宇	周子豪	谢俊鑫	杨琛来	李 莹	张 凯	王全星	何志伟
李文升	吕 图	李荇秋	王嘉伟	刘振超	刘雪健	王 林	赵 悦	何翼展	朱明江	王春阳
薛 鹏	李东徽	张亚鹏	任建国	栾 欣	段翘楚	邵国良	方其样	李泽桐	陈 霄	宋晓峰
朴正植	翟伟大	陈志勇	宁泽坤	曾 兴	张云博	周帅翰	吴 冰	赵文杰	张春雪	黄俊凯
陈婉秋	贡觉拉加	杨 玺	陆 昊	刘庆昱	黄柏瑜	司 尧	王 蜜	韦增硕	史锦麟	潘云龙

王晨博	陈子平	石 兵	王晓娜	李润泽	肖思柯	周柏丞	郭春磊	张 航	李欣烨	文义昆
钟宇佳	庞天伟	孙永博	孙智宇	王晓斌	李孔龙	于 洋	蓝兆徽	梁双胜	李源远	薛连杰
张 馨	刘 潇	孙 涛	尼玛多吉	张嘉闻	罗鸣谦	王甜甜	唐文超	李 强	张家鑫	王春澎
张 童	任潇潇	王 刚	檀子祎	孔祥浩	谢泽华	陈一龙	郑家富			

土木工程材料

贾 晋	崔轩铭	张沁阳	应伟超	王 旋	张 盟	李小祥	邱泽栋	李国豪	孙夫整	张育楷
杨 己	牛敞舟	洪克鹏	扎 旺	俞忠权	王浩东	鲁润渊	孙建宇	李林珊	崔翰墨	李昌迪
缪纪锋	余让举	李湛钊	潘源良							

土木工程力学精英班

乔威栋	赵小茜	单鹏虎	谭家卫	赵鹏举	张雨鑫	王先良	王 腾	唐龙飞	林晋宇	欧福盛
钱国锋	李雪来	吉 蔚	孟祥一	郭昊宁	钟 磊	邓远芃	林晓罡	孟 吴	余嘉文	李大帅
童文豪	潘墨岚									

城市地下空间工程

胡 晓	马敏超	周 楠	吴进峰	渠海港	冯 雷	乔子文	钟裕文	魏文彬	龙川洲	拉旺扎巴
庞 博	魏广森	杨 馨	郑 笠	王浩然	张迎还	任振鹭	王鸿阳			

工程管理

余文丰	马安东	王 潜	张博雅	鲁中生	屈 晨	佟 俣	胡 超	张 濠	杨凯钧	李明哲
王鹤儒	何宇庭	张锋泽	国思绮	朱新瑜	高泽溪	李 捷	左旺旺	张晓晖	廖志伟	包 涵
李志铖	宋捃恺	艾旷宇	苗浩东	孙 浩	李 颖	黄梦馨	李 赤	孟庆国	邹燕蔚	张萌萌
段皓东	巫子苑	刘仁鹏	郝鎏杰	那晏宁	石 璐	袁志伟	迟 赫	尤崇松		

2016 级

土木工程

周 沁	刘诗艺	张添翼	刘 青	李子乔	李孟祯	王祺伟	洪宗海	任默涵	王泽宇	郭志聪
周荃宇	王志詠	邓 琪	王 硕	宋佳兴	王欣媛	冯耀东	宫轩宇	曹雅墨	佘俊辉	王 猛
林锐腾	柯沃岑	怡林生	孙 炜	王逸飞	马 燕	丁 天	陈文双	韩俞成	张林岳	龙有为
杨凯博	刘政君	李德祥	李天俊	邓来明	王合辉	王国良	谢渺鑫	王毓萱	陈科丞	王佩茹
刘开来	王雨杰	毛逸韬	刘得鑫	胡海洋	何欣欣	于天睿	何立坤	赵晋艺	王明昊	覃敏钊
彭 昶	刘宇胜	潘 杰	苏 杰	贡创创	缪应璟	孙 磊	万梓晗	卢定孝	张泽宇	高沐恩
侯少坤	李帅宇	傅梓岳	马绍川	李容辰	李越然	黄安楠	沈梦怡	李婧雯	李银富	彭文昊
孙菲絮	何梓阳	张浩宇	童孝勇	周嘉琳	刘己诚	张 墨	李 超	姜 鹏	姚浩宇	刘宇航
郭仕鹏	张 鹏	刘文超	张 莹	陆永昌	靳英健	彭鑫帅	石宇杰	张竞扬	沈禹德	张栋海
李俊江	徐鸿涛	游晨昱	王辰宇	邵 航	赵子文	尤建洲	童宇航	孙博浩	邹安南	张露颖

土木工程材料

齐贯超	任 博	付 娆	张嘉宁	王鑫鹏	邓智宽	韩志超	贾敏杰	贾龙强	罗开睿	谢欣雨
纪学思	池小锋	蒋琮宇	杨文川	黄涵鑫	覃 权	刘 欣	潘治国	符洋钰	杨振丽	臧天阳
李思翀	余泳泽	魏阳兵								

土木工程力学精英班

陈有明	岳玺鑫	高克泽	陈峻松	李 昀	邓 质	张曦蓓	宋秋浩	孟祥浩	王义戈	徐 炎
芮恩泽										

城市地下空间工程

唐梓涵	贾永旺	向 铄	黄子渊	白新凯	邓人铭	张皓涵	魏国伟	苏嗣清	宋 宁	冯渝洲
高健民	邹焱林	路庆洋	李啸林	甘 优	吴丰伟	上官伟伟	袁昊祯	毛崧百	陈永康	邹晓禹
韦庆华	张吴迪	周 鹏	吴智元	安 楠	于世恒	张晓琳				

附录

工程管理

高焕发	于鹏飞	朱亦璇	曹 佳	何福瑧	洛绒托勉	陈学明	索朗次仁	张 钊	赵家颐	朱启鹏
索朗旺堆	霍琦丰	四郎拉措	李佳洪	刘玉新	李子强	马 政	马光远	管学民	雍忠云旦	覃 榆
周 维	郭 栋	丁奕聪	侯幸福	韩颜成	陈曦民	邹贵全	王子轩	凌 勇	刘立业	廖 键
茶云坤	郭怡璇	吴其航	杜晓非	田金雨	陈 鹏	裴业成	刘金健	喇啟龙	贾洪瑞	

2017 级

土木工程

陈 聪	丁逸帆	张家辉	刘兆晨	张一鸣	刘 承	杨家军	王争辉	杨鑫磊	丁奉元	刘威辰
李宇航	于海岩	谢义团	唐 宁	王泽兴	陆云辉	杨昌柒	李 明	孙文龙	马振威	简祥伟
刘啸宇	陈谦之	曾 凯	陈一帆	张彦祺	刘俊红	周浩然	李鹏帅	郑亚瑞	曾梦璇	王政龙
黄 涛	覃 江	刘嘉森	徐溢忱	田春明	赵跃越	王 卓	金江林	王晨岳	梁超宇	张绍辉
毛维山	顾金星	李佳敏	缪振华	吴立伟	高 屹	闫瑛隆	邹锡文	陈路遥	蒋运泉	罗紫蕊
周嘉晟	刘 昊	秦朔晨	吴月如	柳 念	顾瑜恒	孙宇新	闫豪峰	扎西巴登	徐 灿	秦 江
尹帅博	张 浩	高华枭	叶 繁	熊信辉	罗杰文	陈锦瑞	杨郁昂	肖 焘	陈奕成	唐 浩
李建伟	吕锡铭	李 菁	邱从国	尚明旭	孙晓超	霍争有	余江南	徐红波	洪锦程	江志超
杨朝宏	傅元豪	祝有明	蒯岳红	晋 美	赵友刚	李 岱	吕禹赛	崔建东	苗洪凡	刘 炼
刘钧然	宋佳俊	赵永昱								

土木工程材料

陈思远	汤哲成	王云鹏	谭祖墨	李孟维	郝鹏宇	胡英男	格桑次仁	许博学	姜子钊	旦增热嘎
蔡 鹫	欧阳绪	李嘉懿	潘怡洁	宋逸伦	徐子豪	李振中	白瑞祥	刘 秀	夏 岩	王 充
杨思乐	刘澳明									

土木工程力学精英班

常 旭	文海峰	杨子超	李洪举	刘 夫	马榕键	罗子超	赖 广	孙聪聪

城市地下空间工程

党奔彪	马金骥	焦中朴	崔广铭	赵 凯	郝佳林	李 江	郑 奥	吴 洋	王 卓	武鹏飞
李德朗	李嘉奇	罗叶坤	洛 丹	方泽元	杜 邦	黄子康	王兴华	罗德鑫	辛光耀	钟 威
孙迎娣	洪清萍	段威威	华博超	罗震霖	蒯鑫宇	张 锟	南嘉明			

工程管理

闫锦华	王陌晗	罗文昕	麦辰澉	于海涛	贺众耀	牛淑义	胡世滢	张文博	刘东雨	董一帆
王焕文	彭奕铭	赵奕淞	刘睿博	王昌隆	韩兴国	赵康瑞	杨耀威	杨晓佑	余天立	王 建
胡志乐	高 畅	谢伟源	包文豪	梁益邦	陈润琪	王明铎	陈潇宇	旦增卓玛	田少谦	申 瑾
陈有昊	张伊伦	李京洋	王 磊	王天祺	李浩林					

2018 级

土木类

薛 宁	张 林	巴桑旺堆	汤 侃	工祺天	李 杨	工浩名	周 鹏	高万城	李向玮	范雨心
李婷婷	沈 通	赵世泽	杨 晨	张永滔	于皓翔	戴振荣	池佳桐	黄 霆	云天宏	王新宇
滕轶璨	李 铮	潘李浩	晏阳天	朱立峰	吴云龙	张增迎	沈家昊	李广汇	王 昊	唐一栋
刘 健	戴 威	陈宇凡	王 尧	刘力瑞	施晨烨	钱福生	曹 运	徐智轩	林宇钒	白永乐
罗 昱	钟群洪	于陈俊	蒋励文	韦 可	高士钧	郭鑫明	黄允执	顾 欣	张弘强	李博宇
邢仕瑛	李建勇	黄 虎	刘虹志	闫国禄	李映龙	刘 雄	夏春来	邵文娟	吉启康	杨明明
肖 尧	岳金嵩	姜 延	顾天飞	匡幸国	石东旭	代 锐	龚玉晨	岳灏铭	段养浩	于江涛
刘佳铱	刘定恩	赵亦宸	丛佳文	赖龙海	黄 朝	刘 珅	王思琪	朱云飞	孙泽强	廖丽莎

443

王　朝	王　龙	黄睿智	罗翔云	贾彭犀	吉政林	孙一鸣	吕茂荣	李树轩	曹泓庆	曹沛祯
包艾鑫	李　腾	李宇轩	邹松岳	白玛赤列	杨利山	黄　念	杨胜航	宋航航	于明强	杨玉果
张玉潭	郭泽昊	刘浩宇	张蕴奇	孙笑稳	林隆瀚	顾宇超	单　良	胡秋玉	庄泽晖	向煜韬
屈海鹏	黄　洋	杜汇钰	曾　恺	车林望	谢　敏	董　冰	张祚府	文世纪	杜显炜	王　强
李珉宇	韩鑫浩	旺　久	郑展鹏	张太行	孙祥祖	张　创	潘君毅	刘衍霄	孙瑜泽	李佳乐
王嘉仪	陈贺义	郭正岳	加央论珠	土福升	宋海航	张学有	阿都尔一	单仝禹	陈　锐	刘朗朗
王兆禹	曹　轲	艾博涛	华启祥	李炎晓	赵　冷	呼思乐	樊亚轩	李兴东	李丹阳	冯世龙
廖　琦	薛　浩	王泳淘	方文吉	赵浩凯	杨　贵	苏瀚纬	谭琬歆	缪欣然	宋雨欢	樊秋铁
张杰斌	王利民	谷立全	穆睿祺	何雨尧	李文波	赖志款	陈星洪	张亚雄	田佳琪	李　程
陆超旭	尤齐铭	胡玉欣	梅渝新	陶科技	王一朝	康昊龙	任　宇	范　高	郎学栋	陆震宇
彭富士	周润峰									

2019 级
土木类

陶晓铭	宋　卓	李佳赞	董一航	章　权	刘小龙	庄雨潼	袁　昊	赵　宇	孟　硕	金拓宇
陈　侃	李钊远	李天正	杨梦婷	郑　琰	曹金诚	祝科民	莫丕迎	胡　熠	张文博	王一帆
余家明	陈　颖	邱　月	胡　煜	李明扬	袁少冲	乔一鸣	张益闻	何海兵	李　依	普　琼
刘　硕	成家坪	夏志新	常晓阳	王新宇	尼玛普珍	王俊博	程为伟	朱健颖	王拥军	杨　宣
李　泽	张晗怡	何正乐	马　硕	张双印	李佳旗	邵海涛	吴雨桐	王海东	尹　栋	杨　威
程秋雨	周　苗	郭泽旭	任　帅	蔚鹏翔	蔡元勃	刘　强	田博旭	王怡橦	史书贤	包金刚
袁正岩	王宇轩	景泓渊	张天祥	冯博雅	张广深	李　璇	刘思博	关捷琦	刘克南	申嘉伟
苏维伟	崔智俊	刘慧男	孔祥辉	李玉玮	丰泽康	吕家弘	金新翔	李亦然	胡映骄	李　晶
王　硕	张祎健	罗嗣民	徐　晗	李东兴	向鹏翰	张天琦	浦钧森	简晓森	王　越	肖　建
孙振洋	李孟楠	杨　沥	毛梦轩	韩梦琦	赵丙亮	叶进刚	刘爱通	陆　迅	刘缘诚	蒲广丰
孙恺欣	马君宇	王琦文	雷　蕾	何宇雄	柴钰鹏	王树睿	吕永胜	李京楠	陈攀磊	张　健
王天一	程超群	崔常斌	刘建华	刘又玮	王庆航	智荣权	许方毓	左　健	东国富	赵培文
黄源华	罗　瑞	姚元浩	黄启航	石梦圆	张耀东	代恒法	吴宇蒙	孟维利	刘守湘	冯　昶
王岩松	陈　曦	张　泉	张　毅	和怡馨	朱振宇	魏嘉伟	朱隽君	王立发	张　源	邓垚泰
朱凤璞	马仲全	宁重舒	熊　皓	李少言	于文涛	张宴博	李　磊	肖绍韬	黄金魁	丁宏基
张博涵	程旭东	苏冠臣	马　朴	陈德鑫	曹汪磊	韦雯峰	张　硕	熊鸿纪	周仔祥	韩　勇
朱　航	范冰磊	张馨悦	安贵超	段训旭	李傅豪	朱承昱	郑　云	陈书奥	左子瑞	李子博
龙海信	朱栲庆	徐芷含	杨艺珉	李文珂	周　洋	杨纯杰	陈发霓	刘福田	王馨逸	徐国栋
王明阳	张明云	杜　豪	周治章	刘宇轩	佟　峥	徐晨阳	谢银松	严展翱	倪仁杰	林佳森
景书建	程昊然	孙晨格	邢依铭	嘎玛仁增顿珠	卓小兰	王超凡	张　贺	邓成金	金恺阳	
陈健鸿	谢宇航	焦佳诚	张新嘉	王含玉	王英豪	张劭亦	姜文斌	陈广焕	李　朔	崔艺琼
孟祥宇	周旺昕	徐海鹏	王子彦	王　澍	李　枫	周静远	张天宇	石　赟	路昕鹏	蒋诚承
陈椤霁	曹津健	韦鹏宇	田东洋	周光榛	代　瑞	赵心草	吴宇辰	栾晓迪	苏圣然	李　通
敖彩钰	马艺森	刘雨思	丁连政	白　吉	张雨飞	陈　诚	万明杨	从山瀛	唐鹏翔	秦博儒
扎西加措										

附录 4-1-2　哈工大（深圳）土木学科本科学生（专业转出者未列入）

2016 级

楚　凡	方现伟	游俊杰	郑弘昊	杨佳鹏	卢嘉源	唐　霖	黄　康	冯嘉杰	刘崇琦	黎先宝

附录

黄勇豪	褚泽仁	李嘉琪	刘雨阳	王 涵	曹 漫	黎子昱	张学昌	周子豪	刘津良	王维熙
陈皓东	何晨欣	汪子豪	朱怀晴	陈加洛	姜润研	周 键	杨信添	陈子峰	朱思佳	傅星宇
张佳煌	叶一凡	吴 帆	罗苏昌	罗澜源	黄富琳	罗 翔	宋帛洋	刘浩蒙	安新阳	刘军乐
陈 栌	卢霂泽	张京驰	张淞博	丁天行	韦国栋					

2017级

刘淳清	玉富泉	陈 戌	孙 玮	蔡周峰	王映雪	李宗洵	吴浩航	郑彬宏	赵剑波	杨春江
阳东锦	章杰涵	吴逸凡	皮宁澜	黄 捷	骆 轩	向阳欢	陈晓琼	刘峻道	孙 前	张浩然
鄢昀吴	楼航琦	张露杨	胡乔松	覃阳月	刘旭阳	梁世旗	周智岚	李松哲	张睿博	郑国才
刘威翔	许子雄	李思仪	颜泽龙	姚 卓	王国强	雷导航	陈文杰	梁 皓	梁贵舒	刘敏言
陈 卓	车 行	徐伟杰								

2018级

李玟佐	周光召	李盛莉	余齐燊	梁 勇	蒲虹旭	吴安镇阳	梁子齐	朱恩仪	龚陈亿	胡旭辉
汪爱婷	李吉鹏	严心如	鄢 庆	高 远	朱行健	张禄峰	赵高银	樊艳芳	严泽宇	郑晫文
雷梁泽渝	邢泰维	宋文博	陶何杰	严 雷	康 诚	付晟杰	吴蘩萱	童宏亮	朱思言	韩京润
李坤毅	赵泽洲									

2019级

罗生贵	李富连	方 尧	楼海浩	李长浩	曾开雷	付岚钰	耿铭屿	杨星宇	卢思辰	陈 浩
陈彦朴	周宇豪	赵婉竹	夏祥飞	秦 延	王 涛	文海涛	钟维维	刘 行	韦少东	安恒毅

附录 4-1-3 哈工大（威海）土木工程系本科学生

2007级

杨 赟	崔益涛	何晓云	杨耀武	刘 琪	姜 贺	韩智强	任景涛	王西林	梁明阳	董本勇
李廷增	张忠成	陈为锡	高乐博	黄旭涛	刘 伟	王传芳	杨 冉	李 勇	严立辰	张 亮
谭学清	魏琳琳	陶宇翀	刘 涛	薄 宇	陆 旭	贾玉宾	陆俊杰	曾庆海	任格巍	李清朋
杨 勇	张赫男	管 帅	宁天宇	陈 杨	陈德珅	段贤明	段亚楠	刘 鹏	李 宁	王志文
柳 叶	田 友	曹玉虎	王海山	陈传明	张保坤	程永欢	王蒙蒙	祝家光	张立朋	陈 涛
汪 刚	金 夔	叶 剑	王 琼	朱浩博	任 宇	何 礼	童 念	丁越峰	尹良超	

2008级

姜 祎	王 萍	张潇逸	徐 翔	毛 璇	李 涛	丁仁龙	沈 涛	杨宾宾	吕 翼	熊茂翔
孙道祥	吴智敏	郑 非	张学贤	莫忠奎	徐田欣	刘 强	支飞鹤	王 舸	张 果	刘 川
张世杰	陈志强	郭天宇	崔 崧	李纪伟	岳景阳	洪停安	闫 凯	殷云楼	随付文	王晓雪
王 瑶	承芳玮	杨 潇	王雪莉	汤胜文	武 锋	乔 晨	张 强	宋远震	李 戈	赵国臣
陈 庞	余遥遥	张永超	芦 磊	许荣福	王若谷	李文生	程 伟	曹红亮	赵金星	张龙亮
欧阳威	许 昊	李福禄	李小庆	张谦斌	钟俊飞	王吉昌	李 洋	徐 睿		

2009级

李 雯	滕 飞	周艺萍	宋 丽	孙文龙	范坤杰	吴贺阳	贺冬蕾	刘 洋	董崇海	孙建超
詹世佐	王 磊	黄广峰	高 阳	鞠炳照	徐卓根	王 恒	戴益锋	钱 兴	肖 帅	高伟航
郭鑫睿	丁建棣	张慧超	张树军	王坤坤	殳非闲	贾晓婵	于文祎	张 宇	蔡慧敏	李顺利

百年土木 百年树人

马龙飞	杨 光	任 杰	陈宝伟	白乐乐	王 贝	罗念文	夏正国	慕安冬	陈超豪	王春风
徐宏顺	卢胜龙	张 磊	吕 亮	王笑川	郑 健	陈 勇	夏建永	张 刚	宋 飞	邱 钊
张 帅	王 芳	段一鸣	崔文瑜	蒋 涛	杜 洋	葛峰秀	冯 浩	巫红钢	孟 强	张宝祥
王来涛	武 勇	黄平标	冯 亮	张继同	唐 伟	徐云雷	范东振	陈 钺	吕文涛	张 磊
蒋 伟	李逸涵	麻 威	张洪智	胡小寒	张 凯	刘成龙	陈 鹏			

2010 级

吴林青	从玉莎	苏倩倩	郭 佳	王梦歌	张志伟	聂 诚	王文超	匡卫国	齐 玺	李春江
曹少俊	张天波	崔怀宾	陈湘豪	李 远	王东超	王星盛	王友昆	叶 辉	王立彬	蒋景泉
史旺杰	宋怡然	黄河锦	刘宗敏	宋 钢	葛 健	范永强	夏明辉	尚方剑	汪祖凯	曹晓东
李小玲	贾晓琳	郑 卉	孙 曼	姜萌萌	陈 友	梅叶挺	邢雨生	丁圣明	孔富邦	王玉斌
马晓东	孙 洋	秦海申	陈芍桥	卢弘晔	张 旭	高培财	张吉保	徐星辰	丁远东	崔 涛
王文斌	余 智	王开源	廉佳衡	王秀峰	王震宇	崔晓旺	高云华	李天男	冯俊敏	周远航
常馨月	伏 焱	康斌锴	付海洋	张 巍	杨文江	齐家瑞	李希杰	丁军山	付恒得	吴成涛
卜令平	马新飞	孟 宇	刘 达	韩龙飞	李忻健	邓楠轩	王 鹏	李明远	霍 凯	张陆陆
丁国强	韩 伟	刘琼敏	刘庆阳	卢 啸	朱文灿	许博玮	李 霖	钮彦鑫	孟 凯	高文才
刘 旸										

2011 级

张萌萌	王雪园	杨雨相	李昕芮	方 韬	王庆吉	王 洋	赵健焜	万洪元	许钦允	祝 耀
李绍振	武健锋	李青岳	曹 威	姜 琪	李承霖	孙华帅	谷兆丰	孙 健	李晓彤	黄冠琪
郑德山	张志浩	赵唯志	赵新宇	杜锦轩	刘萧琼祎	梁书源	罗时军	费静平	朱传凯	崔夕忠
王金刚	赵 传	崔雅丽	金 璐	胡 衡	王江波	赵益搏	李金桓	张吉翔	薛 明	邓兆杰
闫文普	张 磊	张 强	王 刚	刘昌晨	孙先锋	韩 炎	柳志国	崔 毅	张志浩	许 昊
陈家辉	张厚起	李永新	史晋波	苏东禹	梁 琛	刘延飞	陈立庚	杨海波	向沛国	任伟豪
蔺良旭	刘秋澎	陈子豪	张 扬	唐恒权	孟庆凯	陈礼力	王秋瑞	李 展	刘朝硕	杨 坤
孙鹏飞	周东威	酒逢源	陈光明	郝旭东	胡焱森	徐 吉	刘文辉	万 里	吕 腾	乔文君
张皓宇	陈 茜	杜 杰	傅 博	王 焱	周恬屹					

2012 级

韩 璐	王笑婷	吕小伟	罗余双	冯爽爽	朱沛华	于 鹏	杨逸轩	王 旭	刘秀明	田英鹏
谭朴真	杨凤利	崔彦博	郭文猛	季 攀	孙景宇	吴天慈	谷超杰	罗扬健	刘江云	张笑与
李建普	冯丽刚	刘怀江	祝天一	滑云麒	朱振宇	吕鹏飞	应沁町	李 瑶	侯长林	苗伟翔
杜 杰	臧亦天	李 奕	王心怡	齐 肖	刘丽丽	杨伊祎	齐云静	张天华	肖栋钦	张泽南
唐 伟	任广成	刘伯秋	朱方旭	高 祥	王宇飞	周 浩	孙浩阳	杨明斌	易礼强	张东阳
马一琛	杨文华	白永胜	刘齐鲁	唐子淼	胡 鹏	胡景轩	马宇江	李明皓	何 燊	许刘晟
刁威康	周恬屹	傅 博	李晓烨	蒋修莉	刘 敏	刘彦宏	林幽竹	綦柏秋	丛冯暮笛	姚国强
付树彬	付先凯	张 歆	刘宇林	王鹏翔	刘 浩	张俊鹏	荣沛洋	王宝成	吴哲伟	邓 鹏
田鸿鑫	陆镜名	胡洺骞	刘中升	邓博心	陈 杰	侯子文	胡 昂	马一凡	龚 伟	李溪源
郭天昊	李朋伟	赵 帅	李泉江	王 焱	官忠涛	汪仁尚	艾毓玮	张玉箫	王仲佳	周海林
刘文杰	钱超华	常得赐	郝振宇	刘晨曦	刘 伟	邱君敏	侯伟杰			

2013 级

保 亮	陈卫民	高志明	谷海娇	郭泽兴	洪晨阳	贾佳豪	孔 超	雷钟尧	李格琪	李 童

446

附录

刘美琦	刘 鹏	刘壮壮	吕庆航	秦晓语	邱 枫	申 震	沈 炎	王会东	王 乐	王书玉
徐亚志	严 鑫	张崇枭	张昊伟	赵佳利	郑金源	陈 飞	陈海威	陈 正	褚宏斌	高华硕
耿运鹏	郝璇杰	何 远	李 浩	李 铠	李 响	刘浩然	刘武达	刘星昊	刘振勇	孙晒飞
王昕钰	王 宇	王忠业	吴 鑫	薛秋晨	杨凡超	于 萌	张 磊	张玉红	张 哲	赵炳璋
赵 帆	郑泽鹏	敖日格乐	包亦特	戈浩然	郭泽龙	韩 康	侯全超	李 琛	李昕宸	李宗谕
梁盛亨	林鹏飞	闫祥威	莫佳杰	莫 康	潘凯楠	任金平	宋雪杰	孙 铭	唐子轶	王俐雯
王 哲	袁方晴	张 炜	张文月	赵立宇	赵星楠	赵占飞	周广通	周易诚	雷 雨	史耘姝
王 扬	齐立芳	白 静	刘思睿	吴 迪	胡寿祥	张 强	朱敬洲	朱新安	邹鑫阳	邢文鹏
杨先霖	魏 健	龙梓琳	李 立	王兴博	梅诗榆	郭 顺	江 道	张 浩	陈佳雯	阳建业
邢 恒	陈 磊	岳成方	宋世行	李 烨	张 鑫	王冠博	亢阳阳	李志强	王秀凯	张家瑞
刘逸凡	白璐涵	惠一特	林 豫	王俊霖	刘文韬	盛 盛				

2014 级

李天娇	刘欣悦	宋明明	王卓然	杨彦坚	杜博士	李 晗	刘昊宇	刘家雄	刘 强	刘文滔
刘应奇	卢强云	吕 畅	倪乐平	齐梓言	孙士儒	田鹏志	王 波	王博艺	王 锐	王 勇
王子昕	谢虢伦	徐 宁	薛乃凡	杨超越	杨正福	杨忠龙	湛焱森	张 铖	张开元	张 衍
赵鹏翔	朱 序	崔佳培	代琳瑶	马 佩	王宇彤	邹明月	陈 鹏	冯 杰	高向前	管康兴
韩 戈	姜智盛	李 健	李 胜	刘立磊	刘明亮	卢 凡	陆景宜	秦 龙	桑子豪	孙 腾
丁 飞	丁 燚	吴海滨	吴厚礼	肖翔峻	闫润楠	袁泽宁	张传玉	张 晗	张 杰	甄兴华
周培洲	周旭曦	朱 浩	朱梦涛	费 扬	于天宇	于 越	周婧涛	朱晓彤	白 洋	崔一文
丁文鹏	董博文	高 畅	高 萌	官志刚	姜盛雷亮	雷 宇	李浩恒	李 坤	李 顺	吕英迪
马福金	马 鑫	门 冲	莫仕超	王柏林	王嘉豪	王 威	吴彦博	许文鹏	杨 宁	曾宪普
张岚文	张玉杰	赵志煊	周长皓	周文婷	孙华彬	陈佩瑶	王静宜	许云雁	阎 佳	蔡祥军
常忠尧	陈卓杰	鄢凌轩	胡添尧	黄天琪	黄文龙	蒋啸博	李 策	李成功	李红发	李晓晗
李彦斌	李宇飞	刘嘉伟	刘 坤	刘荣恒	刘松松	卢永乐	欧阳文海	乔志浩	孙嵩泰	王博成
王浩伟	王鹏宇	王 帅	吴奇伦	张 铴	张至博	李思怡	王 磊	盛泓赫	霍智威	胡 强
陈夏明	李成阳	钱佳琪	孙珂岩	吕 良	李 上	杜凯璐	曲 超	郑迦译	葛振宇	肖培顺
孟祥林	史建鑫	孔繁蕾	刘绍峰	张瑞瑄	任立辰	刘再强	赵明硕	李 伟	李 丹	陈朝辉

2015 级

王雅宁	史如意	符露芬	李 蕊	张子扬	但 豪	李寰宇	杨立志	李 威	陈 克	孔令翯
纪辰枫	赵健玮	胡 楠	段建平	马凡喆	刘芳鹏	马硕成	王浩奇	赵振宇	张翔宇	谭逸天
李子睿	张 冬	常子璇	张子康	朱桂民	朱泽远	常俊迈	翟月斗	李坤威	杨锐花	赵立霄
裴顺顺	刘 越	李昊宸	田 烁	赵一方	陈 真	太子威	陈亦萧	陈聪勇	侯肖鹏	林志鸿
刘湘粤	郭松楠	刘国庆	王 智	刘心岩	许昊宇	张 晨	李 超	郭思尧	张殿宇	谭 潇
代学睿	刘 阳	宋 博	董绍程	崔哲伟	李意贵	赵 健	张妞妞	陈茹梦	韩潇雨	潘秋月
杨钰沽	杨志林	李晨敔	胡 杰	黄茂华	殷了昂	黄兆铭	郑凤杰	徐志豪	朱竞杰	冯 凯
汤子为	卢永鑫	孙 岩	靳 祯	朱 彬	李长泽	肖 晗	龙振飞	张子豪	宋志彪	杨 光
杜 韬	杨 雄	裘朴伟	李宝林	李越姝	杜军平	张佩茹	管丽倩	邵艳菲	魏 欢	张 帅
肖 扬	欧驼骞	王洪澎	郝劲杰	周佳睿	王伟君	阮 迪	施雨润	刘洋麟	代 伟	钟福祥
李 可	罗志康	章 倬	陈书志	孙庭超	杨继斌	陈 强	郭泽琛	崔荣坤	瞿震南	刘昌生
叶 辉	冉三山	赵久宽	王逸飞	梅 赟	任佩宸	张荟荟	刘琳茜	谷 强	张雨晨	张 森
陈 峰										

447

百年土木 百年树人

2016 级

施 欣	符济先	吴子昂	王正阳	李晓斌	黄文泰	许洵溢	王泓博	冉军伟	常 浩	谭魏冰
王忠禹	邱先烨霖	彭龙强	郑 晖	曲明星	于江南	刘剑南	曹乃兴	田雨林	侯岷杰	赵彬翔
刘耀阳	乔森林	吕 进	郝英辉	周庆秋	孙万田	吴鹏辉	程 龙	杨明谦	白晶晶	张兴哲
许德伟	秦 晗	王 舰	吴忠阳	张雨霏	李佳鹏	唐永杰	李珂炜	徐建军	石伟轩	何诚浩
郭鑫志	冯金星	陈奕达	张 强	胡浩东	尚子煜	李宏程	孟昭铮	周 冲	高 宇	邢恩来
黄逸文	高 钰	李绍鹏	李 洲	王占功	李国楠	李 央	罗长恒	吴沁谕	冉 明	陈劭臻
江 林	乔 霂	白福涨	高朝辉	包 侗	张周煜	李明越	张美迪	陈宇森	郑少杰	杨 飞
焦星凯	郭思雨	王仁杰	余立炀	姜 圣	赵志浩	常 乐	宋虎涛	张 蕊	张相杰	岳 光
徐林则	冯 文	李 鑫	代 政	苏以洋	朱圣春	张钧戈	陈卓昂	余秉财	潘泽华	张靖丰
李洪洋	李松洋	陈泽刚	吴崎锋	王 成	茅钧翔	万昱超	张 祥	张释允	田雨翾	刘 康
潘鸿飞	辛建涛	唐子涵	傅 豪	陈太彪	徐泽阳	邢 喆	徐国杰	岳金山	孟润泽	陈仕金
满 天	先 港	陈家璐	李国瑞	马 峻	高 慧	张峰榕	兰 阳			

2017 级

白丽娜	陈 泽	范天淇	郭广亮	郭永强	胡明辉	黄文轩	姜永创	李国钰	李佳奇	李 尧
刘 杰	罗耀邦	全鑫宇	宋传运	田昀升	王东旭	王筱龙	王轶轩	吴 浩	臧五岳	张朝瑞
张昊宇	张泽弘	赵澄碧	郑若愚	郑玉涛	周 琳	包晓琳	柴绪清	陈 锴	董 智	杜佳俊
瞿 韬	李海龙	李佳子慧	李玉浩	李玉炎	林 奔	林旖旎	吕盛先	马希鹏	祁 佳	卿景博
孙嘉力	唐得金	唐家璇	王映安	魏旭丹	吴苇航	夏公羽	徐欣宇	许光璐	闫 凯	杨 伟
杨耶成	翟 建	陈希友	付熙哲	韩丽琨	胡成卓	焦俊鹏	李彦臻	李雨杭	刘 俐	刘 卿
陆世凡	罗此同	马龙军	沈佳侠	孙奇帅	王 彬	王 臣	王瑞楷	魏昕楠	伍光宇	伍文宇
徐志吴	杨红蕾	杨舒迪	于永澄	张崇阳	郑钧杰	钟澳来	曹睿斌	常 昊	陈 斌	陈竑宇
陈汝泉	陈煊琦	陈宇博	丁 月	韩文鑫	李炅岩	李培玉	刘丁宇	刘 明	刘永鑫	麻雪强
缪岢昕	陶 阳	万海焱	汪 璇	王海鑫	王晓琛	吴文轩	肖 雨	许云峰	于逸群	袁钲昊
赵厚俊	郑永康	邹金粟	曹润茜	陈伯蔚	陈睿致	邓黎阳	狄啸展	丁连元	高 攀	侯彦岑
胡金涛	胡梁柱	李 坤	李文韬	李永敬	刘 秒	刘文杰	刘晓宇	刘耀锴	庞圆圆	邱俊霞
谭淑琳	王怀星	王 磊	王利强	王 欣	王彦泽	王寅松	王宇航	吴清鹏	宣一凡	严郅杰
袁涌溱	邹旭超									

2018 级

步长灿	柴 琦	杜博宇	高劲松	高逸凡	葛济铭	郝 翰	解 傲	李珂全	李昱文	鲁钦文
闵 杰	秦怀斌	孙国栋	王崇宇	王乐源	王现琪	温炎昌	武睿文	夏 昭	许 楠	杨 帆
姚一众	张俸恺	张鸿鹏	张培超	张 毅	张振宇	郑 涵	周 琦	程希哲	贺超男	李雨欣
王 晨	王文沁	武瑾荷	杨 旭	崔 宇	邓简阅	候继斌	黄盟予	李济彤	李武函	李兴佩
梁哲豪	刘继琪	刘 硕	刘田子俊	柳成荫	娄煜龙	陆洪诚	陆泽超	马志豪	皮子明	乔羽丰
孙 康	唐皓天	王军凯	王俊杰	巫宇恒	杨钦山	杨泰然	游江南	张金龙	张仁正	赵 宇
周 航	陈泓羽	侯 敏	杨 柳	张晨鸽	张 田	张钰洋	周子璇	陈秉章	陈乾威	陈 湘
陈勇翰	杜 涛	符庆昆	傅建宇	高 哲	何鹏飞	胡 潇	姜星羽	刘 浩	刘 升	马一鸣
司逸晨	涂洋洋	王辰光	王 辉	王治策	徐以帅	杨茂增	杨 森	杨希超	杨 铮	于清源
张孝鸿	张 昕	张新浩	张子龙	庄仕侗	景佳慧	刘静静	罗雪玮	王孟瑶	肖昊宇	张瑞轩
张泽炫	陈韦嘉	陈奕冰	陈赟吉	丁中扬	杜佩冕	段钧之	方 杰	甘志鹏	贾翔宇	李泊言
林 睿	刘东岳	刘翔宇	刘子滔	卢家辉	吕豪杰	吕明泽	马延旭	王浩炜	王晓瑞	王煜明
尉 越	肖志鹏	薛卜玮	闫宇通	闫云鹏	姚佳聪	张振旺	张征浩	陈燕红	李涵婕	王泽倩

附录

杨露丹　俞文博　张一童　赵紫腾　马世驭　张程斌　廖晟卿　莫穹　任泉

2019 级

陈汉林　陈陆阳　陈致民　窦琦晟　樊鹤鸣　方泽瑞　侯子拓　胡志超　黄磊　李书洋　刘硕
刘鑫泰　刘璇　宁鹏飞　孙嘉临　王浩东　王正　奚宇昂　薛立志　杨文硕　张涵　张文杰
张云开　王婧　张怡荷　赵根　房家旗　甘声聪　李寒笑　李瑞祥　林泓睿　刘仁杰　刘新一
刘秭涵　罗倪　莫璞　瞿章文　唐礼松　王家琛　王玮　王西民　徐尚杰　杨浩煜　张高澈
张嵩　张煜　赵嘉豪　赵一戈　周靖翔　丁研澳　侯樾　安楠　丁奥　杜俊阳　华丽明
纪德澳　林昌演　刘鑫龙　马俊康　马宇　谈晨昂　陶申禹　王嘉豪　魏晓　吴江　向文韬
谢奕樊　徐成昊　杨明　于祚涵　张冠成　张兴华　赵辰　周小磊　王小璐　王小雨　杨婉妍
陈建洲　陈意明　崔耕超　杜震宁　吉家璇　姜浩潍　李统政　李志明　梁之涛　刘澍全　潘文龙
潘姿任　史佳锋　陶昊宇　夏顺欣　薛广一　杨博淳　杨仁豪　张天宇　钟浩凌　种庆宇　周子晴
郭金霄　梁欣欣　张子怡　包特日格乐　范疏桐　金轶　李竞一　李梓瀚　刘建昊　刘玉松
陆成勋　秦子尚　申家修　束泽剑　苏卓然　唐家祥　王广鑫　王钦民　王永鋆　叶晓龙　余海一
岳振兴　张涵　张泉　张锐康　耿文卓　关淇玮　汤馨

附录 4-1-4　全日制专科学生

1981 级
建筑管理工程（干部专修科）

高树荣　邱祥发　曲景芳　刘学书　孙梦先　关国钧　赵长友　汤广礼　陈万忠　金永晨　白寅成
孙翔　张裕安　才子良　阁家兴　孙建业　秦玉文　张文学　刘永聚　王德君　王哲　范金生
李明范　李占玉　田喜友　马寿庆　张晓成　肖珠　赵可欣　朱士元　邱国祥　王启明　毕向明
丁梅　何静　王晶双　岳延峰　张文彦　徐永祥　隋玉松　韩庆文　张广森　李述　于平
金炳三　李金喜　韩辑　宋卫东　王明　宋世思　于全德　刘士生　刘铁立　李世勇　潘劲松
孙金钢　唐大凯　唐树斌　刘德瑜　杨文学　陈德林　付彭　吴之昕

1982 级
建筑管理工程（干部专修科）

韩砚林　郭建荣　夏毅　齐朝华　卢志勇　柳吉盛　郝文斌　李新山　苗守本　李玉琦　张秉立
张继庆　孟繁博　张绍棠　史家兴　宋国刚　杨学文　卢绍山　毕清海　李恒桥　孙在家　李春山
蒋德明　刘运龙　刘柱　李继文

1984 级
工业与民用建筑（干部专修班）

张晓龙　毛滨　张晖　夏国鑫　彭方琦　冯霖　刘智屹　王德华　刘文群　李宁　柴军
李巨义　姚小宁　徐辉　魏文　马桂琴　彭运松　乔希斌　鲁明芳　王学良　张允平　杜本道
赵鸣　丁传友　夏令芳　熊国裕　郑梅生　林梅

建筑管理工程（干部专修科）

姜立群　姜仁　杨凤文　朱加力　李跃龙　李铁志　韩云琪　金元植　王锐　李福森　马友安
时凯　范国信　刘丽杰　李平　房秀云　孙娴云　安铁军　张军　刘宝长　李同勋　薛玉章
张树森　王占君　俞光日　王世新　崔理伸　李沪生　李世环　董贵　李晨生　申久林　秦泰峰
姜涤非　曲学军　刘树仁　孔德华　于魏　安宁　王光明　王丽梅　成改芝　朱伦江　王小刚
王珊明　张侠恩　刘宝福　张树彬　郝忠俊　卢玉杰　谢群声　戴承江　杨立伟　陶明军　黄益工

449

杨培荣	王军生	潘永国	李鹏岳	宋 娟	姜兴会	庞云龙	唐继兰	孔庆宝	张学昌	方海波
张少华	于忠民									

1985 级
地下工程与隧道工程（干部专修科）

王 娴	张丽华	宋友明	孙传宝	张怀诚	李卫群	任嘉陵	乔志强	路 琦	石 岗	程雁庄
杨德勇	郭 宁	梅连本	宫艳芝	曲汉林	冯 亮	邵 岩	杨文玉	郝立华	朱玉华	陈定侯
张海鹰	任 琦	魏长林	车志萍	海 燕	林嘉骏	叶晓红	顾 远	王适民	沈志伟	

建筑管理工程（干部专修科）

王丹力	王雨滨	王淑贤	刘连福	刘景林	刘雪松	孙伯信	孙学丽	任文德	武运涛	候相君
高文远	徐广林	徐正烽	曹国忠	宋 娟						

会计学

蒋 彤	肖冬梅	叶素艳	龚 菌	王晶红	王荣珍	佟秀艳	代清玫	周国华	戴 敏	谢学明
蔡士营	吕明磊	姜传富	白一松	吴忠林	赵国有	杨红波	焦海亭	闰占明	张丙江	王 悍
潘文路	王 凯	芦万涛	郭彩文	曲英毅	范旭东	吕宝军	李兴岩			

1986 级
建筑管理工程（干部专修科）

于永利	李君敏	顾 强	王文树	马 刚	盛晓晨	孙 伟	马国明	陈隆盛	张司明	石俊宽
范传林	徐海毅	李万腾	张桂香	李可人	李玉萍	金海松	张铁鑫	王 刚	林 山	胡志强
孙汉昌	厉喜武	胡维佳	关海广	朱庆旺	李明书	王德民	苏曼霞	陈维华	曹殿富	施岳升
焦虎弟										

1987 级
建筑管理工程（干部专修科）

宣兆贵	李丽英	刘 伟	刘建萍	崔香爱	张琴兰	郭志刚	郝庆东	张立岩	李洪斌	于 春
李 军	姚结博	于英杰	隗玉祥	张文权	杨井明	孙传莹	刘晓东	邸维太	杨 丽	赵 伟
贾振声	张桂琴	隋东琳	马新义	邢晓燕	张万钧	李燕春	吕振伟	刘巨荣	谢景双	

1989 级
房地产经营与管理

董明雪	岳 晶	林翠萍	郭华君	刘申易	毕易波	王电友	许仁峰	肖 莉	甄 微	陈晶玲
邢绍国	杨桂丽	杨润年	刘海燕	郑万云	秦松云	边桂香	刘才后	王东北	别道民	范后东
王素梅	崔继侠	韩晓媛	孙月红	王 涛	张冬云	陈振妹	马 晶	邢宇鸣	尚 俊	路永发
张文波	高国林	方林林	刘君卫	于 钊	尹月春	孙宇年	杨 义	孙 博	王智源	樊振华

1990 级
房地产经营与管理

荣国峰	郝 骞	张雪艳	张 力	孟为民	宋长凯	栾 波	陈 强	李海成	张丽娟	徐洪凯
陈声鸿	汪道国	刘文佳	黄 芳	王 宇	金 雷	刘松华	高日旭	侯晓芳	戴益人	刘 欣
杨远志	王丽波	段睿苹	高 超	刘维东	孙丰艳	周 军	朱明劲	冠育新	钱 浩	代英波
朱 海	赵艳玲									

百年土木 百年树人

附录

1991 级
建筑工程

于国峰	刘淑娟	刘海山	唐 斌	曹 华	卫士锋	马忠杰	常海燕	赵万涛	杨金卓	赵怀亮
马传运	杜玉发	王金泉	张文斌	韩 冰	杨 洋	徐 波	余维栋	隋晓峰	赵 峰	赵颜彪
陈业春	于亚君	冯茂彬	李 广	于艳芳	王 琦	秦 放	王培成	韩升迪	夏林青	秦建文
檀洪峰	范 砥	钟 诚	张照福	吕爽璐	于铁峰	刘忠杰	毛德凤	朱 杰	于成发	李维奇
李 刚	高献民	梁宇慧	姜永民	骆昌志	史继勋	刘宏业	王俊辉	王 芳	苗润宇	王小军
张军兵	张 琳	高 凯	李 艳	刘殿凯	宋晓峰					

房地产经营与管理

刘凤刚	周剑钊	张 婧	伊 军	单宝山	李 岩	冯海霞	刘 铭	石 勇	唐海伟	李海英
朴 明	丁洪海	吴 波	胡春凯	徐 峥	代行海	许 庄	李丽敏	冷大鹏	王利民	李 卿
王 斌	戚贞贞	李全忠	吴 波	陈 飘	沈秀双					

1992 级
建筑工程

常兴婧	张立杰	尹玉波	王 斌	王永丽	韩永彬	季秀琦	滕典君	王用军	张立新	宫玉龙
徐彦春	谢松玉	牛月生	高景春	郭鸿儒	徐志明	陈桂民	孔令峰	乔国全	纪春爽	隋旭刚
王茂成	肖 辉	徐丽华	张 蕾	王宝坤	周志勇	高 峻	乔连峰	李宝锋	罗伟杰	杨士明
朴德荣	许雪松	丁 宏	丁海泓	丁晓辉	周杜萍	李德出	张金波	羌志勇	付 彬	袁古鹏
赵锦斋	谷延君	张元辉	彭吉东	那校林	彭德裕	许宏胜	王立君	王丽英	王 颖	杨依鹏
刘 晶	吴 东	刘现福	王世坤	臧淑华	于 佳	邱兆国	王成忠	于洪涛	程 德	刘树锋
傅金升	池正平	郑佳红	张宇东	陶 亮	陈金丹	董佳涛	石 刚	周恩津	关海清	杨兆鑫
孙 磊	杨继猛	王子迅	刘向武	马 杰	张海荣	姜源龙	王玉亮	杨绪涤	贾 飞	刘晓江
魏博明	崔兰兰	房茂盛	董 锐	洪 广	夏凤龙	徐 军	柳国睿	张天力	杨 缙	王 纯
刘素凡	陈国权	张永杰	王永宏	高连庄	刘春峰	石玉国	陈永之	张梅花	冯观斌	张 雷
毕研兆	孙国富	刘贞东	孙贵忠	王巧荣	张金东	程远崎	高 强	刘衍义	于 勇	崔树声
李建亭	王卫玲	王 雷	王宏艳	李丙友	赵迎欣	孙国芳	刘中伟	卿建华	马秀丽	司 微
谢红鑫	张 丽	韩 凤	王 敏	杨维波	杨 磊					

房地产经营与管理

伊 军	郝建军	曹安山	徐 涛	赵永刚	董洪伟	曹恩军	崔焕彬	李敬堂	杜喜贵	时建勇
何国栋	曲凤云	吴纯伟	郭宏亮	刘 君	李智强	王 瑶	张 静	赵艳玲	王永林	邱 玲
杨 松	邵 若	杨国华	曹 冬	张 冶	惠朝辉	聂 鑫	刘宏亮	李丽娟	郭晓罡	杨振生
尹吉龙	林 伊	孙维夭	李雪峰	魏 炜	阮晓南	张国林	张引弓	王国伟	付志勇	张 勇
王义哲	邹振超	吴慧发	金贞锦	秦玉东	谢广敏	张 迪	郭 磊	单靖松	袁宏宇	王国伟
邴 戈	李 恒	吴晓岩	周新雨	赵晓炜						

1993 级
建筑工程

刘亚坤	熊力好	肖 睿	渠 岩	杨 韬	康 伟	陈高照	黄晓红	陈军学	王淑玉	肖可砺
赵 扩	张 磊	张新同	孙 启	刘冰花	徐立春	贺 涛	赵振东	王新梅	刘学春	陈宝强
于三立	李忠宇	孙小烈	李 铁	吴小庆	黄 英	杨 勇	房益胜	张静芳	金太龙	尹胜阳
刘海涛	刘为春	单兴波	房英健	徐洪勇	胡文君	梁 伟	李 峰	王玉波	郭文学	张大旭
陈凌志	许建华	崔常均	徐 强	孙智勇	侯 巍	吕惠敏	冯晓春	王亚涛	赵连峰	宋炜华
李冬清	黄永春	常 虹	毕建军	渠 明	李海山	马政纲	郭 波	刘 彦	谷国艳	陈 婷

451

百年土木 百年树人

吴建	卢洋	谢建华	江波	于沛	柯细华	李金树	李亚琦	周光毅	詹海泉	喻磊
贾军	胡舸	王欣平	张海春	于丰	刘新宇	孙科学	马元福	李凡	陈志兵	刘兵
姜冬瑞	杨智英	马步杰	胡亮	蔡月	林虎	周艳辉	薛健平	魏宇	刘文涛	王亚鑫
宋德志	赵威	吕福杰	戚肇刚	吴玉科	陶宇	李世伟	况维嵩	唐亮	马小龙	栾峰
于波	郭鸿彬	付来	刘永欣	李君瀍	赵石兴	张震	赵远	王绣宇	张成俊	武术
郑博	薛繁瑞	程显伟	李直	王刚	邹冬梅	王京辉	李志强	杜春菊	刘凯	许惠平
李崑	王海波	王磊	刘峰	郭峥	高雪玉	罗西琦	原亮	于蒙	樊晓明	张赫天
刘慧鹏	宋鹏	宣胜利	王刚	姜楠	宋晓晶	裴双雁	杨波	蔡鲲	陈勇	张武
侯绍波	李念国	盛焱	聂晶磊	肖会光	姜远刚	毕研兆	崔树生	高强	韩风	李丙友
李建亭	刘贞东	卿建华	石玉国	司微	孙国芳	孙国富	王宏艳	王雷	谢红鑫	张丽
赵迎新	刘中伟	陈永之	程远奇	冯观斌	刘春峰	刘衍义	马秀丽	孙贵忠	王卫玲	杨磊
杨维波	张金东	张雷	张梅花	王巧荣	于勇	王敏				

房地产经营与管理

周涛	沈勤	颜燕	王景辉	方红	任延东	富鑫鹤	赵磊	汤喜	封玉德	郭晓薇
赵锐	刘树林	王学春	李永文	李岩	常帅	孔祥宇	李艳玲	杨楠	杨春宇	许上
于宝成	潘涛	栾丽伟	花红军	云皓明	郑海涛	翟文兵	杨少英	冷德才	李艳秋	战俊华
牛海波	修浩	李晓辉	鲍德富	张铁兵	索忠诚	张松涛	李飞龙	于东	郑民	杨金生
张运勇	胡健博	赫占迁	赵鲁平	魏家军	马波	王夫叶	陈克国	孙运波	李博林	李永超
朱朝稳	蔡海杰	卞忠虎	李秀金	王卓	宋光花	邹晖	李博林	郑雨秋	程柳	张保林

1994 级

房地产经营与管理

陈飞	范垂江	李东辉	李国卿	张吉权	张彦国	李明哲	陆旷	张青松	黄兰超	王清利
刘鹏	程晓旭	王天慧	关雪峰	贾志尊	陈妍	李世辉	徐本福	邢海峰	艾宇飞	王冠
米亚军	王德超	张文德	汪群	刘岐龙	刘广威	张铁欣	孙立伟	李漪	刘向宇	孙秋颖
董晶	安巍巍	王岳琳	姜涛	褚静	孙国政	陈福路	王常毅	秦亮		

1995 级

建筑工程

冷加冰	查春光	张丽娟	李伟民	王莹	康满华	翟强	崔广宇	罗镭	张丽萍	王宏伟
刘斯博	万单	杨洪国	王宏涛	李文波	张国玉	李景文	刘江	王惠娟	王志博	刘亚东
赵增凯	关祥飞	李洪乾	邹银燕	张彦龙	徐国林	张伟光	鲍海英	才宝玉	单乐明	刘伟
歙涌	李建军	韩勃								

房地产经营与管理

白梅	褀慧明	李京哲	高艳玲	梁晓光	张岩	阎树连	刘胜军	丁阳玉	于佳铭	张茂秋
陈忠宝	刘华成	朱树全	邢树春	高占文	王永春	邹德利	陈艳武	张迪	陆媛	董和岩
宋立峰	季晓辉	李向和	滕剑锋							

1997 级

会计学

孙宁	李文峰	韩蕊	王瑶	赵明浩	赵楠	李佳文	孙巍	樊守丽	王颖	高视阔
郝艳艳	王丹	黄伟	刘娟	朱琳	孙传荣	李雪丹	张敏	黄剑	刘冬至	宋鹏
王莉	方志国	赵艳	郑修宝	孙文庆	魏宝贵	唐佳	叶洪侠	齐晓宇	谢俊	刘静敏
苏慧明	李佳芮	王帅								

2000级
建筑工程

厉 勇	王欢欢	刘志远	黄华山	陈 彦	刘晓军	范振强	马晓东	宋佳秀	周 军	付胜涛
安 东	李晓宇	单文广	滕志松	姜 辉	张会帅	施 悦	从 储	潭水成	孙 清	赵文晖
魏岩岩	魏志刚	里 鹏	王洪健	曹光荣	高 颖	铁志收	李国斌	张博晨	金家明	姜丽群
张小明	付立军	杨明结	王 静	林旭生	徐 欣	黄涌涛	王文刚	赵于鹏	齐栾男	梁大为
姚立三	邵 巍	杨 颖	关法强	柳 锋	孙志国	康祥宇	周志刚	于 贺	朱 荔	李文书
余 涛	王志武	刘保华	王东辉	张绍萍	田 雨	贾旭亮	王 健	张慧玲	张 鳌	向亨裕
卢立新	杜 炜	李强标	袁 煦	杨才龙	奇 燕	王 楹	孔庆波	左彦来	王春雨	石 龙
王 丹	张立秋	张 军	郑志民	任芝军	刘海涛	邓 汇	戴仲怡	夏圣骥	杨志超	安 全
金福岗	陈 越	武建功	陈 伟	李宝东	赵 洁	周 盛	姚 吉	闫东晗	黄 轶	高 禅
胡雪敏	王晓进	李 攀	刘东阳	陈 畅	车铁成	张国柱	任志峰	周振柱	高守有	弭兆刚
张晋华	蒋维安	徐佳丽	周 宇	崔涤尘	李 君	王春荣	王 军	毛天宇	康小宇	金爱雪

附录4-1-5 非全日制本科学生

1981级
工业与民用建筑

张树顺	贾 楠	胡 捷	钟维琦	华一清	李永波	李前平	韩宝忠	王守志	王铁力	李红核
吴 敏	宋长彦	付洪涛	刘恩泉	李治之	线恒力	洪 斌	曹福新	孟 说	谭 萍	孟令印
代 杰	朱逍萍	罗永谦	谭卫宁	戴 聪	钱艳华	张 敏	冷瑞农	谭德全	林鸿伦	刘学伟
方志显	王建安	王世新	韩传武	金鸿新	王 博	崔祖锦	高连玉	关 虹	魏 刚	韩 磊
廉守远	王 霄	阎廷兴	李德华	丁 岩	李 斌	杨志强	宫殿有	段玉林	孔凡明	王纯春
陶宏威	曲桂梅	林曼丽	付 炎	杨玫芝	谭元斌	贾廷义	宋连慧	从树杰	黄 堃	牟 琳
王守宽	李 梅	孙晓平	刘景云	武晓琨	刘显全	王公山	马玉华	苏从新	白伟才	曹锡伟
刘庆钢	陈白一	高日华	武博文	于云波	杨红军	白 钢	邓庆森	申光洁	何香文	冯 光
张洪斌	所仲兴	周丽杰	李龙洙	魏长勇	张 光	吕忠艳	刘福贵	吕红志	聂绍福	杨卫平
吕忠义	冀铁成	刘东江	曲登高	代玉龙	蒋玉琦	刘国恩	赵汉良	冯齐恩	谢是敏	崔森林
师守敏	王世贵	杨建民	刘玉齐	谷克仁	王传华	李云浩	高宏明	赵精荣	徐静生	黄 欣
张春娟	周炳凡	张俊利	付玉麟	马 力	焦守泉	金菊顺	商辽平	何 方	王亮毅	王洪祥
郑春和	尹慧杰	张大勇	金光植	李伟光	李鹏展	孙国顺	李忠波	宋 刚	依学敏	梁宝方
李耀荣	夏根荣	辛泰景	陈宝柱	郭传和	牟继忠	孙书琴	高洪俊	杜钟灵	殷树立	赵雅范
邹 静	关 勋	赵 哲	朱庆国	姜维滨	李海林	刘兴根	张远杰	董 权	张文奎	张勇前
陈 锋	解国凤	张鹏仲	周世玲	简 朴	陈 欣	肖立巩	张泽民	刘海滨	倪 全	龙 建
袁忠凯	王利明	孙 志	杨仁泽	崔 刚	申范昊	马铁英	钟庆麻	陈东湖	土 力	徐 泗
王守清	郭志军									

1982级
工业与民用建筑

肖翠斌	刘全德	张金成	王庆恩	齐力威	马长志	朱晓济	姜兴革	王德军	李文刚	冯 琦
孙 浩	张国胜	陈幼兴	孙和平	马兆军	范文远	包中冠	李龙江	李广会	于呈祥	关长河
杨守海	程自平	张 斌	马占社	王恩奎	崔君浦	周乃威	周卫军	唐淑清	耿晓华	邵先富
韩安桀	戴秀英	皮冬雪	韩静波	孟凡志	孙吉斌	林惠鞍	陈润民	于文达	乔 力	曲鑫蓉
杨小宁	孙明川	魏晓峰	赵国明	王桂芝	邹本春	袁世忠	孙善英	沙丽滨	陶洁心	邱旭光
王旭波	耿立三	曹作义	王建华	戴国成	王世华	李 明	徐曙明	王新凤	迟爱云	孙丽军

王发陆	于宝珍	王春燕	周立安	张砚华	张元祚	刘 萍	迟培成	董 力	王建国	王 健
房晓丽	刘克非	赵 丹	彭 杰	安 林	庞维军	赵 君	史 静	王伟东	马耀珍	孙香明
栾远亮	杨学会	邰永发	栾 中	周立志	张金英	姚春玉	陈 曦	于洪光	张思清	李桂琴
谢秀巧	王 丹	王光云	王润兰	杨忠银	琴雪松	董沿江	于洪龙	黄伟基	翟玉祥	程显强
蔡荣礼	孟伟宪	刘 杰	门传平	冀铁汉	金 辉	刘惠川	李永成	尚永胜	孙永年	陈 彦
薛景智	腾少云	韩守庆	彭 力	高殿福	郑国田	苏 晶	杨吉玉	黄庆颐	朱春生	刘力耘
安堂春	林忠君	薛世辉	王胜武	蔡克枋	孙泽生	孙忠田	高惠生	张日光	门传平	宋建丽
杨中梁	丁会刚	陶士杰	谭 芳	张 琳	白 野	仁志久	赵学恒	李日国	耿雨生	李贵林
尹华柱	刘继堂	金三男	南亚峰	宋义军	郑君喜	张 奇	潘伟明	张力彪	于慧莉	徐 风
李金山	刘 勇	赵士学	金日光	赵炳仁	牟玉玺	孙维金	谢 凯	冯立新	李亚中	王 庆
李春生	李尚臣	董大捷	赵金蓬	冯丽华	张胜海	李 利	吴蕴韬	关 宇	冀铁汉	韩 旭
谢雅辉	王宝慈	石 庆	王维义	王宏喜	徐有为	汤殿英	黄土力	张 力	张惠敏	马 嘉
吴宏伟	周 炎	刘美琪	王向宇							

1983 级
工业与民用建筑

樊涤心	国 君	杨福光	李建明	张士平	袁成伦	啜 宁	赵 海	程铁英	吴宝琪	吕伟平
秦月秋	李德厚	赵宇坤	王洪健	陶永野	陈艳清	穆 民	苑志荣	刘慧民	林国江	郭 平
崔 勇	王福勤	杨 莉	郑礼波	杨卫东	王 仿	毛文英	龙 毅	张翠玲	于海学	刘淑彦
宁春曦	赵凤莉	曲丽波	范碧琳	张骥东	徐晓红	洪 玮	代 岩	张伟建	时向平	郑 直
敬志伟	宋雷珠	马虹缨	刘志强	王兴文	刁兴海	孔维和	李光星	王 兴	王国华	蒋 慧
张宪仁	栾可贵	赵 君	孙 朋	黄国起	孙德军	王志富	孟庆燕	张贵奇	崔扭旭	吴 江
栾海军	于秀霞	宋桂苏	杨玉华	蒋国炯	王显峰	李永健	马敬泉	尹芳春	马世伟	何士刚
王洪信	康存伟	赵迎君	吕 贵	朱清信	陈淑民	许奎生	朱忠民	黄永军	李 杰	王建滨
王晶珏	冯建平	王景炬	李春阳	胡文武	姜法祯	徐德辉	李洪义	邢世平	刘 洋	李万军
殷巍巍	迟俊杰	孙海波	刘 斌	花风超	吕庆一	孙志国	李晓光	林振国	董玉强	侯德祥
孔祥林	魏德明	张国莲	臧风祥	蒙海春	王秀彦	陈 辉	张云端	浦建华	吕 品	宁国仁
张 志	许维光	张伯岩	董世贵	严日南	向文华	崔传文	张凤兰	马 越	张玉成	李 镭
王 波	李 英	张传江	高明山	于世章	樊民翔	郭凤祥	魏松峰	秦绪久	许明吉	金成勤
支吉涛	耿素梅	王保国	王丽君	郑桂芹	柳长缨	姚 超	潘 敏	崔松溢	王冠群	高 健
宋长禄	孙庆吉	杨树范	孟庆华	罗晓勤	王文田	魏志宏	尹春忠	冉春平	刘 梅	李常青
付国志	丁宏超	蔡 敏	崔 巍	孙 忱	周 涛	丁必威	张 杰	曹明森	张德元	谷维宁
孙晓平	于新春	胡明霞	陈丽娜	袁 浩	李翠芝	陶超然	宋彦斌	高富田	殷国东	王丽华
耿 枢	任士灵	李世举	陈 黎	李 凤	齐红文	陈 东	王 红	李孝维	付国军	尚信宏
杨玉生	唱久恩	陈 明	吴凌云	李明彦	王耿直	王启震	王 剑	邬 坤	张建平	范鸿雁
苏宝超	师俊义	林英华	王玉霞	薛 松	郭起文	秦祝平	金玉凤	郑志宏	张 展	郭玉林
刘运强	于晓梅	姜丽梅	王启震	邬德舜	吕德明	陈 雪	张秀文	王瑞宁	祝金梅	高长志
刘 超	战永巍	张振坤	董志德	曲德逵	顾 武	张 华	于广业	刘红妍	牛世维	邹 洁
刘 强	陈广远	徐淑平	宋建民	党 雷	陈 述	金学义	王选亮	杨惠利	邹照琦	张晓春	于兴国
王 浩	宋春林	班锡林	王 玮	陈爱杰	葛仁清	曹 婷	王金玲	于 华	唐大为	龚 欣
何家敏	王宏伟	姜阿莲	曲维忠	黄爱杰	孙玉梅	付培美	吴秀英	吴 萍	王凤君	
陈 燕	刘 仲	孙艳燕	周东升	段学英						

附录

1984 级
工业与民用建筑

赵勇力	常宇滨	薛国立	张晓林	贾钟庆	屈兴国	王大伟	乔笑芳	王沛慧	张殿江	周春国	
孟 微	封奎东	陈家华	王剑波	王立秋	明 君	吴雪松	刘振利	卢 琦	刘永学	马祖新	
曲 弘	刘晓峰	谢 明	尹维君	崔铁钟	高玉宝	李志林	朱凤杰	马维先	刘勃安	郎维鹏	
关 欣	岳中林	刘振礼	王兰芳	孟宪瑞	黄成一	汪誉骅	安笑春	梁迎春	任增华	王长军	
王 军	金荣范	王贵武	郑志良	朴千秋	邵金声	郭亚军	任志伟	戴治富	于立里	李玉珊	
张 斌	柴永君	李兆吉	付余昌	赵喜田	金仁河	米冰源	郭志贵	李 峰	孙 莉	刘伟彦	
邹纯正	张永萍	殷志江	井英敏	马新良	管毅民	邢 敏	郝孔恩	孙正运	孙仁杰	陈 述	
朱 莉	程 莉	徐 静	朱丽萍	苏自力	尚德全	张洪涛	马春礼	史洪敏	杜文杰	唐 莉	
郑鹤勇	张连生	贾国忠	江 勇	王国鹏	唐 力	孔祥盛	孙万军	林 敏	马瑞超	李 宏	
肖中敏	于学芳	郭世安	唐莉红	董守政	曹 军	杨 华	王 平	杨东明	高士博	王守国	
赵黎莎	那振兴	王 毅	闫利娟	张明华	贝 扬	曹 良	张永富	金秀研	薛 连	朱成德	
孙桐林	张宏天	腾永安	丁 超	冷延春	邸 桢	王 毅	张 宏	迟文吉	赵 盛	刘宝柱	
张成国	张智芳	杨建军	曲春华	矫勇民	孙艳燕	杜 强	于 波	马 军	郭振生		

1985 级
工业与民用建筑

魏一平	张 树	刘柏成	刘铁岩	董 波	王秀玲	纪肄军	尚德兰	单成元	田 丰	丁敬军	
刘国范	孙胜起	史铁军	乔秀范	隋玉霞	李振军	丁虎哲	汪国勋	王艳娟	杨英萍	张恒力	
盛广柱	刘 文	于 靖	张翠华	常永奎	赵胜军	吴高宏	宋立中	黎凤祥	王 健	朱寒松	
王先进	蔡洪海	任素梅	徐兆彬	赵玉琴	刘明才	张上斌	王 刚	祁秀文	杨昭礼	崔 红	
王 卫	王红生	陈 宁	李永寿	陈艳慧	罗颖东	安忠全	周华斌	张莉惠	蔡 路	杨 明	
付 佳	吕 刚	明 刚	杨淑岩	叶 静	高 滨	陈 欣	刘月英	董利群	谷安鹏	马中奎	
张久清	张德利	王晓楼	曹洪策	陈允凡	刘冬梅	鞠作斌	宋秀琴	尹 笋	安 琦	陈东辉	
潘建富	从爱民	王娟丽	常德学	胡德春	李秀芬	赵 臻	郑 卫	周洪强	王 砚	林敬兰	
王晓平	王 巍	李慕英	王素兰	吴 华	王广玉	李为农	王 江	张景兵	徐洪江		

1986 级
工业与民用建筑

刘延敏	刘晓辉	初义斌	王 彬	杨利民	王树仁	刘德才	王金刚	黄苏宁	肖敬民	张 华	
鲁春梅	李 玲	戢 宏	梁慧玲	王 京	吕岩松	马迎新	黄 玫	于传海	齐 君	王志军	
赵希斌	张玉库	包作军	尹惠臻	吕蒙军	解承昆	贺 钧	宋庆田	何利民	李广明	郭晓辉	
于立群	马俊海	刘学军	闫复江	陈柏安	欧伟光	孙宝林	王兆君	杨宏伟	安春环	柏红夏	
张 敏	孙永杰	李宝珍	李桂荣	杨海波	李苍松	裴宝军	胡小平	代井波	马 剑	李玉胜	
魏挥军	王木青	孙丹琳	王春义	王德云	赵恒忠	朱 爽	张为夷	刘晓非	花健灵	张俊平	
梅 岩	施慧敏	冯志斌	姜海利	边元群	佟 强	郭在进	李宝东	丁易单	丁天利	张明琨	
郭鸿浩	王传芳	王 琳	孙红梅	田素玲	王本英	朴美玉	房园园	褚先正	董学林	刘 贵	
胡春国	秦 风	宿立安	夏 瀛	贾瑞庆	孙丽波	赵文戈	田 雷	夏 洋	孟鹤鸣	李淑玲	
左颖彦	周柱香	许 哲	朴敬爱	郭晓红	林 巍	苏 辉	李文山	曹宪法	武科学	张中伟	
曹福臣	唐彦义	李振江	王建宏	张宏宇	夏远利	韩昌吉	张云鸣	李春玉	蔡大伟	于景军	
王 涛	贾贤普	迟玉森	李 东	裴 军	林纪毅	于 壮	刘树峰	商 军	汪俊贤	李树明	
肖焕海	白东明	石占伦	张爱国	魏景顺	于柏林	苏建国	刘 喜	马澍山	冯 伟	包东华	
李英涛	崔福军	于焕龙	石 平	王玉平	文成飞	王玉堂	朱 萍	陈 宏	李雅波	张淑芳	

455

张昕	张维芳	刘敏	贾宏丽	郑春侠	邓东华	贾茹	藏丽娟	王洁	赵淑凡	孙本中
蔡强	王文	宋福祥	梁少刚	程铭	任明昕	许亚军	冷兴富	徐菲	张铁坚	刘国庆
孙景林	万秋	刘士杰	刘占东	许显成	巨东凯	夏长连	牟振兴	高玄	贾义	刁荣忠
石殿庆	高久联	张利刚	范奇先	李有祥	李云军	焦玉翔	佟锋	刘福生	王银臣	王天成
崔高荣	王少泉	韩显良	宋业忠	闵克涛	刘铁光	蒋中山	张勇	徐延敏	袁世富	梁洪利
孙开祥	徐萍	宋淑玲	于慧敏	孙丽芬	王瑾	汪雨顺	朱静	侯恭玲	曲艳	赵建
李圣焕	王德成	冯丽颖	孙志超	丛敏	孔庆宝	阮书舜				

1987 级
工业与民用建筑

霍福军	胡春国	马迎新	吕岩松	黄玫	王京	张海波	李克福	付建亮	迟长明	王文龙
高秀君	李耘记	孙晓丽	倪艳华	王子布	刘海泉	邢凡春	陈志林	谢元红	李荣祥	王岩
黄吉	李浩杰	周荣军	王振军	肖明秀	李宗源	孙文杰	李慧茹	刘俊哲	廉守武	张春涛
马文生	徐彬	韩冰	李红伟	孙希国	马晓东	黄奚若	王丽敏	佟玲	刘玉堂	王宪有
王效伟	刘爱军	罗维滨	吴平	冯殿国	彭强	陈波	王世存	陈耀双	付秀华	李昌赫
朱亮	郑丙友	卢平绪	陈西林	尹忠臣	李淑芹	周成宝	金英顺	朴光华	宋红岩	孙晓滨
邵连凤	刘克英	于吉鹏	徐晓峰	金玉姬	于亚剑	吕维新	崔德全	王川	巩佳品	都东升
高翔										

1988 级
工业与民用建筑

孙伟东	徐剑钊	燕忠为	李义为	金镜玉	田立中	陈树军	陈德利	李彬	刘红	刘艳梅
李雨虹	刘莹	霍淑云	阎文军	张岩	刘伟	王淑梅	张立新	祁军	龚晓红	吴滨
刘宇红	刘红燕	何鹏	李敬如	刘志平	吴胜	齐险峰	王元	陈立婷	高峰	于海青
李保林	孟宪奇	周东泉	张冬婉	申林	史峻峰	张琦	张智钧	梁新	郭莉	张凯
刘翊	黄韬	纪建东	王永福	高强	隋超	张文欣	王睿	左阳	王南	石岩
韩俊卿	王长江	张颖	赖玲	门兆红	赵哲	李柏峰	潘向东	马文生	刘锡山	于国胜
马骏武	李红卫	孙文杰	赵兴国	刘爱军	黄平	佟冷	姚丽梅	汪斌	郭彬	刘俊哲
罗维滨	侯淳	赵伟	张春涛	张国良	韩冰	彭强	李宗源	杨硕	徐彬	陈辉
高国清	吴平	于世友	孙立新	杜立波	刘玉堂	赵维海	王岩	郝建忠	吴奚若	刘洪斌
王丽敏	武祝保	廉守斌	孙希国	马晓东	荣剑秋	冯殿国	陈建辉	王铁伟	全桂芬	王宪有
李慧茹	黄岳海	李浩杰	陈雨林	高点秀	周成宝	李昌赫	朱亮	冯作君	付秀华	裴军
金英顺	孙景刚	周德光	王淑清	李淑芹	王俊峰	郑炳权	陈耀双	卢平绪	凌勇	尹忠臣
王世存	宋红岩	徐丽荣	吕清河	费德发	王景学	陈波	宋晓原	朴光华	马明生	穆浴波
李国强	宫海波	王亚东	刘春玲	苏革	张梦河	雷振予	张敬林	张铁军	卢凤金	吴新
李志杰	徐海鸿	刘琪	崔柏林	于海文	王彩云	王秀玲	邢军	赵士杰	曲智慧	王治发
迟长明	陈志林	邢凡春	倪艳华	王子布	周荣军	高秀君	王文龙	孙少年	尹志华	李克福
李耘记	刘海泉	付建亮	孙晓丽	谢元红	徐晓峰	马敏杰	王德铭	付岚萍	李海石	石双全
于志鹏	邸雪菊	尚书炎	吕志杰	宋秋丰	孙革志	孟文志	吴士和	陈荣国	王嘉庚	常昕
吴雅芬	徐艳秋	王振军	宁华伟	金文彬	孙晓滨	秦富杰	黄丽梅	杨力杰	任艳红	金国刚
侯晓丰	何少山	穆红娟	刘滨生	邵连凤	肖明秀	刘克英	耿建华			

附录

1989 级
工业与民用建筑

张 俊	张 平	孙强军	矫 捷	仲伟民	王庆国	景奉林	彭彦来	赵建新	王延庆	苑文革
黄忠厚	孙国芳	范征宇	梁 尚	李冬柏	杜秉才	田 力	王恩太	王子玉	丁永胜	王 岩
卫大威	史 君	邵宏伟	刘晓明	贾长娣	温宏伟	林 利	杜英华	张京溪	梁燕波	周逢源
张冬梅	梁 东	杜福来	张全胜	陈竞宏	李 新	云 江	赵 阳	刘 翾	解 海	刘 英
赫 峰	任学群	张 凡	李秋启	朱全勇	许彦宁	刘 渠	王秀英	施宁宁	钮利民	于朝阳
陈 岩	王彦明	苏东升	麻中新	邹丽华	孟 晶	张 琳	王艳玉	刘 瑶	穆 东	方鸿娟
连 英	刘 琪	刘云艳	陈晓明	李 玲	于志刚	金学今	尹永哲	高德军	于国军	苏立国
张忠孝	李红卫	郝祥琪	赵永刚	曹 鹏	李福良	刘春有	李丕达	于桂萍	金玉姬	王学伟
张霄达	卢晓锋	祖志宏	杨文宏	李 犀	张 颖	刘劲峰	周长城	刘长有	王怀宇	金 鑫
卢景奎	温国强	宁福宏	杨北东	杜锡斌	方孝伦	石启江	胡 丹	段海平	宋恩民	宫淑萍
冯来田	徐占武	李晓鸣	马长胜	白 波	刘 方	宁晓红	吴龙翔	李仲郢	王立新	金 磊
刘德晨	张志峰	佟克明	刘宏伟	穆彦平	韩冬青	薛洪昌	曹艳华	韩秀华	曹桂斌	徐志荣
谭秀慧	郑玉才	孙中铁	于横良	隋广彬	黄立华	何经明	于德顺	巩佳晶	王 川	郑春国
魏庆学	李铁新	崔德全	吕维新	金文浩	李 茹	王晓初	刘立志	任福民	赵雪松	李 伟
王志平	于亚剑	杨金明	崔廷智	张志海	张泽宏	宋变杰	郭昧银	刘国杰	白振琦	李永辉
郭 刚	土顺利	土占舟	杨雪艳	杜文渤	马永政	土 伟	土扬坤	陈威凯	李士辉	汤延红
孔令国	张国友	吕鸿玲	张铂梁	赵 艳	张 辉	王文旗	谢长柱	常云安	郭建军	李 杰
崔振玉	赵 伟	李福志	高 翔	许永忠	曲 微	赵 春	赵振琴	陈 岚	马峥嵘	吴学民
陈金寿	都东升	程祖安	许 胜	兰永庆	佟盛宇	孙白杨	韩 松	钱伟忠	许 玲	王立伟
徐 兵	谈 政	董为民	魏逢平	王桂英	丁 伟	黄延江	刘晓劲	李晓春	马少湧	浦 健
杨东贤	黄 励	陈 壮	李 红	罗志东	王晓芹	孙向东	曹贵斌	陈卫华	刘 儆	李 波
徐 晋	张国良	梁土平	梁振兴	王兴东	唐 林	尚文成	王 松	李朝辉	王鹏举	王建秀
杨艳敏	苏莉萍	杨治海	杜海滨	金显锋	邹夺君	吕乃旭	朱建民	王建成	王玉龙	杨振华
赵洪山	高士群	李晓枫	范 凡	吴晓杰						

1990 级
工业与民用建筑

王立伟	吴启滨	刘 闻	原 华	边立中	杜秉才	仲伟民	于溪庭	关宇航	王 哲	孙清胜
阎红缨	潘述军	何 颖	李安会	苏 文	崔占海	崔兴志	宋明江	郎显亮	许朝阳	李中伟
赵 辉	方树滨	刁宪君	段晓娟	金 岩	吴明辉	修春玲	高志军	王向阳	苏 斌	惠 民
张 伟	孙志遥	田树军	国 梁	朱 明	刘 刚	赵宪友	陈 红	关 辉	吴振荣	张春和
舒春波	梅久彬	韩同刚	田 宏	王 冠	姜少民	何文清	马 春	郭志超	栾思梅	赵 海
左彦欣	吴兴华	王英伟	朱文波	高 雷	洪秀云	陈 静	许立平	冯建华	高维群	杨淑平
李福军	彭元权	庞红新	孟祥军	吴立迁	刘启顺	郑哲俊	胡国强	蔡雪瑞	肖 滨	张 利
王广芮	宗成艳	张 成	王洪伟	刘 峰	王永刚	肖五芳	王忠彦	李 栋	刘 娟	林志刚
汪德盛	刘振成	戴九霄	刘克强	李旭东	樊雪波	裴新峰	吉庆泽	李亚斌	董广才	贾彦贵
张义为	黄金革	邢立柱	李洪斌	李 伟	栾英杰	李如群	周玉澎	张晓慧	田艳萍	姜艳彬
柳振江	阎继臣	潘晓龙	王 宁	肖 刚						

会计学

隋云娣	张宇峰	刘 敏	张东艳	伊 坤	陆 伟	聂季红	王 昕	崔红茹	于 晶	杨志华
李兆斌	马秀荣	焦殿滨	张亚军	程跃安	李秋香	李子良	刘继文	王 瑛	赵永忠	作清峰
钟 璇	辛 云	刘继宏	黄晓红	张春燕	李前文	史艾民	邓哲明	张桂英	刘春英	冯丽华
孙明杰	徐加强	岳玉秋	霍跃新							

1991级

工业与民用建筑

赵佳威	吴俊峰	邹 猛	熊晓前	邢 红	张吉平	刘宇晓	王敬译	贺 红	任 艳	范 莹	
周连庆	付丽琪	李 巍	黄 尉	刘建中	王 芸	杨国新	王振伟	王 维	于 涛	刘忠昌	
魏志真	陈 勇	岳力杰	金 喜	孙美娟	陈 华	田志东	相 东	温惠娟	洪长喜	权 辉	
李国刚	张洪海	马淑荣	张凤强	张洪波	胡辞青	张 贤	李 英	何万水	解丰年	张 宁	
党 群	丁加国	邹庆华	赵 勇	秦 昕	田 峰	王宏业	李世村	成徐荣	陈 盛	程连庆	
陈桂芝	杜志国	李文军	于 波	车源丽	李雅男	杨 伟	王国凯	孙树杰			

建筑工程

王胜富	王 森	王东方	马守志	杨 刚	朱清东	王 琳	石新波	赵惠丽	刘 曄	闫炳和	
武英杰	邓伟国	殷春光	窦存柱	韩仁珠	刘亚民	王士贵	王洪军	张颖哲	尚宇宏	王运杰	
高 山	安大立	冯海红	陈爱民	郝 亮	贺晓文	刘 宏	郑 新	姚大庆	郦洪晨	李季伦	
宿 政	刘 赟	苏 新	李青松	高静丽	杨晓燕	吕吉锋	赵 洪	单晓丹	张向东	杨 军	
肖 峰	王建道	龙 旭	姜永国	安晓杰	李 娟	王 镝	刘宇晓	张战冰	刘 伟	任 艳	
黄 蔚	赵 煜	刘 峰	田光龙	邢钟鸣	张志春	王紫樱	邹 猛	王 玉	李一凡	于 波	
尹 军	韩 宏	张 捷	李 霄	李 菁	黄同宇	马明里	吴 申	杜可威	李晓光	王吉兴	
王 可	张晓龙	张 忠	蒋向东	管 伟	王文生	凌晓洁	李 立	刘长征	田杨苗	王 玲	
刘凤滨	董晓东	张 玖	井雨民	范 莹	霍锦忠	贾宇光	徐 丹	王轶姝	周连庆	姜 虹	
熊小奇	贺 虹	迟 颖	张吉平	丁文英	付丽琪	高韶明	王奕芳	朱健颖	鲁岩松	马红蕾	
李 巍	李燕云	李 苗	葛学俭	王红星	王敬泽	赵明媛	李 栋	张林志	张德夫	王 梅	
金武泉	孙 利	高 朋	杨龙川	杨艳敏	浦 键	李晓春	王山宇	王建秀	闫 东	许德毅	
田彩英	兰保义	杨国新	刘 群	刘大成	陈玉梅	仇文佳	蔡 静	黄桂州	方光秀	杨兴玖	
张玉新	王光琰	田福泰	张守玉	朱银祥	金跃忻	李 禾	于东海	范 欣	毛清祥	郭 炜	
韩昌双	郑瑰勇	高利忠	王贺武	宋有志	张颜博	吴俊峰	王景成	肖玉杰	谢万清	张宏照	
梁 杰	张青飞	范永兵	马 玲	于承军	李真祺	吕宝玉	苏国栋	李明刚	常希田	尚 罡	
徐玉华	马立荣	王铁清	苏莉萍	刘丹彤	朴玉顺	单 勇	王二洋	杨金泳	黄延红	王 松	
王长春	吴 晨	刘吉德	徐光仁	汪 敏	周 果	骆林兴	那忠伟	邱和峰	刘海泉	朱振刚	
柏逢宝	金崇昆	刘广勇	叶 红	孙 清	孙振波	曹红才	张 虹	刘树峰	兰菊英	李 莉	
孟贤琴	殷东军	刘秀峰	马忠连	赵小平	崔尚臣	王龙梅	田庆全	步春起	吴永平	桑 冉	
李秀梅	鞠永泉	孙成学	谢雍雅	宋存良	董福林	关振英	李 华	杨顺泽	周艳华	游祖群	
王 凯	李 莉	吴海波	陈忠志	孙敬武	栗 新	徐涤新	赵红革	张春梅	侯 育	邹夺军	
黄成刚	那云峰	潘明富	董立峰	周有祈	孙希明	阮晓东	殷大伟	曾爱民	范传生	陈树林	
孙晓红	马 丽	常 雷	张彤彦	马成功	张志滨	金 梅	仙丽颖	单 翔	关 蓉	徐 兵	
李东滨	王 驰	曲伟涛	吴 晓	王 臣	孙曙明	韩立涛	胡晓明				

会计学

仇 莹	刘晓玲	张树彬	刘延明	冉令辉	刘彦良	马吉胜	王立国	王 囡	阎立新	李 娜	
荣 恺	王宏伟	李 昀	洪艳波	王景荣	柴峥辉	侯 巍	高 昕	姜志勇	赵 欣	封 霏	
梁艳瑰	杨洪鹏	刘志华	陈 光	于 兰	都吉龙	赵凤玉	朱康发	刘立萍	孙 巍	马海鹏	
史 超	刘群生	辛禹波	李中鹏	戴景峰	江明武	韩东光	李春丽	衣明玉	底 莹	冯百云	
刘 倩	高 飞	赵 颖	李玉霞	管凤欣	刘巧玉	付亚东	荆 丽	张艳波	于红霞	黄彬彬	
姜 丽	赵长青	丁云飞	魏晓云	田艳萍	苗长春	于世霞	高 婷	朱春雷	杨 红	李 芳	
李彦民											

附录

1992 级

建筑工程

杨明辉	徐 萍	王 卓	张立红	于伟华	李玲华	金景春	安 季	王丽红	刘 军	殷达光
许 斌	关风林	姚 泓	王鹏远	刘晓明	周艳芳	程立军	李 颖	蔡文吉	尹 华	刘为民
刘 伟	李久生	钟克力	张 莹	孙 慧	王树山	魏 哲	王新宇	刑源新	张 岳	高连阳
郭光昕	韩武军	石 艳	王研书	陈 刚	郑晓革	马玉辉	刘岸冰	张 虹	王德福	王 巍
刘晓红	谢占武	宋荣春	吴培勇	皇 涛	陈 东	张新宇	周庆杰	黄 霞	李培国	于 波
栾志峰	华 军	林 征	周莉娜	赵永才	高义敏	范 泓	杨 薇	刘江海	刘 钧	陈显峰
高家慧	岳 颖	苟雅珍	刘亚莉	袁 立	赵经涛	李永昌	门玉杰	冯克毅	张 屹	付文忠
朱大路	钱冰雷	侯 岩	王 环	霍寇南	李 虹	贺立国	周炎峰	孙祥久	孙淑杰	王 新
郭 萃	王晓雷	于 砀	郝显峰	王 研	杨 娟	宋 煜	侯 敏	唐海军	姚金波	李威巍
董相东	张 旭	王 伟	张 利	姜建军	张继业	王昕辉	翟 勇	李 洋	廖 超	罗向荣
潘冬冬	姜永安	齐 蕊	许树峰	宋柏毅	徐喜斌	李 涛	张 皓	丛子生	李 焱	万恩国
郝 焱	张新全	王 亮	孙 刚	刘 涛	金 波	李 蕊	王淑芬	赵景辉	黄福伟	刘江红
刘学军	钟宇光	龙普海	柳志萍	周 明	杨延杰	祖国明	杨立军	张永伟	曹廷宇	邵剑修
刘桐海	钱 丽	金朝辉	林 岩	于晓丽	陈晶玲	孟宪川	张旭东	华令军	任 军	安世强
王凤银	刘忠斌	吴 岚	田 方	刘振新	高智宇	李春宝	战 刚	赵秋晨	刘桂青	归 艺
于国荣	杨艳东	李忠明	何宪林	王福山	毕洪英	马红阳	曹东阳	张洪伟	李丽伟	冯 静
曲芳荣	迟宏文	徐广成	李永贵	高 峰	刘丽珍	栾占林	陈明民	郝均伟	王卫东	朱建龙
刘亚春	黄力军	李云鹤	李晓华	魏淑环	刘 馨	王淑梅	杨桂云	邵丽艳	秦剑文	孙英涛
张明浩	张 静	许德文	徐云风	徐迎春	徐龙宝	肖 娜	吴桂芹	吴 峰	王立权	王俊杰
王华云	王道昌	钱 程	莫文轩	刘志强	刘旭波	刘 彬	李 哲	李 莹	李 波	郝忠英
韩晓红	冯志民	段 达	代江伟	陈 阳	陈 光	柴方力	宋作宏	杨晓伟	何 勇	张 钧
徐 君	李 笛	曲玉成	王研书	刘江海	陈 东	刘晓红	周庆杰	李培国	杨 薇	张 虹
高毅敏	王德福	黄 霞	姜桂清	李玲华	张新宇	马玉辉	郭光昕	宋荣春	郑晓革	孙 慧
于 波	周莉娜	杨明辉	金红梅	王 巍	陈 刚	高连阳	张 莹	金景春	王新宇	张 岳
殷达光	刘岸冰	谢 占	郭 易	韩武军	王成君	严 涵	郭玉宝	朱大平	徐庆杰	王利群
王晓东	王长江	夏学文	王延明	宋文东	徐 艳	连秀杰	杜立华	赵亚文	高立军	张继平
杨晓军	朱孔顺	栗庆珍	张福太	邱焕华	刘洪伟	张 兵	王向军	雷向阳	凌明泓	霍冠楠
刘晓莹	赵秋晨	侯 岩	李 蕊	贺立国	邵俭修	姚金波	孙淑杰	周炎泽	冯克毅	王光伟
张旭东	华令军	翟 勇	张 莉	刘忠斌	安世强	王凤银	李 洋	姜建军	苏万鑫	林 凯
高智军	郝显峰	侯 敏	孙祥久	李 虹	郭 萃	王 玮	董相东	刘桂青	穆淑珍	朱大路
战 刚	付文忠	张 旭	罗向荣	李春宝	国崇辉	孙艳华	冉庆刚	窦俊荣	李 杰	刘贤冬
李春生	郭 亮	田永春	张东健	王建华	甄庆堂	高玉君	王宝忠	钱冰雷	刘振新	何宪林
徐立群	赵经涛	赵景辉	李永昌	李忠明	张 屹	于国荣	杨艳东	田 芳	魏振海	林丁杰
黄福伟	郭志军	刘学军	王昕晖	王淑芬	龙普海	钟宇光	杨迁杰	唐海军	李威巍	柳志萍
周 明	杨立军	苟雅珍	祖国明	张永伟	金朝晖	于晓丽	王晓雷	李 玲	齐国荣	陈晶玲
林 岩	齐 蕊	张志彬	李文东	曾宪彤	王乃云	赵立红	刘红宇	赵淑杰	辛建贵	葛振华
王 浩	史立春	于 泓	唐 伟	孙艳华	曾 华	王 典	郭云毅	彭 博	浦治海	郝国利
邱晓峰	纪元春	刘兴江	齐广斌	莫晓光	陈海旭	焦 东	金铁生	左向军	赵国达	杨东旭
胡晓天	邢晓青	刘延风	鄂继权	吉迎新	梁 军	王 炜	曹洪伟	孙 妍	徐 波	周 奇
初广友	首 蓉	王广平	王 军	周清福	曹一冰	伊彦科	李 斌	钱德君	贾 超	李龙江
曹树和	许万忠	程立民	单晓江	刘书武	刘 冰	吴 畏	宋永香	艾东辉	周文勇	王 珍
隋冬艳	姜艳慧	付淑华	付 强	刘登峰	路岭花	于世松	邸传耕	刘宏财	李 峰	王龙季

百年土木 百年树人

王慧	王宏伟	高明	刘秀萍	姚景录	张智明	杨洪涛	孟宪川	宋柏毅	张皓	王翠华
许树峰	李涛	张新全	张立红	赵永才	吴培勇	李九生	邢源新	栾志辉	王东	

工业与民用建筑

许志刚	肖广伟	杨军	颜明	王树岐	张晓峰	郭猛	许文佳	王琼瑶	金日兰	宋磊
王云成	王铈波	赵迎霞	石慧中	胡长富	宁美仙	刘红辰	孙艳华	赵立红	辛建贵	曾宪彤
赵淑杰	蔡涛	李志宏	秦秉智	刘蓉	于凤华	张颖	张丽莉	王乃云	贾国生	李文东
葛振华	唐伟	史立春	于泓	王玉学	刘宏宇	张志彬	王浩	王炜	刘照国	魏志华
曾华	鄂继权	孙艳华	祁志宏	赵国达	刑小清	邵守彬	吉迎新	孙妍	陈海旭	齐广斌
杨东旭	焦东	左向军	梁军	曹洪伟	胡晓天	刘延风	郭之毅	浦治海	王典	彭博
刘军	邱晓峰	郝国利	杜秉才	孙东旭	周晶	李英	洪军	王喜全	张慧峰	胡涛
魏志国	李志强	刘铁	吕威	李玲	黄晓棠	宋振环	张广林	田少刚	董波	张子松
曹宇翼	鲁辉	齐鹏飞	李铁群	许善宏	刘剑锋	元志豪	马连军	项广大	林向阳	刘建中
王云	盛璐	马德林	陈权	鲍守军	王新宇	李朝辉	孙玉梅	林雪松	刘安力	焦芳翠
朱振军	黄劲	王斌	李笛	郭建勋	郭颖	周静	夏虹	张成燕	丁泽英	

房地产经营与管理

王念军	周柏林	周颖	常虹	付荣伟	王有红	王赞刚	王宏波	赵锡钢	徐德泉	高春峰
曲琪	李光宇	汲长军	佟胜军	白影	李志鸣	吴波	张浩杰	鞠文英	王宇	王云飞
胡伟英	于戈	林洋	宋丹青	李永昌	刘伟华					

会计学

王桂芳	王晓东	许海燕	张婉妹	孟琦	王起	何伟娜	林番	刘玉兰	李欣	聂国欣
曹明艳	金东炜	刘力	程力颖	尹岭南	尹威	李子健				

1993 级

工业与民用建筑

王志刚	张洪涛	梁世栋	付慧	王倩辉	宣洪梅	吴劲松	张力	庞凯峰	陈慧英	高宁
吴鸣秋	刘迪	刘非	孙秋颖	刘杰	张继慧	刘长壮	唐放	赵明	屠晓东	夏青
李俊	耿皓	钮梧桐	罗善滨	宋丽珠	刘国富	芮双燕	刘北春	郑淑萍	赵辉	杨晓艳
徐淑云	谭慧光	裴翔	刘志群	张新河	杨晓红	张凯	周玉光	常斌	郭宏元	刘钰红
张翠芳	徐向东	毛喜洪	周戈	唐红斌	刘江	石勇	姚伟	邓立强	任强	马志庆
李文兵	张宝丽	刘淑华	李孟黎	高立瀛	李宏伟	任冬枝	刘玺君	邹敏娟	张辉	胡颖
刘翔宇	王茹娟	朱栩林	高玉敏	孙伟	孙恩军	王滨	彭程	李玉生	朱毓珊	吕翼东
张桂萍	赵春华	赵重石	杨戈	赵云龙	张志林	吴勇刚	王梅	程馥	杜凯今	马清河
周益民	马学丽	魏晓波	伊浩飚	侯德林	戴强	邹文莉	廖军	藏磊	吴莹辉	钱东方
李伟	朱疆	韩春浩	张晓卿	王荣峰	金珠	战永红	林栋	任立民	殷屹	张光宇
陈颖	李己秋	曲圣伟	董利群	车全雄	关琪	孙大鹿	孙连集	姜立革	程洪涛	刘宏宇
陈曼佳	孟繁金	李承壮	张素兰	吴艳霞	刘忠仁	苏鸥	傅之勤	靳盛	魏秋菊	钟巧
苏利	张艳	于兰波	周东升	贾丽鸥	从润功	张晓晖	李华英	李玉凤	周萍	王宏霞
刘枫	王彦红	韩薇	陈作新	胡斌	王戈	张杰	高霞	王洙	郑浩然	孙娜
闫培红	段续平	张妍	刘雄	刘赞忠	陈国东	李丽	马鸿超	李桂杰	兰海琳	郭立明
刘丽华	蔡志儒	纪花	张洪杰	尹晓东	吕大伟	王刚	刘力	侯延宇	吕凤荣	吴立群
张吴昶	张延同	张志伟	詹吉安	周巨樟	陈海	袁平	刘丽荣	李峰	闫宝忠	刘方
李哲	张琳	付恩布	刘军	王忠宇	刘强	马颖	杨继新	王雁魁	曹伟	张国超

附录

潘 东	何丽萍	张 弢	尹海云	狄 刚	王满成	赵 伟	姜玺皓	马玉梅	李守权	杨 鹿
仲崇凌	常晓东	马 元	冉春霖	董秋菊	刘 航	张翰婴	王晓宇	王怀忠	王 罡	张劲南
孙律红	刘永胜	胡日煌	张广斌	谷大平	段宏林	梁立仁	王建伟	于国忠	马秀杰	金 宏
王 伟	陆凤岐	王革莲	喻晓辉	李 晨	董立平	张 矛	王海娜	韩 东	于忠新	陆 鹏
杨 珈	赵 颖	赵吉芬	顾迎春	乔立博	高 平	肖丽芳	孟毅辉	金赞红	张宝江	杜文学

建筑工程

杨政武	明伟光	陈孟良	杨 辰	张海宏	曹自红	李士龙	刘 钢	孔令鹏	谢庭坚	王代泉
黄宏新	刘高群	李孟年	林 青	吴凯玲	胡鹰飞	江希勉	王立新	陈淑伟	徐少萍	陈文兴
范祥水	温晓骥	冯鸿浩	叶 霞	陈文卫	余文胜	冯 勇	陈飞雁	黄 健	唐忠辉	吉乘云
王 爽	罗悦江	王 坚	叶保群	陈乂宁	詹 林	韦 菁	王进雄	黄 洪	邱东雄	李铁坚
陈作奎	吴 彪	陈 松	林明宣	符春桃	吴坤业	林龙益	林 捷	吴 纯	陈孝京	符志武
黄玉义	刘忠仁	张光宇	车全雄	周 萍	王 沫	郭立明	刘宏宇	孙连集	李卫秋	傅立勤
庞凯峰	李文兵	远 航	叶 丹	李 伟	宋晓丽	吉士臣	李雁翎	刘 跃	杨际静	何 波
杨 明	张福正	肖 阳	潘正波	赵小煌	金 鑫	冯桂存	蒋国忠	覃 岚	李卫民	马世英
毕卫国	李建营	陈慧英	马学丽	谭慧光	吴勇刚	李玉生	孙秋颖	刘长壮	张 力	徐淑云
伊浩飚	赵重石	周益民	潘国俊	朱栩林	任 强	周巨樟	马 元	金 宏	刘永胜	王 罡
王雁魁	王革莲	张 矛	杨 珈	袁 平	王晓宇	杨 鹿	狄 刚	赵吉芬	谷大平	蔡志儒
李守权	马 颖	句云桐	顾迎春	李 峰	赵 颖	王华欣	何丽萍	杨明昕	张宏伟	杨雪梅
吴红杰	李丗春	刘 夺	孙 江	卢英俊	石育松	解晓晖	吕下林	李 军	丁下山	丁春风
于 静	李 晨	闫文广	杨柏扬	陶 钧	张 岩	鲁建新	周 利	王绍非	赵永明	李长柱
张天池	王永发	吴 哲	夏长志	魏铁男	张宏亮	林家斌	张 健	陈 鑫	徐从斌	张 琳
陆凤岐	仲崇凌	段宏林	常晓东	董立平	杨继新	陆 鹏	侯延宇	王 伟	赵 伟	李 哲
姜玺皞	张翰婴	刘远鹏	满秀清	王利波	李宏楠	杨洪涛	张 晶	杨恒义	华裕萍	包永平
宫盛献	郝树柏	王 志	卢胜国	田丽春	董立君	王千秋	张育松	王新杰	高德生	徐东林
刘 莉	孙律红	刘 方	刘丽荣	刘 力	张劲南	张延明	付恩布	张洪辉	张国超	潘 东
于忠新	尹晓东	吴立群	詹吉安	马玉梅	张广斌	闫宝忠	王满成	董秋菊	刘丽华	王忠宇
纪 花	俞晓辉	姜 南	刘 军	吕大伟	刘 航	胡日煌	马秀杰	王 刚	韩 东	于国忠
冉春霖	梁立仁	张昊昶	曹 伟	吕凤荣	王海娜	陈 海	尹海云	张洪杰	张志伟	王建伟
徐英师	贾俊峰	刘玉萍	姜竹泉	段庆国	卢凤萍	徐占锋	周洪海	张 平	班永强	刘宝勋
沈 杰	艾宏宇	田中举	张宝春	宋海东	夏明辉	刘巍洋	高艳秋	白宇翔	金敬淑	邓晓东
高 翔	许文佳	牟彦东	孔凡虎	陈 祥	宁 文	马岩波	李春涛	安冠中	党鸿鹏	栾德芝
刘松波	杜 岩	翟广军	鞠宏钧	李永刚	于 东	于海东	马建军	程 桦	王树声	兰海涛
李广军	赵海江	杨国权	王 华	孙 强	黄永泰	付春阳	侯立强	周明辉	姜伟钰	刘 亮
刘 强	周晓东	刘志勇	王 可	钱 成	张久卓	于俊峰	秦绪海	张 涛	李恭涛	尹 航
陈秀英	陈 勇	迟林起	张志勇	黄震亚	韩殿兴	张 松	王爱华	陈升伦	闫 虹	李冬梅
张根生	赵源梅	刘亚非	李建设	芮淑芳	孟繁荣	王治平	梅久彬	黄 锐	齐 放	季 静
赵剑刚	仲崇军	昌贻敏	杨丽梅	丁淑华	马志滨	齐 光	唐 良	吴苏兰	周南彬	张阿樱
韩英杰	李芳蕾	刘君卫	张宝玲	于 恺	常天义	赵 辉	刘绍华	徐立军	刘华平	洪纯夫
邓纯举	赵建起	谢英云	王 健	李 宝	辛兴军	王 虹	张培良	宋长军	齐文杰	汪作春
秦 放	李 双	金 善	王大庆	宋丽华	李 勇	丁韫韬	盛国军	张敦明	邹积健	刘洪志
王明军	王果隆	董印伟	宋丽杰	张丽梅	魏则伟	蔡长志	杨旭升	董立成	董晓晨	王立国
全晓霞	任逢春	刘宇东	王泽滨	江晓峰	刘云程	唐 键	何 旭	汪 伟	武 汉	金 虹
赵晓晖	李敬革	刘克利	徐 洋	王 鹏	陈 武	林永春	芮双燕	姚 伟	王志刚	郑淑萍
付 慧	刘 杰	毛喜洪	唐红斌	刘 非	张继慧	刘 迪	杨书义	刘 艳	刘北春	杨晓艳

百年土木 百年树人

任冬枝	刘淑华	张宝丽	张桂萍	魏晓波	王茹娟	瘳 军	郭绍宏	胡 颖	张志林	孙思军
刘国富	杨 戈	臧 磊	杜凯今	高日旭	王 梅	彭 程	梁世栋	刘钰红	耿 皓	杨晓红
夏 青	吴劲松	李孟黎	钮梧桐	张洪涛	裴 翔	刘 江	吕骥东	林玉春	戴 强	李宏伟
刘翔宁	刘玺君	王 滨	高玉敏	赵 明	张翠芬	朱冬霞	张新河	刘志群	宣红梅	吴鸣秋
屠晓东	徐向东	佟莎丽	张晓卿	李 丽	刘 竑	李承壮	孟凡金	贾丽鸥	高 霞	李华英
王彦红	林 栋	战永红	陈作新	任立民	程洪涛	李桂杰	陈 颖	段续平	吴艳霞	于兰波
魏秋菊	胡 斌	刘 枫	钟 巧	姜立革	李玉凤	张晓辉	孙 娜	兰海琳	张 杰	韩春浩
闫培红	丛润功	陈曼佳	殷 屹	郑浩然	关 琪	金 珠	孙大鹿	苏 利	韩 薇	朱 疆
张素兰	张 艳	张 妍	周东升	董利群	马鸿超	王志峰	苏 鸥	陈国东	代明生	高 强
修善凯	张 辉	马志庆	赵春华	宋丽珠	张 凯	孙 伟	王倩晖	詹 静	穆大柱	李 俊
邹敏娟	杨建华	赵云龙	侯德林	罗善滨	王升涛	蒋本强	常 斌	高 宁	程 馥	马清河
周 戈	唐 放	孙庆梅	张 蓉	王喜秋	孙士海	任 河	甄广洋	姚莉朋	赵 磊	赵晓明
王续晶	于晓晶	蔡玉晶	李静薇	姜建新	郑东梅	曹文春	孙巍巍	孙皓琦	杜学林	曹 军
黄一劲	孙立志	杨 丹	常 艳	安云志	丛浩明	张明文	侯晓薇	高利胤	王洁萍	李文国
钱东方	邓立强	曲彤宇	鲍彦禹	李德斌	张盘富	王俊良	杨福强	王兴生	马志勇	张立公
冯洪斌	刘远华	张 旗	王彦春	于明琦	姜子龙	张 悦	汪国智	赵立新	宋树辉	赵宽哲
周 慧	李 明	王邱鑫	张传鸿	张立伟	王旭东	刘焦武	卜庆武	赵子莲	吕春萍	孔繁仁
王树歧	赵忠颖	张建村	宋 磊	梁 永	钮大炯	韩 冰	赵 莹	李久云	张国峰	杨 军
王永春	高 波	刘海精	黄奕峰	梁从红	刘鹏飞	陈定基	陈诗训	李拓震	伍鼎佐	赖 前
韩成元	吴永娟	云 霞	古文忠	杨 涛	徐立善	唐辉业	周 忠	徐 慧	黄符文	房建军
吴海东	王洪泉	曾祥光	王余波	曾宪军	吴海燕	阮 海	王录远	曾庆平	姜 楠	韩志嵩

建筑管理工程

藏梅芝	尚 隽	沈秀双	张大伟	时 凯	陈振姝	王伯遵	李丽敏	董国萍	陈声鸿	王晓彤
宿 莉	咸真真	马 晶	王奕娟	李 岩	孟 涛	王立民	汤 东	边 磊	许 庄	杨冬梅
李伯欣	郝惠馨	黄利滨	杨文英	刘红丹	齐 越	段 萍	孙炳波	汪 丹	杨 楠	黄永坚
张晓红	李 操	徐 滨	刘安业	戴益人	张进祥					

房地产经营与管理

谭洪亮	王 勇	杨 凌	李凤泉	蔡金祥	孙朝政	徐基良	李永泉	姜继海	张秋香	甄 晶
徐 宁	闫 成	王 晓	林宗尧	高 筝	林 洪	刘会清	郭成玉	赵保伟		

会计学

赵保伟	陶传锋	魏久春	戴 冰	张艳宏	栾 旬	孙晓梅	雷 颖	夏 蕾	姜学红	徐 琴
孟 刚	王冬梅	纪秋霜	张春雷	邢金栋	乔 靖	徐金玲	史炜炜	张宏寅	党育帆	张秀娟
蒋于刚	栾丽秋	王 静	仲丽娜	毛洪涛	杨锡英	刘启文	信 敏	刘蜀光	孙秀梅	陈金霞
王 宏	靳 颖	任 莉	刘培英	姜丽晶	刘有源	白晓河	李秀珍	吴晓莉	张立刚	徐云姝
范育萍	李 婷	裴 蕾	郑 力	张招智	白 凯	鞠 伟	张晓风	杨洪鹏	王 睿	高翠萍
赵 颖	孙 健	刘 蕊	吴 兰	许 倩	王海波	洪 怡	林大欣	黄新珍	付俊英	何学龙
叶文景	赵保伟									

1994 级

建筑工程

吉士臣	冯洪武	刘焦武	郭红英	谢英云	王建新	李树民	杨 明	王华欣	杨雪梅	孙 江
孔令鹏	李 军	裘晓彤	朱玉兵	李 野	侯玉华	高志宏	谭元辉	宋云清	刘 岩	连志敏
曲晓峰	孙学民	邵礼伟	运秋红	杨 晶	张启季	陈昭群	张继红	刘 丰	曲迎春	林晓青
张树峰	柴金栋	赵 民	王增琦	李晓波	张冬臣	王道江	华 巍	温 可	李建华	刘 艳

附录

赵 逍	孙艳环	郭金富	李树柏	陈艳菊	李雪志	冷 光	倪福祥	许长春	王永叶	徐建鑫
毕乃和	田 华	韦永升	张海涛	冯国栋	王英勋	张 晔	李宏图	丁洪明	房玉江	常宏岩
袁伯辉	潘志君	孔凡星	贾风君	杜玉浦	王鹏宇	潘苗青	赵 榕	温立成	丁泽林	陈晶锐
王东梅	张晓毅	李 佳	刘荣刚	王 通	刘 芳	张启香	林春青	杨 军	张叔英	唐英哲
李子明	张 磊	芮利钢	邢学东	王亚洲	解春兰	冯 宇	张文欣	邓保华	汪德建	张少平
韩 雷	白 明	曾晓芳	马国竣	李 涛	田双荣	祝 勤	吴 平	高日初	张 承	许 锋
傅立志	金 钏	余媛媛	秦永宏	魏希彪	刘 巍	尚玉勇	于泽锋	董浩然	李小羽	邱玉文
唐从革	吕 军	文 光	董长铮	刘 俊	冯丽捷	王长换	闫瑰丽	王文焕	高永平	赵 丽
王旭梅	于 新	刘红波	李晓岩	杨东国	闫观梅	王洪伟	韩 芳	曹玉庆	徐惠敏	曹剑峰
孙怀宇	秦效红	白凌慧	力 迪	马红军	范春辉	宫志伟	方 勇	冠秀梅	崔 岩	屈广旭
马明辉	颜 颇	马湘荣	段 哲	黄伟东	李云辉	孟繁忠	张鸿梅	刘 颜	姜 洁	金秀英
郭 颖	李立龙	赵 蕊	张军强	李 辉	于静文	蔡 荣	王远澎	李 莹	曹 志	王永贤
金虹晔	范海燕	王恩杰	王日兴	于 虹	李晓艳	赵丽萍	王 宇	李 婷	潘 威	朱 岚
聂 芳	张东林	梁晓旭	龙卫国	吴利新	解金玲	王 烨	孙 湛	徐 晋	胡晓玲	李林松
王 军	屈 浩	国 伟	苏德利	张 杰	赵广敏	刘 华	张 松	李 东	徐 兵	刘双男
李长学	陈 轶	范车琦	李红光	龙海萍	林 志	高甦峰	王 萍	李志新	王祥芬	郭天华
闵兆奎	苗青山	赵金波	王 力	董艳秋	李 勇	孟 静	周 伟	董 良	刘延巍	赵 伟
张晓飞	吴铁双	陈作宏	韩伟东	张庆军	唐 明	龙建军	高亚男	陈 健	周 琪	苗 靖
赵春文	聂 琦	王 强	刘 丽	麻志杰	孙 军	乔常秀	张宏了	夏艳华	史伟涛	张志伟
张秀伟	张欣伟	刘秀芹	胡艳丽	李兆斌	袁洪江					

1995 级

建筑工程

李新杰	王向东	宋 晶	贾万龙	周东波	姬 冰	王亚峰	杨 睿	包静伟	杨懿昕	李 艳
董 率	王 华	张立军	李莹华	王彦新	李铁英	李 彤	孔令杰	王德平	刘世军	王 磊
李海智	许志荣	戚洪岩	王克难	徐 惠	李炬东	于宏志	刘 水	杨尔惆	孟 智	宋兆江
王宏斌	彭 岩	王 魁	赵越峰	王济生	黎 然	杨 明	王志坚	王伟蒿	徐晨萌	王小莉
张 敏	宋 莹	王明娟	刘景龙	陈晓红	赵丽娜	贾志刚	李春颖	于惠中	宋朝义	毛永东
叶 山	王瑞波	李佳斌	薛 勇	南明宽	刘万库	商旭洁	植劲松	周 炎	程 亦	刘军平
蒋玉新	李 辉	詹天兵	李 鹰	王艳梅	任 伟	高 萍	孙玉坤	吕 钟	贾松林	陈 妍
周晓燕	王 荣	张 利	孙卫东	牟 洪	乔 霞	辛 海	李澎洋	郝文广	桂 涛	龚福荣
金 鑫	贺立新	任阮香	刘 伟	任 力	徐衍主	徐 琳	赵秀杰	刘海涛	李立英	迟 蕾
蒋勇川	王秀珍	嵇京华	杨海波	于明志	董浩然	马若羽	余宏波	赵修林	焦 颖	于开红
李晓时	王 勇	陆海滨	耿云峰	程 岩	任惠军	孙岩巍	邵香福	丁明洁	孙 臣	唐伟新
张 虹	王书峰	王晓天	徐 行	郑延侠	张玫研	吴清华	马效民	汪秋菊	孙金波	叶迎艳
石 磊	李 欣	关 剑	吴成祥	姜 涛	郭悦立	潘文玉	杨德良	单宝山	王玉芹	熊择林
郭华君	张 岩	周起纲	张海波	姜 威	张继红	丁 洪	刘海英	海伟山	高晓旭	秦 伟
段天明	郭艳东	荣晓明	王 鑫	胡春米	孙智一	隋家深	魏连德	刘盛强	陈 龙	周焕成
赵国斌	李 凯	吉泽良	郑志学	李 浩	王建勋	孙 冰	唐 勇	戴小超	张志忠	王春刚
李 岩	蒋永佳	何其润	王 博	藏 勇	杨为国	张 辉	曲咏梅	韩吉福	吴 壮	周智慧
沈志伟	张宝利	李 健	崔晓平	崔国峰	贾宇菲	张冬生	顾皓阳	肖传波	李永明	孙善君
王长青	李 玮	刘 鹏	王慧鹏	孟繁文	高媛媛	焦万新	刘献章	常桂森	刘宏宇	路光振
崔亚辉	侯晓艳	王 景	周伟琴	郭海岩	马 光	齐增强	张军营	赵俊宏	刘习格	李玉轻
陈立霞	孟庆茹	乔学东	富小蔓	徐晓丽	李莹玉	唐绍新	郭艳秋	徐维学	李自军	郭建新
王 萍	林 志	王 军	李 东	姜 琨						

463

1996级
建筑工程

宫 壮	闫祥发	韩春远	丁桂花	马 英	庚华生	王长江	高 俊	马贵山	李 胜	宋 钢
刘 辉	韩芳垣	吴亚东	毕惠晶	丛来财	尹瑾珉	李振生	王 光	高 婧	翟文忠	李福占
关正民	尹 利	王宏刚	宁先平	李千秋	王 南	何 畅	杨 军	刘文生	王爱群	翟文革
杨新涛	蒋 刚	张光明	吕 敬	曹 军	郑 河	吴大明	安文杰	杨晓晨	陶双艳	刘 军
李 杰	马小波	于文喜	胡少君	宋文红	孙 谦	程晓通	孙淑良	陶春平	韩纯玉	杨宗武
崔海江	张金龙	靳善军	肖来彬	徐金艳	郝 利	曲锦锋	刘世琦	宋长君	林 芳	袁 健
田景会	张学颖	严 海	王明宇	朱艳丽	管 铃	尹天怡	田宝宇	郑宝学	任春斌	李文广
刘立新	车 威	李兴瑞	邹春秋	张晓瑜	边 疆	王 鑫	郑 重	徐忠波	崔 博	程 超
马 媛	李海龙	贾 苗	吕恩昭	于 勇	孟宪金	汤良耀	韩志强	王 宏	姜 志	赵秀丽
高崇权	赫 亮	刘怀时	周志平	丁明琪	李 戈	石继华	徐曼莉	张立文	司 薇	于 泉
李显华	卫 虹	丁华晶	于春雨	郭立叶	王德臣	杨玉芝	刘晓秋	石冬梅	杨志华	黄小慧
王延萍	吴春来	商国安	黄 哲	岳 霞	臧美红	吕志凌	王 勇	崔 魏	宋志刚	苗畅慧
汪海霞	姜永利	田丽荣	武治中	王 菲	荣 斌	刘敬烈	杨 彪	许志韬	崔振东	孙 伟
闫柏涛	李 晨	张学峰	于 叶	赵 烨	王淑一	李晓萍	刘少斌	刘晓丹	徐 亮	韩 岩
魏长春	潘立剑	姚福章	孙 蕾	关新刚	于 丽	林玉杰	孙 明	周 博	顾雁田	王金平
孙洁林	杨 柳	高 燕	王 军	宋 闯	张继明	马 颖	刘晓刚	张鹤童	孔晓玲	刘世义
毕宏伟	王彦军	李锦勇	冯 伟	肖 杰	闫丽辉	高雪松	韩 松	李智杰	赵 陶	丁新丰
李文生	马毓娟	魏 斌	刘晓莉	刘志辉	解洪宇	黄树林	张秀红	张大勇	高师育	马大龙
王海舟	刘宝先	刘 萍	王殿侠	张世宪	杨福红	马一兵	周少波	刘 巍	任文辉	李树旺
徐艳侠	费 伟	时文元	黄爱东	李胜勇	周 琦	杜永华	王赫男	王 霞	何 欣	张成栋
王子迅	段天航	李艳红	张 俊	王志成	邵若桓	邹 焱	孙晓虎	苑晓庆	蒋劲松	刘云龙
刘淑娟	解小军	蔡鹏臻	刘元勋	周 明	陈 鹤	刘 亮	宗成艳	付玉珍	李可人	赵 洁
郎福波	王绍非	高 阳	张学文	宫殿双	徐英华	周 军	杨晓红	王 芳	徐 恒	于 彬
陈 进	周 强	张明华	王树凛	逄永宁	彭 勇	蒋艺忠	李志强	卢 明	张鹏哲	孙玉宝
武 强	郭宝生	何旭峰	林大成	毛凤光	狄 凯	付 强	孟长锁	刘广彬	李 影	王世超
金国星	李轶骏	程 钢	周德成	王中宇	孙建平	许鑫佳	王广鹏	刘贵波	程笑峰	周鸿艺
王 昊	葛鑫霆	汪 海	李炬东	韩景芳	周建兴	赵 厂	姜丽红	李 斌	马福英	佟 锐
韩 涛	宋晓辉	王 健	马会君	吴延峰	韩旭辉	邹志明	杨国钦	刘秀华	何胜超	王汝良
宁成龙	陆晓霞	康健为	宁玉宝	赵舒达	韩淑媛	田百舸	金秀萍	高冬芹	田冬梅	陈广鹏
赵 淳	陈淑荣	陈北英	林 钢	付孟梁	赵 丹					

1997级
建筑工程

杜明志	顿国辉	范光宇	范喜哲	范泽青	费继新	冯建君	符国栋	付 涛	付作峰	高殿成
高 猛	高岩青	高 音	高 宇	葛耀阳	顾 芳	顾 菲	关慧中	郭洪海	郭宏轩	郭雅宁
郭 智	韩 冰	韩 雷	韩世强	韩 伟	韩卫东	韩兴梅	何 欣	侯 强	胡 薇	黄永飞
姜 萍	蒋永刚	解占强	金志霞	荆吉喆	兰凤岩	冷大敬	李宝军	李 冰	李丙孝	李晨阳
李 峰	李 刚	李浩晗	李华德	李焕军	李 季	李津川	李京洙	李 亮	李民世	李 敏
李其国	李仕全	李伟刚	李文生	李显林	李 新	李秀岩	李严峰	李岩宏	李 洋	李耀秋
李影超	李玉敏	李 哲	李智杰	李忠胜	李 玮	梁 娇	林 伊	刘建军	刘君霞	刘兰军
刘林伟	刘 宁	刘瑞夫	刘松乔	刘延军	刘延伟	刘延洲	刘 颖	刘玉航	刘志伟	刘志勇
柳 阳	芦 敏	陆 炜	吕德成	吕通力	骆文娟	马 方	马小秋	马延明	马 闯	马姝蕾

附录

毛德凤	孟凡新	孟宪飞	孟宪珍	聂小娟	潘 东	裴旭明	蒲籽峰	钱连有	乔丽泓	秦 浩
秦 石	秦玉涛	任湘禄	沈小南	盛淑君	石瑞吉	史继勋	宋一凡	苏凤岭	苏亚宾	隋明珠
孙国芳	孙丽英	孙荣军	孙伟时	孙文斌	唐 宇	田清松	汪洪滨	王爱坤	王长青	王怀英
王继民	王 建	王锦媛	王景睿	王 亮	王 龙	王双强	王松煳	王 廷	王 通	王 微
王 伟	王文辉	王喜友	王晓萍	王秀敏	王学明	王雪萍	王艳丽	王永强	王雨春	王 淞
王 妍	蔚秀红	温 健	文 才	吴 亮	吴擎坤	夏海林	肖建明	谢红鑫	邢有华	徐常方
徐 微	徐 勇	徐玉华	颜 宇	杨成涛	杨琳琳	杨晓红	杨 洋	杨兆华	杨振秀	姚淑梅
尹 嗣	于春泉	于大淮	禹海锡	袁丽娟	袁世红	张东生	张凤海	张 广	张贵生	张红梅
张 磊	张 丽	张立超	张林强	张瑞霞	张世洁	张淑红	张天铭	张 伟	张 武	张新纲
张 艳	张彦国	张 毅	张宇东	张 荻	赵彬彬	赵翠峰	赵 发	赵 毅	郑 国	郑海涛
郑 楷	钟化民	周桂玲	周 海	周树海	周宇红	朱 利	朱 彤	朱 伟	邹文莉	奚思明
奚 婕	闫瑰丽	闫玉松	滕宝权	艾玉华	安丽霞	白国涛	白 杨	包 琨	薄金峰	毕春梅
毕宏伟	步 涛	蔡 皓	曹 冬	曹 武	曹 志	柴飞明	陈国太	陈海峰	陈 洁	陈 魁
陈立军	陈 默	陈文芝	陈永民	陈 勇	程 宁	丛春雷	丛艳久	单小东	单玉姝	丁明雨
丁新丰	董宏伟									

1998 级
建筑工程

张 勇	郝晓亮	佟剑飞	谢海燕	丁海恒	陶德牛	栾 波	程润海	李士广	韩 枫	孙大鹏
程福强	刘 畅	赵树海	卢晓东	宋上生	翟 阳	盖飞红	王建峰	路庆利	田延军	夏万顺
张彦彬	宋义忠	杜 凯	李 棋	董红刚	孙海燕	赵 晟	崔晓颖	罗瑞敏	王博梁	朱建华
朱德林	周吉成	周 伟	赵玉茹	赵 杰	赵 建	张树臣	张春光	张 月	张 铭	张 莉
杨 枢	许子超	许 辉	肖 娜	相宏宇	吴 湜	吴 刚	王育星	王耀松	王守沐	王丽娟
王米玉	王海鸥	王凤勇	王东平	王本帅	田 博	宋志辉	宋振丽	宋树刚	宋 军	石丹妹
沈铁志	邵 勇	任建伟	乔 丽	钱有志	孟令军	马东森	马长顺	吕雪峰	刘立山	刘昊宇
刘国庆	刘 洋	刘 坪	刘 娜	刘 刚	刘 飞	李振宇	李彦玲	李晓杰	李明皓	李冬梅
金永善	金 晶	姜学东	胡永林	侯晓辉	侯冬梅	郝艳文	韩百坚	荀云飞	宫艳艳	高敬一
高 昀	高 宇	付泽锋	董 彭	陈广月	陈 曦	陈 峰	曹永举	曹洪生	包 宇	白松慧
赵国厚	张晓霞	张 强	武晓军	王笑敏	万 俊	史雪婵	孟敬萍	刘新禄	刘锁成	刘继峰
刘 鑫	李 红	李春艳	李保全	李 震	雷春艳	贾净哲	季禄萍	侯庆俊	郭剑峰	董河毅
仲靖宁	张 岩	张新野	张晓刚	张 微	张 夔	张俊峰	张 晶	于伟刚	于春丽	杨 旭
闫国俊	吴凯滨	王 岩	王树伟	王世炜	王 蕾	王贵芙	万鲁君	孙东杰	苏立新	石 剑
齐明空	马谦三	马奎兴	刘建明	梁宇慧	李志超	李 娜	李 柏	季 鑫	高雅茹	高 锐
从日财	桂 媛									

工业与民用建筑

周克英	魏 林	王 哲	刘丽娜	战桂丽	陆 媛	施 靖	吴晓蓉	邰雪玲	王宏伟	张其英
王天慧	魏衍岐	王力宁	沈晓东	杨 刚	李 淼	杨大威	鲁 辉	朱 镝	仼兆君	史秀丽
官宏涛	胡海洋	吕振强	徐 赓	原敬坤	吴玉丹	尤雅莉	李东鸣			

1999 级
建筑工程

迟 琳	王希军	贺 伟	张丽娟	戚 涛	李子厚	刘连成	蒋兴旺	苗雨超	佟明霞	刘仁超
白秀华	李 苑	董春莉	林 庆	高 巍	张喜召	吕海龙	王凤平	王 诠	刘素梅	李 林
姚 舜	于 杰	邵宇峰	王彬彬	赵宏海	王卿江	邢艳红	吕天媛	刘焕文	于政操	张立权

尹明浩	杨 迎	段逢春	李华宇	陈 涛	陈富桥	侯亚萍	陈景义	刘武强	冷东海	李 猛
张苹莲	王世辉	白宏程	王 喆	吴立群	张宝生	郭 丰	鲁艳丽	滕 毅	李慧萍	冷 卓
于 鹏	杨春雨	张艳秋	赵锦颖	孙 瑜	孙义军	石 磊	拱忠琦	孙伟军	姚伟光	张 特
张楚荣	王洪伟	朱岩峰	迟树亮	王宏涛	方海珊	辛洪刚	张明武	李 健	白春吉	王鑫宁
赵立忠	陈迎春	王晓英	艾成楠	马大为	史明辉	曹 军	万志钢	潘利国	齐 玉	隋 冰
颜宏丹	张 斌	王雪峰	侯 捷	郭义沙	丁培成	张大明	吴剑鸣	郑忠巍	周 壮	李琳琪
高 辉	高家维	于 航	付业鹏	李 哲	申会玲	桓永光	车 滨	许冬琦	王德义	宋 阳
冯 越	吴海燕	吴丽丽	曾繁雄	杨维鹏	冯世伟	禚慧明	张 昊	何军娜	张 晶	何泽宇
刘福浩	王世坤	徐光伟	张颖荟	高凤华	陈东升	从海江	王本柱	范红艳	邵宇舟	杨文军
孙宝军	关丽莉	于军峰	李忠生	张丽华	马志连	王守志	王成武	刘 鑫	邹银燕	刘毓杰
刘 鹏	王 宝	曹延峰	杜善彬	高望东	胡秀英	常云峰	李长河	贺旭龙	陈永辉	李焕亮
李长江	解会芹	邓科研	王景云	杨柏松	刘 勇	赵凤艳	王欣泉	艾 文	张景炘	杨国顺
刘金侠	姚洪斌	赵丽芬	鞠 华	田家林	谷 峰	石 岩	毕影东	韩劲松	富小蔓	吕 兵
潘春涛	董玉石	姚青春	王保和	张德盛	吕彦民	单乐明	段庆芝	崔云梅	刘中强	王 伟
李 丽	刘 嵘	李晓兵	李永飞	田凤杰	朱海涛	赵文莉	刘 刚	赵 耀	武丕让	赵耀明
常武民	解 刚	郝新彪	张洪辉	李 力	谷丹丹	范海灯	黄 鹤	蔡国庆	李 凯	侯志宇
魏 民	翟 强	刘新辉	郑惠颖	修 昱	杨 帆	李 征	庞志国	李 冬	方 凯	张志刚
于成发	孙利辉	首 蓉	代永翔	王 宇	樊锁平	孙华洲	刘美静	史利峰	陈 钊	张秋霞
田树根	郭志斌	侯志国	马 嘉	张曼文	陈 瑜	段锐敏	雷立婷	杨 胜	柴跃进	柴 琦
蔡学刚	王世峰	张文娣	魏江涛	王 昭	腾 凯	陈宪良	张 滨	蔡 奈	郑晶晶	王 岩
吴 爽	夏 天	李春波	李景国	孙 健	李喜庆	陈英鹏	刘浩洋	路 岩	邹祥健	柳国梁
邢 鹏	韩 彪	王 鑫	孟宪东	崔守忠	付 蕾	那 亮	杨松楠	桑二伟	孔德领	刘宇飞
高 强	谭 健	谭 强	杨 超	盛 焱	夏祖欣	关晓松	莫致能	田 宇	李 颖	马克伟
杨丽艳	高晓敏	李 明	蔡 鲲	李钦涛	孙成秀	王立宇	陈 林	张闻宇	张大治	杜志刚
聂 晶	房 哲	周 吉	罗西琦	张 冰	姜再枫	高玉龙	徐 萍	郑 峰	井维维	唐 浩
刘异品	赵庆鑫	陈长雷	刘鸿波	崔学军	沈嫣秋	连宏玉	张铁睿	张永杰	邵怀利	宋志海
刘俊平	杨义静	潘莉莉	李绍坤							

2000 级

建筑工程

师有志	张利珍	王 磊	黄文波	杨春燕	赵洪江	张青喜	武景华	边 丽	程俊耀	庄利军
李向阳	杨 强	时朝辉	房德威	孙亚枚	冯 骥	王广军	吴铁峰	王延良	谢俊龙	王文涛
于联鑫	董 涛	汪国春	王宏斌	王兴龙	林 旺	祁敬锋	关宏鸣	李百琳	许鑫刚	王世超
刘 辉	狄 凯	吕跃民	刘 重	袁邦跃	李 新	朱建民	王慧萍	于海权	张彧维	李庆阳
尹云鹏	王艺菡	张琬迎	刘亚芹	杨国梁	于 萍	刘心刚	于兴隆	李 龙	于 娜	李志元
徐鸿凯	唐静之	董孝理	陶立军	于晓飞	朱 岩	陈 旭	谢国元	郑冬梅	董大路	曹寿苓
赵红岩	李 鹏	刘显辉	赵国春	李 旭	李李明	毛 亮	杨 宇	刘 彤	刘 颖	贾学彬
刘卉蕾	孟令军	潘春明	杨 刚	陈凤楠	郭秀平	王世忠	代 兵	赵虹建	任 军	周宇航
齐 霞	岳华军	张格亮	肖元玲	张雪晶	高志刚	孙成杰	张东清	王学春	谢松玉	闫德刚
李金玉	韩 羽	周清福	李立歆	李光新	任大军	刘 毅	张培河	初兴志	张守学	耿 涛
李文东	王志博	高 剑	肖艳兰	林 海	赵忠庆	王玉斌	钱连有	于秀丽	李晓彬	李仁生
曹艳华	王 发	刘丽萍	刘熙蔚	王 金	衡 刚	魏海龙	李万朝	宫玉龙	韩传文	安文涛
沈连红	刘 刚	居艳红	李海智	杨 松	祝秋丽	徐长青	赵立新	赵锦悦	姜广才	刘贵波
许崇山	王 艳	王 波	徐江红	谢锦照	周 亮	张志宏	陈静慧	姚启锋	鲁孟超	高晓丽

附录

孙喜娜	丁开宇	杨 晶	崔洪昕	张 煜	宋 芳	吴 迪	王莉历	孔繁华	翟 潇	张玉玲
刘洪影	秦 波	吕 微	刘景瑞	李 森	徐卫国	齐 际	赵志超	孙晓茗	吴文刚	张手雷
金新安	徐晓燕	张惠民	赵宝平	陈光明	游新宇	石虎平	牛明明	赵海燕	李凤霞	徐建龙
郝来伟	张书坤	秦海汐	裴中芳	王飞跃	姚建洲	程远锁	刘志飞	薛昆黎	王海有	张 涛
杨瑞芳	秦 毅	王振峰	刘劲松	张建军	于晓明	孙建林	梅兴民	李海涛	王奎生	高玉荣
李 庆	苗继承	彭学申	刘汉卿	张 国	吕 峰	崔贵金	黄仁忠	祝连德	雒立辉	李京植
马文刚	吴伟国	李红花	全 红	崔龙在	严志春	金虎杰	石光范	任常原	曲恒威	王化贵
吴建祥	刘爱民	张宪会	林春玉	李洪植	张福林	梅林松	金春国	于爱军	崔东汉	天林峰
朴彩花	徐 峰	苏晓鹏	王 洋	郑 虎	金裕一	李军浩	王泽才	贾天盈	徐 丹	刘志绪
李 罡	金红国	刘明江	王文革	常风兰	刘晓慧	刘良伟	崔建双	宋成林	吴云龙	关忠文
王祥国	武仁慧	杨建利	王学敏	祝增文	代树国	王中宇	师恩元	高大龙	邓金彪	曲 波
王秀锋	宛立东	余坚宏	蔡春梅	张 静	张晓磊	高径发	曲晓威	翟大鹏	唐晓峰	曾 雷
张俊峰	肖传波	李洪佳	尹芳宏	孙佳明	王多慧	刘连霞	曲 涛	李洪达	吴伟华	宁国栋
吴权孝	张洪海	沙玉慧	宋业飞	翟小雷	刘宏宇	王桂华	仪登海	冯晋明	吴文慧	张还清
赵 峰	梁海亮	贺彩霞	王艳亮	赵向君	张 花	杨琳琳	范建庆	穆清臣	张飞跃	王彩云
曹翠叶	杨晓军	任卫峰	肖志荣	黄 刚	张永凤	张争艳	韩继红	马德慧	吕棚棚	王孝飞
何立功	秦尚松	张建梅	程贵丽	韩宇新	任雁飞	郭永峰	代建军	朱敬军	陈超见	郑东鹏
刘立民	张守刚	王 磊	张 刚	卜焕英	杨光华	王佩锋	邵铁栋	周 蓉	邱 月	王天彪
李贺旭	贾海伟	程庆华	周立波	丁国栋	朱树军	张秋林	苦 涛	丁艳涛	张晓瑜	杨 恒
靳善军	刘 园	刘丽娟	杨 波	吴 岷	朱海锋	杨成山	申作存	李恩宏	郑喜勇	杨伟君
郭 莹	吴天国	于淑清	常 晶							

土木工程

宗 浩	周思聪	张红军	徐 达	赵奎胜	李仲鸣	杨晓琛	王 凯	王宏举	张东林	王 胜
崔国红	满长亮	孙龙涛	张志伟	祁海涛	李文静	潘艳茹	苗宇光	王 炜	李 赛	庞宏宇
林 磊	邵 杰	杨立文	马 婧	祁 霖	金 鑫	刘硕寒	白晓燕	何 平	于竟成	李 健
于 娜	裴宝权	耿天勇	于亚平	冯瑞成	尹 路	刘 洋	孙艳清	张 冬	马春凯	张昌顺
韩冬妹	林 芳	张 艳	陈 睿	张劲松	刘英强	胡长理	冯志远	吕英布	张晓滨	费祝辉
李春彪	郭广岩	邵红霞	李志强	于明会	李 丽	郭海东	朱洪哲	吴 佳	赵 晖	王新平
姚中华	郑祖冬	王志强	马忠杰	胡昌松	陈国权	南滨霞	孙 焕	陈九江	范 辉	刘 妍
滕典君	刘双颖	刘亚冬	陈 阳	刘振伟	刘 滨	张 雪	高 岩	刘 晶	王 岩	闫凤鸣
刘景军	黄海燕	乔 牧	玄甲宝							

2001 级

土木工程

王立刚	杨永滨	李 伟	王德策	闫 明	赵彦迪	赵宝华	刘吉舒	刘宏伟	岳海虹	田 鑫
孙国东	霍 佳	陈 利	孙 莹	张 健	赵 继	刘丽娟	卢文伟	王金国	王晓伟	杨广萍
李红梅	杨 尤	孟庆良	马福波	杜惠萍	钱金玲	闫淑一	仲柱田	浦全霞	唐 艳	徐剑锋
邢 键	孙春雨	张军伟	魏 鑫	信志隆	刘 宁	徐长东	王 洋	王依现	张美荣	曲兴辉
刘正坤	李 昕	王洪亮	曹 贺	王 萍	张海礁	吴志杰	李婷婷	付静妍	刘建龙	王桂波
聂有江	王成武	李 斌	刘淑贤	朱迎斌	田瑞天	郭长军	李 雪	张洪泉	郭亚军	马长红
李 铁	刘晓辉	张 勋	蒋晓泉	王连兴	孟令军	张晋平	陈晓德	崔秀利	曹路斌	屈运志
王亚军	王洪海	张宝顺	李 黎	李瑞良	赵建春	王红梅	张海波	李 静	沈利英	张爱国
孟凡胤	徐贵华	吕连余	谢雪梅	梁宏进	马晓颖	郭占华	梁玉荣	成贵宾	夏俊海	吕文志
李 静	闫秀生	郑乃夫	李建林	王 媛	张志军	缪立海	郭庆修	何 蒙	苏永强	李雪莲

百年土木 百年树人

陈安东	张 冲	王明霞	陶 蕾	赵建红	滕爱涛	张 琳	于红芳	潘 敏	李 强	李德军
赵英华	孔繁威	孙少光	樊晓明	王智杰	亓国宁	闫百慧	高宏宇	王世杰	于雅杰	程双涛
隋晓东	李国信	胡新宇	尹玉波	张凤冬	王晓萍	王卿江	董 欣	杨金生	王桂霞	李显林
刘成才	吴冬生	杨金梅	李 霞	王成功	宋 亮	孙玉宝	李晨光	于继山	许 言	孙 涛
张 林	王彦庆	张凤丽	吕林芳	林存库	谷占波	祖显威	于凤河	刘亚丽	高 伟	祖 宁
韩 娇	解永海	冯立世	孙 强	张 辉	董德会	土景荣	张 晶	杨 飚	徐彦春	孟宪磊
张学颖	邢向明	王晓冬	赵军伟	葛 岩	孙继华	申海霞	张 芬	王雄伟	朱伟峰	聂 林
王敬先	关祥飞	刘志成	陆占启	梁海涛	葛鑫霆	闫思蓉	杨继禹	于志东	李文涛	田煜林
梁 军	孙 东	郑清霞	王玉才	李东花	李志强	施静萍	杨廷利	王光利	鲁 娜	王松明
徐红艳	周 晶	王慧全	徐 刚	王才纯	李长英	韩志英	韩秀凤	段 伟	李 东	赵 宁
高 岩	郝春民	刘俊军	曹建萍	兰志花	马志伟	李妙平	王贵平	崔建平	周志英	张铁燕
张秀莉	宋毅彬	郝文林	李 堂	安晓伟	高海林	陈彩峰	张宝华	杜新明	蒋志峰	和军林
张国强	牛建英	王明理	时利锋	宫殿堂	陈振海	李淑维	卫晓军	毛黎祥	冯 宁	白雪景
陈慧清	韩保华	王玉辉	朱玉山	王伟义	迟忠海	刘 柱	陶树峰	相宏锐	张靖雨	孙延炜
耿宝智	闫 卓	姬翔宇	关荣皎	赵万慧	马石华	刘 恒	苗 英	荆延森	王 冉	金 奎
王继香	林 夏	裴长春	王彦军	杨 勐	姜 震	胡永刚	闫开珍	张 妮	刘 明	赵泳钢
卢玉清	周爱国	刘毓璇	唐志波	要小俊	钱洁华	王 强	董文龙	孙炎江	李伟民	朴松山
高慧海	王 冰	李继兵	郭振文	王 宏	于春泉	魏庆海	赵红涛	赵宏枢	李永刚	杜 峻
杨 灿	张富强	李鸣嘀	贾黎幸	刘志阳	邢正义	王延伟	高明志	史 林	于洪鑫	高 兴
孟 磊	杨鹏飞	李 飞	张秀刚	刘建休	初 虹	程秀丽	苏素琼	马青林	顾仲东	赵 磊
张 驰	王 宇	杨春禹	祖亚丽	阳凯波	胡希昆	李杰臣	王天禄	张 宁	刘新华	武 戈
王海龙	巩述斌	陈图南	王笃庆	塔 鑫	曲 波	郭继芳	甄春宇	唐琳恒	陈武辉	胡 佳
肖 璐	朴 哲	彭治建	王禹均	于鑫浩	文 蕾	崔世龙	路国庆	矫国军	王 超	孙永利
马东日	张春铭	刘喜彬	王 冲	郭 晨	史冬利	金学俊	杨玉彬	李媛媛	李红英	史建梅
李建国	刘晓晖	宋海军	李 博	杨振东	吕首阳	王宏宇	吕 芳	宋祥宇	张 强	刘 波
苗艺丽	毛振华	赵艳春	李华德	谭琳琳	王 建	刘文建	伞国涛	赵明霞	岳 凯	陈 伟
唐立伟	刘大伟	戴井辉	邓 娜	毕金平	古长荣	李智光	宋长君	宋 洋	郑海彤	于秉坤
张爱国	陈 鹏	王 宇	曲 波	崔建平						

2002 级
土木工程

尹艳丽	张蕊莲	景文艺	闫卓秀	岳永文	侯 龙	陈魁旭	李建英	沈 宏	孙 宇	李东万
丁德坤	安继东	张 辉	牟海滨	井 利	张家强	陈志晖	滕风权	宋建新	赵伟鑫	董相伟
陆衍贵	马连宝	孟祥雁	马 明	田冀勇	杨春林	宋晓燕	周健传	王晓光	孔祥斌	王传江
李有成	侯文海	孙学勇	高 龙	周艳林	程宇峰	刘 鹏	李 博	王 磊	郭 凯	石 强
张柏木	宋怀伟	刘立新	李晓旭	李净珊	韩明轩	刘春锋	郭钰磊	任 超	王 栋	梁金伟
迟福强	张 凯	王敬波	张 雷	王德润	刘旭生	李常山	曹洪宇	李丽丽	李敬堂	黄 伟

2003 级
土木工程

王静娟	孙 晓	郭 丹	柳艳辉	李 楠	田利祥	王晓春	冯晓峰	刘冬霞	李忠峰	赵灵红
王春燕	聂 微	李 峰	谭丽丽	张 滨	张铁成	王 维	杨桂云	李 飞	张 爽	董国荣
牛洪强	陈 峰	徐 升	王爱华	李 伟	刘焱新	孙 磊	王 凯	隋 玲	张本亮	谢明生
张庆霞	王 翔	李春艳	魏宝成	刘立斌	罗昌勇	徐晓丽	滕媛媛	杨润军	顾 莹	肖 江

468

王 猛	黄 丹	刘成富	王 亮	凌宇良	王公义	高 刚	张忠孝	郝友林	费世伦	李浩晗
张长江	刘利剑	李深厚	孙成恩	于 洋	耿冰冰	张 敏	陈 冰	王连芳	李欣然	宋毅超
蔡梦远	王 慧	张 航	于啸宇	李 锋	时 旸	周 娜	张春忠	李宏岩	杜林林	李 岩
王 波	张玉红	张龙臣	赵 辉	贲成根	王 英	石 磊	邢祥峰	郭英红	刘 爽	马铭亮
张奇志	张宏杰	高连杰	张 强	李 林	王 威	常继冰	杨世为	张国庆	王永太	于林沛
陈伯森	唐桂生	王国衡	李 剑	陈敬利	潘守明	刘春龙	李朝娟	杨国军	张若彦	胡振宇
冯春悦	杨维新	李金莲	范志苓	谷少才	刘海礁	杨志有	吕 芳	魏 艳	宋小丽	史俊男
柏雪亮	肖天强	刘 刚	孙洪斌	刘力军	包 琨	陈永军	刘 雷	陈莉岩	仲维佳	王海龙
刘向雁	张 睿	刘雨梅	付加柱	张林涛	马金水	王 福	白广宏	贾月红	杨 涛	姜 峰
马连伟	李广智	徐凤为	刘卓夫	庞羽飞	刘明宇	杜 坚	王志勇	白晓东	李敬树	侯立臣
秦小振	陈 静	刘彦英	高素英	安新蕊	孙克丽	葛洪英	刘红存	李 静	李 勇	俞志明
杨红梅	刘成华	姚玉新	杨学东	宋宝玉	宋晓凡	张志海	张 剑	林 利	王瑞圆	冯桂香
秦宏伟	王 强	董彦萍	刘 淼	张福占	张明辉	张 楠	赵晋莲	赵雪梅	高长征	崔彩霞
冯 丽	杨印旺	许雪峰	闫金喜	郭金龙	侯德宇	李晓霞	贾 伟	李红霞	黄育秀	郭伟林
刘延峰	吴书叶	李 丽	张丽萍	孙 菲	孟立波	李天福	孙 申	张小燕	王 昊	刘 皎
王锐新	王文焕	齐辛伟	崔 强	齐智勇	毛 秀	关 添	张桂芳	于志良	李成碑	董学涛
陈立颖	李 静	任世朋	王在毅	王晓艳	宋玉秀	陈 硕	毕 洋	李占友	冯宇超	刘君瑛
王国涛	王志艳	刘 晶	孙明辉	赵 晖	李滨牛	杨 阳	孙侯春	王 鹏	孙 刚	王 鑫
丁 伟	吕 爽	侯 杰	刘咏霞	杨 柳	丛晓辉	谭凤民	孟祥涛	凌云志	尹燕辉	王 宏
白 钢	蒋 薇	刘天冬	陶 锋	何立斌	胡成海	邢 琦	刘 滨	宋冬梅	王泽南	邸 军
耿玉振	徐 超	李冬佳	赵丽萍	陈 伟	郑玉龙					

2004 级

土木工程（成教学院）

李仁龙	李树文	李 硕	李 翔	李 欣	李 岩	李艳杰	李玉龙	李玉芝	李 珩	林德斌
林小虎	刘长明	刘 畅	刘承璋	刘 东	刘光辉	刘海晶	刘鸿贺	刘开元	刘 鹏	刘 锐
刘塔彦	刘桐宇	刘喜星	刘 祥	刘 旭	刘 阳	刘玉梅	刘云丽	刘志刚	刘志国	柳 阳
娄志环	卢淑英	吕 游	马 涛	马振兴	马 昕	米 娜	尼 磊	宁秀丽	潘 博	潘淑杰
庞国强	裴毅明	彭 刚	彭新宇	朴哲敏	齐莉莉	钱金生	乔成军	秦嗣娟	秦绪海	邱 丽
屈 民	渠继鹏	任保升	戎 强	邵 为	石德鳞	时佳兴	史 强	史铁武	宋官德	孙东旭
孙洪斌	孙华临	孙清山	孙玉新	孙 赴	檀宝顺	谭 鹏	唐海林	田国中	田 威	田 野
王 超	王殿海	王 飞	王凤维	王建华	王晶晶	王 莉	王 猛	王 萍	王挺芝	王 伟
王晓东	王晓龙	王雅卓	王彦明	王怡海	王 璐	王 罡	韦世君	魏 华	魏 征	吴 冰
吴永才	武杰鹏	武 勇	肖明辉	辛贤子	徐桂珍	徐 敏	徐秋凤	徐志勇	薛永江	杨爱民
杨东峰	杨 华	杨建立	杨丽影	杨晓光	叶宏超	殷达明	殷 红	于宝凤	于洪志	于 亮
于思淼	于庭辉	于文洲	张广辉	张广亮	张洪昌	张洪义	张剑飞	张金文	张 强	张石瑜
张书良	张 熹	张 伟	张立刚	张 岩	张勇军	张元飞	张钟凯	张 晔	赵晨宇	赵 凯
赵丽丽	赵庆昱	赵振环	赵志伟	郑佳红	郑铁军	郑文明	智红丽	周汉杰	周 威	朱希明
朱晓明	朱晓华	邹国良	邹 辉	贠吉滨	闫 辉	逄 军	逄秀丽	臧 鹏	安丽丽	安玉杰
白 杨	白 宇	蔡 杰	蔡世亮	曹启斌	曹中波	陈 成	陈凤丛	陈 伟	陈新红	程 成
崔海波	崔海龙	崔金成	崔学会	崔岩岩	丁忠山	董丽杰	杜俊青	杜 伟	杜文彬	段晓丹
范利鹏	范文生	方 俊	冯英华	付旭东	高宝坤	高利华	宫照辉	郭春艳	郭和琪	郭晓丹
哈晓龙	韩晓旭	郝凤波	何 岩	侯传彦	侯佳贵	侯丽静	侯秀梅	侯治纯	胡 燕	冀 伟
贾红军	贾黎辉	贾 婷	姜 菲	姜海峰	姜连国	蒋明霞	金长龙	孔春红	孔祥辉	孔 一

李国华	李宝权	李 程	李春生	李海枫	李基宏	李佳宁	李建伟	李 杰	李 君

建筑工程（成教学院）

李玉磊	梁 建	林 辉	刘 皓	卢 波	牛兴栋	彭 虎	王 磊	吴善营	肖德超	肖 强
谢 振	邢建堂	徐 燃	袁裕正	岳喜政	张 涛	张新鹏	张 亚	张媛媛	钟家生	朱进芳
庄启彬	程 晓	谷垒广	关丽民	郭 强	姜延波	姜之国	孔 柯	李 犇	李传旺	

2005 级
土木工程（成教学院）

刘大刚	刘德刚	刘 庚	刘 磊	刘立平	刘同宇	刘巍巍	刘伟光	刘文奇	刘英健	刘 影
刘潇一	娄霄楠	吕海英	吕龙旭	吕 明	马连军	马仁平	孟 超	苗 辉	那 鑫	宁党政
裴永来	朴 丹	朴美艳	齐丽珺	齐 亮	邱维民	任海钊	荣 刚	桑卓萱	沙 威	邵相臣
石环宇	石景兰	史 磊	宋 磊	宋晓洁	宋一凡	苏新颖	孙东茹	孙立英	孙朋达	孙清禄
孙 冶	孙 隽	谭海林	谭洪兴	唐宏宇	陶 丽	田冀志	田科宇	田丽云	王长军	王春岩
王 淳	王大伟	王 刚	王 贺	王 磊	王黎明	王 龙	王铭亮	王秋菊	王 涛	王 桐
王文明	王 旭	王 岩	王 艳	王 勇	王勇娟	王 宇	王 智	吴 非	吴凤荐	夏国利
夏 銮	肖虹宇	谢秋梅	邢丽波	邢 敏	邢祥龙	徐 辉	徐双利	许海龙	许 强	许少春
颜晓光	杨金玉	杨天贺	杨 威	杨晓光	姚云浩	于翠翠	于丹妮	于振东	袁丽波	袁 媛
岳 雷	曾宪君	张 宏	张会来	张丽坤	张利申	张 宁	张文勇	张喜君	张晓峰	张续春
张学光	张 岩	张永雪	张玉林	张 琦	赵贵兴	赵军锋	赵丽妍	赵祥龙	赵园园	郑 彬
仲昭泓	周显军	祝秋鸿	赵华丽	邸学平	闫晓洁	栾 玥	江明江	艾雪岩	安丽艳	安 平
安 然	白 璐	柏 丽	薄天宇	蔡文斌	蔡兴龙	曹 彪	曹启伟	常 亮	常文华	常文佳
陈 丹	陈 钢	陈 涛	陈卫国	陈玉红	陈玉桐	陈 瑜	初广辉	丛思国	崔 斌	代 鑫
单文涛	丁长君	丁天翼	丁 勇	杜云鹏	杜振红	范金刚	付春梅	付国华	高慧丽	高明月
高宇飞	葛长军	葛传生	葛延军	谷 锐	谷 野	谷 雨	关微微	郭 亮	郭淑颖	郭 昊
国伟鹏	杭其桐	郝春雷	何 烨	侯宇光	胡志健	纪春爽	贾 玮	姜广涛	姜学东	江春城
解积文	金 慧	景莉莉	孔锤钢	郎 哲	李 超	李春荣	李丹丹	李 飞	李 贺	李贺华
李洪凡	李 季	李建国	李 鹏	李庆春	李晓明	李玉江	李占方	李宗相	梁海涛	梁 伟
林冬森	刘 妍									

建筑工程（成教学院）

刘国亮	刘 强	马清运	聂英材	潘益明	任滕滕	邵海涛	孙国旺	万德武	王爱军	王成波
王德凯	王 磊	王明明	魏功民	武中华	徐凌云	薛金建	于 双	袁善泰	张大军	张含乐
张立清	张 鹏	张晓军	张晓明	张祚利	赵可广	郑 伟	姜凤霞	景元涛	李维智	

2006 级
土木工程（本科函授）

吕远峰

2007 级
土木工程（专科起点本科）

魏晓飞	张 雷	任德红	赵雪彬	岳小松	宗艳冬	唐禹珲	高永亮	王玉鑫	周俊杰	柳 青
刘作亮	王文忠	司旭伟	韩海泉							

2008 级
土木工程

赵强强	秦 龙	顾 宇	李德龙	刘春龙	徐 野	王洪军	李永辉	李 强	赵旭光	马 洲

附录

张世峰	刘 尧	辛雁斌	马春晋	孙乃迪	张 敏	范志勇	谷亘石	邱 影	侯 辉	郭茄荃
李生之	任 博	王 磊	张晓英	王 雪	荣广东	王梅全	车 越	张学舟	国文华	刘鹏宇
白 璐	赵婵娟	赵 丹	富 松	苗 彤	刘宝娣	唐春跃	孟祥浦	史芳洁	武 卿	张晓英
李 宾	王香兵	贾 峰								

2009级
土木工程

赵 锐	王 浩	焦 洋	张 博	任忠宇	蒋晓东	赵国亮	吴 丹	杨 洋	季 然	张洋洋
张 震	孙 博	赵忠华	杨 雪	刘剑魁	江德鑫	曹志强	卫剑峰	张 凡	张宇国	王 毅
秦尉家	郭 哲	赵丽萍	林伟群	袁 凯	邓伟坚	刘悦军	汤威振	庄 华	黄柳燕	方自臣
梁建军	董 强	周建明	宋志伟	李向海	高 超	姜红霞	陈 扬	孙洪雨	黄振亚	石丽榕
许龙建	林建伟	梁德育	黄锋华	刘雅文	王小瑜	李沐容	徐勤耕	张 楠	叶建军	杨志强
陈 军	陈苑红	李 淼	苗春雷	蒋小龙	李康伟	张磊邦	郦 婷	崔 雄	刘昔衢	

2010级
土木工程

任晓雪	刘明虎	于胜海	范丽欣	刘 洋	代先超	覃秀兰	李文胜	佟成平	关凤悦	王惠杰
聂宏伟	墨振良	冯昌宇	徐 森	韩 强	张 雪	刘培源	刘 静	梁景彪	于宪龙	刘 欢
赵炳祯	霍晨阳	郭在玲	王 玑	韩冬冬	姜悦宇	林训承	王琳华	孙敬超	刘 建	陈 柯
韩 涛	凤艳玲	王晓君	左 琪	王 晟	周代明	唐 超	王 纲	刘曼娜	王杨杨	谭 刚
张华威	王宇鹏	张爱丽	白宏宇	张 莹	袁国军	鲁功鑫	伊泰林	张 全	杨丝淇	安 宁
李 伟	陈 晨	闫 飞	于学涛	付 红	张世龙	刘淑兰	刘 阳	王 磊	谷岩松	李晓斌
孙 朋	姜 鑫	马艳龙	孙雪峰	陈 磊	王双平	张 威	赵金星	王盼盼	魏亚南	叶 峰
张海滨	张广通	王 丽	臧鹏飞	王炳月	张国鑫	李建安	汤海龙	杨景明	陈 晨	王文欣
马 亮	柳 吴	付春丰	江瑞林	赵作营	李 智	贺 康	田 睿	工轲欣	代科华	韩长龙
刘文佳	袁斯文	张克强	滕 非	万 珊	庄莉莉	米万江	洪成兵	何树为	张 硕	齐 虹
杨学霞	汪艳霞	张 阳	李正新	时 振	陈 良	李 莹	吕秀靖	金亚萍	张丽丽	王 燕
孙 开	张晓辉	许芷嘉	朱永海	吴 绯	王书海	张 玲	郑宇飞	孙 波	肖占岩	孟 鑫
赵翠翠	闫振亮	张立新	关 军	佟 阳	刘 颖	赵天明	刘鹰鹏	陶 勇	邹 欢	李 想
赵 一	方 薇	文 华	闫玉飞	刘志同	庄宏旭	丰 岩	王艳龙	马 达	周 娜	刘雪娜
郝梦思	李洪震	王 鹏	赵丽莉	刘高峰	赵 博	张 帅	赵静丹	孙甜甜	牛 翔	姚晓波
王 颖	黄 旭	巩灵俊	贾慧阳	贾李林	马 铤	李 涛	王卫斌	吕彩平	张 剑	张 辉
赵荣康	杨 健	史彩霞	尹益贤	臧广越	丁 靓	李俐影	宋红跃	高 兰	智 刚	李沅达
华凤佳	孙兴泉	吴 皓	朱凤玲	刘 玲	孙毕跃	杨 超	菅 峰	宫秀明	李博文	佟金明
褚仟仟	王华斌	王靖博	王汉文	赵坤明	曾小东	吴国锋	余铭辉	吕志坚	刘福有	安声坚
廖文腾	刘政坚	黎燕苹	徐 钦	王嘉玮	王雪姣	康爱华	牛旭鹏	朱建锋	邓 攀	刘永胜
刘 欢	张 洋	李志亮	王 健	吕泽振	王良旭	李 超	翟德先	李 轩	王 寻	王 真
彭立军	庄思慧	侯 朋	宋文耕	王 祺	陈少丹	王克辉	刘文海	刘 辉	张 琛	解明伊
王 庆	武金泉	张 峰	郭旭兵							

2011级
土木工程

| 王 洋 | 辛伟榕 | 姚 琳 | 郑 锐 | 赵鹏飞 | 韩鑫龙 | 张开元 | 王 超 | 于 懿 | 高胜丹 | 田 甜 |
| 李振海 | 吕丽华 | 陈欣欣 | 姚 泉 | 郭 佳 | 庞清文 | 赵菲菲 | 赫美婷 | 张新新 | 代晓旭 | 解彬彬 |

刘鹏	刘佳	王振林	周垂强	王越南	万广杰	张鹏玉	孙鹏	于昊	张国轩	马旭升
王文亮	刘琼	李秋阁	王洪兴	邓国峰	王佳琳	韩昭	王韦国	刘磊	高喆	黄德民
章程	亓成	刘明飞	谢步凯	刘波	李艳杰	杨忠德	周威	姜永海	赵林	王迪
葛欣	赵文博	冯浩	贾泓淳	杨艳	王秀艳	姜大军	田晶	刘鑫	刘海洋	白宇涛
工原	代征途	王蒙	杨阳	李云丽	蒋文婧	卞成	张立平	李海龙	王海亮	王任博
陈宝鑫	姜若凡	张博	王旭	田娟	石海珊	马雪君	赵艳艳	陈东	王丹	徐洼洋
高晓影	许昆	柯卫	李玺	石文远	刘哲	史佳可	连烁	金新洪	李莹	于博
杨丹	张晓辉	王旭	常志伟	李文昌	王作言	杨光	刘晏岐	郑丽娜	肖辉	郑艳
赫湘宇	姚群	张敏	韩景峰	崔宝鲲	王洪军	黄金城	胡建振	胡挺	柯汉捷	孔祥鹏
苏宏	王东明	郭琦	马雪航	马雪宇	梁定河	乔树伟	朱昊飞	朱峰	曲世强	杜海龙
张峰	蓝可杯	吴金海	许志华	黄丰	赖玉金	刘家顺	檀伯文	蒋莉	赵芮	朱伯基
王克源	李彦波									

2012 级
土木工程

宋红跃	高兰	智刚	李沉达	华凤佳	孙兴泉	吴皓	朱凤玲	刘玲	孙毕跃	杨超
菅峰	宫秀明	李博文	佟金明	梅少坚	方兰	刘万军	鲁文博	弓琰文	陈丽俏	王亮峰
李辉	戴媚	李宙辉	刘鸿	吴主坤	刘月军	秦健	王文辉	王海波	白云辉	张建勋
韩鹏飞	肖宇	蒋双喜	曹磊	刘亚楠	马光能	孙光华	王璠	孙磊	曹洁华	王青
张韬	陈法科	李轩	王寻	王真	彭立军	庄思慧	侯朋	宋文耕	谢洋林	魏祥威
陈智臻	王吴辉	余骏	刘锦生	杨凯	柴威	杨海军	张夏旋	刘维	田霞	刘运通
申彬	岳红武	刘文海	刘辉	张琛	解明伊	王庆	黄琦峰	蔡志灏	陈廷彬	马晓青
刘宇	洪孟平	任国东	成词	张庆龙	杨赛卫	杨健	李超	何华振	郑兴龙	凌宗辉
武金泉										

2013 级
土木工程

温奥仁	曹晓飞	李鹏	徐苏成	王路	李瑞松	张明星	安吉成	杨旭	李金龙	赵彦辉
张剑辉	戴永坤	曹晋	宿金淇	邱海鹏	林娜	姜胜男	王盟	王秋来	关悦瑜	杨苗
吕东梅	张佳	张岩	孙洁婷	赵昱	商傲	赵全红	张慧颖	周兆玲	谷溪龙	张仲芳
王巨文	代俊	吴云喜	王成	王玉华	王莉莉	林雪微	周贺	康姝婧	王珊珊	曹涛
李丽晶	王永超	刘丽	刘宇航	姜南	陈静	袁洪刚	邓君帅	杨洪军	张翔宇	王晓丽
柳云东	胥传文	杨秋艳	陈淼	姜海洋	李孝海	李秀明	王晓蒙	张春红	陈曦	于超
刘宇佳	吴东磊	安伟东	韩中来	高明月	夏兴海	陈洪伟	刘文鹏	张爽	丁雷	郝新
乔新	赵宇	左世妍	张尚策	姜海洋	丁芳雪	马树波	吕红波	王迪	赵晓明	牛金雷
张博然	于金龙	李天一	王海龙	王浩然	孙思群	刘月臣	刘恂	仇世博	王璐	尚蕾蕾
董健	李宝尊	马睿	高孟	李慧	齐艳艳	史琦航	王威	赵凤	常宏弢	张国宝
姚宗辰	关颖	朱广伟	魏贤春	李月明	张璐	于周静	李江	钟利刚	李敏	王志慧
周晓琴	林静	马青云	史钰昕	孟金梅	牛龙龙	邢立为	李秀芳	李哲夫	王秀芳	李超
章晓宇	张毅	王爱娜	张利冬	张华	王利团	蓝高腾	肖星发	刘达章	蓝秉发	钟晋旺
殷军	史晓云	姜丽娟	郝丽	刘占东	王金树	彭佳业	骆丽燕	苏天环	梁仲任	卢宇
陈汝福	陈学君	钟仕强	宋健	罗俊麟	李新泉	黄梓荣	黄芳芳	刘建红	黄晓华	贺庆花
刘娟	吕秦	王恒权	刘红丽	李东吉	李澄伟	聂明莹	郑航	赫广文	孙大伟	温旭东
王岩	林颖	林佑青	刘桃	于得江	王玉娇	顾长宏	马馨杰	刘佛秀	吴炜劲	张华
刘欣	潘根良	宋辉辉	向宗铭	吕诚杰	张玉麟	陈晗	李佳炜	崔雪娇	田冶	朱元奇

附录

苏武金	王　锐	马忠玲	李奥博	赵庆学	刘　杰	赵　鑫	金良寿	赵　明	陈　冰	宋述松
郑小朋	张国栋	陈显彬	谭华国	刘　瑞	陈　达	曾想来	王志波	杨　东	周羽佳	王玉峰
高东君										

2014 级
土木工程

安　静	王　笑	杨　峰	张双红	肖　芳	关兆捷	董文跃	曹晓庆	王小龙	刘天旻	赵　洪
梅笑冰	鞠晓龙	隋红杉	赵晓彬	那冠元	彭　聪	卢　敏	刘芳芳	时　洋	李保阳	郭元杰
宋政富	赵　丹	高浩然	姜宗园	张增强	毕　超	邓海涛	宋丹丹	莫伟灿	李晓翠	孙佰文
徐伟平	宁丹彤	陶宇明	张　鹤	张　洁	吕凤章	张　萱	李　静	王延东	方　慧	陈　放
王佳华	闫士学	茹　婧	郝　娜	范黎黎	王战威	张辰飞	陈　鑫	张洪涛	骆净华	张敬远
张铁龙	苏　琦	孙　嘉	宫晓婷	王　文	韩利红	孙智荣	蒋小菲	张增明	梁　洲	安飞琴
李　宁	刘婉珍	张利平	贾　晨	王伟萌	翟　锐	刘　雨	蔡英团	陈道茂	俞巧珍	林瑞城
檀鲁续	李　平	黄志军	邱　远	陈德贤	叶迎春	谢国伟	冯奕惟	陈南汉	张　乐	张丽芳
余恒泰	宋协亭	芦绍龙	郑　巍	蔡龙飞	丛　洁	汤廷武	孟祥瑞	马彦举	苗福来	朱格健
彭秋丽	黄瑞婷	张曾萍	陈亦旺	卢恒山	李秀娟	古煜森	林　勇	马小钊	黄志专	邓孝孝
张宏亮	许召娣	刘　哲	张　慧	刘　琳	张建民	李俊彪	黄河舟	黄　革	揭育伟	马梅芳
徐增爱	杨　红	徐冠枫	王庭伟	占　伟	徐　军	王浩然	吴　丹	丁裕龙	晏学元	葛梦阳
王海祥	蒋　展	蒋方磊	鞠佳佳	曾　洋	杨　超	沈　涛	单丽娜	程丽丽	王秀红	张　直
郭超中	郑　妍	于　龙	张　蕊	白生志	玉　青	纪埋伟	陈玉妃	马滨昕	谭锦球	李　浩
张金芳	陈　灏	郭慧杰	蔡俊嘉	张紫东	邓如栓	邓旋燕	陈基洪	温伟桥	肖伊静	何苑娇
丘庆武	谭冬浩	曲小宇	宋益敏	邱　晓	宋　蕾	于海涛	陈春艳	麦家昌	梁张照	王汝英
王月梅	伍　川	黄敬棉	陈春媚	苏祖涛	陈赵宏	李镇瑶	黄文威	梁进成	梁鸿发	杨　磊
黄伟钦	曾金龙	王春香	周　伟	伍贵明	黄　华	卢　萍	刘应辉	丁合鹏	段潇倩	李　浩
刘子龙	惠　昆	王　灏	唐祖尧	王爱军	谢　飞	焦大萍	李自强	蔡学良	王　鹃	潘志明
孙文静	胡欣欣	周陶峰	庄丽华	杨林辉	钟肖燕	许永昌	郑司威	许浩昶	王　艺	李　凡
仲明杰	池晶伟	韩小东	代秀丽	薛国东	刘　伟	高露玉	马卫华	王　涛	杨　君	庄天宇
庄志平	赵素平	任　旭	王子铭	刘雁鹏	李清华	刘胜军	林　珂	邓　敏	何杨龙	邱晓龙
张俊义	威筱笛	廖俊添	程洪义	于　洋	苏红庆	赵鹏帅	于云洁	罗　洁	李玲瑞	温　宁
张　浩	王洪亮	李成立	邵安娜	毕　立	梁栩浚	于成龙				

2015 级
土木工程

张丽丽	赵姝静	胡立杰	杨立东	沈安芩	石高文	张志娟	张利交	许媛媛	鞠洪源	秦月娥
费　琼	王　新	王　芳	朱　盛	王悦山	牛　楠	廖文源	梁家伟	梁清琦	陈会意	张俊杰
赖昊宇	李文锋	彭泽顺	邬久林	张江波	王　进	赵　丹	陈　寒	苗雨尘	卫晓妍	保秀娟
王　瑶	陈　毛	吴勇军	方佳成	王　健	张　威	胡文凯	项　剑	贾明帅	赵文帅	谢绍锋
李和庆	陈　玥	周志刚	吴金亮	周　申	孙文超	吴立飞	郝永峰	贺静文	徐　辉	姜忠桦
段晋静	杨开成	支绍文	吕昭旭	贾　勇	王　超					

2016 级
土木工程

林伟梓	董海彬	罗侦伟	余汉威	陈爱华	江伟婵	蓝丽君	李咏养	王　铭	朱　敏	王小一
冯　莉	李青斐	王　佳	孙哲宇	谢寒冰	张　坤	万柄呈	袁　洁	康晓军	闫玮恒	刘晓飞
焦佩兰	尹　超	陈明华	岳金辉	段长虹	赵德勇	宋　双	刘　峰	宋晶晶	卢惠霞	万　佳
温东旭	于雪帆	李景鑫	邢少骞	邱洪志	赵　洋	刘　岩	宫丽微	于　桐	王　爽	高金铭

李 英	李丹阳	慕安民	李洋洋	李俊生	马 倩	李昕越	车艳雪	刘宇峰	王圣龙	韩 妍
董晓光	王 超	杨美新	刘海楠	林 月	李传奇	高 严	侯飞飞	卢 妍	毛之元	耿佳敏
吴 琼	马 超	柴天宇	孙晓靓	马立歆	刘晓丽	于 玥	颜 欣	李冰悦	孙旭辉	张文鹏
魏 巍	孙军辉	史丽华	刘彦滨	宁彦杰	王 磊	赵文斌	杜亚军	赵 铎	谢秉哲	邢 敏
刘 磊	刘智俊	高美荣	董相玉	牛 犇	刘 倩	段俊诚	王建鹤	乔茂林	刘 波	王晓芳
黄 杰	汤海丽	李志伟	马紫微	高伟倬	李爱民	范志鹏	张丽娴	王艺涵	沈 蕙	李增莲

附录 4-1-6 非全日制专科学生

1992 届

工业与民用建筑

王 敏	常海玉	王玉杰	刘 忠	高兴海	王兆顺	卞亚辉	冯 宇	李玉杰	熊爱东	张伟泓
韩 伟	袁文忠	白月萍	刘万林	刘翔宁	梁德鹏	王宇韬	李 强	李砚同	彭 程	刘焕祥
宋 野	王晓彬	王洪斌	韩 雷	李忠山						

建筑财会

潘 敏	田 明	郑晓英	孟淑萍	温冠男	葛丽萍	郭首柔	段秀霞	管永欣	潘 峨	米辉辉
王玉秋	吴 云	赵宇梅	吕长璘	叶 竹	毕伟利	蔡兴宇	林雪峰	关妍姣	王琴松	董 言
贾彦萍	杨化帮	张 卉								

1995 届

建筑工程

于国锋	刘淑娟	刘海山	唐 斌	曹 华	卫士锋	马忠杰	常海燕	赵万涛	杨金卓	赵怀亮
马传运	杜玉发	王金泉	张文斌	韩 冰	杨 洋	徐 波	余维栋	隋晓峰	赵 峰	赵颜彪
陈业春	于亚君	冯茂彬	李 广	于艳芳	王 琦	秦 放	王培成	韩升迪	夏林青	秦建文
檀洪峰	范 砥	钟 诚	张照福	吕爽璐	于铁峰	刘忠杰	毛德凤	朱 杰	于成发	李维奇
李 刚	高献民	梁宇慧	姜永民	骆昌志	史继勋	刘宏业	王俊辉	王 芳	苗润宇	王小军
张军兵	张 琳	高 凯	李 艳	刘殿凯	宋晓峰					

会计学

赵俭惠	张秋晨	何玉拄	陶淑芬	范育松	尹岭南	刘延明	洪延波	荣 恺	王 茵	姜志勇
侯 巍	李 钧	王宏伟	王景荣	刘彦良	柴峥辉	曹雪松	高 昕	冉令辉	马吉胜	王立国
阎立新	李 娜	张树彬	郝忠启	邓惠茜						

1996 届

工业与民用建筑

杨 军	闫素智	马润轩	杨 爽	陈继春	罗小平	张晓静	卡祥民	张 威	江志东	孙秋明
唐桂连	吴风秀	付立平	李德志	余春兰	沈大鸣	何玉林	刘洁元	王怀成	李 青	金 鑫
张玉梅	吴 琼	代淑杰	孙秀华	刘文生	李金有	王恒军	张 辉	汪友谊	于晓悦	

会计学

李子健	孟 琦	王 起	刘玉兰	曹明彦	聂国欣	李 欣	林 潘	何伟那	金东炜	金 红
朱凌霄	衣明玉	李中鹏	高 飞	孙 巍	都吉龙	赵凤玉	朱康发	马海鹏	史 超	刘群生
辛禹波	李彦民	代景峰	赵 欣	汪明武	杨洪鹏	韩东光	刘志华	李春丽	于世霞	底 莹
冯百云	刘 倩	杨 红	赵 颖	陈 光	李玉霞	倪明辉	管风欣	刘巧玉	梁艳瑰	张宏宇
朱春雷	付亚东	高 婷	李 芳	荆 丽	姜 丽	封 霈	张艳波	于红霞	黄彬彬	于 兰
黄 轶										

附录

1997 届
建筑工程

刘松波	杜 岩	翟广军	辛兴军	王 健	李 宝	徐英师	王 虹	杨旭升	宋长军	姜竹泉
汪作春	秦 放	李 双	王大庆	金 善	徐丛斌	杨德永	李 勇	徐占峰	丁韫韬	盛国君
段庆国	刘 东	张敦明	李海燕	刘洪志	王明军	董印伟	王果隆	程志明	宋丽杰	魏则伟
蔡长志	邓晓东	揣大成	田中举	艾宏宇	杨 莉	平永伟	尚德权	刘巍洋	夏明辉	张育松
高德生	闫春生	刘宝勋	张 健	宋 涛	张卫兵	毕学军	赵昊瑞	孙晶波	孙春雨	雷 达
薄 峰	冯江艳	赵永明	毕 颖	李长柱	王志国	马彦芬	杜 鹏	郭佳林	尚敬新	徐志胜
鹿一平	乔树杰	朱连昌	武 孟	张 岩	崔旭峰	王永国	闫峙仑	崔智远	鲁建新	古宇涛
王绍非	杨全强	冯志刚	周 利	胡秀英	王奇真	吴汉庭	张 波	李 刚	李 娜	

2002 届
建筑工程

张国伟	刘 颖	姜学松	薛艳洪	关清瑞	刘玉蕾	陈焕英	陈宝成	李德民	崔文丽	赵玲玲
李岩峰	周桂云	金培福	刘占威	郭红侠	黄玉涛	李 悦	刘 英	周 奇	张金霞	吴 垚
王玉华	王景莉	王海英	史存伟	齐文华	李秀芳	李 强	郎亚波	高树君	金虎杰	李文臣
王春丽	孙学勇	王发军	牟海滨	王泽才	殷晓华	孙立春	吴云龙	梅林松	李清发	关忠文
宋成林	李庆刚	林 哲	金春笋	陈 凯	王立涛	李兰沐	陈 靓	毕学成	吴海峰	周 剑
周 波	郑文东	郑 斌	张钟凯	张 雷	张来希	张 军	张建民	张 斌	曾海丰	尹董升
杨文才	许守国	谢金宇	吴 丹	王晓东	王圣辉	王 猛	王慧婕	王海涛	王春峰	陶黎明
孙清山	孙加鹏	孙德福	苏永钦	宋宏宇	商勇钢	苗钰东	毛振华	陆金辉	刘松磊	刘承刚
刘宝林	理 强	康 磊	姜晓光	胡 浩	郭英涛	崔晓东	崔海波	陈 曦	陈 航	车德波
常天雷	白武龙	朱月辉	周宇鹏	张寿利	翟世龙	翟清元	吴 哲	王 巍	佟月强	田 雷
孙东升	宿宝缘	史 计	吕元利	刘艳军	刘冰冰	胡新宇	孔祥夔	赵 东	谭 亮	

2003 届
建筑工程

王 兵	张国军	张全新	闫兴旺	刘运君	杜 立	朱 丹	王承志	穆德宇	马成彬	孙成贵
王祥军	武秀宽	侯广强	李洪祥	陈长河	蒋伟新	张树华	王连波	刘春仁	安 海	李权术
栾 奕	孙海波	王 欢	赵振超	戴波涛	韩永慧	陆宏艳	钟 升	田利祥	赵昌隆	李兴凯
董国荣	范志宏	王艳平	徐 影	赵 艳	唐立军	张海龙	申玉玲	王晓亮	徐 升	王宏伟
杨艳梅	姜海东	刘彩虹	于国利	付兆栋	牛其霞	尹召亮	高 伟	崔昌义	王海燕	全 红
崔健双	孙成男	肖豫洲	王文革	郑延舒	赵军锋	何晶涛	魏晋萍	张洪涛	李建设	石美兰
张占胜	张人坚	华 光	吴 蕾	宋 炯	陆海涛	王东军	冯建冬	任永刚	曹雪芹	赵奋勇
孟凡宇	韩 飚	张文良	吴建光	曹宝成	白 雪	白春凤	祝春山	王优东	王景龙	张修坤
张晓东	张立文	张 玮	刘书坤	王传兴	谭丽利	邓绍水	王延龙	李长松	吴 超	丁维坤
杜永强	高 峰	白雪明	宋永军	李 赫	艾一峰	王志浩	葛凤宇	王云峰	王震宇	张金海
王 丽	于晓美	张 航	霍炎焱	姜延南	陈 冰	王玉宝	程兆元	高 丹	杜宏彬	袁玲玲
高 影	高连利									

2004 届
建筑工程

王茂盛	尹 惠	白雪景	张秀怀	陈志伟	石振萍	任改英	李宏彬	寇延红	李衍志	李红阳
郭彦东	陈永强	温焕智	田义斌	马春雷	李胜特	刘 富	吴秀琴	秦红伟	孙成君	武 伟
梁宇峰	王伟杰	李庆芳	郭建军	陈晓军	刘 慧	牛亚嵘	梁志宏	王新胜	张 军	梁利红
马晓平	董利红	魏韦华	祁立柱	王 飞	梁晓春	徐海辉	白 亮	韩 冰	鲍晓婷	和晋东
邓 勇	王 杰	罗明芳	温卫军	王瑞芳	元 辉	朱百轩	张尚清	姜 梅	刘 峰	付永峰

475

土木工程

张红军	王正胜	孟冬生	贾 乐	姜 霖	郭延利	王永春	刘大宇	毕 辉	李振波	朱爱波
续金花	邹 欣	王 平	张 淼	苑立臣	闫志勇	赵士勇	杨艳萍	闫旭东	朱力彬	郑洪文
张春荣	孙永昌	李 萍	孙冬青	金 鼎	韩宝友	张胜霜	孙宏斌			
乔晓鹏	易治强	侯海伟	樊振寰	李天一	杨敬仁	宫浩宇	卢桂民	王 荣	王铭亮	孙剑锋
李忠峰	冯 旭	陶 锋	董然然	秦鹏宇	李 亮	隋艳冰	丁文广	孙 磊	蔡 超	土 凯
孔令斌	王 伟	马 亮	庞 健	刘广儒	孙 岩	陈 铁	朱会涛	张 涛	王 颖	胡志刚
蒋艳梅	王 超	吕 丹	王炳月	何陈滨						

2005 届

建筑工程

贾朝辉	姜青谊	张丽萍	张振斌	张明伟	李长春	史小文	郝一菲	王子云	祁国柱	马 晋
王丽芳	王建渊	崔俊杰	仝 磊	李志杰	贺治平	宁美泽	原志强	李德宇	崔晓龙	尹建宏
韩 玮	张贵仙	邓彩霞	师占良	景瑞虹	王韶英	高 翔	关朝辉	瞿彩芳	李 勇	邹妮妮
王志强	王雁海	殷晋才	张 军	亢 玥	姚 刚	孟 杰	杨俊峰	智海鹏	张新明	杨文艺
杨宝富	孙国梁	田晓宪	郝志强	徐 劲	胡 强	何大平	敖光裕	陈国平	薛 勇	于丹妮
王长军	成 刚	王传峰	董 永	林存利	李勇明	常 亮	刘宏凤	杨海涛	王 雷	石少义
李建华	孙 凯	李炳鑫	庄云建	刘业彬	曲继磊	张翠卿	王振华	牛洪博	张宪兵	张华娟
张 燕	张广波	王 莉	苏英杰	刘海涛	曹 峰	王树武	王新颖	战允鹏	费雷明	李红伟
王景龙	曹 颖	岳佳鹏	董清峰	陈 鹏	潘苗青	张 静	聂铜光	张立军	史佐杰	陈熙阳
王铁君	高 兵	谢秋梅	付 红	洪 途	周春雨					

2006 届

建筑工程

张希静	赵文斌	石高锋	郭鹏景	贾建芳	段秀军	史万春	张 慧	刘瑞强	连文青	王锡峰
郭彩萍	梁 仪	李 丽	王海俊	杜俊萍	赵志华	路正红	牛秀才	张玉泉	孟兵兵	李俊霞
杨小宝	高日升	王 健	郭俊宏	牛志强	刘金兰	陈建霞	杨 磊	郭腾飞	李青平	白瑞强
韦志玲	张家胜	秦 剑	马 宵	李爱英	刘勇庆	刘俊斌	靳利军	魏占胜	高宗友	郭洋洋
齐小青	胡振东	霍志森	徐 萍	王 君	高 燕	王 义	邹旭韬	张本清	姜玉秋	张 迪
赵晓斌	卢凤光	安立广	王 晖	裴兴师	宋 琦	董德华	田延春	祝 伟	刘禄海	姜海涛
商立伟	董德国	李振君	任全心	汤 波	李 浩	羊 毅	李昆仑	宋绍林	程立建	黄业友
王 峰	于 磊	赵 勇	邵敬睿	王 亮	范广金	姜向华	杜德滨	窦大勇	刘涤凡	

2007 届

建筑工程

张 波	董庆峰	孙长惠	彭荣祥	陈现旺	赵 鹏	王甲健	李惠明	王凯菊	王洪亮	张 雷
孙 铎										

2014 届

土木工程

武 丽	汪 爽	王庆余	肖国峰	李春旭	张正红	刘庆军	肖云丽	张洪权	于德泉	张智健
张 南	王世学	刘嘉丽	张 琳	李岳峰	潘志鑫	刘欣欣	李晓舟	殷艳艳	赵 亮	吴丽慧
董黎明	丁炜钢	李蔓华	吕志新	刘冠男						

2016 届

土木工程

冯金刚	徐海峰	苍 蕾	卢绪民	李 贺	杜春霖	杨 峰	王海江

附录 4-2 硕士研究生名单

附录 4-2-1 校本部土木工程学院硕士研究生名单

1959 年之前土木系前后聘请的 **12** 位苏联专家，直接培养了 **98** 名研究生。

1959 级
钢筋砼结构
侯忠良　　谷安澜
建筑力学
李桂青　　黄翰培

1961 级
钢筋砼结构
计学闰　　高文斗
钢结构
杨敬生
泥路工程
蒋志仁

1962 级
钢结构
王用纯　　沈保汉
建筑力学
郑霄倩　　陈丙午
建筑设计
王玉莹

1963 级
钢筋砼结构
徐其鼎

1964 级
钢结构
于华溍
钢筋砼结构
吴振声
建筑力学
刘　季

1965 级
钢结构
董玉学

477

钢筋砼结构

佟桂茹　孙剑东

建筑力学

潘延年

1978 级

建筑结构

李　挥　张小坡　何若全　曲竹成

建筑力学

张毅刚　龙复兴　李孝宋　佘师和　王志忠　钱　达　霍　达　李声抑　赵仁孝　罗宗烈　季天健
曲　华

建筑历史

赵光辉

建筑设计

罗文媛　陈　嶽　徐　勤　鞠立復　丁先昕　周金立　吴国力　王　镛

1979 级

建筑结构（钢结构）

董天淳　苗若愚　周广师

建筑结构（木结构）

张新培　盖春旭

建筑结构（钢筋砼）

董文章

1981 级

建筑力学

王文泉　段明珠

建筑结构工程

冷志刚　齐　骥　谭素杰　宋晓东　李铁强　孙伟民　梁德志　付有仓　叶英华　修　龙　苏飞跃
熊光晶　赵兴权　胡幸生

建筑经济与管理

王要武　张德群　刘　伟

1982 级

结构力学

武爱虎　秦文欣　朱本全

结构工程

牟在根　王　湛　刘殿忠　郝成新　张有闻　关　波　国明超　吕玉山　刘广义　单荣民　薛延胜
刁　波　苏学良　肖　军

建筑材料及制品

李志国　张立文

附录

1983 级

结构力学

姚 佳　闫维明　王秋生

结构工程

安玉杰　李地红　孙光曰　林柏中　邹超英　贾益纲　宋西战　付功义　黄 桥　李 田　齐加连
吴家平　潘友光　孙仁范　李曾林

建筑材料及制品

葛 勇

1984 级

结构力学

周广春　陈少锋　黄玉平　陈 跃

固体力学

孟令桦

结构工程

赵振峰　崔正秀　黄沙沙　尚春明　陈 昕　姬广华　张 鹰　王 娜　刘学东　张首玮　赵考重
高晓军　窦静峰

建筑材料

施 旗　李长江

建筑经济与管理

张 敏　金成文　张智慧

1985 级

结构力学

袁迎春　谭东跃　陈 巍　祁 皑　闵书亮　王歆玫　孙 锋　李前程　屠永青

力学

刘俊英　满振勇　徐 鹏　韩丽娜　张旭红　张金生

结构力学班

何剑平

结构工程

赵 军　赵 臣　刘 俊　那 鹏　王元丰　张素梅　张凤林　闫 石　高向东　郭晓林　于福臻
张培卿　刘长和　李振平　贺军利　王幼冬

建筑材料

朱丽英　刘爱君　王 政　张东兴　黄龙男

建筑经济与管理

武永祥　丁传波　杨鲁豫　秦文跃　张守健　杜朝辉　项 阳　王 洪　杨晓林　翟文彬　相恒江
曹明兰　丁贤志　郏韶华　邵福利　曾 微　马恩国　王学孝　于雪娟　刘忠东　石海均　醉 飞

1986 级

结构力学

张 莉　牛荻涛　王学锋　滕 军　王孟玫　张宏滨　张 雍　曹东步　丁建华　曹万林　胡根林
尹华钢　秦乃兵　高建民

固体力学

韩 峰　康大臣

工程力学

李跃敏

结构工程

陈永池　叶　林　严力军　卢江秋　宋友恒　黄向阳　董毓利　付金华　李秋义　隋成飞　丛春复
董　韬　祝恩淳　孙佳林　李　伟　甘川宁　杜　军　喻　秋　王潮海　余绍锋

地震工程及防护工程

孙希平　王少军

建筑材料

盖广清　李家和

高分子材料

王荣国　刘文博

建筑经济与管理

许程洁　徐　瑜　夏清东　马尧海　马洪波　郭志明　赵玉甫　孙美进　田树宝　辛　萍　马继勇

1987 级

结构力学

刘震鹏　于长春　于立训　王明启　王时标　辛宏星　袁春琳　孙作玉　周建平　刘少令

固体力学

赵晓红

工程力学

李鲁健

结构工程

王　力　程晓杰　李仁福　张晓东　杨振东　孙长林　陈洪水　易　成　陈　军　李　勇　周　彬
王学东　董彦章　逄治宇　吴学锋　蔡继舜　卢志红　郭建军　石选民　段永飞　朱勇军　刘长和
张新中　温　进　张文福　周　云　王留生　李　悦　邵永松　梁建华　郭　欣

地震防护

赵兴杰　燕太祥

建筑材料

李　靖　柳俊哲　何忠茂　杨　旭　刘宏伟　魏积义

建筑经济与管理

陈　健　芦金锋　高艳娟　刘延岭　郭　敏　汪　霄　张建奎　张红颖　夏清泉　武政军　杨　光

1988 级

结构力学

张云飞　吴　波　柳秋丽　刘广彦　王孟鸿

结构工程

闫春宁　李晓安　王凤友　刘英利　孙明松　杨卫红　窦立军　赵纪生　田亚军　李　慧　朱景仕
陈国义　曹卫华　孟振全　刘　畅　栾　英　刘　哲　金仁弼　唐学潮　杨　波　张爱茹　王景文
朴东梅　王　越　徐宪武　杨少岩　康子健　亓路宽

建筑材料

张洪涛　郑秀华

建筑经济与管理
李颖超　孙　平　沈一烽　李忠富　王学军　梅先兵　梅振国　刘思宁　于　泳　于剑平　陆万宗

1989 级
结构工程
王　策　叶继红　叶四海　高维成　鞠　杨　郑文忠　朱宪民　邵志民　刘　箴　金顺哲　陈明月
麻建锁　涂新华　徐晓飞　王亚波　朱　力　徐春龙　李东杰　房秀梅　韩林海　王海忠　宋永昌
董永涛　张　宁　高生平　王　晶　杨　扬　孙士让

建筑经济与管理
刘强数　杨晓明　朱宝璞　张兴野　鲍凯庆　孙应堂　汪　勇　陈　欣　张菊芳　任传会　姚　宏
苏　岩　武俊喜　王宝祥　郝广权　刘　林　左青天　高晓康　郭晓南　夏　为　王林征　陶　萍
高大勇　周小鸥　冯兆印　苟志民　滕　戎　汪　跃　朱向春

结构力学
刘玉彬　杨庆山　陈　勇　程江天　吕建明　叶　骏

固体力学
史守峡

工程力学
孙顺滨

建筑材料
武　静　金锦花

地下建筑
白东晓

1990 级
结构力学
刘会仪　罗　群　沈清喜　郭　迅　王　强　李　昆　王时标　白广忱　张叔华

工程力学
王立平

结构工程
李清志　曲福进　刘道永　张彩虹　赵　阳　马　义　李同关　杨　斌　李鸿威　杨艳旗　周　平
徐宇宾　王　伟　刘文龙　关双宏　杨如何　胡天兵　薛伟辰　葛洪通　王　英　许　辉　国明超
王　娜　屠永清　祝恩淳　刘　娟　刘　岩

建筑材料
张巨松　朱卫中　刘晓波　高东旭　龚春明

建筑经济与管理
王益滨　姜　淮　姜义坚　李明照　周永生　卜庆龙　齐锡晶　李学锋　李玉虎　李汇津　吴大刚
韩　冰　王左阳　段博文

哈工大建筑工程系：计算力学
金远春

481

1991 级

结构力学

孙大烈　王永富　段忠东　雷立宏

结构工程

费金标　丛正霞　李学章　武振宁　张宝银　宋红英　俞明昊　李小东　邓雪松　马晓光　张　明
隋莉莉　王　峥　张　连　吕京录　张三柱　许永植　于立新　张洪源　汤建南　苑清山　刘　冰
王思平　吕红军　张盛东　查晓雄　陈建兵

建筑材料

赵亚丁　李文利

建筑经济与管理

李福仁　王　群　孟　浩　潘东风　仇艳娥　苏晋滨　李　静　解　然　巴根那　朱益民　廖永中
高晓慧　于洪忠　张学军

哈工大建筑工程系：计算力学

张雪梅

1992 级

结构力学

周永程　刘　俊　张　旭　吴　斌　顾　平　林燕青　李　军　张建明　卢　薇

结构工程

钟　锐　张毓澍　远　方　陈江华　刘加海　韩纪勇　王子辉　范　卓　邵正飞　宋晓东　马忠诚
王伟昱　马晓儒　牛秀艳　晁德志　王　冰　林　松　郑一峰　李涌泉

地震工程

钟立新

建筑材料

王素梅　姚利君　吕同魁　尚晓琳　杨英姿

建筑经济与管理

王占波　张　红　卢　萌　龚明克　万　俊　王　郁　李　芊　丁晓欣　赵春宇　安春华　杨辅仁
董佩智　齐宝库　刘志才　杜　莹　仲生辉　孙起喻

哈工大建筑工程系：计算力学

胡　琼

1993 级

结构力学

吕大刚　杨英璞　赵桂峰　关为泓　郭　平　曹万林　陈雪梅　李洪泉　张培卿　周　云　刘学东
丘法维

固体力学

赵俭斌

结构工程

蔡日明　陈松来　林有军　张微敬　向　阳　黄世娟　董　垄　靳秋颖　王兴国　安成虎　刘占海
邬喆华　刘东胜　常万鹏　张兆强　刘　闯　郭庆生　郭靳时　卫　光　张晓庆　田石柱　涂　劲

| 李　君 | 原卫星 | 仲丛利 | 文　斌 | 李运章 | 武小松 | 常宇滨 | 于泽锋 | 栾曙光 | 张兆森 |

建筑材料

| 张照宇 | 姚　崧 | 刘银辉 | 母滨海 | 赵霄龙 |

建筑经济与管理

| 张　威 | 宫爱军 | 李雪梅 | 姜芳禄 | 顾晓琳 | 周　军 | 徐鹏举 | 韩桂玉 | 张　磊 | 曲　坦 | 张艳凤 |
| 赵东辉 | 姜　伟 | 谢　颖 | 于爱晶 | 张文欣 | 王　铮 |

哈工大建筑工程系：计算力学

| 范　峰 | 翟希梅 |

1994 级

结构力学

| 陈艳艳 | 曹万林 | 程晓杰 | 郭院成 | 刘　箴 | 武振宇 | 查晓雄 | 贺军利 | 赵　晶 | 黄虎杰 | 刘晓燕 |
| 吴　斌 | 段忠东 | 林燕清 | 张　鹏 | 熊立红 | 刘　峰 | 陈雪梅 | 辛明颖 |

结构工程

马新辉	李剑平	马玉宏	鞠笑辉	张　莉	李有志	张　峰	王宗林	王凤来	金熙男	李　坚
陈洪滔	邱明广	何　政	焦双健	周利民	陈　刚	朱永权	冯久斌	金菊顺	徐东升	祝庆俊
凌志成	谷秀慧	王成祥	李春吉	于　健	朱本全	王凤林

建筑材料

| 张敬国 | 姚丕强 | 梁　岩 | 袁　杰 | 邹桂莲 |

建筑经济与管理

| 郑四二 | 李盛辉 | 孙丽颖 | 林大勇 | 窦　娟 | 桑林华 | 余　翔 | 张　卓 | 胡保清 | 翟凤勇 | 杨会云 |
| 张国宏 | 周晓静 | 黄　汉 | 刘铁军 | 赵春贵 | 王清军 | 肖厚忠 |

哈工大建筑工程系：计算力学

| 王　蔚 | 耿耀明 |

1995 级

结构力学

| 张凤海 | 肖仪清 | 孙劲松 |

结构工程

姜洪斌	王滨生	戴莉莉	何化南	陈天愚	武　岳	甄永辉	闫维波	程　鹏	孙战金	侯　晋
张建军	宋和平	李兴和	陈松来	卫　东	吴　铁	刘　英	贾　威	郭建通	马万福	杨　春
陈向上	赵俊青

建筑材料

| 武湛君 | 赵　猛 | 李世波 | 芙新春 | 邓红卫 | 张玉生 | 范吉军 |

建筑经济与管理

| 陈　珺 | 刘晓薇 | 张立成 | 李云波 | 吴增玉 | 唐榕辉 | 张　鹏 | 郭　逸 | 刘　军 | 孙志勇 | 韩　巍 |
| 黄桂林 | 彭　勇 | 李春丽 | 杨同利 | 石文吉 | 刘晓丹 | 蒋晓林 | 刘晓俊 | 仙立冬 | 李广学 |

工程施工

| 左　强 | 姜　中 |

哈工大建筑工程系：计算力学

| 张文元 | 杨　旭 |

1996级

结构力学

王 刚　王震宇　任廷柱　郭安薪　任珊珊　丁建华　郑向远　孟上九　任小平　苏 常

固体力学

张 涛

工程力学

韩 燕　李 智

建筑力学

谢小明　杨冀东

结构工程

王梦群　司炳君　杨志勇　刘鹏远　高剑平　全成华　张久海　陶 忠　张举兵　陈新礼　田玉滨
黄 敏　王立超　金 波　袁振军　陈 麟　孙向东　关 伟　段文峰　王 彤　刘占国　李 平
张 安　杨 冰　张浩阳　殷志文　王幼青　王 伟　王秀英　樊金志　于德湖

地震工程

陶全兴　王占生

工程施工

李兆江

建筑材料

孙宏洁　肖瑞敏　王 剑　王 洋　冯 奇　杜 刚　张玉生　马新伟　张宝杰

建筑经济与管理

李 颖　李宏伟　林仲民　江 姗　王晓波　李慧玲　吕传亮　魏广玉　冯鸿雁　冯 凯　张发世
王洪哲　李万春　张长义　王 丹　李秀华　曲 纲　李淑霞　王广亮　刘 萍　范克危　郭军伟
顾晓莉　李 昕　崔 韬　金建清

哈工大建筑工程系：计算力学

杨 娜　闫 军

1997级

结构力学

熊立红　袁 杰　朱靖华　丁建华　林 泉　邢方亮　刘克敏　王欣平

固体力学

龙 旭　孙科学

工程力学

李 智

结构工程

张曙光　毛小勇　张建国　魏陆顺　李海山　刘志斌　赵振东　江 波　胡庆立　李宏伟　吕天启
卢荣胜　周暄毅　卞若宁　邢佶慧　曹宝珠　徐中文　徐 蕾　王 勃　张举兵　于德湖　王 伟
崔航宇　刘玉姝　刘大林　张大旭　周 明

地震工程

单兴波　徐 强

工程施工

何 健

建筑材料

刘 强

附录

复合材料
张晓晶　张宝德　佟立芳

建筑经济与管理
温玉杰　俞晓国　兰峻文　杨彦奎　谷京宜　孙成双　太昌盛　任　涛　徐世瑞　鲍　琦　惠　娣
骆亚卓　朴永浩　冉立平　徐韫玺　赵　可

哈工大建筑工程系：计算力学
张风华　郭海山　谭新宇

1998 级

结构工程
孙晓颖　杨　飔　高云莉　张玉红　王铁英　杨　华　叶再利　严志刚　宋建永　佟盛勋　杨大伟
李和平　王秀丽　李东升　杨有福　张　颖　杨　冰　王雨光　吴金志　高晓莹　李忠伟　毛晨曦
张利芬　袁雪松　王伟革　王玉银　高云丽

工程力学
单宝华

地震工程
赵　桐　刘玉华　侯　爽　周文松

建筑材料
刘铁军　高小建　孙建亮　黄智山　夏　赟　刘　江　尤志洁

复合材料
沈　军　吴新跃

建筑经济与管理
邹晓虎　王　玲　李　昕　郑　睿　王晶红　姚　磊　王　强　王　华　林宇彦　陆爱华　唐　彬
张忠龙　徐习斌　宛赵军　赵湘龙　史凌云　刘　亮　杨洪涛　邓海涛　周　正　朱苏君　庞　诗
方华强　王妙英　刘　平　李小冬　张绪平　马广林　李健航　王　峰　俞国平　张江涛

建筑与土木工程（工程硕士）
赵生庆　王国良　王存榜　王树波　陆　青　赵景海　吴向阳　李景诗　郭立杰　薛立新　陶治玉
唐镕滨　龚晓海　盛志宇　陶志政　柴耀东　邹曙东　邬国强　陈　雷　吴宇航　伏永毅　万继红
公维印　姚　琪　泰　明　王宏新　贾锡君　俞立东　石永林　杨海波　王东阳　李红媛　张守杰
洪　亮　成　燕　刘　林　林岚岚　张学勤　赵书峰　兰永贵　　　　　刘旭辉　景　丁　石　坚　于沈光
徐德伟

哈工大建筑工程系：计算力学
王洪国　蔡为新　李　冬

1999 级

工程力学
于德湖　兰　朋　何　林　周　智　王震宇　龙　旭　张春巍　涂　庆　周道成　刘志强　付伟庆
李　诗　赵雪峰　刘汾涛　李冀龙

固体力学
刘征宇　程树良

结构工程
毛小勇　高剑平　陈　麟　郭海山　田玉滨　陈新礼　胡　琼　全成华　徐　蕾　杨志勇　云　迪
霍静思　武　胜　王绍君　田　力　张　杨　王志坤　支旭东　李金海　刘　威　张宝超　来文汇
李作为　刘立鹏　王秋萍　李　峰　周　威　彭君义　王林安　张纪刚　张云杰　毕建军　郭战胜

485

岩土工程
胡庆立　黄　敏　周敏锋　徐　斌　王丽霞

材料学
潘雨生　任瑞波　韩宝国　史丽萍　方双全　吕　毅　李　峰

管理科学与工程
李　瑛　时　亮　崔衡德　姚永梅　陈宜明　李逢春　张仲良　刘贺明　张　绍　李晓龙　徐德伟
门晓莹　张　威　黄　劲　周为民　滕文权　姜呈家　张建东　叶　蔓　胡季英　吴　芳　周显峰
台双良　季进为　刘广杰　李光辉　张　睿　张京跃　齐建生　郑　岩　温　健　沈肖励　王玉平
姜万荣　李　倩　徐榲玺　苏　洋　邹　巍　金春梅　刘秋萍　杨晋芳　程晓多　李良宝　王莲君
周　青　李　钢　李晓平　周鲜华　邓蓉晖　丁　琦　胡国华　王杨兴　刘　洋　郭继华　吕雪峰
李　崧

建筑与土木工程（工程硕士）
郝建民　陈晓峰　康小群　金铁英　何　斌　刘　杰　张晓葵　侯海泉　宋斗华　吴永隆　张培建
王怀志　安松柏　冯　健　梅久森　刘吉宁　马绪波　耿　宇　王建平　邵宇平　柳　杰　李剑波
龚一龙　董大平　李　兴　任俊和　王杰会　郭宏若　罗心怡　王　瑾　刘　强　马泽平　梁红兵
戴　民　张　莉　翟　猛　王永红　朱　卓　吴　萍　迟殿谋　李朝旭　田　宏　欧　剑　向建国
郦锁林　康晓明　白淑毅　王艳玉　何　林　刘景云　杜彦滨　姜允涛　邓红挏　陈　兵　李铁生
夏千明　孙玉国　张　宏　沈元勤　孙立波　魏　枫　胡永旭　姚　刚　陶英军　郝江海　张小冬
魏洪林　李春燕　王仙蔚　吴　娟　王鹏飞　孙学东　孙景林　李向东　崔　华　徐富友　段　毅
赵福君　张凯莉　胡福胜　董玉林　黄志广　陶　毅　王明新　朴庸健　裴忠文　丁　杰　李建辉
张兆凤　瞿家茂　张照辉　沈　湛　张海滨　王滨烈　孙晓峰　邢强国　张海龙　张林伟　尚庆海
王　虹　姜树宽　张文博　李滨泉　贺　伟　魏延丰　高陆和　王希强　龚晓海　李福彪　李　欣
王　萍　许建平　杜雪纯　杜书玲　吕　丽　杨泽众　田　林　赖　刚　张　诚　王金满　贺东彪
冯　炼　尹宗臣

哈工大建筑工程与设计学院：工程力学
朱晓东　江朝宏　卢成江

2000级

固体力学
范　砥

工程力学
具典淑　孙丽娟　常　亮　罗朝华　王玉铨　匡亚川　王海晶

结构工程
王　刚　刘　铁　满庆鹏　王宏伟　王陈远　王春刚　许名鑫　张亮泉　张建明　陆立新　肖会刚
闫桂荣　张国东　钟春玲　官宏宇　张秀华　张新越　耿建勋　徐维佳　孙晓烈　张壮南　李晓稚
李方会　郭兰慧　崔大光　徐春华　皇甫明　解恒燕　刘　洋　程亚鹏　张胜军　李庆祥　姚升康
张　军　张海为　马　旻　冯若强　张　伟　刘　敏　于　清　王　臣　张卫东　孙东民　刘雪雁
诸葛耿华

材料学
谢　远　刘志国　鲍立楠　单迎春

管理科学与工程
刘　颖　柯翔西　王思琦　江　娜　孙小烈　苏义坤　孟　艳　曹　雁　邹　通　周文冬　王　颖
张忠臣　汪新天　孙三龙　贾　楠　公茂江　何咏泽　罗　勇　贾朝杰　刘　薇　李　刚　王艳玲
庞海云　韩立红　牛　力　滕勇强　邓铁新　姜　洪　范立坤　江雨虹　胡乔宁　李晨阳　陈　付
包　宇

附录

1994—2000 级

在职人员申请硕士学位

王焕富	孙长雄	隋绍玉	周永生	王建国	张景慧	张静维	关宗朴	杜 凯	胡闻天	陶乐然
焦洪军	苏景林	高德忠	杜春荣	西 宝	成力为	王永平	柳 青	俞 生	金秀丽	王 艳
王左阳	熊思讯	孙旭东	游文坚	魏 强	甘 露	王龙章	骆莉静	沈东进	刘凤臣	陈 莹
吕彭源	石惠声	马有金	高迎祥	徐春太	孙伯信	李雅博	高廷林	朱亚光	吕 全	任卫东
李满瑞	郭 伟	王铭和	张立成	李春明	田在玮	范宏志	朱和鸣	刘祥忠	玄兆甲	吕建华
郭成彬	张红梅	王明秀	于化泳	赵正海	付明筠	杨 星	唐淑琴	孙宗仁	刘 柱	邵希全
俞权直	张晓放	李晓晔	刘志才	陈翠荣	安学敏	解金炜	李连科	路红程	孙继礼	聂春琦
于世暖	刘若平	赵 奎	向丽娜	楚德东	栾丰兆	刘柏华	董志宾	王云峰	佟佐仪	张军良
戴英杰	赵 凯	周义林	李肇贞	孙岚岚	高顺江	田晓莉	毕向明	王 龙	杨晓庄	李向东
周志新	郑 欢	李春杰	卢长发	夏千明	王富滨	常 为	刘爱湛	赵欣虹	林光辉	董 敏
崔 琰	赵长东	杨国良	陈 光	习 雷	冯 岩	张跃松	郭 磊	宋光军	张秀娟	李东陈
宋 利	笪可宁	段 云	罗 雅	黄 琤	赵霖平	彭 蓉	高艳茹	赵 宏	姚 滨	孙庆德
谭洪志	顾 红									

2001 级

工程力学

张格明	陈锦斌	王 威	郑 弦	张 巍	徐龙军	张红志	王升博	王艳武	赵洪斌	刘 隆

固体力学

梁振峰	刘 鸿

结构工程

李 艳	赵元栋	刘 洋	李 妍	张华山	王 臣	田 华	林 洋	丁玉坤	陈 宇	崔加全
孙 瑛	李富源	梁 锋	贾明明	刘界鹏	柳旭东	徐 田	宋罕宇	刘永华	谢辛辛	朱永辉
王倩颖	闫 昕	王言磊	孟丽岩	郝 敏	曹正罡	胡巨茗	张吉柱	张 禁	李 茜	陈 波
马 良	章继峰	宋 灿	王忠丽							

岩土工程

刘 凯	黄 帆	李 超	刘红卫	傅其锋

材料学

张武满	辛 燕	肖海英	卢少微	李晓民	杨 慧	周嘉宁	朴春爱	张志春	贾 近	马 冰
范叶明	陈文松	姜玉丹	刘广同							

防灾减灾工程及防护工程

燕 杰	贾忠辉	李冬生	李晓雷

管理科学与工程

陈天鹏	郭海凤	王晶梅	金海燕	赵士德	胡乔迁	韩喜双	鞠 航	潘 华	郭红颜	李 秋
吴宇蒙	王 丽	温晔瞳	杨 博	薛小龙	任吉魁	杨瑾峰	谭 华	姜远刚	潘 峰	王 雨
高 苛	任春艳	王 怡	张 蕊	关 军	屈显青	万冬君	向 炜	刘仁辉	王若男	万立军

2002 级

固体力学

刘肖冰	孙运昌	武立柱

工程力学

霍越群	李启鑫	张 磊	石星亮	刘 皓	杨 正	赵 杨	辛大波	侯立群	

结构工程

胡青花	郑天心	邢 涛	赵金友	张昊宇	孙绪杰	何 宇	吕 伟	季小勇	罗健林	余红军
刘 充	李 峰	鲁志雄	刘振华	王世刚	刘用海	苏万鑫	王向英	周晓岩	夏广亭	向 斌

郭轶宏	邵新妍	王 伟	保海娥	徐 政	刘东东	刘军龙	丁 洁	李忠军	姜志威	周 峰
苏 锐	张连武	吴晓蓉	于海博	胡晓琦	黄雪芳	于明伟	张宏跃	方礼凯	白秀芳	李 艳
贾立哲	齐铁东	李 玲	徐金锋	陈文礼	许 辉	王文博	兰成明	黄 清	刘 鹏	孙国华
周华樟	张 坤	卢富永	熊海山	李 进	陈 希	陆秋风	宋 坤	吕军水	胡忠君	王大鹏
赵士平	戴鸿哲	李东伟	赖晶晶	来庆贵	李 晶	娄卫校	谭 军	陈 琳	孙忠洋	郭 楠
赵军卫	林 斌	王 迎	李思志	刘 静						

防灾减灾工程及防护工程

| 石 岩 | 李 刚 | 王大为 | 武一雪 | 夏 林 | 李芦钰 | 马欣伯 | 高雪松 | 周 强 | 石海亮 | |

岩土工程

| 谷复光 | 凌 晨 | 李 达 | 余 红 | 刘金龙 | | | | | | |

材料学

| 李庆兰 | 关 辉 | 苏安双 | 毛永琳 | 叶金蕊 | 杨少伟 | 刘爱萍 | 史国栋 | 乔国富 | 王 川 | 李中华 |
| 宋学富 | 吴化平 | 计 涛 | 夏国辉 | 徐 驰 | 任恩平 | 张俊才 | 孟 彬 | | | |

管理科学与工程

| 朱佳栋 | 喻鹤兵 | 王 炎 | 杨 豪 | 于耀刚 | 史平原 | 李亚明 | 赵振凤 | 王浩然 | 张海兵 | 江雨虹 |
| 徐佳娜 | 鲍永辉 | 李 宁 | 张 霞 | 郑宝财 | 张俐虹 | 余建强 | 后 锐 | 高 飞 | 郝增彬 | |

土地资源管理

| 黄 鹤 | 王 慧 | 王 莹 | 蒋园园 | | | | | | | |

2003级

固体力学

| 辛亚军 | 兰云飞 | 董丽欣 | 兰春光 | 傅银新 | | | | | | |

工程力学

| 李 莉 | 董 莉 | 范德宝 | 孙晓丹 | 杨光宇 | 芦 颉 | 高 春 | 贺艳丽 | 王俊亭 | 李 朝 | 朱占元 |

结构工程

卢 雷	郑英杰	赵 云	周袁凯	李 勇	冀 鹏	梁剑青	石东升	李 爽	崔雪娜	程 辉
王微微	吴灵宇	许国山	于海丰	于 芳	于恩庆	李凤臣	许海涛	陈 亮	姜铭阁	李妹颖
沈洪宇	袁长春	袁 平	吕学涛	李长朴	高彦良	汪小勇	王海明	王 锐	于晓野	郝晋升
李洪峰	张金海	王文琪	刘 冲	张博一	王晓东	冯宇飞	尚文红	孙晓丹	王文波	王庆海
周卉鑫	范雪莲	徐 枫	张 涛	伞冰冰	冷冬梅	安耀波	孙 颖	郑伟国	费洪涛	奚彩亚
郑朝荣	张建胜	王 伟	梁超锋	鲍跃全	彭 翔	张 炎	李晓鹏	杨 杰	龚 超	钟玉柏
杨 样	吴桂冬	黄永春	崔明芝	李顺龙	谢玲燕	董志君	张青霞	付进喜	王巧娜	侯晓萌
刘宏扬	陈明阳	徐天水	王晓可	于琳琳	许文杰	高 欣	刘 畅	马 宁	肖经纬	

岩土工程

| 李佳梅 | 何 檀 | 汪 凡 | 吉植强 | 戎 芹 | | | | | | |

材料学

| 国爱丽 | 吕建福 | 杨文萃 | 张 惠 | 蔡新华 | 孔丽娟 | 吕建福 | 董淑慧 | 陶 琦 | 崔金江 | 张 弛 |
| 冯建华 | 张国平 | 关丽娜 | 刘波沣 | 冯 蕾 | 候学力 | | | | | |

防灾减灾工程及防护工程

| 王立伟 | 袁正国 | 滕 云 | 肖之猛 | 高 峰 | 李 佳 | 任建伟 | 邹心勇 | 周宪伟 | 孙灿亮 | |

管理科学与工程

| 龚雅楠 | 刘向朝 | 宋利坡 | 张 从 | 罗 瑾 | 计红艳 | 沈跃慧 | 黄 涛 | 肖 萌 | 赵婧夷 | 范建双 |
| 王世权 | 孙鸣雷 | 庞民秀 | 于 勇 | 李秀民 | 马雪峰 | 胡耀雷 | 王 萍 | 高 岩 | 刘洪喜 | |

附录

| 张健飞 | 张惠琦 | 马诗咏 | 李春龙 | 陈丽荣 | 张　宇 | 马　强 | 李宝刚 | 何　秀 | 卞文军 | 陈玉峰 |
| 孙耀强 | 杨承梁 | 赵双庆 | 姜永生 | 时景新 | | | | | | |

土地资源管理
| 杜晓鹏 | 徐淑红 | 汪洪涛 | 杨卫明 | 徐晨宇 | 邹志翀 | 周立国 | 邢喜佳 | 谢　娜 | 王　华 |

建筑与土木工程（工程硕士）
| 张宏伟 | 李小川 | 赵松波 | 宋文震 | 刘　涛 | 牛铁忠 | 孙维东 | 张　皓 | 赖晓峰 | 梁永祥 | 廖钦明 |
| 黄剑炜 | 杨东晖 | | | | | | | | | |

2004 级

工程力学
| 李胜忠 | 朱建祺 | 颜学渊 | 何长江 | 刘　刚 | 赵炜璇 | 蔡新江 | 程艳卓 |

固体力学
| 岳　娟 | 刘　炎 | 王　丹 | 王　赫 | 肖志刚 |

结构工程
卢姗姗	宁响亮	崔丽丽	白崇喜	徐皇冈	严开涛	孙跃洲	曲　巍	寇立业	陈冉岘	孙业民
张福俭	李　鸥	王　建	金晓飞	崔美艳	吴志坚	于德广	卢孝哲	王多智	殷大伟	王用锁
暴　伟	刘　娟	韩古月	周述美	陈志勇	干　珥	朱焰焯	白　石	史鹏飞	贺　诚	李　欣
张清文	刘任峰	贝　晗	李　然	马伯涛	王大庆	宋芳芳	杨　伟	张明辉	卜国雄	滕国明
佘志鹏	王想军	缪海波	金　路	卢　伟	姚　姝	李　光	焦　挺	李素超	张　卓	郭伟亮
侯吉林	张　瑀	全　亮	徐　曼	田宪铭	马晓明	张丙全	胡志远	常泽民	王晓东	朱福军
唐世润	赵鹏宇	郭鹏飞	刘红菊	王海涛	惠英伟	穆海艳	王心心	白云飞	高维未	李　新
于　洋	王宏伟	尹海鹏	许祥训	陈伟宏	贾洪波	王子龙	张　扬	刘文晶	何延宏	刘　刚
李广军										

土木工程
| 于琳琳 |

材料学
卢　爽	吴宏阳	史春亮	刘丽芳	张　明	王嘉庆	张　剑	丛培海	邢占文	王　聪	刘　刚
孙迎迎	许雅莹	李兴冀	吴志刚	郭　鹏	樊　杰	孟庆超	韩显达	吴敬龙	邓亮亮	杨　帆
文　磊	李叶斌	方　焱	王　慧	吕海宝	焦成梁	刘晓波	韩江国	陈尚江	兰云飞	付银新

岩土工程
| 张波涛 | 张玉石 | 徐　娜 | 唐　亮 | 杨振钧 | 刘复孝 | 刘　晓 | 周永坤 |

防灾减灾工程及防护工程
| 朱　航 | 林迟卢明 | 王　超 | 李兴盛 | 姜良芹 | 孟　妍 | 冯　涛 | 邓利霞 | 王福彤 | 高艳群 |
| 马俊华 | 王　辉 | | | | | | | | |

管理科学与工程
冯　斌	胡慧茹	宋　杰	陈志斌	马少斌	杨诗华	叶丽娜	李　莹	张俐丽	马　丹	张　磊
高丽丽	李　博	崔志鸿	柴朝华	芦树理	鲍海英	付艳萍	王　蕾	张晓宏	李婉琼	肖　刚
赵丽艳	南　江	齐　艳	赵海燕	孙安琪	胡秋月	张颖娟	闫　辉	杨　静	赵晓菲	唐　茜
张　坤	纪素环	唐三阳	康　琳	李玉龙	杨成国	刘启珉	鲍玉敏	柴朝华	姚　双	

土地资源管理
| 刘　伟 | 汪　菲 | 张　宇 | 董海龙 | 王晓双 | 高擘觐 | 王永华 |

建筑与土木工程（工程硕士）

曹 鹏　刘 宁　逄毓卓　王吉良　齐险峰　林庆立　林永鹏　张 辉　池 艺　程建伟　尹广东

2005 级

工程力学

任年鑫　陶少华　王邦进　杜永山　李保华　张 进　杨 春

固体力学

陶冬旺

结构工程

赵柏玲	刘言凤	于志伟	陈小培	王晓璐	马会环	李婉莹	宋 楠	李宗福	刘昌永	史义博
耿 悦	孙 超	曾凡峰	张 梁	杨远龙	李守涛	许 伟	李彬彬	王渊阳	徐 威	滕二甫
梁春艳	郭晓云	董万博	陈 鹏	国艳锋	李 瑶	陈伟伟	商文念	王胜伟	茆 春	颜伟华
李海蛟	王经运	吴金妹	国忠岩	程会军	刘传梅	梁守科	张大山	赵 毅	韩 伟	张 沛
何小辉	赵俊贤	张圣亮	盖遵彬	刘洧骧	吴建明	张海涛	马 云	潘 登	秦绪福	张 磊
闫新宇	熊 一	蔡 丽	金希荣	杨现东	李 朝	刘 楠	毕 胜	周 辉	商 明	田 俊
李雁军	崔双双	吴 阳	边朝富	许宗伟	吴 琼	刘鹏飞	王洪兴	于亮亮	孙守旺	郑 鑫
于晓辉	王 贞	任颜鑫	沈 冲	黄文锋	闫 凯	迟雪晶	刘 青	杨力良	刘 强	程志敏
孙从军	张常明	安桂香	孙延军	王石磊	张 涛	乔凤蛟	齐 岳	叶 茂	黄东阳	

岩土工程

马德萍	王志文	潘 峰	赵经伟	陈 鹏	杨跃新	张继强	刘海明	王 胜	王立悦	李洪鹏
郑子芃	凌俊峰	张 冲								

防灾减灾工程及防护工程

乔东生	王连发	孙 琦	朱 跃	周岸虎	王 锐	李 伟	冯瑞成	赵 欢	唐国策	盖春红
张林春	张爱莲	李金生	李忠军	王向英						

材料学

陈 旭　何培刚　王永亮　李 惠　侯志伟　赫 赫　杨高强　郭 亮　高丽敏　焦贺军　于亮亮

管理科学与工程

宫岩伟	仲作伟	张 蕾	吕孝礼	李晓夏	陈 勋	黄秋国	祁 艳	刘 玲	张丽丽	王林林
沈韦杰	李明明	廉 庆	杨 丽	孙鸿祥	魏宏博	赵 磊	周 佳	孙国权	王志英	高景峰
胡 泊	王莹莹	陆 媛	刘 利	董继扬	王明智	王汇墨	于云飞	夏群顺	韩志超	赵 涛
王伟超	郭少鹏	陈秀杰								

土地资源管理

田 浩　杨宝林　王 乐　崔冬娜　崔胜和　王艳齐

建筑与土木工程（工程硕士）

孙建波	卢建旗	戴大志	李光新	宋春江	张 玫	杨金山	梁德勇	王玉芹	姜 英	李新升
吴 淞	盛燕晖	颜喜林	朱秀连	丁天庭	贺 娟	陈 炜	郁 娜	黄 鸽	毕 波	吴 钧

项目管理（工程硕士）

宋 亮	吕宜明	张 群	卢新军	郭宏伟	焦明辉	陈 阳	葛 新	姜英洲	刘德勇	闫闰闰
张玉龙	刘晓洲	肖 伦	唐培兴	刘有实	李世柱	陈建龙	曹恩军	许崇春	刘建科	李欣丽
李 悦	孙 瑜	任晓红	吴高洁	刘 敏	高延峰	施建春	黄 平	汤海成	韩 松	邵 兵
全 强	许海涛									

附录

2006 级

工程力学

刘 坤　杨俊超　徐永浩　柳宪东　王 微　李 亮　李东方　王红霞　尤 磊　刘加福

固体力学

杨同盖　张辰熙　苏红霞　李玉光　程 亮

结构工程

李宏海	吴 勇	旺敏玲	马明磊	宁超列	丁 勇	梁战场	张 新	高 洋	徐文田	李志强
王国兴	叶家喜	王伟光	肖雯雯	任重翠	管 娜	赵 丹	谷 昊	陈 旭	刘兴伟	宫成武
刘 霞	何明哲	朱晓洁	宋美珍	毛武峰	姚淇誉	陈 明	胡少华	黄 莹	蒋守兰	罗雄海
唐 兴	肖 超	牛 爽	芦学磊	王明敏	何鹏辉	袁 涛	郝鹏飞	钟 晶	赵 威	阚绍德
张 涛	吴 迪	刘永锋	赵 海	李金哲	吴植武	山显彬	黄 永	张建华	鹿庆蕊	刘 璐
谢志荣	王忠楠	苏 亮	王化杰	聂桂波	耿 璐	徐 锋	杨 刚	黄明超	李龙飞	张圣金
尹丽君	马 辉	王立娜	周 前	王 勇	谭智军	黄明华	白金超	孔祥雄	齐 娟	

材料学

王风平	孙越男	张东亮	张雪晶	邢双颖	汪 军	祝 瑜	杨鹄宇	范国栋	侯 杨	刘红洋
于 淼	罗百福									

岩土工程

严佳川　倪舜豪　张 鑫　刘 健　郭瑞民　李孝臣　阚雪峰　马建新　刘艳萍　罗百福

防灾减灾工程及防护工程

刘 兵　曾 华　宫贞超　杨正宇　林 航　朱 晶　鞠洪涛　吕丽娟　张灵燕　王代玉

管理科学与工程

蒋芳芳	孙文斌	贾玉杰	杨 柳	赵晓华	芦 迪	商宏伟	金 丽	刘 博	杜 辉	庄丹芳
汪 亮	李 飞	崔雪竹	李银环	李洪超	王 博	闫 雪	叶跃柏	高呢喃	任煜良	侯春雷
陈 希	高媛媛	张 静	陈继虎	黄 露	张 涛					

土地资源管理

刘小芳　祖 明　曲 波　冷美凤　郝 光　徐冰冰

建筑与土木工程（工程硕士）

梁 娇	刘 彦	张丽娟	金永兴	李静影	刘海波	镡春来	周 宇	卢志江	阮 航	吕 锐
李曾凤	杨远峰	张 欣	关正民	何 畅	陆云飞	张忠毅	季 泓	许 超		

项目管理（工程硕士）

陈 强	高犁难	冯庆宇	伯绍锦	陈 峰	陈 民	洪 源	胡 韬	鄢 健	孔祥文	李季孝
李 娟	李钦涛	廉海涛	刘 敏	宁海鑫	毛捍江	苗友义	齐永金	冉庆辉	孙洪超	王 芊
王新佳	夏建辉	徐红滨	叶 涛	余玲玲	张德严	张贺丰	张 锴	张学锋	赵桂娟	赵惠民
赵增凯	周坤华	周 延								

2007 级

固体力学

刘艳军　黄明刚　陈 静　陈世玺

工程力学

古海东　张庆国　孙永涛　路金刚　钟志峰　陈志恒　李京安　吴 昊　吴源华　赖马树金

岩土工程

王肇丰　李玉刚　霍锦宏　黄满强　冯 潇　盖丽华　金平贵　张 烽　左凤琴　何 嘉　李治国
张立志　陶传迁　周海波

结构工程

樊钦鑫	范玉辉	张念林	董 涛	姚 迪	邱立鹏	姜宝石	张海顺	刘 迅	罗少华	秦德峰
乔雷涛	刘 鹏	徐慧良	陈 达	李志鹏	李耀东	彭文涛	韩宝权	王 强	尹全林	成 博
井司南	张雄迪	王跃磊	孔 兵	李时光	许 楠	陈 诚	侯金生	石秀军	徐东生	顾 锋
张 曦	徐 昊	蔡 勇	张 冰	谭双林	吴先坤	柯 嘉	牟 伟	唐 彭	龚 敏	曲 婷
王敬烨	吴迎强	王晓敏	王誉瑾	刘陶钧	土雪英	刘长松	高久旺	卢 锦	李 雪	张旭伟
万正东	黄艳霞	丁来军	李鹏辉	刘 岩	李承柱	温换玲	陈庆武	陈永康	单 蕾	马海宾

材料学

陈智韬	谭春丽	吴树香	庄广志	赵忠兴	任景阳	任 静	陈建武	王 璁	刘汉立	栗飞云
颜 磊										

防灾减灾工程及防护工程

魏 力	陈 轩	刘文涛	谷 爽	郭佳嘉	程 鹏	王 瑾	黄永虎	郭丽娜	吕文君	张德义
曹文冉	代 敏	李海洋								

管理科学与工程

张 园	王一越	谷安鑫	孙连营	王 蕊	石 锋	徐莉娜	胡纪锋	王 艳	苗方方	王利军
马 亮	张亚钊	万彩娟	杨杜娟	康立秋	朱宏宇	胡 月	倪继起	周榕冰	陈云风	敖仪斌
徐博懿	刘东旭	董秋实	张世铮	王 迪	赵晓华					

土地资源管理

刘永辉	赵 宏	潘春宏	王建军	王 菲

建筑与土木工程（工程硕士）

王 悦	徐银龙	朱 伟	张德臣	玄甲宝	唐宝亮

项目管理（工程硕士）

肖晓军	石家勋	马 丽	陈 伟	赵丹阳	金 利	高崇权	刘 瑶	张 怡	石大勇	乔 伟
李 玮	于钦环	王志坚	王远慧	刘大成	刘宝峰					

2008 级

工程力学

任 鹏	邹 挺	梅 洋	王振龙	褚延涵	刘彦昌	何 立	马 军	王艳青

固体力学

高 海	鲍 敏	张兴杨

结构工程

王慧慧	白久林	游 涛	齐春玲	孙超睿	侯文景	辛金超	张 健	孙 扬	刘发起	魏道攀
吴丽洁	邓君宝	杜 娟	高 山	陈 睿	杨仁雄	刘思嘉	吴 博	叶 垚	秦 义	薛国峰
邱 冶	包金龙	张 宇	何昭仁	陈耕博	韩 兴	钟 永	崔国勇	吴欣荣	刘龙飞	冀 江
段景玉	谢登科	李二航	王玉雷	田惠文	王永辉	万晓阳	张勇强	杨 满	马加路	邵志丹
黄 波	魏延超	宋子文	常志旺	舒光亚	刘 鲲	左占宣	张家齐	郭瑞峰	张 亮	王彩花
项莉莉	高广臣	樊学平	田永红							

土木工程

李泓昊	张 洋	姬金东	赵 明

材料学

彭志珍	李琴飞	王祉豫	郭 亮	孙鹏飞	周 伟	于鹏展

岩土工程

陈 然	马元顺	尚永康	董鉴峰	赵清杰	谢会杰	钟儒宏	胡永利	罗伟兵	辛全明	胡志敏
蒋 姗										

防灾减灾工程及防护工程

蒋恒强　白　炼　严　甜　张超文　石伟志　徐树全　王　杰　高振闯　赵　旭　陈　勋　张海斌

管理科学与工程

赵　云　刘　燕　戴海香　李丹丹　李金华　刘松鹤　刘轶群　邱　月　孙　智　王玉娜　夏世珍
刘　芳　李　白　刘　方　何　玲　吴　静　闫刚波　赵　毅　王静静　方　方　谷超灵　郭彦忠
谭道峰　孙艳玲

土地资源管理

薛维锐　陈纯晓　胡中飞　姜丽丽　张　豪　朱浩亮

建筑与土木工程（工程硕士）

曹海金　袁　泉　赵　静　刘立新　谷　锋　孟祥宝　郑秀梅

项目管理（工程硕士）

孙　强　耿庆锋　战　丹　王德明　顾　楠　韩　洋　单海波　孙晓麒　崔淑荣　高成鼎　高彦秋
林　野　徐晓娜　葛东媛　肖文璐　张晓饶　刘凤梅　王　坤　叶　伟

2009 级

工程力学

曲　直　项　博　丁向奎　辛瑞姣　张　磊　杨　俊　王国辉　李　波　周　平　张东新　欧　歌

固体力学

郑虹妍　袁二丽　丁志华

结构工程

李利刚　王　稳　梁　勇　金双双　黄侦玉　李　伟　纵　斌　武国芳　钟堂福　孙　霖　束　康
刘　爽　徐国洲　李俊刚　陈　杰　李丹丹　景燕飞　周　鹏　王兴叶　赵金涛　张　宽　陈　富
石　峰　张超东　杜　鹏　王泽涛　吕　潮　袁　军　韩　铁　徐　正　李生申　徐　飞　刘生平
莫华美　李晓娇　辛文杰　高嘉伟　王闽雄　高　磊　张建亮　肖良才　王　亮　徐　旺　李　慧
毛小东　李峰华　孙　涛　黄　剑　彭普维　陶　烨　张建新　罗福平　宋佳彪　王海峰　吴　海
董晓岚　赵振利　李天娥　朱卫平　历福伟　王　载

防灾减灾工程及防护工程

吴亚平　宋　昊　温卫平　郝　伟　彭　灏　吴　彪　柏晓东　王晓虎　邓德君　张光桥　朱金海
胡世强　肖　波

土木工程

陈　伟

岩土工程

郑剑峰　陈肖达　夏媛媛　陈伟华　杨　勇　景明龙　寇俊同　柏　杨　王　昂　孙鲁帅　王欣然
王志从　朱瑞广　孔璟常　刘占梅　胡　巍　赵　颖　苏　雷

材料学

熊复慧　高腾飞　杜　薇　孙双鑫　李　彬　何文慧　徐恩涛　王翠翠　周丽娜　王子龙　周晓明
曹　洋　李　刚　吴志娟　周剑波　常秀丽　林　燕

管理科学与工程

李松泽　黄东盛　丁　硕　张万秋　张瑞宏　李　红　王　璐　孙　悦　王　晛　尹玉琼　从小林
袁海洋　廖秦明　朱丽梅　张　勇　许正亮　郑婷婷　李　平　胡志贤　黄晓龙　李　琳　王爱娟
荆兴凯　刘京津　刘晓妮　杨晓辉　张双明　陈　磊　马增朋　李　嵬　陈　畅　杨晋升

土地资源管理

韦忠斌　刘　涛　谭丽丽　王　帅　张　斌　孙会立

建筑与土木工程（工程硕士）

由浩宇	文 桥	张志兴	朱 飞	韦 浩	马文野	李海涛	苏宪省	文 鹏	宋玉楚	陈 盈
岳 帅	蔡序鑫	纪玉岩	申 宇	崔启超	赵 培	石若玉	李琼林	杨振祥	邱月兰	曹维科
王国平	谢江淼	康 杰	曾海勇	陈祉宏	刘永锋	崔 龙	刘慧颖	刘智宏	陶成云	石江涛
孙成秀	刘 欣	刘伟楠	陈凤英	张新全	王炳乾					

2010 级

固体力学
彭 玲　李晓艳　于素慧

工程力学
严 雨	宋晓东	王章化	王富源	王乾宇	韦承勋	邱星玮	姜海峰	王鹏亮	谭文武

结构工程
张 胤	陈 亮	谷 勇	郑志刚	张东青	王庆贺	张 磊	景志涛	薛 瑞	孟永杰	闫世杰
汪承华	王 博	刘 栋	牛 奔	陈 旭	倪晋峰	颜於滕	万 乐	刘 也	张月乔	郑浩琴
胡海波	冯立燕	王 宇	金 鑫	董晓晨	张强强	罗 敏	钟 杰	陈 喆	高广燕	黄 明
王 睿	曾庆龙	洪财滨	王有宝	娄永杰	周 宇	任 凯	朱建于	于妍妍	芮建辉	王梦杰
武坤芳	王 赟	王小龙	尹弘峰	李兆杨	蔺媛媛	潘晓兰	王 磊	刘丽鹤	郑 志	卢全深
郝自强	王道博	朱 芳	杨 松	高松召	王自柯	及五限	王东辉	李章嘉	刘 淼	洪 斌
符程俊	张 辉	林基聪	井一村	邰晓峰	张朋朋	毛维帅	张玉栋	张 猛	李国君	王 鑫
赵 卓	于 磊	梁 磊	张国峰	张洪涛	PAKVICTOR					

岩土工程
张东宇	柴艳飞	张 红	袁 健	姜宝峰	孙田田	孙雨洋	李志会	韦 伟	谢玉见	姜海洋
冯新辉	李青华	赵淑芹	谷守杰							

防灾减灾工程及防护工程
张 倬	王文韬	林 琦	方庆贺	朱田田	张俊苹	杨诗君	杨 格	刘继东	梁国俊	梁金艳
王子健	李 波									

管理科学与工程
蔡文文	洪竞科	刘振兴	张黎黎	陈 翔	张万勇	金 真	曾庆宇	孙宇廷	葛 腾	杨 阳
赵志远	宋家祥	洪 流	贾春晖	崔 晓	宋 飞	武元浩	谢丽丽	乔丹阳	苍 柏	乔 团
窦广星	王 珂	苏军强	任众远	苏 畅	张 飞	孙德才	程宇航	伊文思	孙志坚	

土地资源管理
谢立庆　梁亚南　陈 磊　李 冲　姜福林　盖 璇

建筑与土木工程（工程硕士）
张 振	蒋中国	李凤泉	索松山	刘 革	李玉芳	刘 莹	闫天泽	王 亮	林少远	王春圆
李 靖	杜江月	吴 春	马亚文	方 明	暴立南	邱慧芳	吴 明	徐伟帆	王明江	吴静新
王加辉	冯 悦	郭立波	徐伟东	王 琦	张剑菲	武玉涛	王 宇	张国锋		

2011 级

固体力学
罗 飞　朱 雷

工程力学
谭 真	王 军	梁明阳	王 洋	席早阳	赵 琦	王义振	田始轩	童庆海	王 海

岩土工程
陈绍东	王金元	李 崑	赵一鸣	李晓东	张效禹	赵 欣	连兴华	张云杰	金 夔	刘耀凯
陆斌斌	胡 爽									

附录

结构工程

潘雁翀	马骥	刘佳	陈智成	邵帅	宋毛毛	李江东	苏芳迪	吴志海	韩旭东	吴峰
黄涛	席晓卿	侯富涛	宋曰良	曹勇	吴斌	孔伟明	付学宝	王宜鼎	梁婷婷	来鹏飞
丁尧	刘发军	房明	彭体顺	陈龙	于鑫垚	王召钦	张荣	孙洪宇	刘昊	叶焕
杨旭	唱佳鸣	李秋稷	徐文显	陈君军	徐景锋	陆正争	杨海洋	李华良	孔令超	焦贞贞
刘志周	尹鹏	李茂光	周萌	朱国靖	金芳	路军	周强	苏峰	王传芳	宋中霜
高仕军	赵欣月	杜文晨	丁思华	杨丰源	徐金龙	刘欢	王燕丽	魏荟荟	李健强	李劲龙
高新新	唐莎	高品	徐叶波	王南	姚斌	马财龙	孙梦涵	干世玉	巴希	
胡日钦毕力格										

防灾减灾工程及防护工程

吴清宇	刘进进	李建立	陈勇	赵博宇	宁西占	肖圣超	苑澈	张玉强	朱立伟	卢麒羽
赵仕钗	张洪福	ZHARKOVA ANASTASIA								

管理科学与工程

陈墨	过娇雪	徐开宇	陈琦	石文	袁薇	霍春亭	林佳睿	王亚新	贺夏青	田群
于航	李彦	王鹤翔	王洋	谷青悦	黄裙	白保成	任桂娜	范光远	万龙	刘月莹
廖龙辉	王璐	车谦	佟秋璇	李江飞	李静	李余彬	胡晓东			

土地资源管理

王超	杨志会	韩越	侯雪娇	张蕾	汤玉玲

建筑与土木工程（工程硕士）

刘琪	李丹	李清朋	熊志恒	刘强	李阳	刘鹏宇	张云龙	乔鑫	邓峥云	石立旺
张璐	林涛	刘靓	李晓倩	范恒申	何晓云	李旭东	杨冲	陈小华	余萍	陈楠
安士龙	李世达	曾广江	张立征	江金豹	王聪	刘宗玉	杜志涛	栾帅	封云	曲翔宇
杨海光	孙兆敬	薛常喜	潘奕康	谢超超	李倩	苏俊杰	魏芸芸	王丛菲	彭子城	苏恩龙
孙然	周大睿	张煜	何立斌	张成龙	常俊德	钟华	王兆荣	赵新梅	易江川	吕耀鹏

2012 级

结构工程

胡庆荣	赵辉	惠丽洁	石少刚	李仁超	尚二超	任振杰	汤和鹏	高俊果	王力	孙博
尚昆	田宇	迟琳	蔡忠奎	张启	李承高	于清林	方闻一	关振涛	李翠华	林阳
陈博	李宁	李玲	郑睿	李瑜瑜	江倩倩	汤振	石通潞	刘碧	王奇	李朝来
沈德刚	张艳娟	张梦灿	孙丽娟	常虹	赵琳	王伟	李博强	关超	张孝存	白亚宾
杨帆	叶瑾瑜	姚芹芹	张强	徐阳	陈哲明	吕品	王皓淞	程璐	杜北	王恒
杨朔	郭峻嘉	周晓强	吴居洋	朱振	郑圆	张恒飞	张亚男	刘彤	孙嘉麟	程晓龙
樊晋杰	薛纪辉	林敬木	吴青青	苏宁	王冠锦	贺超	刘凯华	王兆勋	刘秀	易佳斌
黎善武	刘世豪	BRWA AHMED SAED		TAKATAMOE RICHARD		MPALLA ISSA BROWN		KAFODYA INNOCENT		
YERGALIYEVA INDIRA										

固体力学

张威	张珂

工程力学

张兴华	吴广润	赵宏	袁文厅	张虎志	刘亭亭	张中昱	蔡雪松	刘昊

岩土工程

曹泽林	罗军	文明	张果	李义宇	丛晟亦	田爽	王敏	刘佳	曹伟	卢新建
WANNYANA LAETITIA										

防灾减灾工程及防护工程
巩亚　邹晓旭　路冰　杨晓　王东志　刘聪　马富　郑震云　吴书阁　刘斌　乔雨蒙　SAGHAR SAHIR

土木工程
AL-AHDAL　ABDULMAJIDABDULLAHSALEM　STERLIGOVADARIA　RANDRIAMBOLOLONA　RAZANAMPARANYHERIZO　MIONKI PATRICK KIREMA　HALLOUM NAJIM　仓井翔平

管理科学与工程
李俊超　杨洋　伊朝接　杨伟　时曼曼　徐寒冰　厉文静　周在辉　鲍婷　胡新合　刘航　李青灿　王洪林　刘安申　吴婉弘　江帆　李远　田菲菲　王琦　敬艳　王美娜　邱宇博　杨丽怀　朱潇　吴迪　刘晶晶　于敢超　陈畅

土地资源管理
尹淑敬　许楷　郑佳　闻意　刘建伟　邢燕茹　杨睿

建筑与土木工程（工程硕士）
张运标　冯畅达　杨苗苗　陈前　李明轩　谢家斌　郭冰冰　李刚　孙文瑞　杜涛　赵李源　刘磊　李锐　王瑶　高东来　张雷　高梅子　汪化涛　王涛　张笛　李树栩　陈夕飞　刘倩倩　连纪峰　孙浩田　李诚明　王超　米莹　焦文峰　武时锋　刘寒　赵中伟　张树伟　侯严利　程春健　杨婧　陈早　黄乐　钱冬　倪英华　胡玉学　高嵩　杨新聪　许昊　杨凯博　靳铁标　周妙莹　刘雨时　迟晓彤　邓佛丹　叶华华　范传鑫　邵山　苏畅　李冲　李洋　李建兵　于振云　陈帅华　孙峣　刘伯川　崔万铖　马悦茵　蔡云龙　王雷　吕冬梅　曲浩　杨旸　李艳敏　郭敏　刘巧静　李明刚　高阳　张闯　彭永凯　周生泉

2013级

固体力学
唐亚男　鲍海英

工程力学
杨健林　孙建　崔京兰　王林　孙博超　霍晓洋　庞健　赵敏　SIDDIQUE MUHAMMADTAYYAB　MINAHNAMOHAMEDABDELLAHIHAMOUD

岩土工程
金秋　张宪强　周鹏　陆荣威　王东洋　洪文江　赵洪顺　王安邦　闫穆涵　于冰　KONGBETO YANDAO JANICE FLAVIE MARLYSE　AYEDEGUEEDESSOUSERGEROLAND　YIEDIBOE BENJAMIN GBANEE　GEORGESCU IONUT-RAZVAN

结构工程
姜振鹏　范恩铭　刘树林　刘元印　薄理壮　潘宇　马浩　张继同　吴杨灿　徐龙　袁奎　王健　周小楠　刘雨晨　文龙　胡春生　马殿东　张金齐　丛昕彧　王利强　朱兴龙　李红旭　吴尧尧　高路芳　郝信凯　皮少博　苗玉飞　刘振亮　蒋振宇　杜科学　张朝松　杨悦　王少奎　邢金泉　荆芃芃　张恺　任宇航　田航江　张畅　黄一鸣　杨会苗　唐松　吴昊　肖阳　刘用　陈志恒　王磊　李镇加　刘云明　马迪　庄梦园　武沛松　李悦　杨镇　李玲芳　徐云雷　张国龙　夏毅　原泉　孟凡路　池斌　侯翀驰　胡庆杰　姚峰　刘春英　郭晓松　尚庆鹏　刘克智　魏光耀　DODIOMOV ILIA　SHORNIKOVAEKATERINA　NGYERO FELIXSON　BEGASHAW　ANTENEHMESELE

防灾减灾工程及防护工程
罗二虎　李光　侯榕榕　孙建超　刘嘉兴　刘嘉斌　金易周　魏巍　任贺贺　MUTEBI JOSEPHSSEMANOBE　ZHARKOVAANASTASIA

附录

土木工程
HAYTHAM F.A.ISLEEM

管理科学与工程
刘锐	张紫娇	孟洋洋	武昊	王睿	张琳爽	王金双	唐春雷	薛寅	魏静静	李志静
范东东	陈文艳	林雪倩	李涛	范丽静	孙一赫	葛家成	周巧丽	黄丽平	李佳桐	范仕超
王海洋	朱媛	马春艳	袁亚楠	于立民	孟强	任永科	王禹豪	王家实	NGUYEN DUC DUNG	
ADAMOU AMADOU DJIBRILLA

土地资源管理
陈钊　刘爽　关松　吕红霞　童益彬　陈钊　黄薇薇　PIATOV VALERII

建筑与土木工程（工程硕士）
李晓娇	张新晨	黄铭	涂贵强	王艳艳	谭力川	项阳	程文环	孙振宇	苗壮	李明
曲斯佳	李志超	杨胜男	王帅	乔梁	陈志军	景惠民	霍连锋	谢丰蔚	邱金凯	陈洵
高梦梦	袁振伟	张洲	郎路光	王超	宋彦	邵庆梧	许圣	卢显滨	李文文	李洪达
张浩	余凌伟	孙飞虎	王雪明	孔祥迪	陈传向	麦浩	程一斌	孟祥鑫	候平	黎迪晖
姚丽	于海洋	何玉乐	万宗帅	李功博	王照然	韩飞杨	苏永帅	宋新宝	杨清波	詹瑶
杨雪	胡文博	阳环宇	苗亚军	赵德志	陈健	张媛媛	徐之彬	杨航	张洪智	张凯
杨镇	杨宝宁	房静	王雷	吴碧野	何实	李超	曲睿祚	李楠楠	赵曦辉	王慧
张冬雪	轩辕诗威	孙玉霞	包海明	王立营	廖娟	梁艳芳	戢文占	于光	宋鑫宝	

2014级

结构工程
江楠　DAHAL ALBERT　SADATSHOKOUHISEYEDKAZEM　KANDEL ARJUN

土木工程
梁若洲	暴印铜	陈祥	潘荫齐	马越洋	李硕	冯丽丽	邱亚	王健	牛响	刘垄
张吉保	单志伟	孙鹏宇	王晨	苏倩倩	杜科材	李松岩	宋炳辰	李秀琳	张欢	张熙
金晓威	崔健	冯绍颖	刘昭	祁少博	郝美静	王琦	王笑寒	菅伟	郭莹莹	王晓彤
朱启明	彭汉	丁井臻	管永林	肖慧娟	陶静	陈强	余斌	杨理贵	庞文福	田子玄
莫青城	魏雨良	徐文昕	周有芳	冯宝山	梁晓东	杨双成	陈友	常馨月	姚建全	王广庆
史新东	陈志东	周昌杰	张峰领	张兵兵	王浩屹	王识宇	魏世银	杨冬冬	任姗	刘盟盟
吕柏行	陈健峰	李世祥	韩有鹏	武启剑	陈嘉斌	姜超	梁勇	杨晓强	王富洋	张延哲
陈大卫	方毅	刘家煜	乔刚	张凯博	徐志鹏	陈正林	王旭阳	黄文宣	甘发达	张松
曹万里	张来星	龚英杰	张志发	韩国良	张君	张志杰	孙云龙	马富	BACH NIKOLAI	

SCHJOTT　LEEBYUNGJIN SAN SATYA　URIASHEVANATALIA　GAINANOVA EVGENIIAVASIAEVIVAN　AGAPOVA BELLA
ROMANOV EFIM　ZAYTSEV ILYA

防灾减灾工程及防护工程
唐志一

力学
贾晓琳　韩伟涛　张磊　马亚东　马德群　湛向东　张孝臣　孙文　刘桂俊　郭佳

岩土工程
AYEDEGUE EDESSOU SERGE ROLAND

管理科学与工程
李婷	刘骅宇	刘丽阳	金雄杰	李婷婷	袁振民	韩雪	高果升	梁化康	邱冬梅	马筠强
焦贺升	梁栋	周璇	宫德圆	白腾飞	徐丽敏	杜晓霞	王璐琪	李忠义	张楠	姚嘉玉
时玥	李彩霞	王硕	王重阳	冯凯伦	靳峻妍	袁东东	ROSARIO MUNOZ ENRIQUE JOSE			

土地资源管理

张红波　王　悦　范增岩　林新新　王　妍　曲红红　ALEKSEEVA IRINA

建筑与土木工程（工程硕士）

李沛然	杨文瀚	王　楠	王晓东	范艺博	司振超	刘洋涛	卢闯秋	李文信	齐振麟	王振亮
李鸿维	支　瑞	谢雅文	马本亮	高文才	曹少俊	崔　涛	孟　凯	曾述主	程旭东	刘　洋
高　璇	郑博文	孙　乐	白馨宇	李苗凡	李庚辛	王　强	吴　桐	胡林浩	杨　宁	邢秉元
谈华顺	李思雨	李志强	胡亚辉	张志平	裴元义	孙仁骏	王　伟	吴杰春	黄海杰	冯俊敏
赵　建	沈　斌	白　攀	沈　禹	万世强	代苗苗	肖艳容	杨浩文	杨颜倾	杜超然	董立松
刘　康	郭恩龙	王　浩	贾德登	潘俊铮	孔锦秀	董恒磊	陈　君	王晓玉	于全魁	刘轩铭
王响军	李　昂	李胤松	王　鹏	刘俊杰	谭启阳	赵远征	周　滔	杨玮琳	蒋月新	陈钿渊
张杭波	孙　焱	刘树新	曾育文	张永倩	何　炜	刘　圆	杨　光	后　超	何立琦	王　冬
卢　斌	徐振伟	凌瑛琦	孔庆富	刘　芳	李　越	张微微	张慧琳	李　萌	毕海龙	吕柠宇
樊志谦	邢　浩	姚文凡								

2015级

土木工程

朱　勇	张　婷	王　锐	赵美杰	李亚钊	赵圣婴	马富梓	王云鹤	吴贤东	任方舟	唐广庚
王安妮	刘朝硕	刘晓飞	洪荣灿	马　骋	李奇训	张云峰	马　进	于子力	赵　健	李　伟
屈　健	杜文淼	吴宝鑫	杜盼辉	向沛国	朱会平	李绍振	朱思宇	方　韬	孙大伟	熊雪露
徐鑫宇	白　帅	陈亚宾	贾　迪	康　凯	李东辉	苏　悦	夏启龙	张海瑜	张俊奇	赵木子
胡　莹	杨浩楠	丁昊青	李　捷	吴杭姿	何日劲	田　俊	薛龙瑞	张智龙	常浪子	陈　琦
管　申	刘明建	刘　源	张孝健	张　颖	赵　翔	李营营	芦思炜	石秀峰	米俊亦	包必生
吴鹏程	周显昱	马军科	苏　岩	杨　林	张智栋	宋国庆	冯浩然	徐小童	张　鹏	徐　颢
杨志渊	朱春光	黄德龙	杜昆懋	孟随随	王玉涛	刘向阳	胡　清	秦　玲	周鸿屹	王　丛
张晓航	高王鑫	王　廷	王泽旭	曾立静	闫宇杰	刁星浩	程　曦	裴卫昶		

力学（全日制工程硕士）

张志伟	凯　林	李　阳	李文达	石志强	张　梓	李　强	聂燕松	张俊慧	曾宪铿	辛国财
任鹏飞	刘　欢	赵　静	延　睿	金弋博	张志明	刘　伟	孔祥骉	李诚睿	刘　威	许陆洋
申亚东	肖可军	李　振	王　超	张　倩	赵丹阳	何　峰	陈担玉	李明豪	张　楚	张　威
赵美扬	干　练	郭　静	黎　峥	李　娟	张晨光	张天明	周川江	刘昌晨	王雪园	史硕茫
汤会军	陈孝凯	刘　豪	郑志宝	孙海军	王　博	鲜晓东	夏鑫磊	丁　珂	李金平	钱　鑫
余泰西	李智明	冯　杰	王　劲	赵新宇	苏东禹	安　源	李　辉	戚仁平	陈发鑫	肖　磊
张大维	曹亚君	康　婷	袁梦林	高　宝	李　震	曹鲁鹏	欧阳明哲	皇甫木东		

防灾减灾工程及防护工程

张伟恒　薛金峰　武华侨　杨　成　黄　超　王舸宇　薛志林　卜令泽　邹学粉

结构工程

吴官正　MATSUMURATATSUYA　EVGLAVSKAIA EKATERINA　TSYRENOVA BALMA　VASIAEV IVAN

GRITCUK MISHEL　ANATO NEURLY JOSITA　TOEK SOVIET　HANG AMATAK　CHERVYAKOV

VLADIMIR　MASSOU MALECK ABDEL EMERIC OLAREWADJOU　AYIZANNON SEMANU IYANU IESOUS

RUNGROUNGRITTICHAI JIRAPORN　SRAIDAN OSAMAH MUSLEH NAJI

AL-SABRI MOATH ALI AHMED　MITOBABA JOSUE GIRECE　GHULAM QADIR WAQAR

附录

管理科学与工程

于 阳	罗广跃	曾 浩	董庆宇	殷宪飞	虎伟龙	梅圣显	闫营营	张雪丽	张媛媛	陈石玮
李 洋	王丹爽	陈 政	于亚峰	张欣欣	黄 玮	党 行	高瑜茹	雷 妍	姜震宇	李 夕

BATOROVA IULIIA　　IVASHEVSKAIA ANNA　　MALIAVSKAIA MARIIA　HAYWOOD JANNEAL
MONTCHOJOBODILONAHOUELETE　　KEDAGNIKODLOPAUL

土地资源管理

| 张家玉 | 雷 婧 | 杨晓璇 | 吴 瑶 | 杨米迪 | DENISENKO NATALIA |

建筑与土木工程（工程硕士）

姜 巍	朱宏强	边 健	夏 雪	李 轩	梁 锐	刘 石	赵志增	周 帅	苟洪珊	闫锐晋
曹春龙	邱玉奎	陈嘉宇	王笑帆	曹 可	魏茜茜	马旺坤	白雪峰	张 锲	苏海涛	邢冠群
孙世鑫	张 洋	王笑萱	祁敬锋	闫 龙						

2016 级

土木工程

石千程	马振福	胡景涛	王徐生	张 璞	杨 宇	魏树利	孙 铭	陈树培	崔铭罡	余志敏
王佳龙	保德龙	段培森	王 旭	何 淼	麻 硕	马崇智	田冬钰	张 记	王中岳	王 理
徐博闻	王婉茹	刘炜坪	付万里	李武峰	张晨晨	康梦亚	齐云静	殷海棠	韩兴鹏	李伟涛
牟成铭	孙士鹏	方 勇	王永超	应文剑	何 珊	姚禹舜	刘 耀	魏 盟	童 兴	宋开明
许崇浩	王正超	秦龙飞	夏方旭	郭梦慧	刘嘉磊	王纯鹏	孔祥勋	王亭强	常 鹏	王 洋
古力阿木	李 一	王新悦	朱思佳	李文杰	任 苗	谢金哲	臧亦天	林 茏	俞润田	周洪圆
陈 洋	赵子斌	王 婷	吴官正	郑雪梅	赵 羿	王佳帅	徐良付	吴宇奇	邢文强	张文龙
杨 磊	周益国	郑昕禹	张 赞	张佳鑫	文 超	刘 杰	赵宇健	孙敏杰	郑良富	常得赐
董少策	刘 敏	章博睿	尹 航	常 卫	郭云龙	于 鹏	黄业伟	常 虹	肖昌飞	周小丽
王年忠	王晓军	张志林	田立平	詹清锋	曾方方	彭慧君	蒋衍哲	付忠安	李 玉	冀东晟
苗雨顺	单明丽									

AL-ATHWARI ESAM ABDULLAH SAEED HAIDAR　　ZHIGAREVA ELIZAVETA　　MELNIKOVA MARIIA　　NOSSOV DMITRIY　　WAQAS ALI　　MUHAMMAD RIZWAN SHAHID　　HASSAN BILAL　　MAHRAM KHANSHAHID HAMEED ULLAH　　MUHAMMAD HASSAM　　KANWAR MAJID ALI　　SOY META
JUNJUA MUHAMMAD WASEEM ASGHAR　　MOHAMMAD WASEEM　　FAIZ IMRAN
KOTCHONI OYEBISSI OLOUATCHEGOUN ATCHAMON FOURRIER SMITH　　AINA AJIBOLA JOHN
WILLIAM PATRICK LAKO TOMBE　　IVO AMILCAR V. C. M.TEIXEIRA　　ABE MAYUKO

力学

| 于金斗 | 杨俊文 | 李 爽 | 何秋雨 | 杨领先 | 陈 杰 | 王少强 | 张笑与 | 李鸿儒 |

管理科学与工程

孟宪薇	王斯佳	王丹丹	代璐璐	丁 甲	温士苇	余 灿	李珠月	尚 书	陈玉梅	陈婷婷
郝迎丽	罗丽娟	洪 莹	冯彤瑶	顾方媛	孙昌苹	梁 旺	曹 越	甘姗姗	皇甫文博	刘康宁

KAPUSTINA EKATERINA　　KOTENKO ANNA　　VITKOVSKAIA MARIIA

土地资源管理

| 亢红梦 | 高 炜 | 巩曦曦 | 杨娇敏 |

建筑与土木工程（工程硕士）

喻良成	聂 众	李政江	陈前吉	杨 斌	刘江云	安文强	王 皓	陈林茂	浦成杰	石 赫
吴海江	汤孟轲	孙 杨	马晋东	张开翔	王金为	李润林	宋鹏宇	陈立庚	王 硕	任玉龙
柳 圣	胡津阳	马海冲	王超然	高 航	郎 昭	赵岩伟	朱方旭	谢 宇	桑 源	胡佳星
万 祥	丁相宜	张润涛	魏祺琳	张宪松	卢承敏	李长庆	韩京城	刘 凡	郭奕兵	文娜娜
王腾飞	刘辰засс	刘艳荣	郭昱良	邹梦娜	姚 达	郭 浔	陈博轩	刘 鹏	田 灏	徐赫骏

499

寇钰凤	温傲寒	陈冠宇	王 辉	葛 超	高云鹤	李日辉	张锦涛	于士彦	韩吉杰	何依婷
尚玉珠	段圭粤	黄海家	吕梦圆	张 欢	赵海洋	魏 伟	宋 茂	王伟梁	李大鹏	刘 伟
邹杰华	李晓宇	李季儒	刘逸凡							

2017 级
土木工程

郑冲波	肖 佳	张俊逸	商 航	白晨阳	花 宇	王贝贝	刘博雅	李睿杰	张天琪	路 博
张馨月	冯 硕	梅 恒	孔德奥	杨先霖	孟 畅	李瑞森	孙胜举	田伟辰	张舜禹	李 健
石 磊	石卓平	朱 帅	陈嘉良	潘凯楠	刘 畅	杨 光	施 政	刘小溪	葛晓卿	王卓唯
冯 冲	齐向坤	金喜月	高金麟	金 倩	李天翔	卢安汛	付士雪	张嘉鼎	李智远	闫科晔
令狐昌齐	马齐如	孙 远	陈嘉清	付明龙	焦帅帅	龚学文	张 箭	张 鑫	吕虹波	李丽瑾
张 瑶	林彬添	王劭然	李 阳	谢梦平	谢昌霖	朱 亮	梁宝业	陈雯婷	张妩迪	刘锟宇
陈 鑫	龙瑞倩	原 野	胡祖俊	武向通	马越超	沈 忱	李鹏程	周子莲	常 迪	王书玉
王 乐	高华硕	曹 灿	张博耀	吴常玥	王田楼	刘惠华	孙健峰	韩 康	刘洋阳	虞亦琦
张诗雪	刘 信	吕志浩	郑博文	曲连宇	李宗谕	闵祥威	李孝忠	王泽芳	蒋 浩	郑凯凯
张竣琛	张亚沛	李逸群	王 宏	杨康康	吴皓凡	吴步晨	张 杰	李文志	敖日格乐	苏 怡

力学

陈思远	张 雪	徐笠博	黄灿杰	吴 迪	姜子奇	田经纬	牟 雪	张 帅

建筑与土木工程（工程硕士）

张曦莹	赵传真	王 震	唐国文	张瑞景	姚志杰	侯全超	孟令钊	潘志强	陈 波	白 静
李晓婷	唐 浩	雷钟尧	吴传赛	赵 星	洪晨阳	于晓澄	杨 洋	张禄滨	薛事成	朱敬洲
谢新莹	邢 恒	吴 磊	陈佳星	邵长松	马梓轩	刘 曦	王建鹏	吕 晨	邱宏亮	李华健
颜雪琪	李 冬	王轩昂	白志霖	熊亚凡	刘 璐	周 毅	张 明	谢恩慧	范 令	耿运鹏
苏志明	郭 宇	梅玉恒	付佳丽	解超群	刘明鉴	汪天昫	张思凡	周嘉程	吕承博	白璐涵
孟祥斌	魏 斌	宋启艳	薛博闻	闫江男	周同来	姚芳雪	孙晓雯	周广通	郎 鹏	刘大伟
金 钰	皮振宇	代紫兰	冯 辉	张 昭	徐铭阳	张 侃	方根胜	殷玉平	董 尧	张 科
曲 娜	李翠楦	齐 肖	李奇岩	于凌波	葛晨昕	李松佸	唐 卓	杨叶飞	李明翰	叶 馨
王昊阳	SOHAIBMUHAMMAD		MOHAMEDABDULLAHIYAHYE			SLOBODIANSKIIALEKSANDR			ROMANOVKIRILL	
ZAMOZDRAVALERIIA		RUKAVICHNIKOVIGOR			OSIPOVAMARIIA			RUDENKOKSENIIA		
KHAFIZOVAMARGARITA			KABIROVVADIM		SHEBALINAANNA			SKIDANEKATERINA		ERASTOVAYULIA
YADMAASUGAR		AL-MEKHLAFI HAFEDH			QAID SAIF	MARIPOV ABDULKHOSHIM			BHANDARIBIBEK	
SOYMAKARA			AHMEDHASNAT		EYONGMBIDIVINEEYONG					
POKHAREL RABINDRA		KHAMSOUKSAYAPHISA			PHOUMMAVONGPUNYANOUVONG					
OSAMAISSAMOHAMMADMUGHRABI					MALIKNUMAN		JAMILRIZWAN		ASLAMWAHAB	
KHANALAMGIR		MUHAMMADATASHAMULHAQ			DESOUZACHRITIANEELOMAKPEMARIE					
HADERATEKLE MICHAEL										

2018 级
力学

李世光	刘 鹏	陈伟觉	朱彦博	雷 宇	刘 翔	魏子奇	高金涛	戚丰昭

土木工程

解 皓	白 扬	杨 寒	彭 伟	吴 松	孙土儒	尹 飞	李天娇	许武成	吴 滨	李景润
江 辉	刘志伦	李建伟	汪禹杉	郭金秋	张天宇	邹佳琳	唐 琪	张国标	肖恒恒	张 鹏
王 鑫	徐天立	王 锐	高向前	刘绍峰	于天宇	艾毓玮	王秀凯	邵景龙	李静卢	杜俊杰

附录

郑帅康	聂晨航	程鹏宇	崔 杰	高延东	宋润钊	马福金	谭 伟	张朴轩	张伟财	杨晶晶
仝 波	桑笑晗	严 晨	郑晶雨	满艺群	徐 帆	马乐乐	李柯璇	李 源	李传栋	麦梁诗
陈家丰	吴聿飚	李昊宇	岳亚男	周建军	肖 刚	李雨适	赵 祺	王永飞	刘 军	芮 聪
车紫进	张 恒	赵 蕊	郭 函	蒋啸博	陆景宜	钟 恒	刘宇涵	韦 博	伊广丽	付佳欣
李宏达	王东兴	魏晨阳	张少波	王承承	侯 顶	王 极	邓如江	刘雪松	杨思颖	陈 浩
刘金钊	张宇宙	芦慈琪	邱梦瑶	张 洁	杨 洋	袁 仪	李晨曦	邱瑞杰	吴 浩	肖扬兴
陆 锴	王建皓	李江红	盛泓赫	李奕丰	龙思雨	罗良斌	蒋言佳	王卓然	张元铭	周毅修
马川峰	KAZAEVA REGINA		NUREEV ANTON		CHERNIAEVA LIUBOV		OSTROVNYKH ANASTASIIA			
STEPANENKO ROSTISLAV			PETROVA VIKTORIIA		KAZBEKOV TIMUR		BHATT NAV RAJ		ABDILLAHI ALI BILAL	
TESFAY TSIGE GEBREMEDHIN			PANDIT PRAJWALRAJ			AFOLABI ISRAEL OLUWATOMIPE				
KHIN MYAT MON SAN			BAJRACHARYA DIWAS							

建筑与土木工程（工程硕士）

郑泽鹏	张昊东	刘峥嵘	钟炜彭	于 辉	王修健	张华玮	邱钦桂	蒋凯年	许清心	立树旺
董凯月	邓柘浩	贾 宁	秦培铭	刘裕禄	张译天	陈麒先	陈 哲	沈纪扬	刘柯琦	齐 慧
满孝峰	代琳瑶	吕英迪	庞 斐	孙珂岩	李 顺	郭 瑞	王志远	裴 尊	李宏杰	潘宜健
李浩恒	付智中	韩光淳	任志成	李圣旭	陈 阳	霍彦霖	金广然	张逸澍	胡明亮	孙浩然
梁新宇	吴小豪	唐文冲	付一凡	姚敬仲	赵明硕	吴彦博	马 佩	王宇彤	周长皓	赵 阳
朱宁波	吴鹏超	刘懿德	蔡文婷	崔华玮	于佳帅	杨柏松	石阿明	罗博文	刘志鹏	刘 鹏
李泽华	刘盛鑫	刘闻名	陈 雪	李杉杉	李华明	李俊霖	王 杰	王凯华	张志富	韩 昆
乔卓琦	金耕涛	康泽夫	尹子涵	盖立琦	刘晓倩	郭艳娇	曹梦珂	吕晶晶	田雅楠	宋文婷
赵智成	刘 松	于俊楠	胡凌轩	蔡克难	王怡静	孟元旭	张英杰	宇 豪	李瑞丰	白蒙杰
齐 欣	钱佳佳	汪 鑫	方澎琪	陈 诚	冯 杰					

2019级

力学

郝烜宁	熊若琳	曹建磊	刘瀚文	杨晓聪	张亚宁	张庆天	袁泽森	周旭曦

土木工程

翟伟大	冯 凯	龙振飞	张 帅	刘金博	孟 昊	吕 图	李源远	李大帅	俞忠权	肖思柯
陈方宇	范佳琪	马睿宁	朝 日	王梓伊	李 博	熊 烨	苗浩东	李明哲	李 颖	左旺旺
包 涵	石艳霞	郝鋆杰	赵鑫如	费立轩	袁修文	钟 磊	欧福盛	张 凯	于建琦	谢俊鑫
单鹏虎	高 戈	周思远	乔威栋	张书楷	牛啟舟	钟裕文	杨刚有	姚 兰	李昌迪	于 洋
路一鸣	邱泽栋	赵明慧	梁 宇	罗鸣谦	李雪来	曹 宁	孙炯枫	辛思远	薛广杰	赵 克
宋俊宁	李海坤	陈志勇	王 旋	朴正植	魏文彬	樊梦玫	刘孙涛	张迎港	杜 韬	李孔龙
武志伟	梁轶循	李小祥	葛宇行	薛 鹏	何 欣	徐梦婕	汤雨萌	史冬楠	明学辉	王锡蓁
应伟超	任泓颖	孙建宇	宋倬茹	和禹含	张晨宇	樊少勇	袁宝江	王 林	潘源良	马小兵
唐龙飞	吕晓禾	万宇通	王 刚	郭常顺	李 根	王先良	周柏丞	缪纪锋	黄 杰	王 腾
梁连浩	刘 凯	蔡 莘	郑晓航	李仲民	何子涵					

建筑与土木工程（工程硕士）

陆 军	宫 健	高子泰	王 莹	李文涛	刘玮博	徐 迪	李寰宇	孙思文	杨青屿	任建国
于鑫彤	赵立莹	田佳龙	秦建钊	张刘翔	乔玉瑾	李倩文	孟庆国	宋 哲	管俊峰	李桂炎
朱新瑜	张 杰	谢增楠	余志富	孙 瑜	胡意如	张艺帆	卢 凡	韩 笑	陈祖正	卫辉雨
姬路遥	太子威	任潇潇	杨旺旺	荣仲笛	刘丹彤	王中秋	张旺旺	司 盼	段新超	王凯强
李东军	白克生	施豪杰	吴运强	刘聘知	牛延沼	王道阳	王梓豪	董宪章	杜军平	闫清萱
王华洋	于泓轩	党诗萱	郑力畅	韩潇雨	沈晓雪	王文铭	苏 通	李 辉	郭春磊	牛梓凡

张亚鹏	余展	黄瑞桦	史锦麟	吴璧兆	张程	王雅玲	瞿震南	董菡仪	陈星耀	马驰
王嘉玮	张秀林	俞磊	凌子昕	马卫依	谷海娇	杨春华	王斌磊	徐玉鑫	徐新宇	甄志远
罗拥辉	邓岳	赵健	刘文傲	杨金亮	雷心怡	王超	陈昌隆	陈杨一诺	刘宗帅	李坤威
唐亚飞										

附录 4-2-2　哈工大（深圳）土木与环境工程学院硕士研究生名单

2002 级
结构工程
鲁智雄　熊海山　高雪松　刘军龙　侯立群　辛大波　吕军水　李芦钰　陆秋风

2003 级
岩土工程
汪凡
结构工程
徐枫　李洪峰　李长朴　梁超锋　梁剑青　戎芹　杨样　许文杰　彭翔　任建炜
防灾减灾工程及防护工程
高峰　滕云
工程力学
李朝

2004 级
岩土工程
王爽　曹天义
结构工程
刘鹏　宁响亮　李成涛　贾俊峰　孙建超　朱焰煌　马洪斌　马伯涛　于航　宋芳芳　杨伟
卜国雄　卢伟　鄢长伟　马臣杰　余小伍　刘锋涛
防灾减灾工程及防护工程
林迟　秦明义　李彦斌
土木工程
李瑞龙

2005 级
岩土工程
洪成雨
结构工程
张贵超　陈峰雄　叶茂　李占杰　秦培成　肖家友　黄健　涂胡兵　周林仁　钱卫　杨玥
周正根　余敏　邹杰　汪浩　黄东阳　王泳　曲家新　徐鹏翔　李丽　刘洁　胡菱
王孝锋　李鑫　郑伟　费明升　任志彬
防灾减灾工程及防护工程
陈娟　李健　高夕超　陶晋　黄玉忠　王宗辉　郑海勇　金铭

工程力学
丛　波　　董雷霆　　高庆红　　郭剑平　　于秀芝　　张　锋
固体力学
李文婷　　吴志学　　俞敏杰　　徐永秋

2006级
岩土工程
景守军　　农　瑞　　赵建英　　卞广为　　管天成
结构工程
何志川　　倪艳春　　齐宏拓　　龙　坪　　农宝世　　赵　岩　　李琪琳　　裴华富　　刘雪明　　李利孝　　崔　闯
李　锴　　檀传江　　赵　宁　　包中学　　潘志鹏　　张　默　　宋　寒　　朱　磊　　周梦平　　王洪欣　　王海洋
刘　名　　林　懋　　杜思成　　王海峰　　陈建伟　　邹笃建　　罗春霞　　邓宇强　　宋瑞强　　彭　斌　　唐海兵
黄　勤　　高　洪　　渠育香　　吕海霞　　胡　渝　　涂　俊　　赵　洋　　杜红劲　　张凤亮　　刘艳芝　　黄俊海
那　琪
防灾减灾工程及防护工程
梁明东　　焦其新　　吕赫男　　王　晖　　徐　娜　　田朋飞　　袁大器　　谢汝强　　佘春燕　　王淑平

2007级
岩土工程
李　波　　翟佳羽　　沈耀辉　　夏高见　　郭宏亮
结构工程
付　英　　万艺进　　殷　跃　　杨育臣　　李卫华　　郑贺伊　　陈茂杰　　杨　钦　　曾　桢　　陈世云　　朱　庸
幸厚冰　　程　江　　叶　芳　　喻　毅　　何国锟　　宫文壮　　彭益锋　　李秀英　　申崇胜　　卢云军　　曹守金
武子斌　　王　栋　　潘　亮　　蒋书文　　李博雅　　李井超　　徐立强　　张世春　　焦丽娜　　霍广友　　张晓强
姚　运　　赵玉亮　　冯　伟　　王　鹏　　傅玉祥　　梁长明　　刘劲松
防灾减灾工程及防护工程
陈春凡　　张　旭　　朱行行　　丁静鹄　　赵园园　　解维益　　赵发祥　　夏远洋　　张志刚　　张映玲　　于洪涛
安水晶　　吴英家　　陈博文　　魏　巍

2008级
土木工程
姚　科　　庞　佳　　李再洪　　徐　巍　　郭明龙　　王　鹏　　张旭琛　　赵　星　　于　磊　　苏　敏　　齐庆龄
李声立　　贾建博　　赵常峰　　于福涛　　袁　俊　　李国翠　　周恩平　　徐　磊　　李　靖　　王润泽　　张本卓
王　美　　付铁林　　马以雷　　何联均　　许妹姗　　董　鹏　　王　剑　　宋新武　　严桂兰　　安靖宇　　郭文星
韩小良　　吴卫东　　史　霄　　杨用文　　冯燕楠　　靳祖光　　王璐璐　　夏印之　　辛佩龙　　王　卓　　廖井雄
袁胜强　　丁茂强　　郭清江　　叶福相　　史勇超　　石延奎　　黎玉婷　　金　蕾　　曾智勇　　王　平　　张　婷
陈建华　　刘　智　　刘习超　　仓友清　　胡艳容

2009级
岩土工程
张玉莲　　信瑛佩　　高玉坤　　李卫秋
结构工程
钟建伟　　范　勇　　刘喜芳　　李　凯　　周军民　　宫永丽　　周仕达　　陈　辉　　杜　磊　　钟　坤　　鲁军凯
张　凯　　田　硕　　吕海双　　孙钦学　　邱英亮　　张星明　　张　浩　　李江波　　成闪闪　　曹秋迪　　李　元
姜晰睿　　刘　强　　习芹芹　　李金海　　张连飞　　张大成　　盛　毅　　陈　虎　　牛雪莉　　柳红滨　　马　强

| 彭化义 | 李 波 | 岑楚深 | 李立岗 | 曹冬雪 | 胡 钢 | | | | |

防灾减灾工程及防护工程

| 姜传忠 | 农国畅 | 刘海军 | 龙 师 | 张宪朝 | 庞 涛 | 焦禾昊 | 张世宇 | 李 广 | 孔佑林 | 段可幸 |
| 蔡成志 | 谢先义 | 赵 峰 | 王正芳 | | | | | | | |

建筑与土木工程（工程硕士）

| 李 杰 | 朱 勇 | 霍智超 | 涂桂刚 | 祖 楠 | 徐艳苗 | 赵晓铭 | 陈中奎 | 陆中宇 | 梁 静 |

2010 级

土木工程

乔 峰	郭磊磊	郭 敏	祖德权	蔡 振	蔡洪昌	梁晶辉	黄永超	邸 博	高 骏	刘 璐
陆烨佳	郭玉坤	王德祥	李 祥	杜少华	朱 丹	张 影	王 辉	陈 宇	王 文	常峻岭
乔 劼	张晓伟	章建一	陆 瑞	任冰冰	莫红涛	郭 宇	黎林生	李保中	李艳娇	郭凌波
朱艳艳	吕高博	邢通亮	张小宁	唐凤鹏	鲁科伟	赵 阳	吴万清	刘 帅	薄天航	马金权
王尔贝	冯 琳	尚彬彬	陈振国	李 勇	李家亮	吴 丹	马 亮	张海江	潘 戬	

建筑与土木工程（工程硕士）

| 韩艳波 | 杨名流 | 李 安 | 裴晓峰 | 石海丽 | 曾 飞 | 郑 卉 | 王子哲 | 何显银 | 单建龙 | 魏木旺 |
| 曾毓鑫 | 徐 璐 | 刘 剑 | 唐 亮 | 肖 杨 | 涂成力 | 卢 帅 | 江 琦 | | | |

2011 级

岩土工程

| 籍多发 | 刘涛德 | 魏旭鹏 | 韩羲词 | 张 强 |

结构工程

吴加珂	万先虎	赵士旺	陈 亮	张洪华	王帅坤	张小白	张 军	杨 亮	李 博	王 宁
刘思洋	徐 佩	王宁娟	康师表	郑 泓	邵长军	吴竹林	张 派	王梦博	冯甘霖	徐 铉
谢 发	张雅杰	包 博	李文亮	王立山	寇振豹	王 芳	蔡东平	陈龙超	张 川	李均鹏
熊国徽	彭鹏辉	刘鹏远	张 何	张成臣	彭 然					

防灾减灾工程及防护工程

| 董文阳 | 潘玉伟 | 李 宁 | 朱小云 | 张巍元 |

土木工程

沈显龙

建筑与土木工程（工程硕士）

| 谢聪睿 | 杨 冕 | 刘春宇 | 刘安彬 | 戴卓志 | 刘志安 | 吴 昊 | 郝霖霏 | 吴会朝 | 张 臻 | 宋佳刚 |
| 杜成成 | 吴丰奇 | 刘 乐 | 张 峰 | 段柏安 | 张艳辉 | 袁 媛 | | | | |

2012 级

岩土工程

| 庚 琦 | 刘 平 |

结构工程

叶立渔	李宏军	杨增雨	杨 潇	徐飞翔	刘 超	秦 龙	张 颜	王 雄	李清新	李中华
文润发	卢星存	王 虎	郭 洋	齐礼奎	范 伟	王帅英	马旭光	申若虚	张富尧	李 玲
高春明	宋山峰	李冰成	辛 凯	彭 涛	欧阳凯	邹 健	林茂文	陈振生	李顺波	赖莉莉
徐 斌	蔡长林	陈亮军	曾 生	周 琳	陈艳伟	崔 燕	郑 斌			

防灾减灾工程及防护工程

| 闫 君 | 陈晓亮 | 孙恩强 |

附录

建筑与土木工程(工程硕士)

江　鑫　　周秋实　　吕　蒙　　陆　萍　　石威宵　　李　潞　　蒋　宪　　何京波　　王　晨　　柴兵强　　刘佳明
曹　驰　　李晓丽　　余遥遥　　张　健　　宋照桦　　许荣福　　赵　鹏　　吴继航　　徐　涛　　秦日建　　李东清
李冠深　　曾　巧　　黄永宏

2013 级

岩土工程

付长春　　陈晋龙　　黄俊文　　冯仲文

结构工程

肖　坤　　曲　超　　马森虹　　胡菁宇　　徐国祯　　谢佩羽　　阴雅盛　　张　阳　　王鹏飞　　周雪清　　王维肖
刘玉凯　　罗　银　　贺卫东　　王靖含　　孙俊博　　李来龙　　卢方舟　　夏光明　　黄义建　　张　鑫　　张宝祥
纪幸乐　　李　超　　周　俊　　乔春蕾　　黄培志　　苏昌森　　马炎青　　王　超　　董忆夏　　薛会利　　罗超宁
陈朝骏

防灾减灾工程及防护工程

李明杰　　刘素丹　　刘海磊　　吕　喆　　周　洋　　张思明　　宋　磊　　石小强

建筑与土木工程(工程硕士)

马红霞　　土志欣　　吴东东　　陈省吾　　徐培根　　王晨昭　　惠　金　　徐海俭　　赵　义　　李晓昆　　宋相坐
薛　龙　　房　坤　　陈　露　　王苕宜　　王　战　　周　腾　　杨　剑　　张慧超　　程雪超　　翟东格　　张仁贵
于留洋　　杜长锐　　梁耀祺　　范坤杰　　窦　然　　韦钰莹　　沈春飞　　黄　岩　　赵　赛　　吴元成　　周盛涛
张旭群　　伍子鸿　　王安辉　　李　婷　　黎良聪

2014 级

土木工程

朱嘉懿　　魏芬洋　　罗　奕　　陈蜀东　　林嘉文　　舒开翔　　许丰岐　　董立军　　柏伟峰　　李春江　　刘　杰
颉瑞鹏　　邱里航　　战佳朋　　汪华锋　　秦金龙　　潘国栋　　曾帝棋　　黄　硕　　辛云龙　　覃珊珊　　何嘉炜
潘东民　　黎　静　　费　嵩　　王开宇　　刘东海　　彭建东　　庄桐乙　　朱雪瑞　　牛　丽　　杨　洋　　赖家林
柳　纯　　彭爱贤　　张东东　　黄　婷　　李国威　　王晓滨　　袁　冰　　于卓然

建筑与土木工程(工程硕士)

张　迎　　郭天佑　　徐懿晖　　杨孝移　　宣　腾　　赵体刚　　赵奕翰　　康海波　　陈　伟　　李小玲　　叶周灵
龚枭杰　　陈　辉　　陈睿锋　　万　玮　　陈文钦　　李松波　　杨冬阳　　常占先　　朱勇伟　　李　力　　彭展健
林林茂　　林焙淳　　严梓榕　　邱文浩　　马瑞阳　　朱　伟　　程　鹏　　柴　磊　　郑　伟　　孟　宇　　王金宝
王绪纲　　朱国鹏　　李永佳　　孙　曼　　李福林

2015 级

土木工程

张俊良　　朱盛奇　　范喜庆　　唐德徽　　王传洲　　张务镇　　吴宇星　　许　攀　　周高照　　刘志坚　　王庆华
邱英豪　　陈铃伟　　黄敏聪　　林海仑　　陈　坚　　张　妍　　周　华　　韩　盼　　李凯梁　　杨　晨　　冯　元
李　磊　　赵子涵　　陈锦荣　　李勇勇　　林特浩　　马　杰　　舒志浩　　唐天佑　　王　斌　　周万习　　付文恺
黄真锋　　刘　扬　　王　明　　杨安泰　　卢苗苗　　罗武章　　宋雪伟　　李　羽　　LIAQAT ALI

建筑与土木工程(工程硕士)

贾皓迪　　肖永生　　赵　锐　　蒋晓兵　　杨　杰　　胡红斌　　张雄雄　　郭河杰　　赵永锋　　彭东学　　孙路伟
王　禹　　刘东升　　吴恬颖　　徐　蕾　　蒋　俊　　管　菁　　贺　彬　　匡广平　　彭　真　　余玲玲　　温宇鹏

| 陈德劲 | 葛云晖 | 姜 奇 | 蔡永敏 | 冯魁元 | 郭开元 | 吕祥瑜 | 宁甲乾 | 郝兵兵 | 李文奇 | 罗远彬 |
| 梅 振 | 翟喜梅 | 刘金操 | 秦晓飞 | 柴 华 | 任晓鹏 | 方梦明 | 肖志杰 | | | |

2016 级
土木工程

张 笑	刘殿琨	徐冰洋	祖红光	卞晓晗	钟 驰	魏 俊	田家栋	解逸渊	王 超	何军峰
苏向向	刘 毅	荣沛洋	熊凌轩	殷 浩	王 通	刘斯佳	张立启	贾 斌	朱家源	王宇超
曲宝旭	陈良杰	许培畅	郑欣怡	朱云云	彭茄芯	陈超雄	董晗拓	郭梦梦	杨丽雅	周铿乐
陈子彬	齐泽天	李 杰	程汉斌	孙志雄	黄婉露	丁佳攀	潘 慧	IBRAHIM ESA KHADRA		

建筑与土木工程（工程硕士）

文 皓	童建坤	孙浩程	刘凤喜	张淇钧	卢 炜	汪兴龙	冯世客	徐 强	贺凯杰	张威凯
许先林	牛憧宇	王 进	侯 旺	甘建昌	谢 明	张路路	罗聪聪	唐云泽	梅冬捷	郭 庆
栗现斌	罗 栋	余海昌	许博权	黄 凯	李涛涛	陈彦名	吴诚云	梁衍铭	张雪莲	袁立刚
徐宗凯	徐亚冲	郑立霖	韩振东	张道贺	杜均泽	刘 喆	钟 继	冯 攀		

2017 级
土木工程

王楚冰	秦田龙渊	缪嘉元	周 海	谭润锵	韦其颖	黄 河	郑 倩	蒲 波	包显鹏	段志遥
冯芝文	李蓬喜	刘明月	韩世文	肖少辉	丁 旋	卜繁睿	单明丽	袁小杰	高莎莎	郭 凯
向黄斌	张笑尘	郑俊超	徐可睿	刘美娜	刘佳睿	王 炜	马晨晨	莫 康	刘南希	刘家文
陈 珺	张 瑾	赖宝帮	马骥远	张何勇	刘 聪	范佳琪	AHMED ABDI YASIN HIRSI			

建筑与土木工程（工程硕士）

杨 阳	胡 典	龚 豪	芦 焱	李 翔	任 威	刘 岩	柳俊超	于一洋	张铭志	肖世奎
梅诗榆	刘悦欣	王康鑫	吴京泰	贾铭浩	黄志鹏	陈 猛	张 蔚	陈超伟	孔 超	阳 敏
赵伟涛	宋帅帅	陈志鹏	李 政	肖永锋	窦世昌	薛佳祥	杨 超	倪晓冉	刘 越	罗炳均
耿 艳	甯家飞	林俊武	尹 亮	简洪树	沈明明	代胜福	蔡依煌	陈雄图		

2018 级
土木工程

吴小东	王 储	左文涛	黄琛超	高 鹏	陈 龙	陈 健	曹宇萌	杨芯蕊	宋召东	朱志伟
刘 琪	仲博文	卢珏豆	王 焰	唐子健	成 为	梁智亮	楼异强	卢泽辉	张新行	孟振亚
陈慧娟	韩 丹	郭林强	江健雄	杨 婷	罗 玮	韩明里	陈广锐	胡帝广	章文杰	徐成豪
郭凯生	罗贤志	吴甜甜	李 晗	肖津东	王秋垒	徐 俊				

建筑与土木工程（工程硕士）

李 健	黄智豪	杨高领	郑游率	戚家鹏	乔志浩	谢春皓	赵 静	李志斌	林 鹏	杨彦坚
曾 丹	帅承广	陈鸿生	朱旭鹏	张天瑞	唐 驰	伍超群	潘启洋	逯卓奇	孙浩然	郭宇航
杨哲哲	顿宗怡	张弘杰	王 震	胡善津	李 达	刘亚鑫	沈华敏	董军凯	陈蔚山	邵志伟
刘 洋	胡云鑫	李柱东	王 帅	邱舒鸿	王 辉	林金娜	董寒雨	何容杰	钟伟民	

2019 级
土木工程

| 袁泽宙 | 张育楷 | 王龙明 | 唐文超 | 杨显昌 | 钟容川 | 陈 霄 | 石 兵 | 谷东锴 | 叶学伟 | 何翼展 |

张 铸	卢臣涛	王 帅	史小东	左志成	刘延东	张 明	李俊燕	李 莹	周倩如	陈艺夫
范 超	谭家卫	王浩东	阚子超	郭昊宁	童文豪	王倩倩	潘程源	王园园	田 欣	杨佳智
李广安	朱弘毅	谭又文	张宇聪	杨 玺	刘 谦	陈 龙				

建筑与土木工程（工程硕士）

王肖芸	但 豪	任一汀	杨 韬	孙卫冰	关剑铭	宫霄倩	樊 悦	潘金蒂	高 鹏	徐嘉成
刘俊杰	韦骄原	林泽佳	周 柯	徐婷婷	薛 科	梁家栋	汪凯超	张雨晨	张 玉	李越姝
张 琳	郭梓垚	方其样	张艺苑	付 亮	邓学胜	姜艳涛	李一帆	栾 欣	张 昊	沈 哲
叶 辉	方 晨	李艳华	杨 超	丑 晴	李 烁	杨庆杰	李仕豪	黄略轩	张子康	

附录4-2-3 哈工大（威海）土木工程系

2011级
张书林　林 枫　王 通　王 雨　翟东宪　陈德珅　柳 叶　汪 晖

2012级
韩 光　高龙涛　沈 涛　汤胜文　陈 庞　武 锋　徐田欣　赵国臣

2013级
张 刚　段一鸣　张 超　严 威　蒋 伟　陈 勇　董崇海　孔文江　刘 东　王 芳

2014级
门 颖　刘延翔　黄 壮　吴艳宁　徐星辰　苗 苗　宋 钢　刘庆阳　王开源　王东超

2015级
吴盼刚　赵 传　陈 林　孙凯林　吴琼尧　李欢欢　刘兆锰　年夫旭　滕 芳　王 洋

2016级
王心怡　赵克余　刘宇林　李 奕　李秦鸣　薛 欢　喻 良　吴联俊　徐佳翔　张庆伟　李顺利
高开锋　王宇飞　邵维一　祝宁超

2017级
王江波　王 宇　邱 枫　何 远　杨续波　王泽民　陈 漩　李昕宸　曹 杰　戴俊卿　孙棋斌
顾群峰　郑 颂　夏佳军　刘 浩

2018级
李天娇　吴 滨　许武成　张华玮　邱钦桂　于 辉　蒋凯年　王修健　尹 飞　吴 松　孙士儒
钟炜彭　张昊东　郑泽鹏　刘峥嵘

2019级
苏美清　李亚宁　刘昌生　代学睿　赵小茜　王韶晖　王纪伟　翁 潜　莫振铭　陈志皓　王世哲
祝海峰

附录4-3 博士研究生名单

附录4-3-1 校本部土木工程学院博士研究生名单

1981级
建筑力学
  霍　达　苗若愚（由大连工学院代授博士学位）

1984级
结构力学
  欧进萍　陈树勋

1985级
结构力学
  武爱虎

1986级
结构力学
  苏士功　段明珠　潘友光

1987级
结构力学
  李秋胜　谭东跃　秦文欣
结构工程
  王　湛　陈　昕

1988级
结构力学
  闫维明　闵书亮　牛荻涛
结构工程
  赵　臣　张素梅　那　鹏　吕　扬　白晓东　张颂娟　唐　栋

1989级
  韩　峰　滕　军　董毓利　王元丰

1990级
结构力学
  王时标
结构工程
  王　娜

1991级
结构工程
  杨卫红　韩林海　董永涛　逄治宇　李秋义

结构力学

吴 波　段宇博　张爱林　苏 华　张 跃　李 惠

哈工大建筑工程系：计算力学

袁 平

1992 级

结构力学

刘玉彬　高原青　宋根由　张永山　耿永常　乔 忠　李地红

结构工程

朱勇军　高向东　王 策　王凤友　叶 林　鞠 杨

建筑经济与管理

张智慧

1993 级

结构力学

张培卿　周 云　刘学东　丘法维　李洪泉

结构工程

谭淑杰　张盛东　杨伏山　张义成

建筑经济与管理

朱益民

1994 级

结构力学

陈艳艳　曹万林　程晓杰　黄虎杰　刘晓燕　吴 斌　段忠东　林燕清　张 鹏

结构工程

郭院成　刘 箴　吴振宇　查晓雄　贺军利　赵 晶　朱本全

建筑经济与管理

芦金锋　孙长雄

1995 级

结构力学

马忠诚　吕大刚　孙作玉　祁 凯　陈彦江　田石柱　卢 薇　张吉礼　初仁欣

结构工程

刘 畅　张文福　王友海　李家和　祁景玉　刘晓波　李 君　向 阳　原卫星

建筑材料

刘晓波

建筑经济与管理

李忠富　曾赛星　宋健民　姚洪权　王 锋　申金山

1996 级

结构力学

李敏霞　陈月明　齐怀恩　邹向阳　赵桂峰　何 政

结构工程

高维成　朱永权　王抒音　李广惠　赵　卓　黄龙男　赵　军　王凤来　范　峰

建筑经济与管理

张德群　西　宝　刘　洋　张兴野

1997级

结构力学

朱靖华　王　力　殷朝阳　谭忆秋　隋莉莉　关新春

结构工程

马晓儒　易　成　张文元　陈洪涛　廖雄华　姜洪斌　王幼青　王要武

建筑材料

杨英姿　赵霄龙

建筑经济与管理

肖厚忠　赖　喜　吴增玉　李云波　胡保清　刘延岭

1998级

结构工程

陶　忠　靳秋颖　陈天愚　金熙男　翟希梅　卫　东　杨　娜　王宗林　武　岳　侯钢领　张微敬
冯九斌　王　伟　肖仪清　王　刚　郭安薪

建筑材料

邹桂莲　张东兴　王荣国　王　剑

建筑经济与管理

万　俊　杨同利　尚春明　冯鸿雁

1999级

结构工程

黄　政　杨志勇　徐　蕾　张卫东　郭海山

力学

王宇震　龙　旭

工程力学

邢方亮

建筑材料

潘　雨　郑秀华　冯　奇

管理科学与工程

张宇祥　孙　平　刘　琳　关为泓　冯　凯　丁传波　孙成双　刘　鹏　尹郡祥　郭　磊　张跃松
温玉杰　吴国芳　郭志明　徐燕鲁

2000级

工程力学

曲秀全　李宏伟　张进秋　张世海　袁雪松　杨　飏　邢方亮

结构工程

杨　华　赵振东　李玉顺　秦　云　王玉银　杨有福　邢佶慧　邵永松

建筑材料

高小建

附录

防灾减灾工程及防护工程
刘铁军
管理科学与工程
李小冬　吕康娟　李桂君　杨洪涛　俞晓国　邹晓虎　林宇彦　王　峰　高德忠　李　亮　崔英敦

2001 级
工程力学
李冀龙　付伟庆　卢成江　韩宝国　单宝华
防灾减灾工程及防护工程
张春巍　彭君义　周文松　侯　爽　毛晨曦　王铁英　刘红梁
岩土工程
周敏峰　王丽霞　区　马
结构工程
支旭东　云　迪　张宝超　刘立鹏　曹宝珠　孙晓颖　王秀丽
建筑材料
柳俊哲　刘文博　唐　明
管理科学与工程
程晓多　台双良　李　阳　王　玲　赵玉甫　杨德忻　李良宝　翟凤勇　陈　健　段　云　李朝旭
李颖超

2002 级
工程力学
李金海　赵雪峰　程树良　匡亚川　具典淑　闫桂荣
岩土工程
汪恩良
结构工程
姜庆远　王林安　陈　勇　连尉安　周　威　冯若强　郭兰慧　程东辉　刘　铁
防灾减灾工程及防护工程
李晓敏　张纪刚　周道成　翟长海　刘　敏　肖会刚　李晓稚　喻　言　王凤霞　张新越　刘洪波
李晓雷　贾忠辉　王倩颖　徐龙军　张亮泉
建筑材料
赵亚丁　张洪涛　刘志国
管理科学与工程
苏义坤　王　丹　任　华　李秀华　陶　萍　王　洪　张欲非　杜朝晖　李晨洋　徐　晶　叶　蔓
蔡德章　胡乔宁　孙立新　周　力　王衍行　潘志煜　杨　光　石永林　李清志　吕红军　成力为

2003 级
结构工程
柳旭东　武　胜　王绍君　刘界鹏　李方慧　赵　娟　吴兆旗　徐　超　王春刚　张壮南　张雪丽
刘永华　许名鑫　解恒燕　赵洪斌　刘　凯　徐　田　孙　瑛　陈　波　张格明　邹超英　曹正罡
建筑材料
赵福君　邓宏卫
岩土工程
董连成　徐春华　刘红卫

工程力学

张志春　张　通　刘志强　燕　杰

防灾减灾工程及防护工程

李晓雷　王言磊　李冬生　王洪涛　郝　敏　张茂花　崔高航　贾忠辉　王倩颖　徐龙军　张亮泉
闫　昕

管理科学与工程

于国平　温红梅　徐　刚　杨晓冬　张国东　黄志烨　孟　涛　王海强　丁　琦　李舒亮　杨晓林
张　红　许程洁　吕雪峰　薛小龙　金　玲　王洪波　鞠　航　万立军　陈天鹏　赵振宇　张　华
吴振华　高　苛　万冬君　金海燕　郭红领　刘　杰　尤　完　黄桂林　周鲜华　刘安业　王沿民
奚全生

2004 级

结构工程

孙文博　贾明明　王宏伟　丁玉坤　计　静　齐铁东　赵军卫　郭　楠　钱宏亮　宁作君　杨少伟
林　斌　马欣伯　张昊宇　陈松来

建筑材料

张武满　苏安双　关　辉　李中华

工程力学

刘　洋　张秀华　李芦钰　辛大波　候立群　罗健林　周庆生　王　川　刘军龙　戴鸿哲　乔国富
王　蕾　闫功伟　郝庆多

岩土工程

耿建勋

防灾减灾工程及防护工程

刘金龙　季小勇　李　萍

土木工程

李　妍　陈文礼　贾立哲　兰成明　赖晶晶　夏　林　谭　军　李中华

管理科学与工程

赵振宇　赵士德　陈凤岩　郭志达　满庆鹏　侯新培　王　瑾　马广林　金美花　卢伟倬　孙金颖
张国永　张冽虹　成飞飞　李　宁　张利宁　于京春　姜呈家

2005 级

工程力学

陈松来　郑天心　徐　枫　何建平　杨　鸥　赵　杨　张　坤　沈洪宇　孙晓丹　陈俊旗　曾　森
朱万旭

结构工程

孙绪杰　侯晓萌　周华樟　欧阳志为　朱崇绩　姚永红　李祚华　鲁志雄　张建胜　王海明　于海丰
赵金友　张博一　郑朝荣　伞冰冰　龚　超　吕学涛　邵京锋　李　莉　李晓枫　吴敬东　刘晓丹
郑秀梅　赵　建　张济梅　李　俊　王大勇　袁胜佳

建筑材料

国爱丽　吕建福　陶　琦

土木工程

甘亚南　魏陆顺　董旭峰　熊德新　鲍跃全　冯建华　于晓野

岩土工程

徐鹏举　　赵　刚　　朱占元　　郑英杰　　吉植强

防灾减灾工程及防护工程

周　峰　　李顺龙　　王　迎　　高　欣　　李凤臣　　李　爽　　马　宁　　李胜利　　孙晓丹

管理科学与工程

姜　淮　　王　辉　　胡乃鹏　　范昕墨　　陈红霞　　苗　鑫　　冉立平　　韩青苗　　王学通　　沈镇江　　韩喜双

时景新　　董绍辉　　张志清　　徐淑红　　邹心勇　　管　明　　邹志翀　　张　宇　　徐韫玺　　卢英方

2006 级

工程力学

王晓可　　张青霞　　朱　航　　颜学渊　　陈再现　　宋鹏彦　　范志华　　徐怀兵　　何长江　　侯吉林　　郭鹏飞

结构工程

万夫雄　　王　钧　　卢　爽　　王心心　　徐　嫚　　张　瑀　　白崇喜　　王　琨　　马伯涛　　宁响亮　　赵炜璇

金晓飞　　张　扬　　李　然　　金　路　　陈志勇　　王多智　　李　欣　　陈伟宏　　卢姗姗

土木工程

杨新磊　　李彦斌　　张清文　　贺　诚

岩土工程

王福彤　　唐　亮　　于皓琳

防灾减灾工程及防护工程

王大鹏　　许国山　　李　宁　　张福俭　　蔡新江　　史鹏飞　　白　石　　周述美　　王　建　　贾俊峰

管理科学与工程

胡国华　　马永驰　　范建双　　叶　凯　　费月升　　张　磊　　李玉龙　　闫　辉　　金占勇　　张艳华　　解　海

2007 级

工程力学

兰春光　　李素超　　王晓东　　任年鑫　　于晓辉　　杨跃新　　闫　凯　　路胜卓　　马　高

结构工程

王晓东　　朱崇绩　　姚永红　　潘　登　　耿　悦　　杨远龙　　齐　岳　　张大山　　马会环　　于志伟　　何小辉

刘昌永

岩土工程

陈士军　　高　霞　　张　锋　　郑　鑫

土木工程

孙　超

防灾减灾工程及防护工程

张　巍　　邓利霞　　卢书楠　　李彬彬　　乔东生　　王　贞　　陶冬旺　　赵俊贤　　朱宽军

管理科学与工程

姜永生　　于天军　　王高飞　　何　檀　　常　远　　李国良　　张丽丽　　王汇墨　　董继扬　　刘锦章

2008 级

工程力学

崔双双　　刘振鹏　　钟　晶　　李雁军　　徐　训　　马明磊　　黄　永　　赵　威　　赵　丹　　李东方

结构工程

林　莉　　李海艳　　孙世钧　　戎　芹　　杨志年　　吕俊利　　聂桂波　　尹福成　　王　勇　　牛　爽　　王代玉

严佳川　吴　迪　罗百福　朱　晶　王化杰　祝　瑜
岩土工程
于程一　王凤刚
防灾减灾工程及防护工程
崔丽丽　王连发　聂玉东　杨海涛　谭晓晶　周惠蒙　暴　伟　武　钢　刘　璐　黄明华　李宏海
土木工程
曾　华　谭智军　唐　兴　刘　坤　李　亮　鹿庆蕊　崔玉萍
管理科学与工程
吕　萍　李志清　崔玉影　尤学拾　张　威　赵景林　何伟明　卢　晨　卢志滨　崔雪竹　谢南斌
张岩海　郝春雷

2009 级
工程力学
张石磊　蒋　伟　黄永虎　程　鹏　赖马树金
结构工程
徐文杰　杨　帆　姜宝石　李玉刚　贾少文　吕雪源　邱立鹏　陈智韬　刘　岩　王誉瑾　成　博
黄艳霞
岩土工程
王立娜　王子玉　田立慧　杨　正　阎永成　宿金成　徐　昊　BAYDAA HUSSAIN MAULA
土木工程
刘陶钧　叶　涛　MOHAMMED ISSA ALI ISSA
防灾减灾工程及防护工程
张常明　高公略　王　涛　陈凤英　张新全　王炳乾　李　雪　张家广　王晓敏
管理科学与工程
姜喜龙　周　佳　王志宇　李　冬　范　闯　张劲强　石　锋　王一越　张　园　钮文艳

2010 级
结构工程
陈昭庆　南　波　陈明阳　崔国勇　李　兵　孔德文　刘方坤　汤　灿　高　山　史永强　马加路
陈耕博　邱　冶　吴欣荣　张　明　刘发起　刘国玺
工程力学
樊学平　魏道攀　薛国峰
土木工程
于澎涛　王欣学　程媛媛　魏延超
防灾减灾工程及防护工程
徐　翔　武百超　潘天林　陈永盛　曾　聪　涂杰文　刘克同　赵　艳　白久林　刘　鲲　梅　洋
常志旺　蒋　姗　左占宣　张永水　盖遵彬
岩土工程
邵新妍　丁茂廷　惠舒清　KUDELINAMARIA
管理科学与工程
单英华　吴宇迪　田雪莲　刘宝平　张瑞雪　薛维锐　孙　智　罗功武　李岩松

2011 级
工程力学
金国庆　刘月飞　李海涛　刘　洋　周　鹏　朱瑞广　陆中宇　夏媛媛　江守恒　TAN KOKTONG

KONDERLA IVO
结构工程
齐宏拓　覃　锋　涂桂刚　杜　鹏　莫华美　朱　飞　陈　杰　李天娥　武国芳
ADEOTI OYENIRAN GUY
岩土工程
安令石　赵莹莹　李　鹏　苏　雷　李琼林　冯志仁
防灾减灾工程及防护工程
高慧兴　刘玥君　吴敬宇　梅　竹　单思锦　柏晓东　吴　彪　金双双　鲁军凯　李　伟　孔璟常
温卫平
土木工程
万艺进　燕　晓　彭　灏　由浩宇　周丽娜　李金海
管理科学与工程
牛向飞　杨占报　卢　颉

2012 级
工程力学
王晓磊　李　健　孙胜伟　周姗姗　刘春辉　苗连娟　洪　斌　刘晓伟　王宏光　杨大伟　张强强
王自柯
结构工程
孙晓宇　王德弘　袁　健　钟　杰　王庆贺　潘晓兰
土木工程
张爱莲　傅　毅　李　岩　徐伟帆　方　明　王加辉　张月乔　王　睿　孙洪鹏　ANDRIC JELENA
SABIH GAUHAR
岩土工程
耿　琳　于素慧
防灾减灾工程及防护工程
陶仕博　蔡婧妮　贾红星　方庆贺　王文韬　杨　格　郑　志
能源与环保（工程博士）
宋中南
管理科学与工程
史　宁　张黎黎　LI LU

2013 级
工程力学
潘云锋　何　俊　徐金龙　陈智成　翟东宪
结构工程
陈德珅　孙梦涵　周　强　陈　鹏　赵　晖　王宣鼎　张　荣　GIDOFALVY KITTI
土木工程
石飞停　杨丰源　杨　亮　叶　焕　汪　晖　江金豹　张继强　栾　帅　马财龙　余　萍　李清朋
王振营　刘　琪　焦贞贞　杨雁翔
防灾减灾工程及防护工程
苑　潋　肖圣超　张洪福　宁西占　籍多发
岩土工程
张效禹
管理科学与工程
邹　通　杨志和　姜　颖　王　微　TAGANOVSTEPAN

2014 级

土木工程

张照辉　郭钢　何金洲　李文亮　陈亚彬　鞠成　乔达　朱世界　耿相日　黎善武　袁文厅
高东来　罗军　丛晟亦　乔雨蒙　曹泽林　于清林　迟琳　杜北　张雷　刘聪　路冰
刘雨时　杨新聪　卞振云　陈庞　李玲　李锐　刘用　徐之彬　张士平　袁长春
GLUSHAKOVAIULIIA　　　　ANASTASIIA GARIPOVA　　　KAFODYAINNOCENT　　　TAKATAMOERICHARD
DJERRAD ABDERRAHIM　　　SAGHAR SAHIR

工程力学

赵中杰　徐阳

先进制造（工程博士）

王载

结构工程

杨旭　苏宁　张孝存　蔡忠奎　刘凯华

力学

文明　蒙井　刘亭亭　吕品　田爽　李承高

防灾减灾工程及防护工程

郭丽娜　杜涛　郭冰冰　赵国臣　李翠华

岩土工程

RANDRIAMBOLOLONARAZANAMPARANYHERIZO

管理科学与工程

张嘉宾　吴恒钦　王亮　张俊禹　于岳龙　孙德刚

2015 级

土木工程

茹毅　莫宗云　许高娲　包旭　周健　苗天鸣　张国龙　陆荣威　刘振亮　房坤　袁文永
武沛松　万宗帅　池斌　金易周　陈传向　赵德志　夏毅　韩飞杨　任贺贺　高梦梦　丛昕彧
闫穆涵　侯翀驰　刘盟盟　彭汉　姜超　徐文昕　张欢　董恒磊　谭启阳　刘昭　魏雨良
杨冬冬　赵远征　杨理贵　杨晓强　金晓威　魏世银　祁少博　武启剑　于洋　张英楠　陈铁锋
曾宇声　田亚迪　于源　周洲　杨海波　贾晨　龚俊　姜宇琪　张志铭　陈家辉　金薇
刘文　王柯　MAHAMATISSAABDERAMAN　　ALAYE QUIRIN ENGELBERT AYEDITAN　　MUHAMMAD ABID
CHO MYA DARLI　　HAYTHAM F. A. ISLEEM　　　DJERRAD ABDERRAHIM　　　YANAGISAWATOSHIMASA

力学

蒋月新　代旷宇

防灾减灾工程及防护工程

刘嘉斌

结构工程

史俊

管理科学与工程

祖晓谦　王亮　袁振民　冯凯伦　邱冬梅　潘玥行　王璐琪　梁化康　AIZHOLOVA GULZHAN

2016 级

力学

宋彦　唐志一　王鹏　张伟恒　任方舟　王安妮　季攀

土木工程

汪江红　刘睿　黄金光　曹少俊　来鹏飞　张召才　陈志恒　刘秀明　黄煌煌　霍亮亮　石军
赵今　全玉湖　邓凡　李雪伟　王娴颖　武涛　付树彬　吴晓同　战剑　王梦雪　刘天安

附录

严辰	赵增阳	杨月明	刘洋	王笑婷	杨文瀚	潘俊铮	杨双成	马越洋	杨浩文	张孝臣
李秀琳	孙鹏宇	郝美静	陈正林	宋国庆	李亚钊	张晓航	王云鹤	张志伟	赵圣婴	苏岩
徐鑫宇	夏启龙	孙大伟	裴卫昶	李金平	何日劲	王锐	朱勇	赵木子	王玉涛	曾立静
胡清	周显昱	张鑫	KUMAR NAWNIT		KHSHEN ZENAGEBRIEL			CHANGO ISHOLA VALERE LOIC		

工程力学
郑志宝　　LAL HIRAN MAYOOKH　　UTHAMAN ARYA

能源与环保(工程博士)
徐良平　　尹亮

管理科学与工程
窦玉丹　　薛红　　陈石玮　　王吉祥　　AIZHOLOVA GULZHAN

2017 级
土木工程
侯健	韩子欣	刘克智	黄文宣	张歌	项正良	张井财	闫雨	李志平	李善珍	刘永悦
常煜存	余璐	刘濮源	秦玲	白帅	洪荣灿	任鹏飞	米俊亦	黎峥	黄德龙	李智
张家玉	李奇训	李东辉	赵美杰	吴琼尧	黄业伟	章博睿	黄海家	徐博闻	刘敏	郭云
吕梦圆	于鹏	尹航	刘康宁	常卫	林幽竹	刘明昊	赵林	薛志豪	孙铭	谭艺霖
柯佟亮	刘佰	周振宗	钱文亮	张时为	娄晓楠	丁家新	孙文景	李俊兴	李同欣	殷子昂
李国强	马兵	田立慧	代铮	AKHTARNAHEED		KUMARNAWNIT		TAHIRMUHAMMAD		

AHMEDALIAHMEDRADWAN　　ABDELRAHMAN　　BELHASSENAFATIMAZOHRA

力学
王丛　　熊雪露　　卜令泽　　董少策　　张念强

2018 级
力学
郑伟　　欧阳明哲　　郭奕兵　　李文杰　　王佳　　王婉茹　　陈瑞林　　孔德奥　　NOEL BABU
MASSOU MALECK ABDEL OLAREWADJOU E

土木工程
王志成	陈冠斌	马振福	李新宇	张凯	周正	张铭月	王兆勇	万骏	刘珊	从为一
李伟涛	刘佳康	孙星卉	穆殿瑞	毛颖	段圭粤	赵子斌	任苗	朱思佳	孔祥勋	文娜娜
王中岳	聂众	方勇	孙铭	何依婷	桑源	张晨晨	王理	许崇浩	张笑与	吴宇奇
吴杭姿	吴盼刚	刘欣悦	姜智盛	胡芳侨	张思为	赵婉宇	张衍	杨佳奇	刘亮	郭鸣谦
刘强	孙佳琦	赵勇刚	李慧莉	刘雅致	张雅铭	梁倪漪	张开元	李胜	刘立磊	张俊逸
武向通	刘畅	林彬添	孟畅	原野	皮振宇	黄兴华	ANATO NEURLY JOSITA			DIAKITE

YOUSSOUF　　MITOBABA JOSUE GIRECE　　ABUAKER KABASHI AHMED MOHAMMED　　KHARKOVANATALIA

能源与环保（工程博士）
曹新笠

2019 级
土木工程
韩鹏	邢文强	郭梦慧	任国盛	邢文强	韩鹏	郭梦慧	孙国瑞	李芳	刘佳祥	王浩然
唐振	陈文洁	李琦琦	王凤芹	孙阔	张鹏宇	胡哈斯	杨婷婷	闵祥威	杨先霖	于凌波
梅恒	邵长松	杨叶飞	周同来	邱枫	王泽芳	李智远	董尧	路博	姚芳雪	杨康康
冯硕	陈思远	高金麟	孟令钊	张箭	李瑞森	郑凯凯	徐铭阳	冯辉	徐天立	李宏达
邹佳琳	满孝峰	满艺群	李晨曦	李睿	李林珊	刘智超	谭莎莎	邓远芃	周沁	渠海港
张毅	潘墨岚	黄俊凯	裴顺顺	王鹤然	宋冬冬	李赤	胡杰	乔晶	李奉泽	陈明阳

| HASSAM MUHAMMAD | AYIZANNON SEMANU IYANU IESOUS | AUYESBEK SULTAN | KERILENG KEOAGILE |

能源与环保（工程博士）

陈树培　孙　鹏　郑博文　李松岩　田经纬　郭楠祥　李鸿维

力学

钱　玥　潘秋月　田伟辰　齐　肖　郭　瑞　关效澍　张瑞景

2020 级

力学

刘大伟　孙华彬

土木工程

李奇岩　赵建军　刘书幸　陈　鑫　陈明慧　朱敬洲　李长凯　尚祖峰　王　龙

附录 4-3-2　哈工大（深圳）土木与环境工程学院博士研究生名单

2005 级
土木工程

李祚华　鲁志雄　董志君　于　芳　李成涛

2006 级
土木工程

尹　静　李　朝　刘锋涛　姚　姝　郭伟亮　于　航　林　迟　杨　伟　卢　伟　朱焰煌　宋芳芳
马伯涛　卜国雄　宁响亮

2007 级
土木工程

余　敏　何春凯　罗　帅　黄文锋　刘　洁　王晓璐　申选召　黄东阳　叶　茂　涂胡兵　秦培成
张贵超

2008 级
土木工程

曲家新　邹笃建　魏明海　徐　娜　王洪欣　李利孝　林　坤　黄　勤　吕海霞　王海洋

2009 级
土木工程

刘轶翔　幸厚冰　安水晶　靳瑛杰　张　涛

2010 级
土木工程

李红豫　王凤阳　黄振宇　刘　鹏　张　璐

2011 级
土木工程

唐智荣　左　洋　杨　俊　李　波

2012 级
土木工程

万城勇　邱　博　张志敏　陈　亮　邓　林　康　杰

2013 级
土木工程

魏木旺　何显银　彭志涵　郑　泓　陈　煜　刘鹏远

2014 级
土木工程

杜成成　邹晓旭　崔　燕　何京波　罗　银　薛会利

2015 级
土木工程

陈朝骏　唐亚男　周盛涛　单庆飞　叶　寅　覃珊珊　杜尚波

2016 级
土木工程

曹守刚　宋　文　王靖舍　周岳富　黄俊文　宁甲乾　陈德劲　罗武章　赵子涵

2017 级
土木工程

齐一鹤　杨　剑　王中桢　宋　磊　刘垒雷　翟喜梅　黄真锋　吴清贵　张文通

2018 级
土木工程

张　沣　卢　炜　葛　磊　魏慧男　唐德徽　王　凯　尹　亮　魏树利　郑舜云　王青原

2019 级
土木工程

李文韬　张亮亮　幸新涪　王英瞩　李晓蛟　胡晓阳　郭　东　刘南希　肖少辉　杨　光
刘亚琼　陆剑峰　肖　扬　陈丕钰　李孝忠　陶　宇　徐增茂　刘盼盼　陈振明

2020 级
土木工程

王天成　代胜福　晏　铖　韩世文　杨　超　王宇超　江雪雷

附录 4-3-3　哈工大（威海）土木工程系博士研究生名单

2009 级

张石磊　刘　岩

2011 级

钟云娇

2012 级
王美玲

2013 级
陈德珅

2014 级
赵国臣　　陈亚彬

2015 级
杨海波

2016 级
刘政贤　　张志伟　　王娴颖

2017 级
曾成均

2018 级
吴盼刚　　张　凯　　张　衍

2019 级
陈文洁　　邱　枫

附录 5 人才培养相关资料

附录 5-1 本科专业教学计划

附录 5-1-1 土木系五年制教学计划（1930年以前）

年级	学期	课程	讲课	练习课程设计	实验	年级	学期	课程	讲课	练习课程设计	实验
一年级	第一学期	1. 微分	3	2	—	三年级	第五学期	7. 木桥	2	2	—
		2. 解析几何	2	2	—			8. 钢筋混凝土	4	—	—
		3. 画法几何	2	2	—			9. 水力发电站与水力发动机	2	1	—
		4. 化学	2	—	2			10. 采暖与通风	2	1	—
		5. 建筑艺术一般原理	2	2	—			11. 热力学与热工学	2	—	—
		6. 大地测量	5	—	1			12. 电工学	2	1	—
		7. 建筑材料工艺	2	—	—			13. 编制预算与会计手续	—	1	—
		8. 理论力学	2	2	—			总计课内周学时	26	15	1
		9. 物理	1	—	2		第六学期	1. 材料力学	2	1	1
		10. 基础制图和建筑制图	—	2	—			2. 结构静力学	2	1	—
		11. 绘画	—	2	—			3. 建筑学	1	2	—
		12. 中文	3	—	—			4. 铁路与道路连接	—	3	—
		总计课内周学时	24	14	5			5. 铁路运输的一般原理	4	—	—
	第二学期	1. 微分	3	2	—			6. 牵引计算	—	1	—
		2. 解析几何	2	2	—			7. 铁路设计与勘察	5	—	—
		3. 画法几何	2	2	—			8. 小跨度钢桥	2	1	—
		4. 化学	1	—	—			9. 大跨度桥	2	—	—
		5. 建筑艺术一般原理	2	2	—			10. 钢筋混凝土	—	3	—
		6. 大地测量	5	—	1			11. 静不定结构及复杂结构的钢筋混凝土静力学	3	—	—
		7. 建筑材料工艺	2	—	—			12. 采暖与通风	2	1	—
		8. 理论力学	2	2	—			13. 电工学	2	1	—
		9. 物理	2	—	2			14. 编制预算与会计手续	—	1	—
		10. 基础制图和建筑制图	—	2	—			总计课内周学时	25	15	1
		11. 工业制图	—	2	—	四年级	第七学期	1. 建筑学	—	2	—
		12. 绘画	—	2	—			2. 火车站公用设施	—	3	—
		13. 中文	3	—	—			3. 铁路运输一般原理	2	—	—
		总计课内周学时	24	16	3			4. 机车车辆和牵引设备	3	—	—
二年级	第三学期	1. 理论力学	2	2	—			5. 铁路设计与勘察	—	3	—
		2. 物理	2	—	2			6. 道路的分类	2	—	—
		3. 积分	3	2	—			7. 大跨度桥	2	3	—
		4. 材料力学	2	1	1			8. 石桥	2	—	—
		5. 结构静力学	2	1	—			9. 金属的涂覆	1	—	—
		6. 机械零件	2	1	—			10. 静不定结构及复杂结构的钢筋混凝土静力学	3	2	—
		7. 建筑学	3	2	—			11. 采暖与通风	—	3	—
		8. 地质学	2	2	—			12. 水利工程基本原理	3	—	—
		9. 地基与基础	2	2	—			13. 给水排水	3	—	—
		10. 铁路及设备与维修	4	—	—			14. 土路与公路	2	—	—
		11. 绘画	—	2	—			15. 科学的劳动组织	2	—	—
		总计课内周学时	24	15	3			16. 簿记与会计组织	2	—	—
	第四学期	1. 理论力学	2	2	—			总计课内周学时	27	16	—
		2. 物理	2	—	2		第八学期	1. 建筑学	—	2	—
		3. 积分	3	2	—			2. 火车站公用设施	—	3	—
		4. 材料力学	2	1	1			3. 铁路运输安全保障	4	—	—
		5. 结构静力学	2	1	—			4. 铁路设计与勘察	—	3	—
		6. 建筑学	2	2	—			5. 铁路建筑	2	—	—
		7. 地质学	1	1	—			6. 隧道建筑	2	—	—
		8. 铁路与道路连接	4	—	—			7. 大跨度桥	—	3	—
		9. 金属结构	2	1	—			8. 桁架理论	2	—	—
		10. 水力发电站与水力发动机	2	1	—			9. 架桥	2	—	—
		11. 热力学与热工学	2	—	—			10. 静不定结构及复杂结构的钢筋混凝土静力学	2	2	—
		12. 绘画	—	2	—			11. 水利工程基本原理	3	—	—
		总计课内周学时	24	14	3			12. 给水排水	1	2	—
三年级	第五学期	1. 材料力学	2	1	1			13. 土路与公路	2	—	—
		2. 结构静力学	2	1	—			14. 科学的劳动组织	1	—	—
		3. 建筑学	1	2	—			15. 簿记与会计组织	2	—	—
		4. 铁路与道路连接	—	3	—			16. 专用仓库	2	—	—
		5. 火车站公用设施	4	—	—			总计课内周学时	25	17	—
		6. 牵引计算	3	2	—			第五学年全部时间用于毕业设计			

附录 5-1-2　工业与民用建筑专业五年制教学计划（1954.6）

年级	学期	课程	课内时数	小计	年级	学期	课程	课内时数	小计
一年级	第一学期	1. 马列主义基础	72	648	三年级	第五学期	1. 结构力学	90	576
		2. 俄语	54				2. 金属工学（实验20）	54	
		3. 高等数学	144				3. 建筑机械（实验9）	90	
		4. 普通化学（实验34）	72				4. 电工学及电工传动（实验35）	90	
		5. 物理（实验20）	108				5. 热工（实验9）	72	
		6. 画法几何	72				6. 水力学（实验10）	72	
		7. 制图	36				7. 施工技术（课程设计12）	54	
		8. 测量学	54				8. 建筑及卫生工程（实验7　课程设计10）	54	
		9. 体育	36			第六学期	1. 结构力学	84	392
	第二学期	1. 马列主义基础	64	576			2. 金属工学（实验12）	28	
		2. 俄语	80				3. 施工技术（课程设计8）	42	
		3. 高等数学	80				4. 建筑及卫生工程（课程设计10）	56	
		4. 普通化学（实验26）	48				5. 工程地质（实验14）	70	
		5. 物理（实验15）	64				6. 地基及基础（实验6　课程设计7）	28	
		6. 画法几何	32				7. 钢结构及焊接学（实验14）	84	
		7. 制图	48				8. 生产实习（8周）		
		8. 绘画	32		四年级	第七学期	1. 结构力学	30	465
		9. 测量学	32				2. 弹性及塑性力学	60	
		10. 理论力学	64				3. 建筑及卫生工程（课程设计21）	60	
		11. 体育	32				4. 地基及基础（实验8　课程设计8）	60	
		12. 测量实验（3周）					5. 钢结构及焊接学（课程设计13）	60	
二年级	第三学期	1. 政治经济学	72	612			6. 钢筋混凝土结构	75	
		2. 俄语	72				7. 木结构及木材学（实验10）	60	
		3. 物理（实验17）	54				8. 砖石结构（课程设计110）	60	
		4. 高等数学	90			第八学期	1. 建筑及卫生工程	12	312
		5. 绘画	36				2. 钢结构及焊接学（课程设计13）	48	
		6. 材料力学（实验7）	108				3. 钢筋混凝土结构（课程设计12）	72	
		7. 建筑材料及混凝土（实验7）	54				4. 木结构及木材学（课程设计12）	60	
		8. 理论力学	54				5. 结构试验（实验15）	48	
		9. 体育	36				6. 施工组织及计划（课程设计12）	72	
		10. 工厂实习	36				7. 生产实习（9周）		
	第四学期	1. 政治经济学	64	528	五年级	第九学期	1. 钢结构及焊接学（课程设计13）	72	348
		2. 俄语	64				2. 钢筋混凝土结构（课程设计12）	72	
		3. 高等数学	96				3. 木结构及木材学（课程设计12）	48	
		4. 材料力学（实验5）	80				4. 结构架设	72	
		5. 建筑材料及混凝土（实验28）	64				5. 施工组织及计划	48	
		6. 理论力学	64				6. 保安及防火技术	36	
		7. 机械零件	64				7. 生产实习（5周）		
		8. 体育	32			第十学期	1. 毕业设计及答辩（18周）		

附录5-1-3 工业与民用建筑专业五年制教学计划（1959.6）

年级	学期	课程	课内时数	小计	年级	学期	课程	课内时数	小计
一年级	第一学期	1.社会主义与共产主义概论	51	493	四年级	第七学期	1.哲学	39	345
		2.形势与任务	17				2.形势与任务	13	
		3.体育	34				3.结构力学	39	
		4.高等数学	136				4.工程地质	32	
		5.普通化学（实验13）	85				5.弹塑性理论	52	
		6.画法几何	85				6.建筑学	40	
		7.建筑工程概论	34				7.钢结构及焊工（实验3）	52	
		8.绘画	51				8.钢筋混凝土及砖石结构	78	
	第二学期	1.社会主义与共产主义概论	45	420			9.建筑学课程设计（5）		
		2.形势与任务	15				10.钢结构课程设计（60）		
		3.体育	30			第八学期	1.哲学	36	349
		4.高等数学	90				2.形势与任务	12	
		5.物理（实验20）	75				3.水力学	31	
		6.建筑工程制图	45				4.建筑学	60	
		7.测量学（实习37）	75				5.木结构（实验4）	72	
		8.理论力学	45				6.钢筋混凝土及砖石结构	60	
		9.生产实习（3周）					7.施工组织计划及建筑工业经济	78	
二年级	第三学期	1.中共党史	51	451			8.生产实习（8周）		
		2.形势与任务	17				9.木结构课程设计（40）		
		3.体育	34				10.钢筋混凝土课程设计（60）		
		4.高等数学	85		五年级	第九学期	1.形势与任务	28	286
		5.物理（实验20）	85				2.给水与排水	36	
		6.建筑工程制图	51				3.采暖通风	42	
		7.理论力学	85				4.地基基础	84	
		8.热工概论	43				5.钢筋混凝土及砖石结构	28	
	第四学期	1.中共党史	45	435			6.施工组织计划及建筑工业经济	32	
		2.形势与任务	15				7.结构检验（实验12）	36	
		3.体育	30				8.工业厂房设计（250）		
		4.物理（实验14）	60			第十学期	1.形势与任务	40	40
		5.俄语	75				2.第二外国语（选修）		
		6.建筑材料（实验45）	90				3.毕业设计及答辩（20周）		
		7.材料力学（实验9）	60						
		8.金属工学	60						
三年级	第五学期	1.政治经济学	48	432					
		2.形势与任务	16						
		3.俄语	80						
		4.材料力学（实验9）	80						
		5.电工学及电力设备	80						
		6.机械零件	48						
		7.结构力学	80						
	第六学期	1.政治经济学	39	451					
		2.形势与任务	13						
		3.俄语	109						
		4.结构力学	65						
		5.建筑机械	52						
		6.建筑学	40						
		7.施工技术	75						
		8.钢结构及焊工（实验3）	58						
		9.建筑学课程设计（5）							

附录 5-1-4　工业与民用建筑专业五年制教学计划（1963.11）

年级	学期	课　程	课内时数	小计	年级	学期	课　程	课内时数
一年级	第一学期	1.思想政治教育	18	432	四年级	第七学期	1.马列主义基础理论	30
		2.外语	72				2.思想政治教育	15
		3.体育	36				3.机械零件及建筑机械（现场教学5；实验4）	52
		5.普通化学（实验21）	90				4.房屋建筑学（现场教学3；课程设计5）	48
		6.画法几何	90				5.建筑施工技术（实验4；课程设计2）	42
	第二学期	1.思想政治教育	17	414		第八学期	1.马列主义基础理论	28
		2.外语	68				2.思想政治教育	14
		3.体育	34				3.结构力学	70
		4.高等数学	102				4.弹性理论基础	49
		5.普通化学（实验25）	68				5.热工学（现场教学3）	42
		6.画法几何	51				6.机械零件及建筑机械（现场教学5；实验4）	56
		7.测量学（实验）	74				7.房屋建筑设计（现场教学3；课程设计5）	66
二年级	第三学期	1.马列主义基础理论	36	414			8.专业生产劳动（7周）	
		2.思想政治教育	18			第九学期	1.思想政治教育	15
		3.外语	54				2.给排水暖气通风	52
		4.体育	36				3.钢筋混凝土及砖石结构	30
		5.高等数学	54				4.木结构（实验2）	48
		6.普通化学（实验30）	90				5.工程地质及地基基础（现场教学1；实验8）	60
		7.画法几何及建筑工程制图	36				6.建筑施工组织与计划	68
		8.理论力学	90				7.生产实习（4周）	
	第四学期	1.马列主义基础理论	34	379		第十学期	1.马列主义基础理论	28
		2.思想政治教育	17				2.思想政治教育	14
		3.外语	51					
		4.体育	34					
		5.普通化学（实验25）	68					
		6.理论力学	60					
		7.材料力学（实验10）	81					
		8.金属工艺学	34					
三年级	第五学期	1.马列主义基础理论	34	371				
		2.思想政治教育	17					
		3.材料力学（现场教学2）	72					
		4.结构力学	80					
		5.建筑材料（实验30）	93					
		6.电工学（实验14）	75					
	第六学期	1.马列主义基础理论	28	325				
		2.思想政治教育	14					
		3.结构力学	70					
		4.弹性理论基础	49					
		5.热工学（现场教学3）	42					
		6.机械零件及建筑机械（现场教学5；实验4）	56					
		7.房屋建筑设计（现场教学3；课程设计5）	66					
		8.专业生产劳动（7周）						

附录 5-1-5　工业与民用建筑专业四年制教学计划（1977）

序号	课　程	授课时数	序号	课　程	授课时数
1	中共党史	75	23	钢筋混凝土及砖石结构	140
2	政治经济学	75	24	钢结构	60
3	哲学	75	25	木结构	30
4	形势任务教育课		26	建筑施工	80
5	体育	140	27	建筑经济与企业管理	
6	外语	240	28	土力学及基础工程	84
7	高等数学	230	29	结构检验	30
8	线性代数	40	30	钢筋混凝土楼盖设计	40
9	概率论		31	单层工业厂房建筑设计	80
10	普通化学	70	32	单层工业厂房结构设计	80
11	普通物理	200	33	钢结构设计	60
12	画法几何及制图	120	34	建筑施工组织设计	40
13	建筑材料	60	35	测量实习	2 周
14	测量学	60	36	第一次生产实习	3 周
15	理论力学	120	37	第二次生产实习	5 周
16	材料力学	120	38	房屋抗震	
17	结构力学	130	39	地基课程设计	
18	弹性力学	50	40	多层结构	
19	电工学	60	41	施工组织与计划课程设计	
20	机械零件及建筑机械	70	42	特种结构	
21	电子计算机算法语言	45	43	壳体结构	
22	房屋建筑学	80			

附录 5-1-6　土木工程学院专业设置与教学计划（1984）

专业设置及学制、培养目标表

系名称	专业名称	学制	专业业务方面的基本要求
建筑工程系	工业与民用建筑	四年	具有从事建筑结构设计、施工技术管理的能力和建筑设计的初步能力；具有建筑经济和企业管理的基本知识；具有钻研和处理较复杂的建筑结构和施工问题的基础知识
	地下工程与隧道工程	四年	具有从事地下工程和隧道工程的建筑设计、结构设计、施工技术管理的能力；具有从事地下工程科研的基础知识
	城镇建设与经营	四年	具有从事城镇建设市政工程的设计、施工以及城镇规划与建设管理方面的基本知识和能力

工业与民用建筑专业四年制教学计划

年级	学期	课程	课内时数	小计	年级	学期	课程	课内时数	小计
一年级	第一学期	1. 中共党史	68	374	三年级	第五学期	1. 哲学	60	399
		2. 体育	34				2. 结构力学	60	
		3. 外语	68				3. 电工	60	
		4. 高等数学	102				4. 机械零件及建筑机械	60	
		5. 物理实验	17				5. 房屋建造学（课程设计26）	71	
		6. 线性代数	34				6. 钢筋混凝土及砖石结构（课程设计13）	88	
		7. 画法几何及制图	51						
	第二学期	1. 体育	36	414		第六学期	1. 房屋建造学（课程设计26）	62	220
		2. 外语	72				2. 钢筋混凝土及砖石结构（课程设计26）	74	
		3. 高等数学	108				3. 土力学及基础工程	36	
		4. 物理	72				4. 建筑施工	48	
		5. 画法几何及制图	54				5. 生产实习（5周）		
		6. 理论力学	72						
二年级	第三学期	1. 政治经济学	72	432	四年级	第七学期	1. 建筑结构与检验	36	273
		2. 体育	36				2. 建筑经济与企业管理	36	
		3. 外语	54				3. 钢结构（课程设计19）	91	
		4. 物理	54				4. 土力学及基础工程（课程设计7）	61	
		5. 物理实验	36				5. 建筑施工（课程设计13）	49	
		6. 理论力学	54			第八学期	1. 选修课	100	100
		7. 材料力学	72				2. 毕业设计及答辩（14周）		
		8. 计算机原理及程序语言	54						
	第四学期	1. 体育	30	360					
		2. 外语	45						
		3. 概率、数理方程	60						
		4. 材料力学	45						
		5. 结构力学	60						
		6. 建筑材料	60						
		7. 测量（实习2周）	60						
		8. 认识实习（2周）							

附录 5-1-7　建筑工程专业 94 级教学计划

课程类别	序号	课程	计划课内学时数					按学期分配		按学期周学时分配							
										第一学年		第二学年		第三学年		第四学年	
			共计	讲课	实验	习题讨论课	课程设计作业	考试	考查	一	二	一	二	一	二	一	二
公共课	1	中国革命史	60	60				1		4							
	2	马克思主义原理	80	80				3					4				
	3	中国特色社会主义建设	60	60				5							4		
	4	思想道德修养	36	36				2		2							
	5	法学基础	30	30					4					2			
	6	职业道德	24	24					7							2	
	7	形势与政策	64	64					1—8	2	2	2	2	2	2	2	2
	8	军事理论	32	32				1		2							
	9	体育	192	192				2,4	1,3 5,6			2	2	2	2		
基础课	10	外语	256	256				1—4		4	4	4	4				
	11	高等数学	192	192				1—2		6	6						
	12	大学物理	112	112				2	3			4	3				
	13	物理实验	48		48			3	2			2	1				
	14	材料化学	40	40				1	2.5								
	15	画法几何与工程制图	128	128				1	2	4	4						
	16	工程数学	88	88				4—5						3.5			
	17	程序语言	72	72				3				4.5					
技术基础课	18	理论力学	112	82		30		2—3				4	3				
	19	材料力学	112	80	12	20		3—4				4	3				
	20	结构力学	128	128			1.5D	4—5						4	4		
	21	水力学	40	40				6							2.5		
	22	测量学	54	36	18		1.5I	4									
	23	房屋建筑学	80	80			4K	5—6							3	2	
	24	建筑材料	66	48	18			4						3			
	25	建筑工程地质	32	26	6			6							2		
	26	建经与企管	32	32				7									2
专业课	27	专业外语	96	96				5—7						2	2	2	
	28	钢筋砼与砌体结构	120	110	6	4	3.5K	5—6						4	3.5		
	29	专业课电算实习					1.5D	5									
	30	钢结构	64	64			1K	7								4	
	31	土力学与地基基础	72	68	4		0.5K	7								4.5	
	32	建筑施工技术	48	48				6							3		
	33	建筑施工组织	32	32			1K	7								2	
	34	结构抗震设计	32	32				7								2	
	35	建筑结构试验	40	32	8			7								2.5	
		实　习								4JX		1.5S	1.5D	5.0S		2S	
		总　计	2 674	2 500	120	54				28.5	30	27.5	27	26.5	26	23	

JX-军训（周）　　D-电算实习（周）　　I-测量实习（周）　　S-认识（生产、毕业）实习（周）　　K-课程设计（周）

课程类别	序号	课程	计划学时	按学期周学时分配							
				第一学年		第二学年		第三学年		第四学年	
				一	二	一	二	一	二	一	二
选修课	1	弹性力学	30					30			
	2	结构可靠度	24					24			
	3	地下建筑	30					30			
	4	结构概念与体系	24						24		
	5	有限元	30						30		
	6	房屋设备	40						40		
	7	特种结构	30						30		
	8	地下结构	30						30		
	9	地下建筑施工技术	30						30		
	10	多层与高层建筑结构	30						30		
	11	组合结构	24						24		
	12	钢结构稳定理论	30							30	
	13	高层房屋结构基础	24							24	
	14	高层建筑施工	30							30	
	15	大跨度建筑施工	30							30	
	16	预应力砼工程施工	20							20	
	17	结构优化设计	20							20	
	18	国际工程招投标	20							20	
	19	计算机在建筑工程中应用	30							30	
	20	新型建筑防水装饰材料施工	20								20
	21	预应力混凝土结构设计	20								20
	22	工程事故分析与加固	16								16
	23	大跨房屋钢结构	30								30
	24	高层建筑钢结构	30								30
	25	地基处理	20								20
	26	科技文献检索	20								20
		选修课总计	682	0	0	0	0	84	238	204	156

选 修　　建筑工程专业教学计划（本科四年制）　　1994年制订

附录 5-1-8　土木工程专业（建筑工程方向）99 级教学计划

课程类别	课程编号	课程名称	学分	理论课学时	电算实验	一	二	短1	三	四	短2	五	六	短3	七	八
公共课	227001-227004	体育Ⅰ-Ⅳ	4	120		1	1		1	1						
	104148-104149	大学英语Ⅰ-Ⅱ	8	192		4	4									
	104150-104151	英语听力Ⅰ-Ⅱ	3		64	1.5	1.5									
人文社科基础课	114065	毛泽东思想概论	1.5	32	4		1.5									
	117006	法学基础	1	28					1							
	117066	马克思主义哲学	2	40	10					2						
	014158	工程师与社会	1	28								1				
	117067	邓小平理论概论	3	48	22							3				
必修课 自然科学与技术专业基础课	097036	计算机基础知识	3	28	36	3										
	014151	Fortran 语言与程序设计	3	32	28				3							
	124001、124003	高等数学 A I A b Ⅱ	11	170		6	5									
	124186	工程数学	3	48					3							
	124010	概率与数理统计	3.5	52						3.5						
	124049	工程化学	3	48		3										
	124110	画法几何	2	32		2										
	124055	工程制图	3	48			3									
	014150	土木工程概论	1	16		1										
	124037	大学物理	5	80			5									
	124198-124199	理论力学Ⅰ-Ⅱ	5	80			3		2							
	124200-124201	材料力学Ⅰ-Ⅱ	5	80	12				3	2						
	014117	结构力学基础(中/英)	3.5	56						3.5						
	034095	建筑材料	3.5	48	16					3.5						
	077084	测量学	2.5	36	18							2.5				
	014017	工程地质	2	28	4					2						
	054058-054059	房屋建筑学Ⅰ-Ⅱ	4.5	72						3		1.5				
	084017	流体力学	2.5	40								2.5				
	014118	计算结构力学(中/英)	2	32								2				
	014119	结构动力学基础(中/英)	1.5	24								1.5				
	014146	计算结构力学电算	1.5	30								1.5				
专业课	014178-014179 / 014180-014181	专业日语Ⅰ-Ⅱ / 专业俄语Ⅰ-Ⅱ	2	48									1		1	
	014120	荷载与结构设计方法	1.5	24						1.5						
	014060-014061	钢砼及砌体结构Ⅰ-Ⅱ	6	92	4							3.5	2.5			
	014015	土力学与地基基础 A	4	60								4				
	014025	建筑施工技术 A	3	48								4				
	064259	建设项目管理与工程概算	3	48									3			
	014122	建筑结构检验	2	32	8								2			
	014164	建筑结构抗震	2	32									2			
	074181	桥梁工程	2.5	40											2.5	
	014010	钢结构	4	64								4				
外语限选课（104027-104028）			3	64					1.5	1.5						
人文社科限选课			2	48												
专业方向限选课			12	192												
任选课			1	20												
军事理论与训练			2													
集中性实践课			17					2								
毕业实习、设计			16						2	2		5	3		5	16
合　计			177.5	2 380	230	21.5	24	4	23	21	5	19	17.5	5	7.5	16

专业限选课

课程编号	课程名称	学分	学时	开课学期	课程编号	课程名称	学分	学时	开课学期
014176	数据库技术	1	16	二	014177	计算机软件基础	1.5	24	三
314003	科技文献检索	0.5	16	四	314011	科技文献写作	0.5	10	四
014014	钢结构稳定理论	1.5	24	五	014136	结构优化设计(中/英)	1.5	24	五
124095	弹性力学	2	32	五	014013	钢-砼组合结构	1.5	24	六
014165	非线性结构力学(中/英)	2	32	六	014131	地下建筑与结构	3	48	六
014153	大跨房屋钢结构	1	16	六	014132	特种结构	2	32	六
014133	地基处理	1	20	七	014166	高层、大跨建筑施工	3	48	七
017009	结构概念体系	1.5	24	七	014134	高层建筑基础设计	1.5	24	七
014139	高层建筑结构	2.5	28+12	七	014167	结构计算软件与应用	1	16	七
014138	预应力砼结构与施工	2	32	七	014140	建筑工程事故与结构加固	1	24	八
合计：31.5 学分，496 学时									

集中性实践课

课程编号	课程名称	周数	学期	学分	课程编号	课程名称	周数	学期	学分
313009	军事理论与训练	2	短1	2	014171	钢砼楼盖结构课程设计	1.5	五	1.5
124036	大学物理实验	2	短1	2	014172	钢屋架课程设计	1.5	五	1.5
014168	Auto CAD 绘图	0.5	三	0.5	014173	建筑基础课程设计	0.5	短3	0.5
054221	民用建筑课程设计	1.5	三	1.5	014114	建筑施工组织课程设计	1	短3	1
054222	工业建筑课程设计	1.5	短2	1.5	014149	钢砼工业厂房结构课程设计	1.5	短3	1.5
074129	测量实习	2	短2	2	014174	生产实习	2	短3	2
014169	认识实习	1	短2	1	014112	毕业实习	2	八	2
014170	公益劳动	0.5	短2	0.5	014113	毕业设计	14	八	14
合计：35 学分，35 周									

附录 5-1-9 土木工程专业（建筑工程方向）教学计划（2001 修订）

分类		编号	课程名称	学时数			学分数	开课学期							
				总学时	上机	实验		第一学期	第二学期	第三学期	第四学期	第五学期	第六学期	第七学期	第八学期
课堂教学	公共基础课	C1150011-4	大学外语（英、俄、日）	240			13	√	√	√	√				
		C1240010	思想道德修养	30			1	√							
		C1240020	毛泽东思想概论	30			1			√					
		C1240030	邓小平理论	70			2.5				√				
		C1230010	马克思主义政治经济学	32			1					√			
		C1160010	马克思主义哲学	54			2						√		
		C1240040	法律基础	34			1							√	
		C1000010	国防教育	70			3.5				√				
		C1032000	计算机实用基础	50	20		3	√							
		N1120011-2	工科数学分析	150			12.5	√	√						
		N1120030	代数与几何（几何部分）	25			2	√							
		N1110021-2	大学物理	140			12			√	√				
		N1110051-2	大学物理实验	60		60	3			√	√				
		N1070030	工科大学化学（建工）	54		18	4	√							
		N1070040	工科大学化学（道、桥）	38		18	2.5				√				
		T1032090	计算机语言程序设计	40	10		2			√					
		C1170011-4	体育	104			4	√	√	√	√				
			人文社科类必选课	144			6	√	√	√	√	√	√		
	专业基础课	N1120030	代数与几何（代数部分）	25			2	√							
		N1120050	概率论与数理统计	40			3			√					
		T1330010	土木工程概论	16			1	√							
		T1310010	土木工程材料	64		16	3.5				√				
		T1080961-2	工程图学（CAD）	150			8.5	√	√						
		T1180010	理论力学	90			5			√					
		T1180050	材料力学	80		8	4.5				√				
		T1330561-2	结构力学	128			7					√	√		
		T4330320	工程地质	32		4	2				√				
		T1324060	测量学	54		18	3				√				
		S1330590	建筑结构抗震(建工)	32			2							√	
		S5322160	桥梁抗震设计基础(道桥)	32			2							√	
		S1330021	钢砼及砌体结构Ⅰ（建工）	48		4	3						√		
		S1330210	钢结构（建工）	32			2								
		T1322010	结构设计原理(道、桥)	86			5				√				
		T1020900	流体力学（建工）	46		6	3				√				
		S4330051-2	专业外语	60			3						√	√	
		T1330580	荷载与结构设计方法(建工)	24			1				√				
		S1330310	土力学与地基基础(建工)	64		4	3						√		
		T1330690	工程机电（道、桥）	60			3.5				√				
		T1330380	土质学与土力学（道、桥）	46			2.5					√			
		T1323100	桥涵水文（道、桥）	30			1.5					√			
		T4323010	交通工程学（道、桥）	32			1.5				√				

续表

分类			编号	课程名称	总学时	上机	实验	学分数	第一学期	第二学期	第三学期	第四学期	第五学期	第六学期	第七学期	第八学期
课堂教学	专业课	建筑工程方向	S1330022	钢砼及砌体结构（Ⅱ）	48			3						√		
			T1345010	房屋建筑学	60			3					√			
			S4132110	工程项目管理	48			3						√		
			S1330460	土木工程施工技术	48			3						√		
			S1330210	钢结构设计	32			1.5							√	
			S4330710	建筑结构检验	40		8	2.5							√	
			S1330040	高层建筑结构	36			2							√	
			S5330080	结构概念与体系△	24			1.5							√	
			S5330070	特种结构△	24			1						√		
			S5330340	地下建筑与结构△	45			2.5						√		
			S5330090	工程事故分析与加固△	24			1.5							√	
			S5330100	预应力砼结构设计与施工△	24			1.5							√	
			S5330330	地基处理△	16			1							√	
			S5330470	高层、大跨建筑施工△	24			1.5							√	
			S5330220	钢结构稳定理论△	24			1.5							√	
			S5330230	组合结构△	24			1.5							√	
		道路工程方向	S1323020	道路勘测设计	68			4						√		
			S1321030	路基工程	50			3						√		
			S1322030	桥梁工程	70			4						√		
			S4322050	隧道工程	32			1.5						√		
			T4322100	工程经济管理	40			1.5							√	
			S1322080	桥梁基础工程	48			2.5							√	
			S1321060	路面工程	64			3.5							√	
			S4321150	道路施工技术	36			2							√	
			S4321160	道路试验原理及应用	36			2							√	
			S5320410	全球定位系统在路桥中的应用△	30		16	1.5						√		
			S5322110	道路桥梁美学△	32			1.5							√	
			S5323050	高速公路设计△	32			1.5							√	
			T5345080	房屋建筑学△	32			1.5							√	
			S5321080	道路工程电算△	24			1								√
			S5321090	道路工程检测△	32		12	1.5								√
		桥梁工程方向	T4322100	工程经济管理	40			1.5							√	
			S1322080	桥梁基础工程	48			2.5							√	
			T4322120	桥梁结构力学	48			2.5							√	
			S1322130	大跨桥梁工程	50			2.5							√	
			S4322150	桥梁施工技术	36			2							√	
			S5322110	道路桥梁美学△	32			1.5							√	
			S5322170	钢桥设计△	32			1.5							√	
			S5322160	桥梁概论△	32			1.5							√	
			T5345080	房屋建筑学△	32			1.5							√	
			S5323050	高速公路设计△	32			1.5							√	
			S5322120	桥梁工程电算△	24			1								√
			S5322130	桥梁工程检测△	32			1.5								√
实践性教学	建筑工程方向		E1324070	测量实习	2周			2				√				
			E1330480	认识实习	1周			1					√			
			E1330600	结构力学电算实习	1.5周			1.5					√			
			E1330760	CAD绘图	0.5周			0.5						√		
			E1330350	土力学与地基基础课程设计	0.5周			0.5						√		
			E1330111	钢砼及砌体结构课程设计	1.5周			1.5					√			
			E1345020	房屋建筑学课程设计	1.5周			1.5					√			

续表

分类		编号	课程名称	学时数			学分数	开课学期							
				总学时	上机	实验		第一学期	第二学期	第三学期	第四学期	第五学期	第六学期	第七学期	第八学期
实践性教学	建筑工程方向	E1330112	钢砼及砌体结构课程设计	1.5周			1.5						√		
		E4132100	工程项目管理课程设计	1周			1						√		
		E1132090	生产实习	2周			2						√		
		E1330240	钢结构课程设计	1.5周			1.5							√	
		E1330490	毕业实习	2周			2								√
		E1330130	毕业设计	16周			16								√
	道路工程方向	E1324020	测量实习	2周			2						√		
		E1321170	计算机软件实习	1周			1						√		
		E1321020	道路建筑材料实验课	1周			1						√		
		T1330680	结构力学电算实习	2周			2						√		
		E1322020	结构设计原理课程设计	1周			1						√		
		E1323030	道路勘测课程设计	1.5周			1.5							√	
		E1322040	桥梁工程课程设计	2周			2							√	
		E1321040	路基工程课程设计	1周			1							√	
		E1322060	隧道工程课程设计	1周			1							√	
		E1323040	道路勘测实习	1.5周			1.5								√	
		E1322070	桥梁工程实习	1.5周			1.5								√	
		E1321050	道路工程实习	1周			1								√	
		E1321070	路面工程课程设计	1周			1								√	
		E1322090	桥梁基础工程课程设计	1周			1								√	
		E1321130	毕业实习	2周			2									√
		E1321140	毕业设计	14周			14									√
	桥梁工程方向	E1324020	测量实习	2周			2					√			
		E1321170	计算机软件实习	1周			1					√			
		E1321020	道路建筑材料实验课	1周			1					√			
		T1330680	结构力学电算实习	2周			2					√			
		E1322020	结构设计原理课程设计	1周			1					√			
		E1322050	桥梁工程实习	2.5周			2.5							√	
		E1323080	路工学B实习	1.5周			1.5							√	
		E1322140	大跨桥梁课程设计	1.5周			1.5							√	
		E1322090	桥梁基础工程课程设计	1周			1							√	
		E1322140	毕业实习	2周			2								√
		E1322150	毕业设计	14周			14								√

注：课程名称后附有"△"符号的课程为选修课程

附录 5-1-10 土木工程专业（建筑工程方向）培养方案（2008）

学期	课程编码	课程名称	考核	学分	总学时	讲课	实验	习题	上机	周学时
第一学期	N1120211	工科数学分析	√	5.5	90	75		15		
	N1120220	代数与几何	√	3.5	60	50		10		
	C1150311	大学英语	√	2.5	60	60				
	C1150511	大学日语（必选其一）	√	2.5	60	60				
	C1150611	大学俄语	√	2.5	60	60				
	C1240110	思想道德修养与法律基础		2.0	34	30		4		
	T1080101	工程图学（CAD）Ⅱ	√	3.0	50	44		6		
	T1330010	土木工程概论		1.0	16	16				
	C1170011	体育		1.0	30	30				
	N107	大学化学Ⅱ		3.0	50	32	18			
	C1000010	军训及军事理论		3.0	3周	20				
		人文社科类选修课		1.0	20	20				
		创新课程		2.0						
		小计		27.5	410+3周	377	18	35		24.4
第二学期	N1120212	工科数学分析	√	5.5	90	75		15		
	N1110021	大学物理Ⅱ	√	4.5	75	70		5		
	C1150312	大学英语	√	2.5	60	60				
	C1150512	大学日语（必选其一）	√	2.5	60	60				
	C1150612	大学俄语	√	2.5	60	60				
	C1170012	体育		1.0	30	30				
	C1240120	中国近现代史纲要		2.0	32	30		2		
	T1180310	理论力学Ⅰ	√	5.0	84	78		6		
	T1180331	工程力学实验（理力）Ⅰ		0.5	6		6			
	T1080102	工程图学（CAD）Ⅱ		3.0	50	36		6	8	
		人文社科类选修课		1.0	20	20				
		创新课程		2.0						
		小计		27.0	447	399	6	28	14	24.8
第三学期	C1170013	体育		1.0	30	30				
	C1150313	大学英语限选课	√	1.0	30	30				
	C1150513	大学日语（必选其一）	√	2.5	60	60				
	C1150613	大学俄语	√	2.5	60	60				
	C1240130	毛泽东思想和中国特色社会主义理论体系概论	√	4.0	60	54		6		
	N1120050	概率论与数理统计		3.0	48	48				
	N1110022	大学物理Ⅱ	√	4.5	75	70		5		
	N1110051	大学物理实验Ⅰ		2.0	33	3	30			
	T1180350	材料力学Ⅰ	√	4.5	70	70		(16)		
	T1180332	工程力学实验（材力）Ⅰ		0.5	12		12			
	T103	高级语言程序设计——FORTRAN90		2.5	54	30			24	
		人文社科类选修课		1.0	20	20				
		创新课程		2.0						
		小计		26.0	432	355	42	11	24	24
第四学期	C1170014	体育		1.0	30	30				
	C1150314	大学英语限选课	√	1.0	30	30				
	C1150514	大学日语（必选其一）	√	2.5	60	60				
	C1150614	大学俄语	√	2.5	60	60				
	C1240080	马克思主义基本原理	√	3.0	45	45				
	N1110052	大学物理实验Ⅰ		2.0	30		30			
	T1345010	房屋建筑学		4.0	68	68				
	T1330561	结构力学（Ⅰ）		4.0	64	64				
	T1324060	测量学		3.5	54	36	18			
	E1324090	测量实习		2.0	2周					
	T1310030	土木工程材料	√	3.5	60	44	16			
	E1345020	房屋建筑学课程设计		1.5	1.5周					
		人文社科类选修课		1.0	20	20				
		创新课程		2.0						
		小计		28.5	410+3.5周	337	64			28.1

备注：1. 创新课程在前七学期的任一学期修满2.0学分均可。2. "大学英语限选课"为必修课，第二学年每学期必选1门。

附录

续表

学期	课程编码	课程名称	考核	学分	总学时	讲课	实验	习题	上机	周学时
第五学期	T1330562	结构力学（Ⅱ）	√	4.0	64	64				
	E1330600	结构力学电算实习		1.5	1.5周					
	T133	荷载与结构设计方法（双语授课）	√	2.0	32	32				
	T1330021	混凝土结构设计原理	√	3.5	56	52	4			
	E1330111	混凝土结构课程设计		1.5	1.5周					
	T133	工程地质		2.0	32	26	6			
	T1265050	流体力学		3.0	46	40	6			
	T133	结构抗风设计	√	2.5	40	36	4			
	E1330480	认识实习		1.0	1周					
	T518	弹性力学（专业任选课）		2.0	32	32				
		人文社科类选修课		1.0	20	20				
	C1170015	体育达标（限选课）		1.0	24	24				
		创新课程		2.0						
		小计		27.0	346+4周	326	20			24.6
第六学期	T1330210	钢结构基本原理及设计	√	4.0	64	64				
	E1330240	钢结构课程设计		1.5	1.5周					
	S1330022	混凝土与砌体结构设计	√	2.5	40	40				
	E1330112	混凝土与砌体结构课程设计		1.5	1.5周					
	T1330310	土力学及基础工程	√	4.5	72	64	8			
	E1330350	基础工程课程设计		0.5	0.5周					
	S1330460	土木工程施工技术	√	3.0	48	48				
	S133	工程项目管理		3.0	48	48				
	E133	工程项目管理课程设计		1.0	1周					
	E1332090	生产实习		3.0	3周					
		人文社科类选修课		1.0	20	20				
	C1170015	体育达标（限选课）		1.0	24	24				
		创新课程								
		小计		28.5	316+7.5周	308	8			28.7
第七学期	S133	建筑结构抗震设计	√	2.0	32	32				
	S1339670	高层建筑结构	√	3.0	48	48				
	S133	建筑结构试验	√	2.5	40	32	8			
	S1331380	大跨空间结构		3.0	48	48				
		创新课程		2.0						
		以下为专业任选课								
	S533	组合结构（双语授课）		1.5	24	24				
	S5330100	预应力混凝土结构		1.5	24	24				
	S5330090	工程鉴定分析与加固		1.5	24	24				
	S533	地基处理与边坡稳定		2.0	32	32				
	S5330340	地下建筑与结构		2.5	40	40				
	S5330220	钢结构稳定理论		1.5	24	24				
	S5330250	轻钢结构		1.5	24	24				
	S533	特种结构		2.5	40	40				
	S533	混凝土耐久性		1.5	24	24				
	S533	结构概念与体系		1.5	24	24				
	S5330470	高层建筑施工		1.5	24	24				
	S5330480	大跨建筑施工		1.5	24	24				
	S5330590	建筑工程质量控制与施工安全		1.5	24	24				
	S5331980	近海工程导论（英文授课）		1.5	24	24				
	S5331950	冻土变形与稳定性		2.0	32	30	2			
	S533	支护结构与基坑工程		2.0	36	36				
	S533	环境岩土工程		2.0	32	32				
	S533	地理信息系统		2.0	36	26			10	
	S533	结构振动控制		1.5	24	24				
	S533	智能材料与结构		1.5	24	24				
	S533	结构健康监测		1.5	24	24				
	S533	模态分析与测试		1.5	24	24				
	S533	结构优化设计		1.5	24	24				
	S533	桥梁工程概论		1.5	24	24				
	S5331970	有限元分析软件及应用		2.0	40	24			16	
	S533	混凝土外加剂		1.5	24	20	4			
	S533	土木工程材料研究方法		1.5	24	24				
	S533	工程材料检测		1.5	24		24			
	S533	特种水泥		1.5	24	24				
	S533	特种混凝土		1.5						
		小计		62.5	984	920	38		26	20.0
第八学期	E1330130	毕业设计		14.0	14周					
	E1330490	毕业实习		2.0	2周					
		小计		16.0	16周					

备注：1. 毕业前院内专业任选课至少累计选12学分。2. 毕业前人文社科类选修课至少累计选6学分。3. 创新课程在前七学期的任一学期修满2.0学分均可。4. 毕业前文化素质教育系列讲座学分不少于3.0学分。5. 体育达标在第三学年任一学期修满1.0学分均可

附录 5-1-11 土木工程专业（岩土与地下工程方向）培养方案（2008）

学期	课程编码	课程名称	考核	学分	总学时	讲课	实验	习题	上机	周学时
第一学期	N1120211	工科数学分析	√	5.5	90	75		15		
	N1120220	代数与几何	√	3.5	60	50		10		
	C1150311	大学英语	√	2.5	60	60				
	C1150511	大学日语（必选其一）	√	2.5	60	60				
	C1150611	大学俄语	√	2.5	60	60				
	C1240110	思想道德修养与法律基础		2.0	34	30		4		
	T1080101	工程图学（CAD）Ⅱ	√	3.0	50	44			6	
	T1330010	土木工程概论		1.0	16	16				
	C1170011	体育		1.0	30	30				
	N107	大学化学Ⅱ		3.0	50	32	18			
	C1000010	军训及军事理论		3.0	3周	20				
		人文社科类选修课		1.0	20	20				
		创新课程		2.0						
		小计		27.5	410+3周	377	18	35		24.4
第二学期	N1120212	工科数学分析	√	5.5	90	75		15		
	N1110021	大学物理Ⅱ	√	4.5	75	70		5		
	C1150312	大学英语	√	2.5	60	60				
	C1150512	大学日语（必选其一）	√	2.5	60	60				
	C1150612	大学俄语	√	2.5	60	60				
	C1170012	体育		1.0	30	30				
	C1240120	中国近现代史纲要		2.0	32	30		2		
	T1180310	理论力学Ⅰ	√	5.0	84	78		6		
	T1180331	工程力学实验（理力）Ⅰ		0.5	6		6			
	T1080102	工程图学（CAD）Ⅱ		3.0	50	36			6	8
		人文社科类选修课		1.0	20	20				
		创新课程		2.0						
		小计		27.0	447	399	6	28	14	24.8
第三学期	C1170013	体育		1.0	30	30				
	C	大学英语限选课		1.0	30	30				
	C1150513	大学日语（必选其一）	√	2.5	60	60				
	C1150613	大学俄语	√	2.5	60	60				
	C1240130	毛泽东思想和中国特色社会主义理论体系概论	√	4.0	60	54		6		
	N1120050	概率论与数理统计		3.0	48	48				
	N1110022	大学物理Ⅱ	√	4.5	75	70		5		
	N1110051	大学物理实验Ⅰ		2.0	33	3	30			
	T1180350	材料力学Ⅰ		4.5	70	70			(16)	
	T1180332	工程力学实验（材力）Ⅰ		0.5	12		12			
	T103	高级语言程序设计——FORTRAN90		2.5	54	30			24	
		人文社科类选修课		1.0	20	20				
		创新课程		2.0						
		小计		26.0	432	355	42	11	24	24
第四学期	C1170014	体育		1.0	30	30				
	C	大学英语限选课	√	1.0	30	30				
	C1150514	大学日语（必选其一）	√	2.5	60	60				
	C1150614	大学俄语	√	2.5	60	60				
	C1240080	马克思主义基本原理	√	3.0	45	45				
	N1110052	大学物理实验Ⅰ		2.0	30		30			
	T1345010	房屋建筑学		4.0	68	68				
	T1330561	结构力学（Ⅰ）	√	4.0	64	64				
	T1324060	测量学		3.5	54	36	18			
	E1324090	测量实习		2.0	2周					
	T1310030	土木工程材料	√	3.5	60	44	16			
	E1345020	房屋建筑学课程设计		1.5	1.5周					
		人文社科类选修课		1.0	20	20				
		创新课程		2.0						
		小计		28.5	410+3周	337	64			28.1

备注：1. 创新课程在前七学期的任一学期修满 2.0 学分均可。2. "大学英语限选课"为必修课，第二学年每学期必选 1 门。

续表

学期	课程编码	课程名称	考核	学分	总学时	讲课	实验	习题	上机	周学时
第五学期	T1330562	结构力学（Ⅱ）	√	4.0	64	64				
	E1330600	结构力学电算实习		1.5	1.5周					
	T133	荷载与结构设计方法（双语授课）		2.0	32	32				
	T1330021	混凝土结构设计原理	√	3.5	56	52	4			
	E1330111	混凝土结构课程设计		1.5	1.5周					
	T1265050	流体力学		3.0	46	40	6			
	T1330640	地质学原理		2.5	40	40				
	T1330400	土力学	√	3.5	56	46	10			
	T1330430	岩体力学	√	2.0	32	32				
	E1330480	认识实习		1.0	1周					
	T518	弹性力学（专业任选课）		2.0	32	32				
		人文社科类选修课		1.0	20	20				
	C1170015	体育达标（限选课）		1.0	24	24				
		创新课程		2.0						
		小计		30.5	402+4周	382	20			27.7
第六学期	T1330650	工程地质与水文地质	√	2.5	40	34	6			
	T1330440	岩土工程勘察		2.0	32	32				
	T133	土动力学		2.0	32	26	6			
	S1330421	基础工程（1）	√	2.5	40	40				
	T1330210	钢结构基本原理及设计	√	4.0	64	64				
	S1330022	混凝土与砌体结构设计	√	2.5	40	40				
	E1330350	基础工程课程设计		0.5	0.5周					
	E1330112	混凝土与砌体结构课程设计		1.5	1.5周					
	E1330240	钢结构课程设计		1.5	1.5周					
	E1330700	地质学原理实习		2.0	2周					
	E1332090	生产实习		3.0	3周					
		人文社科类选修课		1.0	20	20				
	C1170015	体育达标（限选课）		1.0	24	24				
		创新课程		2.0						
		小计		28.0	292+8.5周	280	12			29.1
第七学期	S1331370	岩土与地下工程施工	√	3.0	48	48				
	S1331320	岩土工程测试与检测技术		2.0	32	32				
	S1331360	地下结构与防护	√	2.0	32	32				
	S1330422	基础工程（2）	√	2.5	40	40				
	E133	岩土工程测试与检测技术实习		1.0	1周					
		创新课程		2.0						
		以下为专业任选课								
	S533	地下空间规划与设计		2.0	32	32				
	S533	地基处理与边坡稳定		2.0	32	32				
	S533	支护结构与基坑工程		2.0	36	36				
	S533	环境岩土工程		2.0	32	32				
	S5331950	冻土变形与稳定性		2.0	32	30	2			
	S533	地理信息系统		2.0	36	26			10	
	S533	建筑结构抗震设计		2.0	32	32				
	S533	高层建筑结构		3.0	48	48				
	S533	大跨空间结构		3.0	48	48				
	S533	组合结构（双语授课）		1.5	24	24				
	S5330100	预应力混凝土结构		1.5	24	24				
	S5330090	工程鉴定分析与加固		1.5	24	24				
	S5330220	钢结构稳定理论		1.5	24	24				
	S5330250	轻钢结构		1.5	24	24				
	S533	特种结构		2.5	40	40				
	S533	混凝土耐久性		1.5	24	24				
	S533	结构概念与体系		1.5	24	24				
	S5330470	高层建筑施工		1.5	24	24				
	S5330480	大跨建筑施工		1.5	24	24				
	S5330590	建筑工程质量控制与施工安全△		1.5	24	24				
	S5331980	近海工程导论（英文授课）△		1.5	24	24				
	S533	结构振动控制		1.5	24	24				
	S533	智能材料与结构		1.5	24	24				
	S533	结构健康监测		1.5	24	24				
	S533	模态分析与测试		1.5	24	24				
	S533	结构优化设计		1.5	24	24				
	S533	桥梁工程概论		1.5	24	24				
	S5331970	有限元分析软件及应用△		2.0	40	24			16	
	S533	混凝土外加剂		1.5	24	24				
	S533	土木工程材料研究方法		1.5	24	24				
	S533	工程材料检测		1.5	24		24			
	S533	特种水泥		1.5	24	24				
	S533	特种混凝土		1.5	24	24				
		小计		70	1088+1周	1032	30		26	19.1
第八学期	E1330130	毕业设计		14.0	14周					
	E1330490	毕业实习		2.0	2周					
		小计		16.0	16周					

备注：1.毕业前院内专业任选课至少累计选12学分。2.毕业前人文社科类选修课至少累计选6学分。3.创新课程在前七学期的任一学期修满2.0学分均可。4.毕业前文化素质教育系列讲座学分不少于3.0学分。5.体育达标在第三学年任一学期修满1.0学分均可

附录5-1-12 土木工程专业（土木工程材料方向）培养方案（2008）

学期	课程编码	课程名称	考核	学分	学时分配					
					总学时	讲课	实验	习题	上机	周学时
第一学期	N1120211	工科数学分析	√	5.5	90	75		15		
	N1120220	代数与几何	√	3.5	60	50		10		
	C1150311	大学英语 ┐	√	2.5	60	60				
	C1150511	大学日语 ├（必选其一）	√	2.5	60	60				
	C1150611	大学俄语 ┘	√	2.5	60	60				
	C1240110	思想道德修养与法律基础		2.0	34	30		4		
	T1080101	工程图学（CAD）Ⅱ	√	3.0	50	44		6		
	T1330010	土木工程概论		1.0	16	16				
	C1170011	体育		1.0	30	30				
	C1000010	军训及军事理论		3.0	3周	20				
		人文社科类选修课		1.0	20	20				
		创新课程		2.0						
		小计		24.5	360+3周	345		35		23.9
第二学期	N1120212	工科数学分析	√	5.5	90	75		15		
	N1110021	大学物理Ⅱ	√	4.5	75	70		5		
	C1150312	大学英语 ┐	√	2.5	60	60				
	C1150512	大学日语 ├（必选其一）	√	2.5	60	60				
	C1150612	大学俄语 ┘	√	2.5	60	60				
	C1170012	体育		1.0	30	30				
	C1240120	中国近现代史纲要		2.0	32	30		2		
	T1880040	理论力学Ⅳ		2.0	30	30				
	T1080102	工程图学（CAD）Ⅱ		3.0	50	36		6	8	
	N1070010	大学化学Ⅰ	√	4.5	72	42	30			
		人文社科类选修课		1.0	20	20				
		创新课程		2.0						
		小计		28.0	459	393	30	28	8	24.4
第三学期	C1170013	体育		1.0	30	30				
	C	大学英语限选课 ┐	√	1.0	30	30				
	C1150513	大学日语 ├（必选其一）	√	2.5	60	60				
	C1150613	大学俄语 ┘	√	2.5	60	60				
	C1240130	毛泽东思想和中国特色社会主义理论体系概论	√	4.0	60	54		6		
	N1120050	概率论与数理统计		3.0	48	48				
	N1110022	大学物理Ⅱ		4.5	75	70		5		
	N1110051	大学物理实验Ⅰ		2.0	33	3	30			
	T1180350	材料力学Ⅰ	√	4.5	70	70		(16)		
	T1180332	工程力学实验（材力）Ⅰ		0.5	12		12			
	T103	高级语言程序设计——FORTRAN90		2.5	54	30			24	
		人文社科类选修课		1.0	20	20				
		创新课程		2.0						
		小计		26.0	432	355	42	11	24	22.9
第四学期	C1170014	体育		1.0	30	30				
	C	大学英语限选课 ┐	√	1.0	30	30				
	C1150514	大学日语 ├（必选其一）	√	2.5	60	60				
	C1150614	大学俄语 ┘	√	2.5	60	60				
	C1240080	马克思主义基本原理	√	3.0	45	45				
	N1110052	大学物理实验Ⅰ		2.0	30		30			
	T1345010	房屋建筑学		4.0	68	68				
	N107	物理化学Ⅱ	√	4.5	80	80				
	N107	物理化学实验Ⅱ		1.0	20		20			
	T106	电工学		3.0	48	42		6		
	S133	材料概论		1.0	16	16				
	T133	结构力学		3.0	48	48				
	E1345020	房屋建筑学课程设计		1.5	1.5周					
		人文社科类选修课		1.0	20	20				
		创新课程		2.0						
		小计		28.0	435+1.5周	379	56			25.6

备注：1. 创新课程在前七学期的任一学期修满2.0学分均可。2."大学英语限选课"为必修课，第二学年每学期必选1门

续表

学期	课程编码	课程名称	考核	学分	总学时	讲课	实验	习题	上机	周学时
第五学期	T133	材料科学基础	√	4.0	72	66	6			
	T133	材料分析测试方法		3.5	60	40	20			
	S133	无机材料性能		2.0	32	32				
	S133	无机非金属材料	√	3.5	60	48	12			
	T126	热工基础		3.0	48	42	6			
	S133	混凝土学	√	2.5	42	32	10			
	T133	荷载与结构设计方法（双语授课）		2.0	32	32				
	E1330480	认识实习		1.0	1周					
		人文社科类选修课		1.0	20	20				
	C1170015	体育达标（限选课）		1.0	24	24				
		创新课程		2.0						
		小计		25.5	390+1周	336	54			22
第六学期	S133	粉体工程	√	2.5	40	32	8			
	S133	材料工艺与设备	√	4.5	80	70	10			
	E133	粉体制备工艺设计		2.0	2周					
	E133	混凝土制备工艺设计		2.0	2周					
	S133	高性能土木工程材料		2.5	40	40				
	T133	混凝土结构原理及设计	√	4.0	64	60	4			
	E1330111	混凝土结构课程设计		1.5	1.5周					
	S1330460	土木工程施工技术		3.0	48	48				
	E1332090	生产实习		3.0	3周					
	T533	钢结构基本原理及设计（专业任选课）		4.0	64	64				
		人文社科类选修课		1.0	20	20				
	C1170015	体育达标（限选课）		1.0	24	24				
		创新课程		2.0						
		小计		33.0	380+8.5周	358	22			29.3
第七学期	E133	毕业设计		3.0	3周					
	S133	混凝土耐久性	√	1.5	24	24				
	S133	绿色建筑材料		2.0	32	32				
		创新课程		2.0						
		以下为专业任选课								
	S533	混凝土外加剂		1.5	24	20	4			
	S533	土木工程材料研究方法		1.5	24	24				
	S533	工程材料检测		1.5	24		24			
	S533	特种水泥		1.5	24	24				
	S533	特种混凝土		1.5	24	24				
	S533	组合结构（双语授课）		1.5	24	24				
	S5330100	预应力混凝土结构		1.5	24	24				
	S5330090	工程鉴定分析与加固		1.5	24	24				
	S533	地基处理与边坡稳定		2.0	32	32				
	S5330340	地下建筑与结构		2.5	40	40				
	S5330220	钢结构稳定理论		1.5	24	24				
	S5330250	轻钢结构		1.5	24	24				
	S533	特种结构		2.5	40	40				
	S533	结构概念与体系		1.5	24	24				
	S5330470	高层建筑施工		1.5	24	24				
	S5330480	大跨建筑施工		1.5	24	24				
	S5330590	建筑工程质量控制与施工安全		1.5	24	24				
	S5331980	近海工程导论（英文授课）		1.5	24	24				
	S5331950	冻土变形与稳定性		2.0	32	30		2		
	S533	支护结构与基坑工程		2.0	36	36				
	S533	环境岩土工程		2.0	32	32				
	S533	地理信息系统		2.0	36	26			10	
	S533	结构振动控制		1.5	24	24				
	S533	结构健康监测		1.5	24	24				
	S533	模态分析与测试		1.5	24	24				
	S533	结构优化设计		1.5	24	24				
	S533	桥梁工程概论		1.5	24	24				
	S5331970	有限元分析软件及应用		1.5	24				16	
		小计		55.5	824+3周	768			26	18.8
第八学期	E133	毕业设计		12.0	12周					
	E133	毕业实习		2.0	2周					
		小计		14.0						

备注：1. 毕业前院内专业任选课至少累计选12学分。2. 毕业前人文社科类选修课至少累计选6学分。3. 创新课程在前七学期的任一学期修满2.0学分均可。4. 毕业前文化素质教育系列讲座学分不少于3.0学分。5. 体育达标在第三学年任一学期修满1.0学分均可

附录5-1-13 土木工程专业（理论与应用力学方向）培养方案（2008）

学期	课程编码	课程名称	考核	学分	总学时	讲课	实验	习题	上机	周学时
第一学期	N1120211	工科数学分析	√	5.5	90	75		15		
	N1120220	代数与几何	√	3.5	60	50		10		
	C1150311	大学英语	√	2.5	60	60				
	C1150511	大学日语（必选其一）	√	2.5	60	60				
	C1150611	大学俄语	√	2.5	60	60				
	C1240110	思想道德修养与法律基础		2.0	34	30		4		
	C1170011	体育		1.0	30	30				
	N107	大学化学Ⅱ		3.0	50	32	18			
	T133	力学与工程概论		1.0	16	16				
	T1080130	画法几何与制图		3.0	50	36		6	8	
	C1000010	军训及军事理论		3.0	3周	20				
		人文社科类选修课		1.0	20	20				
		创新课程		2.0						
		小计		27.5	410+3周	369	18	35	8	22.8
第二学期	N1120212	工科数学分析	√	5.5	90	75		15		
	N1110011	大学物理	√	5.5	90	80		10		
	C1150312	大学英语	√	2.5	60	60				
	C1150512	大学日语（必选其一）	√	2.5	60	60				
	C1150612	大学俄语	√	2.5	60	60				
	C1240120	中国近现代史纲要		2.0	32	30		2		
	T1180310	理论力学Ⅰ	√	5.0	84	78		6		
	T1180331	工程力学实验（理力Ⅰ）		0.5	6		6			
	C1170012	体育		1.0	30	30				
		人文社科类选修课		1.0	20	20				
		创新课程		2.0						
		小计		25.0	412	373	6	27	6	22.9
第三学期	C1170013	体育		1.0	30	30				
	C	大学英语限选课	√	1.0	30	30				
	C1150513	大学日语（必选其一）	√	2.5	60	60				
	C1150613	大学俄语	√	2.5	60	60				
	C1240130	毛泽东思想和中国特色社会主义理论体系概论	√	4.0	60	54		6		
	N1120050	概率论与数理统计		3.0	48	38		10		
	N112	复变函数与积分变换		3.0	46	46				
	N1110012	大学物理Ⅰ	√	5.5	90	80		10		
	N1110051	大学物理实验Ⅰ		2.0	33	3	30			
	T1180350	材料力学Ⅰ	√	4.5	70	70			(16)	
	T1180332	工程力学实验（材力）Ⅰ		0.5	12		12			
	T103	高级语言程序设计——FORTRAN90		2.5	54	30			24	
		人文社科类选修课		1.0	20	20				
		创新课程		2.0						
		小计		30	493	401	42	26	24	27.4
第四学期	C1170014	体育		1.0	30	30				
	C	大学英语限选课	√	1.0	30	30				
	C1150514	大学日语（必选其一）	√	2.5	60	60				
	C1150614	大学俄语	√	2.5	60	60				
	C1240080	马克思主义基本原理	√	3.0	45	45				
	N1110052	大学物理实验Ⅰ		2.0	30		30			
	T133	结构静力学	√	5.0	80	80				
	T1180170	弹性力学	√	4.5	70	70				
	T133	材料学基础		4.0	64	44	20			
	N1120250	数值分析		2.5	50	30			20	
	T103	C语言程序设计Ⅰ		3.0	66	30			36	
		人文社科类选修课		1.0	20	20				
		创新课程		2.0						
		小计		29.0	485	379	50		56	26.9

备注：1. 创新课程在前七学期的任一学期修满2.0学分均可。2. "大学英语限选课"为必修课，第二学年每学期必选1门。

续表

学期	课程编码	课程名称	考核	学分	总学时	讲课	实验	习题	上机	周学时
第五学期	T133	结构动力学	√	4.0	64	48	8		8	
	T133	有限单元法基础	√	3.0	48	30			18	
	S118	塑性力学		1.0	20	20				
	T1265050	流体力学		3.0	46	40	6			
	T1330400	土力学	√	3.5	56	46	10			
	T1330670	混凝土结构基本原理		4.0	64	60	4			
	T1330620	实验力学		3.0	48	30	18			
	T133	荷载与结构设计方法（双语授课）	√	2.0	32	32				
		人文社科类选修课		1.0	20	20				
	C1170015	体育达标（限选课）		1.0	24	24				
		创新课程		2.0						
		小计		27.5	422	350	46		26	22.1
第六学期	S1339650	随机振动	√	2.0	32	32				
	T133	土动力学		2.0	32	26	6			
	S1265010	计算流体力学		1.5	32	24			8	
	T133	非线性动力学		2.0	32	32				
	S133	计算机辅助工程		2.5	40	20			20	
	S118	断裂力学		2.0	30	30				
	T133	结构风工程原理	√	2.5	40	36	4			
	T1330210	钢结构基本原理及设计	√	4.0	64	64				
		人文社科类选修课		1.0	20	20				
	C1170015	体育达标（限选课）		1.0	24	24				
		创新课程		2.0						
		小计		22.5	346	308	10		28	17.9
第七学期	S133	建筑结构抗震设计	√	2.0	32	32				
	E1330711	毕业论文		2.0	2周					
		创新课程		2.0						
		以下为专业任选课								
	S533	模态分析与测试		1.5	24	24				
	S533	结构健康监测		1.5	24	24				
	S533	智能材料与结构		1.5	24	24				
	S5331980	近海工程导论（英文授课）△		1.5	24	24				
	S533	结构振动控制		1.5	24	24				
	S533	结构优化设计		1.5	24	24				
	S533	高层建筑结构		3.0	48	48				
	S533	大跨空间结构		3.0	48	48				
	S533	组合结构（双语授课）		1.5	24	24				
	S5330100	预应力混凝土结构		1.5	24	24				
	S5330090	工程鉴定分析与加固		1.5	24	24				
	S5330220	钢结构稳定理论		1.5	24	24				
	S5330250	轻钢结构		1.5	24	24				
	S533	混凝土耐久性		1.5	24	24				
	S533	特种结构		2.5	40	40				
	S5330340	地下建筑与结构		2.5	40	40				
	S533	结构概念与体系		1.5	24	24				
	S5330470	高层建筑施工		1.5	24	24				
	S5330480	大跨建筑施工		1.5	24	24				
	S5330590	建筑工程质量控制与施工安全△		1.5	24	24				
	S533	地基处理与边坡稳定		2.0	32	32				
	S533	支护结构与基坑工程		2.0	36	36				
	S533	环境岩土工程		2.0	32	32				
	S5331950	冻土变形与稳定性		2.0	32	30	2			
	S533	地理信息系统		2.0	36	26			10	
	S533	桥梁工程概论		1.5	24	24				
	S5331970	有限元分析软件及应用		2.0	40	24			16	
	S533	混凝土外加剂		1.5	24	20	4			
	S533	土木工程材料研究方法		1.5	24	24				
	S533	工程材料检测		1.5	24		24			
	S533	特种水泥		1.5	24	24				
	S533	特种混凝土		1.5	24	24				
		小计		62.0	944+2周	888	30		26	15.8
第八学期	E1339130	毕业实习		2.0	2周					
	E1330712	毕业论文		16	16周					
		小计		18.0	18周					

备注：1. 毕业前院内专业任选课至少累计选12学分。2. 毕业前人文社科类选修课至少累计选6学分。3. 创新课程在前七学期的任一学期修满2.0学分均可。4. 毕业前文化素质教育系列讲座学分不少于3.0学分。5. 体育达标在第三学年任一学期修满1.0学分均可

附录 5-1-14　土木工程专业培养方案（2016）

教学进程表

学年	开课学期	课程编号	课程名称	学分	学时	讲课	实验	上机	习题	课外	考核方式
第一学年	秋季	AD15001	军训及军事理论	3.0	3周						考查
		MX11021	思想道德修养和法律基础	2.5	40	40					考查
		PE13001	体育	1.0	32	32					考查
		FL12001	大学外语	1.5	36	32				4	考试
		MA21003	微积分 B(1)	5.5	88	80			8		考试
		CC21008	大学化学 B	3.0	48	32	16				考查
		ME31008	土木制图基础 A	4.0	64	64					考试
		CS14003	大学计算机——计算思维导论 C	2.0	32	32					考查
		MA21012	代数与几何 B	4.0	64	54			10		考试
				26.5	404+3周	366	16		18	4	
	春季	MX11022	中国近现代史纲要	2.5	40	40					考试
		PE13002	体育	1.0	32	32					考查
		FL12002	大学外语	1.5	36	32				4	考试
		MA21004	微积分 B(2)	5.5	88	80			8		考试
		PH21007	大学物理 C	4.5	72	72					考试
		PH21013	大学物理实验 B	1.0	24	3	21				考查
		AS31202	理论力学 B	4.0	64	64					考试
		CE32027	土木工程导论	1.0	16	16					考查
		MX11025	形式与政策(1)	0.5	8	8					考查
		AD11011	思想道德修养与法律基础实践课	0.5	8					8	考查
				22.0	388	347	21		8	12	
	夏季	CE34001	认识实习	1.0	1周						考查
			文化素质教育核心课	2.0	32	32					
			创新创业课程和实践	1.0							
				4.0	32+1周	32					
第二学年	秋季	MX11023	毛泽东思想和中国特色社会主义理论体系概论	4.0	64	64					考试
		PE13003	体育	0.5	16	16					考查
		FL12003	大学外语	1.5	36	32				4	考试
		MA21017	概率论与数理统计 C	3.0	48	48					考查
		CS31907	MATLAB 语言程序设计	2.0	32	24		8			考查
		CE22001	管理学	2.0	32	32					考查
		AS31204	材料力学 A	4.5	72	72					考试
		AS31209	工程力学实验	1.0	24		24				考查
		AR31001	房屋建筑学 A	3.5	56	48	8				考查
		AR34001	房屋建筑学课程设计	1.5	1.5周						考查
		AD11012	中国近现代史纲要实践课	0.5	8					8	考查
			文化素质教育核心课	2.0	32	32					
				26.0	420+1.5周	368	32	8		12	
	春季	MX11024	马克思主义基本原理概论	3.0	48	48					考试
		PE13004	体育	0.5	16	16					考查
		FL12004	大学外语	1.5	36	32				4	考试
		CE22002	经济学基础	2.0	32	32					考查
		CE31001	结构力学 A(1)	4.0	64	64					考试
		MU31250	流体力学 B	2.5	40	34	6				考查
		CE31002	土木工程材料	3.0	48	40	8				考试
		CE31004	工程地质	2.0	32	28	4				考查
		TS31601	测量学 B	3.5	56	36	20				考查
			文化素质教育选修课	2.0	32	32					考查
		MX11026	形式与政策(2)	0.5	8	8					考查
				24.5	412	370	38			4	
	夏季	TS34610	测量实习 A	2.0	2周						考查
			创新创业课程和实践	3.0							
				5.0	2周						

备注：1. 学生在大二夏季学期需结合结构设计竞赛等学院认定竞赛，完成后获得3学分创新学分。2. 文化素质教育课程详见第十三项有关说明

附录

土木工程专业（建筑工程方向）第三、四学年教学进程表

开课学期	课程编号	课程名称	学分	学时	讲课	实验	上机	习题	课外	考核方式
秋季	MX11027	形式与政策(3)(习近平新时代中国特色社会主义思想专题辅导1)	0.5	8	8					考查
	AD11013	毛泽东思想与中国特色社会主义思想体系概论实践课	1.0	16					16	考查
		文化素质教育选修课	2.0	32	32					考查
		个性化发展课程	1.5	24	24					考查
	专业核心课									
	CE33001	结构力学A(2)	3.0	48	48					考试
	CE32034	混凝土与砌体结构A(1)	4.0	64	60	4				考试
	CE32002	土力学与基础工程A(1)	3.0	48	40	8				考试
	CE34003	混凝土与砌体结构A(1)课程设计	1.0	1周						考查
	专业限选课（限选1门）									
	CE33501	荷载与结构设计方法	1.5	24	24					考查
	AS32207	弹性力学B	2.0	32	32					考查
			19.5	296+1周	268	12			16	
春季		文化素质教育讲座（8次）	1.0	16	16					考查
		文化素质教育选修课	1.0	16	16					考查
		个性化发展课程	1.5	24	24					考查
	专业核心课									
	CE32003	钢结构A(1)	3.5	56	56					考试
	CE33047	混凝土与砌体结构A(2)	3.0	48	48					考试
	CE33004	土力学与基础工程A(2)	2.0	32	32					考试
	CE32004	土木工程施工A(1)	3.0	48	48					考试
	CE34004	混凝土与砌体结构A(2)课程设计	1.5	1.5周						考查
	CE34005	土力学与基础工程A(2)课程设计	1.0	1周						考查
	专业限选课（限选1门）									
	CE33502	结构概念设计	1.5	24	24					考查
	研究生	有限单元法B	2.0	32	32					考查
			21.0	296+2.5周	296					
夏季	CE34036	生产实习	3.0	3周						考查
	CE34041	毕业实习	2.0	2周						考查
			5.0	5周						
秋季	MX11028	形式与政策(4)(习近平新时代中国特色社会主义思想专题辅导2)	0.5	8	8					考查
		个性化发展课程	1.5	24						
	专业核心课									
	CE33005	钢结构A(2)	2.0	32	32					考试
	CE33006	工程结构抗震A	2.0	32	32					考试
	CE33007	土木工程施工A(2)	2.0	32	32					考试
	CE34006	钢结构A(2)课程设计	1.0	1周						考查
	CE34007	土木工程施工A(2)课程设计	1.0	1周						考查
	专业限选课（限选1门）									
	CE33503	高层建筑结构	2.0	32	32					考查
	CE33504	建筑结构实验	1.5	24	24					考查
		专业任选课（任选1门）	1.5	24	见专业方向任选课程模块					
			15	208+2周	160					
春季		个性化发展课程	1.5	24						考查
	CE34017	毕业设计（论文）	14.0	14周						考查
			15.5	24+14周						

备注：1.建筑工程方向专业限选课限选1门。2.秋季专业任选课程需根据毕业设计题目或毕业论文方向在本专业方向任选课程或研究生课程中任选1门。3.个性化发展课程根据个人兴趣在其他专业方向限选课、本专业任选课、外专业课程、研究生课程中任选1门。4.个性化发展课程10学分中，除创新创业4学分外，还需选择本大类专业以外的其他大类课程至少2个学分。5.专业方向限选课和任选课与本专业相关的研究生课程互认学分。6.文化素质教育课程详见第九项文化素质教育课程学分要求

土木工程专业（土木工程材料方向）第三、四学年教学进程表

开课学期	课程编号	课程名称	学分	学时	讲课	实验	上机	习题	课外	考核方式
秋季	MX11027	形式与政策(3)(习近平新时代中国特色社会主义思想专题辅导1)	0.5	8	8					考查
	AD11013	毛泽东思想与中国特色社会主义理论体系实践课	1.0	16					16	考查
		文化素质教育选修课	2.0	32	32					考查
		个性化发展课程	1.5	24	24					考查
	专业核心课									
	CC31032	物理化学C	3.5	56	44	12				考试
	CE32005	材料科学基础	4.5	72	66	6				考试
	CE33008	材料分析测试方法	3.0	48	38	10				考试
	专业限选课									
	CE33507	高分子材料基础	2.0	32	32					考查
			18	288	244	28			16	
春季		文化素质教育讲座(8次)	1.0	16	16					考查
		文化素质教育选修课	1.0	16	16					考查
		个性化发展课程	1.5	24	24					考查
	专业核心课									
	CE33009	胶凝材料	3.0	48	40	8				考试
	CE32006	材料工程基础	2.5	40	40					考试
	CE33010	混凝土学A(1)	2.5	40	32	8				考试
	专业限选课（限定全选）									
	CE33508	无机材料物理性能	2.0	32	32					考查
	CE33509	粉体工程	2.5	40	32	8				考查
	CE34008	混凝土制备工艺课程设计	2.0	2周						考查
			18.0	256+2周	232	24				
夏季	CE34038	生产实习	3.0	3周						考查
	CE34043	毕业实习	2.0	2周						考查
			5.0	5周						
秋季	MX11028	形式与政策(4)(习近平新时代中国特色社会主义思想专题辅导2)	0.5	8	8					考查
		个性化发展课程	1.5	24						考查
	专业核心课									
	CE33011	混凝土学A(2)	2.0	32	32					考试
	专业限选课（限选3门）									
	CE33513	无机材料热工过程与设备	1.5	24	24					考查
	CE33510	钢筋混凝土结构	3.0	48	48					考查
	CE33511	建筑功能材料	3.0	48	40	8				考查
	CE33512	土木工程施工B	2.0	32	32					考查
		专业任选课（任选1门）	1.5	24		见专业方向任选课程模块				
			15	240	184	8				
春季		个性化发展课程	1.5	24						
	CE34019	毕业设计(论文)	14.0	14周						考查
			15.5	24+14周						

备注：1. 土木工程材料方向专业限选课限选3门。2. 秋季专业任选课程需根据毕业设计题目或毕业论文方向在本专业方向任选课程或研究生课程中任选1门。3. 个性化发展课程首先应在本专业方向任选课中选择，全部选修完成后根据个人兴趣在其他专业方向的外专业课程、研究生课程中任选。4. 专业方向限选课和任选课与本专业相关的研究生课程互认学分

土木工程专业（力学精英班方向）第三、四学年教学进程表

开课学期	课程编号	课程名称	学分	学时	讲课	实验	上机	习题	课外	考核方式
秋季	MX11027	形式与政策(3)(习近平新时代中国特色社会主义思想专题辅导1)	0.5	8	8					考查
	AD11013	毛泽东思想与中国特色社会主义理论体系概论实践课	1.0	16					16	考查
		文化素质教育选修课	2.0	32	32					考查
		个性化发展课程	1.5	24	24					考查
	专业核心课									
	CE33001	结构力学A(2)	3.0	48	48					考试
	CE33012	弹性与塑性力学	4.0	64	64					考试
	CE32002	土力学与基础工程A(1)	3.0	48	40	8				考试
	CE34003	混凝土与砌体结构A(1)课程设计	1.0	1周						考查
	专业限选课（限定全选）									
	研究生	计算方法	2.5	40	32		8			考查
	研究生	复变函数与积分变换	3.0	48	48					考查
	CE32001	混凝土与砌体结构A(1)	4.0	64	64					考查
			25.5	392+1周	360	8	8		16	
春季		文化素质教育讲座（8次）	1.0	16	16					考查
		文化素质教育选修课	1.0	16	16					考查
		个性化发展课程	1.5	24	24					考查
	专业核心课									
	CE32003	钢结构A(1)	3.5	56	56					考查
	CE33013	损伤与断裂力学	3.0	48	48					考试
	研究生	有限单元法A	3.0	48	48					考试
	研究生	结构随机振动	2.0	32	32					考试
	专业限选课（限定全选）									
	研究生	数理方程	2.0	40	40					考查
	MU31252	计算流体力学	2.0	32	32					考查
			19.0	312	312					
夏季	CE34036	生产实习	3.0	3周						考查
	CE34041	毕业实习	2.0	2周						考查
			5.0	5周						
秋季	MX11028	形式与政策(4)(习近平新时代中国特色社会主义思想专题辅导2)	0.5	8	8					考查
		个性化发展课程	1.5	24						考查
	专业核心课									
	CE33014	实验力学	2.0	32	32					考试
	CE33006	工程结构抗震A	2.0	32	32					考试
	专业限选课（限定全选）									
	CE33503	高层建筑结构	2.0	32	32					考查
	CE33015	结构振动控制	2.0	32	32					考试
	CE33053	结构健康监测	2.0	32	32					考试
	研究生	结构风工程	2.0	32	32					考查
		专业任选课（限选1门）	1.5	24		见专业方向任选课程模块					
			15.5	248	200					
春季		个性化发展课程	1.5	24						考查
	CE34017	毕业设计（论文）	14.0	14周						考查
			15.5	24+14周						

备注：1.土木工程力学精英班方向专业限选课限定全选。2.第三学年秋季专业任选课程需根据毕业设计题目或毕业论文方向在本专业方向任选课或研究生课程中任选1门。3.个性化发展课程根据个人兴趣在其他专业方向限选课、本专业方向任选课、外专业课程、研究生课程中任选1门。3.个性化发展课程10学分中，除创新创业4学分外，还需选择本大类专业以外的其他大类课程至少2个学分。4.专业方向限选课和任选课与本专业相关的研究生课程互认学分。5.文化素质教育课程详见第九项文化素质教育课程学分要求

专业方向任选课程模块

专业方向	课程编号	课程名称	学分	学时	讲课	实验	上机	习题	考核方式	开课学期
建筑工程	CE33601	木结构	1.5	24	24				考查	3秋
	CE33602	计算机辅助工程(CAE)	1.5	32	16		16		考查	3春
	CE33603	结构优化设计	1.5	24	24				考查	3春
	CE33029	国际工程管理	2.0	32	32				考试	4秋
	CE33604	智能材料与结构	1.5	24	24				考查	4秋
	CE33605	装配式混凝土结构	1.0	16	16				考查	4秋
	CE33606	预应力混凝土结构	1.5	24	24				考查	4秋
	CE33607	BIM技术理论与方法	1.5	24	24				考查	4秋
	CE33608	建筑结构抗风设计	1.5	24	24				考查	4秋
	CE33624	高层与大跨建筑施工	1.5	24	24				考查	4秋
	CE33609	大跨空间结构	2.0	32	32				考查	4秋
	CE33610	轻钢结构	1.5	24	24				考查	4秋
	CE33611	组合结构	1.5	24	24				考查	4秋
	CE33612	特种结构	2.0	32	32				考查	4秋
土木工程材料	CE33616	材料计算与模拟	1.5	24	24				考查	3秋
	CE33617	混凝土外加剂	1.5	24	24				考查	3春
	CE33029	国际工程管理	2.0	32	32				考试	4秋
	CE33604	智能材料与结构	1.5	24	24				考查	4秋
	CE33618	工程材料检测	1.5	24	24				考查	4秋
	CE33619	特种混凝土	1.5	24	24				考查	4秋
土木工程力学精英班	CE33613	近海工程导论	1.5	24	24				考查	3秋
	CE33602	计算机辅助工程(CAE)	1.5	32	16		16		考查	3春
	CE33603	结构优化设计	1.5	24	24				考查	3春
	CE33029	国际工程管理	2.0	32	32				考试	4秋
	CE33604	智能材料与结构	1.5	24	24				考查	4秋
	CE33614	桥梁工程概论	1.5	24	24				考查	4秋
	CE33607	BIM技术理论与方法	1.5	24	24				考查	4秋
	CE33615	模态分析与测试	1.5	24	24				考查	4秋

附录 5-1-15 城市地下空间工程专业培养方案（2016）

教学进程表

学年	开课学期	课程编号	课程名称	学分	学时	讲课	实验	上机	习题	课外	考核方式
第一学年	秋季	AD15001	军训及军事理论	3.0	3周						考查
		MX11021	思想道德修养和法律基础	2.5	40	40					考查
		PE13001	体育	1.0	32	32					考查
		FL12001	大学外语	1.5	36	32				4	考试
		MA21003	微积分 B(1)	5.5	88	80			8		考试
		CC21008	大学化学 B	3.0	48	32	16				考查
		ME31008	土木制图基础 A	4.0	64	64					考试
		CS14003	大学计算机——计算思维导论 C	2.0	32	32					考试
		MA21012	代数与几何 B	4.0	64	54			10		考试
				26.5	404+3周	366	16		18	4	
	春季	MX11022	中国近现代史纲要	2.5	40	40					考试
		PE13002	体育	1.0	32	32					考查
		FL12002	大学外语	1.5	36	32				4	考试
		MA21004	微积分 B(2)	5.5	88	80			8		考试
		PH21007	大学物理 C	4.5	72	72					考试
		PH21013	大学物理实验 B	1.0	24	3	21				考查
		AS31202	理论力学 B	4.0	64	64					考试
		CE32027	土木工程导论	1.0	16	16					考查
		MX11025	形式与政策(1)	0.5	8	8					考查
		AD11011	思想道德修养与法律基础实践课	0.5	8					8	考查
				22.0	388	347	21		8	12	
	夏季	CE34001	认识实习	1.0	1周						考查
			文化素质教育核心课	2.0	32	32					
			创新创业课程和实践	1.0							
				4.0	32+1周	32					
第二学年	秋季	MX11023	毛泽东思想和中国特色社会主义理论体系概论	4.0	64	64					考试
		PE13003	体育	0.5	16	16					考查
		FL12003	大学外语	1.5	36	32				4	考试
		MA21017	概率论与数理统计 C	3.0	48	48					考查
		CS31907	MATLAB 语言程序设计	2.0	32	24		8			考查
		CE22001	管理学	2.0	32	32					考查
		AS31204	材料力学 A	4.5	72	72					考试
		AS31209	工程力学实验	1.0	24		24				考查
		AR31001	房屋建筑学	3.5	56	48	8				考试
		AR34001	房屋建筑学课程设计	1.5	1.5周						考查
		AD11012	中国近现代史纲要实践课	0.5	8					8	考查
			文化素质教育核心课	2.0	32	32					
				26.0	420+1.5周	368	32	8		12	
	春季	MX11024	马克思主义基本原理概论	3.0	48	48					考试
		PE13004	体育	0.5	16	16					考查
		FL12004	大学外语	1.5	36	32				4	考试
		CE22002	经济学基础	2.0	32	32					考查
		CE31001	结构力学 A(1)	4.0	64	64					考试
		MU31250	流体力学 B	2.5	40	34	6				考查
		CE31002	土木工程材料	3.0	48	40	8				考试
		CE31004	工程地质	2.0	32	28	4				考查
		TS31601	测量学 B	3.5	56	36	20				考试
			文化素质教育选修课	2.0	32	32					
		MX11026	形式与政策(2)	0.5	8	8					考查
				24.5	412	370	38			4	
	夏季	TS34610	测量实习 A	2.0	2周						考查
			创新创业课程和实践	3.0							
				5.0	2周						

备注：1. 学生在大一夏季学期必修大一年度项目学习，结题后可获得1学分创新创业学分。2. 学生在大二夏季学期需结合结构设计竞赛等学院认定竞赛，完成后获得3学分创新学分

续表

学年	开课学期	课程编号	课程名称	学分	学时	讲课	实验	上机	习题	课外	考核方式
第三学年	秋季	MX11027	形式与政策(3)(习近平新时代中国特色社会主义思想专题辅导1)	0.5	8	8					考查
		AD11013	毛泽东思想和中国特色社会主义理论体系概论实践课	1.0	16					16	考查
			文化素质教育选修课	2.0	32	32					考查
			个性化发展课程	1.5	24	24					考查
		核心专业课									
		CE33001	结构力学A(2)	3.0	48	48					考试
		CE32034	混凝土与砌体结构A(1)	4.0	64	60	4				考试
		CE33054	土力学	2.5	48	40	8				考试
		CE33016	地下空间规划与建筑	2.0	32	32					考试
		实践课程									
		CE34009	地下空间规划与建筑课程设计	1.0	1周						考查
		CE34003	混凝土与砌体结构A(1)课程设计	1.0	1周						考查
				18.5	272+2周	244	12			16	
			文化素质教育讲座(8次)	1.0	16	16					
			文化素质教育选修课	1.0	16	16					考查
			个性化发展课程	1.5	24	24					考查
		核心专业课									
	春季	CE32033	工程地质分析原理	2.5	40	40					考试
		CE33055	基础工程	3.0	48	48					考试
		CE33017	地下建筑结构A(1)	2.5	40	40					考试
		CE33018	钢结构B	2.0	32	32					考试
		实践课程									
		CE34002	基础工程课程设计	1.0	1周						考查
		CE34010	地下建筑结构A(1)课程设计	1.0	1周						考查
		CE34050	工程地质分析原理实习	2.0	2周						考查
				17.5	216+4周	216					
	夏季	CE34037	生产实习	3.0	3周						考查
		CE34042	毕业实习	2.0	2周						考查
				5.0	5周						
第四学年	秋季	MX11028	形式与政策(4)(习近平新时代中国特色社会主义思想专题辅导2)	0.5	8	8					考查
			个性化发展课程	1.5	24	24					考查
		核心专业课									
		CE33019	地下建筑结构A(2)	2.0	32	32					考试
		CE33020	地下工程施工	2.5	40	40					考试
		CE32009	工程岩体力学	2.5	40	40					考查
		CE33021	工程结构抗震B	2.0	32	32					考试
			专业任选课(任选1门)	1.5	24	24				见专业任选课模块	
				12.5	200	200					
	春季		个性化发展课程	1.5	24	24					考查
		CE34021	毕业设计(论文)	14.0	14周						考查
				15.5	24+14周	24					

备注:1.个性化发展课程根据个人兴趣在其他专业方向限选课、本专业方向选修课或外专业课程中任选1门。2.第四学年秋季专业任选课程可在本专业方向选修课程或研究生课程中任选1门。3.专业方向限选课和任选课与本专业相关的研究生课程互认学分

城市地下空间工程专业限选/任选课程模块

课程编号	课程名称	学分	学时	讲课	实验	上机	习题	考核方式	开课学期	备注
CE33514	土动力学	1.5	24	24				考查	3秋	限选
CE33520	冻土工程	1.5	24	24				考查	3秋	任选
CE32029	地下工程导论	1.5	24	24				考查	3秋	限选
CE32008	岩土工程勘察	2.0	32	32				考查	3春	限选
CE33532	地下工程防灾减灾	1.5	24	24				考查	3春	任选
CE33029	国际工程管理	2.0	32	32				考试	4秋	任选
CE33516	岩土工程监测	1.5	24	24				考查	4秋	任选
CE33518	地铁与轻轨交通	1.5	24	24				考查	4秋	限选
CE33519	地下工程项目与管理	1.5	24	24				考查	4秋	任选
CE33527	基坑工程	1.5	24	24				考查	4秋	任选
CE33515	地下防护结构	1.5	24	24				考查	4春	任选
CE33522	地基处理	1.5	24	24				考查	4春	限选
CE33521	软土工程	1.5	24	24				考查	4春	任选

附录 5-1-16　工程管理专业培养方案（2016）

教学进程表

学年	开课学期	课程编号	课程名称	学分	学时	讲课	实验	上机	习题	课外	考核方式
第一学年	秋季	AD15001	军训及军事理论	3.0	3周						考查
		MX11021	思想道德修养和法律基础	2.5	40	40					考查
		PE13001	体育	1.0	32	32					考查
		FL12001	大学外语	1.5	36	32				4	考试
		MA21003	微积分B(1)	5.5	88	80			8		考试
		CC21008	大学化学B	3.0	48	32	16				考查
		ME31008	土木制图基础A	4.0	64	64					考试
		CS14003	大学计算机——计算思维导论C	2.0	32	32					考查
		MA21012	代数与几何B	4.0	64	54			10		考试
				26.5	404+3周	366	16		18	4	
	春季	MX11022	中国近现代史纲要	2.5	40	40					考试
		PE13002	体育	1.0	32	32					考查
		FL12002	大学外语	1.5	36	32				4	考试
		MA21004	微积分B(2)	5.5	88	80			8		考试
		PH21007	大学物理C	4.5	72	72					考查
		PH21013	大学物理实验B	1.0	24	3	21				考查
		AS31202	理论力学B	4.0	64	64					考查
		CE32027	土木工程导论	1.0	16	16					考查
		MX11025	形式与政策(1)	0.5	8	8					考查
		AD11011	思想道德修养与法律基础实践课	0.5	8					8	考查
				22.0	388	347	21		8	12	
	夏季	CE34001	认识实习	1.0	1周						考查
			文化素质教育核心课	2.0	32	32					
			创新创业课程和实践	1.0							
				4.0	32+1周	32					
第二学年	秋季	MX11023	毛泽东思想和中国特色社会主义理论体系概论	4.0	64	64					考试
		PE13003	体育	0.5	16	16					考查
		FL12003	大学外语	1.5	36	32				4	考查
		MA21017	概率论与数理统计C	3.0	48	48					考查
		CS31907	MATLAB语言程序设计	2.0	32	24		8			考查
		CE22001	管理学	2.0	32	32					考查
		AS31204	材料力学A	4.5	72	72					考试
		AS31209	工程力学实验	1.0	24		24				考查
		AR31001	房屋建筑学	3.5	56	48	8				考试
		AR34001	房屋建筑学课程设计	1.5	1.5周						考查
		AD11012	中国近现代史纲要实践课	0.5	8					8	考查
			文化素质教育核心课	2.0	32	32					
				26.0	420+1.5周	368	32	8		12	
	春季	MX11024	马克思主义基本原理概论	3.0	48	48					考试
		PE13004	体育	0.5	16	16					考查
		FL12004	大学外语	1.5	36	32				4	考查
		CE22002	经济学基础	2.0	32	32					考查
		CE31001	结构力学A(1)	4.0	64	64					考试
		MU31250	流体力学B	2.5	40	34	6				考查
		CE31002	土木工程材料	3.0	48	40	8				考试
		CE31004	工程地质	2.0	32	28	4				考查
		TS31601	测量学	3.5	56	36	20				考查
			文化素质教育选修课（含MOOC）	2.0	32	32					
		MX11026	形式与政策(2)	0.5	8	8					考查
				24.5	412	370	38			4	
	夏季	TS34610	测量实习A	2.0	2周						考查
			创新创业课程和实践	3.0							
				5.0	2周						

备注：1. 学生在大一夏季学期必修大一年度项目学习，结题后可获得1学分创新创业学分。2. 学生在大二夏季学期需结合结构设计竞赛等学院认定竞赛，完成后获得3学分创新学分

工程管理专业（项目管理方向）第三、四学年教学进程表

学年	开课学期	课程编号	课程名称	学分	学时	讲课	实验	上机	习题	课外	考核方式
第三学年	秋季	MX11027	形势与政策(3)(习近平新时代中国特色社会主义思想专题辅导1)	0.5	8	8					考查
		AD11013	毛泽东思想与中国特色社会主义理论体系概论实践课	1.0	16					16	考查
			文化素质教育选修课	2.0	32	32					考查
			个性化发展课程	1.5	24	24					考查
		专业核心课									
		CE33022	混凝土结构	4.0	64	64					考试
		CE32010	工程管理基础	1.5	24	24					考查
		CE33023	职业健康安全与环境	1.5	24	24					考查
		CE33024	工程法规与合同管理	2.5	40	40					考查
		CE33025	建设项目投融资决策	2.0	32	32					考试
				16.5	264	240				16	
	春季		文化素质教育讲座（8次）	1.0	16	16					考查
			文化素质教育选修课	1.0	16	16					考查
			个性化发展课程	1.5	24	24					考查
		专业核心课									
		CE33026	工程估价	2.0	32	32					考查
		CE33027	施工项目管理	2.0	32	32					考试
		CE32004	土木工程施工A(1)	3.0	48	48					考查
		CE34011	施工项目管理课程设计	1.0	1周						考查
		CE34012	工程估价课程设计	1.0	1周						考查
		专业限选课（限定全选）									
		CE32014	应用统计	2.0	32	32					考查
		CE32015	运筹学	2.0	32	32					考查
		CE33028	建设项目管理	2.0	32	32					考查
				18.5	264+2周	264					
	夏季	CE34039	生产实习	3.0	3周						考查
		CE34044	毕业实习	2.0	2周						考查
				5.0	5周						
第四学年	秋季	MX11028	形势与政策(4)(习近平新时代中国特色社会主义思想专题辅导2)	0.5	8	8					考查
			个性化发展课程	1.5	24	24					考查
		专业核心课									
		CE33029	国际工程管理	2.0	32	32					考试
		CE32011	工程信息管理与数字建造	2.0	32	32					考查
		CE34013	工程信息管理与数字建造课程设计	1.0	1周						考查
		专业限选课（限定全选）									
		CE33523	项目管理软件	2.0	32	32					考查
		CE33524	工程造价管理	1.0	16	16					考查
				10.0	144+1周	144					
	春季		个性化发展课程	1.5	24						考查
			专业任选课（任选1门）	1.5	24						考查
		CE34023	毕业设计（论文）	14.0	14周						考查
				17.0	48+14周						

备注：1. 专业限选课限定全选。2. 个性化发展课程根据个人兴趣在其他专业方向限选课、本专业方向任选课、外专业课程、研究生课程中任选1门。3. 个性化发展课程10学分中，除创新创业4学分外，还需选修本大类专业以外的其他大类课程至少2个学分。4. 第四学年秋季专业任选课程需根据毕业设计题目或毕业论文方向在本专业方向任选课程或研究生课程中任选1门。5. 专业方向限选课和任选课与本专业相关的研究生课程互认学分

工程管理专业（房地产开发与管理方向）第三、四学年教学进程表

学年	开课学期	课程编号	课程名称	学分	学时	讲课	实验	上机	习题	课外	考核方式
第三学年	秋季	MX11027	形式与政策(3)(习近平新时代中国特色社会主义思想专题辅导1)	0.5	8	8					考查
		AD11013	毛泽东思想与中国特色社会主义理论体系实践课	1.0	16					16	考查
			文化素质教育选修课	2.0	32	32					考查
			个性化发展课程	1.5	24	24					考查
		专业核心课									
		CE33022	混凝土结构	4.0	64	64					考试
		CE32010	工程管理基础	1.5	24	24					考试
		CE33023	职业健康安全与环境	1.5	24	24					考查
		CE33024	工程法规与合同管理	2.5	40	40					考查
		CE32012	城市经济学	2.0	32	32					考试
				16.5	264	248				16	
	春季		文化素质教育讲座(8次)	1.0	16	16					考查
			文化素质教育选修课	1.0	16	16					考查
			个性化发展课程	1.5	24	24					考查
		专业核心课									
		CE33026	工程估价	2.0	32	32					考查
		CE32013	房地产经济学	2.0	32	32					考试
		CE33031	房地产项目开发与管理	3.0	48	48					考试
		CE33032	城市开发与城市更新	2.0	32	32					考试
		CE34014	房地产项目开发与管理课程设计	1.0	1周						考查
		CE34015	城市开发与城市更新课程设计	1.0	1周						考查
		专业限选课（限定全选）									
		CE32014	应用统计	2.0	32	32					考查
		AR31005	城市规划原理	1.5	24	24					考查
				18.0	256+2周	256					
	夏季	CE34040	生产实习	3.0	3周						考查
		CE34045	毕业实习	2.0	2周						考查
				5.0	5周						
第四学年		MX11028	形式与政策(4)(习近平新时代中国特色社会主义思想专题辅导2)	0.5	8	8					考查
			个性化发展课程	1.5	24	24					考查
		专业核心课									
		CE32011	工程信息管理与数字建造	2.0	32	32					考查
		CE34013	工程信息管理与数字建造课程设计	1.0	1周						考查
		专业限选课（限定全选）									
		CE33525	房地产估价	2.0	32	32					考查
		CE33029	国际工程管理	2.0	32	32					考试
		CE33526	房地产投资分析	1.5	24	24					考查
				10.5	152+1周	152					
	春季		个性化发展课程	1.5	24						考查
			专业任选课	1.5	24						考查
		CE34025	毕业设计(论文)	14.0	14周						考查
				17.0	48+14周						

备注：1. 专业限选课限定全选。2. 个性化发展课程根据个人兴趣在其他专业方向限选课、本专业方向任选课、外专业课程、研究生课程中任选1门。3. 个性化发展课程10学分中，除创新创业4学分外，还需选择本大类专业以外的其他大类课程至少2个学分。4. 第四学年秋季专业任选课程需根据毕业设计题目或毕业论文方向在本专业方向任选课程或研究生课程中任选1门。

专业方向任选课程模块

专业方向	课程编号	课程名称	学分	学时	讲课	实验	上机	习题	考核方式	开课学期
工程管理专业	CE33620	土力学与基础工程B	2.0	32	32				考查	3秋
	CE33622	设施管理	1.5	24	24				考查	3春
	CE33625	工程伦理	1.5	24	24				考查	4秋
	CE33604	智能材料与结构	1.5	24	24				考查	4秋
	CE33623	工程咨询	1.5	24	24				考查	4秋
	CE32018	管理与数据库	1.5	24	24				考查	4秋

附录5-1-17　14系工业与民用建筑专业四年制教学计划（1989级执行）

年级	学期	课　　程	课内时数	年级	学期	课　　程	课内时数
一年级	第一学期	中国革命史	60	二年级	第五学期	马克思主义哲学原理	56
		高等数学	84			结构力学（一）	75
		外语	60			弹性力学	30
		体育	24			房屋建筑学	90
		普通化学	48			机械基础及建筑机械	46
		画法几何及建筑制图	48			房建课程设计	1.5周
		BASIC语言	40				
		军事理论	4周				
	第二学期	形势任务	36		第六学期	法制	40
		高等数学	116			结构力学（二）	60
		外语	72			钢筋混凝土结构	55
		体育	36			生产实习	2周
		普通物理	72			钢砼课程设计	1周
		画法几何及建筑制图	57				
		FORTRAN语言	36				
		工程测量	62				
		大学生思想修养	30				
三年级	第三学期	政治经济学	53	四年级	第七学期	钢筋混凝土结构	42
		理论力学	51			结构力学（三）	40
		外语	70			砌体结构	30
		体育	35			钢结构	58
		普通物理	70			大跨钢结构	30
		普通物理实验	34			土力学及地基基础	58
		概率论	35			建筑施工技术	45
		线性代数	30			建筑施工组织	45
		测量实习	2周			抗震结构	28
						钢砼课程设计	1.5周
	第四学期	电工学	54		第八学期	土力学课程设计	1周
		理论力学	50			建筑施工课程设计	1周
		外语	56			钢结构课程设计	1周
		体育	62			毕业实习	2周
		普通物理实验	26			毕业设计	14周
		建筑材料	62			文献检索	24
		材料力学	90				

附录 5-1-18　深圳校区土木工程专业培养方案（2016—2019）

学期	课程编码	课程名称	考核方式	学分	总学时	讲课	实验	上机	课外辅导
第一学年秋季	MILT1002	军事理论		2.0	36	36			
	MILT1003	军事技能		2.0	2周				
	GEIP1007	思想道德修养与法律基础		3	48	32			16
	LANG1002	英语听说		2.0	32	32			
	PE1001A	体育A		1.0	32	32			
	MATH1001A	高等数学A	√	5.0	80	80			（习题课14）
	MATH1002	代数与几何	√	4.0	64	64			（习题课12）
	MECH1001	工程制图基础	√	3.0	56	32		24	（10）
	CIVL2001	土木工程专业导论		1.0	16	16			
	LANG1003	大学语文		2.0	32	32			
		文理通识课		4.0	64	64			
		小计		29.0	460+2周	420	0	24	16+（36）
第一学年春季	GEIP1008	中国近现代史纲要		3	48	48			
	LANG1001	英语读写		2.0	32	32			
	PE1001B	体育B		1.0	32	32			
	COMP1001	大学计算机I		2.0	32	32			（8）
	MATH1001B	高等数学B	√	5.0	80	80			（习题课14）
	PHYS1001A	大学物理IA	√	4.0	64	64			（习题课10）
	COMP1003	C语言程序设计I	√	3.0	50	32		18	
	EMEC1002	理论力学II	√	4.0	64	64			
	EMEC1004	工程力学实验（理力）		0.5	8		8		
		文理通识课		1.0	16	16			
		小计		25.5	426	400	26		（32）
第一学年夏季	CIVL2002	认识实习		1.0	1周				
		文理通识课		2.0	32	32			
		国内外专家短期课程		1.0	16	16			
		小计		4.0	48+1周	48			
第二学年秋季	GEIP1009A	毛泽东思想与中国特色社会主义理论体系概论A		3.0	48	48			
	PE1001C	体育C		1.0	32	32			
	MATH1004	概率论与数理统计	√	2.5	40	40			
	PHYS1001B	大学物理IB	√	4.0	64	64			（习题课10）
	PHYS1002A	大学物理实验IA		1.5	33	3	30		
	EMEC1005	材料力学I	√	4.5	72	72			
	EMEC1007	工程力学实验（材力）		0.5	12		12		
	CHEM1001	大学化学	√	3.0	48	32	16		
		文理通识课		3.0	48	48			
		小计		23	397	339	58		（10）
第二学年春季	GEIP1009B	毛泽东思想和中国特色社会主义理论体系概论B		2	32	16			16
	GEIP1011	马克思主义基本原理概论		3	48	48			
	PE1001D	体育D		1.0	32	32			
	PHYS1002B	大学物理实验IB		1.0	27		27		
	CIVL2005A	结构力学IA	√	3.5	56	56			
	CIVL2006	土木工程材料	√	3.0	48	40	8		
	CIVL2007	荷载与结构设计方法	√	1.5	24	24			
	CIVL1001	工程测量		2.5	40	30	10		
	CIVL2003	房屋建筑学	√	3.0	48	48			
	CIVL2004	房屋建筑学课程设计		1.5	1.5周				
	CIVL3005	工程地质	√	2.0	32	28	4		
	MECH3011	工程流体力学	√	2.0	32	28	4		
		文理通识课		1.0	16	16			
		小计		27	435+1.5周	366	53		16
第二学年夏季		测量实习		2.0	2周				
		文理通识课		2.0	32	32			
		小计		4.0	32+2周	32			
备注	"GEIP1010 形势与政策"，共2学分，32学时（讲课学时）, 分在八个学期，具体安排以每个学期教务部通知为准								

续表

学期	课程编码	课程名称	考核方式	学分	学时分配				
					总学时	讲课	实验	上机	课外辅导
第三学年秋季	CIVL2005B	结构力学 IB	√	3.0	48	48			
	CIVL3001	弹性力学与有限元方法	√	3.0	48	48			
	CIVL3003	混凝土结构基本原理	√	3.5	56	52	4		
	CIVL3004	混凝土结构课程设计		1.5	1.5周				
	CIVL3006A	土力学与基础工程A	√	2.5	40	32	8		
		文理通识课		4.0	64	64			
		小计		17.5	256+1.5周	244	12		
第三学年春季	CIVL3006B	土力学与基础工程B	√	2.0	32	26	4		
	CIVL3007	基础工程课程设计		1.0	1.0周				
	CIVL3008	钢结构基本原理及设计	√	4.0	64	64			
	CIVL3009	土木工程施工技术	√	3.0	48	48			
	CIVL3010	混凝土与砌体结构设计	√	2.5	40	40			
	CIVL3011	混凝土与砌体结构课程设计		1.5	1.5周				
	CIVL3002	工程结构试验	√	2.0	32	24	8		
		文理通识课		3.0	48	48			
		小计		19	264+2.5周	250	12		
第三学年夏季	CIVL3012	生产实习		3.0	3周				
	CIVL3013	钢结构课程设计		1.5	1.5周				
		小计		4.5	4.5周				
备注	钢结构课程设计从春季学习末开始,占用春季学期0.5周时间								
第四学年秋季	CIVL3014	高层结构与抗震	√	4	64	64			
	CIVL3015	工程项目管理	√	2	32	32			
	CIVL3016	工程项目管理课程设计		1	1周				
		专业选修课		8	128				
	CIVL3017	结构概念与体系		1.5	24	24			
	CIVL3018	基坑工程		1.5	24	24			
	CIVL3019	土木结构抗风设计		1.5	24	24			
	CIVL3020	结构健康监测		1.5	24	24			
	CIVL3021	智能材料与结构		2.0	32	32			
	CIVL3022	大跨空间结构		2	32	32			
	CIVL3023	组合结构		2	32	32			
	CIVL3024	桥梁工程概论		1.5	24	24			
	CIVL3025	地基处理		1.5	24	24			
	CIVL3026	钢结构稳定理论		1.5	24	24			
	CIVL3027	结构振动控制		1.5	24	24			
	CIVL3028	模态分析与测试		1.5	24	16	8		
		交流专家专题课程		0.5	8	8			
		小计		35	544+1周	408	8		
第四学年春季	CIVL3098	毕业实习		2	2周				
	CIVL3099	毕业设计(论文)		10	14周				
		小计		12	16周				
备注	第四学年秋季学期的专业选修课请结合毕业设计(论文)的选题而定								

课程设置及学时比例表

课程大类	课程类别	学分	%	学时分配				
				总学时	讲课	实验	上机	课外辅导
通识教育课程	公共基础课	32	17.3	548+2周	512			32+(8)
	文理通识课	20	10.8	320	320			
数学与自然科学基础课程		30	16.3	500	427	73		(60)
专业教育课程	技术基础课	23	12.5	382	306	52	24	(10)
	专业必修课	43.5	23.7	696	658	36	2	
	专业选修课	8	4.3	128	128			
	实习实训	18	9.7	16周				
	毕业设计(论文)	10	5.4	14周				
合计		184.5	100	2 574+32周	2 351	161	26	32 + (78)

附录 5-2　硕士研究生培养方案

附录 5-2-1　2010 年土木工程学院硕士研究生培养方案

前　言

　　研究生培养方案是研究生培养全过程中的指导性文件，是制订研究生个人培养计划、完成培养工作各个环节和衡量培养质量的重要依据。随着我国经济建设的飞速发展，为更好地适应国家经济社会发展对高层次应用型人才的迫切需要，进一步完善研究生教育培养体系，推动硕士研究生教育从培养以学术型人才为主向以培养应用型人才为主的模式转变。土木工程硕士研究生教学将采取分类培养方式，学科内所有全日制硕士研究生分为学术研究型和应用研究型（含全日制专业硕士）两种类型。

　　学术研究型硕士研究生突出学科基础理论和应用基础研究能力的培养，培养方案中学科基础课程比例较大，学位论文要求具有一定的理论深度和难度。毕业后准备继续攻读博士、出国深造或从事研究性工作。

　　应用研究型硕士研究生突出技术应用和工程实践能力的培养和提高，学位论文要求能够独立完成一个完整并具有一定难度的应用型研究、工程设计或技术开发工作，毕业后准备到相关领域的企业、公司和研究部门工作。

　　按照分类培养的定位要求，土木工程学科的有关专家在 2004 年学科的硕士研究生培养方案的基础上，对培养方案做了重新修订，并根据专家意见请各位课程负责人修订了相应课程的简介和教学大纲，供本学科的教师和硕士研究生使用。本培养方案是按土木工程一级学科制订，以宽口径、厚基础、扩大知识面、增加选修课程、反映学科内最新研究成果为原则，从分类培养人才的需要出发，科学、系统地设计了包括课程学习、论文工作在内的各培养环节。尤其在保证不同类型的硕士生具有较宽知识面和适应时代发展的知识结构问题上，既注重课程设置的基础性，又体现出课程设置的宽广性和实用性。增设的一些学科基础课，以及反映学科发展趋势和最新成果的专题讲座，有利于拓宽研究生视野，加强研究生综合素质的培养。在应用研究型硕士研究生的课程设置中，增加了多门实践类课程，培养和提高应用研究型硕士研究生的实践动手能力。总之，培养方案修订的基本出发点就是要突出对硕士研究生创新能力、独立思考能力、解决实际问题能力的培养。

　　本次修订的硕士研究生培养方案可能存在的不足之处，还需在分类培养的实践过程中不断改进与完善。

土木工程学院硕士研究生培养方案说明

一、培养目标

1. 树立爱国主义和集体主义思想，掌握辩证唯物主义和历史唯物主义的基本原理,树立科学的世界观与方法论。具有良好的敬业精神和科学道德。品行优良、身心健康。

2. 能够适应科学进步及社会发展的需要,在本门学科上掌握坚实的基础理论、系统的专门知识,掌握本学科的现代实验方法和技能,具有从事科学研究或独立担负专门技术工作的能力。有严谨的科研作风,良好的合作精神和较强的交流能力。

3. 在科学研究或专门工程技术工作中具有一定的组织和管理能力。

二、学科专业和研究方向

1. 学科专业

土木工程一级学科(包括结构工程、防灾减灾工程及防护工程、岩土工程3个二级学科)按一级学科分学术研究型和应用研究型分别制订硕士研究生培养方案,采用"一级学科平台+方向模块"的模式,学术研究型一级学科平台由学科基础课9门和学科专业课12门构成,应用研究型一级学科平台由学科基础课9门和学科专业课12门构成。

工程力学、固体力学二级学科按二级学科制订硕士研究生培养方案。

2. 研究方向

土木工程一级学科:

(1)岩土工程与地下结构; (2)岩土与环境地质工程;
(3)大跨空间结构与木结构; (4)高层、轻钢与组合结构;
(5)混凝土结构与预应力结构; (6)现代砌体结构与工程加固改造;
(7)桥梁结构与海洋平台结构; (8)土木工程施工技术;
(9)地震工程与风工程; (10)智能材料与结构;
(11)现代结构试验技术; (12)土木工程材料;
(13)重大工程安全防护与城市防灾减灾。

工程力学、固体力学二级学科:

(1)结构振动、冲击、爆炸与控制; (2)结构损伤、可靠度与健康监测;
(3)计算结构力学与计算流体力学; (4)土木工程智能材料与结构系统;
(5)土木工程结构与系统设计理论。

三、学生的分类培养

根据本人志愿、课题方向、就业形势、学科建设和培养条件等方面,将硕士研究生分成学术研究型和应用研究型两类进行培养,工程硕士的培养方案参照应用研究型硕士培养方案。两种模式的比例大致为1:2,可根据学生志愿、入学分数、学科建设和培养条件进行适当调整。

1. 学术研究型

学术研究型学生的培养方案中学科基础课程比例较大,学分要求相对较多(35学分),要求学生掌握本学科坚实的基础理论和宽广的专业知识、具有较强的从事科学研究工作的能力。

学位论文要求具有一定的理论深度和难度,重点培养学生从事本学科基础性科学研究工作的能力,为将来攻读博士学位或从事学术研究工作打下良好基础。

该类学生中的学习成绩优异者可以申请直接攻读本学科的博士学位。

国家推荐免试入学的学术研究型硕士研究生答辩前需要发表学术论文,要求按学校总体规定执行。

2. 应用研究型(含工程硕士)

应用研究型学生的培养方案中学科专业课程比例较大,学分要求相对较少(31学分),要求学生掌握本学科坚实的基础理论和宽广的专业知识、具有较强的从事实际工程技术工作的能力。课程设置和教学以实际应用为导向,以职业需求为目标,以综合素养和知识与能力的提高为核心,教学内容强调理论性与应用性课程的有机结合,突出案例分析与实践研究,教学过程要重视运用团队学习、案例分析、现场研究、模拟分析等方法,加大实践环节的学时数和学分比例,注重培养学生研究实践问题的意识和能力。

学位论文要求学生能够独立完成一项完整并具有一定难度的工程技术研究工作,如应用技术研究、工程设计、实验研究或技术开发等工作,重点培养和提高学生实践能力,为将来从事工程技术工作打下良好基础。

该类学生的学位论文阶段可以根据学生志愿、导师意见和企业需求在与学校联系密切的企业或学生的拟就业企业中完成,在企业作论文的此类研究生论文完成时间可放宽到3年。

该类学生可以通过参加入学考试方式取得攻读本学科的博士学位的资格。在补修并满足学术研究型课程体系要求的情况下,学习成绩优异者也可以申请直接攻读本学科的博士学位。

3. 培养模式的改变

研究生的培养模式确定后,原则上不能改变。特殊情况下如需改变培养模式,研究生可在第一学期课程结束时,经导师和研究中心同意,学院批准可以改变培养模式,但学生必须按照改变后的模式培养方案要求补修相应课程,同时在校学习期限原则上调整为2.5年,延长学习期限需按学校要求缴纳学费,同时领取相应的奖助学金。

四、课程学习及论文时间

1. 课程学习时间

课程学习时间原则上学术研究型硕士研究生为1学年,应用研究型硕士研究生为0.75学年(不含实验教学环节)。

2. 论文时间

在校学习年限原则上为2年。

对部分在企业进行论文课题研究的应用研究型硕士研究生,学习年限可放宽到3年。第3年学校不收取学费，生活费由相关企业及学生共同承担。

五、课程体系及学分要求

（一）课程学习要求

在本学科上掌握坚实的基础理论和系统的专业知识，掌握本学科的现代实验方法和技能，具有运用所学知识独立思考并解决本学科学术问题或应用问题的能力，具有使用第一外国语进行国际交流的能力。

（二）课程体系

在攻读学位期间，学术研究型硕士研究生所修学分的总和应不少于35学分，其中学位课不少于23学分，选修课不少于8学分，课程学习阶段应至少完成31学分。应用研究型硕士研究生所修学分的总和应不少于31学分，其中学位课不少于17学分，选修课不少于8学分，课程学习阶段应至少完成27学分。

课程体系框架如下：

1. 学位课（学术研究型硕士研究生23学分，应用研究型硕士研究生17学分）

（1）马克思主义理论课程(3学分)（说明：课堂讲授2学分，社会实践1学分）；

（2）第一外国语(2学分)；

（3）数学基础课(4学分)；

（4）学科基础课（学术研究型硕士研究生8～10学分；应用研究型硕士研究生2～4学分）；

（5）学科专业课（学术研究型硕士研究生4～6学分；应用研究型硕士研究生4～6学分）。

学位课程均为考试课程。除马克思主义理论课中的社会实践学分外，学位课必须采用课堂授课的方式进行，学位课应全部在课程学习阶段完成。

2. 选修课（学术研究型硕士研究生8学分；应用研究型硕士研究生8学分）

选修课为考查课程，按合格与不合格给出成绩。选修课可以跨模块进行选课，应用研究型选修课应包含2学分研究生院统一设置的人文管理类课程。选修课应全部在课程学习阶段完成。

3. 专题课程（2学分）

由学科组安排各学科的老师及来访国内外学者做本学科发展前沿或他们最新研究成果的学术报告，专题课程可在课程学习阶段或学位论文阶段完成。

4. 学术活动（1学分）

参加3次以上由导师安排的学术活动，并做一次以上学术报告。硕士研究生提交学术报告及学术活动情况表，由导师给出成绩，汇总上交学院备案。

5. 实践教学（2学分）

应用研究型硕士研究生实践教学环节2学分，到实践基地实习1周，实践结束提交实习报告，作为考核依据。这一部分可以在课程学习之后进行。

（三）自选课程和补修课程

1. 自选课程

硕士研究生可根据学位论文选题或个人学习计划的需要，在规定学分以外自选学习若干门本学科或相关学科的硕士研究生课程。确定自选课程必须经导师同意。自选课程列入学生个人培养计划，记学时和成绩，学位课按原课程学分的一半计算学分，其他课程不计学分。体育健身课在自选课程范围内。

2. 补修课程

对缺少本学科本科层次专业基础的硕士研究生，应在导师指导下确定2~3门本学科的本科生主干课程作为补修课程。补修课程列入学生个人培养计划，按原课程学分的一半计算学分。

对第一外语不是英语的硕士研究生应选英语为第二外语作为补修课。记学时和成绩，不计学分。

（四）课程开设原则

学位课：选课人数占一级学科可选人数20%以上，或30人以上方可以开设。

选修课：选课人数7人以上方可以开设。

六、学位论文及有关要求

1. 完成学位论文的主要目的和基本要求

完成学位论文的主要目的是培养硕士研究生独立思考、勇于创新的精神和从事科学研究或独立担负专门技术工作的能力，使硕士研究生的综合业务素质在系统的科学研究或工程实际训练中得到全面提高。学位论文阶段的开题报告、中期检查和论文答辩是硕士研究生培养过程中的必要环节，硕士研究生应在导师指导下独立完成硕士学位论文。

学术研究型硕士研究生学位论文的规格仍按目前学校的论文规范要求进行，要求具有一定的理论深度和难度，重点培养学生从事本学科基础性科学研究工作的能力，为将来攻读博士学位或从事学术研究型工作打下良好基础。

此类学生可以选择以下两种方式之一进行论文工作：

（1）按硕士研究生培养计划进行并完成硕士学位论文，答辩通过并经审查通过后获得硕士学位；

（2）不做硕士论文工作，直接按博士培养计划进行论文工作，在进行博士学位开题报告的同时，由以导师为主组成的专家考核小组对学生进行全面认真的考核，考核合格者可在获得博士学位的同时获得硕士学位，详见哈尔滨工业大学《关于硕士研究生进行推荐攻博资格确认工作的规定》。

应用研究型硕士研究生的学位论文侧重于对研究生工程实践能力、动手能力的锻炼和提高，要求研究生能够独立完成一个相对完整的并具有一定难度的应用型研究、工程技术开发课题并进行应用，重点培养学生独立担负专门技术工作的能力，为将来从事技术应用型工作打下良好的基础。此类学生的学位论文可以根据课题情况及学生意愿，在与学院／研究中心的合作企业或学生拟就业的企业中完成。

应用研究型硕士研究生学位论文的规格也仍按目前学校的论文规范要求进行，但要增加一个附件以证明所做的工程设计、实验研究或技术开发等工作，包括设计图纸、程序清单、实验报告、系统照片或工作录像等。参考文献和综述要偏重于实际应用（如工程报告等可作为参考文献），论文写作要求为能完整、清楚地描述所做的应用技术研究、工程设计、实验研究或技术开发等工作，并具有一定难度，重点培养学生独立担负工程技术工作的能力，为将来在企业工作打下基础，详见《土木工程学科应用研究型工学硕士培养基本要求》。对所有应用研究型硕士研究生均无发表文章的要求。

所有系列硕士研究生的研究工作在答辩前两个月必须经过学院组织的毕业资格审查（含结题验收），通过者方可申请毕业答辩，未通过者需申请办理延期答辩手续。在毕业资格审查中，以研究中心、学科组为单位对研究生论文和工作进展情况进行排序，其中，后10%的硕士研究生要上报学院，由学院组织的研究生毕业资格评审组进行评审，并做最终裁定哪些硕士研究生通过毕业资格审查或延期毕业。

2. 题目确定

学位论文的选题一般应结合本学科的研究方向和科研项目，鼓励面向国民经济和社会发展的需要选择课题。确定学位论文工作的内容和工作量时应全面考虑硕士研究生的类型、知识结构、工作能力和培养年限等方面的特点。学位论文的题目一般应于硕士研究生入学学期或第二学期开学一周内确定。

3. 开题报告

硕士研究生学位论文开题报告一般应于研究生入学后的第二学期末或第三学期开学后三周内完成。开题报告的主要内容为：课题来源及研究目的和意义；国内外在该方向的研究和发展情况及分析；论文的主要研究内容；研究方案及进度安排，预期达到的目标；为完成课题已具备和所需的条件和经费；预计研究过程中可能遇到的困难和问题以及解决的措施；主要参考文献。学位论文开题报告的具体要求见哈尔滨工业大学《关于硕士研究生进行学位论文开题报告的有关要求》。

对学术研究型硕士研究生开题报告的要求为：开题报告字数应在5 000字左右；阅读的主要参考文献应在20篇以上，其中国外文献应不少于三分之一，并有近两年的外文文献，本学科的基础和专业课教材、手册等不能作为参考文献。

对应用研究型硕士研究生开题报告的要求为：开题报告字数应在5000字左右；阅读的主要参考文献应在20篇以上，但参考文献和综述要偏重于实际应用（如产品样本、工程报告等可作为参考文献），其中应有国外文献，本学科的基础和专业课教材、手册等不能作为参考文献。

4. 中期检查

硕士研究生学位论文的中期检查一般应于研究生入学后的第三学期末或第四学期开学后三周内完成（即开题后一学期）。中期检查的主要内容为：论文工作是否按开题报告预定的内容及进度进行；已完成的研究内容及结果；目前存在的或预期可能会出现的问题；论文按时完成的可能性。对学位论文工作中期检查的具体要求见哈尔滨工业大学《关于进行硕士学位论文工作中期检查的有关要求》。

5. 论文答辩

学位论文答辩一般在硕士研究生入学后的第四学期末进行。硕士研究生在申请答辩前，必须达到哈尔滨工业大学《关于硕士研究生在攻读学位期间发表学术论文的规定》的要求。硕士研究生学位论文答辩应按照《哈尔滨工业大学硕士研究生申请学位工作细则》进行。

七、培养方式

实行导师负责制，导师应根据培养方案的要求和因材施教的原则，对每个硕士研究生制订培养计划。导师要全面地关心硕士研究生的成长，做到既教书又育人。在培养过程中要注意课程学习、科学研究和工程训练并重。系统的研究生课程学习必须在学校进行，学术研究型的学位论文一般在学校进行，应用研究型的学位论文可以根据实际情况，在学生的拟就业或相关工厂、企业中进行，但要经学校、导师、学生和工厂或企业四方协商，签订符合学校相关要求的协议，并在学院备案才可进行。

土木工程学科硕士研究生培养方案

学科代码：0804

学科专业名称：土木工程

一、培养目标

1. 树立爱国主义和集体主义思想，掌握辩证唯物主义和历史唯物主义的基本原理，树立科学的世界观与方法论。具有良好的科学道德和敬业精神，品行优良、身心健康。

2. 能够适应科学进步及社会发展的需要，在本门学科上掌握坚实的基础理论、系统的专门知识，掌握本学科的现代实验方法和技能，具有从事科学研究或独立担负专门技术工作的能力。有严谨的科研作风，良好的合作精神和较强的交流能力。

3. 在科学研究或专门工程技术工作中具有一定的组织和管理能力。

二、研究方向

（1）岩土工程与地下结构；　　　（2）岩土与环境地质工程；
（3）大跨空间结构与木结构；　　（4）高层、轻钢与组合结构；
（5）混凝土结构与预应力结构；　（6）现代砌体结构与工程加固改造；
（7）桥梁结构与海洋平台结构；　（8）土木工程施工技术；
（9）地震工程与风工程；　　　　（10）智能材料与结构；
（11）现代结构试验技术；　　　（12）土木工程材料；
（13）重大工程安全防护与城市防灾减灾。

三、课程学习及论文工作时间

硕士研究生的培养年限原则上为 2 年。

课程学习时间原则上学术研究型硕士研究生为 1 学年，应用研究型硕士研究生为 0.75 学年（不含实验教学环节）。

对于学术研究型硕士研究生，重点培养其从事土木工程科学研究工作的能力，为攻读博士学位打下良好的基础。学术研究型硕士研究生原则上应以推荐攻博的方式取得攻读本学科博士学位的资格。

对于应用研究型硕士研究生，重点培养其在土木工程领域内的实践和独立担负专门技术工作的能力，为毕业后从事技术应用型工作打下良好的基础。本类型硕士研究生在补修并满足学术研究型课程体系要求的情况下，学习成绩优异者可以申请直接攻读本学科的博士学位或通过考试取得攻读本学科博士学位的资格。

四、课程体系及学分要求

课程体系分为 2 个系列，所有课程均按一级学科设置。

学术研究型硕士研究生在攻读学位期间，所修学分的总和应不少于 35 学分，其中学位课为 23 学分，选修课不少于 8 学分。

应用研究型硕士研究生在攻读学位期间，所修学分的总和应不少于 31 学分，其中学位课为 17 学分，选修课及实践课为 14 学分，其中实践课 1 学分。

土木工程学科硕士研究生培养方案（学术研究型）

学科代码：0814　　　　学科专业名称：土木工程

一、研究方向

（1）岩土工程与地下结构；　　　（2）岩土与环境地质工程；
（3）大跨空间结构与木结构；　　（4）高层、轻钢与组合结构；
（5）混凝土结构与预应力结构；　（6）现代砌体结构与工程加固改造；
（7）桥梁结构与海洋平台结构；　（8）土木工程施工技术；
（9）地震工程与风工程；　　　　（10）智能材料与结构；
（11）现代结构试验技术；　　　（12）土木工程材料；

（13）重大工程安全防护与城市防灾减灾。

二、课程设置

类别		课程编号	课程名称	学时 课内/实验	学分	开课时间	备注
学位课程	公共学位课(GXW)	S0800000Q	马克思主义理论	90	3	秋	
			第一外国语	80	2	秋	
		S0612033Q	数理方程	36	2	秋	
		S0612038Q	矩阵分析	36	2	秋	
		S0612040Q	数值分析	36/8	2	秋	
		S0933052Q	工程概率分析#	48	2.5	秋	
	学科基础课(XW)	S0933001Q	结构动力学A	44/4	2.5	秋	
		S0933002Q	弹塑性理论A	48	2.5	秋	
		S0933003Q	有限单元法（Ⅰ）A	48	2.5	秋	
		S0933004Q	结构随机振动	36	2	秋	
		S0933005Q	结构实验技术	28/8	2	秋	
		S0933006Q	高等土力学	34/2	2	秋	
		S0933007Q	钢结构稳定理论A	36	2	秋	
		S0933008Q	高等钢筋混凝土结构A	36	2	秋	
		S0933053Q	表面物理化学	34/2	2	秋	
	学科专业课(XW)	S0933009Q	岩土工程A	36	2	秋	
		S0933010Q	土动力学	36	2	秋	
		S0933011Q	钢结构材性与构造设计	36	2	秋	
		S0933012C	钢筋混凝土结构非线性分析	36	2	春	
		S0933015Q	现代施工技术	36	2	秋	
		S0933019Q	工程岩体力学A	36	2	秋	
		S0933016Q	地震工程	36	2	秋	
		S0933017Q	结构风工程	32/4	2	秋	
		S0933031C	材料现代分析测试技术A	36	2	春	
		S0933033C	结构可靠度#	36	2	春	
		S0933037C	桥梁结构风工程	36	2	秋	
		S0933060C	无机材料热力学与动力学	36	2	春	
选修课程(X)		S0933318C	有限单元法（Ⅱ）B	28	1.5	春	
		S0933320C	地下防护结构B	28	1.5	春	
		S0933021C	岩土工程测试技术	16/12	1.5	春	
		S0933022C	岩土工程数值模拟分析	28	1.5	春	
		S0933323C	高层建筑钢结构B	28	1.5	春	
		S0933014Q	现代桥梁结构	28	1.5	秋	
		S0933024C	薄壁结构#	28	1.5	春	
		S0933325C	大跨空间结构B	28	1.5	春	
		S0933326C	组合结构设计B #	28	1.5	春	
		S0933027C	高等砌体结构	28	1.5	春	
		S0933328C	现代预应力结构B	28	1.5	春	
		S0933029C	高性能与智能混凝土结构#	28	1.5	春	
		S0933030C	木结构设计原理#	28	1.5	春	
		S0933332C	结构优化设计B	28	1.5	春	
		S0933334Q	结构隔震与耗能减振B	24/4	1.5	秋	
		S0933335C	结构振动的智能控制B	24/4	1.5	春	
		S0933336C	结构损伤识别与健康监测#B	28	1.5	春	
		S0933364C	计算流体力学B	28	1.5	春	
		S0933038C	科学分析方法与建模#	28	1.5	春	
		S0933050C	近海结构工程	28	1.5	春	
		S0933051C	土木工程信息技术	28	1.5	春	
		S0933354C	边坡工程B	28	1.5	春	
		S0933055C	轻型钢结构	28	1.5	春	
		S0933356C	工程改造与加固B	28	1.5	春	
		S0933057C	结构抗火设计	28	1.5	春	
		S0933058C	有限变形理论	28	1.5	春	
		S0933359C	水泥混凝土结构与性能B	24/4	1.5	春	
		S0933065C	高分子与高分子复合材料	28	1.5	春	
		S0933313C	混凝土耐久性理论B	28	1.5	春	
		S0933066C	高等钢结构设计	28	1.5	春	
		S0933047Q	实验应力分析	36	2	秋	
		S0933361C	结构概念与体系B	28	1.5	春	
		S0933067C	岩土工程监测	28	1.5	春	

续表

类别	课程编号	课程名称	学时 课内/实验	学分	开课时间	备注
专题课程(ZT)	S0933039C	岩土工程方向专题	18	1	春	
	S0933040C	结构工程方向专题	18	1	春	
	S0933041C	防灾减灾工程及防护工程方向专题	18	1	春	
	S0933042C	工程力学方向专题	18	1	春	
	S0933044C	土木工程材料方向专题	18	1	春	
学术活动				1		

对学术活动的要求：参加学术报告不少于5次。

注：1. 带#号为双语教学课程。2. 此方案适用于土木工程学院。

课程编号说明：1. 第一位S表示硕士研究生课程。2. 第二、三位表示学院，第四、五位表示系，不设系的学院第四、五位填写"0"。3. 第六、七、八位表示顺序号。4. 第九位表示开课学期（C表示春季学期开课，Q表示秋季学期开课）。

土木工程学科硕士研究生培养方案（应用研究型）

学科代码：0814　　　　学科名称：土木工程

一、研究方向

（1）岩土工程与地下结构；　　（2）岩土与环境地质工程；

（3）大跨空间结构与木结构；　　（4）高层、轻钢与组合结构；

（5）混凝土结构与预应力结构；　　（6）现代砌体结构与工程加固改造；

（7）桥梁结构与海洋平台结构；　　（8）土木工程施工技术；

（9）地震工程与风工程；　　（10）智能材料与结构；

（11）现代结构试验技术；　　（12）土木工程材料；

（13）重大工程安全防护与城市防灾减灾。

二、课程设置

类别		课程编号	课程名称	学时 课内/实验	学分	开课时间	备注
学位课程	公共学位课(GXW)	S0800000Q	马克思主义理论	90	3	秋	
			第一外国语	80	2	秋	
		S0612040Q	数值分析	36/8	2	秋	
		S0933052Q	工程概率分析#	48	2.5	秋	
	学科基础课(XW)	S0933301Q	结构动力学B	32/4	2	秋	
		S0933302Q	弹塑性理论B	36	2	秋	
		S0933303Q	有限单元法（Ⅰ）B	36	2	秋	
		S0933004Q	结构随机振动	36	2	秋	
		S0933005Q	结构实验技术	28/8	2	秋	
		S0933006Q	高等土力学	34/2	2	秋	
		S0933007Q	钢结构稳定理论A	36	2	秋	
		S0933008Q	高等钢筋混凝土结构A	36	2	秋	
		S0933053Q	表面物理化学	34/2	2	秋	
	学科专业课(XW)	S0933009Q	岩土工程A	36	2	秋	
		S0933010Q	土动力学	36	2	秋	
		S0933011Q	钢结构材性与构造设计	36	2	秋	
		S0933012C	钢筋混凝土结构非线性分析	36	2	春	
		S0933015Q	现代施工技术	36	2	秋	
		S0933019Q	工程岩体力学A	36	2	秋	
		S0933016Q	地震工程	36	2	秋	
		S0933017Q	结构风工程	32/4	2	秋	
		S0933031C	材料现代分析测试技术A	36	2	春	
		S0933033C	结构可靠度#	36	2	春	
		S0933037Q	桥梁结构风工程	36	2	秋	
		S0933060C	无机材料热力学与动力学	36	2	春	

附录

续表

类别	课程编号	课程名称	学时 课内/实验	学分	开课时间	备注
选修课程 (X)	S0933056C	工程改造与加固A	36	1.5	春	
	S0933057C	结构抗火设计	28	1.5	春	
	S0933058C	有限变形理论	28	1.5	春	
	S0933059C	水泥混凝土结构与性能A	32/4	2	春	
	S0933061C	结构概念与体系A	36	2	春	
	S0933065C	高分子与高分子复合材料	28	1.5	春	
	S0933066C	高等钢结构设计	28	1.5	春	
	S0933067C	岩土工程监测	28	1.5	春	
	S1000004C	项目管理与评价*	36	2	春	
专题课程 (ZT)	S0933039C	岩土工程方向专题	18	1	春	
	S0933040C	结构工程方向专题	18	1	春	
	S0933041C	防灾减灾工程及防护工程方向专题	18	1	春	
	S0933042C	工程力学方向专题	18	1	春	
	S0933044C	土木工程材料方向专题	18	1	春	
实践课程				2		

注：1.带#号为双语教学课程，带*号为必选课程；2.此方案适用于土木工程学院。

课程编号说明：1.第一位S表示硕士研究生课程。2.第二、三位表示学院，第四、五位表示系，不设系的学院第四、五位填写"0"。3.第六、七、八位表示顺序号。4.第九位表示开课学期（C表示春季学期开课，Q表示秋季学期开课）。

力学学科硕士研究生培养方案（学术研究型）

学科代码：080104、080102　　　　学科名称：工程力学、固体力学

一、研究方向

（1）结构振动、冲击、爆炸与控制；（2）结构损伤、可靠度与健康监测；（3）计算结构力学与计算流体力学；（4）土木工程智能材料与结构系统；（5）土木工程结构与系统设计理论。

二、课程设置

类别		课程编号	课程名称	学时 课内/实验	学分	开课时间	备注
学位课程	公共学位课 (GXW)	S0800000Q	马克思主义理论	90	3	秋	
			第一外国语	80	2	秋	
		S0612040Q	数值分析	36/8	2	秋	
		S0933052Q	工程概率分析#	48	2.5	秋	
		S0612038Q	矩阵分析	36	2	秋	
		S0612033Q	数理方程	36	2	秋	
	学科基础课 (XW)	S0933002Q	弹塑性理论A	48	2.5	秋	
		S0933003Q	有限单元法（Ⅰ）A	48	2.5	秋	
		S0933001Q	结构动力学A	44/4	2.5	秋	
		S0933004Q	结构随机振动	36	2	秋	
		S0933006Q	高等土力学	34/2	2	秋	
		S1026002Q	高等流体力学*	36	2	秋	
		S0933018C	有限单元法（Ⅱ）A	36	2	春	
		S0933016Q	地震工程	36	2	秋	
		S0933017Q	结构风工程	32/4	2	秋	
		S0933033C	结构可靠度#	36	2	春	

续表

类别		课程编号	课程名称	学时 课内/实验	学分	开课时间	备注
学位课程	学科专业课 (XW)	S0933034Q	结构隔震与耗能减振 A	32/4	2	秋	
		S0933035C	结构振动的智能控制 A	32/4	2	春	
		S0933036C	结构损伤识别与健康监测#A	28/8	2	春	
		S0933032C	结构优化设计 A	36	2	春	
		S0933064C	计算流体力学 A	36	2	春	
		S0933005C	结构实验技术	28/8	2	秋	
		S0933010Q	土动力学	36	2	秋	
		S0933012C	钢筋混凝土结构非线性分析	36	2	春	
		S0933037Q	桥梁结构风工程	36	2	秋	
		S0933038C	科学分析方法与建模#	28	1.5	春	
选修课程 (X)		S0933307C	钢结构稳定理论 B	28	1.5	秋	
		S0933308C	高等钢筋混凝土结构 B	28	1.5	秋	
		S0933029C	高性能与智能混凝土结构	28	1.5	春	
		S0933313C	混凝土耐久性理论 B	28	1.5	春	
		S0933014Q	现代桥梁结构	28	1.5	秋	
		S0933323C	高层建筑钢结构 B	28	1.5	春	
		S0933325C	大跨空间结构 B	28	1.5	春	
		S0933326C	组合结构设计 B#	28	1.5	春	
		S0933027C	高等砌体结构	28	1.5	春	
		S0933030C	木结构设计原理#	28	1.5	春	
		S0933050C	近海结构工程	28	1.5	春	
		S0933309Q	岩土工程 B	28	1.5	秋	
		S0933319Q	工程岩体力学 B	28	1.5	秋	
		S0933320C	地下防护结构 B	28	1.5	春	
		S0933022C	岩土工程数值模拟分析	28	1.5	春	
		S0933331C	材料现代分析测试技术 B	28	1.5	春	
		S0933047Q	实验应力分析	36	2	秋	
		S0933051C	土木工程信息技术	28	1.5	春	
		S0933055C	轻型钢结构	28	1.5	春	
		S0933057C	结构抗火设计	28	1.5	春	
		S0933356C	工程改造与加固 B	28	1.5	春	
		S0933058C	有限变形理论	28	1.5	春	
专题课程 (ZT)		S0933042C	工程力学方向专题	18	1	春	
		S0933043C	固体力学方向专题	18	1	春	
学术活动					1		

对学术活动的要求：参加学术报告不少于 5 次。

注：1. 带 * 号为市政与环境工程开设课程。2. 带 # 号为双语教学课程。3. 根据需要可以选择土木工程学科和航天学院力学学科相应目录中的课程。4. 此方案适用于土木工程学院。

课程编号说明：1. 第一位 S 表示硕士生课程。2. 第二、三位表示学院，第四、五位表示系，不设系的学院第四、五位填写"0"。3. 第六、七、八位表示顺序号。4. 第九位表示开课学期（C 表示春季学期开课，Q 表示秋季学期开课）。

土木工程学科硕士研究生培养方案（留学生）

学科代码：0814　　　　学科专业名称：土木工程

一、研究方向

（1）岩土工程与地下结构；　　（2）岩土与环境地质工程；

（3）大跨空间结构与木结构；　（4）高层、轻钢与组合结构；

（5）混凝土结构与预应力结构；（6）现代砌体结构与工程加固改造；

（7）桥梁结构与海洋平台结构；（8）土木工程施工技术；

（9）地震工程与风工程；　　　（10）智能材料与结构；

（11）现代结构试验技术；　　　（12）土木工程材料；

（13）重大工程安全防护与城市防灾减灾。

二、课程设置

类别		课程编号	课程名称	学时 课内/实验	学分	开课时间	备注
学位课程	学位课（GXW）	S1500054Q	第一外国语	80	2	秋	
		S0933052Q	工程概率分析#	48	2.5	秋	
		S0933002Q	弹塑性理论A#	48	2.5	秋	
	学科基础课（XW）	S0933001Q	结构动力学A#	44/4	2.5	秋	
		S0933003Q	有限单元法（Ⅰ）A#	48	2.5	秋	
		S0933004Q	结构随机振动#	36	2	秋	
		S0933005Q	结构实验技术#	28/8	2	秋	
		S0933012Q	钢筋混凝土结构非线性分析#	36	2	春	
		S0933016Q	地震工程#	36	2	秋	
		S0933033C	结构可靠度#	36	2	春	
选修课程（X）		S0933024C	薄壁结构#	28	1.5	春	
		S0933325C	大跨空间结构B#	28	1.5	春	
		S0933326C	组合结构设计B#	28	1.5	春	
		S0933336C	结构损伤识别与健康监测B#	28	1.5	春	
		S0933038C	科学分析方法与建模#	28	1.5	春	
		S0933029C	高性能与智能混凝土结构#	28	1.5	春	
		S0933030C	木结构设计原理#	28	1.5	春	
专题课程（ZT）		S0933039Q	岩土工程方向专题	18	1	春	
		S0933040Q	结构工程方向专题	18	1	春	
		S0933041Q	防灾减灾工程及防护工程方向专题	18	1	春	
		S0933042Q	工程力学方向专题	18	1	春	
学术活动					1		

对学术活动的要求：参加学术报告不少于5次。

注：1.带＃号为双语教学课程。2.此方案适用于土木工程学院。

Postgraduate Programmes of Civil Engineering

Subject code：0814　　　Subject specialty：Civil Engineering

Research direction

（1）Geotechnical engineering and underground structures；

（2）Geotechnical and Environmental Geology Engineering；

（3）Span space structure and wood structure；

（4）Tall buildings、lightweight steel construction and composite structure；

（5）Concrete Structures and Prestressed structure；

（6）Modern masonry structure and engineering Retrofitting；

（7）Bridge structures and offshore platform；

（8）The Construction of Civil Engineering；

（9）Earthquake Engineering and Wind Engineering；

（10）Smart Materials and Structure；

（11）Experimental techniques of modern structural；

（12）Civil Engineering Materials；

(13) Security for major projects and City Disaster Prevention and Mitigation.

Courses

Category		Course Code	Course Title	Hours Curricula / Experiment	Credit	Start time
degree courses	degree courses (in public)		English	80	2	Autumn
		S0933052Q	Engineering Probability Analysis	48	2.5	Autumn
		S0933002Q	Mechanics of Elastic and Plastic Solids	48	2.5	Autumn
	Professional courses	S0933001Q	Dynamics of Structures	44/4	2.5	Autumn
		S0933003Q	The Finite Element Method (I)	48	2.5	Autumn
		S0933004Q	Random Vibration of Structures	36	2	Autumn
		S0933005Q	Structural Test Technology	28/8	2	Autumn
		S0933012Q	Nonlinear Analysis of Reinforced Concrete Structures	36	2	Spring
		S0933016Q	Earthquake Engineering	36	2	Autumn
		S0933033C	Structural Reliability	36	2	Spring
Elective courses		S0933024C	Thin-walled Structures	28	1.5	Spring
		S0933325C	Space Structure B	28	1.5	Spring
		S0933326C	Design of Composite Structures B	28	1.5	Spring
		S0933336C	Structural Damage Detection and Health Monitoring	28	1.5	Spring
		S0933038C	Modeling Methodologies	28	1.5	Spring
		S0933029C	Structure of high performance and smart concrete	28	1.5	Spring
		S0933030C	Wood Structures	28	1.5	Spring
Special courses		S0933039Q	Geotechnical engineering topics	18	1	Spring
		S0933040Q	structural engineering topics	18	1	Spring
		S0933041Q	Disaster Prevention and Reduction Engineering and Protective Engineering topics	18	1	Spring
		S0933042Q	engineering mechanics topics	18	1	Spring
Academic report					1	

专业学位硕士研究生培养方案

领域代码：430114　　　领域名称：建筑与土木工程

一、所属院系：土木工程学院

结构工程方向、岩土工程、防灾减灾工程及防护工程

二、课程设置

类别		课程编号	课程名称	学时 课内/实验	学分	备注
学位课程	公共学位课（GXW）	SG33001	马克思主义理论课	54	3	
		SG33002	基础外语	80	4	
		SG33006	数值分析与工程数学	54	3	
	学科基础课（XW）	SG330011	弹塑性理论及有限元法	45	2.5	
		SG330012	结构动力学	45	2.5	
		SG330013	高等土力学	36	2	
	学科专业课（XW）	SG330014	钢结构材性及构造设计	36	2	
		SG330015	高等钢筋混凝土结构	36	2	
		SG330016	高等土木工程材料	36	2	
选修课程（X）		SG330017	地震工程与结构抗震设计	36	2	
		SG330018	高层建筑钢结构	36	2	
		SG330019	大跨空间结构	36	2	
		SG33020	预应力结构	36	2	
		SG33021	工程加固改造	36	2	
		SG33022	现代施工技术	45	2.5	
		SG33023	高等砌体结构	36	2	
		SG33024	岩土工程	36	2	
		SG33025	材料现代分析测试技术	36	2	
		SG33026	混凝土耐久性理论	36	2	
		SG33027	结构概念与体系	36	2	
		SG33028	结构风工程	36	2	

附录 5-2-2　2019 年硕士研究生培养方案

土木工程学科学术学位硕士研究生培养方案

学科代码：0814　　　　学科名称：土木工程

一、培养目标

面向国家重大需求，面向国际学术前沿，坚持立德树人，培养信念执着、社会责任感强、具有较强创新能力和国际化视野、基础理论扎实、专业知识系统、能够引领土木工程行业未来发展的杰出人才。

二、学术学位硕士研究生的基本要求

1. 应具备的品德及基本素质要求

遵纪守法、恪守学术规范和学术道德规范；具有严谨的治学态度和求实的科学精神，具有创新意识和一定的创新能力；具有良好的工程素养，勇于承担责任、团队合作、沟通协调的职业精神，了解本学科相关的知识产权、研究伦理方面的知识。

2. 应掌握的基本知识及结构

在必须掌握的数学、物理、化学知识的基础上，掌握土木工程学科某一专业方向较为系统深入的专业基础知识和专业技术知识，了解本学科的技术现状和发展趋势。能熟练运用外语知识、计算机知识、文献检索知识、实验知识、行业规范、标准知识以及相关的经济、管理、法律法规等知识。

3. 应具备的基本能力

具有通过系统的课程学习、自学、专业实践、文献阅读等方式有效获取研究所需知识和方法的能力，具有科学研究的能力，能发现问题、全面了解问题，并对其进行质疑和评价，能分析并解决工程技术问题。具有较强的实践能力和学术交流能力，具有一定的组织协调能力和国际视野。

三、培养方向

（1）钢结构、木结构与组合结构；（2）混凝土结构、砌体结构与新型结构；
（3）桥梁与海洋工程结构；　　　（4）土木工程材料；
（5）防灾减灾工程及防护工程；　（6）岩土与地下工程；
（7）土木工程建造与管理。

四、课程体系设置

类别		课程编号	课程名称	学时 课内/实验	学分	开课时间	备注
学位课程	公共学位课	MX61001	中国特色社会主义理论与实践研究	32	2	秋	必修
		MX61002	自然辩证法概论	16	1	春	必修
		FL62000	第一外国语（硕士）	32	2	秋	必修

续表

类别		课程编号	课程名称	学时 课内/实验	学分	开课时间	备注
学位课程	学科核心课	MA63001	数值分析A	48/12	3	秋	数学类课程至少选一门
		MA63003	数理方程	40	2	秋	
		MA63006	矩阵分析	32	2	秋	
		CE64043	工程概率分析A（双语教学）	48	3	秋	
		EM64101	高级统计学	32/9	2	秋	
		CE64002	弹塑性理论A	48	3	秋	
		CE64003	有限单元法A	48	3	秋	
		CE64001	结构动力学A	48	3	秋	
		CE64004	结构随机振动	32	2	秋	
		CE64029	结构可靠度	32	2	春	
		AR64202	高等流体力学	32	2	春	
		CE64053	计算流体力学	24/8	2	春	
		CE64005	结构实验技术	24/8	2	秋	
		CE64007	钢结构稳定理论	32	2	秋	
		CE64010	钢结构材性与构造设计	32	2	秋	
		CE64008	高等钢筋混凝土结构	32	2	秋	
		CE64037	混凝土塑性理论	32	2	春	
		CE64011	钢筋混凝土结构非线性分析	32	2	春	
		CE64015	地震工程	32	2	春	
		CE64016	结构风工程	28/4	2	秋	
		CE64032	结构损伤识别与健康监测	24/8	2	春	
		CE64030	结构隔震与耗能减振	32	2	春	
		CE64031	结构振动的智能控制	32	2	春	
		CE64033	桥梁风工程	32	2	春	
		CE64027	材料现代分析测试技术	30/2	2	秋	
		CE64044	表面物理化学	32	2	秋	
		CE64012	结构材料的环境行为与破坏机理	32	2	春	
		CE64054	高分子与高分子复合材料	28/4	2	秋	
		CE64050	无机材料热力学与动力学	32	2	春	
		CE64049	水泥混凝土结构与性能	32	2	春	
		CE64074	土动力学与岩土地震工程	48	3	秋	
		CE64006	高等土力学	30/2	2	秋	
		CE64017	工程岩体力学	32	2	秋	
		CE64045	边坡工程	24	1.5	春	
		CE64055	岩土工程检测监测	32	2	春	
		CE64060	工程项目计划与控制	32	2	秋	
		CE64058	房地产投资与管理	32	2	春	
		CE64014	现代施工技术	32	2	秋	
		EM64301	高级经济学	32	2	秋	
		EM64103	决策理论与方法	32/9	2	秋	
		EM64201	高级管理学	32	2	秋	
		EM64302	应用计量经济学	32/9	2	秋	
		CE64057	现代建筑生产管理理论	32	2	秋	
		CE64056	工程系统分析	24	1.5	秋	
选修课推荐列表	钢结构、木结构、组合结构方向	CE64022	组合结构设计	20/4	1.5	春	
		CE64019	高层建筑钢结构	24	1.5	春	
		CE64021	大跨空间结构	24	1.5	春	
		CE94007	木结构设计原理	24	1.5	春	
		CE64046	轻型钢结构	24	1.5	春	
		CE64051	结构概念与体系	24	1.5	春	
		CE64090	高等非线性结构分析	16	1	春	
	混凝土结构、砌体结构与新结构方向	CE64023	高等砌体结构	24	1.5	春	
		CE64024	现代预应力结构	24	1.5	春	
		CE64047	工程改造与加固	24	1.5	春	
		CE64025	高性能与智能混凝土结构	24	1.5	春	
		CE64051	结构概念与体系	24	1.5	春	
		CE64022	组合结构设计	20/4	1.5	春	
		CE94005	装配式混凝土结构	16	1	秋	
选修课推荐列表	桥梁与海洋工程结构方向	CE64013	现代桥梁结构	24	1.5	秋	
		TS64003	桥梁结构与振动	32	2	秋	
		TS64001	高等桥梁结构计算理论（Ⅰ）	32	2	秋	
		TS64002	桥梁结构非线性与稳定理论	32	2	秋	
		CE64007	钢结构稳定理论	32	2	秋	
		CE64039	实验应力分析	26/6	2	秋	

续表

类别		课程编号	课程名称	学时 课内/实验	学分	开课时间	备注
选修课推荐列表	桥梁与海洋工程结构方向	CE64051	结构概念与体系	24	1.5	春	
		CE64011	钢筋混凝土结构非线性分析	32	2	春	
		CE64029	结构可靠度	32	2	春	
		CE64040	流体实验技术	16/8	1.5	春	
		CE64042	近海结构工程	24	1.5	春	
		TS64101	桥梁结构抗震	20/4	1.5	春	
		TS64102	桥梁结构动力实验	12/12	1.5	春	
		TS64004	大跨径桥梁体系计算	24	1.5	春	
		CE64036	土木工程中的大数据	24	1.5	春	
	土木工程材料方向	CE64041	材料流变学	24	1.5	春	
		CE64026	智能材料	32	2	春	
		CE64048	无机材料改性原理	24	1.5	春	
		CE64052	材料腐蚀与防护	24	1.5	春	
		CE64025	高性能与智能混凝土结构	24	1.5	春	
		CE94006	混凝土学A（2）	32	2	秋	
选修课推荐列表	防灾减灾工程及防护工程方向	CE64051	结构概念与体系	24	1.5	春	
		CE64007	钢结构稳定理论	32	2	秋	
		CE64008	高等钢筋混凝土结构	32	2	秋	
		CE64011	钢筋混凝土结构非线性分析	32	2	春	
		CE64028	结构优化设计	32	2	春	
		CE64029	结构可靠度	32	2	春	
		CE64018	地下防护结构	24	1.5	春	
		CE64026	智能材料	32	2	春	
		CE64034	结构受力状态理论与应用	24	1.5	春	
		CE64039	实验应力分析	26/6	2	秋	
		CE64013	现代桥梁结构	24	1.5	秋	
		CE64042	近海结构工程	24	1.5	春	
	岩土与地下工程方向	CE64009	岩土工程	32	2	秋	
		CE64018	地下防护结构	24	1.5	春	
		CE94002	地下建筑结构1	40	2.5	春	
		CE94003	地下建筑结构2	32	2	秋	
		CE94001	地基处理	24	1.5	春	
		CE94004	工程冻土	24	1.5	秋	
		CE64042	近海结构工程	24	1.5	春	
		CE64036	土木工程中的大数据	24	1.5	春	
		MA63006	矩阵分析	32	2	秋	
		CE64001	结构动力学A	48	3	秋	
		CE64002	弹塑性理论A	48	3	春	
		CE64032	结构损伤识别与健康监测	24/8	2	秋	
		CE64030	结构隔震与耗能减振	32	2	秋	
		CE64049	水泥混凝土结构与性能	32	2	春	
		CE64054	高分子与高分子复合材料	28/4	2	秋	
		CE64025	高性能与智能混凝土结构	24	1.5	春	
		CE64048	无机材料改性原理	24	1.5	春	
		CE64052	材料腐蚀与防护	24	1.5	春	
		CE64024	现代预应力结构	24	1.5	春	
	土木工程建造与管理方向	EM64116	博弈论	32	2	春	
		CE64059	住房制度与政策	24	1.5	秋	
		CE64061	建设工程信息管理理论与方法	24	1.5	春	
		CE64062	合同法与合同管理	24	1.5	春	
		CE64063	项目融资与风险管理	24	1.5	春	
		CE64064	建筑工程安全管理	16	1	春	
		TS64065	城市建设经济与管理	24	1.5	春	
		CE64066	工程管理研究方法	32	2	春	
		CE64067	BIM理论与方法	16	1	春	
		CE64072	智慧工地理论与方法	10/6	1	春	
	任选项	CE65002	工程伦理	16	1	春	必修
		CE64035	学术前沿专题	16	1	春	
		CE65003	科学研究方法与学术写作	32	2	春	必修
		CE68001	创新实验专题	16	1	春	
		PE65001	体育健身课	32	0	秋	

续表

类别	课程编号	课程名称	学时 课内/实验	学分	开课时间	备注
必修环节	CE68002	经典文献阅读及学术交流		2	秋	必修
	CE69001	学位论文开题		1	秋	必修
	GS68001	社会实践		1		必修
补修课	CE22002	经济学基础	32	2	春	土木工程建造与管理方向需要补修课程
	CE22001	管理学原理	32	2	秋	
	CE33028	建设项目管理	32	2	春	

学位课程为考试课程,选修课程一般为考查课程。原则上用 0.75 ~ 1 学年时间完成课程学习,用 1 ~ 1.25 学年完成硕士学位论文。

土木工程学科学术学位硕士研究生的总学分要求为不少于 28 学分,其中学位课不少于 17 学分,选修课不少于 7 学分,必修环节 4 学分。

对经典文献阅读的要求:

硕士研究生在硕士学位论文开题报告之前,应在论文选题及研究方向范围内阅读文献不少于 10 篇,其中外文文献不少于 5 篇。具体阅读要求及考核办法参见《土木工程学科学术学位硕士研究生经典文献阅读要求及考核办法》。

对学术交流的要求:

学术讲座:每个学术讲座 0.1 学分,至少选听 5 个讲座,最多记 0.5 学分。硕士研究生在听完每次学术讲座后的一周内填写并上交《土木工程学院硕士研究生参加学术讲座活动记录表》,由导师签字后交学院备案作为记学分的依据。

力学学科学术学位硕士研究生培养方案

学科代码:0801　　　　　　　　学科名称:力学

一、培养目标

面向国家重大需求,面向国际学术前沿,坚持立德树人,培养信念执着、社会责任感强、具有较强创新能力和国际化视野、基础理论扎实、专业知识系统、能够引领工程力学行业未来发展的杰出人才。

二、学术学位硕士研究生的基本要求

1. 应具备的品德及基本素质要求

遵纪守法、品行端正、诚实守信、身心健康、具备良好的科研道德和敬业精神,恪守学术规范和学术道德规范;具有掌握本学科坚实的基础理论和系统的专门知识,有较宽的知识面和较强的自学能力,具有从事科学研究或独立担负专门技术工作的能力。

2. 应掌握的基本知识及结构

具有较强的数学基础理论,应在力学的理论、实验、计算方面都有所掌握且至少精通其中之一,能熟练使用计算机,且较为熟练地掌握一门外语。

3. 应具备的基本能力

具有通过专业课程学习获取研究所需的知识和研究方法的能力;具有了解学科发展方向和科学研究前沿的能力;具有从事科学研究或应用基础研究的能

力；具有较强的实践能力与合作精神，在实践过程中要尽可能以实际工程为背景提炼科学问题并运用所学的知识找到解决的方法与途径；具备良好的学术表达和学术交流能力。

三、培养方向

（1）结构振动、冲击、爆炸与控制；（2）结构损伤、可靠度与健康监测；
（3）计算结构力学与计算流体力学；（4）土木工程智能材料与结构系统；
（5）土木工程结构与系统设计理论。

四、课程体系设置

类别		课程编号	课程名称	学时 课内/实验	学分	开课时间	备注
学位课程	公共学位课	MX61001	中国特色社会主义理论与实践研究	32	2	秋	必修
		MX61002	自然辩证法概论	16	1	春	必修
		FL62000	第一外国语（硕士）	32	2	秋	必修
	学科核心课	MA63001	数值分析A	48/12	3	秋	数学类课程至少选一门
		MA63003	数理方程	40	2	秋	
		MA63006	矩阵分析	32	2	秋	
		CE64043	工程概率分析A（双语教学）	48	3	秋	
		CE64001	结构动力学A	48	3	秋	
		CE64002	弹塑性理论A	48	3	秋	
		CE64003	有限单元法A	48	3	秋	
		CE64004	结构随机振动	32	2	秋	
		CE64029	结构可靠度	32	2	春	
		AR64202	高等流体力学	32	2	春	
		CE64053	计算流体力学	24/8	2	春	
		CE64011	钢筋混凝土结构非线性分析	32	2	春	
		CE64015	地震工程	32	2	春	
		CE64016	结构风工程	28/4	2	秋	
		CE64032	结构损伤识别与健康监测	24/8	2	春	
选修课推荐列表	方向1	EE64201	现代控制理论	32	2	秋	
		CE64030	结构隔震与耗能减振	32	2	春	
		CE64031	结构振动的智能控制	32	2	春	
		CE64033	桥梁风工程	32	2	春	
		TS64003	桥梁结构与振动	32	2	秋	
	方向2	MA63008	应用随机过程	32	2	秋	
		CE64005	结构实验技术	24/8	2	秋	
		CE64028	结构优化设计	32	2	春	
		CE64039	实验应力分析	26/6	2	秋	
		CE64055	岩土工程检测监测	32	2	春	
		TS64103	桥梁病害诊断与加固设计	24	1.5	春	
		TS64102	桥梁结构动力实验	12/12	1.5	春	
		TS64004	大跨径桥梁体系计算	24	1.5	春	
		TS64101	桥梁结构抗震	20/4	1.5	春	
	方向3	CE64028	结构优化设计	32	2	春	
		TS64001	高等桥梁结构计算理论（I）	32	2	秋	
		TS64002	桥梁结构非线性与稳定理论	32	2	秋	
		CE64034	结构受力状态理论与应用	24	1.5	春	
		CE64040	流体实验技术	10/8	1.5	春	
		TS64005	高等桥梁结构计算理论（II）	24	1.5	春	
	方向4	CE64012	结构材料的环境行为与破坏机理	26/6	2	春	
		CE64027	材料现代分析测试技术	30/2	2	秋	
		CE64044	表面物理化学	32	2	秋	
		CE64049	水泥混凝土结构与性能	32	2	春	
		CE64050	无机材料热力学与动力学	32	2	秋	
		CE64054	高分子与高分子复合材料	28/4	2	秋	
		CE64025	高性能与智能混凝土结构	24	1.5	春	
		CE64041	材料流变学	24	1.5	春	
		CE64048	无机材料改性原理	24	1.5	春	
		CE64052	材料腐蚀与防护	24	1.5	春	

续表

类别		课程编号	课程名称	学时 课内/实验	学分	开课时间	备注
选修课推荐列表	方向5	CE64006	高等土力学	30/2	2	秋	
		CE64038	高等结构分析	32	2	春	
		CE64074	土动力学与岩土地震工程	48	3	秋	
		TS64001	高等桥梁结构计算理论（Ⅰ）	32	2	秋	
		TS64002	桥梁结构非线性与稳定理论	32	2	春	
		CE64013	现代桥梁结构	24	1.5	秋	
		CE64018	地下防护结构	24	1.5	春	
		CE64019	高层建筑钢结构	24	1.5	春	
		CE64021	大跨空间结构	24	1.5	春	
		CE64022	组合结构设计	20/4	1.5	春	
		CE64023	高等砌体结构	24	1.5	春	
		CE64024	现代预应力结构	24	1.5	春	
		CE94007	木结构设计原理	24	1.5	秋	
		CE64042	近海结构工程	24	1.5	春	
		CE64046	轻型钢结构	24	1.5	春	
		CE64051	结构概念与体系	24	1.5	春	
		CE64090	高等非线性结构分析	16	1	春	
		TS64005	高等桥梁结构计算理论（Ⅱ）	24	1.5	春	
	任选	CE64035	学术前沿专题	16	1	春	
		CE68001	创新实验专题	16	1	春	
		CE65002	工程伦理	16	1	春	
		CE65003	科学研究方法与学术写作	32	2	春	必修
		PE65001	体育健身课	32	0	秋	
必修环节		CE68002	经典文献阅读及学术交流		2		必修
		CE69001	学位论文开题		1		必修
		GS68001	社会实践		1		必修

学位课程为考试课程，选修课程一般为考查课程。原则上用 0.75 ~ 1 学年时间完成课程学习，用 1 ~ 1.25 学年完成硕士学位论文。

力学学科学术学位硕士研究生的总学分要求为 28 学分，其中学位课 17 学分，选修课 7 学分，必修环节 4 学分。

对经典文献阅读的要求：

硕士研究生在硕士学位论文开题报告之前，应在论文选题及研究方向范围内阅读文献不少于 10 篇，其中外文文献不少于 5 篇。具体阅读要求及考核办法参见《力学学科学术学位硕士研究生经典文献阅读要求及考核办法》。

对学术交流的要求：

学术讲座：每个学术讲座 0.1 学分，至少选听 5 个讲座，最多记 0.5 学分。硕士研究生在听完每次学术讲座后的一周内填写并上交《土木工程学院硕士研究生参加学术讲座活动记录表》，由导师签字后交学院备案作为记学分的依据。

土木工程（英文授课留学生）学术学位硕士研究生培养方案

学科代码：0814　　　　学科名称：土木工程（英文授课留学生）

一、培养目标

面向国家重大需求，面向国际学术前沿，坚持立德树人，培养信念执着、社会责任感强、具有较强创新能力和国际化视野、基础理论扎实、专业知识系统、能够引领土木工程行业未来发展的杰出人才。

二、学术学位硕士研究生的基本要求

1. 应具备的品德及基本素质要求

遵纪守法、恪守学术规范和学术道德规范；具有严谨的治学态度和求实的科学精神；具有创新意识和一定的创新能力；具有良好的工程素养，勇于承担责任、团队合作、沟通协调的职业精神，了解本学科相关的知识产权、研究伦理方面的知识。

2. 应掌握的基本知识及结构

在必须掌握的数学、物理、化学知识的基础上，掌握土木工程学科某一专业方向较为系统深入的专业基础知识和专业技术知识，了解本学科的技术现状和发展趋势。能熟练运用外语知识、计算机知识、文献检索知识、实验知识、行业规范、标准知识以及相关的经济、管理、法律法规等知识。

3. 应具备的基本能力

具有通过系统的课程学习、自学、专业实践、文献阅读等方式有效获取研究所需知识和方法的能力，具有科学研究的能力，能发现问题、全面了解问题，并对其进行质疑和评价，能分析并解决工程技术问题。具有较强的实践能力和学术交流能力，具有一定的组织协调能力和国际视野。

三、培养方向

（1）钢结构、木结构与组合结构；

（2）混凝土结构、砌体结构与新型结构；

（3）桥梁与海洋工程结构；

（4）土木工程材料；

（5）防灾减灾工程及防护工程；

（6）岩土与地下工程；

（7）土木工程建造与管理。

四、课程体系设置

类别		课程编号	课程名称	学时 课内/实验	学分	开课时间	备注
学位课程	公共学位课	FL62001E	中国文化	32	2	春	必修
		GS62002	初级汉语口语Ⅰ	64	2	秋	必修
		GS62003	初级汉语口语Ⅱ	64	2	春	必修
	学科核心课	CE64075E	土木工程应用数学	48	3	秋	
		CE64076E	结构动力学	48	3	秋	
		CE64077E	材料分析测试技术	40/8	2	秋	
		CE64078E	高等混凝土与砌体结构	48	3	秋	
		CE64079E	土木工程FRP复合材料	42/6	3	秋	
		CE64080E	弹性力学	32	2	秋	
		CE64081E	高等钢结构设计	46/2	3	春	
		CE64082E	高等组合结构	44/4	2	春	
		CE64083E	高等岩土工程	48	2	春	
		CE64084E	地震工程	48	2	秋	
		CE64086E	结构可靠度与风险分析	48	2	春	
		CE64089E	有限单元法	32	2	秋	
		EM64701E	管理经济学	32	2	秋	
		EM64702E	管理研究方法	32	2	秋	
		EM64703E	高级管理学	32	2	秋	
		EM64705E	组织行为学	32	2	秋	
		EM64706E	全球化市场与国际商务	32	2	秋	

续表

类别	课程编号	课程名称	学时 课内/实验	学分	开课时间	备注
选修课推荐列表	CE64085E	结构概念与体系	32	2	秋	
	CE64087E	材料检测技术	24	1.5	春	
	EM64712E	经济发展热点专题	16	1	春	
	EM64713E	学位论文写作	16	1	秋	
	EM64707E	商业调查:方法与案例	32	2	秋	
必修环节	CE68002	经典文献阅读及学术交流		2	秋	必修
	CE69001	学位论文开题		1	秋	必修

学位课程为考试课程,选修课程一般为考查课程。原则上用 0.75~1 学年时间完成课程学习,用 1~1.25 学年完成硕士学位论文。

土木工程学科学术学位硕士研究生的总学分要求为 30 学分,其中学位课不少于 19 学分,选修课不少于 6 学分,必修环节 3 学分。

对经典文献阅读的要求:

硕士研究生在硕士学位论文开题报告之前,应在论文选题及研究方向范围内阅读文献不少于 10 篇。具体阅读要求及考核办法参见《土木工程学科学术学位硕士研究生经典文献阅读要求及考核办法》。

对学术交流的要求:

学术讲座:每个学术讲座 0.1 学分,至少选听 5 个讲座,最多记 0.5 学分。研究生在听完每次学术讲座后的一周内填写上交《土木学院硕士研究生参加学术讲座活动记录表》,由导师签字后交学院备案作为记学分的依据。

附录5-3 博士研究生培养方案

附录5-3-1 2010博士研究生培养方案

土木工程学科博士研究生培养方案

学科专业代码：0814　　　　学科专业名称：土木工程

一、研究方向

（1）岩土工程与地下结构；　　　　（2）岩石与环境地质工程；

（3）大跨空间与高层结构；　　　　（4）钢结构、木结构与组合结构；

（5）混凝土结构、砌体结构与预应力结构；

（6）桥梁结构与海洋平台结构；

（7）土木工程施工与结构诊治、改造技术；

（8）地震工程与风工程；

（9）重大工程安全防护与城市防灾减灾；

（10）高性能混凝土、智能材料与结构。

二、课程设置

类别		课程编号	课程名称	学时 课内/实验	学分	开课时间
学位课程	公共学位课	B0800000Q	马克思主义与现代科技革命	54	2	秋
			第一外国语	80	2	春/秋
	专业必修课	B0612001Q	数理方程	36	2	秋
		S0118013Q	断裂力学	36	2	秋
		B0933045Q	张量分析	36	2	秋
		B0933046C	损伤力学	36	2	春
		B0118001C	非线性连续介质力学	36	2	春
		B0118002C	非线性动力学	36	2	春
		B0933018C	有限单元法（Ⅱ）	36	2	春
		B0933062Q	钢筋混凝土结构抗震分析	36	2	秋
选修课		B0933010C	土动力学	36	2	秋
		B0933019C	工程岩体力学	36	2	春
		B0933051C	岩土地震工程	36	2	春
		B0933044Q	岩土成像学	36	2	秋
		B0933062C	桥梁结构抗震	36	2	春
		B0933063C	高分子材料基础	36	2	春
		B0933068Q	结构化学	36	2	秋
		B0933033C	结构可靠度	36	2	春
		B0933069C	工程结构改造技术	36	2	春
		B0933052C	冻土的变形与稳定性	36	2	春
		B0933007C	钢结构稳定理论	36	2	秋
		B0933008Q	高等钢筋混凝土结构	36	2	秋
		B0933023C	高层建筑钢结构	28	1.5	春
		B0933025C	大跨空间结构	28	1.5	春
		B0933026C	组合结构	28	1.5	春
		B0933028C	现代预应力结构	28	1.5	春
		B0933013Q	混凝土耐久性理论	36	2	春
		B0933014Q	现代桥梁结构	28	1.5	秋
		B0933016C	地震工程	36	2	秋
		B0933017C	风工程与结构抗风设计	36	2	秋
		B0933035C	结构振动的智能控制	36	2	春
		B0933036C	结构损伤识别与健康监测	28/8	2	春
		B0933005C	结构实验技术	28/8	2	秋
必修环节			学术讲座选听		1	
			学术活动与学术报告		2	

对学术讲座选听的要求：博士研究生在攻读学位期间至少选听学校或相关学院组织的 5 个学术讲座，其中含一次人文社科、经济管理类学术讲座；每一次听学术讲座均撰写心得并交导师签字认可，课程学习阶段结束时，将经导师签字后的听讲座心得交学院研究生教学秘书保管，并记 1 学分。

对学术活动与学术报告的要求：博士研究生在攻读学位期间，应在土木工程一级学科范围内参加 5 次以上学术研讨活动，记 1 学分；并且，在学术研讨活动中做至少 2 次学术报告，其中至少一次使用外文，介绍博士学位论文研究的阶段性进展，记 1 学分；参加学术活动应有书面记录，做学术报告应有书面材料，并交导师签字认可；博士研究生在申请学位前，将经导师签字的书面记录及学术报告书面材料交学院研究生教学秘书保管，并记相应学分。

学分要求：学位课（下限 8 学分），选修课（下限 6 学分），必修课环节（3 学分），总分至少 17 学分。

力学学科博士研究生培养方案

学科专业代码：080104　　　　学科专业名称：工程力学

一、研究方向

（1）结构振动、冲击与控制；　　（2）结构损伤、可靠度与健康监测；
（3）计算结构力学与计算流体力学；（4）土木工程智能材料与结构系统；
（5）土木工程结构与系统设计理论。

二、课程设置

类别		课程编号	课程名称	学时 课内/实验	学分	开课时间	备注
学位课程	公共学位课	B0800000Q	马克思主义与现代科技革命	54	2	秋	
			第一外国语	80	2	春/秋	
	专业必修课（XW）	B0612001Q	应用泛函分析	36	2	春/秋	
		S0118013Q	断裂力学	36	2	秋	
		B0612004Q	矩阵分析	36	2	秋	
		B0612009Q	数理方程	36	2	秋	
		B0933045Q	张量分析	36	2	秋	
		B0933046C	损伤力学	36	2	春	
		B0118001C	非线性连续介质力学	36	2	春	
		B0118002C	非线性动力学	36	2	春	
		B0933018C	有限单元法（Ⅱ）	36	2	春	
选修课（X）		B0612005Q	微分方程反问题及其数值解法	36	2	秋	
		S0118014Q	弹性动力学	40	2	秋	
		B0118005Q	细观力学基础	54	3	秋	
		B0933035C	结构振动的智能控制	36	2	春	
		B0933036C	结构损伤识别与健康监测	28/8	2	春	
		S1026007C	计算流体力学	36	2	春	
		B0933010C	土动力学	36	2	秋	
		B0933019C	工程岩体力学	36	2	秋	
		B0933051C	岩土地震工程	36	2	春	
		B0933044Q	岩土成像学	36	2	秋	
		B0933062C	桥梁结构抗震	36	2	春	
		B0933063C	高分子材料基础	36	2	春	
		B0933068Q	结构化学	36	2	秋	
		B0933033C	结构可靠度	36	2	春	
		B0933069C	工程结构改造技术	36	2	春	

续表

类别	课程编号	课程名称	学时 课内/实验	学分	开课时间	备注
选修课(X)	B0933052C	冻土的变形与稳定性	36	2	春	
	B0933007C	钢结构稳定理论	36	2	秋	
	B0933008Q	高等钢筋混凝土结构	36	2	秋	
	B0933023C	高层建筑钢结构	28	1.5	春	
	B0933025C	大跨空间结构	28	1.5	春	
	B0933026C	组合结构	28	1.5	春	
	B0933028C	现代预应力结构	28	1.5	春	
	B0933013Q	混凝土耐久性理论	36	2	春	
	B0933014Q	现代桥梁结构	28	1.5	秋	
	B0933016C	地震工程	36	2	秋	
	B0933017C	风工程与结构抗风设计	36	2	秋	
	B0933005C	结构实验技术	28/8	2	秋	
必修环节		学术活动与学术报告		2		
		学术讲座选听		1		

对学术讲座选听的要求：博士研究生在攻读学位期间至少应选听学校或相关学院组织的 5 个学术讲座，其中含 1 次人文社科、经济管理类学术讲座；每一次听学术讲座均撰写心得且交导师签字认可，课程学习阶段结束时，将经导师签字后的听讲座心得交学院研究生秘书保管，并记 1 学分。

对学术活动与学术报告的要求：博士研究生在攻读学位期间，应在土木工程一级学科范围内参加 5 次以上学术研讨活动，记 1 学分；并且，在学术研讨活动中至少做 2 次学术报告，其中至少一次使用英文，介绍博士学位论文研究的阶段性进展，记 1 学分；参加学术活动应有书面记录，做学术报告应有书面材料，并交导师签字认可；博士研究生在申请学位前，将经导师签字的书面记录及学术报告书面材料交研究生院教学秘书保管，并记相应学分。

注：此方案适用于土木工程学院。

附录 5-3-2　2019 博士研究生培养方案

土木工程学科博士研究生培养方案

学科代码：0814　　　　　　学科名称：土木工程

一、培养目标

面向国家重大需求，面向国际学术前沿，坚持立德树人，培养信念执着、社会责任感强、创新能力突出、理论功底深厚、专业知识精深、具有国际化视野、能够引领土木工程行业未来发展的领军人才。

二、学术学位博士研究生的基本要求

1. 应具备的品德及基本素质要求

遵纪守法、恪守学术规范和学术道德规范；具有严谨的治学态度和求实的科学精神，具有创新意识和一定的创新能力；具有良好的工程素养，勇于承担责任、团队合作、沟通协调的职业精神，了解本学科相关的知识产权、研究伦理方面的知识。

2. 应掌握的基本知识及结构

博士研究生应对数学、物理学、化学、材料学和力学有广泛的知识面，对本研究领域的核心概念和专业知识有全面深入的掌握，并达到专业化水平（即知识必须建立在对原理和方法的了解之上，而非限于对使用这些原理和方法得到的结论的了解之上）。

土木工程学科博士学位的基本知识体系包括基础理论知识和专业知识。基础理论知识是学习本专业所必须掌握的基础理论（含基本概念、基本定律等）、基本技能和基本方法，是提高学术理解能力、科学洞察能力和研究能力、创新能力的坚实基础；专业知识包括专业理论、专业技术知识，以及专业历史、专业前沿知识和最新专业信息动态等。

博士研究生掌握基本知识体系的同时，还应对本专业知识的理论体系、学科历史、研究方法、学科前沿知识以及相邻专业领域知识、本专业国内外的最新动态等方面内容有清晰了解和认识。

土木工程学科博士学位的基础理论知识包括：现代科学概论、数学基础（如数值分析、数理统计、随机理论、优化理论）、物理基础（如热力学及传热学）、化学基础（如化学动力学和反应器理论、生物化学）、力学（连续介质力学、流体力学、结构动力学、爆炸与冲击动力学、损伤与断裂力学、非线性结构分析）、材料科学基础、计算机与信息技术基础等。专业知识根据学科方向不同，主要包括：（1）高等土力学、高等岩石力学、高等基础工程学、岩土工程施工技术；（2）高等混凝土结构理论、高等钢结构理论、高等结构设计理论；（3）防灾减灾工程学、防护工程学、结构振动与控制理论；（4）高等桥梁结构理论、高等隧道结构理论；（5）高等施工技术、现代土木工程管理；（6）高性能结构工程材料、新型化学建材、低碳与生态建筑材料。同时，还应对本专业知识的理论体系、学科历史、研究方法、学科前沿知识以及相邻专业领域知识、本专业国内外的最新动态等方面内容有清晰了解和认识。

3. 应具备的基本能力

获取知识能力：掌握土木工程学科的学术研究前沿动态和发展方向，并快速获取符合专业需求及研究问题的专业知识、研究方法的能力，具备探究知识来源、综述相关文献、进行原理和方法推导的能力；学术鉴别能力：一个方面在于能够对研究问题、研究过程和已有成果进行价值判断和批判性评价，并能够鉴别科学问题、质疑一些观点和假说，另一个方面在于判别已有问题和将要研究问题在土木工程学科中的地位及其与其他成果的内在联系，以及已有研究方法在本研究中的适用性；科学研究能力：基于宽广和有深度的知识面、创造性和想象力，具备鉴别有意义的科学问题、提炼有价值的研究问题的能力，以及评判问题解决的可能性的能力，具备土木工程试验的技术能力；学术创新能力：具有强烈的创新意识和创造性思维的能力；学术交流能力：具备表达学术思想、展示学术成果、进行学术解释等学术交流能力。

三、研究方向

（1）钢结构、木结构与组合结构； （2）混凝土结构、砌体结构与新型结构；

（3）桥梁与海洋工程结构； （4）土木工程材料；

（5）防灾减灾工程与防护工程； （6）岩土与地下工程；

（7）土木工程建造与管理。

四、课程体系设置

类别		课程编号	课程名称	学时 课内/实验	学分	开课时间	备注
学位课程	公共学位课	MX71001	中国马克思主义与当代	32	2	秋/春	必修
		FL72000	第一外国语（博士）	32	2	秋/春	必修
	学科核心课	AS71221	非线性连续介质力学	32	2	春	
		CE74001	张量分析	32	2	春	
		MA63001	数值分析A	48/12	3	秋	数学类课程至少选一门
		MA63003	数理方程	40	2	秋	
		MA63006	矩阵分析	32	2	秋	
		CE64043	工程概率分析A（双语教学）	48	3	秋	
		CE64008	高等钢筋混凝土结构	32	2	秋	
		CE64037	混凝土塑性理论	32	2	春	
		CE64011	钢筋混凝土结构非线性分析	32	2	春	
		CE64074	土动力学与岩土地震工程	48	3	秋	
		CE64006	高等土力学	30/2	2	秋	
		EM74201	高级计量经济学	24	1.5	春	
		EM74203	经济数学模型与方法	24	1.5	春	
		EM74101	定量研究方法	32	2	秋	
		CE64066	工程管理研究方法	32	2	春	
		CE64007	钢结构稳定理论	32	2	秋	
		CE64010	钢结构材性与构造设计	32	2	秋	
		CE74003	水泥化学	32	2	春	
		CE64054	高分子与高分子复合材料	28/4	2	秋	
		CE64032	结构损伤识别与健康监测	24/8	2	春	
		CE64030	结构隔震与耗能减振	32	2	春	
选修课推荐列表		CE64002	弹塑性理论A	48	3	秋	
		CE64003	有限单元法A	48	3	秋	
		CE64001	结构动力学A	48	3	秋	
		CE64005	结构实验技术	24/8	2	秋	
		CE64082E	高等组合结构	24	1.5	春	
		CE64019	高层建筑钢结构	24	1.5	春	
		CE64021	大跨空间结构	24	1.5	春	
		CE94007	木结构设计原理	24	1.5	秋	
		CE64046	轻型钢结构	24	1.5	春	
		CE64051	结构概念与体系	24	1.5	春	
		CE64023	高等砌体结构	24	1.5	春	
		CE64047	工程改造与加固	24	1.5	春	
		CE64022	组合结构设计	20/4	1.5	春	
		CE94005	装配式混凝土结构	16	1	秋	
		CE64016	结构风工程	28/4	2	秋	
		CE64042	近海结构工程	24	1.5	秋	
		CE64029	结构可靠度	32	2	春	
		AS64203	弹性动力学	32	2	春	

续表

类别	课程编号	课程名称	学时 课内/实验	学分	开课时间	备注
选修课推荐列表	CE64053	计算流体力学	24/8	2	春	
	CE64036	土木工程中的大数据	24	1.5	春	
	CE64049	水泥混凝土结构与性能	32	2	春	
	CE64025	高性能与智能混凝土结构	24	1.5	春	
	CE64048	无机材料改性原理	24	1.5	春	
	CE64052	材料腐蚀与防护	24	1.5	春	
	CE64024	现代预应力结构	24	1.5	春	
	CE64017	工程岩体力学	32	2	秋	
	CE94003	地下建筑结构2	32	2	秋	
	CE64009	岩土工程	32	2	秋	
	CE94004	工程冻土	24	1.5	秋	
	CE64045	边坡工程	24	1.5	春	
	CE64055	岩土工程检测监测	32	2	春	
	CE64018	地下防护结构	24	1.5	春	
	CE94002	地下建筑结构1	40	2.5	春	
	CE94001	地基处理	24	1.5	春	
	CE74004	现代工程项目管理	16	1	春	
	EM74404E	高级组织行为学	16	1	秋	
	EM74102	管理科学模型研究方法	24	1.5	春	
	EM74106	决策理论与方法（Ⅱ）	16	1	春	
	EM74105	博弈论与信息经济学	16	1	春	
	EM74109	系统理论与复杂性科学	16	1	春	
必修环节	CE79001	综合考评		1	秋	必修
	CE79002	学位论文开题		1	秋	必修
	CE79003	学位论文中期		1	秋	必修
	CE78001	学术活动		1	秋	2选1
	CE78002	社会实践		1	秋	必修

学位课程为考试课程，选修课程一般为考查课程。博士研究生课程学习一般应在入学后一学年内完成，特殊情况下不超过2学年。

学术学位博士研究生的总学分要求为不少于14学分，其中学位课不少于8学分，选修课不少于2学分，必修环节4学分。

对学术活动的要求：博士研究生在攻读学位期间，应在土木工程一级学科范围内参加5次以上学术研讨活动，并且在学术研讨活动中做至少2次学术报告，其中至少一次使用外文，介绍博士学位论文研究的阶段性进展，记1学分；参加学术活动应有书面记录，做学术报告应有书面材料，并交导师签字认可；博士研究生在申请学位前，将经导师签字的书面记录及学术报告书面材料交学院研究生教学秘书保管，并记相应学分。

力学学科博士研究生培养方案

学科代码：080104　　　　　学科名称：工程力学

一、培养目标

面向国家重大需求，面向国际学术前沿，坚持立德树人，培养信念执着、社会责任感强、创新能力突出、理论功底深厚、专业知识精深、具有国际化视野、能够引领工程力学行业未来发展的领军人才。

二、学术学位博士研究生的基本要求

1. 应具备的品德及基本素质要求

遵纪守法、恪守学术规范和学术道德规范；具有严谨的治学态度和求实的科学精神，具有创新意识和一定的创新能力；具有良好的工程素养，勇于承担责任、团队合作、沟通协调的职业精神，了解本学科相关的知识产权、研究伦理方面的知识。

2. 应掌握的基本知识及结构

博士研究生在学位论文阶段应掌握本学科坚实宽广的基础理论和深入系统的专门知识，具体包括：

哲学与科学方法论，主要是自然辩证法、科学伦理观和现代科学技术发展史，培养博士研究生用科学的方法来开展科学研究以及认识世界。

在力学学科的基础理论、专业知识和技能方面，应掌握力学学科经典理论和相应的数学、物理知识，在自己的研究领域内应具有宽广而扎实的基础知识和相关交叉领域的知识，准确掌握国内外相应的研究动态，并在理论研究、计算方法和实验技能这三者中至少熟练地掌握其中之一。

外语能力方面，应具有直接获取国外科研信息的能力，能用外文撰写科研论文或报告，并能与国际同行进行直接交流，计算机应用能力方面，应能综合使用现代计算手段，解决相关理论和实际问题。

3. 应具备的基本能力

获取知识能力：掌握工程力学学科的学术研究前沿动态和发展方向，并快速获取符合专业需求及研究问题的专业知识、研究方法的能力，具备探究知识来源、综述相关文献、进行原理和方法推导的能力；学术鉴别能力：一个方面在于能够对研究问题、研究过程和已有成果进行价值判断和批判性评价，并能够鉴别科学问题、质疑一些观点和假说，另一个方面在于判别已有问题和将要研究问题在工程力学学科中的地位及其与其他成果的内在联系，以及已有研究方法在本研究中的适用性；科学研究能力：基于宽广和有深度的知识面、创造性和想象力，具备鉴别有意义的科学问题、提炼有价值的研究问题的能力，以及评判问题解决的可能性的能力，具备工程力学试验的技术能力；学术创新能力：具有强烈的创新意识和创造性思维的能力；学术交流能力：具备表达学术思想、展示学术成果、进行学术解释等学术交流能力。

三、研究方向

（1）结构振动、冲击、爆炸与控制；（2）结构损伤、可靠度与健康监测；（3）计算结构力学与计算流体力学；（4）土木工程智能材料与结构系统；（5）土木工程结构与系统设计理论。

四、课程体系设置

类别		课程编号	课程名称	学时 课内/实验	学分	开课时间	备注
学位课程	公共学位课	MX71001	中国马克思主义与当代	32	2	秋	必修
		FL72000	第一外国语（博士）	32	2	秋/春	必修
	学科核心课	MA73001	应用泛函分析	32	2	秋	数学类课程至少选一门
		CE64043	工程概率分析A（双语教学）	48	3	秋	
		AS64101	矩阵分析	32	2	秋	
		MA63003	数理方程	32	2	秋	
		AS64230	断裂力学	32	2	秋	
		CE74001	张量分析	32	2	春	
		CE74002	损伤力学	32	2	春	
		AS74221	非线性连续介质力学	32	2	春	
		AS74210	高等非线性动力学	32	2	春	
		CE64054	高分子与高分子复合材料	28/4	2	秋	
		CE74003	水泥化学	32	2	春	
选修课推荐列表		CE64004	结构随机振动	32	2	秋	
		CE64029	结构可靠度	32	2	春	
		CE64011	钢筋混凝土结构非线性分析	32	2	春	
		CE64015	地震工程	32	2	春	
		CE64016	结构风工程	28/4	2	秋	
		AS64203	弹性动力学	32	2	春	
		CE64074	土动力学与岩土地震工程	48	3	秋	
		CE64030	结构隔震与耗能减振	32	2	春	
		CE64031	结构振动的智能控制	32	2	春	
		CE64032	结构损伤识别与健康监测	24/8	2	春	
		CE64033	桥梁风工程	32	2	春	
		CE64005	结构实验技术	24/8	2	秋	
		CE64028	结构优化设计	32	2	春	
		CE64012	结构材料的环境行为与破坏机理	26/6	2	春	
		CE64027	材料现代分析测试技术	30/2	2	秋	
		CE64044	表面物理化学	32	2	秋	
		CE64049	水泥混凝土结构与性能	32	2	春	
		CE64050	无机材料热力学与动力学	32	2	春	
		CE64053	计算流体力学	24/8	2	春	
		CE64006	高等土力学	30/2	2	秋	
		CE64038	高等结构分析	32	2	春	
必修环节		CE79001	综合考评		1	秋	必修
		CE79002	学位论文开题		1	秋	必修
		CE79003	学位论文中期		1	秋	必修
		CE78001	学术活动		1	秋	2选1
		CE78002	社会实践		1	秋	必修

学位课程为考试课程，选修课程为考查课程。博士研究生课程学习一般应在入学后一学年内完成，特殊情况下不超过2学年。

学术学位博士研究生的总学分要求为不少于14学分，其中学位课不少于8学分，选修课不少于2学分，必修环节4学分。

对学术活动的要求：博士研究生在攻读学位期间，应在土木工程一级学科范围内参加 5 次以上学术研讨活动，并且在学术研讨活动中做至少 2 次学术报告，其中至少一次使用外文，介绍博士学位论文研究的阶段性进展，记 1 学分；参加学术活动应有书面记录，做学术报告应有书面材料，并交导师签字认可；博士研究生在申请学位前，将经导师签字的书面记录及学术报告书面材料交学院研究生教学秘书保管，并记相应学分。

附录5-4　省部级以上课程建设及教学成果

附录5-4-1　2000年以来课程建设成果

项目名称	成果类别	级别	负责人	立项时间
结构力学	国家级精品课程	国家级	王焕定	2005
钢-混凝土组合结构	全国首批百门双语教学优秀示范课程	国家级	张素梅	2007
地震灾害与建筑结构抗震设计	国家精品视频公开课程	国家级	谢礼立	2011
土木工程导论	国家精品视频公开课程	国家级	沈世钊	2013
结构力学	教育部第一批"国家精品资源共享课"	国家级	吕大刚	2016
高等组合结构	教育部来华留学英文授课品牌课程	国家级	郭兰慧	2016
大型钢结构厂房设计建造虚拟仿真实验	国家虚拟仿真实验教学项目	国家级	武岳	2018
结构力学	省级精品课程	省级	王焕定	2003
工程信息管理	省级精品课程	省级	王要武	2004
混凝土结构设计原理	省级精品课程	省级	邹超英	2006
钢结构基本原理及设计	省级精品课程	省级	邵永松	2009
有限单元法基础	省级精品课程	省级	王伟	2010
土木工程材料	省级精品课程	省级	赵亚丁	2010
高层建筑台风响应与气动优化虚拟仿真实验	黑龙江省虚拟仿真实验教学项目	省级	孙瑛	2019

附录5-4-2　教学研究获奖成果

项目名称	成果类别	级别	获奖者	获奖时间
工科《结构力学》试题库建设	全国普通高等学校优秀教学成果	二等奖	王焕定等	1993
结构力学计算机辅助教学课件	全国普通高等学校优秀教材	二等奖	王焕定（3）	1995
结构力学课程建设研究与实践	全国普通高等学校优秀教学成果	二等奖	王焕定、景瑞、朱本全、张永山、王伟	1997
面向21世纪土建类专业人才培养及教学内容的改革与研究	国家级教学成果奖	二等奖	何若全、齐晶瑶、邹超英	2001
20年磨一剑——与国际实质等效的中国土木工程专业评估制度的创立与实践	国家级教学成果奖	一等奖	邹超英等	2014
高校自主选拔生源的公开公正和科学性研究与实践——以哈工大结构化面试为例	中国学位与研究生教育学会研究生教育成果奖	二等奖	王玉银（4）	2016
基于项目学习的土木工程人才培养体系的研究与实践	中国建设教育协会教学成果奖	二等奖	邵永松、范峰、郭兰慧、王玉银、武岳	2017
中国建设教育发展年度报告	中国建设教育协会成果奖	一等奖	刘杰、王要武	2019
开拓新专业积极进行多层次专业建设，向教学科研改革多元化发展	黑龙江省高等教育教学成果奖	一等奖	关柯	1989
抓好课程建设，不断提高教学质量	黑龙江省高等教育教学成果奖	一等奖	计学闰、王振东、张景吉、高向东、邹超英	1993
结构力学计算机辅助教学课件	黑龙江省高等教育教学成果奖	一等奖	张永山、张金生、景瑞、王伟、王焕定	1995
结构力学课程建设的研究与实践	黑龙江省高等教育教学成果奖	一等奖	王焕定、景瑞、朱本全、张永山、王伟	1997
管理类专业计算机系列课程教学改革的探索与实践	黑龙江省高等教育教学成果奖	一等奖	李晓东、孙立新、张德群、王要武等	1999
土木类面向21世纪结构力学教学内容、课程体系改革的研究与实践	黑龙江省高等教育教学成果奖	一等奖	王焕定、景瑞、王伟、张金生、章梓茂	2001
土木工程专业特色课程——结构概念和体系	黑龙江省高等教育教学成果奖	二等奖	计学闰、王力	2003
结构力学立体化教材建设	黑龙江省高等教育教学成果奖	一等奖	王焕定、张金生、张永山、王伟等	2004
钢结构课程群体系构建与实践	黑龙江省高等教育教学成果奖	二等奖	范峰、邵永松、武岳、杨华、张文元	2013

附录 5-4-3 教师教学获奖情况

奖励项目名称	获奖等级	级别	获奖人	获奖时间
国家教学名师		国家级	王焕定	2007
国家级教学团队		国家级	王焕定（2）	2008
全国优秀教师		国家级	关柯	1989
全国优秀教师		国家级	王焕定	1998
宝钢教育基金会优秀教师奖		国家级	景瑞	1996
宝钢教育基金会优秀教师奖		国家级	欧进萍	1997
宝钢教育基金会优秀教师奖		国家级	王焕定	1997
宝钢教育基金会优秀教师奖		国家级	吴波	1998
宝钢教育基金会优秀教师奖		国家级	王要武	2000
宝钢教育基金会优秀教师奖		国家级	郑文忠	2006
宝钢教育基金会优秀教师奖		国家级	邹超英	2009
宝钢教育基金会优秀教师奖		国家级	邵永松	2014
宝钢教育基金会优秀教师奖		国家级	赵亚丁	2015
第四届全国高等学校结构力学和弹性力学青年教师讲课竞赛	一等奖	国家级	马晓儒	2006
第六届全国工科结构力学及弹性力学课程青年教师讲课竞赛	二等奖	国家级	陈再现	2014
第五届全国青年教师混凝土结构教学比赛	一等奖	国家级	严佳川	2017
黑龙江省教学团队		省级	王焕定	2008
黑龙江省教育系统劳动模范		省级	王要武	1986
黑龙江省优秀教师		省级	计学闫	1985
黑龙江省优秀教师		省级	王伟	2004
黑龙江省优秀教师		省级	周广春	2014
黑龙江省优秀教师		省级	王要武	2014
黑龙江省优秀教师		省级	武岳	2019
黑龙江省优秀研究生导师		省级	王要武	2006
黑龙江省优秀研究生导师		省级	郑文忠	2012
黑龙江省普通高等学校教学管理质量奖（个人奖）		省级	郑文忠	2012
黑龙江省普通高等学校教学管理质量奖（集体奖）		省级	力学与能源工程学科组	2012
黑龙江省师德先进个人		省级	邵永松	2014

附录 5-4-4 专业建设项目及教改项目情况

项目名称	负责人	类别	级别	时间
钢-混凝土组合结构	张素梅	双语教学示范课程	国家级	2007
创新型土木工程人才培养实验区	邹超英	人才培养模式试验区	国家级	2007
创新型管理人才培养试验区	武永祥	人才培养模式试验区	国家级	2008
国家级力学课程教学团队	王焕定	教学团队	国家级	2008
工程管理特色专业建设	武永祥	特色专业	国家级	2008
土木工程专业第二类特色专业建设点	郑文忠	特色专业	国家级	2009
土建工程国家级实验教学示范中心	范峰	实验教学示范中心	国家级	2012
国家级工程实践教育中心	郑文忠	工程实践教育中心	国家级	2012
组合结构设计	王玉银	全国工程硕士专业学位研究生教育在线课程建设项目	国家级	2016
大型钢结构厂房设计建造虚拟仿真实验	武岳、刘昌永、张文元	国家虚拟仿真教学实验项目	国家级	2018
基于土木结构在线监测与海量数据处理的远程教学平台	胡卫华	教育部产学合作协同育人项目	国家级	2018
BIM 工程能力提升实践基地	满庆鹏、孙立新	教育部产学合作协同育人实践条件和实践基地建设项目	国家级	2018
面向智能建造的工程管理专业工程能力提升研究	满庆鹏、杨晓林、孙立新	教育部产学合作协同育人新工科项目	国家级	2019
黑龙江省结构力学教学团队	王焕定	教学团队	省部级	2008
钢结构课程体系的研究与实践	邵永松	高等教育教学改革项目	省部级	2008
CDIO 模式在教学中的应用研究	邹超英	高等教育教学改革项目	省部级	2008
结构力学实验的研究与开发	吕大刚	高等教育教学改革项目	省部级	2009
"钢-混凝土组合结构"实践性教学方法改革	张素梅	高等教育教学改革项目	省部级	2009
"预应力混凝土结构"教材及立体化建设	郑文忠	高等教育教学改革项目	省部级	2010
高水平土木工程拔尖创新人才培养模式改革研究与实践	邹超英	高等教育教学改革项目	省部级	2011
钢结构课程创新实验教学研究与实践	邵永松	高等教育教学改革项目	省部级	2011
适合区域特色的土力学教材及课程建设	齐加连	高等教育教学改革项目	省部级	2011
土木工程专业（建筑工程方向）本科生课程设计创	刘广义	高等教育教学改革项目	省部级	2012

续表

项目名称	负责人	类别	级别	时间
新项目研究				
"钢结构基本原理"课程双语教学改革	郭兰慧	高等教育教学改革项目	省部级	2012
土木工程类卓越人才教育培养模式的研究与实践	邵永松	高等教育教学改革项目	省部级	2013
"混凝土结构"（土木工程材料方向）课程建设研究与实践	吴香国	高等教育教学改革项目	省部级	2013
基于欧盟调优理论的城市地下空间工程专业课程体系建设研究与实践	陈剑	高等教育教学改革项目	省部级	2014
基于项目学习的混凝土结构课程设计	周威	高等教育教学改革项目	省部级	2014
基于项目学习的土木工程类人才培养体系的研究与实践	邵永松	高等教育教学改革项目	省部级	2014
专业竞赛对大学生实践与创新能力培养的研究与实践	赵亚丁	高等教育教学改革项目	省部级	2014
"实验结构力学"教学研究	陈再现	高等教育教学改革项目	省部级	2014
基于创新研修课的小班研讨型教学模式研究	郭兰慧	高等教育教学改革项目	省部级	2017
工科院校大学生创新创业教育平台构建与实践	汪鸿山	高等教育教学改革项目	省部级	2017
结构实验技术课程移动教学平台的应用研究	柳成荫	高等教育教学改革项目	省部级	2016
面向新工业革命的建造领域人才培养体系研究	齐晶瑶、范峰、赵亚丁、齐加连	教育部人文社会科学研究项目专项任务重点项目子课题	省部级	2013
土木工程专业实践教学体系研究	武岳	建设部土木工程专业指导委员会教育教学改革重点项目	省部级	2013
"一带一路"倡议背景下基于"文化适应"的土木工程专业课课程建设	耿悦	黑龙江省教育教学改革研究项目	省部级	2017
"智慧工地"课程开发与实验室建设	王要武	黑龙江省高等教育教学改革研究项目	省部级	2018

附录 5-5 教师出版教材、著作情况

附录 5-5-1 教师主编教材情况

教材名称	主编姓名	出版时间	出版社	备注
钢管混凝土结构（研究生用）	钟善桐	1983	黑龙江科学技术出版社	
建筑经济管理简明词典	关柯	1984	光明日报出版社	
大跨房屋钢结构	哈尔滨建筑工程学院	1985	中国建筑工业出版社	高等学校试用教材
钢结构	钟善桐	1986	中央广播电视大学出版社	
建筑施工技术	刘宗仁、张铁铮	1986	中央广播电视大学出版社	
钢筋混凝土及砖石结构（下）	廉晓飞	1986	中央广播电视大学出版社	
结构优化设计	王光远、董明耀	1987	高等教育出版社	高等学校教学用书
结构力学 第2版	陈荣波	1987	中国建筑工业出版社	高等学校试用教材
建筑经济与企业管理	关柯、宝宝仁	1987	中国建筑工业出版社	高等学校试用教材
建筑企业管理学	关柯	1987	中国建筑工业出版社	高等学校试用教材
钢结构	钟善桐	1987	黑龙江科学技术出版社	
钢结构	钟善桐	1988	中国建筑工业出版社	高等学校试用教材
结构力学	黎绍敏	1988	黑龙江科学技术出版社	
管理信息系统及数据处理	王长林	1988	中国建筑工业出版社	高等学校试用教材
建筑工程概预算	刘志才	1988	黑龙江科学技术出版社	
结构力学	郭长城	1988	武汉大学出版社	全国高等教育自学考试教材
钢筋混凝土结构	曹声远、徐凯怡	1988	湖南大学出版社	
建筑工程招标承包手册	关柯、王昇	1988	科学技术文献出版社	
土力学与地基基础	徐学燕	1989	中国铁道出版社	
建筑工程概预算与定额原理	刘志才	1989	中国建筑工业出版社	
钢—混凝土组合梁设计原理	朱聘儒	1989	中国建筑工业出版社	
钢筋混凝土与砌体结构	王振东、唐岱新	1990	中国建筑工业出版社	
测量学	陈荣林	1990	黑龙江科学技术出版社	
管理现代化与企业经营	关柯、王要武	1990	黑龙江科学技术出版社	
计划技术与质量管理	关柯、田金信	1990	黑龙江科学技术出版社	
统计学原理	周爱民	1990	中国建筑工业出版社	
建筑抗震设计	朱聘儒	1991	黑龙江科学技术出版社	
钢结构稳定设计	钟善桐	1991	中国建筑工业出版社	
混凝土结构规范设计——设计方法	王振东	1991	地震出版社	
建筑企业全面质量管理	田金信、周爱民	1991	中国建筑工业出版社	
钢结构	钟善桐、王用纯	1991	武汉工业大学出版社	
建筑抗震设计	朱聘儒	1991	黑龙江科学技术出版社	
工程网络计划技术	董玉学、任玉峰、刘金昌	1991	黑龙江科学技术出版社	黑龙江省优秀图书二等奖
结构力学程序设计	王焕定	1992	高等教育出版社	
砌体结构新规范应用讲评	唐岱新	1992	中国建筑工业出版社	

续表

教材名称	主编姓名	出版时间	出版社	备注
建筑工程技术经济学	刘长滨	1992	中国建筑工业出版社	高等学校试用教材
建设工程概预算与投标报价	任玉峰、董玉学、刘金昌	1992	中国建筑工业出版社	中国建筑工业出版社优秀图书奖
焊接手册 第3卷 焊接结构	徐崇宝、张耀春	1992	中国机械出版社	
中国玻璃钢工业大全	刘锡礼	1992	国防工业出版社	
建设安装工程定额原理与概预算	任玉峰、董玉学、刘金昌	1992	黑龙江科学技术出版社	北方十省市优秀科技图书二等奖
模糊随机动力系统理论	张跃、王光远	1993	科学出版社	
建筑施工技术	刘宗仁	1993	北京科学技术出版社	
结构力学	郭长城	1993	中国建筑工业出版社	
地基与基础	王正秋	1993	中国建筑工业出版社	
大跨房屋钢结构	钟善桐、沈世钊	1993	中国建筑工业出版社	全国高等学校建筑工程学科专业推荐教材
建筑系统工程学	王要武、关柯	1994	中国建筑工业出版社	高等学校试用教材
测量学	陈荣林	1994	黑龙江科学技术出版社	
测量学	陈荣林、汤伟克	1994	黑龙江科学技术出版社	
建筑业实用运筹学	李书波	1994	黑龙江科学技术出版社	
建筑工程地质	周宏、齐加连	1994	哈尔滨工业大学出版社	
钢结构	王用纯	1994	中央广播电视大学出版社	
施工组织设计与进度管理	任玉峰、刘金昌、张守健	1995	中国建筑工业出版社	全国优秀建筑科技图书部级二等奖
建筑工程施工项目管理	刘志才、许程洁	1995	黑龙江科学技术出版社	
结构力学计算机辅助教学课件	王焕定	1995	高等教育出版社	
建设项目建设监理	董玉学、许程洁、张守健	1995	中国建筑工业出版社	房地产系列教材
房地产经济学	马恩国	1995	中国建筑工业出版社	房地产系列教材
房地产管理	田金信、陈健	1995	中国建筑工业出版社	房地产系列教材
房地产开发	武永祥、王学涵	1995	中国建筑工业出版社	房地产系列教材
房地产管理信息系统	张德群、李晓东、张庆范	1995	中国建筑工业出版社	房地产系列教材
房地产法律制度	何伯洲、邹玉萍	1995	中国建筑工业出版社	房地产系列教材
现代管理方法	田金信	1996	中国建筑工业出版社	高等学校试用教材
有限元与程序设计	王焕定	1997	高等教育出版社	
结构力学（上、下）	张来仪、景瑞	1997	中国建筑工业出版社	高等学校建筑工程专业系列教材
钢筋混凝土及砌体结构	廉晓飞	1997	中国建筑工业出版社	
有限单元法及计算程序	王焕定	1997	中国建筑工业出版社	高等学校建筑工程专业系列教材
房地产经营	田金信、刘力	1997	中国建筑工业出版社	房地产系列教材
房地产估价	李恩辕、杨德忱、房乐德	1997	中国建筑工业出版社	房地产系列教材
房地产市场	李恩辕、杨德忱	1997	中国建筑工业出版社	房地产系列教材
房地产投资分析	武永祥、薛飞	1997	中国建筑工业出版社	房地产系列教材
房地产会计	陈立群、邓凤英	1997	中国建筑工业出版社	房地产系列教材
房地产金融	周爱民、成力为	1997	中国建筑工业出版社	房地产系列教材
建筑施工（第三版）	张守健等	1997	中国建筑工业出版社	高等学校试用教材
建筑类专业英语（第一册、第三册）	屠永清、张有闻	1997	中国建筑工业出版社	
多层及高层建筑结构设计	邹超英、杨熙坤（李宏男主编）	1998	中国建筑工业出版社	
建筑结构	朱聘儒、许凯怡	1998	中国建筑工业出版社	
地基与基础	四校合编（杨位洸主编）	1998	中国建筑工业出版社	高等学校推荐教材
结构力学练习与测试系统（未查到）	王伟、王焕定	1999	高等教育出版社	
结构概念、体系与选型	计学闰	2000	黑龙江科学技术出版社	
面向21世纪结构力学（结构力学.1）	王焕定、景瑞	2000	高等教育出版社	
结构力学（Ⅰ）	王焕定	2000	高等教育出版社	面向21世纪课程教材
结构力学（Ⅱ）	王焕定	2000	高等教育出版社	面向21世纪课程教材
钢结构自学辅导	钟善桐	2000	武汉大学出版社	
结构力学	王伟、张金生	2000	武汉大学出版社	全国高等教育自学考试指定教材
结构概念、体系和选型	计学闰	2000	黑龙江科学技术出版社	
物业管理概论	王要武	2001	中国财政经济出版社	教育部高职高专规划教材
钢结构（自学考试教材）	钟善桐	2001	武汉大学出版社	
混凝土及砌体结构（上册）	王振东	2002	中国建筑工业出版社	高校土木工程专业指导委员会规划推荐教材
建筑工程定额与预算	许程洁	2002	高等教育出版社	
混凝土及砌体结构（下册）	王振东	2003	中国建筑工业出版社	高校土木工程专业指导委员会规划推荐教材
土木工程施工	刘宗仁	2003	高等教育出版社	
工程力学I	边文凤、李晓玲	2003	机械工业出版社	新世纪高校机械工程规划教材
有限单元法教程	王焕定、王伟	2003	哈尔滨工业大学出版社	
高层钢-混凝土组合结构	钟善桐	2003	华南理工大学出版社	
钢结构设计原理	张耀春	2004	高等教育出版社	新世纪土木工程系列教材
高层建筑施工	杨跃	2004	华中科技大学出版社	
组合结构设计原理	张素梅	2005	高等教育出版社	
城市地下空间结构	耿永常	2005	哈尔滨工业大学出版社	
高层建筑组合结构框架梁柱挂节点分析与设计	钟善桐	2006	人民交通出版社	普通高等教育"十一五"规划教材

续表

教材名称	主编姓名	出版时间	出版社	备注
钢结构设计	张耀春	2007	高等教育出版社	
建设工程监理（第2版）	杨晓林	2007	机械工业出版社	普通高等教育"十一五"国家级规划教材
建设工程信息管理（第2版）	李晓东、张德群、孙立新	2007	机械工业出版社	普通高等教育"十一五"国家级规划教材
钢筋混凝土结构非线性分析	何政、欧进萍	2007	哈尔滨工业大学出版社	高等学校"十一五"规划教材
高层建筑结构地基基础设计	王幼青	2007	哈尔滨工业大学出版社	普通高等教育"十一五"规划教材
结构智能选型——理论、方法与应用	王光远	2008	中国建筑工业出版社	高校土木工程专业规划教材
建筑系统工程学（第2版）	王要武	2008	中国建筑工业出版社	普通高等教育"十一五"规划教材
房地产经济学（第三版）	武永祥等	2008	中国建筑工业出版社	普通高等教育"十一五"规划教材
管理信息系统（第2版）	王要武	2008	电子工业出版社	高等学校信息管理示范教材，"十一五"规划教材
高等土力学	徐学燕	2008	哈尔滨工业大学出版社	"十一五"规划教材
基坑工程	刘宗仁	2008	哈尔滨工业大学出版社	"十一五"规划教材
高层建筑混凝土结构设计	原长庆	2008	哈尔滨工业大学出版社	"十一五"规划教材
结构振动控制的理论、技术方法	滕军	2009	科学出版社	
建设项目管理	田金信	2009	高等教育出版社	新世纪土木工程系列教材
土木工程预算	张守健、许程洁	2009	高等教育出版社	新世纪土木工程系列教材
结构概念和体系	计学闰、王力	2009	高等教育出版社	新世纪土木工程系列教材
土木工程施工（第2版）	刘宗仁	2009	高等教育出版社	新世纪土木工程系列教材
木结构设计原理	潘景龙、祝恩淳	2009	中国建筑工业出版社	
建筑工程施工质量控制与验收	周威	2009	黑龙江省高等教育出版社	
结构力学（第3版）	王焕定、张梓茂、景瑞	2010	高等教育出版社	
有限单元法基础（修订版）	王焕定	2010	高等教育出版社	
新型砌体结构体系与墙体材料——配筋砌块砌体研究成果汇编	唐岱新	2010	中国建材工业出版社	
钢结构设计原理	张耀春	2011	高等教育出版社	新世纪土木工程系列教材、普通高等教育"十一五"国家级规划教材
水处理剂——配方·制备·应用	张立珠、赵雷	2011	化学化工出版社	
现代高层建筑施工	杨跃	2011	华中科技大学出版社	普通高等院校土木专业"十一五"规划精品教材
建筑施工组织与管理（第2版）	李忠富	2011	机械工业出版社	普通高等教育"十一五"国家级规划教材
建设项目管理（第2版）	王洪、陈健	2011	机械工业出版社	建设工程管理系列规划教材
有限单元法基础及MATLAB编程	王焕定、陈少峰、边文凤	2012	高等教育出版社	
建筑功能材料	张松榆、金晓鸥	2012	中国建材工业出版社	中国建材工业"十二五"规划重点图书、21世纪普通高等院校新材料专业特色教材
预应力混凝土高温性能及抗火设计	郑文忠等	2012	哈尔滨工业大学出版社	
工程项目管理	许程洁	2012	武汉理工大学出版社	
土木工程专业英语	李锦辉	2012	同济大学出版社	百校土木工程专业"十二五"规划教材
砌体结构（第三版）	唐岱新	2013	高等教育出版社	新世纪土木工程系列教材
建设工程合同管理与索赔（第2版）	刘力、钱雅丽	2013	机械工业出版社	普通高等教育"十一五"国家级规划教材
建筑结构抗震设计	柳炳康、马建勋、翟长海	2013	高等教育出版社	高等学校新体系土木工程系列教材
砌体结构	王凤来等	2013	高等教育出版社	
混凝土及砌体结构	邹超英、胡琼	2013	机械工业出版社	
岩土工程	王幼青、郝庆多、陈兰	2013	哈尔滨工业大学出版社	高等学校"十二五"规划教材·土木工程系列
混凝土及砌体结构（上册）	王振东、邹超英	2014	中国建筑工业出版社	"十二五"国家级规划教材
混凝土及砌体结构（下册）	王振东、邹超英	2014	中国建筑工业出版社	"十二五"国家级规划教材
建筑材料	赵亚丁	2014	武汉大学出版社	工程专业（专科）建筑材料教材
风工程与结构抗风设计	武岳	2014	哈尔滨工业大学出版社	高等学校教材
施工项目管理	杨晓林	2015	中国建筑工业出版社	
结构力学	张金生、唐克东	2015	大连理工大学出版社	新世纪普通高等教育土木工程类课程规划教材
钢结构基本原理	邵永松、夏军武	2015	武汉大学出版社	高等学校教材
钢与混凝土组合结构设计	刘殿忠、郭兰慧	2015	武汉大学出版社	普通高等学校土木工程专业创新系列规划教材
Module in Materials Science and Materials Engineering	咸贵军	2016	Oxford: Elsevier	
预应力混凝土结构设计与施工（上）（下）——基本理论与方法	郑文忠	2016	科学出版社	
有限单元法基础及MATLAB编程（第3版）	曾森	2016	高等教育出版社	新世纪土木工程系列教材、"十二五"普通高等教育本科国家级规划教材
土木工程施工	张守健、许程洁	2016	中国建筑工业出版社	
有限单元法基本原理	王焕定、王伟	2016	哈尔滨工业大学出版社	高等学校教材
理论力学	周新伟、马云飞、李福庆	2016	哈尔滨工业大学出版社	高等学校教材
有限单元法基本原理	王伟	2016	哈尔滨工业大学出版社	
理论力学	马云飞	2016	哈尔滨工业大学出版社	"十二五"国家重点图书出版规划项目
混凝土学	马新伟	2016	哈尔滨工业大学出版社	
实验结构力学	王焕定、陈再现	2016	哈尔滨工业大学出版社	
混凝土结构设计	邹超英	2016	武汉大学出版社	全国高等教育自学考试指定教材

续表

教材名称	主编姓名	出版时间	出版社	备注
土木工程材料	赵亚丁	2016	大连理工大学出版社	新世纪普通高等教育土木工程类课程规划教材
钢筋混凝土结构设计原理	吴香国	2016	大连理工大学出版社	新世纪普通高等教育土木工程类课程规划教材
岩土工程监测	何林	2017	哈尔滨工业大学出版社	
双规准反应谱理论、方法及应用	徐龙军、赵国臣	2019	哈尔滨工业大学出版社	
混凝土尺寸稳定性	马新伟	2019	哈尔滨工业大学出版社	"十三五"国家重点出版物出版规划项目

附录5-5-2 出版专著、译著情况

著作、译著名称	姓名	出版时间	出版社	备注
钢结构	钟善桐等	1955	高等教育出版社	高等学校教学用书
预应力钢结构	钟善桐	1959	建筑工程出版社	
钢结构	钟善桐等	1961	建筑工程出版社	
钢结构构件稳定理论	沈世钊、吕烈武等	1983	中国建筑工业出版社	
预应力钢结构	钟善桐	1986	哈尔滨工业大学出版社	
木结构工程	樊承谋	1986	中国建筑工业出版社	
建筑工程质量验收及评定标准	王用信	1987	中国建筑工业出版社	
钢管混凝土结构	钟善桐	1987	黑龙江科学技术出版社	
建筑工程测量学	陈荣林、邹瑞坤	1987	重庆大学出版社	
稳定理论	黎绍敏	1989	人民交通出版社	
建筑企业管理概论	刘保策	1989	中国建筑工业出版社	建筑施工工程师技术丛书
钢筋混凝土结构设计丛书——抗扭	殷芝霖、王振东	1990	中国铁道出版社	
工程软设计理论	王光远	1992	科学出版社	
结构随机振动	邱法维等	1992	哈尔滨工业大学出版社	
钢管混凝土结构（修订版）	钟善桐	1994	黑龙江科学技术出版社	
钢管混凝土力学	韩林海、钟善桐	1995	大连理工大学出版社	
模糊随机规划理论	王光远	1996	科学出版社	国家自然科学基金委员会资助、中国博士后科学基金会资助
工程结构系统软设计理论及应用	王光远	1996	国防工业出版社	
有限元与程序	王焕定	1996	黑龙江科学技术出版社	
悬索结构设计	沈世钊、徐崇宝、赵臣	1997	中国建筑工业出版社	
混凝土结构性能评定和检测	潘景龙	1997	黑龙江科学技术出版社	
建筑施工技术与工程质量检验	宁仁岐、杨跃	1997	黑龙江科学技术出版社	
建筑结构被动控制的理论与应用	吴波、李惠	1997	哈尔滨工业大学出版社	
结构随机振动	欧进萍、王光远	1998	高等教育出版社	
抗震结构最优设防烈度与可靠度	王光远	1999	科学出版社	中国科学院科学出版基金资助项目
网壳结构稳定性	沈世钊、陈昕	1999	科学出版社	
工程结构与系统抗震优化设计的实用方法	王光远	1999	中国建筑工业出版社	国家科学技术学术著作出版基金资助出版
高层钢管混凝土结构	钟善桐	1999	黑龙江科学技术出版社	
高层建筑基础结构设计与计算	王幼青	1999	黑龙江科学技术出版社	
后张预应力混凝土平板-柱结构设计与工程实例	郑文忠、王英	1999	黑龙江科学技术出版社	
高层钢管混凝土结构	钟善桐	1999	黑龙江科学技术出版社	
仓储结构设计	杨熙坤、修璐	1999	哈尔滨出版社	
高层建筑结构设计	原长庆	2000	黑龙江科学技术出版社	
城市地下空间建筑	耿永常等	2001	哈尔滨工业大学出版社	
结构振动控制-主动、半主动和智能控制	欧进萍	2003	科学出版社	
海洋平台结构安全评定	欧进萍等	2003	科学出版社	
火灾后的钢筋混凝土结构的力学性能	吴波	2003	科学出版社	
钢管混凝土结构	钟善桐	2003	清华大学出版社	
工程大系统的优化设计理论	王光远	2003	科学出版社	
高强混凝土及其组合结构	李惠	2004	科学出版社	
建筑管理（译著）	关柯、李小冬	2004	中国建筑工业出版社	
施工项目管理（译著）	王要武、台双良、李良宝	2004	中国建筑工业出版社	
土木工程结构检测鉴定与加固改造新进展及工程实例（上、下）	王凤来、唐岱新	2006	中国建材工业出版社	
悬索结构设计（第二版）	沈世钊	2006	中国建筑工业出版社	
钢管混凝土统一理论——研究与应用	钟善桐	2006	清华大学出版社	
CLOUGH 结构动力学第二版翻译	王光远、王焕定	2006	高等教育出版社	
结构动力学——理论及其在地震工程中的应用（译著）	谢礼立、吕大刚	2007	高等教育出版社	海外力学学科优秀教材
建筑业经济新论（上）	关柯	2007	重庆大学出版社	"十一五"国家重点图书出版规划项目
建筑业经济新论（上）	关柯、张德群	2007	重庆大学出版社	"十一五"国家重点图书出版规划项目

续表

著作、译著名称	姓名	出版时间	出版社	备注
基于性态的抗震设防与设计地震动	谢礼立、马玉宏、翟长海	2009	科学出版社	21世纪技术与工程著作系列
感知结构概念（译著）	武岳、孙晓颖、李强	2009	高等教育出版社	
汶川地震建筑震害分析与受损建筑加固通用图集	王凤来	2009	中国建筑工业出版社	
钢管混凝土拱桥施工全过程与关键技术	王玉银、惠中华	2010	机械工业出版社	
建筑风洞实验指南	孙瑛、武岳	2010	中国建筑工业出版社	
建筑风荷载流体计算指南	孙瑛、孙晓颖、曹曙阳	2010	中国建筑工业出版社	
新型砌体结构体系与墙体材料——工程应用	王凤来、高连玉、张厚	2010	中国建材工业出版社	
高层与大跨建筑结构施工	王绍君	2011	北京大学出版社	
钢板-混凝土组合剪力墙	郭兰慧、马欣伯	2013	科学出版社	
既有建筑改造与加固	郑文忠、解恒燕、王英	2014	科学出版社	
网壳结构强震失效机理	范峰、支旭东、沈世钊	2014	科学出版社	
网壳结构弹塑性稳定性	范峰、曹正罡、马会环、严加川	2015	科学出版社	国家科学技术学术著作出版基金资助出版
内置型钢混凝土组合结构受力性能及设计方法	郑文忠、王琨	2015	科学出版社	
碱矿渣胶凝材料的结构工程应用基础	郑文忠、朱晶	2015	哈尔滨工业大学出版社	材料研究与应用著作国家出版基金资助项目、"十二五"国家重点图书
岩土地震工程及工程振动	张克绪、凌贤长	2016	科学出版社	
结构健康监测数据科学与工程	李惠	2016	科学出版社	重大工程动力灾变学术著作丛书、"十三五"国家重点图书出版规划项目
混凝土结构统一理论	王凤来等	2016	科学出版社	
结构动力学——理论及其在地震工程中的应用	吕大刚等	2007	高等教育出版社	
地下结构抗震分析及防灾减灾措施	陈剑、el瑞	2016	中国建筑工业出版社	
主余震地震动特征及结构损伤分析	翟长海	2017		
木结构设计中的问题探讨	祝恩淳	2017	中国建筑工业出版社	
强地震动特征与抗震设计谱	翟长海	2017	哈尔滨工业大学出版社	
高层建筑钢结构	张文元	2017	哈尔滨工业大学出版社	"十三五"国家重点图书出版规划项目
钢管再生混凝土柱静力与长期性能	王玉银、耿悦	2020	科学出版社	

附录5-6 大学生参加科技大赛获奖情况

序号	类别	获奖项目名称	获奖级别	获奖等级	获奖项目人数
1	竞赛类	2013年第七届全国大学生结构设计竞赛	国家级	最佳创意奖	3
2	竞赛类	2013年全国土木工程专业本科生优秀创新实践成果展示	国家级	二等奖	3
3	竞赛类	2014年第八届全国大学生结构设计竞赛	国家级	三等奖	3
4	竞赛类	2014年第三届全国混凝土设计大赛	国家级	一等奖	3
5	竞赛类	2014年全国土木工程专业本科生优秀创新实践成果展示	国家级	一等奖	3
6	竞赛类	2015年第九届全国大学生结构设计竞赛	国家级	三等奖	3
7	竞赛类	2015年全国大学生英语竞赛	国家级	三等奖	1
8	竞赛类	2015年全国土木工程专业本科生优秀创新实践成果展示	国家级	二等奖	3
9	竞赛类	2015年首届全国大学生岩土工程竞赛	国家级	三等奖	3
10	竞赛类	2016年第九届"高教杯"全国大学生先进成图技术与产品信息建模创新大赛	国家级	团体一等奖	5
11	竞赛类	2016年第九届"高教杯"全国大学生先进成图技术与产品信息建模创新大赛	国家级	一等奖	5
12	竞赛类	2016年第九届"高教杯"全国大学生先进成图技术与产品信息建模创新大赛	国家级	二等奖	5
13	竞赛类	2016年第十届全国大学生结构设计竞赛	国家级	二等奖	3
14	竞赛类	2016年第四届全国高校大学生土木工程专业论坛	国家级	二等奖	1
15	竞赛类	2016年第四届全国混凝土设计大赛	国家级	三等奖	3
16	竞赛类	2016年全国大学生英语竞赛	国家级	二等奖	2
17	竞赛类	2016年全国大学生英语竞赛	国家级	三等奖	2
18	竞赛类	2016年全国土木工程专业本科生优秀创新实践成果展示	国家级	一等奖	2
19	竞赛类	2017年第二届全国大学生岩土工程竞赛	国家级		
20	竞赛类	2017年第十届"高教杯"全国大学生先进成图技术与产品信息建模创新大赛	国家级	团体一等奖	5
21	竞赛类	2017年第十届"高教杯"全国大学生先进成图技术与产品信息建模创新大赛	国家级		5
22	竞赛类	2017年第十一届全国大学生结构设计竞赛	国家级	一等奖	3
23	竞赛类	2017年第十一届全国周培源大学生力学竞赛	国家级	特等奖	1
24	竞赛类	2017年第十一届全国周培源大学生力学竞赛	国家级	一等奖	1

续表

1	竞赛类	2013年第七届全国大学生结构设计竞赛	国家级	最佳创意奖	3
2	竞赛类	2013年全国土木工程专业本科生优秀创新实践成果展示	国家级	二等奖	3
25	竞赛类	2017年第十一届全国周培源大学生力学竞赛	国家级	三等奖	3
26	竞赛类	2018年CUPT中国大学生物理学术竞赛	国家级	三等奖	1
27	竞赛类	2019年CUPT中国大学生物理学术竞赛	国家级	三等奖	2
28	竞赛类	2019年第十二届全国周培源大学生力学竞赛	国家级	二等奖	1
29	竞赛类	2019年第十二届全国周培源大学生力学竞赛	国家级	三等奖	2
30	竞赛类	2019年第十二届全国周培源大学生力学竞赛	国家级	优秀奖	2
31	竞赛类	2016年9th Inter-University Invitation Civil Engineering Competition	国际级	The Best Design Report	3
32	竞赛类	2013年黑龙江省大学生结构设计竞赛	省级	特等奖	3
33	竞赛类	2014年黑龙江省大学生结构设计竞赛	省级	特等奖	3
34	竞赛类	2015年黑龙江省大学生结构设计竞赛	省级	团体一等奖	/
35	竞赛类	2015年黑龙江省大学生结构设计竞赛	省级	特等奖	3
36	竞赛类	2015年黑龙江省大学生结构设计竞赛	省级	一等奖	12
37	竞赛类	2016年第八届黑龙江省"龙江杯"大学生先进成图技术与产品信息建模创新大赛	省级	团体一等奖	5
38	竞赛类	2016年第八届黑龙江省"龙江杯"大学生先进成图技术与产品信息建模创新大赛	省级	一等奖	4
39	竞赛类	2016年第八届黑龙江省"龙江杯"大学生先进成图技术与产品信息建模创新大赛	省级	二等奖	3
40	竞赛类	2016年黑龙江省大学生结构设计竞赛	省级	团体一等奖	/
41	竞赛类	2016年黑龙江省大学生结构设计竞赛	省级	特等奖	3
42	竞赛类	2016年黑龙江省大学生结构设计竞赛	省级	一等奖	9
43	竞赛类	2017年第九届黑龙江省"龙江杯"大学生先进成图技术与产品信息建模创新大赛	省级	团体一等奖	1
44	竞赛类	2017年第九届黑龙江省"龙江杯"大学生先进成图技术与产品信息建模创新大赛	省级	一等奖	6
45	竞赛类	2017年第九届黑龙江省"龙江杯"大学生先进成图技术与产品信息建模创新大赛	省级	二等奖	3
46	竞赛类	2017年全国大学生数学竞赛(非数学类)	省级	三等奖	1
48	竞赛类	2017年黑龙江省大学生结构设计竞赛	省级	团体一等奖	/
49	竞赛类	2017年黑龙江省大学生结构设计竞赛	省级	特等奖	3
50	竞赛类	2017年黑龙江省大学生结构设计竞赛	省级	一等奖	9
51	竞赛类	2018年广东省大学生结构设计竞赛	省级	二等奖	2
52	竞赛类	2018年全国大学生数学建模竞赛	省级	一等奖	3
53	竞赛类	2018年第十届全国大学生数学竞赛(非数学类)	省级	二等奖	4
54	竞赛类	2018年广东省大学生结构设计竞赛	省级	二等奖	3
55	竞赛类	2019年广东省大学生结构设计竞赛	省级	二等奖	3
56	竞赛类	2019年广东省大学生结构设计竞赛	省级	三等奖	3
57	竞赛类	2019年广东省大学生结构设计竞赛	省级	最佳制作奖	3
58	竞赛类	2019年全国大学生数学竞赛(非数学类)	省级	一等奖	2
59	竞赛类	2019年全国大学生数学竞赛(非数学类)	省级	二等奖	2
60	竞赛类	2019年第十一届全国大学生数学竞赛(非数学类)	省级	一等奖	1
61	竞赛类	2019年第十一届全国大学生数学竞赛(非数学类)	省级	二等奖	3
62	竞赛类	2019年第一届广东省高校建筑信息模型(BIM)应用竞赛	省级	二等奖	6
63	竞赛类	2019年第二届国际大学生工程力学竞赛	亚洲赛区	团队奖一等奖	6
64	竞赛类	2019年第二届国际大学生工程力学竞赛	亚洲赛区	个人奖二等奖	2

附录5-7 大学生创新创业项目立项情况

序号	项目名称	项目申报级别	项目类型	项目负责人	指导教师	立项时间
1	液体固体双调谐阻尼器在高层建筑抗震中的应用	国家级	创新训练	莫镇发	许国山	2016春
2	基于BIM技术的可视化施工指导平台的开发与应用	国家级	创新训练	徐立峰	何蕊	2016春
3	利用阴离子渗透膜改进方法混凝土氯离子渗透性测试	国家级	创新训练	戚聿臣	赵亚丁	2016春
4	利用智能砂浆采集混凝土湿度	国家级	创新训练	施政	卢爽	2016春
5	不锈钢-低碳钢复合圆管约束混凝土柱的轴压力学性能	国家级	创新训练	欧福盛	郭兰慧	2016秋
8	吸能型柔性护栏的设计与研究	国家级	创新训练	赵鹏举	支旭东	2016秋
9	装配式建筑的韧带——钢筋节点连接的仿生研究与设计	国家级	创新训练	陈婉秋	姜洪斌	2016秋
10	可压缩性阻尼液的研究及应用	国家级	创新训练	李淇钊	关新春	2016秋
11	变频式双轮二相拟自然风扇	国家级	创新训练	贾晋	赵雷	2016秋
12	基于智能手机的结构健康监测网络系统研究	国家级	创新训练	张迎华	张东昱	2016秋
13	木塑复合材料	国家级	创新训练	秦晓明	咸贵军	2016秋
14	汽车新型高吸能材料减震器	国家级	创新训练	孙涛	张博一	2016秋
15	聚氨酯填充圆钢管的冲击吸能能力研究	国家级	创新训练	王甜甜	支旭东	2016秋
16	淡水冰的力学性能试验研究	国家级	创新训练	何志伟	张文元	2016秋
17	热电材料研究	国家级	创新训练	余嘉文	王群	2016秋
18	混凝土自修复	国家级	创新训练	王先良	赵亚丁	2016秋
19	装配式防屈曲支持性能研究	国家级	创新训练	郑家富	曹明明	2016秋
20	中国古建筑中木亭结构的研究	国家级	创新训练	庞天伟	周华樟	2016秋
21	生态型空调导水铺面技术在寒冷地区冻融适应性及烟气滤过性研究	国家级	创新训练	何文景	赵亚丁	2016秋
22	腐蚀对钢材力学性能影响的研究	国家级	创新项目	王兴华	邵永松	2017春

续表

序号	项目名称	项目申报级别	项目类型	项目负责人	指导教师	立项时间
23	钢管约束混凝土柱火灾后力学性能研究	国家级	创新训练	王步余	杨华	2017 春
24	智能供暖及南方供暖	国家级	创新训练	詹申滨	王绍君	2017 春
25	再生细骨料混凝土高温后性能研究	国家级	创新训练	桑笑晗	杨华	2017 春
26	基于电磁阻尼的自感知自限位文物隔振装置研究	国家级	创新训练	刘宇航	李素超	2017 秋
27	湿热环境下苎麻纤维及其复合材料多尺度损伤研究	国家级	创新训练	付娆	咸贵军	2017 秋
28	千米级钢冷却塔冷却效率研究	国家级	创新训练	邓质	支旭东	2017 秋
29	基于 BIM 技术施工现场管理后台的开发与应用	国家级	创新训练	刘政君	何蕊	2017 秋
30	石墨烯气凝胶对原油的吸附性能研究	国家级	创新训练	唐梓涵	李惠	2017 秋
31	3D 打印基于座头鲸胸鳍结节仿生叶片	国家级	创新训练	岳玺鑫	陈文礼	2017 秋
32	结构杆件覆冰试验及风场数值模拟研究	国家级	创新训练	高克泽	张瑀	2017 秋
33	纳米-纤维混凝土的耐久性研究	国家级	创新训练	徐炎	肖会刚	2017 秋
34	石墨烯及其复合材料的导热散热研究与应用	国家级	创新训练	张晓琳	路晓艳	2017 秋
35	单层双曲面钢结构空冷塔抗震性能研究	国家级	创新训练	童宇航	支旭东	2017 秋
36	桥塔尾流区吊索大幅值振动试验研究	国家级	创新训练	孟昊	陈文礼	2017 秋
37	煅烧硅藻土对普通混凝土保温及强度性能的实验研究	国家级	创新训练	张曦蓓	严佳川	2017 秋
38	基于转动与平动组合惯性效应的调谐质量阻尼器研究	国家级	创新训练	王鑫鹏	李素超	2017 秋
39	钢管混凝土短柱轴向冲击性能研究	国家级	创新训练	刘己诚	刘发起	2017 秋
40	基于金属橡胶的 TMD 碰撞阻尼器	国家级	创新训练	张墨	李素超	2017 秋
41	不同碱激发剂作用于地聚物再生混凝土时的力学性能及耐久性能研究	国家级	创新训练	魏阳兵	邹超英	2017 秋
42	封闭连续 FRP 箍筋梁的抗剪性能研究	国家级	创新训练	魏国伟	王震宇	2017 秋
43	基于 NN 和 CA 预测墙板开裂模式的研究	国家级	创新训练	李子乔	张瑀	2017 秋
44	智能房屋的研究	国家级	创新训练	李子强	刘广义	2017 秋
45	艺术作品交流平台的创建	国家级	创业训练	周嘉琳	杨洋	2017 秋
46	建筑结构质量检测及风险评定	国家级	创业训练	王祺伟	贾明明	2017 秋
47	私家纸屋——结构模型设计有限公司	国家级	创业训练	管学民	魏小坤	2017 秋
48	土木工程实验中 VR 技术的交互式纠错机制	国家级	创新训练	张京驰	李锦辉	2018 春
49	基于物联网的建筑工程安全监测大数据云平台	国家级	创新训练	吴帆	李祚华	2018 春
50	智能风力发电结构在线监测系统	国家级	创新训练	王涵	胡卫华	2018 春
51	吸收雾霾的建筑材料研究	省级	创新训练	李昌迪	李学英	2016 秋
52	材料力学角变化测量仪器的设计与制造	省级	创新训练	何翼展	李强	2016 秋
53	新型装配式建筑连接方式抗震性能研究	省级	创新训练	邓来明	温卫平	2017 秋
54	空间地震动衰减关系研究	省级	创新训练	韩俞成	刘坤	2017 秋
55	可液化地基的探究	省级	创新训练	甘优	凌贤长	2017 秋

附录6 科学研究相关资料

附录6-1 承担重大科技项目情况

附录6-1-1 国家"863""973"计划项目

序号	项目来源	项目级别	项目编号	项目名称	负责人姓名	项目开始年月	项目结束年月	项目合同总经费（万元）
1	国家"863"计划	课题	2001AA602023	海洋平台结构的实时监测与检测成像技术	段忠东	2001.01	2005.12	997
2	国家"863"计划	课题	2001AA602015	新型平台结构智能阻尼减振隔震控制技术	吴斌	2002.01	2006.06	202
3	国家"863"计划	课题	2002AA313110	光纤光栅传感网络关键技术研究和工程化应用	田石柱	2002.01	2005.12	200
4	国家"863"计划	课题	2006AA03Z103	磁流变液及其阻尼器关键技术研究	关新春	2006.09	2009.09	100
5	国家"863"计划	课题	2007AA042435	大型场馆健康监测与安全分析技术研究	李惠	2007.12	2010.12	192
6	国家"863"计划	课题	2014AA110400	大型桥隧空间分布式监测与安全诊断评价技术	郭安薪	2014.01	2016.12	186
7	国家"973"计划	课题	2007CB714205	典型城市地震破坏模拟与预测	李惠	2007.07	2011.07	129
8	国家"973"计划	课题	2007CB714204	城市建筑地震破坏的控制原理与方法	吴斌	2007.07	2011.07	226
9	国家"973"计划	课题	2012CB026203	FRP及其增强结构在极端服役条件下的性能与控制方法研究	咸贵军	2012.01	2016.12	517

附录6-1-2 国家科技攻关、科技支撑、重点研发计划与国际科技合作计划

序号	项目来源	项目级别	项目编号	项目名称	负责人姓名	项目开始年月	项目结束年月	项目合同总经费（万元）
1	国家科技攻关计划	课题	2002BA07B01	城市数字化标准规范研究	王要武	2002.01	2004.12	180
2	国家科技攻关计划	课题	2003BA808A04	小城镇投融资机制研究	王要武	2004.01	2006.07	100
3	国家科技支撑计划	项目	2006BAJ13B03	大型及重要建筑安全监测预警集成技术研究与示范	滕军	2006.12	2010.12	1 415
4	国家科技支撑计划	课题	2006BAJ03B04	城市风环境模拟与工程抗风关键技术	段忠东	2006.12	2010.12	960
5	国家科技支撑计划	课题	2006BAJ03B05	重大建（构）筑物健康检测与诊断技术	李惠	2006.12	2010.12	380
6	国家科技支撑计划	课题	2006BAK20B03	文化遗产保护关键技术研究-铁质文物综合保护技术研究	王伟	2006.12	2008.10	240
7	国家科技支撑计划	课题	2006BAJ03B03	生命线系统隔震、减震与智能驱动技术	汤爱平	2006.12	2010.12	145
8	国家科技支撑计划	课题	2011BAK02B02	重要建（构）筑物安全检测与控制物联网技术研究及应用示范	李惠	2011.01	2014.12	609
9	国家国际科技合作计划	项目	2011DFA21460	为下一代地震区划图做准备的地震危险性评定研究	陶夏新	2011.01	2013.12	82
10	国家科技支撑计划	课题	2012BAJ19B03	村镇建设标准化管理信息系统研究与开发	张守健	2012.01	2015.12	781
11	国家科技支撑计划	项目	2014BAK14B05	大型安全临时演出平台构建与应用	何林	2014.01	2016.12	350
12	国家科技支撑计划	课题	2015BAK17B00	超高层建筑与大跨度空间结构地震破坏模拟预测	范峰	2015.01	2017.12	251
13	国家重点研发计划	课题	2016YFC0701106	高性能结构物理与数值子结构精细化抗灾模拟方法与技术	吴斌	2016.07	2020.06	280
14	国家重点研发计划	课题	2016YFC0701107	高性能结构风致与环境振动全寿命性能监测、评定与设计理论	郭安薪	2016.07	2020.06	260

595

续表

序号	项目来源	项目级别	项目编号	项目名称	负责人姓名	项目开始年月	项目结束年月	项目合同总经费（万元）
15	国家重点研发计划国际科技合作项目	项目	2016YFE0205100	重大港口工程地震破坏机理及防控技术研究	唐亮	2017.09	2020.09	427
16	国家重点研发计划	课题	2016YFC0701606	工业化建筑定额体系研究	张守健	2016.12	2019.12	308
17	国家重点研发计划	课题	2016YFC0701102	预制装配耗能减震结构体系与抗震性能设计方法	滕军	2016.07	2020.06	260
18	国家重点研发计划	课题	2017YFC1500603	基于多元数据的桥梁工程地震破坏监测和性态评估方法	鲍跃全	2017.12	2021.12	233
19	国家重点研发计划	课题	2017YFC0806104	城镇建筑结构运维安全保障关键技术	郑文忠	2017.01	2020.12	650
20	国家重点研发计划	课题	2017YFB0309901	严寒环境高耐久混凝土制备与应用成套技术	杨英姿	2017.01	2021.06	457
21	国家重点研发计划	课题	2017YFF0108702	分布式布里渊光纤应变监测仪软件和数据库开发	张东昱	2017.01	2021.06	320
22	国家重点研发计划	课题	2017YFC0703505	重点专项课题"低层木竹结构体系研究及工程示范"	祝恩淳	2017.07	2020.12	210
23	国家重点研发计划	课题	2017YFC0703603	工业化建筑超大位移摩擦摆及其隔震结构关键技术	关新春	2017.07	2020.12	132
24	国家重点研发计划	课题	2017YFC0703007	复杂环境作用下纤维增强复合材料及结构综合性能评价方法研究	咸贵军	2017.01	2019.09	226
25	国家重点研发计划	项目	2018YFC0705600	智能结构体系研究与示范应用	李惠	2018.07	2021.06	1 788
26	国家重点研发计划	课题	2018YFC0705703	立式工业建筑钢结构体系及其关键技术研究	支旭东	2018.01	2021.06	530
27	国家重点研发计划	课题	2018YFC0705605	结构群智感知与大数据灾害评价技术	李惠	2018.07	2021.07	359
28	国家重点研发计划	课题	2018YFC0705603	主被动自适应耗能减振抗风抗震结构体系	欧进萍	2018.07	2021.06	297
29	国家重点研发计划	课题	2018YFC1504301	城市直下型地震动特性及典型场地效应与失效分析	翟长海	2018.12	2021.12	356
30	国家重点研发计划	课题	2018YFC1505304	大型水库与引水工程滑坡治理工程监测诊断技术研究	周文松	2018.12	2021.11	298
31	国家重点研发计划	课题	2018YFC0705601	自感知与自修复智能结构体系	路晓艳	2018.01	2021.06	279
32	国家重点研发计划	课题	2018YFC0705604	监测-控制一体化抗风抗震智能结构体系	段忠东	2018.01	2021.06	278
33	国家重点研发计划	项目	2018YFC1505300	特大滑坡应急处置与快速治理技术研发	凌贤长	2018.12	2021.11	1 728
34	国家重点研发计划	课题	2019ZDYF003901	大型水库与引水工程滑坡治理工程修复加固技术研究	凌贤长	2019.01	2021.11	274

附录6-1-3 国家自然科学基金重大、重点、集成项目，重大国际合作项目

序号	项目类别	项目编号	项目名称	负责人姓名	项目开始年月	项目结束年月	项目合同总经费（万元）
1	创新研究群体项目	51921006	城市工程结构抗灾韧性与智能防灾减灾	李惠	2019.01	2024.12	1 050
2	杰出青年基金	59625815	结构工程学	欧进萍	1996.01	1999.12	80
3	杰出青年基金	50525823	结构健康监测	李惠	2006.01	2009.12	160
4	杰出青年基金	51525802	大跨空间结构抗震研究	范峰	2015.11	2020.12	350
5	杰出青年基金	51725801	桥梁多灾害与控制	郭安薪	2017.01	2022.12	350
6	杰出青年基金	51825801	强地震动特征及结构抗震设防	翟长海	2018.01	2023.12	350
7	杰出青年基金(B类)	5049802	重大土木工程结构动力特性——智能监测、模型试验和数值模拟	李秋胜 段忠东	2005.01	2007.12	40

续表

序号	项目类别	项目编号	项目名称	负责人姓名	项目开始年月	项目结束年月	项目合同总经费（万元）
8	优秀青年基金	51222808	地震工程，城市与生命线工程防灾	郭安薪	2013.01	2015.12	100
9	优秀青年基金	51322801	地震工程	翟长海	2014.01	2016.12	100
10	优秀青年基金	51422804	工程材料与结构的动力时变	刘铁军	2015.01	2018.12	100
11	优秀青年基金	51722805	桥梁风工程及其风振控制	陈文礼	2017.08	2020.12	130
12	重大科研仪器研制项目	41627801	寒区工程地质环境开放系统多场耦合作用试验装备	凌贤长	2016.08	2021.12	819.33
13	重大科研仪器研制项目	51927813	大跨空间结构风-雨-热-雪全过程联合模拟试验系统	范峰	2019.01	2024.12	789.11
14	重大科研仪器研制项目	51827811	大型建筑钢构件及节点内部绝对应力检测仪器研制	滕军	2019.01	2023.12	781.79
15	重点项目	50338010	大跨空间结构抗风抗震关键理论问题	沈世钊	2004.01	2007.12	170
16	重点项目	50538020	重大工程结构健康监测及其集成系统	欧进萍	2006.01	2009.12	200
17	重点项目	50538050	大型结构与特殊环境动力相互作用的数值试验	段忠东	2006.01	2009.12	200
18	重点项目	50538030	城市轨道交通引起的环境振动与传播规律	陶夏新	2006.01	2009.12	175
19	重点项目	51161120359	结构动力灾变效应监测及其验证平台	李惠	2011.12	2016.12	300
20	重点项目	51161120360	建筑及桥梁抗倒塌性能的分布式大型子结构试验方法及平台	吴斌	2011.12	2016.12	300
21	重点项目	41430634	深季节冻土区高铁建设运行下膨胀岩滑坡防控分析理论与评估方法	凌贤长	2014.08	2019.12	370
22	重点项目	51538003	高性能和新型主次结构体系及其设计理论	滕军	2016.01	2020.12	300
23	重点项目	51938004	考虑系统关联的城市医疗系统抗震韧性评估及提升	翟长海	2019.01	2024.12	300
24	重大研究计划重点项目	90715034	大跨空间结构强震灾变行为精细化研究	范峰	2008.01	2011.12	200
25	重大研究计划重点项目	90715036	大型建筑与桥梁结构动力损伤过程的实时混合试验方法与技术	吴斌	2008.01	2011.12	200
26	重大研究计划重点项目	90815022	大跨度桥梁结构风致动力灾变的原型观测与验证	李惠	2009.01	2012.12	250
27	重大研究计划重点项目	50938001	超高建筑斜交网格筒结构体系基于失效模式的大震设计理论	滕军	2010.01	2013.12	200
28	联合基金重点项目	U1711265	城市重大基础设施灾害风险主动感知与精准管控	李惠	2018.01	2020.12	530
29	联合基金重点支持项目	U1709207	大型跨海桥梁的船撞风险评估、智能监控与安全防护研究	段忠东	2018.01	2021.12	55
30	重大研究计划集成课题	91315301-01	大跨度空间网格结构地震灾变过程与控制	范峰	2013.01	2015.12	220
31	重大研究计划集成课题	91315301-09	大型复杂结构地震灾变过程混合模拟关键技术及其开放式通用试验平台	吴斌	2013.01	2015.12	220
32	重大研究计划集成课题	91215302-01	重大建筑与桥梁强/台风灾变的集成研究	李惠	2013.01	2015.12	260
33	重大研究计划集成课题	91215302-02	大跨度柔性屋盖结构风致流固耦合振动机理与灾变控制研究	武岳	2013.01	2015.12	130
34	重大国际合作项目	50420120133	重大工程结构的智能健康监测	欧进萍	2004.01	2006.12	98
35	重大国际合作项目	51161120359	结构动力灾变效应监测及其验证平台	李惠	2012.01	2016.12	300
36	重大国际合作项目	51161120360	建筑及桥梁抗倒塌性能的分布式大型子结构试验方法及平台	吴斌	2012.01	2016.12	300

附录 6-1-4　国家自然科学基金面上项目

序号	项目编号	项目名称	负责人姓名	项目开始年月	项目结束年月	项目合同总经费（万元）
1	59908002	耗能减振的新型装置、结构性能与设计理论	吴斌	2000.01	2001.12	15
2	40071021	冻土场地的地震动特性研究	徐学燕	2001.01	2003.12	18
3	50078018	薄膜结构风振分析的数值风洞方法	沈世钊	2001.01	2003.12	28
4	50108004	磁流变液及其智能结构减振驱动器的理论与试验研究	关新春	2002.01	2004.12	26
5	50108006	直接焊接方钢管节点强度设计理论的研究	武振宇	2002.01	2004.12	18
6	50178026	预应力混凝土结构设计新模式	郑文忠	2002.01	2004.12	18
7	50208007	FRP加筋混凝土构件的力学性能与智能特性	何政	2003.01	2005.12	24
8	50278020	多维地震作用下的网壳动力稳定性研究	范峰	2003.01	2005.12	24
9	50278025	混凝土结构在冻融环境下工作机理与计算模式	邹超英	2003.01	2005.12	24
10	50278028	生命线系统相互作用的破坏机理与性态评价方法	汤爱平	2003.01	2003.12	11
11	50278029	我国东南沿海地区台风场模型与危险性分析	段忠东	2003.01	2005.12	21
12	50278057	大跨复杂空间结构风致灾害的智能健康监测系统应用研究	滕军	2003.01	2005.12	28
13	70201005	基于密度演化计算的商务智能风险管理理论与方法研究	西宝	2003.01	2005.12	15
14	50308007	结构整体性态的无线传感网络监测与实时建模诊断系统	肖仪清	2004.01	2006.12	24
15	50308008	钢筋混凝土结构局部性态的光纤光栅智能监测	周智	2004.01	2006.12	24
16	50376014	多种源、汇天然气输气系统调峰强度理论研究	焦文玲	2004.01	2006.12	23
17	50378030	结构智能方案设计理论及应用研究	王力	2004.01	2006.12	26
18	50378031	液化场地桩-土-桥梁结构地震相互作用大型振动台模型试验研究	凌贤长	2004.01	2006.12	24
19	50378032	利用地脉动观测反演场地三维速度结构	陶夏新	2004.01	2006.12	24
20	50408010	外包碳纤维机敏高强混凝土柱抗震性能研究	王震宇	2005.01	2007.12	24
21	50408011	城市高架桥梁地震碰撞机理分析及智能控制研究	郭安薪	2005.01	2007.12	24

续表

序号	项目编号	项目名称	负责人姓名	项目开始年月	项目结束年月	项目合同总经费（万元）
22	50478024	树脂基磁致伸缩复合材料及其结构新型减振装置与系统	关新春	2005.01	2007.12	24
23	50478027	新型薄钢—混凝土组合结构体系的研究	张耀春	2005.01	2007.12	25
24	50478028	预应力玻璃结构的新体系与关键理论问题研究	武岳	2005.01	2007.12	24
25	50478029	带竖缝钢板混凝土组合剪力墙抗震性能与设计	张素梅	2005.01	2007.12	25
26	50478031	电视塔桅杆结构风振控制实用方法和有效性安全性保障	滕军	2005.01	2007.12	28
27	40571032	季节冻土层与人工冻结壁相互作用机制	徐学燕	2006.01	2008.12	31
28	50508012	环境激励下结构损伤参数识别的测点选择方法及其验证系统	何林	2006.01	2008.12	24
29	50578047	结构控制实验的实时子结构技术	吴斌	2006.01	2008.12	26
30	50578054	结构在横向荷载下破坏荷载和破坏模式的研究	周广春	2006.01	2008.12	24
31	50578055	节点刚度对直接焊接方钢管结构静动力性能影响的研究	武振宇	2006.01	2008.12	26
32	50578057	土木工程相关的近地台风特性观测研究	肖仪清	2006.01	2008.12	26
33	50578058	城市轨道交通激励下高精密设备平台微振动混合控制	刘红军	2006.01	2008.12	26
34	50579008	融合结构整体和局部监测信息的海洋平台结构损伤识别新方法研究	段忠东	2006.01	2008.12	28
35	10672048	光纤光栅传感元件、封装界面与基本损伤的长期耦合效应	周智	2007.01	2009.12	32
36	10778615	巨型望远镜（FAST）主动反射面结构安全及其电性能优化关键技术	范峰	2007.01	2009.12	28
37	40604012	瑞雷波多模式耦合机理及其勘探应用研究	凡友华	2007.01	2009.12	25
38	50608025	阻尼增强混凝土与高阻尼自减振结构	刘铁军	2007.01	2009.12	28
39	50678050	碳纤维布加固混凝土受弯构件抗火性能与抗火设计方法	郑文忠	2007.01	2009.12	30
40	50678052	基于分散控制的复杂结构智能监测系统与智能传感系统研究	滕军	2007.01	2009.12	35
41	50678053	微生物对海洋混凝土工程腐蚀抑制及应用技术的研究	巴恒静	2007.01	2009.12	30
42	50678054	高性能混凝土早期粘弹力学性能研究与早期开裂行为预测	马新伟	2007.01	2009.12	29
43	50678055	冻土场地路基列车高速行驶振动反应与振陷预测研究	凌贤长	2007.01	2009.12	34
44	50678056	超大型立式储油罐地震破坏机理及抗震设计方法研究	王伟	2007.01	2009.12	30
45	50678057	钢筋混凝土结构基于概率损伤模型的地震易损性研究	吕大刚	2007.01	2009.12	27
46	50771590	复杂山地地形风场分布的数值模拟研究	肖仪清	2008.01	2010.12	30
47	50778054	新型半刚度节点网壳结构受力性能及其设计理论研究	范峰	2008.01	2010.12	32
48	50778058	借助有限断层源模型估计强烈地震对重大工程的破坏作用场	陶夏新	2008.01	2010.12	34
49	70773030	基于价值理论的住区和谐整合及效率提升研究	武永祥	2008.01	2010.12	20
50	90715009	高层结构抗震性能指标及结构体系大震性态描述	滕军	2008.01	2010.12	50
51	90715015	大跨度桥梁斜拉索风雨多相介质耦合振动的精细化研究	刘敏	2008.01	2010.12	20
52	90715021	超高层建筑结构基于三维MPA和IDA的地震演化规律与破坏倒塌机制研究	吕大刚	2008.01	2010.12	50
53	50878065	自生成多面体空间结构的几何构成与应用技术的研究	顾磊	2009.01	2011.12	35
54	50878066	抗连续倒塌结构体系中组合节点力学性能分析与设计	张素梅	2009.01	2011.12	36
55	50878067	胶合木梁湿度变化导致横纹应力和开裂的研究	祝恩淳	2009.01	2011.12	30
56	50878068	混凝土结构受氯盐侵蚀状态的电化学监测技术研究	高小建	2009.01	2011.12	36
57	50878069	结构构件火灾时声发射和振动特性的试验研究	董毓利	2009.01	2011.12	35
58	50878070	地震与腐蚀作用下钢筋混凝土材料与结构动力特性的研究	刘铁军	2009.01	2011.12	35
59	50878071	高架桥梁强震非线性损伤破坏及抗震性能研究	郭安薪	2009.01	2011.12	34
60	90815014	基于最不利设计地震动的超高层建筑灾变全过程与机理研究	翟长海	2009.01	2011.12	50
61	90815009	强地震下液化场地桩—土—桥梁结构地震相互作用动力p-y曲线研究	凌贤长	2009.01	2011.12	50
62	70801023	基于认知图分析的建设工程项目谈判决策理论与方法研究	薛小龙	2009.01	2011.12	16.5
63	50878074	钢-混凝土组合梁钢框架结构设计理论及应用研究	王力	2010.01	2012.12	39
64	50978076	高层钢框架新型管节点耗能减震支撑体系的研究	武振宇	2010.01	2012.12	35
65	50978077	大跨空间结构在爆炸荷载下的破坏机理及防御措施研究	支旭东	2010.01	2012.12	38
66	50978078	基于统计模拟的复杂结构可靠性分析方法	王伟	2010.01	2012.12	36
67	50978079	光纤布里渊与光栅共线技术及其在预应力损失监测中的应用	周智	2010.01	2012.12	35
68	50978080	罕遇地震作用下钢筋混凝土框架结构的鲁棒性分析与抗倒塌设计方法	吕大刚	2010.01	2012.12	35
69	11072069	碳纤维微结构与宏观力学性能的关联性	边文凤	2011.01	2013.12	35
70	51078103	冲击荷载作用下网壳结构的失效机理及防御方法研究	范峰	2011.01	2013.12	38
71	51078107	道路用水泥基压电发电制品的制备与性能研究	关新春	2011.01	2013.12	38
72	51078109	非延性钢筋混凝土框架结构的碳纤维抗震加固与设计方法	王震宇	2011.01	2013.12	37
73	51078110	地下结构监测力致发光色变材料激励波长与土压力的模型研究	何林	2011.01	2013.12	35
74	51078111	季节冻土区铁路列车行驶路基振动反应与稳定性研究	凌贤长	2011.01	2013.12	41
75	51078112	爆炸应力波在节理岩体中传播规律的研究	雷卫东	2011.01	2013.12	37
76	51078115	超大型立式储油罐爆炸破坏机理研究	王伟	2011.01	2013.12	37
77	51078116	基于燃气爆轰加载的模爆器荷载数值模拟与相关试验及参数反演	张春巍	2011.01	2013.12	37
78	51078117	强震作用下填充墙RC框架结构有限元数值模拟及协同工作机制研究	翟长海	2011.01	2013.12	36
79	51078118	金属橡胶剪切摩擦阻尼器耗能减振结构试验、理论和设计方法	李冀龙	2011.01	2013.12	39
80	51078119	桥面激励下斜拉索动态响应特性及其减振研究	刘红军	2011.01	2013.12	36
81	51079036	海洋混凝土耐久性参数实时监测及评价体系的研究	巴恒静	2011.01	2013.12	37
82	71071043	基于BIM的建设项目成本和进度风险分析理论与方法研究	孙成双	2011.01	2013.12	22
83	71073036	住房市场消费、投资投机需求形成机理与影响因素分析	李忠富	2011.01	2013.12	28
84	11172079	充气膜承力结构整体屈曲与局部皱曲行为研究	王长国	2012.01	2014.12	63
85	51174261	重载铁路路基结构损伤机理及强化技术	凌贤长	2012.01	2015.12	45
86	51178143	结构中钢筋混凝土双向板火灾行为研究	董毓利	2012.01	2015.12	62
87	51178144	大跨空间结构的风荷载与风响应概率性评价	武岳	2012.01	2015.12	60

598

附录

续表

序号	项目编号	项目名称	负责人姓名	项目开始年月	项目结束年月	项目合同总经费（万元）
88	51178145	多高层框架支撑结构中支撑板式连接节点的抗震性能和设计方法研究	张文元	2012.01	2015.12	60
89	51178146	长期荷载作用下圆钢管再生混凝土柱静动力性能研究	王玉银	2012.01	2015.12	60
90	51178147	亚麻纤维复合材料混凝土组合结构性能与设计方法研究	咸贵军	2012.01	2015.12	60
91	51178148	自感知碳纳米管水泥基复合材料及其在交通参数和结构参数同步探测中的应用	韩宝国	2012.01	2015.12	60
92	51178150	钢筋混凝土框架结构整体抗震性能系数的试验与数值模拟及概率评定	吕大刚	2012.01	2015.12	65
93	51178151	地震区划基本问题研究	陶夏新	2012.01	2015.12	60
94	51178152	新一代抗震设计谱理论体系及其关键问题研究	徐龙军	2012.01	2015.12	60
95	51178153	基于干砌墙充填摩擦耗能的钢筋混凝土框架结构减振研究	刘红军	2012.01	2015.12	65
96	51178154	腐蚀钢筋混凝土材料应变率效应、机理及其多尺度模型研究	刘铁军	2012.01	2015.12	65
97	51278150	FRP加固钢筋混凝土框架填充墙结构的整体抗震性能试验、分析及设计方法	王震宇	2013.01	2016.12	80
98	51278151	再生混凝土构件复合受力性能和冻融环境下结构力学试验研究与设计方法	邹超英	2013.01	2016.12	79
99	51278152	网壳结构基于性能的地震概率风险评估的关键问题研究	支旭东	2013.01	2016.12	80
100	51278153	钢管约束钢筋混凝土柱抗火性能及基于火灾全过程的灾后力学能力	杨华	2013.01	2016.12	80
101	51278154	木结构设计计算理论关键问题研究	祝恩淳	2013.01	2016.12	80
102	51278155	基于异构平台的复杂高层建筑结构地震失效控制研究	滕军	2013.01	2016.12	90
103	51278156	FRP加固结构界面损伤的远距离声-激光检测原理与方法研究	许颖	2013.01	2016.12	80
104	51278160	大跨度屋盖雷诺数效应及其修正方法研究	孙瑛	2013.01	2016.12	82
105	51278161	台风近地层风场特性实测网络以及风场特性研究	肖仪清	2013.01	2016.12	80
106	71271065	工程项目团队认知对团队绩效的作用机制——谈判决策视角的纵向研究	薛小龙	2013.01	2015.12	54
107	11372002	铁电/铁磁异质结中的量子隧穿效应及其多场可控性研究	路晓艳	2014.01	2017.12	76
108	51378007	高层建筑结构地震灾变行为的多尺度损伤评价方法及分析平台构建	李忭华	2014.01	2017.12	80
109	51378146	高强钢筋在混凝土结构中应用基础研究	郑文忠	2014.01	2017.12	80
110	51378147	新型大跨度充气-张弦混合体系结构性能与成形方法研究	曹正罡	2014.01	2017.12	78
111	51378148	包含节点蠕变的空间结构弹塑性破坏机理精细化研究	顾磊	2014.01	2017.12	80
112	51378149	大口径射电望远镜结构体系优化与反射面精度控制	钱宏亮	2014.01	2017.12	80
113	51378150	结构形态学与新形态空间结构关键问题研究	武岳	2014.01	2017.12	80
114	51378151	爆炸荷载下大跨网壳结构的损伤评估及其抗爆防御设计理论与方法研究	翟希梅	2014.01	2017.12	80
115	51378152	尺寸效应对大直径钢管混凝土柱轴压承载力的影响	王玉银	2014.01	2017.12	82
116	51378153	大跨悬索桥桥塔复杂绕流影响区局部大幅风致振动的机理与控制	陈文礼	2014.01	2017.12	80
117	51378154	大跨度桥梁的车辆荷载时空分布识别与建模研究	鲍跃全	2014.01	2017.12	80
118	51378155	非粘滞阻尼力模型及其结构动力响应分析方法研究	段忠东	2014.01	2017.12	78
119	51378156	重大钢混结构腐蚀监测与CP控制一体化自治系统	乔国富	2014.01	2017.12	80
120	51378157	基于移动无线传感器网络的高层建筑结构分散损伤识别方法	张东昱	2014.01	2017.12	80
121	51378158	盐腐蚀与冻融耦合作用下地质聚合物的劣化规律及机理分析	李学965	2014.01	2017.12	80
122	51378159	纳米混凝土氯离子扩散特性与预测方法	肖会刚	2014.01	2017.12	80
123	51378160	基于新兴信息技术的智慧施工理论与方法研究	王要武	2014.01	2017.12	80
124	51378161	液化侧扩流场地桥梁桩基强震反应与稳定性分析方法	凌贤长	2014.01	2017.12	80
125	51378162	考虑失效路径随机演化的钢筋混凝土框架结构抗震可靠度研究	吕大刚	2014.01	2017.12	80
126	51378163	超大跨桥梁主梁风致效应的定常吸气式流动控制机理	辛大波	2014.01	2017.12	80
127	51379053	垃圾填埋场覆盖层植物-上-水相互作用机理及长期服役性能评价	李锦辉	2014.01	2017.12	80
128	51478142	碱矿渣胶凝材料砌块砌体及其基本力学性能	王英	2015.01	2018.12	80
129	51478143	FRP加固非延性钢筋混凝土框架结构的地震易损性分析与性能设计方法	王震宇	2015.01	2018.12	80
130	51478144	多种材料复合圆柱构件在爆炸/冲击下的吸能及破坏机理	文旭东	2015.01	2018.12	84
131	51478145	基于温度效应的CFRP加固钢结构疲劳性能与控制方法研究	咸贵军	2015.01	2018.12	84
132	51478146	复杂隧道线形条件下盾构掘进姿态控制模型研究	陈剑	2015.01	2018.12	79
133	51478147	大跨度复杂屋盖积雪漂移堆积机理、过程模拟与实测研究	范峰	2015.01	2018.12	90
134	51478148	基于立体视觉的结构大变形全过程非接触动态测量方法	单宝华	2015.01	2018.12	82
135	51478150	低钙高贝利特水泥基材料的水化机理及耐久性研究	王政	2015.01	2018.12	81
136	51478155	基于大数据理论的大跨屋盖风荷载模型及数据仓库研究	孙瑛	2015.01	2018.12	89
137	51478156	低屈服点钢剪切板阻尼器耗能减振结构试验、理论和设计	李冀龙	2015.01	2018.12	83
138	71473061	基于城市居住群体需求特征的居民住房联合选择行为研究	杨晓冬	2015.01	2018.12	60
139	11572106	基于自适应时频分析的结构非平稳动力复杂性分析方法研究	王伟	2016.01	2019.12	56
140	51578181	加速碳化处理对中低放射性废弃物水泥固化体性能的影响研究	查晓雄	2016.01	2019.12	62
141	51578184	活性粉末混凝土高温爆裂规律与抗火设计方法研究	侯晓萌	2016.01	2019.12	62
142	51578185	杆支承式壳-网混合型自由曲面结构形态创构方法研究	褚昌禹	2016.01	2019.12	62
143	51578186	超大跨城市穹顶结构新体系与形态优化研究	武岳	2016.01	2019.12	69
144	51578187	短肢多腔钢混凝土组合剪力墙性能研究	郭兰慧	2016.01	2019.12	64
145	51578188	大跨度桥梁箱梁风速全过程的被动自吸/吹气流动控制研究	陈文礼	2016.01	2019.12	63
146	51578189	结构健康监测的稀疏恢复算法与压缩采样实现	段忠东	2016.01	2019.12	68
147	51578190	轨道交通基础设施杂散电流腐蚀疲劳损伤机理与全寿命监测系统	乔国富	2016.01	2019.12	68
148	51578191	正交异性钢桥面板疲劳裂纹的新型d36压电换能器阵列成像与评估方法	周文松	2016.01	2019.12	67
149	51578192	基于流变学的混凝土原始界面缺陷形成机理与控制研究	高小建	2016.01	2019.12	63
150	51578193	基于微观力学模型应变硬化水泥基复合材料强韧化设计与动态力学行为	梁英裳	2016.01	2019.12	62
151	51578194	水泥基材料水、气和氯离子非饱和传输性能统一模型研究	周春圣	2016.01	2019.12	65
152	51578195	考虑弯曲-屈曲耦合失效模式的液化场地桥梁桩基强震反应分析方法	唐亮	2016.01	2019.12	61

续表

序号	项目编号	项目名称	负责人姓名	项目开始年月	项目结束年月	项目合同总经费（万元）
153	51578196	大气-植被共同作用下土质覆盖层水气耦合运移规律及调控机理	陈锐	2016.01	2019.12	61
154	51578201	铝基复合泡沫填充管结构爆炸冲击破坏机理及吸能性能研究	张博一	2016.01	2019.12	62
155	51578202	基于第二代性态理论的结构地震和连续倒塌评估与统一设计研究	李爽	2016.01	2019.12	62
156	11672091	基于分数阶微积分的非线性系统随机响应及动力可靠性分析	戴鸿哲	2017.01	2020.12	52
157	41672287	移动荷载下冻土的损伤机理与振动波隔振方法	汤爱平	2017.01	2020.12	60
158	51678190	约束混凝土柱高强箍筋和混凝土局压区高强间接钢筋合理配置研究	郑文忠	2017.01	2020.12	62
159	51678191	大口径全可动望远镜风振作用下的精度控制及疲劳性能研究	钱宏亮	2017.01	2020.12	62
160	51678192	基于可靠度的膜结构设计理论与方法研究	孙晓颖	2017.01	2020.12	62
161	51678193	闭口型压型钢板混凝土组合剪力墙性能与设计	张素梅	2017.01	2020.12	62
162	51678194	高强钢管高强混凝土柱抗冲击性能与设计	杨华	2017.01	2020.12	62
163	51678195	钢管再生细骨料混凝土柱静动力性能及非均匀约束作用机理研究	王玉银	2017.01	2020.12	62
164	51678196	UHPCC薄壁复合结构性能分析与设计基础	吴香国	2017.01	2020.12	56
165	51678197	不均匀腐蚀条件下近海桥梁地震失效模式及抗震性能研究	郭安薪	2017.01	2020.12	66
166	51678198	大跨度斜拉桥拉索参数激励非线性振动及其控制理论与方法	刘敏	2017.01	2020.12	58
167	51678199	基于响应面的模型更新混合模拟方法	陈再现	2017.01	2020.12	62
168	51678200	混凝土结构渗水的压电智能监测方法与传输机制研究	刘铁军	2017.01	2020.12	62
169	51678201	基于监测数据和多尺度模拟的空间钢结构性能跟踪方法	卢伟	2017.01	2020.12	62
170	51678202	基于虚拟控制系统的建筑结构子结构控制识别方法	张东昱	2017.01	2020.12	62
171	51678203	基于无线感器与自适应稀疏时频分析的桥梁拉索时变索力识别方法	鲍跃全	2017.01	2020.12	62
172	51678205	硫酸盐侵蚀混凝土的动态时变损伤本构关系	邹笃建	2017.01	2020.12	62
173	51678206	改性碳纤维-纳米材料协同高强高韧性混凝土研究	肖会刚	2017.01	2020.12	62
174	51678208	基于生物信息学原理的地震动分类理论、方法及应用	徐龙军	2017.01	2020.12	62
175	51678209	罕遇和极罕遇地震作用下结构的一致风险抗倒塌设计方法研究	吕大刚	2017.01	2020.12	62
176	51678210	高层建筑非线性动态子结构数值方法和控制研究	王建	2017.01	2020.12	58
177	51679060	复杂海洋土中桩靴基础在多元荷载共同作用下的失效机理和承载力包	李锦辉	2017.01	2020.12	62
178	41772315	深季节冻土区高铁膨胀土边坡冻融失稳机制与板桩墙支护体系设计方法	胡庆立	2018.01	2021.12	74
179	51778182	新型高性能复合冰材料与冰结构研究	武岳	2018.01	2021.12	62
180	51778183	圆柱-截锥钢结构空冷塔体系优化选型及抗灾关键理论研究	支旭东	2018.01	2021.12	59
181	51778184	约束混凝土徐变机制及其对圆钢管约束混凝土柱静动力性能影响	耿悦	2018.01	2021.12	60
182	51778185	局部腐蚀圆钢管混凝土性能与评估	郭兰慧	2018.01	2021.12	58
183	51778186	多层次耗能自复位混凝土剪力墙抗震机理与设计方法	周威	2018.01	2021.12	61
184	51778187	木结构设计计算理论关键问题研究之二	祝恩淳	2018.01	2021.12	62
185	51778188	透水混凝土的碳化养护强化机理与长期性能评价	高小建	2018.01	2021.12	60
186	51778189	基于高吸水聚合物胶囊的自愈合混凝土愈合机制与性能	关新春	2018.01	2021.12	62
187	51778190	考虑非完整边界条件的新型混合试验方法	许国山	2018.01	2021.12	60
188	51778191	基于非线性激光超声调制的混凝土微裂缝非接触式监测理论与方法研究	许斌	2018.01	2021.12	60
189	51778192	基于全场振动视频监测的结构状态与荷载贝叶斯识别方法	黄永	2018.01	2021.12	60
190	51778193	基于时域边界元及离散元的岩体渗流损伤耦合研究	雷卫东	2018.01	2021.12	60
191	51778196	石油化工控制室蒸气云爆炸破坏机理及抗爆设计方法研究	张博一	2018.01	2021.12	58
192	51778197	PSHA区划图检验方法的研究	陶夏新	2018.01	2021.12	61
193	51778199	圆柱体风致振动的行波壁流动控制方法与机理	徐枫	2018.01	2021.12	58
194	11872019	弛豫铁电体中基于共存相的精细弹性畸调控机理及性能研究	路晓艳	2019.01	2022.12	63
195	51872064	基于次级界面弱化的水泥基材料阻尼调控与界面强度理论研究	卢爽	2019.01	2022.12	60
196	51878215	微生物群落结构及其调控对污泥脱水性能的影响及机制研究	周旭	2019.01	2022.12	60
197	51878217	新型组合碟簧自复位防屈曲支撑钢框架体系抗震性能与设计方法	丁玉坤	2019.01	2022.12	60
198	51878218	全张力支撑单层空间网格结构体系优化、稳定性与施工关键技术研究	曹正罡	2019.01	2022.12	60
199	51878219	钢管约束的钢管混凝土新型组合构件力学性能与设计	张素梅	2019.01	2022.12	60
200	51878220	圆钢管约束型钢混凝土柱火灾下与火灾后力学性能与设计	杨华	2019.01	2022.12	60
201	51878221	波纹钢管混凝土工作机理及静动力性能研究	王玉银	2019.01	2022.12	62
202	51878222	地下装配式管廊结构复合界面性能及设计方法	吴香国	2019.01	2022.12	60
203	51878223	亚麻-碳纤维的混杂效应及其复合材料-混凝土柱受力性能研究	咸贵军	2019.01	2022.12	60
204	51878224	FRP管约束十字形钢骨混凝土柱的力学性能与设计方法	王代玉	2019.01	2022.12	61
205	51878225	再生骨料透水混凝土渗蓄性能与堵塞机理研究	刘铁军	2019.01	2022.12	60
206	51878226	基于运营监测的斜拉桥性能劣化统计识别方法研究	胡卫华	2019.01	2022.12	60
207	51878227	石墨烯智能路面自集能与自感知及电热特性研究	徐翔	2019.01	2022.12	60
208	51878230	基于流态特征的大跨度桥梁颤振机理研究	赖马树金	2019.01	2022.12	61
209	11972009	新型侵入式随机有限元方法研究	戴鸿哲	2020.01	2023.12	62
210	71974047	面向决策全过程的城市住区更新公众参与行为研究	杨晓冬	2020.01	2023.12	47.5
211	51978205	地聚物再生混凝土的材料性能和构筑物力学行为与设计方法研究	邹超英	2020.01	2023.12	56
212	51978206	端板螺栓装配式中心支撑-框架结构的大震抗倒塌性能及抗震设计理论研究	张文元	2020.01	2023.12	60
213	51978207	风雪热耦合作用下大跨屋盖多次累积雪荷载分布规律研究	张清文	2020.01	2023.12	60
214	51978208	新型泡沫铝填充高强铝合金圆管构件抗冲击及稳定性能研究	翟希梅	2020.01	2023.12	60
215	51978209	高强钢管高温抗火性能及灾后损伤评估	刘发起	2020.01	2023.12	60
216	51978210	设置型钢短梁的新型埋入式圆钢管混凝土柱脚性能与设计	郭兰慧	2020.01	2023.12	60
217	51978211	滨海混凝土结构寿命预测与劣化监测方法研究	邹笃建	2020.01	2023.12	60
218	51978212	基于界面性能调控的超细钢纤维水泥基复合材料性能优化研究	肖会刚	2020.01	2023.12	60

续表

序号	项目编号	项目名称	负责人姓名	项目开始年月	项目结束年月	项目合同总经费（万元）
219	51978213	基于重启动的新型实时混合试验方法	许国山	2020.01	2023.12	60
220	51978214	基于响应关联的空间网格钢结构损伤劣化感知机理与监测方法	卢伟	2020.01	2023.12	60
221	51978215	基于无线智能振动监测的大跨桥梁结构实时损伤诊断方法研究	柳成荫	2020.01	2023.12	60
222	51978216	基于计算机视觉和深度学习的大型桥梁健康监测异常数据诊断	鲍跃全	2020.01	2023.12	60
223	51978217	基于导波束形成和数据驱动的正交异性钢桥面板疲劳裂纹识别研究	周文松	2020.01	2023.12	60
224	51978220	基于直接分析设计法的钢框架结构整体抗震可靠度理论研究	贾明明	2020.01	2023.12	60
225	51978221	基于多尺度涡流合成法的结构风致响应大涡模拟研究	刘红军	2020.01	2023.12	60
226	51978222	超长斜拉索高阶多模态涡振被动吹气流动控制及人工智能设计方法	陈文礼	2020.01	2023.12	62
227	51978223	耦合全球气候变化的台风危险性分析方法研究	段忠东	2020.01	2023.12	60
228	51978224	易装配型可控高层主次结构地震失效机理及调控方法	李祚华	2020.01	2023.12	62
229	51978225	基于STF自调谐质量阻尼器的斜拉索多模态智能减振研究	林坤	2020.01	2023.12	62
230	51979067	深厚海洋软土中大直径钢筒基础的失效机制与稳定性研究	李锦辉	2020.01	2023.12	62
231	71974047	面向决策全过程的城市住区更新公众参与行为研究	杨晓冬	2020.01	2023.12	47.5

附录6-1-5　国家自然科学基金青年项目

序号	项目编号	项目名称	负责人姓名	项目开始年月	项目结束年月	项目合同总经费（万元）
1	50108005	抗震结构最优设防可靠度的决策分析与性能优化	吕大刚	2002.01	2004.12	18
2	50608022	大跨屋盖结构的风荷载与抗风设计方法研究	武岳	2007.01	2009.12	28
3	50608023	核心混凝土收缩与徐变对钢管混凝土拱桥静力性能影响	王玉银	2007.01	2009.12	26
4	50608024	近场脉冲型地震动破坏性特征与结构抗震设计理论	翟长海	2007.01	2009.12	26
5	50608025	阻尼增强混凝土与高阻尼自密振动	刘铁军	2007.01	2009.12	28
6	50608026	结构振动控制的电磁驱动、换能/储能HMD系统	郑春雨	2007.01	2009.12	28
7	50609002	海洋平台结构管节点超声相控阵检测成像与损伤评定	单宝华	2007.01	2009.12	24
8	50609003	导管架式海洋平台结构健康监测数据挖掘与可靠性预测	周道成	2007.01	2009.12	24
9	50708028	非均匀火作用下矩形钢管混凝土柱抗火性能与设计	杨华	2008.01	2010.12	20
10	50708029	非线性结构的损伤识别方法及其在地震损伤识别中的应用	闫桂荣	2008.01	2010.12	21
11	50708030	大跨屋盖结构风荷载数据库系统建立中的关键理论问题研究	孙瑛	2008.01	2010.12	20
12	50808053	两边连接钢板组合剪力墙及其结构体系性能分析与设计	郭兰慧	2009.01	2011.12	20
13	50808054	利用干涉型光纤传感器对FRP的分层及界面剥离进行无损检测的新方法	许颖	2009.01	2011.12	22
14	50808055	新型压敏水泥基复合材料、传感器与智能混凝土结构	韩宝国	2009.01	2011.12	20
15	50808059	自阻力碳纳米纤维复合材料及其拉拔研究	肖会刚	2009.01	2011.12	20
16	50808168	统一设计谱理论与长周期地震动危险区设计谱研究	徐龙军	2009.01	2011.12	20
17	50878070	地震与腐蚀作用下钢筋混凝土材料与结构动力特性研究	刘铁军	2009.01	2011.12	35
18	10902028	基于数论网络的结构可靠性及其灵敏度分析	戴鸿哲	2010.01	2012.12	22
19	50908064	具有多个调压井的长输管线水击波动过程优化控制	曹慧芳	2010.01	2012.12	20
20	50908066	基于波动理论的纤维-混凝土组合结构损伤监测研究	周文松	2010.01	2012.12	22
21	50908067	纳米路面混凝土的力学性能和耐久性研究	张茂花	2010.01	2012.12	20
22	50908068	膜结构风致耦合振动机理与抗风设计方法研究	孙晓颖	2010.01	2012.12	23
23	50908069	大跨桥梁风致颤振的吸气绕流控制	辛大波	2010.01	2012.12	22
24	50909030	干湿循环对非饱和土剪切特性和边坡稳定性的影响	陈锐	2010.01	2012.12	21
25	10902027	薄膜褶皱及二次皱曲行为数值分析和模拟研究	王长国	2010.01	2012.12	18
26	11002044	纳尺度多铁异质结构非线性磁电耦合机理及临界尺寸研究	路晓艳	2011.01	2013.12	22
27	41002085	单井循环地下换热系统多流态流动与传热耦合机理研究	倪龙	2011.01	2013.12	20
28	51008089	新型防屈曲支撑钢框架结构抗地震倒塌分析与设计	贾明明	2011.01	2013.12	20
29	51008090	巨型望远镜反射面非均匀温度场效应与形状控制	钱宏亮	2011.01	2013.12	19
30	51008091	GFRP/钢绞线复合筋混凝土梁受力性能与设计方法	郝庆多	2011.01	2013.12	21
31	51008092	结构新型热塑性FRP筋的开发及其折弯理论、工艺和力学性能	王川	2011.01	2013.12	21
32	51008093	大跨度桥梁斜拉索风致振动边界层伩生控制	陈文礼	2011.01	2013.12	21
33	51008094	基于变截面组合梁和变截面支撑的分离式结构体系抗震性能研究	刘洪波	2011.01	2013.12	20
34	51008095	结构健康监测动力响应数据压缩采样与重构方法研究	鲍跃全	2011.01	2013.12	20
35	51008098	基于TPS及ENA的钢混结构钢筋腐蚀电化学特征识别与监测传感器系统	乔国富	2011.01	2013.12	21
36	51008100	基于非概率凸集理论的钢筋混凝土框架结构地震损伤和损失动态评估	贾立哲	2011.01	2013.12	21
37	51008101	基于CA方法的建筑结构倒塌模拟与人员疏散及伤亡分析研究	李爽	2011.01	2013.12	19
38	51008103	高层建筑风致振动耦合效应的数值模拟与实验研究	徐枫	2011.01	2013.12	19
39	51009043	考虑随机裂隙网络动态发展时裂隙土饱和-非饱和及渗流的连续介质理论和试验研究	李锦辉	2011.01	2013.12	20
40	51108119	多元掺杂纳米改性催化臭氧化去除水中有机物的研究	赵雷	2012.01	2014.12	25
41	51108124	钢筋砼框架的震致残余变形量化描述与后置翼墙抗震性能	周威	2012.01	2014.12	25
42	51108125	新型组合墙板内置无粘结支撑钢框架体系抗震性能与设计	丁玉坤	2012.01	2014.12	25
43	51108126	新型高强铝合金压弯构件耦合稳定性能及其设计方法研究	翟希梅	2012.01	2014.12	25
44	51108127	蠕变对弦支胶合木穹顶结构性能的影响研究	周华辉	2012.01	2014.12	25
45	51108129	桥梁结构无线健康监测系统智能化方法研究	柳成荫	2012.01	2014.12	28
46	51108130	测试信息不完备条件下不确定时变结构的损伤识别方法研究	张坤	2012.01	2014.12	25

续表

序号	项目编号	项目名称	负责人姓名	项目开始年月	项目结束年月	项目合同总经费（万元）
47	51108133	冻融与溶蚀交互作用下水工混凝土的劣化规律及原位监测	卢爽	2012.01	2014.12	25
48	51108134	强震下可液化场地桩——土动力相互作用宏观力学模型研究	唐亮	2012.01	2014.12	25
49	51108135	软土场地地铁车站施工地面沉降曲线理论模型研究	王绍君	2012.01	2014.12	24
50	51108141	微孔铝基复合泡沫夹层板动力响应及吸能特性研究	张博一	2012.01	2014.12	25
51	51108142	超高层建筑三维风荷载的吸/吹气控制研究	郑朝荣	2012.01	2014.12	25
52	51208146	爆炸和火灾下活性粉末混凝土板受力性能与破坏模式	侯晓萌	2013.01	2015.12	25
53	51208147	大跨径钢管混凝土拱出平面徐变稳定性能研究	耿悦	2013.01	2015.12	25
54	51208148	考虑屈曲前变形的钢管混凝土抛物线拱平面内稳定性研究	刘昌永	2013.01	2015.12	25
55	51208149	盾构掘进姿态对隧道管片衬砌结构受力特性的影响及机理研究	陈剑	2013.01	2015.12	23
56	51208150	考虑界面效应的拟动力子结构试验方法精细化研究	陈再现	2013.01	2015.12	25
57	51208153	持荷下非饱和损伤混凝土材料的气体渗透性研究	周春圣	2013.01	2015.12	25
58	51208155	大跨度桥梁颤振及其分支跳转的发生机理研究	陈国芳	2013.01	2015.12	25
59	51208156	大跨度斜拉桥拉索多相介质耦合非线性振动控制理论与方法	刘敏	2013.01	2015.12	25
60	51208157	磁流变阻尼器与结构相合相互作用的振动控制研究	王建	2013.01	2015.12	25
61	71201038	基于普适计算和BIM的协同施工控制理论与方法研究	满庆鹏	2013.01	2015.12	22
62	51308153	新型半刚性节点网壳结构的动力性能及其抗震设计方法研究	马会环	2014.01	2016.12	25
63	51308154	在役大跨空间钢结构安全性能评估研究	王化杰	2014.01	2016.12	25
64	51308155	第三代核电站(EPR)安全壳结构施工关键技术研究	严佳川	2014.01	2016.12	25
65	51308157	基于pushover分析的钢管混凝土拱桥抗震性能评估方法研究	曾森	2014.01	2016.12	25
66	51308158	基于偏最小二乘理论的结构可靠度分析代理模型方法	赵威	2014.01	2016.12	25
67	51308159	结构抗震振动台结构实验的边界协调控制方法研究	许国山	2014.01	2016.12	25
68	51308160	基于不完备测量信息的荷载与结构参数同步识别时域新方法	丁勇	2014.01	2016.12	25
69	51308161	结构健康监测的鲁棒性贝叶斯压缩采样和损伤识别方法研究	黄永	2014.01	2016.12	25
70	51308162	基于分布式监测数据的信息延拓与融合决策方法	卢伟	2014.01	2016.12	25
71	51308164	基于PIV技术的横向荷载桩与土体相互作用机理研究	袁炳祥	2014.01	2016.12	25
72	51308166	酸雨环境下受腐蚀钢筋混凝土桥梁抗震性能研究	张英姿	2014.01	2016.12	25
73	51308167	基于粗糙壁面修正的平衡大气边界层紊流风场大涡模拟研究	李朝	2014.01	2016.12	25
74	51308168	主被动湍流耦合作用的气旋风场特性及对高层建筑风效应影响	李利孝	2014.01	2016.12	25
75	51308169	自复位防屈曲支撑的性能及其结构抗震设计方法	刘璐	2014.01	2016.12	25
76	51308170	地震作用下高架桥梁碰撞过程中的波动行为及减震控制	李素超	2014.01	2016.12	25
77	51402074	形状可调、柔性可拉伸超级电容器的制备及其研究	钟晶	2015.01	2017.12	25
78	51408148	土质边坡在超载条件下的全寿命监测方法与滑坡机理研究	裴华富	2015.01	2017.12	25
79	51408150	高强钢Q460用于改善梁柱端板连接节点火灾安全性的理论与试验研究	强旭红	2015.01	2017.12	25
80	51408152	钢框架结构的连续性倒塌分析与加固	李泓昊	2015.01	2017.12	25
81	51408153	双向地震作用下FRP加固钢筋混凝土矩形柱的抗震性能试验、分析与设计方法	王代玉	2015.01	2017.12	25
82	51408155	主余震序列作用下钢管混凝土框架结构的多元联合易损性研究	于晓辉	2015.01	2017.12	25
83	51408157	非线性实时混合试验的时滞补偿及其在磁流变减/隔震结构试验中的应用	王贞	2015.01	2017.12	25
84	51408165	地下岩土和钢筋混凝土结构腐蚀环境的高性能光纤监测技术与评价方法	郑世杰	2015.01	2017.12	25
85	51408167	圆钢管活性粉末混凝土柱静动力性能与设计方法	戎芹	2015.01	2017.12	25
86	51409072	水泥改良土地基-沉箱护岸体系地震反应的振动台试验及数值模拟研究	孙凯	2015.01	2017.12	25
87	51508126	基于户外慢行体力活动VGI的绿道网络使用效能评价与优化策略研究——以深圳为例	刘堃	2016.01	2018.12	20
88	51508135	结构实时损伤识别与半主动控制系统集成方法研究	黄勤	2016.01	2018.12	20
89	11602072	新型阵列式微纳米俘能器的非线性力电耦合特性研究	王开发	2017.01	2019.12	26
90	51601078	3D石墨烯气凝胶常温常压干燥制备方法及其智能特性与抗拉性能研究	徐翔	2017.01	2019.12	20
91	51608151	爆炸荷载下拱形钢板夹芯混凝土组合墙板结构的损伤机理及理论分析研究	王永辉	2017.01	2019.12	20
92	51608152	不均匀沉降作用下土质覆盖层防渗性能劣化机理及调控方法	刘坚	2017.01	2019.12	20
93	51608153	摩擦型砌块墙动态力学性能及耗能分布机制研究	林坤	2017.01	2019.12	20
94	51609054	斜式结构上海冰爬坡和堆积的机理和控制研究	李亮	2017.01	2019.12	20
95	51708158	长期荷载作用下钢管约束钢筋混凝土柱静力性能与设计	陈杰	2018.01	2020.12	25
96	51708159	基于不完备且受噪音影响的时域测量信号的非线性系统参数识别方法	刘坤	2018.01	2020.12	20
97	51708160	基于三维纤维孔隙模型的土工织物管袋反滤失效机理研究	唐琳	2018.01	2020.12	24
98	51708161	主余震序列作用下RC框架结构累积损伤机理及性态设计方法	温卫平	2018.01	2020.12	26
99	51808170	基于机电阻抗技术的锚固结构锈蚀监测与评估方法研究	李伟杰	2019.01	2021.12	26
100	51808171	生物炭改性黏土气体突破机理微-细观研究及在土质气体屏障中的应用	陈中豪	2019.01	2021.12	25
101	51808168	空间钢结构日照非均匀温度场作用机理及其设计方法研究	陈德珅	2019.01	2021.12	24
102	51808169	考虑地区差异性的屋面积雪分布系数研究	莫华美	2019.01	2021.12	28
103	51808172	跨海箱型梁桥台风极端波浪致灾机理与试验验证	方庆贺	2019.01	2021.12	26
104	51808173	高耸化工塔风效应的流动控制研究	卢姗姗	2019.01	2021.12	23
105	51808174	高层建筑屋顶风场及屋顶风机布设方法的研究	彭化义	2019.01	2021.12	25
106	51808175	基于惯性力的大跨度斜拉桥拉索高阶多模态振动控制研究	周鹏	2019.01	2021.12	26
107	51902068	相变纳米胶囊储能ECC微观结构调控及热-力特性强化机制研究	刘雨时	2020.01	2022.12	24
108	51908166	基于函数型数据分析的监测数据分布相关性挖掘与健康诊断方法	陈智成	2020.01	2022.12	24
109	51908167	荷载与环境耦合作用下FRP-混凝土界面退化机理的多尺度研究	周傲	2020.01	2022.12	27
110	51908169	基于小波多分辨率分析方法的结构位移识别研究	赵国臣	2020.01	2022.12	22
111	71901082	工程项目干系人目标冲突的网络结构效应、动态演化路径及适应性控制机制研究	于涛	2020.01	2022..12	19

附录 6-2　科学研究获奖情况

附录 6-2-1　获国家级奖项情况

获奖年度	奖励类别	获奖等级	完成人	项目名称
1988	国家自然科学奖	三等	王光远(1)、王文泉(2)	结构模糊优化设计理论
1990	国家科技进步奖	三等	刘季(2)	不对称建筑抗震计算方法的研究
1993	国家科技进步奖	二等	张耀春(2)	高层建筑结构成套技术
1995	国家科技进步奖	三等	钟善桐(1)、张素梅(2)、潘友光(3)	钢管混凝土结构构件基本性能和计算理论研究
1997	国家科技进步奖	二等	沈世钊(1)、赵臣(3)、陈昕(4)、徐崇宝(6)、杨庆山(7)、王娜(8)	悬索与网壳结构应用关键技术
1997	国家科技进步奖	二等	刘季(2)	建筑结构隔震减振方法及其工程应用
1998	国家科技进步奖	二等	卫纪德(3)	预应力混凝土结构设计基本问题的研究
2003	国家科技进步奖	二等	欧进萍(1)、肖仪清(4)	海洋平台结构检测维修、安全评定与实时监测系统
2006	国家科技进步奖	二等	李惠(2)	国道205线滨州黄河公路大桥工程综合技术研究
2007	国家科技进步奖	二等	欧进萍(1)、李惠(2)、段忠东(3)、周智(4)、李宏伟(5)、赵雪峰(6)、何林(7)、田石柱(8)、郭安薪(9)、胡庆立(10)	重大工程结构的健康监测集成系统与应用
2007	国家科技进步奖	二等	滕军(3)	多高层建筑多维抗震分析与振动控制——理论及工程应用
2011	国家科技进步奖	二等	范峰(4)	复杂钢结构施工过程时变分析及控制关键技术研究与工程应用
2013	国家科技进步奖	二等	欧进萍(1)、李惠(2)、吴斌(3)、关新春(5)、郭安薪(6)、张春巍(7)	结构振动控制与应用
2014	国家科技进步奖	二等	郑文忠(2)、查晓雄(5)、王英(6)、侯晓萌(8)	混凝土结构耐火关键技术及应用
2015	国家科技进步奖	一等	谢礼立(1)、翟长海(2)、郑文忠(4)、李爽(10)	建筑结构基于性态的抗震设计理论、方法及应用
2016	国家科技进步奖	二等	范峰(1)、沈世钊(2)、武岳(3)、支旭东(5)、曹正罡(7)、钱宏亮(8)、林喆(10)	大跨空间钢结构关键技术研究与应用
2016	国家科技进步奖	二等	滕军(10)	广州塔工程关键技术
2017	国家技术发明奖	二等	凌贤长(1)、唐亮(3)、咸贵军(4)、乔国富(5)	水库高坝/大坝安全精准监测与高效加固关键技术
2018	国家科技进步奖	二等	李惠(1)、鲍跃全(5)、张东昱(9)	大型桥梁结构健康监测数据挖掘与安全评定关键技术
2019	国家科技进步奖	一等	张素梅(4)	高强钢-混凝土混合结构的理论、技术与工程应用
2019	国家自然科学奖	二等	杨华(3)	基于全寿命周期的钢管混凝土结构损伤机理与分析理论

附录 6-2-2　获省部级奖项情况

获奖年度	奖励类别	获奖等级	完成人	项目名称
2001	科技进步奖（教育部）	一等	欧进萍(1)、肖仪清(4)、段忠东(11)、何林(16)、李宏伟(17)	海洋平台结构检测维修、安全评定与实时监测系统
2001	科技进步奖（黑龙江省）	二等	欧进萍(1)、段忠东(3)、肖仪清(4)	现役固定式海洋平台结构体系可靠度分析与安全评定系统
2002	重大科技效益奖（黑龙江省）		郑文忠(1)	现代预应力结构设计理论研究及应用
2002	科技进步奖（黑龙江省）	二等	李惠(1)、吴波(2)、王震宇(3)、周文松(6)	高强混凝土叠合柱设计方法
2003	科技进步奖（黑龙江省）	一等	郑文忠(1)、张耀春(2)、王英(5)、邹超英(7)	体内预应力、体外预应力及预弯预应力结构理论系列研究与实践
2005	科技进步奖（黑龙江省）	一等	谢礼立(1)、翟长海(2)、陶夏新(6)	基于性态的抗震设防标准研究
2005	科技进步奖（广西壮族自治区）	一等	凌贤长(1)	特种黏土固化浆液研制及其工程应用成套技术
2005	自然科学奖（黑龙江省）	一等	吕大刚(1)、王力(2)、王光远(3)	结构智能选型的理论、方法与应用
2006	技术发明奖（教育部）	一等	欧进萍(1)、李惠(2)、段忠东(3)、周智(4)、李宏伟(5)	结构健康监测的光纤光栅传感技术及其应用
2006	土木工程詹天佑奖		范峰(2)、支旭东(3)	哈尔滨国际会展体育中心
2006	科学技术奖（中国公路学会）	二等	李惠(5)	智能结构系统在滨州黄河公路大桥工程中的应用
2007	科技进步奖（华夏建设）	一等	武岳(7)	广州新白云国际机场航站楼结构综合技术研究与应用
2007	自然科学奖（教育部）	二等	王光远(1)、吕大刚(2)、耿永常(10)	土木工程全寿命优化设计理论
2007	科技进步奖（华夏建设）	二等	王力(1)、吕大刚(2)	基于软计算的结构智能方案设计理论
2007	科技进步奖（教育部）	二等	武岳(6)	膜结构成套技术与风致效应及工程应用
2008	科学技术奖（黑龙江省）	一等	王力(3)、李家和(4)、王政(10)	HS-ICF外墙外保温建筑节能体系成套技术研究
2008	科技进步（黑龙江省）	二等	黄智山(2)、胡琼(3)	C30免振捣自密实混凝土配制及应用技术
2008	科技进步（黑龙江省）	二等	郑文忠(1)、王英(3)、周威(5)	预应力混凝土板中无粘结预应力增长规律研究及应用
2008	科技进步（吉林省）	二等	王玉银(4)	五跨连续无风撑斜拉式钢管混凝土拱桥综合施工技术
2009	科技进步奖（黑龙江省）	一等	王凤来(1)、唐岱新(2)、姜洪斌(5)、翟希梅(6)	节能省地环保型承重墙体系研究与应用

续表

获奖年度	奖励类别	获奖等级	完成人	项目名称
2009	科技进步奖（湖北省）	一等	滕军(2)	大跨度复杂体型空间网架结构风致损伤与健康诊断的智能化方法与技术
2009	中国建筑学会优秀建筑结构设计奖	二等	王凤来（1）	大庆奥林国际公寓A、D区工程
2010	科学技术奖（中国水运建筑行业协会）	特等	巴恒静(5)	海港工程混凝土结构耐久性寿命预测与健康诊断研究
2010	科技进步奖（教育部）	一等	欧进萍(1)、李惠(2)、吴斌(3)、关新春(4)、郭安薪(6)、刘敏(8)	结构振动控制与应用
2010	科技进步奖（教育部）	一等	郑文忠(2)、王英（4）、侯晓萌(8)、周威(14)	混凝土结构抗火关键技术研究与应用
2010	科学技术奖（华夏建设）	一等	张守健(14)	工程建设标准对国民经济和社会发展影响研究
2011	自然科学奖（黑龙江省）	二等	陶夏新(1)	地脉动机理和借助台阵观测反演地表浅层速度结构研究
2012	自然科学奖（教育部）	一等	李惠（1）、欧进萍（2）、韩宝国（3）、肖会刚（4）、关新春（5）	添加纳/微米材料的高性能智能混凝土与结构
2012	重大科技效益奖（黑龙江省）		郑文忠(4)	鸿盛建筑节能技术研发与应用
2013	科技进步奖（黑龙江省）	一等	郑文忠（1）、王英（2）、侯晓萌（3）、胡琼（6）、周威（9）	预应力混凝土耐火性能与抗火关键技术
2013	科技进步奖（广东省）	一等	滕军（1）、许国山（7）	复杂高层结构抗震设计理论及工程应用
2013	科技进步奖（教育部）	二等	武岳（4）、孙瑛（8）、孙晓颖（10）	大跨屋盖结构风致效应分析、抗风设计理论及其应用
2014	科学技术奖（中国钢结构协会）	特等	杨华（4）、张素梅（7）、王玉银（9）	钢-混凝土组合扁梁及其框架的承载性能与设计理论研究
2014	科技进步奖（黑龙江省）	一等	谢礼立（1）、翟长海（2）、郑文忠（3）、王焕定（4）、周威（5）	建筑结构基于性态的抗震设计理论研究及规范编制
2014	科学技术奖（中建总公司）	一等	范峰（1）、武岳（2）、支旭东（3）、钱宏亮（4）、曹正罡（5）、孙瑛（6）	大跨空间结构新体系研究与应用
2014	科学技术奖（华夏建设）	一等	郑文忠（3）	既有建筑综合改造技术体系研究与工程示范
2014	科技进步奖（黑龙江省）	二等	李学英（1）、赵亚丁（4）、王臣（8）、曲海涛（9）	高寒地区水工混凝土裂缝机理及防护措施的研究
2014	技术发明奖（黑龙江省）	二等	查晓雄（3）	组合桥梁理论与桁式组合桥新结构新技术及应用
2014	科技进步奖（黑龙江省）	二等	黄智山（4）	水泥聚苯颗粒模壳格构式混凝土墙体建筑技术规程
2015	科学技术奖（中国钢结构协会）	特等	范峰（6）、钱宏亮（16）	500米口径球面射电望远镜超大空间结构工程创新与实践
2015	科技进步奖（教育部）	一等	滕军（1）、刘轶平（4）、许国山（10）	复杂高层建筑结构大震失效分析、评价及控制的关键技术与工程应用
2015	自然科学奖（黑龙江省）	一等	李惠（1）、欧进萍（2）、鲍跃全（3）、李顺龙（4）、赖马树金（5）	结构健康监测数据驱动科学与工程的理论及方法
2015	科学技术奖（中国铁道学会）	一等	凌贤长（1）、唐亮（19）	季节性冻融路基在列车载荷下稳定性研究
2015	技术发明奖（黑龙江省）	一等	郑文忠（2）、侯晓萌（7）	保温与结构一体化低能耗抗火房屋研究与应用
2015	技术发明奖（黑龙江省）	二等	乔国富（1）、李家和（4）	基于TPS及ENA的钢混结构钢筋腐蚀电化学特征识别与监测传感器系统
2015	科技进步奖（黑龙江省）	二等	王凤来（1）、翟长海（4）、翟希梅（6）	百米级配筋砌块砌体结构高层建筑研究与应用
2015	科技进步奖（山东省）	二等	武岳（3）	点支式玻璃幕墙与采光顶新技术及工程应用
2016	科技进步奖（黑龙江省）	一等	凌贤长（1）、唐亮（2）	病险水车大坝运行状态评估方法与除险加固成套技术
2016	科学技术奖（华夏建设）	一等	姜洪斌（11）	装配式混凝土结构技术规程
2017	科技进步奖（湖北省）	一等	查晓雄（2）	复杂作用下多种组合钢管混凝土结构设计方法与建造技术
2017	科学技术奖（中国公路学会）	一等	王玉银	钢桁腹PC组合桥梁设计与建造关键技术及应用
2018	科学技术奖（广东省）	一等	滕军（1）、李祚华（2）、刘轶平（3）、卢伟（5）、邹笃建（6）	复杂高层抗震设计理论与工程应用
2018	中国标准化协会标准科技创新奖	一等	王玉银（1）、钟善桐（5）	钢管混凝土结构技术规程
2018	科技进步奖（华夏建设）	一等	王凤来（3）、高小建（10）、杨晓林（11）	东北严寒地区绿色村镇建设关键技术研究与应用
2018	自然科学奖（黑龙江省）	二等	咸贵军（1）、肖会刚（3）、李惠(4)	土木工程纤维复合材料的服役行为机理
2018	科技进步奖（黑龙江省）	二等	姜洪斌（1）、王代玉（2）	预制装配整体式城市地下综合管廊技术
2018	科学技术奖（中国钢结构协会）	二等	王玉银(8)	纵向变厚度钢板（LP钢板）的轧控技术和性能研究及其工程应用
2019	科技进步奖（黑龙江省）	一等	凌贤长（1）、唐亮（2）	高寒深季节冻土区快速轨道交通建造岩土关键技术集成
2019	科学技术奖（中国钢结构协会）	一等	王玉银（1）、刘昌永（2）、耿悦(3)	大跨度钢管混凝土拱桥精细化分析与设计理论及施工关键技术
2019	科技进步奖（教育部）	一等	张素梅（3）、刘发起（8）、王玉银（11）	钢管约束混凝土结构的理论、技术与工程应用
2019	科技进步奖（黑龙江省)）	一等	武岳（2）、郑朝荣（4）、孙晓颖（6）	寒地城市建筑风环境优化与抗风设计关键技术研究及应用
2019	科技进步奖（教育部）	一等	满庆鹏（29）、王玉娜（31）	重大工程管理理论、关键技术创新及其应用
2019	科技进步奖（黑龙江省）	二等	吴香国（1）、胡琼（4）	高性能与超高性能纤维混凝土材料与结构应用技术
2019	科技进步奖（吉林省）	二等	刘昌永（1）	超万吨级桥梁双幅同步水平转体施工关键技术研究
2019	技术发明奖（教育部）	二等	咸贵军（3）	工程结构增强用高性能连续纤维复合材料制备及应用关键技术

附录6-3　主编及参编标准、规范情况

序号	类别	标准规范名称	主编/参编	发布时间	发布单位	备注
1	国家标准	木结构设计规范 GBJ 5—88	樊承谋、王振家	1988	建设部	主编
2	国家标准	砌体结构设计规范 GBJ 3—88	刘季、唐岱新	1988	建设部	参编
3	国家标准	钢结构设计规范 GBJ 17—88	李德滋、朱聘儒	1988	建设部	参编
4	国家标准	混凝土结构设计规范 GBJ 10—89	王振东	1989	建设部	参编
5	国家标准	建筑抗震设计规范 GBJ 11—89	刘季	1989	建设部	参编
6	行业标准	钢纤维混凝土试验方法 CECS 13：89	樊承谋、赵景海	1989	中国工程建设标准化协会	主编
7	国家标准	高耸结构设计规范 GB J 135—90	刘季	1990	建设部	参编
8	行业标准	钢管混凝土结构设计与施工规程 CECS 28：90	钟善桐	1990	中国工程建设标准化协会	主编
9	国家标准	混凝土结构试验方法标准 GB 50152—92	潘景龙、金英俊	1992	建设部	参编
10	行业标准	冷拔钢丝预应力混凝土构件设计与施工规程 JGJ 19-92	卫纪德	1992	建设部	参编
11	国家标准	人民防空地下室设计规范 GB 50038—94	林柏仲	1994	建设部	参编
12	行业标准	冻土地区建筑地基基础设计规范 JGJ 118-98	王正秋	1998	建设部	参编
13	行业标准	高层民用建筑钢结构技术规程 JGJ 99—98	张耀春、王焕定	1998	建设部	参编
14	行业标准	轻骨料混凝土结构设计规程 JGJ 12—99	朱聘儒	1999	建设部	参编
15	国家标准	砌体结构设计规范 GB 50003—2001	唐岱新、王凤来、姜洪斌	2001	建设部	参编
16	国家标准	建筑抗震设计规范 GB50011—2001	欧进萍	2001	建设部	参编
17	国家标准	冻土工程地质勘察规范 GB 50324—2001	王正秋	2001	建设部	参编
18	行业标准	建筑施工扣件式钢管脚手架安全技术规范 JGJ 130—2001	徐崇宝、张有闻、张铁铮	2001	建设部	主编
19	国家标准	混凝土结构设计规范 GB 50010—2002	王振东	2002	建设部	参编
20	国家标准	冷弯薄壁型钢结构技术规范 GB 50018—2002	张耀春	2002	建设部	参编
21	国家标准	钢结构设计规范 GB 50017—2003	张耀春、武振宇	2003	建设部	参编
22	国家标准	木结构设计规范 GB 50005—2003	樊承谋	2003	建设部	参编
23	行业标准	网壳结构技术规程 JGJ61—2003	沈世钊、陈昕	2003	建设部	参编
24	行业标准	混凝土用膨胀型、扩孔型建筑锚栓 JG 160-2004	邹超英	2004	建设部	参编
25	行业标准	混凝土小型空心砌块建筑技术规程 JGJ/T 14-2004	唐岱新	2004	建设部	参编
26	协会标准	建筑工程抗震性态设计通则 CECS 160：2004	谢礼立、张克绪、张耀春	2004	中国工程建设标准化协会	主编
27	地方标准	临时滑雪平台安全技术规范 DB23/T 1828-2006	何林	2006	黑龙江省体育局、黑龙江省质量技术监督局	主编
28	行业标准	建设领域应用软件测评通用规范 CJJ/T 116—2008	王要武	2008	建设部	主编
29	国家标准	建筑施工组织设计规范 GB/T 50502—2009	张守健	2009	住建部	参编
30	国家标准	普通混凝土长期性能和耐久性能试验方法标准 GB/T 50082—2009	巴恒静	2009	住建部	参编
31	国家标准	建筑抗震设计规范 GB 50011—2010	欧进萍、李惠	2010	住建部	参编
32	国家标准	混凝土结构设计规范 GB 50010—2010	郑文忠	2010	住建部	参编
33	国家标准	墙体材料应用统一技术规范 GB 50574—2010	王凤来	2010	住建部	参编
34	行业标准	空间网格结构技术规程 JGJ 7—2010	沈世钊、范峰	2010	住建部	参编
35	行业标准	纤维混凝土应用技术规程 JGJ/T 221—2010	赵景海	2010	住建部	参编
36	行业标准	纤维石膏空心大板复合墙体结构技术规程 JGJ 217-2010	唐岱新	2010	住建部	参编
37	国家标准	砌体结构设计规范 GB 50003—2011	唐岱新、王凤来	2011	住建部	参编
38	国家标准	砌体结构加固设计规范 GB 50702—2011	唐岱新	2011	住建部	参编
39	国家标准	地铁工程施工安全评价标准 GB 50715—2011	张守健	2011	住建部	参编
40	国家标准	结构用集成材 GB/T 26899—2011	祝恩淳	2011	住建部	参编
41	行业标准	建筑施工竹脚手架安全技术规范 JGJ 254-2011	刘宗仁、王绍君、姜庆远	2011	住建部	参编
42	行业标准	混凝土小型空心砌块建筑技术规程 JGJ/T 14—2011	唐岱新	2011	住建部	参编

续表

序号	类别	标准规范名称	主编/参编	发布时间	发布单位	备注
43	行业标准	建筑工程冬期施工规程 JGJ/T 104—2011	李家和	2011	住建部	参编
44	行业标准	再生骨料应用技术规程 JGJ/T 240—2011	邹超英	2011	住建部	参编
45	行业标准	拱形钢结构技术规程 JGJ/T 249—2011	武岳	2011	住建部	参编
46	行业标准	冻土地区建筑地基基础设计规范 JGJ 118—2011	徐学燕、邱明国	2011	住建部	参编
47	地方标准	特种黏土固化浆液工程应用技术规范 DB 45/T 722—2011	凌贤长、唐亮	2011	广西壮族自治区质量技术监督局	主编
48	国家标准	建筑结构荷载规范 GB 50009—2012	范峰	2012	住建部	参编
49	国家标准	木结构工程施工质量验收规范 GB 50206—2012	祝恩淳	2012	住建部	主编
50	国家标准	木结构工程施工规范 GB/T 50772—2012	祝恩淳	2012	住建部	主编
51	国家标准	防腐木材工程应用技术规范 GB 50828—2012	祝恩淳	2012	住建部	参编
52	国家标准	胶合木结构技术规范 GB/T 50708—2012	祝恩淳	2012	住建部	参编
53	国家标准	木结构试验方法标准 GB/T 50329—2012	祝恩淳	2012	住建部	参编
54	行业标准	住房保障信息系统技术规范 CJJ/T 196—2012	王要武、孙成双、满庆鹏	2012	住建部	主编
55	行业标准	索结构技术规程 JGJ 257—2012	沈世钊、武岳	2012	住建部	参编
56	行业标准	建筑物倾斜纠倾技术规范 JGJ 270—2012	徐学燕	2012	住建部	参编
57	行业标准	轻型木桁架技术规范 JGJ/T 265—2012	祝恩淳	2012	住建部	参编
58	行业标准	建筑施工企业信息化评价标准 JGJ/T 272—2012	王要武	2012	住建部	参编
59	行业标准	住房保障基础信息数据标准 CJJ/T 197—2012	王要武、孙成双、满庆鹏	2012	住建部	参编
60	协会标准	实心与空心钢管混凝土结构技术规程 CECS 254:2012	查晓雄、王玉银	2012	中国工程建设标准化协会	主编
61	协会标准	钢管混凝土结构设计与施工规程 CECS 28:2012	王玉银	2012	中国工程建设标准化协会	主编
62	国家标准	混凝土砌块和砖试验方法标准 GB 4111—2013	王凤来	2013	住建部	参编
63	国家标准	钢-混凝土组合结构施工规范 GB 50901—2013	王玉银	2013	住建部	参编
64	国家标准	钢管混凝土拱桥技术规范 GB 50923—2013	查晓雄	2013	住建部	参编
65	国家标准	膜结构用涂层织物 GB/T 30161—2013	武岳	2013	中国国家标准化管理委员会	参编
66	行业标准	建筑消能减震技术规程 JGJ 297—2013	滕军	2013	住建部	参编
67	行业标准	城市规划数据标准 CJJ/T 199—2013	王要武、孙成双	2013	住建部	参编
68	地方标准	黑龙江省建筑工程抗震性态设计规范 DB23/T 1502-2013	谢礼立、郑文忠、王焕定、翟长海	2013	黑龙江省	主编
69	国家标准	钢管混凝土结构技术规范 GB 50936—2014	查晓雄、张素梅、王玉银	2014	住建部	主编
70	国家标准	普通混凝土小型空心砌块 GB 8239—2014	王凤来	2014	住建部	参编
71	国家标准	城市轨道交通结构抗震设计规范 GB 50909-2014	翟长海	2014	住建部	参编
72	国家标准	冻土地区工程地质勘查规范 GB 50324—2014	徐学燕	2014	住建部	参编
73	行业标准	装配式混凝土结构技术规程 JGJ 1—2014	姜洪斌	2014	住建部	参编
74	行业标准	建筑结构保温复合板 JG/T 432—2014	查晓雄	2014	住建部	主编
75	行业标准	建筑工程风洞试验方法标准 JGJ/T 338—2014	孙瑛	2014	住建部	参编
76	行业标准	建筑工程裂缝防治技术规程 JGJ/T 317—2014	马晓儒	2014	住建部	参编
77	国家标准	混凝土结构工程施工质量验收规范 GB 50204—2015	邹超英	2015	住建部	参编
78	行业标准	高层民用建筑钢结构技术规程 JGJ 99—2015	张文元	2015	住建部	参编
79	行业标准	钢板剪力墙技术规程 JGJ/T 380—2015	范峰、曹正罡、郭兰慧、张清文	2015	住建部	主编
80	协会标准	金属面绝热夹芯板技术规范 CECS 411:2015	查晓雄	2015	中国工程建设标准化协会	主编
81	协会标准	特殊钢管混凝土构件设计规程 CECS 408:2015	查晓雄、钟善桐、王玉银	2015	中国工程建设标准化协会	主编

续表

序号	类别	标准规范名称	主编/参编	发布时间	发布单位	备注
82	国家标准	冰雪景观建筑技术标准 GB 51202—2016	张守健	2016	住建部	参编
83	国家标准	建筑施工脚手架安全技术统一标准 GB 51210—2016	张有闻	2016	住建部	参编
84	国家标准	装配式钢结构建筑技术标准 GB/T 51232—2016	曹正罡	2016	住建部	参编
85	国家标准	装配式木结构建筑技术标准 GB/T 51233-2016	祝恩淳、牛爽	2016	住建部	参编
86	行业标准	公路桥梁结构安全监测系统技术规程 JT/T 1037—2016	欧进萍、李惠、郭安薪、周文松、张东昱、鲍跃全	2016	交通运输部	主编
87	行业标准	无粘结预应力混凝土结构技术规程 JGJ 92—2016	郑文忠	2016	住建部	参编
88	行业标准	纤维片材加固修复结构用粘结树脂 JG/T 166—2016	咸贵军	2016	中国标准出版社	参编
89	行业标准	建筑施工高处作业安全技术规范 JGJ 80—2016	刘宗仁	2016	住建部	参编
90	行业标准	地下工程盖挖法施工规程 JGJ/T364—2016	陈剑	2016	住建部	参编
91	行业标准	结构加固修复用碳纤维片材 JG/T 167—2016	咸贵军	2016	住建部	参编
92	协会标准	非金属面结构保温夹芯板设计规程 CECS 445：2016	查晓雄	2016	中国工程建设标准化协会	主编
93	地方标准	山东省建筑抗震性态设计规范 DB 37/T 5055—2016	徐龙军、王焕定	2016	山东省住房和城乡建设厅、山东省技术监督局	主编
94	地方标准	预制装配整体式房屋混凝土剪力墙结构技术规程 DB 23/T 1813—2016	姜洪斌、翟希梅、王震宇、田玉滨、王代玉	2016	黑龙江省住房和城乡建设厅、黑龙江省质量技术监督局	主编
95	国家标准	木结构设计标准 GB 50005—2017	祝恩淳	2017	住建部	参编
96	国家标准	钢结构设计标准 GB 50017—2017	范峰、武振宇、王玉银	2017	住建部	参编
97	国家标准	多高层木结构建筑技术标准 GB/T 51226—2017	祝恩淳	2017	住建部	参编
98	国家标准	建设工程项目管理规范 GB/T 50326—2017	张守健	2017	住建部	参编
99	行业标准	铸钢结构技术规程 JGJ/T 395—2017	曹正罡	2017	住建部	参编
100	行业标准	聚苯模块保温墙体应用技术规程 JGJ/T 420—2017	郑文忠	2017	住建部	参编
101	国家标准	工程振动术语和符号标准 GB/T 51306—2018	王建	2018	住建部	参编
102	国家标准	钢管约束混凝土结构技术规程 JGJ—2018	王玉银、郭兰慧、杨华、耿悦	2018	住建部	参编
103	行业标准	再生混凝土结构技术标准 JGJ/T 443—2018	邹超英、郑文忠、王玉银、查晓雄	2018	住建部	参编
104	地方标准	装配式配筋砌块砌体剪力墙结构技术规程 DB23/T	王凤军、翟长海	2018	黑龙江省住房和城乡建设厅、黑龙江省技术监督局	主编
105	国家标准	建筑抗震韧性评价标准 GB 19106—2019	吕大刚	2019	住建部	参编
106	国家标准	既有混凝土结构耐久性评定标准 GB/T 51355—2019	关新春、肖会刚	2019	住建部	参编
107	国家标准	工程隔振设计标准 GB 50463—2019	王建	2019	住建部	参编
108	行业标准	钢管约束混凝土结构技术标准 JGJ/T 47—2019	张素梅、王玉银、杨华、郭兰慧	2019	住建部	参编
109	行业标准	屋盖结构风荷载标准 JGJ/T 481—2019	武岳、孙瑛	2019	住建部	参编
110	行业标准	建筑施工门式钢管脚手架安全技术标准 JGJ/T 128—2019	张有闻	2019	住建部	参编
111	团体标准	钢管再生混凝土结构技术规程 T/CECS 625—2019	王玉银	2019	中国工程建设标准化协会	副主编
112	团体标准	建筑工程施工协同管理统一标准 T/CECS 620—2019	王要武	2019	中国工程建设标准化协会	主编
113	团体标准	碳纤维复合材料加固修复化工管道技术规范 T/CIA B001—2019	咸贵军	2019	中国复合材料工业协会	主编

附录7 土木工程学院教师在国内外学术组织或重要期刊任职情况

附录7-1 土木工程学院教师在国内外学术组织任职情况

姓 名	任职机构或组织	职务	任职起止时间
王光远	中国力学学会	副理事长	1991—1994
	国务院学位委员会力学评议组	评议组成员	1981—2000
	国家自然科学基金土建学科评议组	评议组成员	1988—1994
	国际结构安全与可靠性协会（IASSAR）	委员	1988—2000
谢礼立	国际强地震学学会	主席	1984—2000
	中国地震工程联合会	主席	1985—
	中国灾害防御协会减隔震专业委员会	名誉主任	2019—
	国际地震工程协会	副主席	2008—2012
	联合国科学技术委员会	委员	1990—1998
沈世钊	中国建筑学会	副理事长	2000—2005
	国际薄壳与空间结构学会（IASS）	会员	1990
		"Honorary Membership"称号	2012—
	国际桥梁与结构学会（IABSE）	会员	2000—
	国家自然科学基金会监督委员会	委员	2000—
欧进萍	国际智能基础设施结构健康监测学会（ISHMII）	理事长	2008—2013
	中国振动工程学会	理事长	2011.10—2015.10
	中国建筑学会	副理事长	2011
	国际结构控制与监测学会（IASCM）	执行理事	2002—2008
张克绪	黑龙江省地基基础学会	副主任委员	
王要武	中国建设教育协会	副理事长	2019.12—
	中国建筑业协会管理现代化专业委员会	会长	2000.01—
	中国工程建设标准化协会工程管理专业委员会	副主任委员	2014—
	黑龙江省建筑业协会	副会长	2010—2015
	黑龙江省房地产协会	副会长	2010—2015
张守健	黑龙江省建设监理协会	副会长	2018—
	中建协工程项目管理委员会专家委员会	委员	2010—
	住房和城乡建设部建筑工程技术专家委员会	委员	2010—
	中国建筑学会工程项目管理研究分会	常务理事	2010—
	中国建设监理协会	理事	2010—
张素梅	国际钢-混凝土组合结构协会	主席	2006.08—2009.07
	中国钢结构协会	副秘书长	2016.10—
	住建部住宅建设与产业现代化技术专家委员会	委员	2003.08—
	中国钢协专家委员会	委员	2007.09—
徐学燕	中国建筑学会基坑工程专业委员会	委员	
	黑龙江省土木建筑学会基础工程委员会	委员	
	黑龙江省基础工程专家委员会	委员	

续表

姓　名	任职机构或组织	职务	任职起止时间
武永祥	黑龙江省资产评估学会	副会长	
	哈尔滨市房地产协会	副会长	
	房地产与物业管理专业教学指导委员会	副主任委员	
	黑龙江省房地产协会	常务理事	
	中国建筑学会建筑经济分会	理事	
邹超英	中国工程建设标准化协会混凝土结构专业委员会第五届委员会	委员	2004.10—
	中国工程建设标准化协会建筑物鉴定与加固委员会	委员	2006.04—
	中国力学学会第三届结构工程专业委员会	委员	2007.04—
王政	中国硅酸盐学会工程分会	委员	2000—
	中国建筑学会建筑材料分会	委员	2000—
	中国硅酸盐学会固废分会	理事	2000—
李惠	国际结构控制与监测学会（IASCM）	理事长	2016.09
	亚太智能结构技术网络研究中心	理事长	2016—
	中国振动工程学会	副理事长	2019.11—
	结构抗震控制与健康监测专业委员会	主任委员	2014.12—
郑文忠	全国预应力结构委员会	副主任	2012—
	全国结构抗火技术研讨会	副主任	2014—
王伟	中国土木工程学会计算机应用分会	副理事长	2016—2021
	中国建筑学会建筑结构分会	常务理事	2018—2023
	中央军委装备发展部专家组	专家组成员	2019—2029
	国家标准化协会BIM委员会	委员	2018—2023
	中国力学学会结构工程专业委员会	理事	2017—2022
邵永松	中国钢结构协会稳定与疲劳分会	副理事长	2008.09—
凌贤长	中国地震学会岩土工程防震减灾专业委员会	副主任委员	2016—
	中国岩石力学与工程学会地下工程分会	常务理事	2019—
	中国地震局黄土地震工程重点实验室学术委员会	委员	2017—
	中国振动工程学会土动力学专业委员会	委员	2017—
	中国科学院冻土工程国家重点实验室学术委员会	委员	2018—
武振宇	中国CECS轻型钢结构专业委员会	副主任	2017.10—
	中国钢结构专业委员会	委员	2016.11—
范峰	国际薄壳及空间结构协会 IASS WG8	委员	2000—
	中国钢结构协会	常务理事	2010—
	中国灾害防御协会城乡韧性与防灾减灾专业委员会	副主任委员	2018—
	中国建筑学会建筑施工分会	副主任委员	2010—
吕大刚	中国建筑学会建筑结构抗倒塌专业委员会	副主任	2017—2021
	中国土木工程学会风险与保险研究分会	副主任	2018—2022
	中国振动工程学会随机振动委员会	副主任	2018—2022
	国际结构安全联合委员会（JCSS）	委员	2007—
王凤来	全国砌体结构标准技术委员会	副主任委员	2017—2021
	全国重点文物保护工程方案结构工程领域审核专家库	专家	2014—
	黑龙江省建设系统应急专家库	专家	2018.07—2021.07
	全国建筑物鉴定与加固标准技术委员会	委员	2016.08—2020.08
	中国建筑学会建筑产业现代化发展委员会	理事	2018.12—2022.12

续表

姓名	任职机构或组织	职务	任职起止时间
武岳	中国钢结构协会膜结构专业委员会	副主任委员	2005.06—
	中国土木工程学会风工程委员会	委员	2003.12—
	国际薄壳及空间结构协会(IASS)第21工作组	委员	2004.03—
	中国建筑金属结构协会检测鉴定加固改造分会	委员	2019.09—
	中国土木工程学会	理事	2018.05—2022.05
关新春	中国混凝土与水泥制品协会自防护混凝土分专家委员会	副主任	2019.12—
	泛亚太平洋智能传感网络与结构健康监测网络协作研究中心传感与驱动委员会	委员	2008.08—
	中国振动工程学会结构抗振控制与结构健康监测专业委员会	委员	2014.12—
	中国土木工程学会混凝土与预应力混凝土分会混凝土耐久性专业委员会	委员	2016.10—
	美国混凝土协会中国分会	理事	2016.10—
咸贵军	土木工程学会纤维增强塑料FRP及工程应用委员会	副主任委员	2015.05—2019.05
	中国复合材料学会土木工程复合材料分会	常务委员	2019.09—
	国际先进材料与制造工程学会中国大陆总会	常务理事	2016.01—
	中国土木工程学会混凝土与预应力混凝土分会	理事	2019.09—
郭安薪	中国振动工程学会结构抗振控制与健康监测专业委员会	秘书长	2014.12—2019.12
	中国公路学会桥梁和结构工程分会	常务理事	2016.06—2020.06
	美国土木工程师协会ASCE	会员	2014—2019
翟长海	地震学会强震动观测技术与应用专业委员会	副主任委员	2016—
	中国灾害防御协会防灾减灾与抗震韧性分会	副秘书长	2018—
	岩石力学与工程学会工程安全与防护分会	常务理事	2016—
	国际生命线与基础设施地震工程学会（ISLIEE）	理事	2018—
王玉银	中国钢结构协会钢-混凝土组合结构分会	理事长	2017.11—
	中国钢结构协会	常务理事	2019.10—
	住房和城乡建设部绿色建筑评价标识专家委员会	委员	2015.11—
	中国工程建设标准化协会钢结构专业委员会	委员	2016.11—
	中国钢结构协会专家委员会	委员	2019.08—
王震宇	土木工程学会混凝土与预应力混凝土分会	理事	2019
	全国纤维增强复合材料及工程应用专业委员会	委员	2013
	中国土木工程学会教育工作委员会	委员	2015
	美国土木工程师协会ASCE	会员	2012
	国际FRP研究协会（IIFC）	会员	2012
高小建	中国土木工程学会高强与高性能混凝土委员会	委员	2015
	中国电子显微镜学会无机非金属建筑材料微观测试与分析专业委员会	委员	2015.11
杨华	中国钢结构协会抗火与防腐分会	理事	2008.01
	中国土木工程学会工程防火技术分会	理事	2008.01
	中国钢结构协会房屋建筑钢结构分会	理事	2015.12
	中国建筑学会抗震防灾分会委员会	专家	2015.08
翟希梅	中国工程建设标准化协会砌体结构委员会	委员	2005—
	国际砌体协会（IMS）	委员	2011—2015

续表

姓　名	任职机构或组织	职务	任职起止时间
张文元	中国钢协结构稳定与疲劳分会钢结构教学委员会第五届委员会	委员	2008.08—
	中国钢结构协会结构稳定与疲劳分会第六届理事会	理事	2008.08—
	黑龙江省科技经济顾问委员会城建环保组	专家	2018.05—
戴鸿哲	中国振动工程学会第八届随机振动专业委员会	委员	2018—
	中国土木工程学会计算机应用分会第八届理事会	理事	2016—
周文松	中国力学学会	高级会员	2016—
	中国振动工程学会结构抗振控制与健康监测青年工作委员会	委员	2015.11—2019.11
	国际智能基础设施结构健康监测学会（SHMII）	会员	2009—
	欧洲结构动力学协会（EASD）	会员	2011.01—
郭兰慧	中国钢结构协会钢-混凝土组合结构分会	秘书长	2017.11—
陈文礼	中国公路学会桥梁和结构工程分会	理事	2016—
鲍跃全	中国振动工程学会结构抗振控制与健康监测青年委员会	主任委员	2019.11—
	中国建筑学会数字建造学术委员会	理事	2017.05—
	国际智能基础设施结构健康监测（ISHMII）学会	理事	2019.07—
唐亮	中国地震学会岩土工程防震减灾专业委员会青年工作委员会	副主任	2016—
	中国土木工程学会土力学及岩土工程分会青年工作委员会	委员	2016—
	中国土木工程学会土力学及岩土工程分会软土工程专业委员会	委员	2017—
	中国地质学会工程地质专业委员会青年工作委员会	委员	2017—
	中国水利学会第十届岩土力学专业委员会	委员	2019—
杨晓冬	世界华人不动产学会	副秘书长	2016年—
	美国不动产学会	会员	2013年—
	中国建筑学会工程管理青年委员会	会员	2016年—
	中国软科学研究会	理事	2015年—
	中国城市经济学会	理事	2018年—
周春圣	中国硅酸盐学会测试技术分会	理事	2019.10—2024.10
	国际材料与结构试验联合会RILEM会	RILEM会员	2015.01—
	中国硅酸盐学会青年工作委员会	委员	2019.12—
周威	中国硅酸盐学会测试技术分会测共振测试技术委员会	专家委员	2019—
	中国混凝土与水泥制品协会超高性能水泥基材料与工程技术分会（UHPC）专家委员会	委员	2019—
	中国建筑学会抗震防灾分会	委员	2019—
许程洁	哈尔滨市评标专家库	专家	2005—
	财政部政府采购项目评审专家库	专家	2014—
杨晓林	哈尔滨市评标专家库	专家	2005—
	财政部政府采购项目评审专家库	专家	2014—
姜洪斌	中国建筑学会建筑产业现代化发展委员会理事会	理事	2016.06—
	中国工程建设标准化协会砌体结构专业委员会	委员	2000—
	中国工程建设标准化协会建设工程无损检测技术专业委员会	委员	2009.01—
	全国建筑物鉴定与加固标准技术委员会	黑龙江分会委员	2007.04—
赵雷	美国化学会（ACS）	会员	2015.07—
侯晓萌	中国建筑学会防灾减灾分会结构抗火专业委员会	委员	2015—
	中国建筑金属结构协会检测鉴定加固改造分会	委员	2020—
刘昌永	中国建筑金属结构协会检测鉴定加固改造分会	常务委员	2019.08—
张清文	中国建筑金属结构协会铝结构分会	理事	2019.12—

附录7-2 土木工程学院教师担任国内外重要期刊主编、副主编、编委情况

教师姓名	任职期刊名称	期刊收录情况	在任职位	任职期限
王光远	地震工程与工程振动	EI	名誉主任委员	1981—1985
	世界地震工程	核心	名誉主任委员	1985—1989
	建筑结构学报	EI	编委/顾问编委	1980—2009
	国际期刊 Engineering Optimization	SCI	编委	1984—2000
	固体力学学报	EI	编委	2006—2010
谢礼立	Earthquake Engineering and Engineering Vibration	SCI	主编	2002—
	自然灾害学报	核心	主编和主任委员	1992—
	地震工程与工程振动	核心	主编和主任委员	1981—
	地震学报	核心	顾问	2005—
沈世钊	Space Structures	EI	编委	1989—
	土木工程学报	EI	编委	1990—
	建筑结构学报	EI	编委	2002—
欧进萍	防灾减灾工程学报	核心	主编	2012—
	振动工程学报	核心	副主编	2008—
	地震工程与工程振动	核心	副主任委员	2005—
王要武	工程管理学报	核心	主编	2010—
	中国建设教育	核心	副主编	2018—
	土木工程学报	EI	编委	1999—
景瑞	工程力学	EI	编委	1999—2007
张守健	建设监理	其他	编委	
	项目管理与建筑经理人	其他	编委	
张素梅	International Journal of Steel Structures	SCI	编委	2008—
	工业建筑	核心	编委	2003—
	建筑科学与工程学报	核心	编委	2003—
	钢结构	核心	编委	2003—
武永祥	建筑经济	核心	编委	
	工程管理学报	核心	编委	
李惠	Journal of Structural Health Monitoring	SCI	副主编	2012—
郑文忠	建筑结构学报	EI	编委	2007—
	建筑结构	EI	编委	2002—
	哈尔滨工业大学学报	EI	编委	2006—
凌贤长	Transportation Geotechnical	SCI	编委	2014—
	世界地震工程	EI	编委	2012—
	防灾减灾工程学报	核心	编委	2012—
	地震工程学报	核心	编委	2013—
武振宇	哈尔滨工业大学学报	EI	编委	2010.09—
范峰	地震工程与工程振动	核心	副主任委员	2016—
	International Journal of Steel Structures	SCI	编委	2008—
	建筑结构学报	EI	编委	2010—
	建筑科学与工程学报	核心	编委	2010—

续表

教师姓名	任职期刊名称	期刊收录情况	在任职位	任职期限
吕大刚	世界地震工程	核心	副主编	2019—
武岳	哈尔滨工业大学学报	EI	编委	2014—
武岳	空间结构	核心	编委	2015—
武岳	低温建筑技术	其他	通讯编委	2020—
咸贵军	Journal of Zhejiang University - Science A	SCI	编委	2018.01—
郭安薪	Structural Control and Health Monitoring	SCI	编委	2014.10—
翟长海	自然灾害学报	核心	副主编	2011—
翟长海	土木与环境工程学报	核心	编委	2019—
王玉银	建筑结构学报	EI	编委	2018.05—2022.04
王玉银	地震工程与工程振动	核心	编委	2019.03—2023.02
王玉银	钢结构	核心	编委	2016.01—
王玉银	高等建筑教育	核心	编委	2019.04—2024.03
杨华	Structures	SCI	编委	2015.02—
支旭东	振动与冲击	核心	编委	2015—
郭兰慧	International Journal of Steel Structures	SCI	编委	2018.01—
陈文礼	中国公路学报 青年编委会	核心	委员	2020.04—
唐亮	自然灾害学报	核心	编委	2019—
曹正罡	空间结构	核心	编委	2019—

附录8　土木工程学院杰出人才

类别	获得者姓名、年份、研究领域等
中国工程院院士	王光远（1994，土木、水利与建筑工程学部）　　谢礼立（1994，土木、水利与建筑工程学部） 沈世钊（1999，土木、水利与建筑工程学部）　　欧进萍（2003，土木、水利与建筑工程学部）
全国高等学校教学名师获得者	王焕定（2007）
全国优秀教师	关　柯（1989）　王焕定（1998）
"长江学者奖励计划"特聘教授	李　惠（2006，结构工程）　　郑文忠（2009，结构工程）　　范　峰（2016，结构工程）
国家杰出青年基金 （含外籍）	欧进萍（1996，土木建筑，工程与材料科学部） 李秋胜（2004，合作者：段忠东，结构健康监测，工程与材料科学部） 李　惠（2005，结构健康监测，工程与材料科学部） 范　峰（2015，大跨空间结构抗震研究，工程与材料科学部） 郭安薪（2017，桥梁多灾害及控制，工程与材料科学部） 翟长海（2018，强地震动特征及结构抗震设防，工程与材料科学部）
国家"万人计划"	李　惠（2017，科技创新领军人才）　　翟长海（2017，科技创新领军人才） 唐　亮（2018，青年拔尖人才）
"百千万人才工程"国家级人选	欧进萍（1995）　张素梅（1999）　李　惠（2006）　郑文忠（2009）
"长江学者奖励计划"青年学者	翟长海（2015，防灾减灾工程及防护工程）　　鲍跃全（2017，防灾减灾工程及防护工程）
国家优秀青年科学基金	郭安薪（2012，地震工程、城市与生命线工程防灾，工程与材料科学部） 翟长海（2013，地震工程，工程与材料科学部） 刘铁军（2014，工程材料与结构的动力时变） 陈文礼（2017，桥梁风工程及其风振控制，工程与材料科学部）
科技部创新人才推进计划	翟长海（2015，中青年科技创新领军人才）
教育部跨世纪优秀人才计划	李　惠（2003，能源、工程）
教育部新世纪优秀人才	段忠东（2004）　郑文忠（2005）　吴　斌（2005）　范　峰（2006）　肖仪清（2007） 刘红军（2008）　咸贵军（2009，A类）　　　　　关新春（2010）　郭安薪（2010） 薛小龙（2011）　翟长海（2011）　韩宝国（2011）　高小建（2012）　武　岳（2012） 赵　雷（2013）　刘铁军（2013）
国家青年千人计划	王　迎
国家级有突出贡献的中青年专家	刘　季（1984）　沈世钊（1990）　欧进萍（1994）
中国青年科技奖	张素梅（2001）　范　峰（2009）　翟长海（2015）
部级有突出贡献的中青年专家	沈世钊（1990）　欧进萍（1994）　王要武（2005）
黑龙江省教学名师奖	王焕定（2006）
黑龙江省杰出青年基金	欧进萍（1995，防灾减灾与防护工程）　　　张素梅（1997，钢-混凝土结构） 王要武（2001，建筑管理与城市建设管理）　郑文忠（2001，结构工程） 李　惠（2005，防灾减灾与防护工程）　　　范　峰（2010，大跨空间结构与轻型钢结构） 肖会刚（2019，高性能与智能土木工程材料及结构）
龙江学者支持计划	王玉银（2018，土木工程，特聘教授）　戴鸿哲（2019，土木工程，青年学者）
黑龙江省优秀中青年专家	张素梅（1996）　李　惠（2000）　郑文忠（2000）
黑龙江省青年科技奖	郑文忠（2000）　吕大刚（2007）　范　峰（2009）　吴　斌（2009）
霍英东教育基金会高等院校青年教师奖	欧进萍（研究类一等奖，1992）　韩林海（研究类一等奖，1996） 王要武（教学类三等奖，1992）　陈　昕（教学类三等奖，1996）
国家级教学团队	王焕定（2008，力学教学团队负责人）
国家自然科学基金委创新研究群体	李　惠（学术带头人）　欧进萍　范　峰　滕　军　郭安薪　翟长海（2019，城市工程结构抗灾韧性与智能防灾减灾）
教育部"创新团队发展计划"	李　惠（2006，结构健康监测与控制）
科技部重点领域创新团队	李　惠（2015，智能土木工程创新团队）
黑龙江"头雁计划"创新研究团队	李　惠（2019，韧性城市安全创新研究团队）　范　峰（2019，高性能结构工程创新团队）

后 记

在本书即将付梓之际,特对编撰中的相关问题加以说明,以方便广大读者更好地理解本书。

一、所有记载内容,均以时间为序排列。

二、除表述在特定时间节点学院所使用的名称外,学院在不同时期名称均以"土木工程学院"称之。

三、教职员工名单,按学院现有机构追溯,在学院不同阶段工作过的教职员工均录入;在机构调整之际,未进入土木工程学院者除外。

四、学生名单,1959年前毕业的学生,由于历史记录有限及不详,以校档案馆提供材料原貌呈现。

五、书中重要史实均经过不同史料交叉印证,并经过有关当事人核对确认,存疑的史实均不列入本书,待核实后将来本书再版时再列入。

本书编写委员会